Strategische Insolvenzen –
Grenzen der Instrumentalisierung des Insolvenzplanverfahrens zur Lösung von Gesellschafterkonflikten

Schriften zum
Unternehmens- und Wirtschaftsrecht

Herausgegeben von Marcus Bieder, Andreas Fuchs,
Lars Leuschner, Markus Stoffels und Dirk A. Verse

Band 25

PETER LANG

Nora Brosent

Strategische Insolvenzen

Grenzen der Instrumentalisierung des Insolvenzplanverfahrens zur Lösung von Gesellschafterkonflikten

PETER LANG

Bibliografische Information der Deutschen Nationalbibliothek
Die Deutsche Nationalbibliothek verzeichnet diese Publikation in der Deutschen Nationalbibliografie; detaillierte bibliografische Daten sind im Internet über http://dnb.d-nb.de abrufbar.

Zugl.: Osnabrück, Univ., Diss., 2018

D 700
ISSN 2364-0863
ISBN 978-3-631-77713-8 (Print)
E-ISBN 978-3-631-77924-8 (E-PDF)
E-ISBN 978-3-631-77925-5 (EPUB)
E-ISBN 978-3-631-77926-2 (MOBI)
DOI 10.3726/b15134

Peter Lang – Berlin · Bern · Bruxelles · New York · Oxford · Warszawa · Wien

Diese Publikation wurde begutachtet.

www.peterlang.com

Meinen Eltern

Vorwort

Die vorliegende Arbeit wurde im Sommersemester 2018 von der Juristischen Fakultät der Universität Osnabrück als Dissertation angenommen.

Dank gilt zunächst meinem Doktorvater, Herrn Professor Dr. Andreas Fuchs, LL.M., für die Betreuung dieser Promotion und für die mir gewährte Freiheit bei der Auswahl und Gestaltung des Themas.

Für die äußerst schnelle Erstellung des Zweitgutachtens danke ich ganz herzlich Herrn Professor Dr. Ulrich Foerste.

Für unermüdliches und kritisches Korrekturlesen danke ich Karl-Heinz Brosent, Hans-Georg Klötzer, Anja Kolburg, Lisa-Karen Mannefeld, Saskia Michel und Antonia Massenberg. Ohne ihre Hilfe und wertvollen Denkanstöße wäre die Arbeit in dieser Form nicht möglich gewesen.

Ganz besonders danken möchte ich Lutz Kolburg für die bedinungslose Unterstützung, den unentwegten Zuspruch und die Geduld während der Erstellung dieser Arbeit.

Mein größter Dank gilt schließlich meinen Eltern Ulrike Stodiek-Brosent und Karl-Heinz Brosent, die auch in schwierigen Momenten stets an meiner Seite standen und die richtigen Worte fanden. Für ihre liebevolle und bedingungslose Unterstützung während meiner Ausbildung und Promotion bin ich zutiefst dankbar. Ihnen ist diese Arbeit gewidmet.

Düsseldorf im September 2018   Nora Brosent

Gliederung

Abkürzungsverzeichnis

a.A.	andere Ansicht
ABl.	Amtsblatt
Abs.	Absatz
AcP	Archiv für die civilistische Praxis
a.E.	am Ende
a.F.	alte Fassung
AG	Aktiengesellschaft/ Die Aktiengesellschaft (Zeitschrift) / Amtsgericht
AktG	Aktiengesetz
Alt.	Alternative
a.M.	am Main
Anm.	Anmerkung
Art.	Artikel
Aufl.	Auflage
Az.	Aktenzeichen
BAG	Bundesarbeitsgericht
BB	Betriebs-Berater
Bd.	Band
Begr.	Begründung
Beschl.	Beschluss
BGB	Bürgerliches Gesetzbuch
BGBl.	Bundesgesetzblatt
BGH	Bundesgerichtshof
BGHZ	Entscheidungen des Bundesgerichtshofs in Zivilsachen (amtliche Entscheidungssammlung)
BT-Drucks.	Bundestagsdrucksache
bspw.	beispielsweise
BVerfG	Bundesverfassungsgericht
BVerfGE	Entscheidungen des Bundesverfassungsgerichts (amtliche Entscheidungssammlung)
BVerfGG	Gesetz über das Bundesverfassungsgericht
BVerwG	Bundesverwaltungsgericht
bzw.	beziehungsweise
CFL	Corporate Finance Law
DB	Der Betrieb

ders.	derselbe
DES	Debt Equity Swap
d.h.	das heißt
dies.	dieselbe/n
Diss.	Dissertation
DStR	Deutsches Steuerrecht
DNotZ	Deutsche Notar-Zeitschrift
DZWIR	Deutsche Zeitschrift für Wirtschafts- und Insolvenzrecht
EL	Ergänzungslieferung
ESUG	Gesetz zur weiteren Erleichterung der Sanierung von Unternehmen
etc.	et cetera
EuGH	Europäischer Gerichtshof
EWiR	Entscheidungen zum Wirtschaftsrecht
f.	folgende
ff.	fortfolgende
Fn.	Fußnote
FS	Festschrift
GbR	Gesellschaft bürgerlichen Rechts
gem.	gemäß
GG	Grundgesetz
ggf.	gegebenenfalls
GmbH	Gesellschaft mit beschränkter Haftung
GmbHG	Gesetz betreffend die Gesellschaften mit beschränkter Haftung
GmbH & Co. KG	Gesellschaft mit beschränkter Haftung und Compagnie
GmbHR	GmbH Rundschau
GWR	Gesellschafts- und Wirtschaftsrecht
HGB	Handelsgesetzbuch
Hrsg.	Herausgeber
Hs.	Halbsatz
i.d.F.	in der Fassung
IDW	Institut der Wirtschaftsprüfer
InsO	Insolvenzordnung
i.R.d.	im Rahmen des
i.R.v.	im Rahmen von
i.S.d.	im Sinne des/der
i.S.v.	im Sinne von
i.V.m.	in Verbindung mit

JZ	JuristenZeitung
KredReorgG	Gesetz zur Reorganisation von Kreditinstituten
KSI	Krisen-, Sanierungs- und Insolvenzberatung
KSzW	Kölner Schrift zum Wirtschaftsrecht
KTS	Zeitschrift für Insolvenzrecht
LG	Landgericht
Mio.	Million(en)
Mrd.	Milliard(en)
n.F.	neue Fassung
NJW	Neue Juristische Wochenschrift
Nr.	Nummer
NZG	Neue Zeitschrift für Gesellschaftsrecht
NZI	Neue Zeitschrift für das Recht der Insolvenz und Sanierung
OLG	Oberlandesgericht
RegE	Regierungsentwurf
Rn.	Randnummer
Rspr.	Rechtsprechung
S.	Seite
sog.	sogenannt
u.a.	und andere/unter anderem
UG	Unternehmergesellschaft
UmwG	Umwandlungsgesetz
Urt.	Urteil
USA	United States of America
v.	von/vom
Var.	Variante
WiB	Wirtschaftsrechtliche Beratung
WM	Zeitschrift für Wirtschafts- und Bankrecht
WPg	Die Wirtschaftsprüfung
z.B.	zum Beispiel
ZGR	Zeitschrift für Unternehmens- und Gesellschaftsrecht
ZHR	Zeitschrift für das gesamte Handels- und Wirtschaftsrecht
ZInsO	Zeitschrift für das gesamte Insolvenzrecht
ZIP	Zeitschrift für Wirtschaftsrecht
zugl.	zugleich
ZRP	Zeitschrift für Rechtspolitik
ZZP	Zeitschrift für Zivilprozess

Einleitung

„*Endlich pleite!*"[1] – die Insolvenz als Rettungsanker? Was lange Zeit abwegig war, erscheint seit dem Inkrafttreten des ESUG[2] zumindest nicht mehr ausgeschlossen.

Mit der Reform hat der Gesetzgeber die Rufe im Schrifttum nach einer Neuordnung des Verhältnisses von Gesellschafts- und Insolvenzrecht[3] erhört. Das einstige Obstruktionspotential der Gesellschafter im Insolvenzplanverfahren gehört endgültig der Vergangenheit an. War die Vereinbarung gesellschaftsrechtlicher Strukturmaßnahmen im Insolvenzplan vor der Reform stets von der Zustimmung der Gesellschafter abhängig, ist es nun nicht nur möglich, ihre Anteils- und Mitgliedschaftsrechte gemäß § 217 S. 2 InsO in den Insolvenzplan einzubeziehen; vielmehr erlaubt § 225a III InsO die Vereinbarung jeder Regelung, die *gesellschaftsrechtlich zulässig* ist. Vervollständigt wird der Eingriff in die Gesellschafterrechte durch die Unterwerfung unter das Obstruktionsverbot (§ 245 InsO), womit die Zustimmung der Gesellschafter zu etwaigen Maßnahmen im Insolvenzplan unter bestimmten Voraussetzungen sogar obsolet wird.

Was mancherorts – als längst überfällig – befürwortet wird,[4] schürt anderenorts die Befürchtung, der missbräuchlichen Inanspruchnahme des Insolvenzplanverfahrens werde hierdurch Tür und Tor geöffnet[5].

Insbesondere die Streitigkeiten der Gesellschafter des *Suhrkamp* Verlages *Ulla Unseld-Berkéwicz* und *Hans Barlach*[6] fachten dabei die Diskussion an. Die

---

1 So betitelte der Tagesspiegel den Antrag der Geschäftsleitung des *Suhrkamp* Verlages auf Insolvenzeröffnung, abrufbar unter: http://www.tagesspiegel.de/kultur/suhrkamp-insolvenz-endlich-pleite/8614330.html (zuletzt abgerufen am 24.2.2016).

2 Gesetz zur weiteren Erleichterung der Sanierung von Unternehmen v. 7.12.2011, BGBl. I 2011, S. 2582 ff.

3 Siehe nur *Bork*, ZIP 2010, 397 (408); *Braun*, FS Fischer, 53 (65); *Brüning*, Gesellschafter und Insolvenzplan, S. 119, 214; *Büchele*, Eingriff in Gesellschafterrechte, S. 94; *Eidenmüller*, ZIP 2010, 649 (652); *Eidenmüller/Engert*, ZIP 2009, 541 ff.; *Gerster*, ZInsO 2008, 437 (441); *Jaffé/ Friedrich*, ZIP 2008, 1849 (1853), bezeichnen die Trennung von Insolvenz- und Gesellschaftsrecht als „*Geburtsfehler*"; *Pape*, ZInsO 2010, 2155 (2158); *Smid*, DZWIR 2009, 397 (399); *Stapper*, ZInsO 2009, 2361 (2364).

4 MüKo InsO/*Eidenmüller*, § 225a Rn. 9; *Haas*, NZG 2012, 961 (967); *Hölzle*, ZIP 2012, 2427 (2428); *H. Meyer/Degener*, BB 2011, 846 (851).

5 *Schäfer*, ZIP 2015, 1208; *Westermann*, NZG 2015, 134.

6 * 31.8.1955 in Ratzeburg, † 15.7.2015 in Hamburg.

beiden Hauptakteure befanden sich bereits seit Jahren in gesellschaftsrechtlichen Auseinandersetzungen,[7] die im Mai 2013 schließlich in einem Antrag auf Eröffnung des Insolvenz- und Schutzschirmverfahrens kulminierten[8]. Der im Rahmen dieses Schutzschirmverfahrens ausgearbeitete Insolvenzplan sah unter anderem eine komplette gesellschaftsrechtliche Umstrukturierung vor: Die GmbH & Co. KG sollte in eine AG umgewandelt werden, womit gleichzeitig die zahlreichen Sonderrechte, die *Barlach* durch den Gesellschaftsvertrag eingeräumt waren, untergingen. Das Schrifttum sah in der Beantragung der Insolvenz den Versuch, den Gesellschafterkonflikt zulasten des Minderheitsgesellschafters zu lösen,[9] und rief die „*Geburtsstunde der strategischen Insolvenz*" aus.[10]

In der vorliegenden Arbeit wird der Frage nachgegangen, welche Möglichkeiten und Grenzen sich durch das reformierte Insolvenzplanverfahren zur Lösung innergesellschaftlicher Konflikte in der Kapitalgesellschaft bieten.[11]

Eine Konfliktlösung im Rahmen des Insolvenzplanverfahrens kann insbesondere deswegen reizvoll sein, da die Anforderungen, die verfahrensrechtlich an die Vereinbarung von Strukturmaßnahmen gestellt werden, insbesondere durch die insolvenzrechtlichen Vorschriften über die Abstimmung und die erforderlichen Mehrheiten deutlich reduziert sind.[12] Strukturmaßnahmen, die außerhalb der Insolvenz nicht die erforderlichen Mehrheiten erreichen, können so in der Insolvenz vereinfacht durchgesetzt, (Minderheits-)Gesellschafter aus der Gesellschaft ausgeschlossen oder die *corporate governance* der Gesellschaft komplett geändert werden. Überspitzt kann hier das Insolvenzplanverfahren das Mittel zur „*Zähmung des Widerspenstigen*"[13] sein.

7 Siehe hierzu und auch zu dem Verlauf des Insolvenzverfahrens ausführlich *Böcker*, DZWIR 2014, 331 (332 f.) und *ders.*, ZInsO 2015, 773 (774 f.); Überblick auch durch das BVerfG, Beschl. v. 18.12.2014 – 2 BvR 1978/13, ZIP 2015, 80 (80).

8 Siehe die hierzu veröffentlichte Pressemitteilung des *Suhrkamp* Verlages vom 27.5.2013 unter http://www.suhrkamp.de/news/schutzschirmverfahren_sichert_existenz_und_handlungsfaehigkeit_des_suhrkamp_verlags_2147.html (zuletzt abgerufen am 24.2.2016).

9 *Brünkmans/Uebele*, ZInsO 2014, 265 (265); *Madaus*, ZIP 2014, 500 (500).

10 So Hölzle, ZIP 2015, 83 (84); Möhlenkamp, BB 2013, 2828, fragt in diesem Sinne: „*Flucht nach vorn in die Insolvenz – funktioniert Suhrkamp?*".

11 Hierbei soll sich die Betrachtung auf die Rechtsform der GmbHG und der AG beschränken.

12 *Priester*, FS Kübler, 557 (560).

13 *Fölsing*, ZInsO 2013, 1325 (1325).

Ausgangspunkt einer solchen Nutzung des *„gesellschaftsrechtlichen Universalwerkzeugs“*[14] Insolvenzplanverfahren zur Lösung von Streitigkeiten zwischen den Gesellschaftern ist das durch die Einführung des § 225a III InsO geschaffene Mittel, gesellschaftsrechtliche Umstrukturierungen im Insolvenzplan vorzunehmen. Dabei bietet die Kombination aus Insolvenzplan- und Eigenverwaltungsverfahren dem Schuldner optimale Möglichkeiten zur strategischen Nutzung des Insolvenzplanverfahrens. Denn einerseits eröffnet das Insolvenzplanverfahren die Möglichkeit, in die Gesellschafterstruktur einzugreifen. Andererseits belässt das Eigenverwaltungsverfahren der Geschäftsführung die Verwaltungs- und Verfügungsbefugnis. Innergesellschaftliche Konflikte können so einer schnellen Lösung zugeführt werden – auch und gerade zulasten eines (Minderheits-)Gesellschafters. Ob eine solche Nutzung des Insolvenzplanverfahrens eine zulässige oder unzulässige Inanspruchnahme des insolvenzrechtlichen Rechtsrahmens darstellt, bildet dabei einen Schwerpunkt der Fragestellung. Dabei ist zunächst einmal von der Prämisse auszugehen, dass die *strategische* Inanspruchnahme des Insolvenzplanverfahrens ein zulässiges und sogar wünschenswertes Vorgehen darstellt.[15] Dies kann allerdings nicht für die rechtsmissbräuchliche Verfahrensnutzung gelten. Die Abgrenzung ist anhand des in § 1 InsO niedergelegten Zwecks des Insolvenzverfahrens als Grenze der rechtmäßigen Inanspruchnahme des Insolvenzverfahrens vorzunehmen.[16]

Im Hinblick auf das Ziel, die rechtsmissbräuchliche Inanspruchnahme des Insolvenzplanverfahrens zu verhindern, sind die hierin vorgesehenen Rechtsschutzmöglichkeiten daraufhin zu beleuchten, ob sie einen ausreichenden Schutz des (Minderheits-)Gesellschafters vor einer rechtsmissbräuchlichen Inanspruchnahme gewähren. Sollte dies nicht der Fall sein, stellt sich aber auch die Frage, ob, über diesen vorgesehenen Rechtsschutz hinaus, die gesellschaftsrechtliche Treuepflicht das Insolvenzplanverfahren – und möglicherweise sogar die Planabstimmung beeinflussen kann. Diese Frage wurde erstmals im erwähnten *Suhrkamp*-Verfahren virulent und ist in Rechtsprechung und Literatur umstritten.[17]

---

14 *Eidenmüller*, NJW 2014, 17 (17).

15 *Eidenmüller*, ZIP 2014, 1197 (1197).

16 MüKo InsO/*Ganter/Lohmann*, § 1 Rn. 7.

17 Siehe zu dieser Frage u.a. OLG Frankfurt a.M., Beschl. v. 1.10.2013 – 5 U 145/13, DZWIR 2014, 370; LG Frankfurt a.M., Urt. v. 10.9.2013 – 3-09 O 96/13, *Fölsing*, ZInsO 2013, 2021; Insolvenzrechts-Handbuch/*Haas*, § 91 Rn. 29; *Hölzle*, EWiR 2013, 589; NZG 2013, 1315; *Madaus*, ZIP 2014, 500; *Meyer*, ZInsO 2013, 2361; *Thole*, ZIP 2013, 1937; *Schäfer*, ZIP 2013, 2237; *Schluck-Amend*, Gesellschaftsrecht in der Diskussion 2014, 151; *Spliedt*, ZInsO 2013, 2155; *Stöber*, ZInsO 2013, 2457; *Zipperer*, ZIP 2015, 2002.

Die Arbeit gliedert sich in zwei Teile. Der erste Teil widmet sich den Grundlagen für die eigentliche Fragestellung. Hierbei wird zunächst ein Überblick über die infrage kommenden gesellschaftsrechtlichen Instrumente im Rahmen einer außergerichtlichen Sanierung gegeben (1. Teil B. I.). Sodann werden die Verfahren dargestellt, die das Insolvenzrecht für eine Sanierung bietet. Dabei ist es unerlässlich, einen Blick auf die Gründe zu werfen, die die neuen Vorschriften betreffend das Verhältnis von Gesellschafts- und Insolvenzrecht notwendig machten (1. Teil B. II. 3)). Angesprochen ist hier insbesondere das Obstruktionspotential der Gesellschafter. Darauf aufbauend werden die Möglichkeiten, die durch die Einbeziehung der Gesellschafter in den Insolvenzplan geschaffen wurden, und ihre Auswirkungen auf die Stellung der Gesellschafter dargestellt (1. Teil C.). Dabei wird auch der Frage nachgegangen, inwieweit die Zulässigkeit gesellschaftsrechtlicher Maßnahmen im Insolvenzplan (§ 225a III InsO) von außerhalb der Insolvenz geltenden gesellschaftsrechtlichen Prinzipien, wie dem Bezugsrecht im Rahmen eines *Debt Equity Swaps* oder der gesellschaftsrechtlichen Treuepflicht, beeinflusst wird. Schließlich ist auf die verfassungsrechtliche Beurteilung der neuen Vorschriften einzugehen.

Der zweite Teil bildet den Hauptteil der Arbeit. Hier wird der Frage nachgegangen, ob gesellschaftsrechtliche Konflikte im Rahmen des Insolvenzplanverfahrens einer Lösung zugeführt werden können. Die Betrachtung in diesem Teil soll sich dabei auf den Gesellschafterkonflikt in der personalistischen GmbH konzentrieren. Diese erscheint aufgrund ihrer Struktur besonders anfällig für Streitigkeiten unter den Gesellschaftern.

Dabei wird zunächst untersucht, inwieweit das Schutzschirmverfahren einen Anreiz für die Stellung strategischer Insolvenzanträge bietet (2. Teil B. I.). Daran anknüpfend wird die Frage beleuchtet, wann von einer rechtsmissbräuchlichen Inanspruchnahme des Insolvenzplanverfahrens auszugehen ist. Hierbei ist der in § 1 InsO festgelegte Zweck des Insolvenzverfahrens zu untersuchen, um festzustellen, ob die Nutzung des Insolvenzplanverfahrens zur Lösung gesellschaftsrechtlicher Konflikte diesem widerspricht (2. Teil C.). Daran anknüpfend soll gezeigt werden, inwieweit das Insolvenzplanverfahren gegen rechtsmissbräuchliche Insolvenzanträge des Schuldners Schutz bietet. Besondere Relevanz kommt dabei dem Rechtsschutz des (Minderheits)Gesellschafters, der durch die geplanten Maßnahmen in seinen Rechten beeinträchtigt wird, zu. (2. Teil D, E, F). Hinsichtlich des Rechtsschutzes gegen eine Instrumentalisierung des Insolvenzplanverfahrens zur Lösung innergesellschaftlicher Konflikte, wird zwischen dem Eröffnungsverfahren (2. Teil D) und dem eröffneten Verfahren (2. Teil E, F) differenziert. Hierbei spielt auch eine Rolle, inwieweit das Gesellschaftsrecht sowohl die Antragstellung als auch die Ausgestaltung des Insolvenzplans beeinflusst.

Dabei ist insbesondere von Interesse, ob die gesellschaftsrechtliche Treuepflicht Einfluss sowohl auf den Umfang der im Insolvenzplan festgelegten gesellschaftsrechtlichen Maßnahmen als auch auf das Verfahrensrecht – und hier insbesondere auf die Abstimmung über den Insolvenzplan – haben kann.[18]

18 Mögliche, sich an das Insolvenzverfahren anschließende, Rechtsfragen (wie etwaige Schadensersatzansprüche des (Minderheits)Gesellschafters) bleiben in der Arbeit ausgeklammert.

1. Teil: Wege aus der Unternehmenskrise

A. Grundsätzliches

Ausgangspunkt einer Sanierung ist stets die Unternehmenskrise. Betriebswirtschaftlich wird hierunter „*eine kritische Entwicklung verstanden, die den Fortbestand eines Unternehmens bedroht und wesentliche Ziele und Werte des Unternehmens unmittelbar gefährdet*".[19] Dabei ist der Begriff der *Krise* nicht gleichbedeutend mit der Insolvenzreife des Unternehmens. Genauer ist sie – nach Auffassung des BGH – der Insolvenz vorgelagert.[20] Allgemein werden verschiedene Krisenstadien unterschieden, die auftreten können, nicht aber zwingend sämtlich im Untergang des Unternehmens enden.[21] Generell aber gilt: Je früher die Anzeichen einer Krise erkannt und Gegenmaßnahmen ergriffen werden, desto größer ist die Chance auf eine erfolgreiche Sanierung mit möglichst wenigen Einschnitten in die Rechtsstellung aller Beteiligten.[22]

Der Begriff der Sanierung bezieht sich dabei in der Regel allgemein auf das Unternehmen als die Zusammenfassung von personellen, sachlichen und finanziellen Einrichtungen und hat „*die Beseitigung potentieller Insolvenzursachen und die nachhaltige Wiederherstellung der Ertragsfähigkeit*" zum Ziel.[23] Hiervon zu unterscheiden ist die Sanierung des Unternehmensträgers (also der Gesellschaft), die als Restrukturierung bzw. Reorganisation bezeichnet wird und erreicht ist, wenn „*neben der Wiederherstellung der Ertragsfähigkeit des Unternehmens auch die materielle Insolvenz des Unternehmensträgers beseitigt ist*".[24]

---

19 Mit einer betriebswirtschaftlichen Krise beginnt meist die Unternehmenskrise, siehe *Bork,* ZIP 2011, 101 (101); ähnlich Schmidt/Uhlenbruck GmbH in der Krise/*Sinz,* 1. Teil A Rn. 1.2.

20 BGH, Urt. v. 3.4.2006 – II ZR 332/05, GmbHR 2006, 703 (703): „*Eine Krise ist außer bei Insolvenzreife der Gesellschaft* [...] *auch dann gegeben, wenn die Gesellschaft kreditunwürdig bzw. überlassungsunwürdig ist*"; dem folgend BGH, Urt. v. 18.7.2013 – IX ZR 219/11, GmbHR 2013, 980 (983).

21 Schmidt/Uhlenbruck GmbH in der Krise/*Sinz,* 1. Teil A Rn. 1.2 1.3 mit Hinweis auf die sechs Krisenstadien des IDW S 6 (i.d.F. 2012) (abgedruckt in WPg Supplement 4/2012): 1. Stakeholderkrise, 2. Strategiekrise, 3. Produkt- und Absatzkrise, 4. Erfolgskrise, 5. Liquiditätskrise, 6. Insolvenz.

22 RSI/*Hermanns,* § 17 Rn. 1.

23 *Bork,* ZIP 2011, 101 (101); ähnlich *Kluth,* ZInsO 2002, 258 (259, 260).

24 *Bork,* ZIP 2011, 101 (101); siehe auch *Kluth,* ZInsO 2002, 258 (259); *Smid/Rattunde/Martini,* Der Insolvenzplan, Rn. 0.27.

Sowohl die Geschäftsführung einer GmbH als auch der Vorstand einer AG („*die Geschäftsleitung*“) ist verpflichtet, ein System der Krisenfrüherkennung und -bewältigung zu implementieren.[25] Gleichwohl ist eine Sanierung nicht ohne die Gesellschafter denkbar.[26] Denn die Letztentscheidungsmacht bezüglich der Frage, ob und wie Sanierungsmaßnahmen durchgeführt werden, liegt bei ihnen.[27] Nicht nur entscheiden sie über Gründung und Auflösung der Gesellschaft (§ 60 I Nr. 2 GmbHG, § 262 I Nr. 2 AktG); Gesellschafter- bzw. Hauptversammlung sind darüber hinaus auch berufen, über Maßnahmen, die mit einer Satzungsänderung einhergehen, zu befinden (§ 53 I GmbHG, § 179 I AktG). Besonders ausgeprägt ist diese Entscheidungsmacht in der GmbH – die Gesellschafterversammlung stellt hier das oberste (Willensbildungs-)Organ dar, welchem nicht nur das Weisungsrecht gegenüber der Geschäftsführung (§ 37 I GmbHG), sondern auch die Kompetenz-Kompetenz zukommt.[28] Nicht ganz so ausgeprägt ist die Entscheidungsmacht der Aktionäre – der Rechtsform der AG ist eine hierarchische Abstufung zwischen den Gesellschaftsorganen grundsätzlich fremd.[29] Der Vorstand leitet die AG in eigener Verantwortung (§ 76 I AktG) und wird dabei durch den Aufsichtsrat (§ 111 I AktG) und nicht durch die Aktionäre überwacht – nichtsdestotrotz ist es auch hier die Hauptversammlung, die über Satzungsänderungen, den Gesellschaftszweck und den Unternehmensgegenstand bestimmt.[30] Eben diese Entscheidungsmacht der Gesellschafter kann in der Unternehmenskrise eine erfolgreiche Sanierung verhindern oder zumindest erschweren. Nicht selten sind sich die Gesellschafter uneinig, wenn es darum geht, Sanierungsmaßnahmen zu beschließen, mit denen ein Eingriff in ihre Rechte einhergeht. Unstimmigkeiten unter den Gesellschaftern können dabei die Folge einer Krise sein, in vielen Fällen allerdings auch ihren Beginn markieren. Insbesondere wenn die sogenannte *Stakeholderkrise* zu einer Blockade dringend notwendiger Entscheidungen und so zu einer Vertiefung der Krise führt,[31] stellt sich die Frage, wie ein Ausweg hieraus gefunden werden kann. Bevor in Kapitel C die Antwort des ESUG auf diese Frage dargestellt wird, soll in Kapitel B ein kurzer Überblick über Sanierungsmöglichkeiten

25 Siehe hierzu ausführlich *Bork*, ZIP 2011, 101 ff.
26 Kübler HRI/*Undritz/Knof*, § 3 Rn. 127.
27 *Bork*, ZIP 2011, 101 (108).
28 *Drygala/Staake/Szalai*, Kapitalgesellschaftsrecht, § 11 Rn. 117, 122.
29 *Drygala/Staake/Szalai*, Kapitalgesellschaftsrecht, § 21 Rn. 194.
30 *Drygala/Staake/Szalai*, Kapitalgesellschaftsrecht, § 21 Rn. 194.
31 Schmidt/Uhlenbruck GmbH in der Krise/*Sinz*, 1. Teil A Rn. 1.4.

außerhalb und innerhalb der Insolvenz gegeben werden, wobei auch die Gründe aufgezeigt werden, die zu der Reform geführt haben.

B. Überblick über Sanierungsmöglichkeiten vor Einführung des ESUG

Die Möglichkeiten, ein Unternehmen zu sanieren, sind ebenso vielfältig wie die Gründe, die zu seiner Sanierungsbedürftigkeit geführt haben. Insoweit existiert kein Patentrezept für eine erfolgreiche Sanierung.[32] Allerdings gibt es Determinanten, die unabdingbar für eine erfolgreiche Sanierung sind. Hierzu zählen ein ganzheitliches und nachhaltiges Restrukturierungskonzept, das sowohl kurzfristig wie auch langfristig das Überleben des Unternehmens sichert und ein Management, das die geplanten Maßnahmen zügig und professionell umsetzt.[33] Am Anfang einer erfolgversprechenden Sanierung steht dabei die Analyse der Krisenursachen.[34] Hierauf aufbauend wird das Restrukturierungs- bzw. Sanierungskonzept erstellt, welches im Idealfall Regelungen hinsichtlich der strategischen Neuausrichtung, der operativen und/oder der finanziellen Restrukturierung enthält.[35]

Gegenstand der vorliegenden Betrachtung sollen ausschließlich gesellschaftsrechtliche Maßnahmen im finanzwirtschaftlichen Bereich darstellen.[36]

I. Außergerichtliche Sanierung

1) Die in Betracht kommenden Sanierungsinstrumente

Die außergerichtliche – sogenannte *freie* – Sanierung wurde bislang gegenüber der gerichtlichen Sanierung in der Insolvenz überwiegend als vorzugswürdig angesehen.[37] Zwar erscheint ein Vergleich aufgrund der Tatsache, dass

---

32 RSI/*Kraus*, § 4 Rn. 3.

33 RSI/*Kraus*, § 4 Rn. 3. Nach BGH, Urt. v. 4.12.1997 – IX ZR 47/97, ZIP 1998, 248 (251), setzt ein schlüssiges Sanierungskonzept voraus, dasss es „*von den erkannten und erkennbaren tatsächlichen Gegebenheiten ausgeht und nicht offensichtlich undurchführbar ist*".

34 Hierzu ausführlich RSI/*Kraus*, § 4 Rn. 4; Unternehmenssanierung/*Thierhoff*, Kapitel 4 Rn. 64 ff.

35 RSI/*Kraus*, § 4 Rn. 12.

36 Zu Sanierungsmaßnahmen im leistungswirtschaftlichen Bereich siehe bspw. RSI/*Hermanns u.a.*, §§ 7 ff.

37 Schmidt/Uhlenbruck GmbH in der Krise/*Uhlenbruck*, 2. Teil A Rn. 2.1; Kübler HRI/*Undritz/Knof*, § 3 Rn. 1.

außergerichtliche Sanierungen meist zu einem Zeitpunkt vorgenommen werden, zu dem noch keine materielle Insolvenz vorliegt und mehr Handlungsspielräume bestehen, schwierig.[38] Allerdings bietet die freie Sanierung den Beteiligten durchaus einige Vorteile:

- Es kann grundsätzlich mit geringeren Kosten als im Insolvenzverfahren gerechnet werden: Das Verfahren kann vertraulich und schneller abgewickelt werden als ein gerichtliches Insolvenzverfahren und es fallen weder direkte noch indirekte Insolvenzkosten an.[39]
- Höhere Flexibilität[40] und absolute Privatautonomie – die Sanierungsinstrumente sind hier frei wählbar[41],
- die Beteiligten haben Einfluss auf den Verfahrensablauf,[42]
- Diskretion[43], insbesondere Verzicht auf die Veröffentlichung der Insolvenzeröffnung (§ 30 InsO),
- Möglichkeit, Organisationsstrukturen und Entscheidungskompetenzen aufrechtzuerhalten.[44]

Im Rahmen der freien Sanierung besteht häufig Bedarf für die Vornahme von Rekapitalisierungsmaßnahmen. Hierfür kommen insbesondere Eigenkapitalmaßnahmen in Betracht. Das Eigenkapital der Gesellschaft bildet die Haftungsmasse der Gläubiger und unterliegt deswegen einem besonderen Schutz (§ 30 GmbHG, § 57 AktG).[45] Gleichwohl kann es sich in der Krise der Gesellschaft anbieten, das Eigenkapital herab- bzw. heraufzusetzen, um Bilanzverluste

38 Kübler HRI/Undritz/Knof, § 3 Rn. 1: *„Dagegen gleichen Sanierungen innerhalb von Insolvenzverfahren angesichts massenhafter Insolvenzverschleppungen oftmals eher der Wiederbelebung eines Toten.“*

39 *Eidenmüller,* Unternehmenssanierung zwischen Markt und Gesetz, S. 333, 334; Schmidt/Uhlenbruck GmbH in der Krise/*Uhlenbruck,* 2. Teil A Rn. 2.2; Kübler HRI/*Undritz/Knof,* § 3 Rn. 6.

40 *Eidenmüller,* Unternehmenssanierung zwischen Markt und Gesetz, S. 337; Schmidt/Uhlenbruck GmbH in der Krise/*Uhlenbruck,* 2. Teil A Rn. 2.2.

41 *Eidenmüller,* Unternehmenssanierung zwischen Markt und Gesetz, S. 341; Kübler HRI/*Undritz/Knof,* § 3 Rn. 6.

42 *Eidenmüller,* Unternehmenssanierung zwischen Markt und Gesetz, S. 339.

43 Schmidt/Uhlenbruck GmbH in der Krise/*Uhlenbruck,* 2. Teil A Rn. 2.2; Kübler HRI/*Undritz/Knof,* § 3 Rn. 6.

44 Kübler HRI/*Undritz/Knof,* § 3 Rn. 6.

45 RSI/*Buth/Hermanns,* § 16 Rn. 8.

auszugleichen oder neue Liquidität (und damit ggf. Kreditwürdigkeit) für den Sanierungsprozess zu schaffen.[46]

Die ordentliche Kapitalerhöhung gemäß §§ 55, 56 GmbHG und §§ 182 ff. AktG führt zu einer Erhöhung des gebundenen Eigenkapitals und verschafft der Gesellschaft gleichzeitig neue Bar- oder Sachmittel.[47] Sie bedarf gemäß §§ 55, 53 II GmbHG einer Mehrheit von ¾ der abgegebenen Stimmen, falls der Gesellschaftsvertrag keine höheren Anforderungen vorsieht. Auch bei der AG ist eine Satzungsänderung notwendig, wobei zwei Mehrheitserfordernisse bestehen:[48] Aus § 133 I AktG ergibt sich das Erfordernis einer relativen Mehrheit der in der Hauptversammlung abgegebenen Stimmen. § 182 I 1 AktG legt darüber hinaus fest, dass eine Mehrheit von ¾ des bei Beschlussfassung anwesenden Grundkapitals der Kapitalerhöhung zustimmen müssen.

Die vereinfachte Kapitalherabsetzung (§ 58a GmbHG, § 229 AktG) ist Mittel zur Beseitigung einer Unterbilanz (*Buchsanierung*).[49] Im Sanierungsfall wird sie typischerweise zusammen mit einer Kapitalerhöhung vorgenommen (sog. *Kapitalschnitt*).[50] An die Vornahme sind dabei die gleichen Mehrheitserfordernisse gestellt wie bei der ordentlichen Kapitalerhöhung (§§ 58a V, 53 II GmbHG bzw. §§ 229 III, 222 I 1, 179 AktG). Die vereinfachte Kaitalherabsetzung kann gemäß § 58a IV 1 GmbHG, §§ 229 III, 228 I AktG sogar unter den Mindestnennbetrag erfolgen, solange dieser durch eine Kapitalerhöhung wieder erreicht wird. Zulässig ist auch eine Kapitalherabsetzung auf Null, wobei den Gesellschaftern grundsätzlich ein Bezugsrecht eingeräumt werden muss, um zu verhindern, dass sie *„auf kaltem Wege"* aus der Gesellschaft ausgeschlossen werden.[51]

Der *Debt Equity Swap* ermöglicht ebenfalls Gläubigern an der sanierenden Kapitalmaßnahme teilzunehmen, indem sie ihre Forderungen gegen die Gesellschaft in Eigenkapital umwandeln können.[52] Erzielt werden kann dies entweder durch die Vornahme von Kapitalmaßnahmen oder durch eine Veräußerung von Anteilen der Altgesellschafter gegen (teilweisen) Forderungsverzicht.[53] Soll

---

46 RSI/*Buth/Hermanns,* § 16 Rn. 8; die herausragende Wichtigkeit, die der Beschaffung neuen Eigenkapitals zukommt, betont RSI/*Kraus,* § 4 Rn. 58.

47 Schmidt/Uhlenbruck GmbH in der Krise/*Schmidt,* 2. Teil B Rn. 2.31.

48 MüKo AktG/*Schürnbrand,* § 182 Rn. 23.

49 RSI/*Buth/Hermanns,* § 16 Rn. 8; *Eilers,* GWR 2009, 3 (3).

50 Schmidt/Uhlenbruck GmbH in der Krise/*Schmidt,* 2. Teil B Rn. 2.33.

51 Schmidt/Uhlenbruck GmbH in der Krise/*Schmidt,* 2. Teil B Rn. 2.35.

52 Schmidt/Uhlenbruck GmbH in der Krise/*Schmidt,* 2. Teil B Rn. 2.59; näher zum *Debt Equity Swap* auch im 1. Teil B IV. 1).

53 *Eilers,* GWR 2009, 3 (3).

die Umwandlung der Verbindlichkeiten über eine Kapitalmaßnahme erfolgen, beschließen die Gesellschafter eine einfache Kapitalherabsetzung und -erhöhung, wobei die Gläubiger ihre Forderungen – unter Beachtung der Regelungen über Sacheinlagen – als Sacheinlage einbringen.[54]

Voraussetzung von Gesellschafterseite ist hier der mehrheitliche Beschluss im ausgeführten Sinne. Alternativ besteht die Möglichkeit des Anteilserwerbs durch die Gläubiger gegen den (teilweisen) Verzicht auf die Forderungen, wobei dies unter der Prämisse der Veräußerungsbereitschaft der Altgesellschafter steht.[55]

Ändern sich die wirtschaftlichen Rahmenbedingungen oder die Verhältnisse des Unternehmens, kann die Weiterführung in der ursprünglichen Rechtsform in Frage gestellt werden.[56] Häufig bedarf es für eine erfolgreiche Sanierung deswegen nicht nur rekapitalisierender Maßnahmen, sondern auch solcher, die die *corporate governance* oder die Struktur der Gesellschaft betreffen. Dies kann bspw. einen Austausch der Gesellschafter, die Änderung der Organstruktur[57] oder auch die Eliminierung gesellschaftsformspezifischer Einwirkungsmöglichkeiten der Gesellschafter bedingen. Das UmwG bietet insoweit vielfältige Möglichkeiten, eine Umstrukturierung in Form von Verschmelzung, Spaltung oder Formwechsel vorzunehmen.[58] Zudem können umwandlungsrechtliche Maßnahmen dazu dienen, die sanierungsbedürftige Gesellschaft in einen größeren Konzern einzugliedern oder einzelne Produktsparten auf andere Gesellschaften abzuspalten.[59] Da eine Umwandlung grundsätzlich die Universalsukzession zur Folge hat, kann sie sich in praktischer Hinsicht als vorteilhaft erweisen.[60] Grundsätzlich bedarf es für den Umwandlungsbeschluss dabei mindestens der Mehrheit, die auch für eine Satzungsänderung festgeschrieben ist.[61] Dabei gelten für die formwechselnde Umwandlung §§ 193 I, 240 I UmwG; für die Verschmelzung §§ 13 I, 50 I UmwG

54 *Eilers,* GWR 2009, 3 (3).
55 *Eilers,* GWR 2009, 3 (3).
56 *Drygala/Staake/Szalai,* Kapitalgesellschaftsrecht, § 34 Rn. 1.
57 RSI/*Hermanns,* § 17 Rn. 1.
58 RSI/*Hermanns,* § 17 Rn. 28.
59 RSI/*Hermanns,* § 17 Rn. 25.
60 RSI/*Hermanns,* § 17 Rn. 26. Eine Ausnahme bildet hier der Formwechsel, da hierdurch lediglich der formwechselnde Rechtsträger eine andere Rechtsform erhält. Ein Vermögensübergang findet nicht statt, weder in Form der Einzel- noch der Gesamtrechtsnachfolge, siehe *Drygala/Staake/Szalai,* Kapitalgesellschaftsrecht, § 34 Rn. 12.
61 RSI/*Hermanns,* § 17 Rn. 32.

und für die Aufspaltung oder Abspaltung zur Aufnahme bzw. Neugründung §§ 125 I, 13 I, 50 I bzw. §§ 135 I, 13 I, 50 I UmwG.

Alternativ zu den dargestellten Maßnahmen kommen auch Nebenleistungen der Gesellschafter, wie bspw. die Gewährung von Gesellschafterdarlehen, die Vereinbarung eines Rangrücktritts, die Abgabe einer Patronatserklärung, die Übernahme einer Bürgschaft oder ein Forderungsverzicht in Betracht, um den Eintritt der Insolvenz zu vermeiden.[62] Der Gesellschaftsvertrag einer GmbH kann daneben auch die Leistung von Nachschüssen vorsehen (§ 26 I GmbHG); eine solche Verpflichtung von Aktionären ist nicht möglich (§§ 23 V, 54 I AktG).

Bei beiden Gesellschaftsformen kommt hingegen die Vornahme einer übertragenden Sanierung in Betracht,[63] welche im Rahmen der Ausführungen zu den Sanierungsmöglichkeiten in der Insolvenz noch näher betrachtet wird[64].

Das größte Hindernis einer außergerichtlichen Sanierung ist – neben der Pflicht zur Beachtung der allgemeinen Vorschriften des Gesellschafts- und Insolvenzrechts[65] – der „*Zwang zur Einigung*".[66] Angesprochen ist hier das opportunistische Verhalten der einzelnen Beteiligten. Dies kann zum einen die Gläubiger als potentielle „*Akkordstörer*" betreffen.[67] Zum anderen können aber insbesondere die Gesellschafter die Vornahme von Sanierungsmaßnahmen verhindern. Die Zustimmung zu entsprechenden Maßnahmen unterliegt insoweit grundsätzlich ihrem Ermessen. Die Grenze bildet hier die gesellschaftsrechtliche Treuepflicht. Sie beeinflusst maßgeblich den Umfang gesellschaftsrechtlicher Verhaltenspflichten bei außerinsolvenzlichen Sanierungsmaßnahmen, wobei hier insbesondere die Rechtsprechungsgrundsätze des BGH bedeutsam sind. Da die gesellschaftsrechtliche Treuepflicht für die vorliegende Arbeit an vielen Stellen von Bedeutung ist, soll an dieser Stelle die relevante Rechtsprechung überblicksartig dargestellt werden, bevor auf die Sanierungsmöglichkeiten in der Insolvenz eingegangen wird.

---

62 Kübler HRI/*Undritz/Knof*, § 3 Rn. 127.

63 Schmidt/Uhlenbruck GmbH in der Krise/*Uhlenbruck*, 2. Teil A Rn. 2.7.

64 Siehe 1. Teil B. II. 2).

65 Siehe hierzu ausführlich Kübler HRI/*Undritz/Knof*, § 3 Rn. 8 f.

66 Kübler HRI/*Undritz/Knof*, § 3 Rn. 7.

67 Hierzu ausführlich *Eidenmüller*, Unternehmenssanierung zwischen Markt und Gesetz, S. 345 ff. mit Hinweis auf BGH, Urt. v. 12.2.1991 – IX ZR 178/91, BGHZ 116, 319 („*Akkordstörer*").

2) Die gesellschaftsrechtliche Treuepflicht

In der Mitgliedschaft verwurzelt, wirkt sich die Treuepflicht sowohl im horizontalen Verhältnis zwischen den Gesellschaftern untereinander als auch im vertikalen Verhältnis zwischen den Gesellschaftern und der Gesellschaft aus.[68]

Den Ursprung der Treuepflicht glauben einige Literaturstimmen in § 242 BGB,[69] andere wiederum in § 705 BGB zu finden[70]. Einerseits bietet sich § 705 BGB für die Begründung von Handlungs- und Hauptpflichten an,[71] während andererseits § 242 BGB die dem Gesellschafter obliegenden Rücksichtspflichten aufgrund eigennütziger Rechte zu erklären vermag[72]. Da allerdings beide Ansätze den Gesellschaftsvertrag als Basis heranziehen, liegt ein kombinatorischer Ansatz nahe.[73] So werden die verschiedenen Zweckrichtungen der Treuepflicht in den Vordergrund gerückt, denen aufgrund ihrer Unterschiedlichkeit nur durch verschiedene dogmatische Begründungen zu begegnen ist.[74]

Systematisch lässt sich die Treuepflicht in organ- und mitgliedschaftliche Pflichten unterteilen. Die größten Auswirkungen hat die Treuepflicht bei der Tätigkeit der Gesellschaftsorgane, die verpflichtet sind, ausschließlich im Sinne der Gesellschaft zu handeln.[75] Daneben besteht die weniger ausgeprägte mitgliedschaftliche Treuepflicht, die eine missbräuchliche Ausnutzung der Rechte, die dem Gesellschafter ob seiner Eigentümerstellung zukommen (Informations-, Kontroll-, Gewinnverwendungs- und Stimmrechte), verhindern soll.[76] Vor allem hier nimmt die Treuepflicht die Stellung eines Korrelats zwischen Rechtsmacht und Verantwortung ein.[77] Funktionell betrachtet, ist die Treuepflicht zum einen Ausprägung der mitgliedschaftlichen Zweckförderungspflicht, auf der in

---

68 *Dreher*, DStR 1993, 1632 (1632); *Fuchs*, FS Immenga, 589 (598).

69 *Eisenhardt*, Gesellschaftsrecht, § 5 Rn. 61; *Hennrichs*, AcP 195, 221 (229); *Janke*, Treuepflicht, S. 37; MüKo BGB/*Schubert*, § 242 Rn. 177.

70 Soergel BGB/*Hadding/Kießling*, § 705 Rn. 58; *Lutter*, ZHR 153 (1989), 446 (454); *ders.*, AcP 180, 84 (103); *Timm*, WM 1991, 481 (482).

71 Soergel BGB/ *Hadding/Kießling*, § 705 Rn. 58.

72 *Hüffer*, FS Steindorff, 59 (70).

73 *Bartsch*, Die Entwicklung der Treuepflicht, S. 17; *Fuchs*, FS Immenga, 589 (600); *Göbel*, Mehrheitsentscheidungen, S. 97; *Hüffer*, FS Steindorff, 59 (72, 73); *Immenga*, FS 100 Jahre GmbH-Gesetz, 189 (205).

74 *Immenga*, FS 100 Jahre GmbH-Gesetz, 189 (205).

75 *Janke*, Treuepflicht, S. 31, 32; *Wiedemann*, FS Heinsius, 949 (950, 951).

76 *Janke*, Treuepflicht., S. 33.

77 BGH, Urt. v. 1.2.1988 – II ZR 75/87, BGHZ 103, 184 (195); Urt. v. 5.6.1975 – II ZR 23/74, BGHZ 65, 15 (19).

der personalistischen Personengesellschaft der Fokus liegt.[78] Zum anderen – und dieser Punkt gewinnt mit zunehmender körperschaftlicher Struktur und damit einhergehend schwächer werdenden Bindungen an Bedeutung – ist die Treuepflicht eine durch das Willkürverbot und den Verhältnismäßigkeitsgrundsatz geprägte Verhaltensschranke.[79]

Inbegriff der gesellschaftsrechtlichen Treuepflicht ist die personalistische Struktur von Personengesellschaften mit ihren engen Vertrauensbeziehungen. Dies erklärt auch die frühe Anerkennung im Personengesellschaftsrecht[80] auf der einen und die Zurückhaltung der Rechtsprechung und Literatur im Kapitalgesellschaftsrecht auf der anderen Seite[81]. Das heutige Verständnis hat sich dahingehend verändert, als ausgeprägte Vertrauensverhältnisse nicht mehr die Frage beantworten, *ob*, sondern nur noch *wie* weitreichend die Treuepflicht besteht.[82] Die Grenzen werden dabei nach dem Gegenstand der Rechtsausübung und der Art des Gemeinschaftsverhältnisses gezogen.[83]

Eine besonders starke Ausprägung erfährt die Treuepflicht bei der Ausübung uneigennütziger Rechte. „*Hierbei handelt es sich um Verwaltungsrechte, die die Geschäftsführung der Gesellschaft zum Gegenstand haben*".[84] Der Gesellschafter muss hier dem Gesellschaftsinteresse unbedingten Vorrang einräumen.[85]

Bei den eigennützigen Rechten fällt die Bestimmung des Einflusses der Treuepflicht schwerer. Schon begrifflich sind diese eng mit der Mitgliedschaft verbunden, ihre Wahrnehmung also vornehmlich im individuellen Interesse.[86] Hierunter fällt unter anderem auch das Stimmrecht, zumindest wenn der Abstimmungsgegenstand die Mitgliedschaft in ihrem Kern betrifft, also Bezug zu der Rechtssphäre des Gesellschafters aufweist.[87] Grundsätzlich ist der

---

78 *Roschmann/Frey,* WiB 1996, 881 (882).

79 *Hennrichs,* AcP 195, 221 (236).

80 BGH, Urt. v. 10.6.1965 – II ZR 6/63, BGHZ 44, 40; Urt. v. 28.4.1975 – II ZR 16/73, BGHZ 64, 253 (257).

81 *Schmidt,* Gesellschaftsrecht, § 20 IV 1.c), S. 589.

82 *Häsemeyer,* ZHR 160 (1996), 109 (113); *Janke,* Treuepflicht, S. 39; *Seibt,* ZIP 2014, 1909 (1910); BeckOK GmbHG/*Wilhelmi,* § 13 Rn. 184 (Stand 01.11.2016).

83 *Göbel,* Mehrheitsentscheidungen, S. 98; *Häsemeyer,* ZHR 160 (1996), 109 (113); MüKo BGB/*Ulmer/Schäfer,* § 705 Rn. 224, 225.

84 Dreher, DStR 1993, 1632 (1633).

85 Dreher, DStR 1993, 1632 (1633); *Göbel,* Mehrheitsentscheidungen, S. 99; *Immenga,* FS 100 Jahre GmbH-Gesetz, 189 (199); MüKo BGB/*Ulmer/Schäfer,* § 705 Rn. 224.

86 *Göbel,* Mehrheitsentscheidungen, S. 100.

87 Dreher, DStR 1993, 1632 (1633); *Kindler,* Grundkurs Handels- und Gesellschaftsrecht, § 11 Rn. 21.

Gesellschafter hier nicht gehindert, eigene Interessen in den Vordergrund zu stellen, wenn er die Interessen der übrigen Gesellschafter und der Gesellschaft nicht vollends außer Betracht lässt.[88] Je gravierender allerdings die Folgen der eigennützigen Rechtsausübung für die Gesellschaft sind, desto stärker wächst die Bedeutung ihres Interesses, womit die Schrankenfunktion der Treuepflicht angesprochen ist.[89]

Für die Sanierungssituation kommt diesem Stimmrecht bei der Vornahme gesellschaftsrechtlicher Maßnahmen besondere Bedeutung zu. Das Spannungsverhältnis zwischen der Entscheidungsfreiheit des Einzelnen und dem Interesse der Gesellschaft(er) wird bei solchen Vertragsänderungen besonders deutlich. Kommt es zur Kollision der unterschiedlichen Positionen, stellt sich nicht selten die Frage, ob, über die Funktion einer Ausübungsschranke hinausgehend, die Treuepflicht positive Verhaltenspflichten, wie etwa Zustimmungspflichten, begründen kann.[90] Eine solche Pflicht kann aufgrund der hohen Eingriffsqualität in die Rechte des Gesellschafters indes nicht ohne Weiteres angenommen werden; vielmehr muss im Vorfeld – im Rahmen einer Verhältnismäßigkeitsprüfung – eine umfassende Interessenabwägung vorgenommen werden.[91] In diesem Sinne wird zwar von einer freien Stimmrechtsausübung ausgegangen, die allerdings nicht missbräuchliche Formen annehmen darf.[92]

3) *„Girmes" und „Sanieren oder Ausscheiden"*

Im Hinblick auf positive Stimmpflichten im Rahmen von Sanierungskonstellationen sind zwei Urteile des BGH aus den Jahren 1995 („*Girmes*") und 2009 („*Sanieren oder Ausscheiden*") besonders erwähnenswert. Beide betreffen die Frage nach einer Zustimmungspflicht zu Kapitalmaßnahmen, die die jeweiligen Gesellschaften sanieren sollten.

Im *Girmes*-Urteil stellte der BGH zunächst klar, dass auch Minderheitsgesellschafter und Kleinaktionäre der gesellschaftsrechtlichen Treuepflicht unterliegen.[93] Zum Tragen komme diese Treuepflicht im Rahmen der Stimmausübung

88 MüKo BGB/*Ulmer/Schäfer*, § 705 Rn. 224.

89 *Göbel*, Mehrheitsentscheidungen, S. 100; *Hüffer*, FS Steindorff, 59 (62); MüKo BGB/*Ulmer/Schäfer*, § 705 Rn. 223, 224.

90 *Timm*, WM 1991, 481 (483).

91 Dreher, DStR 1993, 1632 (1635).

92 BGH, Urt. v. 9.6.1954 – II ZR 70/53, BGHZ 14, 25 (37); *Flume*, ZIP 1995, 161 (167); *Timm*, WM 1991, 481 (483).

93 BGH, Urt. v. 20.3.1995 – II ZR 205/94, BGHZ 129, 136 (142) („Girmes").

immer dann, wenn der Minderheitsgesellschafter sich in einer Position befinde, die ihn in die Lage versetze, die Beschlussfassung zu verhindern (bspw. aufgrund einer Sperrminorität).[94] Zu beachten sei indes, dass in einer Sanierungssituation die Minderheitsgesellschafter ausschließlich gegenüber ihren Mitgesellschaftern verpflichtet seien.[95] Gegenüber der Gesellschaft bestehe eine solche Treuepflicht schon allein aus dem Grund nicht, weil diese gegenüber ihren Gesellschaftern keinen „*allgemeinen Bestandsschutz*“ genieße; „*diese* [seien] *vielmehr in der Lage, den Gesellschaftszweck jederzeit und ohne Vorliegen sachlicher Rechtfertigungsgründe zu beenden und die Auflösung der Gesellschaft zu beschließen.*“[96] Wolle die Gesellschaftermehrheit allerdings die Gesellschaft nicht auflösen, sondern sanieren, müsse die Minderheit hierauf ggf. Rücksicht nehmen.[97] Im Rahmen einer strengen Verhältnismäßigkeitsprüfung sei eine Zustimmungspflicht davon abhängig zu machen, „*dass bei Scheitern der Sanierungsmaßnahme der Zusammenbruch der Gesellschaft unvermeidlich und im Falle des Zusammenbruchs die Stellung des einzelnen Gesellschafters ungünstiger als bei einem Austritt aus der fortbestehenden Gesellschaft ist* [und] *die Durchführung der Sanierungsmaßnahme die Verfolgung des Gesellschaftszwecks nach objektiver Einschätzung nachhaltig sicherstellt und keine schonendere Sanierung möglich ist.*“[98]

Das Urteil *Sanieren oder Ausscheiden* knüpfte an diese Rechtsprechung an. Hier entschied der BGH, dass ein Gesellschafter zwar nicht dazu gezwungen werden könne, gegen seinen Willen neue Einlagen zu übernehmen;[99] stelle die Mehrheit die Minderheit allerdings vor die Wahl, entweder freiwillig an einer Kapitalerhöhung teilzunehmen oder auszuscheiden, gebiete es die Treuepflicht unter bestimmten Voraussetzungen, bei Nichtteilnahme an der Kapitalerhöhung aus der Gesellschaft auszuscheiden. Eine Zustimmungspflicht komme immer dann in Betracht, „*wenn sie mit Rücksicht auf das bestehende Gesellschaftsverhältnis oder auf die bestehenden Rechtsbeziehungen der Gesellschafter untereinander dringend erforderlich ist und die Änderung des Gesellschaftsvertrages dem Gesellschafter unter Berücksichtigung seiner eigenen Belange zumutbar ist.*“[100]

---

94 BGH, Urt. v. 20.3.1995 – II ZR 205/94, BGHZ 129, 136 (145) („Girmes“).

95 BGH, Urt. v. 20.3.1995 – II ZR 205/94, BGHZ 129, 136 (151) („Girmes“).

96 BGH, Urt. v. 20.3.1995 – II ZR 205/94, BGHZ 129, 136 (151) („Girmes“); so auch schon BGH, Urt. v. 28.1.1980 – II ZR 124/78, ZIP 1980, 275 (267).

97 BGH, Urt. v. 20.3.1995 – II ZR 205/94, BGHZ 129, 136 (152) („Girmes“).

98 BGH, Urt. v. 20.3.1995 – II ZR 205/94, BGHZ 129, 136 (153) („Girmes“).

99 BGH, Urt. v. 19.10.2009 – II ZR 240/08, BGHZ 183, 1 (9) („Sanieren oder Ausscheiden“).

100 BGH, Urt. v. 19.10.2009 – II ZR 240/08, BGHZ 183, 1 (9) („Sanieren oder Ausscheiden“); bereits zuvor BGH, Urt. v. 23.1.2006 – II ZR 126/04, WM 2006, 774 (776); Urt. v. 10.10.1994 – II ZR 18/94, NJW 1995, 194 (195); Urt. v. 19.11.1984 – II ZR

„Die Verpflichtung eines einzelnen Gesellschafters, einer notwendig gewordenen Änderung des Gesellschaftsvertrages zuzustimmen, kann daher nur angenommen werden, wenn dem schützenswerte Belange des einzelnen Gesellschafters nicht entgegenstehen.“[101] Bei Sanierungsfähigkeit der Gesellschaft sei es der sanierungswilligen Mehrheit grundsätzlich nicht zuzumuten, ihren Sanierungsbeitrag zu erbringen, von dem die sanierungsunwillige Gesellschafterminderheit durch bloßes Verbleiben in der Gesellschaft profitiere.[102] Komme hinzu, dass die Minderheitsgesellschafter bei einem Ausschluss aus der Gesellschaft nicht schlechter stünden als bei Liquidation der Gesellschaft, sei ihre Position nicht schützenswert.[103]

Von diesen Grundsätzen wich der BGH auch in den Folgeentscheidungen zu *Sanieren oder Ausscheiden* in den Jahren 2011[104] und 2015[105] nicht ab.[106] Vielmehr verwies er in beiden Urteilen ausdrücklich auf die *Sanieren oder Ausscheiden*-Rechtsprechung.[107]

Allerdings stellte der BGH in dem Urteil aus 2011 klar, dass eine Vereinbarung im Gesellschaftsvertrag, nach der bei einer verweigerten Teilnahme an einer Kapitalerhöhung der Gesellschafter in der Gesellschaft verbleiben könne und lediglich eine verringerte Anteilsquote hinzunehmen habe, der Anwendung dieser Grundsätze entgegenstehe.[108] Denn zum einen könne die Treuepflicht ausschließlich aus einer berechtigten Erwartungshaltung der anderen Gesellschafter resultieren, die sich aus dem konkreten Gesellschaftsverhältnis ergebe.[109]

102/84, DB 1985, 907 (908); Urt. v. 28.4.1975 – II ZR 16/73, BGHZ 64, 253 (258); Urt. v. 26.1.1961 – II ZR 240/59, WM 1961, 301 (302); OLG Celle, Urt. v. 21.12.2005 – 9 U 96/05, ZIP 2006, 807 (809).

101 BGH, Urt. v. 19.10.2009 – II ZR 240/08, BGHZ 183, 1 (8) („Sanieren oder Ausscheiden“) mit Verweis auf BGH, Urt. v. 10.6.1965 – II ZR 6/63, BGHZ 44, 40 (41 f.); Urt. v. 28.4.1975 – II ZR 16/73, BGHZ 64, 253 (257).

102 BGH, Urt. v. 19.10.2009 – II ZR 240/08, BGHZ 183, 1 (10, 11) („Sanieren oder Ausscheiden“).

103 BGH, Urt. v. 19.10.2009 – II ZR 240/08, BGHZ 183, 1 (11) („Sanieren oder Ausscheiden“).

104 BGH, Urt. v. 25.1.2011 – II ZR 122/09, NJW 2011, 1667.

105 BGH, Urt. v. 9.6.2015 – II ZR 420/13, NJW 2015, 2882.

106 *Schimrick*, NJW 2015, 2886 (2886); *Schneider*, NZG 2011, 575 (577).

107 BGH, Urt. v. 9.6.2015 – II ZR 420/13, NJW 2015, 2882 (2884) sowie BGH, Urt. v. 25.1.2011 – II ZR 122/09, NJW 2011, 1667 (1669).

108 BGH, Urt. v. 25.1.2011 – II ZR 122/09, NJW 2011, 1667 (1669).

109 BGH, Urt. v. 25.1.2011 – II ZR 122/09, NJW 2011, 1667 (1669).

Zum anderen schütze eine gegenteilige Vereinbarung das Vertrauen des Gesellschafters, eben nicht verpflichtet zu sein, an einer Kapitalerhöhung teilzunehmen oder andernfalls auszuscheiden.[110] Der BGH wich hierdurch aber nicht von seiner Rechtsprechungslinie ab, sondern wog lediglich einzelfallabhängig das Für und Wider einer Treuepflichtbindung ab.[111] Diese Einzelfallabwägung wird auch im Urteil aus 2015 deutlich. In dem zugrundeliegenden Sachverhalt war keine der Entscheidung aus 2011 entsprechende Regelung im Gesellschaftsvertrag enthalten.[112] Dementsprechend stellte der BGH klar, dass es für diesen Fall bei dem im *Sanieren oder Ausscheiden*-Urteil aufgestellten Grundsatz bleibe, der Gesellschafter im Ausnahmefall also der gesellschaftsrechtlichen Treuepflicht unterliege.[113]

Sowohl bei *Girmes* als auch bei *Sanieren oder Ausscheiden* und den Folgeurteilen waren die Realstrukturen der jeweiligen Gesellschaften nicht durch enge persönliche Strukturen gekennzeichnet. Im Fall *Girmes* handelte es sich um eine Aktiengesellschaft und im Fall *Sanieren oder Ausscheiden* um eine Publikumspersonengesellschaft. Obwohl Letztere zwar rechtstechnisch den Personengesellschaften zuzuordnen ist, überwiegt tatsächlich der Charakter eines Kapitalsammelbeckens,[114] womit die Rechtsbeziehungen der Gesellschafter untereinander eher denen in einer großen Aktiengesellschaft gleichen. Derartige Gesellschaftsstrukturen rechtfertigen durchaus weitreichendere Anforderungen an den Sanierungsbeitrag des einzelnen Gesellschafters, als dies bspw. in der personalistischen GmbH der Fall ist.[115] Dies verdeutlicht, dass keine starren Leitlinien bezüglich einer Sanierungspflicht aufgrund von Treuepflichten angenommen werden können; vielmehr muss jeder Einzelfall gesondert beurteilt und die Interessen abgewogen werden. Insbesondere muss stets mit einbezogen werden, dass die Gesellschafter grundsätzlich über ihre ursprünglichen Beiträge

110 BGH, Urt. v. 25.1.2011 – II ZR 122/09, NJW 2011, 1667 (1669).

111 *Strohn,* ZInsO 2013, 12 (13).

112 BGH, Urt. v. 9.6.2015 – II ZR 420/13, NJW 2015, 2882 (2884).

113 BGH, Urt. v. 9.6.2015 – II ZR 420/13, NJW 2015, 2882 (2885).

114 BGH, Urt. v. 14.5.1956 – II ZR 229/54, BGHZ 20, 363 (364); *Kellermann,* FS Stimpel, 295 (296); *Schlarmann,* BB 1979, 192 (194).

115 *Häsemeyer,* ZHR 160 (1996), 109 (113). Grundsätzlich steht die Literatur der Übertragung der *Sanieren oder Ausscheiden*-Grundsätze auf die Kapitalgesellschaft aber positiv gegenüber, siehe Segmiller, Kapitalmaßnahmen im Insolvenzplan, S. 131 ff.; GmbH Schmidt/Uhlenbruck GmbH in der Krise/*Schmidt,* 2. Teil B Rn. 2.37.

hinaus keine neuen erbringen müssen, soweit nichts Gegenteiliges im Gesellschaftsvertrag geregelt ist.[116]

II. Sanierung im Insolvenzverfahren

1) Einleitung

Eine außergerichtliche Sanierung kommt auch dann noch in Betracht, wenn ein Insolvenzgrund bereits eingetreten ist. Allerdings besteht hierfür nur noch ein sehr kurzes Zeitfenster, da gemäß § 15a I InsO spätestens *drei Wochen* nach Eintritt der Zahlungsunfähigkeit oder der Überschuldung der Insolvenzantrag gestellt werden muss. Diese drei Wochen können zwar noch für die Einleitung außergerichtlicher Sanierungsmaßnahmen genutzt werden, allerdings nur, wenn dies erfolgversprechend erscheint – andernfalls hat der Verantwortliche die zivil- und strafrechtlichen Konsequenzen des verspäteten Insolvenzantrags zu tragen.[117] Im Regelfall ist davon auszugehen, dass diese Frist für eine außergerichtliche Sanierung zu knapp bemessen ist und daher Insolvenzantrag gestellt werden muss.[118]

Gemäß § 1 S. 1 InsO dient das Insolvenzverfahren dazu, *„die Gläubiger eines Schuldners gemeinschaftlich zu befriedigen"*. Mittel zum Zweck kann hier entweder die Liquidierung oder die Fortführung des Unternehmens darstellen. Die Wahl des vorzuziehenden Mittels ist anhand des Liquidations- und Fortführungswertes zu treffen: Ist die Verwertung der Vermögenswerte des Schuldners ertragreicher als das, was im Falle einer Fortführung erwirtschaftet werden könnte, ist die Liquidation vorzuziehen.[119] Auf diese Weise verhindert das Insolvenzrecht, dass Schuldner am Leben erhalten werden, obschon dies wirtschaftlich sinnlos ist.[120] Denn ist dies der Fall, sind sowohl die Gläubiger als auch der Schuldner und die an ihm beteiligten natürlichen Personen besser beraten, den Schuldner aufzulösen und die Gläubiger aus dem Erlös zu befriedigen.

---

116 *Wiedemann,* FS Hommelhoff, 1337 (1338); der BGH bezeichnete dies sogar als *Grundrecht* BGH, Urt. v. 5.3.2007 – II ZR 282/05, WM 2007, 743 (744).

117 Schmidt/Uhlenbruck GmbH in der Krise/*Uhlenbruck,* 2. Teil A Rn. 2.5.; Kübler HRI/*Undritz/Knof,* § 3 Rn. 49.

118 Schmidt/Uhlenbruck GmbH in der Krise/*Uhlenbruck,* 2. Teil A Rn. 2.5.

119 *Brüning,* Gesellschafter und Insolvenzplan, S. 2; *Eidenmüller,* Unternehmenssanierung zwischen Markt und Gesetz, S. 31; *ders.,* ZIP 2010, 649 (650); *Maus,* Kölner Schrift zur InsO, 931 (943).

120 BegrRegE ESUG, BT-Drucks. 17/5712, S. 17; *Eidenmüller,* ZIP 2010, 649 (650); *Noack,* FS Zöllner, 411 (415).

Legt man den weiten Sanierungsbegriff zugrunde, stehen im eröffneten Insolvenzverfahren drei Wege zur Verfügung, um das Unternehmen zu sanieren:[121] das Insolvenzplanverfahren, die Eigenverwaltung und die übertragende Sanierung.[122] Letztere hat dabei allerdings nicht die Sanierung des Unternehmensträgers zum Ziel – vielmehr werden hierbei ertragsfähige und nicht ertragsfähige Unternehmensteile getrennt und der Rechtsträger anschließend liquidiert.[123]

2) *Die übertragende Sanierung*

Das in der Praxis am bislang häufigsten gebrauchte Sanierungsmittel[124] ist die 1980 von *Karsten Schmidt* geprägte *übertragende Sanierung*[125]. Diese kann im Regelverfahren,[126] aber auch im Insolvenzplanverfahren vollzogen werden.[127] Dabei werden entweder die Vermögensgegenstände des Unternehmensträgers („*Asset Deal*") oder aber die Gesellschaftsanteile übertragen („*Share Deal*").[128]

Der *Asset Deal* stellt dabei allerdings den Regelfall dar.[129] Dies mochte – zumindest vor der Reform durch das ESUG – zum einen daran liegen, dass für die übertragende Sanierung in Form des *Asset Deals* keine Zustimmung der Gesellschafter eingeholt werden musste.[130] Zum anderen gehen beim *Share Deal* nicht bloß die Aktiva der Gesellschaft mit über, sondern auch die Passiva.[131] Es ist somit nicht möglich, einen schnellen bilanziellen Sanierungserfolg herbeizuführen, wie dies bei der übertragenden Sanierung im Wege des *Asset Deals* der

---

121 Kübler HRI/*Undritz,* § 2 Rn. 10.

122 *Eidenmüller,* Unternehmenssanierung zwischen Markt und Gesetz, S. 15; *Smid/Rattunde/Martini,* Der Insolvenzplan, Rn. 0.23; Kübler HRI/*Undritz,* § 2 Rn. 10.

123 Kübler HRI/*Undritz,* § 2 Rn. 10.

124 *Brüning,* Gesellschafter und Insolvenzplan, S. 22; Unternehmensrestrukturierung/*Gless/Undritz/Lambrecht,* 261 (268); *Hübler,* Die Eigenverwaltung, S. 59; *Rattunde,* ZIP 2003, 2103 (2105); *Smid/Rattunde/Martini,* Der Insolvenzplan, Rn. 0.26; *Undritz,* ZGR 2010, 201 (205).

125 *Schmidt,* ZIP 1980, 328 (336).

126 Hierzu ausführlich *Schmerbach,* ZInsO 2009, 458 (460).

127 MüKo InsO/*Eidenmüller,* § 217 Rn. 173; *Hübler,* Die Eigenverwaltung, S. 61; *Maus,* Kölner Schrift zur InsO, 931 (935); *Zarzitzky,* Die Reform des Insolvenzplanverfahrens, S. 19

128 *Hübler,* Die Eigenverwaltung, S. 59.

129 *Schmerbach,* ZInsO 2009, 458 (459).

130 *Brünkmans,* ZIP 2014, 1857 (1857); *Verse,* ZGR 2010, 299 (301).

131 *Bitter,* ZGR 2010, 147 (155, 156).

Fall ist.[132] Bei Letzterem werden lediglich die Aktiva des Schuldners auf einen neu zu gründenden Rechtsträger oder eine bereits existierende Gesellschaft übertragen.[133] Dies geschieht je nach Art des Vermögensgegenstandes nach den Vorschriften der §§ 398 ff., 873 ff., 929 ff. BGB.[134] Die Verbindlichkeiten verbleiben hingegen bei der Schuldnergesellschaft, welche im Folgenden aufgelöst wird.[135] Der Kaufpreis fließt wiederum in die Insolvenzmasse und wird an die Gläubiger ausgekehrt.[136] Damit stellt die übertragende Sanierung nicht nur eine Vermögenverwertung,[137] sondern auch eine Form der Reorganisation dar, weil zumindest Teile der betrieblichen Struktur auf den neuen Unternehmensträger übergehen.[138]

Beliebt ist die übertragende Sanierung auch aufgrund der Tatsache, dass Kosten und Dauer sich ziemlich genau bestimmen lassen und auch eine Haftung des neuen Unternehmensträgers nicht zu befürchten ist, da sowohl §§ 25, 28 HGB als auch § 75 I AO (aufgrund der Regelung in § 75 II AO) keine Anwendung finden.[139] Allerdings ist insbesondere aufgrund der Schnelligkeit, in der die Vermögenswerte in der Regel angeboten und veräußert werden müssen, und der Tatsache, dass das Unternehmen für den potentiellen Investor unbekannt ist und er deswegen sein Angebot risikoavers kalkulieren wird, die Ermittlung bzw. Erzielung eines angemessenen Preises nicht immer zu gewährleisten, wenn überhaupt ein Investor gefunden wird.[140]

---

132 *Rattunde,* ZIP 2003, 2103 (2105); *Smid/Rattunde/Martini,* Der Insolvenzplan, Rn. 0.26; *Spetzler,* Eingriffe in die Rechte von Anteilseignern, S. 6.

133 *Hübler,* Die Eigenverwaltung, S. 59; *Schmerbach,* ZInsO 2009, 458 (459); *Zarzitzky,* Die Reform des Insolvenzplanverfahrens, S. 15.

134 *Schmerbach,* ZInsO 2009, 458 (461); *Zarzitzky,* Die Reform des Insolvenzplanverfahrens, S. 16.

135 *Braun,* FS Fischer, 53 (63); *Büchele,* Eingriff in Gesellschafterrechte, S. 26; *Hübler,* Die Eigenverwaltung, S. 59; *Schmidt,* ZIP 1980, 328 (336); *Spetzler,* Eingriffe in die Rechte von Anteilseignern, S. 6.

136 *Hübler,* Die Eigenverwaltung, S. 59; *Zarzitzky,* Die Reform des Insolvenzplanverfahrens, S. 15.

137 *Maus,* Kölner Schrift zur InsO, 931 (934); Kübler HRI/*Undritz,* § 2 Rn. 3.

138 *Spetzler,* Eingriffe in die Rechte von Anteilseignern, S. 3, 4; *Zarzitzky,* Die Reform des Insolvenzplanverfahrens, S. 15.

139 *Bitter,* ZGR 2010, 147 (156); *Brüning,* Gesellschafter und Insolvenzplan, S. 24; *Rattunde,* ZIP 2003, 2103 (2105); *Spetzler,* Eingriffe in die Rechte von Anteilseignern, S. 6.

140 *Brüning,* Gesellschafter und Insolvenzplan, S. 34; *Büchele,* Eingriff in Gesellschafterrechte, S. 93; *Eidenmüller,* Unternehmenssanierung zwischen Markt und Gesetz, S. 36, 38; *Hübler,* Die Eigenverwaltung, S. 60; *Rattunde,* ZIP 2003, 2103 (2105); auch zu den verschiedenen Bewertungsmethoden *Schmerbach,* ZInsO 2009, 458 (462).

Die größte Hürde für die übertragende Sanierung besteht jedoch darin, dass der Unternehmensträger nicht auf den neuen Rechtsträger übertragen wird.[141] Hierdurch wird verhindert, dass die bestehenden Rechtsverhältnisse auf den neuen Rechtsträger übergehen.[142] Zu nennen sind hier insbesondere Vertragsverhältnisse wie Mietverträge, Lieferverträge mit besonderen Konditionen, Urheberrechte oder auch öffentlich-rechtliche Genehmigungen, die mitunter den größten Teil des Unternehmenswertes ausmachen.[143] Ein Übergang kann auch hier selbstverständlich mit den jeweiligen Vertragspartnern vereinbart werden, die diese Möglichkeit jedoch wahrscheinlich nutzen werden, um für sie günstigere Konditionen auszuhandeln.[144]

3) Insolvenzplan und Eigenverwaltung

Das Insolvenzplanverfahren (§§ 217 ff. InsO) ist *„ein universelles Instrument der Masseverwertung“*.[145] Sowohl die Liquidierung als auch die Reorganisation können hier abweichend von den Vorschriften der Regelinsolvenz privatautonom geregelt werden.[146]

In der Mehrheit der Fälle wird das Insolvenzplanverfahren für eine Reorganisation[147] genutzt. Dies ist damit zu erklären, dass die Unternehmensreorganisation nicht im Regelverfahren, sondern ausschließlich mithilfe eines Insolvenzplanes durchgeführt werden kann und das Planverfahren regelmäßig zu aufwendig für die Regelung der Liquidation erscheint.[148] Hierbei wird der Unternehmensträger in gleicher Hand saniert und weitergeführt und die Gläubiger aus den

---

141 *Eidenmüller,* ZIP 2010, 649 (651); *Zarzitzky,* Die Reform des Insolvenzplanverfahrens, S. 17.

142 *Braun,* FS Fischer, 53 (66); *Büchele,* Eingriff in Gesellschafterrechte, S. 92.

143 *Braun,* FS Fischer, 53 (64).

144 *Spetzler,* Eingriffe in die Rechte von Anteilseignern, S. 7.

145 BegrRegE InsO, BT-Drucks 12/2443, S. 90.

146 MüKo InsO/*Eidenmüller,* Vorb. vor §§ 217 bis 269 Rn. 1; MüKo InsO/*Eidenmüller,* § 217 Rn. 172, 176; Unternehmensrestrukturierung/*Gless/Undritz/Lambrecht,* 261 (270); *Hübler,* Die Eigenverwaltung, S. 62; *Maus,* Kölner Schrift zur InsO, 931 (932); *Smid/Rattunde/Martini,* Der Insolvenzplan, Rn. 2.14.

147 Reorganisation meint dabei die Sanierung des Unternehmensträgers aus dem Insolvenzverfahren heraus; es geht um die Überwindung des Insolvenzverfahrens, siehe *Kautz,* Die gesellschaftsrechtliche Neuordnung der GmbH im künftigen Insolvenzrecht, S. 22; *Krull,* Bedingter Insolvenzplan und Kapitalschnitt, S. 25.

148 *Büchele,* Eingriff in Gesellschafterrechte, S. 29; *Brüning,* Gesellschafter und Insolvenzplan, S. 12; Unternehmensrestrukturierung/*Gless/Undritz/Lambrecht,* 261 (270).

Unternehmenserträgen befriedigt.[149] Im Hinblick auf eine nachhaltige Reorganisation werden meist sowohl finanz- als auch leistungswirtschaftliche Umstrukturierungen geregelt.[150] Für die Gläubiger kann weiterhin eine Änderung in der Gesellschafterstruktur von Interesse sein, welche mit einem *Debt Equity Swap* im Reorganisationsplan umgesetzt werden kann; in Betracht kommt aber auch eine Rechtsformänderung der Gesellschaft, um bspw. Haftungsfragen neu zu regeln.[151]

Die Eröffnung des Insolvenzverfahrens geht gemäß § 80 I InsO mit dem Verlust des Rechts des Schuldners einher, das zur Insolvenzmasse gehörende Vermögen zu verwalten und daüber zu verfügen. Dies übernimmt ab diesem Zeitpunkt der Insolvenzverwalter. Diese „*Trennung von Rechtsinhaberschaft und Verwaltungs- und Verfügungsbefugnis*" gilt grundsätzlich auch dann, wenn das Unternehmen mittels Insolvenzplanverfahren fortgeführt werden soll.[152]

Anders ist dies nur, wenn das Insolvenzplanverfahren mit der Eigenverwaltung verbunden wird. Mit den §§ 270 ff. InsO wurde ein Verfahren eingeführt, das es dem Schuldner (bzw. dessen Geschäftsführer) ermöglicht, in seiner Position zu verbleiben.[153] Die Verwaltung wird dementsprechend nicht von einem Insolvenzverwalter, sondern von dem Schuldner selbst übernommen, welcher lediglich durch einen Sachwalter überwacht wird.[154] Von dieser Besonderheit abgesehen, verbleibt es gemäß § 270 I 2 InsO (a.F. und n.F.) bei den allgemeinen Vorschriften zum Insolvenzverfahren, womit sowohl die Liquidation als auch die Fortführung der Schuldnergesellschaft möglich sind. Im Regelfall wird mit der Eigenverwaltung allerdings die Fortführung der Gesellschaft angestrebt – lediglich in diesem Fall treten ihre besonderen Vorzüge zum Vorschein.[155] Denn in Betracht kommt die Eigenverwaltung insbesondere in solchen Fällen, in denen es auf die speziellen Kenntnisse des Schuldners ankommt oder in denen

---

149 *Brüning*, Gesellschafter und Insolvenzplan, S. 5; MüKo InsO/*Eidenmüller*, § 217 Rn. 176; *Spetzler*, Eingriffe in die Rechte von Anteilseignern, S. 3.

150 MüKo InsO/*Eidenmüller*, § 217 Rn. 177; *Maus*, Kölner Schrift zur InsO, 931 (937).

151 Weitergehend auch zu den Möglichkeiten einer Umwandlung *Noack*, FS Zöllner, 411 (420, 424); *Zarzitzky*, Die Reform des Insolvenzplanverfahrens, S. 24.

152 Kübler HRI/*Undritz*, § 2 Rn. 22.

153 Hierzu ausführlich *Pape*, Kölner Schrift zur InsO, 895 (896 ff.).

154 *Finke*, Kollision von Gesellschaftsrecht und Insolvenzrecht, S. 31; *Hübler*, Die Eigenverwaltung, S. 64.

155 Kübler HRI/*Undritz*, § 2 Rn. 3.

die Gläubiger großes Vertrauen in den Schuldner bzw. dessen Organe haben.[156] Hier bietet sich die Fortführung der Gesellschaft in der Hand des Schuldners an.

Insolvenzplanverfahren und Eigenverwaltung können jeweils unabhängig voneinander durchgeführt werden.[157] Ein Antrag auf Anordnung der Eigenverwaltung, der mit der Vorlage eines Insolvenzplans verbunden wird oder zumindest ein Sanierungskonzept erkennen lässt, wird aber zumeist erfolgreicher sein als ein bloßer Antrag auf Eigenverwaltung.[158]

a) *Das Obstruktionspotential der Gesellschafter als Hindernis für eine erfolgreiche Sanierung*

Nur die frühzeitige Stellung des Insolvenzantrags verspricht die Aussicht auf eine erfolgreiche Sanierung,[159] da dies meist einen höheren Unternehmenswert, der durch eine Sanierung realisiert werden kann, und somit eine verbesserte Gläubigerbefriedigung bedingt[160]. Darüber hinaus lässt sich auch feststellen, dass sich Gesellschafter, deren Eigenkapitalanteil noch nicht vollständig aufgezehrt ist, umsichtiger bei Investitionen zeigen und nicht – gläubigerschädigend – auch das restliche Kapital „verzocken".[161] Insbesondere diese frühzeitige Antragstellung stellte vor Erlass des ESUG das größte Problem dar. Der Insolvenzantrag wurde durchschnittlich 10 Monate nach Eintritt der materiellen Insolvenz – also viel zu spät – gestellt.[162] Und da Sanktionen erst ab Zahlungsunfähigkeit oder Überschuldung zu befürchten sind, ging auch von § 15a InsO keine Beschleunigungswirkung aus.[163]

Dabei stand mit der Eigenverwaltung bereits vor dem ESUG ein Verfahren bereit, das zu einer frühzeitigen Antragstellung motivieren sollte.[164] Der

156 Unternehmenserwerb im Insolvenzplanverfahren, S. 63; *Smid/Rattunde/Martini*, Der Insolvenzplan, Rn. 0.31.

157 Kübler HRI/*Undritz*, § 2 Rn. 27.

158 Kübler HRI/*Undritz*, § 2 Rn. 29.

159 Unternehmensrestrukturierung/*Gless/Undritz/Lambrecht*, 261 (264); *Hölzle*, ZIP 2012, 158 (159); *Rattunde*, ZIP 2003, 2103 (2103).

160 *Camek*, Das Schutzschirmverfahren, S. 1; *Eidenmüller*, ZIP 2010, 649 (651); *Hübler*, Die Eigenverwaltung, S. 76.

161 *Eidenmüller*, ZIP 2010, 649 (651).

162 *Eidenmüller*, ZIP 2010, 649 (651); *Foerste*, ZZP 2012, 265 (270); *Hölzle*, ZIP 2012, 158 (159).

163 *Eidenmüller*, ZIP 2010, 649 (651).

164 BegrRegE InsO, BT-Drucks. 12/2443, S. 223; *Hölzle*, ZIP 2012, 158 (159); *Hübler*, Die Eigenverwaltung, S. 4, 76.

Schuldner wurde im Gegenzug mit der weitreichenden Beibehaltung der Verwaltungsbefugnis über die Insolvenzmasse – lediglich unter Beaufsichtigung eines Sachwalters – belohnt.[165] Es bestand die Hoffnung, eine Sanierung durch den Schuldner (bzw. dessen Geschäftsführer) selbst würde sowohl das Verfahren beschleunigen als auch die Kosten senken.[166] Es wurde allerdings mehrheitlich abgelehnt,[167] obwohl einige Insolvenzsanierungen von Großunternehmen, wie der *KirchMedia GmbH & Co. KG aA*[168], *Herlitz AG, Ihr Platz AG* und der *Sinn Leffers GmbH* in Eigenverwaltung abgewickelt wurden.[169] Die Inanspruchnahme des Eigenverwaltungsverfahrens begegnete zum einen der Befürchtung, wie bspw. Kunden und Lieferanten auf die Insolvenz reagieren würden. Zum anderen agierten die Gerichte bei der Anordnung sehr zurückhaltend.[170] Das Antragsverfahren erwies sich als unvorhersehbar.[171] So blieb auch die Zahl der Anträge niedriger als erhofft. Der Vorwurf, hier werde *„der Bock zum Gärtner"*[172] gemacht, spiegelt auch das Bild der breiten Öffentlichkeit vom gescheiterten Unternehmer wider: Ein Schuldnerunternehmen, das sich in einem Insolvenzverfahren befindet, wird sowohl von den an ihm beteiligten als auch von außenstehenden Personen, wie Lieferanten, Kunden etc., als gescheitert angesehen.[173] In Deutschland wird die Insolvenz mit der Zerschlagung des Unternehmens und dessen Werten gleichgesetzt.[174] Die horrenden Summen, die jährlich als Insolvenzschaden[175] entstehen, mögen ein Grund für dieses Denken sein, sind aber gleichzeitig auch eine Folge hiervon.[176] So entstehen mit der Insolvenz nicht nur

---

165 *Hübler,* Die Eigenverwaltung, S. 95.

166 *He,* Unternehmenserwerb im Insolvenzplanverfahren, S. 63; *Hübler,* Die Eigenverwaltung, S. 90, 94.

167 *Pape,* ZInsO 2010, 1582 (1592); *Rattunde,* ZIP 2003, 2103 (2106).

168 Hierzu *Prütting/Huhn,* ZIP 2002, 777.

169 *Pape,* ZInsO 2010, 1582 (1593); MüKo InsO/*Tetzlaff,* Vorb. vor §§ 270 bis 285 Rn. 16.

170 BegrRegE ESUG, BT-Drucks. 17/5712, S. 17; MüKo InsO/*Tetzlaff,* Vorb. vor §§ 270 bis 285 Rn. 17.

171 *Meyer-Löwy/Pickerill,* GmbHR 2013, 1065 (1066,1067); *Vallender,* GmbHR 2012, 445 (445).

172 *Förster,* ZInsO 1999, 153 f.; *Grub,* WM 1994, 880 (881); *Pape,* Kölner Schrift zur InsO, 895 (896).

173 *Camek,* Das Schutzschirmverfahren, S. 3; *Krystek,* DB 2013, 768 (768).

174 *Jaffé,* ZIP 2001, 2302 (2303); *Krystek,* DB 2013, 768 (768).

175 Im Jahre 2012 waren es laut Creditreform rund 38,5 und im Jahr 2013 (geschätzt) 26,9 Mrd. €: http://www.creditreform.de/fileadmin/user_upload/crefo/download_de/news_termine/wirtschaftsforschung/insolvenzen-deutschland/Insolvenzen_in_Deutschland_2013.pdf (zuletzt abgerufen am 18.06.2014).

176 *Krystek,* DB 2013, 768 (768).

direkte, also bspw. Verfahrenskosten, sondern vor allem auch indirekte Kosten.[177] Letztere indizieren den Wertverlust, den das Unternehmen aufgrund des Eintritts in die Insolvenz erleidet, wie die Kündigung der besten Arbeitnehmer, das Abwandern von Kundschaft etc.[178] und entstehen nicht nur in der Regelinsolvenz, sondern auch beim Verfahren der Eigenverwaltung.[179]

Aber nicht nur das Eigenverwaltungsverfahren wurde selten genutzt. Auch ein Insolvenzplanverfahren wurde nur in ca. 2 % der Insolvenzfälle durchgeführt.[180] Die mangelnde Attraktivität dieses Verfahrens war insbesondere durch die strikte Trennung von Gesellschaftsrecht und Insolvenzrecht bedingt. Vor der Einführung des § 217 S. 2 InsO durch das ESUG waren die Gesellschafter keine Beteiligten des Insolvenzplans.[181] Zwar konnten im Insolvenzplan Regelungen die Gesellschaftsstruktur betreffend getroffen werden, die Verfügungsbefugnis über die Anteile verblieb allerdings in den Händen der Gesellschafter.[182] Die Umsetzung der beschlossenen gesellschaftsrechtlichen Maßnahmen richtete sich nach dem Gesellschaftsrecht; eine insolvenzrechtliche Verpflichtung zur Zustimmung zu den jeweiligen Maßnahmen existierte nicht.[183]

Die strikte Trennung von Gesellschaftsrecht und Insolvenzrecht wurde schon vom *Gravenbrucher Kreis* in seiner Stellungnahme zu den Reformvorschlägen der Kommission für Insolvenzrecht kritisiert[184] und war auch nach Erlass der

177 *Eidenmüller,* ZIP 2010, 649 (651).

178 *Eidenmüller,* ZIP 2010, 649 (651).

179 *Hübler,* Die Eigenverwaltung, S. 95.

180 Rede der damaligen Bundesjustizministerin Sabine Leutheusser-Schnarrenberger beim 7. Deutschen Insolvenzrechtstag der Arbeitsgemeinschaft Insolvenzrecht im Deutschen Anwaltsverein am 17.3.2010: http://www.bmjv.de/SharedDocs/Archiv/DE/Reden/DE/2010/20100317_7er_Deutscher_Insolvenzrechtstag.html;jsessionid=37222A1EE35FED71ACC271DD005E55FE.1_cid289?nn=4795798%22 (zuletzt abgerufen am 18.6.2014).

181 Zu der Frage, ob sich die Planbetroffenheit aus anderen Vorschriften, wie bspw. § 217 II InsO herleiten ließ, ausführlich *Brüning,* Gesellschafter und Insolvenzplan, S. 91 ff.

182 *Braun,* FS Fischer, 53 (65); *Spetzler,* Eingriffe in die Rechte von Anteilseignern, S. 11; *Zarzitzky,* Die Reform des Insolvenzplanverfahrens, S. 29.

183 *Bitter,* ZGR 2010, 147 (161); *Braun,* FS Fischer, 53 (66); *Brüning,* Gesellschafter und Insolvenzplan, S. 118; *Büchele,* Eingriff in Gesellschafterrechte, S. 36; *Eidenmüller,* ZGR 2001, 680 (688); *ders.,* ZIP 2010, 649 (652); *Haas,* NZG 2012, 961 (963); *Noack,* FS Zöllner, 411 (418); *Sassenrath,* ZIP 2003, 1517 (1519); *Schwalme,* DZWIR 2004, 230 (230); *Segmiller,* Kapitalmaßnahmen im Insolvenzplan, S. 119; *Uhlenbruck,* FS Lüer, 462 (469); *Zarzitzky,* Die Reform des Insolvenzplanverfahrens, S. 29.

184 *Gravenbrucher Kreis,* BB Beilage 15/1986, 1 (11).

Insolvenzordnung in weiten Teilen der Literatur starker Kritik ausgesetzt.[185] Als Hauptargument wurde angeführt, der Grund für die alleinige Entscheidungsmacht der Anteilseigner falle mit Eintritt der Gesellschaft in die Insolvenz weg.[186] In der gesunden Gesellschaft seien die Eigentümer diejenigen, die die Gesellschaft finanzierten und die gesamte Verantwortung trügen – dies rechtfertige auch die ihnen zustehende Entscheidungsmacht.[187] Spätestens mit Eintritt der Überschuldung sei diese herausgehobene Stellung der Gesellschafter gegenüber den Gläubiger nicht mehr zu rechtfertigen.[188] Gemäß § 199 S. 2 InsO werden die Gesellschafter nachrangig aus der Insolvenzmasse befriedigt. Aufgrund der Tatsache, dass in den seltensten Fällen die Befriedigungsquote der Gläubiger 100% erreicht, befinden (und befanden) sich die Gesellschafter und die Gläubiger zumindest wirtschaftlich in derselben Position.[189] Gläubiger wollen aus diesem Grunde oftmals selbst an Macht innerhalb der Gesellschaft gewinnen oder zumindest durch Ausschluss sanierungsunwilliger Gesellschafter ein etwaiges Trittbrettfahrertum ausschließen.[190]

Sah der Insolvenzplan nun bspw. einen *Debt Equity Swap* vor, so war die Wirksamkeit dieser Maßnahme von der Zustimmung der Gesellschafter abhängig.[191] Die Mehrheitserfordernisse im Rahmen des Insolvenzplanverfahrens entsprachen insoweit denjenigen, die auch außerhalb des Insolvenzverfahrens an die Zustimmung der Gesellschafterversammlung gestellt werden.[192] Und nicht nur die Reorganisationsmaßnahme selbst, auch die Möglichkeit, die Gesellschaft hiernach weiterzuführen, bedurfte eines mehrheitlichen

185 Siehe nur *Bork*, ZIP 2010, 397 (408); *Braun*, FS Fischer, 53 (65); *Brüning*, Gesellschafter und Insolvenzplan, S. 119, 214; *Büchele*, Eingriff in Gesellschafterrechte, S. 94; *Eidenmüller*, ZIP 2010, 649 (652); *ders./Engert*, ZIP 2009, 541 ff.; *Gerster*, ZInsO 2008, 437 (441); *Haas*, NZG 2012, 961 (963); *Jaffé/ Friedrich*, ZIP 2008, 1849 (1853), bezeichnen es als „*Geburtsfehler*"; *Pape*, ZInsO 2010, 2155 (2158); *Smid*, DZWIR 2009, 397 (399); *Stapper*, ZInsO 2009, 2361 (2364).

186 *Büchele*, Eingriff in Gesellschafterrechte, S. 94.

187 *Krull*, Bedingter Insolvenzplan und Kapitalschnitt, S. 86, der die Geltung dieses Prinzip allerdings auch in der Insolvenz als fortbestehend und richtig erachtet.

188 *Segmiller*, Kapitalmaßnahmen im Insolvenzplan, S. 49.

189 *Eidenmüller*, ZIP 2010, 649 (652); *Segmiller*, Kapitalmaßnahmen im Insolvenzplan, S. 50; *Spetzler*, Eingriff in die Rechte von Anteilseignern, S. 13.

190 *Braun*, FS Fischer, 53 (65); *Büchele*, Eingriff in Gesellschafterrechte, S. 37; *Spetzler*, Eingriffe in die Rechte von Anteilseignern, S. 8.

191 *Schmidt*, ZGR 2012, 566 (572); *Verse*, ZGR 2010, 299 (301).

192 Siehe dazu die Ausführungen zur außergerichtlichen Sanierung im 1.Teil B I. 1).

Fortführungsbeschlusses der Gesellschafter.[193] Zwar ging der Gesetzgeber bei Schaffung der Insolvenzordnung davon aus, dass als Ausweg bei Sanierungsunwilligkeit der Gesellschafter immer noch die übertragende Sanierung bestehe.[194] Die Möglichkeit der übertragenden Sanierung bei obstruktivem Verhalten der Gesellschafter vermochte aber nicht in jedem Fall das Spannungsverhältnis von Gesellschafts- und Insolvenzrecht aufzulösen.[195] So existierten durchaus immer wieder Konstellationen, in denen eine übertragende Sanierung nicht in Betracht kam.[196] In eben solchen Fällen waren die Gläubiger auf die Kooperationsbereitschaft der Gesellschafter angewiesen, was wiederum deren Position stärkte. Dies verschaffte ihnen erhebliches Druckpotential, welches sie ausnutzen konnten, um sich ihre Zustimmung teuer abkaufen zu lassen.[197] Konnten oder wollten die Gläubiger einem solchen Gesellschafterdruck nicht nachgeben, war die Sanierung zum Scheitern verurteilt.[198]

b) Kein Eingriff in Gesellschafterrechte nach altem Recht

In der Literatur wurde – vergeblich – versucht, dem soeben beschriebenen Obstruktionspotential der Gesellschafter mithilfe verschiedentlicher Ansätze zu begegnen.[199]

So sah *Bitter* die Gesellschafter zur Herausgabe ihrer Gesellschafteranteile ohne Ausgleich verpflichtet an.[200] Ab Insolvenzeintritt hielten sie ihre Anteile lediglich als Treuhänder für die Gläubiger.[201] Insoweit unterlägen sie einer *Aufopferungspflicht*, welche sie zum Verzicht der eigenen Rechtsposition verpflichte.[202]

Braun hingegen entwickelte einen Ansatz, nach dem der Insolvenzverwalter einen Anspruch gegen die Gesellschafter auf Abtretung ihrer Anteile erhalten

---

193 *Verse*, ZGR 2010, 299 (301).

194 BegrRegE InsO, BT-Drucks. 12/2443, S. 83.

195 So aber *Krull*, Bedingter Insolvenzplan und Kapitalschnitt, S. 87.

196 Siehe die Ausführung dazu im 1. Teil B II. 2).

197 *Bitter*, ZGR 2010, 147 (161); *Brüning*, Gesellschafter und Insolvenzplan, S. 124; *Pape*, ZInsO 2010, 2155 (2158); *Segmiller*, Kapitalmaßnahmen im Insolvenzplan, S. 51, 119; *Spetzler*, Eingriffe in die Rechte von Anteilseignern, S. 10.

198 *Schwalme*, DZWIR 2004, 230 (230).

199 Ausführlich zu den einzelnen Ansätzen *Brüning*, Gesellschafter und Insolvenzplan, S. 230 ff.

200 *Bitter*, ZGR 2010, 147 (196).

201 *Bitter*, ZGR 2010, 147 (189, 195).

202 *Bitter*, ZGR 2010, 147 (180); dagegen *Brinkmann*, WM 2011, 97 (100).

sollte, über die er dann verfügen könnte, wenn die Anteile lediglich noch eine *„wertlose formale Hülle“* darstellten.[203]

Daneben wurde erwogen, die Rechtsprechung des BGH zu obstruktivem Gesellschafterverhalten im Rahmen der außergerichtlichen Sanierung auf die Situation im Insolvenzplanverfahren zu übertragen.[204] Hierbei erschien allerdings bereits die Fortgeltung der gesellschaftsrechtlichen Treuepflicht im eröffneten Insolvenzverfahren fraglich.[205] Aber selbst wenn hiervon ausgegangen worden wäre, wäre die Übertragung der Rechtsprechung auf Hindernisse gestoßen. Hier war zum einen die umstrittene Frage der prozessualen Geltendmachung der Treuepflichten angesprochen, die insbesondere wegen des der Insolvenzsituation geschuldeten Zeitdrucks virulent wurde.[206] Zum anderen war/ist aufgrund der Unschärfe der Voraussetzungen und der einzelfallabhängigen Beurteilung die Anwendung der Treuepflicht mit großer Unsicherheit verbunden.[207] Letztendlich kann die gesellschaftsrechtliche Treuepflicht aber ohnehin nur im Verhältnis der Gesellschafter untereinander und zu der Gesellschaft, nicht aber im Verhältnis zu den Gläubigern fruchtbar gemacht werden, womit eine Anwendung im Insolvenzplanverfahren wirkungslos geblieben wäre.[208]

Sämtliche alternativen Ansätze krankten darüber hinaus daran, dass der Gesetzgeber ausdrücklich keinen Eingriff in die gesellschaftsrechtlichen Verhältnisse der Schuldnergesellschaft zulassen wollte.[209] Insoweit wurde vor der Reform durch das ESUG ganz überwiegend davon ausgegangen, dass ein Eingriff in die Rechte der Gesellschafter nur mit deren Zustimmung möglich war.[210]

---

203 Ausführlich Nerlich/Römermann InsO/*Braun*, § 217 Rn. 40 ff. (9. EL 3/05).

204 Siehe hierzu *Kautz*, Die gesellschaftsrechtliche Neuordnung der GmbH im künftigen Insolvenzrecht, S. 116; *Krull*, Bedingter Insolvenzplan und Kapitalschnitt, S. 71; zweifelnd *Schwalme*, DZWIR 2004, 230 (231).

205 Diese Frage ist seit den Änderungen durch das ESUG umstrittener denn je. Siehe hierzu insbesondere die Ausführungen im 2. Teil E. II. 1) b)

206 Siehe hierzu ausführlich *Büchele*, Eingriff in Gesellschafterrechte, S. 81 ff.; *Krull*, Bedingter Insolvenzplan und Kapitalschnitt, S. 88 f.

207 *Brüning*, Gesellschafter und Insolvenzplan, S. 197; *Büchele*, Eingriff in Gesellschafterrechte, S. 84; *Eidenmüller/Engert*, ZIP 2009, 541 (543); *Häsemeyer*, ZHR 160 (1996), 109 (114); *Schuster*, ZGR 2012, 325 (333, 335).

208 *Brüning*, Gesellschafter und Insolvenzplan, S. 200; *Büchele*, Eingriff in Gesellschafterrechte, S. 89; *Burkert*, Der DES im Spannungsverhältnis, S. 73; *Haas*, FS Konzen, 157 (175, 176); *Prusko*, Die Gesellschafterstellung in der Insolvenz, S. 127; *Sassenrath*, ZIP 2003, 1517 (1519); *Schwalme*, DZWIR 2004, 230 (231).

209 BegrRegE InsO, BT-Drucks. 12/2443, S. 83.

210 Siehe nur BGH, Urt. v. 15.4.2010 – IX ZR 188/09, BGHZ 185, 206 (210); *Brüning*, Gesellschafter und Insolvenzplan, S. 118; *Deppisch*, Das Insolvenzplanverfahren,

C. Neue Sanierungsmöglichkeiten nach dem ESUG

Mit dem ESUG soll nun eine „*neue Sanierungskultur*" geschaffen und das Stigma der Insolvenz,[211] welches tief in den Köpfen sowohl der Betroffenen als auch der Außenstehenden saß und sitzt, überwunden werden. Die 2010 amtierende Justizministerin *Sabine Leutheusser-Schnarrenberger* forderte in ihrer Rede zum siebten deutschen Insolvenzrechtstag zu einem „*Mentalitätswechsel*" auf.[212]

Mit der Gesetzesreform will der Gesetzgeber nicht nur weitere Anreize für eine frühzeitige Stellung des Insolvenzantrages durch die bessere Planbarkeit des Eigenverwaltungsverfahrens und Schaffung vorbereitender Verfahren setzen.[213] Insbesondere soll das Insolvenzplanverfahren erneuert und die „*strikte Trennung von Insolvenzrecht und Gesellschaftsrecht überwunden werden*",[214] um sanierungsschädliches obstruktives Gesellschafterverhalten zu überwinden und damit höhere Planungssicherheit zu schaffen.[215] Die einstige Wahrnehmung, die übertragende Sanierung stelle stets eine adäquate Alternative zur Mitwirkung der Gesellschafter dar[216], hatte sich insoweit als unzutreffend herausgestellt.[217]

I. Die Änderungen im Verfahren der Eigenverwaltung

Das Verfahren der Eigenverwaltung wurde bereits mit Wirkung zum 01.01.2000 in die InsO aufgenommen, um den Schuldner zu einer frühzeitigen Antragstellung zu motivieren – unglücklicherweise mit mäßigem Erfolg. Die durch das

---

S. 62; *Ehlers*, ZInsO 2009, 320 (323); *Eidenmüller/Engert*, ZIP 2009, 541 (543); *Eidenmüller*, ZIP 2007, 1729 (1736); *ders.*, ZGR 2001, 680 (687); *Gerster*, ZInsO 2008, 437 (441); *Hirte/Knof/Mock*, DB 2011, 632 (638); *Sassenrath*, ZIP 2003, 1517 (1519); *Treffer*, GmbHR 2002, 205 (206); *Uhlenbruck*, NZI 2008, 201 (203); *Verse*, ZGR 2010, 299 (301).

211 *Jaffé*, ZIP 2001, 2302 (2303); *Krystek*, DB 2013, 768 (768).

212 Rede der damaligen Bundesjustizministerin Sabine Leutheusser-Schnarrenberger beim 7. Deutschen Insolvenzrechtstag der Arbeitsgemeinschaft Insolvenzrecht im Deutschen Anwaltsverein am 17.3.2010: http://www.bmjv.de/SharedDocs/Archiv/DE/Reden/DE/2010/20100317_7er_Deutscher_Insolvenzrechtstag.html;jsessionid=37222A1EE35FED71ACC271DD005E55FE.1_cid289?nn=4795798%22 (zuletzt abgerufen am 18.6.2014).

213 BegrRegE ESUG, BT-Drucks. 17/5712, S. 19.

214 BegrRegE ESUG, BT-Drucks. 17/5712, S. 18.

215 BegrRegE ESUG, BT-Drucks. 17/5712, S. 17.

216 So noch BegrRegE InsO, BT-Drucks. 12/2443, S. 83.

217 Jetzt aber BegrRegE ESUG, BT-Drucks. 17/5712, S. 30.

ESUG eingefügten Änderungen stellen einen erneuten Versuch des Gesetzgebers dar, die Beliebtheit des Eigenverwaltungsverfahrens zu steigern.[218]

In der Literatur wird immer wieder darauf hingewiesen, dass die Eigenverwaltung nur für eine überschaubare Anzahl der Fälle in Betracht komme: Zum einen sei es ausschließlich für gut vorbereitete Verfahren eine Option,[219] in denen äußere Umstände zu einer Insolvenz geführt haben.[220] Zum anderen sei eine Liquidation des Schuldners im Rahmen der Eigenverwaltung nicht möglich,[221] obwohl diese in der Praxis überwiege[222]. Die Überarbeitung der Vorschriften wird trotzdem vielerorts positiv bewertet.[223] Es wird gar davon gesprochen, das Eigenverwaltungsverfahren sei aus dem „*Dornröschenschlaf*" erwacht.[224]

Einer der Hauptgründe, weshalb sich Schuldner in der Vergangenheit zurückhaltend hinsichtlich der Stellung eines Antrages auf Eigenverwaltung zeigten, war die Unberechenbarkeit des Verfahrens.[225] Der Schuldner konnte sich nie sicher sein, ob das Gericht seinem Antrag stattgeben würde oder nicht. Dies wiederum war damit zu erklären, dass die Anordnung der Eigenverwaltung mit § 270 II Nr. 3 InsO a.F. eher die Ausnahme als die Regel darstellte.

Mit dem ESUG sollen nun „*die Voraussetzungen für die Anordnung der Eigenverwaltung maßvoll gelockert*" werden.[226] So sieht § 270 II Nr. 2 InsO in seiner aktuellen Fassung vor, dass ein Antrag des Schuldners auf Eigenverwaltung immer dann zu bewilligen ist, wenn „*keine Umstände bekannt sind, die erwarten lassen, dass die Anordnung zu Nachteilen für die Gläubiger führen wird*". Hier

---

218 BegrRegE ESUG, BT-Drucks. 17/5712, S. 19; für eine ausführliche Darstellung der Eigenverwaltung als Sanierungsinstrument sei auf *Hübler*, Die Eigenverwaltung, verwiesen; der Frage, ob durch das ESUG die Anreize für die Durchführung des Eigenverwaltungsverfahrens für den Gesellschaftergeschäftsführer einer GmbH gestiegen sind, widmet sich *Becker*, Anreizwirkung des Sanierungsvorbereitungsverfahrens.

219 *Frind*, DB 2014, 165 (165); *Haarmeyer*, ZInsO 2013, 2345 (2345).

220 RSI/*Herbst*, § 28 Rn. 22; *Willemsen*, ESUG Kommentar, § 270 Rn. 3.

221 Dagegen Schmidt InsO/*Undritz*, Vor §§ 270-285 Rn. 8, der aus der Norm des § 282 InsO schließt, dass auch reine Liquidationsverfahren in Eigenverwaltung durchgeführt werden können.

222 *Lissner*, DZWIR 2014, 59 (61); *Pape*, ZIP 2013, 2285 (2286); *Frind*, WM 2014, 590 (594 f.) hinterfragt, ob das Eigenverwaltungsverfahren wirklich Erfolg versprechend ist und eine taugliche Alternative für die übertragende Sanierung darstellen kann.

223 *Graf-Schlicker*, ZInsO 2013, 1765 (1765); *Kammel/Staps*, NZI 2010, 791 (798); *Vallender*, GmbHR 2012, 445 (445).

224 So *Frind*, WM 2014, 590 (590).

225 *Becker*, Anreizwirkung des Sanierungsvorbereitungsverfahrens, S. 87 f.

226 BegrRegE ESUG, BT-Drucks. 17/5712, S. 19.

ist grundsätzlich eine Prognoseentscheidung des Gerichts anzustellen,[227] wobei Unsicherheiten des Gerichtes hinsichtlich drohender Nachteile für die Gläubiger nicht zu Lasten des Schuldners gehen sollen.[228] Wird der Antrag auf Eigenverwaltung durch einen einstimmigen Beschluss des vorläufigen Gläubigerausschusses unterstützt, ist sogar davon auszugehen, dass keine Nachteile zu erwarten sind (§ 270 III 2 InsO n.F.).

Zwar soll hiermit eine Steigerung der Verfahren in Eigenverwaltung erreicht werden, gleichwohl ist nicht damit zu rechnen, dass die Eigenverwaltung die Stellung als „*neues Regelverfahren*" einnehmen wird.[229] Diese Einschätzung bestätigt sich auch etwa drei Jahre nach dem Inkrafttreten des ESUG. Eine Studie der Boston Consulting Group aus Mai 2015 hat ermittelt, dass seit März 2012 784 Insolvenzverfahren in Eigenverwaltung beantragt wurden.[230] Damit machen die Verfahren in Eigenverwaltung lediglich 2,7% der Gesamtverfahren dieser drei Kalenderjahre aus. Von diesen 784 Verfahren wurden wiederum 288 Fälle trotz Antrags auf Eigenverwaltung als Regelinsolvenzverfahren durchgeführt.

1) Das Eröffnungsverfahren gemäß § 270a InsO

Vor der Einführung des § 270a InsO durch das ESUG existierten keine besonderen Vorschriften die Eröffnung des Eigenverwaltungsverfahrens betreffend.[231] Dementsprechend waren die allgemeinen Vorschriften (§§ 21, 22 InsO) anwendbar. Dies stellte sich insbesondere im Falle der Bestellung eines („starken") vorläufigen Insolvenzverwalters (§ 21 II Nr. 1 InsO a.F.) als hinderlich für das weitere Eigenverwaltungsverfahren dar. Wenn dem Schuldner die Verwaltungsbefugnis im Eröffnungsverfahren entzogen und einem vorläufigen Insolvenzverwalter übertragen wurde, erschütterte dies nicht selten das Vertrauen sämtlicher Geschäftspartner in das Sanierungskonzept, welches im Eigenverwaltungsverfahren verwirklicht werden sollte.[232] Des Weiteren taten sich die Gerichte nach einem Eröffnungsverfahren, welches von der Fremdverwaltung durch den

227 Schmidt InsO/*Undrtiz,* § 270 Rn. 8.
228 BegrRegE ESUG, BT-Drucks. 17/5712, S. 38.
229 *Graf-Schlicker,* ZInsO 2013, 1765 (1767); *Pape,* ZIP 2013, 2285 (2286).
230 Die Studie ist abrufbar unter http://www.bcg.de/documents/file188855.pdf (zuletzt abgerufen am 3.2.2016).
231 *Becker,* Anreizwirkung des Sanierungsvorbereitungsverfahrens, S. 88; Braun InsO/*Riggert,* § 270a Rn. 1; hierzu ausführlich *Doliwa,* Die geplante Insolvenz, S. 158 ff.
232 BegrRegE ESUG, BT-Drucks. 17/5712, S. 39.

Insolvenzverwalter geprägt war, mitunter schwer, die Eigenverwaltung mit der Möglichkeit der schuldnerbestimmten Verwaltung anzuordnen.[233]

Die neu eingeführte Vorschrift des § 270a InsO lässt das Eigenverwaltungsverfahren nun bereits im Eröffnungsverfahren beginnen.[234] Zwar wurden nicht sämtliche Vorschriften des Eröffnungsverfahrens modifiziert, vielmehr bleiben die meisten Vorschriften weiterhin anwendbar.

Neu ist die Bestimmung des § 270a I 1 Nr. 1, 2 InsO, wonach das Gericht davon absehen soll, dem Schuldner ein allgemeines Verfügungsverbot aufzuerlegen bzw. einen Zustimmungsvorbehalt anzuordnen. Grund hierfür ist, dass solche Maßnahmen eine enorme Einschränkung des Schuldners mit sich bringen, da dieser im Außenverhältnis über geschäftsführende Maßnahmen nicht mehr frei entscheiden kann.[235] Dies wiederum kann zu Vertrauensverlusten zwischen ihm und seinen Geschäftspartnern und auch zu Zeitverzögerungen führen, da der Insolvenzverwalter sich zunächst in die Materie einarbeiten muss, um Entscheidungen zu fällen.[236] Der Zeit- und Vertrauensverlust, der sich durch solche Maßnahmen in der Zeit des Eröffnungsverfahrens einstellt, kann in einem darauffolgenden Eigenverwaltungsverfahren nur schwer, wenn überhaupt, behoben werden und macht die Anordnung der Eigenverwaltung weniger sinnvoll und damit auch weniger wahrscheinlich.[237] Aus diesen Gründen soll im Eröffnungsverfahren nach § 270a InsO dem Schuldner die Kontrolle über sein Unternehmen belassen und damit der Anreiz für eine Antragstellung erhöht werden.[238]

Weiterhin legt § 270a I 2 InsO fest, dass bei Antrag des Schuldners auf Eigenverwaltung im Eröffnungsverfahren kein vorläufiger Insolvenzverwalter bestellt werden *soll*. Ob dies die Bestellung eines solchen in jedem Fall ausschließt oder ob das Gericht in begründeten Einzelfällen doch noch auf einen vorläufigen Insolvenzverwalter zurückgreifen kann, wird in der Literatur nicht einheitlich bewertet.[239] Anstelle des vorläufigen Insolvenzverwalters ist ab sofort gemäß § 270a I 2 InsO ein vorläufiger Sachwalter zu bestellen. Dies soll nach der

---

233 Braun InsO/*Riggert*, § 270a Rn. 1.
234 *Lau*, DB 2014, 1417 (1417); *Schelo*, ZIP 2012, 712 (714); Schmidt InsO/*Undritz*, § 270a Rn. 1.
235 MüKo InsO/*Kern*, § 270a Rn. 2.
236 MüKo InsO/*Kern*, § 270a Rn. 2.
237 *Kammel/Staps*, NZI 2010, 791 (795); MüKo InsO/*Kern*, § 270a Rn. 3.
238 BegrRegE ESUG, BT-Drucks. 17/5712, S. 39.
239 Hierzu Schmidt InsO/*Undrtiz*, § 270a Rn. 3.

Intention des Gesetzgebers dazu führen, dass eine „*Vorentscheidung gegen die Eigenverwaltung*" vermieden wird.[240]

Da die Bestellung des vorläufigen Insolvenzverwalters im Eröffnungsverfahren vor Schaffung des § 270a InsO im Ermessen des Gerichtes stand, könnte vermutet werden, dass auch die Bestellung des Sachwalters insgesamt im Ermessen des Gerichts steht.[241] Allerdings kann nicht davon ausgegangen werden, dass der Gesetzgeber bei den umfassenden Befugnissen, die dem Schuldner ohnehin schon zukommen, diesen gänzlich unbeaufsichtigt walten lassen will.[242] Insoweit ist die Bestellung eines vorläufigen Sachwalters in jedem Fall anzuordnen.

Einen weiteren Anreiz für die frühe Stellung des Antrags auf Eigenverwaltung soll auch § 270a II InsO setzen. Hiernach teilt das Gericht demjenigen Schuldner, der bereits bei drohender Zahlungsunfähigkeit den Antrag auf Eigenverwaltung gestellt hat, mit, wenn es der Ansicht ist, die Voraussetzungen der Eigenverwaltung seien nicht gegeben. Der Schuldner hat dann die Möglichkeit, seinen Antrag zurückzunehmen. Bedeutung gewinnt diese Vorschrift allerdings lediglich in einem sehr kurzen Zeitfenster.[243]

Letztlich bestehen auch im Rahmen dieser Vorschrift noch zahlreiche offene Fragen, die an dieser Stelle nicht umfassend dargestellt werden sollen, da sie für die Fragestellung von nachrangiger Bedeutung sind. Insoweit wird auf die betreffende Literatur verwiesen.[244]

2) Das Schutzschirmverfahren gemäß § 270b InsO

Ebenso wie § 270a InsO hatte auch § 270b InsO vor der Reform durch das ESUG keine Vorgängerregelung.[245] Vor seiner Einführung wurde vielerorts die

---

240 BegrRegE ESUG, BT-Drucks. 17/5712, S. 39.

241 MüKo InsO/*Kern*, § 270a Rn. 31.

242 MüKo InsO/*Kern*, § 270a Rn. 31.

243 Braun InsO/*Riggert*, § 270a Rn. 8.

244 Zur Frage, ob die Sachwalterbestellung zu veröffentlichen ist, siehe MüKo InsO/*Kern*, § 270a Rn. 32; zur Frage der Begründung von Masseverbindlichkeiten während des Eröffnungsverfahrens, *Frind*, WM 2014, 590 (591); MüKo InsO/*Kern*, § 270a Rn. 42 f.; Schmidt InsO/*Undritz*, § 270a Rn. 6; *Vallender*, GmbHR 2012, 445 (447 f.); Der BGH hat zu § 270a InsO bereits geurteilt, dass hierin kein Antrag auf Ermächtigung zur Begründung von Masseverbindlichkeiten enthalten ist – zu der Frage, ob die Begründung von Masseverbindlichkeiten gleichwohl angeordnet werden kann, hat sich der BGH hingegen nicht geäußert: BGH, Beschl. v. 7.2.2013 – IX ZB 43/12, WM 2013, 518 (518).

245 MüKo InsO/*Kern*, § 270b Rn. 13.

Schaffung eines außergerichtlichen Sanierungsverfahrens gefordert[246] – das Verfahren nach § 270b InsO scheint einen Kompromiss und gleichzeitig eine diesbezügliche Absage des Gesetzgebers darzustellen.[247] Mit dem Verfahren soll eine weitere Erleichterung der Vorbereitung der Sanierung in Eigenverwaltung erreicht werden, indem dem Schuldner ermöglicht wird, bereits während der Eröffnungsphase einen Sanierungsplan zu erstellen, der später mit dem Insolvenzplan verwirklicht werden soll.[248] Die Norm des § 270b InsO wird insoweit auch als Kernstück der Reform bezeichnet.[249]

Relativ früh etablierte sich für das Verfahren der Name „*Schutzschirmverfahren*".[250] Dieser Schutzschirm setzt sich im Wesentlichen aus drei Elementen zusammen: der Möglichkeit des Schuldners, innerhalb einer Frist von höchstens drei Monaten einen Insolvenzplan auszuarbeiten (§ 270b I 1 a.E. InsO), der Überwachung durch einen vorläufigen Sachwalter anstatt eines vorläufigen Insolvenzverwalters (§ 270 II 1 InsO) und insbesondere der eingeschränkten Möglichkeit des Gerichts, Sicherungsmaßnahmen anzuordnen bzw. der Pflicht, Maßnahmen der Zwangsvollstreckung gegen den Schuldner zu untersagen bzw. einzustellen.[251] Teilweise wird vom Schutzschirmverfahren als eine Art (*faktisches*) *Moratorium* gesprochen.[252] Ein Moratorium zeichnet sich dadurch aus,

---

246 *Beissenhirtz*, ZInsO 2011, 57 ff.; *Bork*, ZIP 2010, 397 (399); *Jacoby*, ZGR 2010, 359 ff.; zuletzt äußerte sich *Siemon*, NZI 2016, 57, zu der Möglichkeit eines vorinsolvenzlichen Sanierungsverfahrens.

247 *Camek*, Das Schutzschirmverfahren, S. 146; MüKo InsO/*Kern*, § 270b Rn. 15. Am 22.11.2016 hat die Europäische Kommission einen Richtlinienvorschlag zum präventiven Restrukturierungsrahmen, zur zweite Chance und zu Maßnahmen zur Steigerung der Effizienz von Restrukturierungs-, Insolvenz- und Entschuldungsverfahren vorgestellt, COM (2016) 723. Sollte es zu einer dementsprechenden Richtlinie kommen, wird der deutsche Gesetzgeber die Einführung eines vorinsolvenzlichen Restrukturierungsverfahrens vornehmen müssen. Siehe zu den möglichen Konsequenzen für nationales Recht: *Thole*, ZIP 2017, 101. Der Richtlinienvorschlag ist abrufbar unter: http://eur-lex.europa.eu/legal-content/DE/TXT/PDF/?uri=CELEX:52016PC0723&from=EN (zuletzt abgerufen am 1.2.2017).

248 BegrRegE ESUG, BT-Drucks. 17/5712, S. 40; *Desch*, BB 2011, 841 (842); Unternehmensrestrukturierung/*Ziegenhagen*, 551 (559), bezeichnet das Verfahren als eine Kombination von Eigenverwaltung und Insolvenzplanverfahren.

249 *Willemsen*, ESUG Kommentar, § 270b Rn. 1; *Hübler*, Die Eigenverwaltung, S. 4,5.

250 *Mönning*, FS Kübler, 431 (433).

251 *Hübler*, Die Eigenverwaltung, S. 204; MüKo InsO/Kern, § 270b Rn. 7 bezeichnet Letzteres als „*Schutzschirm im eigentlichen Sinne*".

252 *Schelo*, ZIP 2012, 712 (713).

dass Dritte keine Zugriffsmöglichkeit auf das Schuldnervermögen haben und der Schuldner ohne Konsequenzen Zahlungen an seine Gläubiger unterlassen kann.[253] Die Regierungsbegründung weist hingegen ausdrücklich darauf hin, dass das Schutzschirmverfahren gerade kein Moratorium darstellt.[254] Vielmehr sollen nur solche Schuldner das Verfahren durchführen, die im Vorfeld Einvernehmen zumindest mit ihren wichtigsten Gläubigern erzielt haben[255] und insoweit eines Moratoriums gar nicht bedürfen. Dieses Einvernehmen soll gewährleisten, dass die Gläubiger nicht ihre Forderungen in dem Moment fällig stellen, in dem sie von dem Schutzschirmverfahren erfahren und damit den Schuldner in noch massivere finanzielle Bedrängnis bringen.[256] Die Gläubiger sind also idealerweise bereits vor der Antragstellung über das Vorhaben des Schuldners informiert. In diesem Sinne ist die – auch im Rahmen des § 270a InsO umstrittene – Frage zu beantworten, ob die Bestellung des vorläufigen Sachwalters und damit das Schutzschirmverfahren vom Gericht zu veröffentlichen sind.[257] Der Gesetzgeber hat sich zwar gegen eine ausdrückliche Veröffentlichungspflicht entschieden, was darauf schließen lässt, dass diese Frage im Ermessen des Gerichts steht.[258] Auch verweist § 270b InsO nicht auf § 23 I InsO. Allerdings wird das Schutzschirmverfahren nicht geheim zu halten sein, insbesondere wenn Maßnahmen nach § 270b II 3 InsO angeordnet werden.[259] Insoweit ist es ratsam, wichtige Gläubiger im Sinne einer offenen Kommunikationspolitik vorab über das Verfahren zu informieren. Dies kann helfen, *„böse Überraschungen"* zu vermeiden.[260]

Obwohl der Schutzschirm letztlich nicht so weit geht wie ein Moratorium, kommen dem Schuldner durchaus bemerkenswerte Vorteile zu. So wird weder ein vorläufiger Insolvenzverwalter durch das Gericht bestellt noch ein allgemeines Verfügungsverbot verhängt. Darüber hinaus muss das Gericht auf Antrag des Schuldners Maßnahmen der Einzelvollstreckung anordnen (§§ 270b II 3 H s. 2, 21 II Nr. 3 InsO) und die Möglichkeit zur Begründung von Masseverbindlichkeiten schaffen (§ 270b III 1 InsO).[261]

---

253 *Schelo,* ZIP 2012, 712 (712, 713).

254 BegrRegE ESUG, BT-Drucks. 17/5712, S. 40.

255 BegrRegE ESUG, BT-Drucks. 17/5712, S. 40.

256 BegrRegE ESUG, BT-Drucks. 17/5712, S. 40.

257 Siehe hierzu Uhlenbruck InsO/*Zipperer,* § 270b Rn. 54.

258 *Graf-Schlicker,* ZInsO 2013, 1765 (1766).

259 *Hübler,* Die Eigenverwaltung, S. 216.

260 *Bremen,* NZI 2014, 137 (140); *Frind,* DB 2014, 165 (166); *Hübler,* Die Eigenverwaltung, S. 216.

261 Siehe zur Begründung von Masseverbindlichkeiten im Schutzschirmverfahren BGH, Urt. v. 16.6.2016 – IX ZR 114/15, ZInsO 2016, 1421; BGH, Beschl. v. 24.3.2016 – IX

Auch der vorläufige Sachwalter wird auf Vorschlag des Schuldners bestellt. Hiervon darf das Gericht nach § 270b II 2 InsO nur abweichen, wenn die „*vorgeschlagene Person offensichtlich für die Übernahme des Amtes nicht geeignet ist*". Darüber hinaus ist die Wahl des Sachwalters nur insoweit beschränkt, als dieser nicht mit dem Aussteller der Bescheinigung identisch sein darf (§ 270b II 1 InsO).[262] Dies soll die Unabhängigkeit des Sachwalters garantieren, welcher im Falle der Personenidentität möglicherweise verleitet wäre, Fehleinschätzungen in der Bescheinigung nicht zu korrigieren.[263] Außerdem wäre nicht auszuschließen, dass die Zusammenarbeit während der Erstellung der Bescheinigung dazu führen könnte, dass der Sachwalter sich dem Schuldner gegenüber übermäßig verbunden fühlt.[264] Die Einschränkung soll insoweit Missbrauchsgefahren begegnen.[265]

Die Vorzüge, die dem Schuldner einerseits gewährt werden, bedingen andererseits ein gegenüber dem *normalen* Eröffnungsverfahren größeres Risiko für die Gläubiger.[266] Denn das Weiterwirtschaften des Schuldners birgt die Gefahr der Masseschmälerung.[267] Um diese Privilegien zu rechtfertigen, werden an den Antrag auf Anordnung eines Schutzschirmverfahrens hohe Anforderungen gestellt:

Zunächst ist das Verfahren fristgebunden – mit einer Höchstdauer von drei Monaten.[268] Nur erfolgversprechende Sanierungen sollen hierdurch gefördert werden. Ebendies sollen die Antragsvoraussetzungen des § 270b I InsO sicherstellen: Erstens muss der Schuldner die Sanierung ernsthaft anstreben – zweitens muss das Schuldnerunternehmen tatsächlich sanierungsfähig sein.[269] Ersteres soll durch den Eigenantrag des Schuldners und die Beibringung der Bescheinigung erreicht werden. Letzteres dadurch, dass ein Antrag nur gestellt werden

---

ZR 157/14, NJW-RR 2016, 690; *Frind*, WM 2014, 590 (592) erläutert die Probleme, die in der Praxis mit der Begründung von Masseverbindlichkeiten im Einzelfall auftreten können.

262 Diese Regelung wurde erst nach der Beschlussempfehlung des Rechtsausschusses eingefügt, siehe Beschlussempfehlung und Bericht des Rechtsausschusses zu dem Gesetzesentwurf der Bundesregierung – Drucks. 17/5712, BT-Drucks. 17/7511, S. 37.

263 RSI/*Seagon*, § 26 Rn. 15.

264 RSI/*Seagon*, § 26 Rn. 15.

265 Kübler HRI/*Koch/Jung*, § 8 Rn. 37.

266 MüKo InsO/*Kern*, § 270b Rn. 5.

267 MüKo InsO/*Kern*, § 270b Rn. 11.

268 MüKo InsO/*Kern*, § 270b Rn. 12.

269 MüKo InsO/*Kern*, § 270b Rn. 2.

kann, wenn eine qualifizierte Person bescheinigt, dass entweder *drohende Zahlungsunfähigkeit* oder *Überschuldung* vorliegen und dass die Sanierung nicht *offensichtlich aussichtslos* ist. Die Möglichkeit, auch bei Überschuldung einen Antrag zu stellen, wurde erst während des Gesetzgebungsverfahrens eingefügt. Wäre eine Antragstellung lediglich bei drohender Zahlungsunfähigkeit möglich gewesen, wäre der Normzweck weitgehend leer gelaufen.[270]

Teilweise wird die Auffassung vertreten, eine Antragstellung sei auch schon bei einer sich anbahnenden Krise möglich – also vor dem Zeitpunkt der drohenden Zahlungsunfähigkeit.[271] Eine solche Möglichkeit ist allerdings abzulehnen.[272] Die weitgehenden Privilegien, die dem Schuldner zukommen, können nur mit dem Eintritt in das Insolvenzverfahren gerechtfertigt werden und hierfür müssen die Voraussetzungen des Insolvenzantrages vorliegen.[273]

Was die gemäß § 270 I 3 InsO beizubringende Bescheinigung angeht, so besteht noch Unklarheit in der Literatur – sowohl bezüglich des vorausgesetzten Inhalts,[274] der Prüfungsbefugnis des Gerichts, als auch der bescheinigenden Person.[275] Der Gesetzeswortlaut bleibt hinsichtlich der Voraussetzungen vage. Hiernach hat „*der Schuldner* […] *mit dem Antrag eine mit Gründen versehene Bescheinigung eines in Insolvenzsachen erfahrenen Steuerberaters, Wirtschaftsprüfers oder Rechtsanwalts oder einer Person mit vergleichbarer Qualifikation vorzulegen, aus der sich ergibt, dass drohende Zahlungsunfähigkeit oder Überschuldung, aber keine Zahlungsunfähigkeit vorliegt und die angestrebte Sanierung nicht offensichtlich aussichtslos ist.*" In Bezug auf die Qualifikation des Bescheinigers hat der offene Wortlaut unionsrechtliche Hintergründe.[276] Hinsichtlich des Inhalts der Bescheinigung ist die Zurückhaltung im Gesetzestext damit zu erklären, dass Schuldner nicht durch allzu hohe Voraussetzungen abgeschreckt werden sollen. So führt die Gesetzesbegründung aus: „*Die Bescheinigung muss mit Gründen versehen sein. Hingegen wurde davon abgesehen, ein umfassendes*

---

270 *Hirte*, ZInsO 2011, 401 (402).

271 *Hirte*, ZInsO 2011, 401 (402), zieht dies zumindest als Möglichkeit in Betracht, stellt aber auch klar, dass dies unter der geltenden Fassung nicht möglich ist.

272 RSI/*Seagon*, § 26 Rn. 5.

273 *Bremen*, NZI 2014, 137 (138).

274 *Willemsen* ESUG Kommentar, § 270b Rn. 15.

275 *Römermann*, GmbHR 2013, 337 (342 f.); ausführlich sowohl zum Inhalt der Bescheinigung als auch zur Person des Bescheinigungsausstellers: *Becker*, Anreizwirkung des Sanierungsvorbereitungsverfahrens, S. 96 ff.

276 BegrRegE ESUG, BT-Drucks. 17/5712, S. 40; *Camek*, Das Schutzschirmverfahren, S. 148.

Sanierungsgutachten entsprechend formalisierten Standards zu verlangen, weil hiermit erhebliche Kosten verbunden sind und damit insbesondere kleineren und mittleren Unternehmen der Zugang zu dem Verfahren nach § 270b InsO(-E) erheblich erschwert worden wäre."[277] Allerdings ist dabei auch zu beachten, dass die Bescheinigung gewissen Standards genügen sollte. Hierdurch soll der Grundstein für die Erfolgschance der späteren Sanierung gelegt und Anträge verhindert werden, in denen das Vorliegen der Voraussetzungen nicht hinreichend geprüft wurde.[278]

Das Schutzschirmverfahren endet entweder mit Ablauf der gesetzten Frist, jedoch spätestens nach drei Monaten oder aber, wenn Aufhebungsgründe nach § 270b IV InsO vorliegen. Bei einem Erfolg des Schutzschirmverfahrens liegt es für das Gericht in einem nächsten Schritt nahe, das Eigenverwaltungsverfahren zu eröffnen.[279] Die ursprünglich im Gesetzesentwurf enthaltene Regelung, die bei Eintritt der Zahlungsunfähigkeit die Aufhebung des Schutzschirmverfahrens anordnete,[280] wurde gestrichen. Ihr lag die Konzeption des Gesetzgebers zugrunde, das Schutzschirmverfahren käme ohnehin nur für Schuldner in Betracht, die den Antrag im Einvernehmen mit den bedeutenden Gläubigern gestellt haben.[281] Aufgrund dessen würden diese ihre Forderungen nicht sofort in dem Moment fällig stellen, in dem sie von dem Antrag des Schuldners erführen. Somit – so augenscheinlich die Vorstellung des Gesetzgebers – wäre die Gefahr des Eintritts der Zahlungsunfähigkeit nicht gegeben. Trete sie aber dennoch ein, indiziere dies, dass der Schuldner für das sanierungsvorbereitende Eröffnungsverfahren nicht geeignet sei.[282] Kritisiert wurde in der Beschlussempfehlung des Rechtsausschusses hieran, dass dieser Aufhebungsgrund den Gläubigern enormes Druckpotential verschaffen und einzelne Gläubiger in die Lage bringen würde, das Verfahren eigenmächtig zu beenden, was wiederum zulasten der Planbarkeit des Verfahrens ginge.[283] Anstelle der Zahlungsunfähigkeit als Aufhebungsgrund wurde nun in § 270b IV 2 InsO normiert, dass der Eintritt der Zahlungsunfähigkeit dem Gericht unverzüglich anzuzeigen ist. Mit

277 BegrRegE ESUG, BT-Drucks. 17/5712, S. 40.
278 *Vallender,* GmbHR 2012, 450 (451).
279 RSI/*Seagon,* § 26 Rn. 26.
280 BegrRegE ESUG, BT-Drucks. 17/5712, S. 41.
281 BegrRegE ESUG, BT-Drucks. 17/5712, S. 40.
282 BegrRegE ESUG, BT-Drucks. 17/5712, S. 40.
283 Beschlussempfehlung und Bericht des Rechtsausschusses zu dem Gesetzesentwurf der Bundesregierung – Drucks. 17/5712, BT-Drucks. 17/7511, S. 37.

welcher Reaktion des Gerichts der betroffene Schuldner zu rechnen hat, ist dabei ungewiss.[284] Möglicherweise kann die Zahlungsunfähigkeit die Aussichtslosigkeit der Sanierung indizieren – auszuschließen ist dies zumindest nicht.[285] Der Rechtausschuss begründet die Beibehaltung der Anzeigepflicht damit, dass die erforderliche Aufsicht durch das Insolvenzgericht sichergestellt werden muss.[286]

II. Möglichkeiten zur gesellschaftsrechtlichen Umstrukturierung im Insolvenzplan

In Kapitel A wurden bereits die Schwierigkeiten dargelegt, die sich vor dem Inkrafttreten des ESUG hinsichtlich der Sanierung in der Insolvenz – insbesondere seitens der Altgesellschafter – ergaben. Nachdem in diesem Kapitel auf die Neuerungen eingegangen wurde, die zu einer frühzeitigen Antragstellung motivieren sollen, soll sich der folgende Abschnitt des Kapitels den Möglichkeiten widmen, die der Insolvenzplan für eine gesellschaftsrechtliche Neuordnung bietet und insbesondere den Änderungen, die sich hieraus für die Stellung der Altgesellschafter ergeben können.[287] Ausgangspunkt bildet hier § 217 InsO und die ihm folgenden Normen betreffend das Insolvenzplanverfahren, die die Möglichkeit zu einem privatautonom gestalteten Insolvenzverfahren eröffnen.[288] Als entscheidender Teil der Reform bezwecken die Änderungen, das Insolvenzplanverfahren attraktiver und – vor allem durch die Einbeziehung der Gesellschafter in den Insolvenzplan – effektiver zu gestalten.[289]

Nicht selten kann durch die Reorganisation und Weiterführung des Unternehmens die Haftungsmasse gesteigert werden.[290] Um eine solche Weiterführung zu erreichen, bedarf es allerdings in den allermeisten Fällen nicht nur Maßnahmen *leistungs-*, sondern auch solche *finanzwirtschaftlicher* Art.[291] Wenn das Grund- bzw. Stammkapital vollständig aufgezehrt ist, stellen Kapitalmaßnahmen zur

---

284 *Schelo,* ZIP 2012, 712 (713).

285 *Bremen,* NZI 2014, 137 (139); *Schelo,* ZIP 2012, 712 (713); Schmidt InsO/*Undritz,* § 270b Rn. 16.

286 Beschlussempfehlung und Bericht des Rechtsausschusses zu dem Gesetzesentwurf der Bundesregierung – Drucks. 17/5712, BT-Drucks. 17/7511, S. 37.

287 Für einen umfassende Darstellung des Insolvenzplanverfahrens vor und nach dem ESUG wird auf *Deppisch,* Das Insolvenzplanverfahren, verwiesen.

288 MüKo InsO/*Eidenmüller,* § 217 Rn. 1.

289 MüKo InsO/*Eidenmüller,* § 225a Rn. 10; *Camek,* Das Schutzschirmverfahren, S. 163.

290 MüKo InsO/*Eidenmüller,* § 217 Rn. 69.

291 *Bremen,* NZI 2014, 137 (140); MüKo InsO/*Eidenmüller,* § 217 Rn. 69; *Eidenmüller/Engert,* ZIP 2009, 541 (542).

Aufstockung des Eigenkapitals die Voraussetzung für eine Weiterführung des Unternehmens dar.[292] Dies ist keine Neuerung des ESUG – neu sind aber die Möglichkeiten, die das Insolvenzplanverfahren bietet. Auch schon vor der Reform waren Kapitalmaßnahmen unter Beteiligung der Gläubiger im Insolvenzplan durchaus möglich. Die Vereinbarung gesellschaftsrechtlicher Maßnahmen richtete sich allerdings sowohl bezüglich der formellen wie auch der materiellen Voraussetzungen nach den gesellschaftsrechtlichen Bestimmungen, womit die Gesellschafter die maßgebliche Entscheidungsmacht behielten.[293] Mit dem durch das ESUG vollzogenen „*Paradigmenwechsel*" liegt die Entscheidungsmacht nun nicht mehr allein bei der Gesellschafterversammlung, sondern bei sämtlichen Beteiligten des Planverfahrens und damit vor allem bei den Gläubigern.[294] Letzteren wird so im Rahmen des Abstimmungsverfahrens eine Vormachtstellung hinsichtlich der wirtschaftlichen Entscheidungen eingeräumt.[295] Ausgeschlossen werden sollen damit Blockademöglichkeiten und ein sich daraus ergebendes Erpressungspotential, da beides aufgrund des in der Insolvenz verbleibenden geringen Anteilwertes auf der einen und den hierzu vergleichsweise hohen Forderungen der Gläubiger auf der anderen Seite keine Berechtigung hat.[296] Letztendlich wird der Tatsache Rechnung getragen, dass die Gesellschafter in der Insolvenz lediglich nachrangig Berechtigte hinter den Gläubigern sind.[297]

Möglich gemacht wird der Eingriff durch die Einbeziehung der Gesellschafter in den Insolvenzplan. Waren die Gesellschafter vor der Reform noch keine Beteiligten des Insolvenzplans, wird diese Möglichkeit nun durch § 217 S. 2 InsO geschaffen: „*Ist der Schuldner keine natürliche Person, so können auch die Anteils- oder Mitgliedschaftsrechte der am Schuldner beteiligten Personen in den Plan einbezogen werden.*" Voraussetzung hierfür ist lediglich, dass die Einbeziehung ausdrücklich im Plan bestimmt wird (§ 225a I InsO). Insoweit kann nun zwischen

---

292 BegrRegE ESUG, BT-Drucks. 17/5712, S. 31; *Bremen*, NZI 2014, 137 (140); MüKo InsO/*Eidenmüller*, § 217 Rn. 69.

293 *Bremen*, NZI 2014, 137 (140); *Eidenmüller/Engert*, ZIP 2009, 541 (543); *Madaus*, ZIP 2012, 2133 (2137); Schmidt InsO/*Spliedt*, § 217 Rn. 3.

294 Schmidt InsO/*Spliedt*, § 225a Rn. 5; *Spliedt*, GmbHR 2012, 462 (465).

295 *Günther*, ZInsO 2012, 2037 (2039).

296 BegrRegE ESUG, BT-Drucks. 17/5712, S. 30.; *Bremen*, NZI 2014, 137 (140); MüKo InsO/*Eidenmüller*, § 217 Rn. 5 und § 225a Rn. 10; *Sassenrath*, ZIP 2003, 1517 (1526).

297 MüKo InsO/*Eidenmüller*, § 217 Rn. 2, 69. Hiervon ging auch der BGH bereits vor der Reform durch das ESUG aus, BGH, Urt. v. 15.4.2010 – IX ZR 188/09, BGHZ 185, 206 (211, 212).

zwei Kategorien von Beteiligten unterschieden werden: den freiwillig und den zwangsweise Planunterworfenen.[298] Zu letzterer Kategorie sind die Gesellschafter zu zählen, da sie auch gegen oder ohne ihren Willen in den Plan einbezogen werden können.[299] Folge hiervon ist die Maßgeblichkeit insolvenzrechtlicher anstatt gesellschaftsrechtlicher Normen für die Willensbildung. Hierzu tritt an Stelle der Gesellschafterversammlung die Beteiligtenversammlung, der auch die Gläubiger angehören. Als *Beteiligte* des Insolvenzplanverfahrens nehmen die Gesellschafter dabei zwar an der Planabstimmung teil. Ihr Stimmgewicht richtet sich dabei allerdings nach der Beteiligung am gezeichneten Kapital oder Vermögen des Schuldners (§ 238a I 2 InsO), wobei Stimmrechtsbeschränkungen, Sonder- oder Mehrstimmrechte außer Betracht bleiben. Damit entfällt die Entscheidungsmacht, die ihnen im Gesellschaftsrecht zukommt.

Vervollständigt wird die Einbeziehung der Gesellschafter dadurch, dass nun auch das Obstruktionsverbot des § 245 InsO für sie gilt (anstelle der Bezugnahme auf *„die Gläubiger"* stellt die Norm nun auf *„die Angehörigen der Abstimmungsgruppe"* ab).[300] Ist der Insolvenzplan nicht gemäß § 244 InsO angenommen worden, kann § 245 InsO zur Anwendung kommen.[301] Zwar wird damit die Möglichkeit der Gesellschafter, auf den Beschluss gesellschaftsrechtlicher Maßnahmen einzuwirken, nicht vollständig verhindert.[302] Trotzdem wird die Entscheidungsmacht, die den Gesellschaftern normalerweise außerhalb des Insolvenzverfahrens zukommt, erheblich herabgesetzt.[303]

Abschließend erleichtert § 254a InsO auch die Verfahrensvorschriften des Gesellschaftsrechts (Ladungen, Bekanntmachungen etc.).[304]

III. Vereinbarkeit der neuen Regelungen mit dem Grundgesetz

1) Erhobene Verfassungsbeschwerden

Die radikale Neuordnung des Verhältnisses von Gesellschafts- und Insolvenzrecht ließ teilweise Zweifel an der Verfassungsmäßigkeit der entsprechenden Normen aufkommen und mündete in der Erhebung zweier Verfassungsbeschwerden.

---

298 MüKo InsO/*Eidenmüller*, § 217 Rn. 60.

299 MüKo InsO/*Eidenmüller*, § 217 Rn. 2, 70.

300 Siehe hierzu ausführlich die Ausführungen im 2. Teil E. II. 1) a).

301 FK-InsO/*Jaffé*, § 245 Rn. 1.

302 *Gräfin von Spee*, Gesellschafter im Reorganisationsverfahren, S. 119.

303 *Brünkmans/Uebele*, ZInsO 2014, 265 (266).

304 Dazu bspw. *Becker*, ZInsO 2013, 1885 (1888); *Brünkmans*, ZIP 2014, 1857 (1858); *Madaus*, ZIP 2012, 2133 (2138).

Zum einen erhob die Deutsche Schutzvereinigung für Wertpapiere e.V. für einige Aktionäre der IVG AG im Oktober 2014 Verfassungsbeschwerden gegen die Bestätigung des Insolvenzplans.[305] Dieser Insolvenzplan sah unter anderem die Herabsetzung des Grundkapitals auf Null mit anschließender Barkapitalerhöhung bei Bezugsrechtsausschluss der Altaktionäre vor.[306] Diese Verfassungsbeschwerden wurden mit Beschluss vom 27.10.2015 nicht zur Entscheidung angenommen.[307]

Im *Suhrkamp*-Verfahren erhoben die Minderheitsgesellschafterin (*Medienholding AG Winterthur*) und deren alleiniger Aktionär (*Hans Barlach*) Verfassungsbeschwerde und beantragten zudem zwei einstweilige Anordnungen.[308] Die Verfassungsbeschwerde richtete sich dabei gegen den Insolvenzeröffnungsbeschluss und die Bestätigung des Insolvenzplans. Zwischenzeitlich beantragten die Beschwerdeführer den Beschluss des Amtsgerichts auf Festlegung eines Erörterungs- und Abstimmungstermins einstweilig aufzuheben. Dieser Antrag auf einstweilige Anordnung wurde am 17.10.2013 vom BVerfG abgelehnt.[309] Ein weiterer Antrag auf einstweilige Anordnung richtete sich auf die vorläufige Verhinderung des Eintritts der Wirkungen des Insolvenzplans und der Eintragung der neuen Rechtsform[310] des *Suhrkamp Verlages* in das Handelsregister. Auch dieser Antrag wurde vom BVerfG mit Beschluss vom 18.12.2014 abgelehnt.[311] Die Verfassungsbeschwerde des Aktionärs der Minderheitsgesellschafterin wurde vom BVerfG als unzulässig zurückgewiesen, da dieser nicht hinreichend substantiiert dargelegt habe, als Aktionär der Minderheitsgesellschafterin durch die Eröffnung des Insolvenzverfahrens und die Bestätigung des Insolvenzplans unmittelbar in eigenen Rechten betroffen zu sein.[312] Die Verfassungsbeschwerde der Minderheitsgesellschafterin selbst wurde zwischenzeitlich zurückgenommen.[313]

---

305 Pressemitteilung vom 21.10.2014 abrufbar unter http://www.dsw-info.de/Verfassungsgericht-prueft-neue.2031.0.html (zuletzt abgerufen am 4.2.2016).

306 Siehe hierzu die Pressemitteilung vom 30.6.2014 http://www.dsw-info.de/DSW-IVG-Aktionaere-klagen-geg.2007.0.html (zuletzt abgerufen am 4.2.2016).

307 Die Verfassungsbeschwerden wurden unter 2 BvR 2092/14, 2 BvR 2233/14, 2 BvR 2091/14 und 2 BvR 1809/14 geführt.

308 Geführt wurden diese allesamt unter dem Az. 2 BvR 1978/13.

309 BVerfG, Beschl. v. 17.10.2013 – 2 BvR 1978/13, NZI 2013, 1072.

310 Der Insolvenzplan sah den Formwechsel von einer GmbH & Co. KG in eine AG vor.

311 BVerfG, Beschl. v. 18.12.2014 – 2 BvR 1978/13, NJW 2015, 465.

312 BVerfG, Beschl. v. 18.12.2014 – 2 BvR 1978/13, NJW 2015, 465 (486).

313 In der Pressemitteilung der *Suhrkamp Verlag AG* heißt, es: *„Alle gerichtlichen Auseinandersetzungen mit der Medienholdung AG wurden beendet.“* http://www.suhrkamp.

Obschon das BVerfG in den genannten Verfahren nicht in der Sache entschieden hat, stellt sich die Frage der Verfassungsmäßigkeit der neuen Regelungen.

2) Vereinbarkeit mit Art. 14 I GG

a) Schutzgehalt der Eigentumsfreiheit

Das Anteilseigentum – sowohl mit seiner vermögensrechtlichen als auch mit seiner mitgliedschaftlichen Komponente – unterliegt unbestritten dem Schutz des Art. 14 I GG.[314] Dabei kann das Vermögensrecht nicht vom Mitgliedschaftsrecht getrennt werden, wie das BVerfG bereits im *Feldmühle*-Urteil betonte.[315]

Die Mitgliedschaften sind jedoch in den einzelnen Gesellschaftsformen unterschiedlich ausgestaltet.[316] Dementsprechend variiert auch die Bedeutung von Vermögens- und Verwaltungsrechten: In einer großen Publikums-AG, die für die Aktionäre lediglich eine Kapitalanlage bedeutet, rücken letztere in den Hintergrund.[317] Gleichwohl ist es für den Gesetzgeber *„nahezu unmöglich"*, auf jegliche Gegebenheiten Rücksicht zu nehmen.[318] Die jeweiligen Eigenarten des Anteilseigentums müssen deswegen bei einer allgemeinen gesetzlichen Regelung außen vor bleiben.[319]

---

de/news/pressemitteilung_des_suhrkamp_verlags_2463.html (zuletzt abgerufen am 28.1.2016).

314 BVerfG, Urt. v. 11.7.2012 – 1 BvR 3142/07, 1569/08, BVerfGE 132, 99 (119) („Delisting"); Beschl. v. 30.5.2007 – 1 BvR 1267/06, NJW 2007, 3266 (3267); Urt. v. 23.8.2000 – 1 BvR 68/95, NJW 2001, 279 (279) („Moto Meter"); Beschl. v. 27.4.1999 – 1 BvR 1613/94, BVerfGE 100, 289 (301 f.) („DAT/Altana"); Urt. v. 1.3.1979 – 1 BvR 532/77, BVerfGE 50, 290 (342) („Mitbestimmungsurteil"); Urt. v. 7.5.1969 – 2 BvL 15/67, BVerfGE 25, 371 (407) („lex Rheinstahl"); Entsch. v. 7.8.1962 – 1 BvL 16/60, BVerfGE 14, 263 (277) („Feldmühle"); *Bay/Seeburg/Böhmer,* ZInsO 2011, 1927 (1936); *Decher/Voland,* ZIP 2013, 103 (108); Kübler HRI/*Hölzle,* § 31 Rn. 7; *Müller,* KTS 2012, 419 (425); *Sassenrath,* ZIP 2003, 1517 (1523); Schmidt InsO/*Spliedt,* § 225a Rn. 7.

315 BVerfG, Entsch. v. 7.8.1962 – 1 BvL 16/60, BVerfGE 14, 263 (285) („Feldmühle").

316 BVerfG, Entsch. v. 7.8.1962 – 1 BvL 16/60, BVerfGE 14, 263 (274) („Feldmühle").

317 BVerfG, Urt. v. 1.3.1979 – 1 BvR 532/77, BVerfGE 50, 290 (342) („Mitbestimmungsurteil").

318 BVerfG, Entsch. v. 7.8.1962 – 1 BvL 16/60, BVerfGE 14, 263 (274) („Feldmühle").

319 BVerfG, Urt. v. 1.3.1979 – 1 BvR 532/77, BVerfGE 50, 290 (343) („Mitbestimmungsurteil").

b) Eigentumsrelevante Maßnahme

Eine eigentumsrelevante Maßnahme ist entweder durch Enteignung oder Inhalts- und Schrankenbestimmung möglich, wobei die Rechtfertigung jeweils unterschiedlichen Voraussetzungen unterliegt.[320]

Die Einbeziehung der Gesellschafter in den Insolvenzplan (§ 217 S. 2 InsO) mit der Möglichkeit gesellschaftsrechtliche Maßnahmen (§ 225a II, III InsO) zu vereinbaren, stellt eine eigentumsrelevante Maßnahme dar. Der Beteiligtenversammlung wird durch die Regelungen die Möglichkeit eingeräumt, auf die Anteils- und Mitgliedschaftsrechte der Gesellschafter einzuwirken, ohne dass dies von den besonderen gesellschaftsrechtlichen Abstimmungsregeln abhinge. Die Einwirkungsintensität kann aufgrund der zahlreichen Möglichkeiten, die § 225a III InsO eröffnet, variieren.[321] Denkbar ist jedoch auch der komplette Verlust des Anteilsrechts. An dieser stärksten Form des Eingriffs soll sich die folgende verfassungsrechtliche Bewertung orientieren.

Trotz eines möglichen Totalverlustes kann mangels eines „*final hoheitlichen Aktes zur Erfüllung öffentlicher Zwecke*" bei den neuen Regelungen durch das ESUG lediglich von Inhalts- und Schrankenbestimmungen ausgegangen werden.[322] Diese Einordnung ähnelt derer, die das BVerfG im *Feldmühle*-Urteil bezüglich § 15 UmwG vornahm. Hier stellte es fest, dass der Gesetzgeber durch die Norm nicht enteignete, sondern lediglich die Ermächtigung „*zu einer Umgestaltung der privatrechtlichen Beziehung*" erteilte und somit nicht „*unmittelbar in bestehende Rechte*" eingriff.[323]

c) Rechtfertigung

Die Rechtfertigung von Inhalts- und Schrankenbestimmungen ist nicht anhand Art. 14 III GG, sondern ausschließlich anhand Art. 14 I 2 GG vorzunehmen.[324]

Hierbei ist von folgendem Grundsatz des BVerfG auszugehen: „*Das Eigentum ist das wichtigste Rechtsinstitut zur Abgrenzung privater Vermögensbereiche. Es*

---

320 BeckOK GG/*Axer*, Art. 14 Rn. 70 (Stand: 1.12.2016).

321 Näher dazu im 1.Teil C. IV.

322 *Bay/Seeburg/Böhmer*, ZInsO 2011, 1927 (1937); *Decher/Voland*, ZIP 2013, 103 (109); MüKo InsO/*Eidenmüller*, § 225a Rn. 44; *Frauer*, Grenzen des Eingriffs in Gesellschafterrechte, S. 80; *Hagemann*, Debt Equity Swaps, S. 61; *Pühl*, Der Debt Equity Swap im Insolvenzplanverfahren, Rn. 283; *Sassenrath*, ZIP 2003, 1517 (1523); *Segmiller*, Kapitalmaßnahmen im Insolvenzplan, S. 64; *Zarzitzky*, Die Reform des Insolvenzplanverfahrens, S. 133.

323 BVerfG, Entsch. v. 7.8.1962 – 1 BvL 16/60, BVerfGE 14, 263 (277) („Feldmühle").

324 BeckOK GG/*Axer*, Art. 14 Rn. 70 (Stand: 1.12.2016).

bedarf deshalb besonders der Ausgestaltung durch die Rechtsordnung. […] *Der Regelungsbefugnis des Gesetzgebers scheinen nach dem Wortlaut des Art. 14 I 2 GG keine Schranken gesetzt zu sein. Es ist jedoch selbstverständlich, dass jede gesetzliche Inhalts- und Schrankenbestimmung sowohl die grundlegende Wertentscheidung des Grundgesetzes zugunsten des Privateigentums im herkömmlichen Sinne zu beachten hat als auch mit allen übrigen Verfassungsnormen in Einklang stehen muss* […].“[325] Insbesondere ist der Verhältnismäßigkeitsgrundsatz einzuhalten.[326]

aa) Vergleich mit der Situation im Regelinsolvenzverfahren

Im Rahmen der Regelinsolvenz besteht Einigkeit, dass der Entzug des Anteilseigentums durch Abwicklung des Rechtsträgers keinen Bedenken ausgesetzt ist.[327] Insoweit ist anerkannt, dass die Gesellschafter mit Verfahrenseröffnung nur noch in ihren vermögensrechtlichen Interessen geschützt werden.[328] Fraglich ist also, ob diese Argumentation auf die Situation im Insolvenzplanverfahren bei Fortführung der Gesellschaft übertragbar ist.

Dies wird teilweise verneint. Werde im Insolvenzplan die Fortführung der Gesellschaft beschlossen, dürften die Gesellschafter nicht schlicht auf ihre Vermögensrechte verwiesen werden.[329] Vielmehr seien in diesem Fall auch die Mitverwaltungsrechte der Gesellschafter relevant, in die nicht aufgrund des Befriedigungsinteresses der Gläubiger eingegriffen werden dürfe.[330]

Ob eine Bewertung der konfligierenden Interessen zugunsten der Altgesellschafter zu rechtfertigen ist, erscheint trotz einer geplanten Fortführung der Gesellschaft fraglich. Denn in der Insolvenz rückt allgemein der Zweck des Gläubigerschutzes in den Vorder-,[331] die Verwaltungsrechte sämtlicher Gesellschafter

---

325 BVerfG, Entsch. v. 7.8.1962 – 1 BvL 16/60, BVerfGE 14, 263 (277, 278) („Feldmühle“).

326 BeckOK GG/*Axer*, Art. 14 Rn. 70 (Stand: 1.12.2016); *Pieroth/Schlink*, Grundrechte, § 23 Rn. 1043.

327 *Bitter*, ZGR 2010, 147 (191); MüKo InsO/*Eidenmüller*, § 225a Rn. 44; *Stöber*, ZInsO 2013, 2457 (2460); *Verse*, ZGR 2010, 299 (310).

328 *Stöber*, ZInsO 2013, 2457 (2460); *Verse*, ZGR 2010, 299 (310).

329 *Gräfin von Spee*, Gesellschafter im Reorganisationsverfahren, S. 179; *Stöber*, ZInsO 2012, 1811 (1819); *Zarzitzky*, Die Reform des Insolvenzplanverfahrens, S. 136.

330 *Simon/Merkelbach*, NZG 2012, 121 (125); *Stöber*, ZInsO 2012, 1811 (1819); *ders.*, ZInsO 2013, 2457 (2460) will von der Letztentscheidungsmacht der Gesellschafter nur in *„eng begrenzten Ausnahmefällen“* abrücken.

331 BVerfG, Beschl. v. 26.11.2009 – 1 BvR 339/09, ZIP 2010, 237 (238): *„Vorrangiger Zweck des Insolvenzverfahrens ist unter Berücksichtigung der Lage des Schuldners die bestmögliche Befriedigung der Forderungen der Gläubiger* […].“; so auch Decher/Voland,

in den Hintergrund[332]. Genau wie die Gesellschafter sind schließlich auch die Forderungen der Gläubiger durch das Eigentumsrecht des Art. 14 I GG geschützt.[333] Zwar steht den Gläubigern im Insolvenzverfahren nur ein Zugriff auf das Vermögen der Gesellschaft und nicht auf die Gesellschaftsanteile zu.[334] Die Tatsache, dass die Gesellschafteranteile nicht pfändbar sind, kann aber nicht bedeuten, dass sie verfassungsrechtlich stärker geschützt sind als die Forderungen der Gläubiger.[335] Letztere zehren oftmals einen Großteil des Gesellschaftsvermögens auf. Aus diesem Grund müssen die Gesellschafter – gleichgültig ob im Rahmen des Regel- oder Planverfahrens – sämtliche Mitgliedschaftsrechte hinter dem Befriedigungsinteresse der Gläubiger zurücktreten lassen.[336] Denn beide Verfahren haben das eben erwähnte Ziel: die möglichst umfassende Befriedigung der Gläubiger (§ 1 InsO). Lediglich die Mittel, dieses Ziel zu erreichen, differieren.

Mit der ESUG-Reform verfolgt der Gesetzgeber auch das legitime Ziel der *bestmöglichen Haftungsverwirklichung* zugunsten der Gläubiger.[337] Denn deren vorrangige und umfassende Befriedigung ist in vielen Fällen unweigerlich mit einem Eingriff in die Rechte der Anteilseigner verbunden.[338] Eine Trennung des Vermögens der Schuldnergesellschaft von ihrer Organisationsstruktur ist in der Regel unmöglich.[339] Nur durch den Erhalt des Unternehmensträgers lässt sich oftmals der volle Unternehmenswert generieren.[340] Auch wenn außerhalb der Insolvenz ausschließlich die Gesellschafter, nicht aber die Gläubiger Verfügungsmacht über die Anteile haben, bedeutet dies nicht, dass diese Verfügungshoheit

---

ZIP 2013, 103 (109) mit Hinweis auf BVerfG, Beschl. v. 18.7.1979 – 1 BvR 655/79, BVerfGE 51, 405 (408); Wertenbruch, ZIP 2013, 11693 (1697).

332 *Spliedt,* GmbHR 2012, 462 (465).

333 BVerfG, Beschl. v. 26.11.2009 – 1 BvR 339/09, ZIP 2010, 237 (238); Beschl. v. 23.5.2006 – 1 BvR 2530/04, BVerfGE 116, 1 (13); *Bay/Seeburg/Böhmer,* ZInsO 2011, 1927 (1936); *Bitter,* ZGR 2010, 147 (194); MüKo InsO/*Eidenmüller,* § 225a Rn. 44; *Hagemann,* Debt Equity Swaps, S. 62; FK-InsO/*Jaffé,* § 225a Rn. 30; *Müller,* KTS 2012, 419 (428); *Stöber,* ZInsO 2012, 1811 (1819); Handbuch Personengesellschaften/*Wertenbruch,* Rz. I 1856a (60. EL 9/2014); *ders,* ZIP 2013, 1693 (1696).

334 *Müller,* KTS 2011, 1 (20).

335 Schmidt InsO/*Spliedt,* § 225a Rn. 13.

336 BVerfG, Beschl. v. 23.5.2006 – 1 BvR 2530/04, BVerfGE 116, 1 (13); *Bitter,* ZGR 2010, 147 (191); *Sassenrath,* ZIP 2003, 1517 (1524); Schmidt InsO/*Spliedt,* § 225a Rn. 10.

337 Heidelberger Kommentar InsO/*Haas,* § 225a Rn. 3; *Kresser,* ZInsO 2010, 1409 (1417).

338 *Bitter,* ZGR 2010, 147 (193); *Braun,* FS Fischer, 53 (63).

339 *Bitter,* ZGR 2010, 147 (194).

340 *Bitter,* ZGR 2010, 147 (193).

auch in der Insolvenz fortbestehen muss.[341] Die Einbeziehung in den Insolvenzplan kann insoweit die Voraussetzungen für eine möglichst hohe Befriedigung der Gläubiger schaffen.[342] Den Gläubigern die Gesellschafteranteile haftungsrechtlich zuzuordnen, erscheint dann auch nicht unbillig, sondern entspricht der allgemeinen Wertung des § 199 InsO,[343] die auch für das Insolvenzplanverfahren Geltung beansprucht[344].

Schließlich sind die Gesellschafter frei in der Entscheidung, das Unternehmensvermögen – und damit auch die rechtsträgergebundenen Berechtigungen – nicht ausschließlich mit Eigen-, sondern auch mit Fremdkapital zu finanzieren.[345] Darüber hinaus tragen aufgrund der Haftungsbeschränkung bei Kapitalgesellschaften die Gläubiger einen Teil des Ausfallrisikos.[346] Demgegenüber haben die Gesellschafter keine Minderung ihres Vermögens zu befürchten.[347] Die Entscheidungshoheit der Gesellschafter ist dabei solange zu rechtfertigen, wie sich das Risiko, dass die Haftsumme die Forderungen nicht deckt, noch nicht realisiert hat.[348]

Mit Eintritt der Insolvenz ist die Bedienung der Forderungen allerdings nicht mehr sichergestellt – die Rechtfertigung für die Entscheidungshoheit entfällt.[349] Es kann nun nicht mehr gerechtfertigt werden, dass die Gesellschafter maßgebliche Wirkung auf die Maßnahmen haben, die den Gläubigern zu größtmöglicher Befriedigung verhelfen sollen.[350] Das Insolvenzrecht stellt insoweit „*die Kehrseite der Medaille der Haftungsbeschränkung*“ dar.[351]

Dem entspricht auch der Grundsatz der Entscheidungshoheit der Gläubiger bezüglich der weiteren Entwicklung der Gesellschaft ab dem Zeitpunkt der Verfahrenseröffnung.[352] Dies gilt im Regelinsolvenzverfahren (siehe nur § 157 InsO),

341 Heidelberger Kommentar InsO/*Haas*, § 225a Rn. 15.

342 Heidelberger Kommentar InsO/*Haas*, § 225a Rn. 3.

343 Heidelberger Kommentar InsO/*Haas*, § 225a Rn. 15.

344 *Thole*, ZIP 2013, 1937 (1940); für eine Geltung lediglich im Regelverfahren aber *Madaus*, ZGR 2011, 749 (754).

345 *Bitter*, ZGR 2010, 147 (194); *Pühl*, Der Debt Equity Swap im Insolvenzplanverfahren, Rn. 293.

346 *Hölzle*, ZIP 2013, 1846 (1848). Dies gilt auch für Gesellschaften ohne persönlich haftenden Gesellschafter.

347 Kübler HRI/*Hölzle*, § 31 Rn. 10.

348 *Drukarczyk/Schüler*, Kölner Schrift zur InsO, 95 (96); *Hölzle*, ZIP 2013, 1846 (1850).

349 *Ott/Brauckmann*, ZIP 2004, 2117 (2119).

350 *Hölzle*, ZIP 2015, 83 (85).

351 *Hölzle*, ZIP 2015, 83 (85).

352 *Skaursadszun*, DB 2014, 2694 (2697).

beansprucht aber Geltung für das gesamte Insolvenzverfahren.[353] Damit liegt die Entscheidung, ob die Gesellschaft reorganisiert oder liquidiert wird, nicht bei den Gesellschaftern.[354]

Hinzu kommt, dass die Gesellschafter – anders als die Gläubiger – das Schicksal der Gesellschaft in der Hand haben. Schließlich haben sie vor Insolvenzeröffnung die Möglichkeit, diese durch Kapitalmaßnahmen zu verhindern.[355] Auch nach Insolvenzeröffnung können sie gemäß § 212 InsO den Insolvenzgrund beseitigen und die umfassende Kontrolle über die Gesellschaft wiedererlangen.[356] Wären die Gesellschafter aber berechtigt, auch im Insolvenzplanverfahren ohne Einschränkung ihre Verwaltungsrechte auszuüben, würden damit die verfassungsrechtlich geschützten Interessen der Gläubiger unverhältnismäßig eingeschränkt – dies wäre mit ihrer Vorrangstellung in der Insolvenz nicht zu vereinbaren.[357] Eine Beeinträchtigung der Rechte der Gesellschafter ist in diesem Zusammenhang als weniger hart einzustufen als eine Beeinträchtigung der Gläubigerforderungen.[358] Hinzu kommt, dass selbst eine Restrukturierung mittels Insolvenzplans die Gesellschafter nicht vor einem Verlust ihrer Mitgliedschaft schützen kann.[359] Schließlich ist erst mit Abschluss des Insolvenzverfahrens mit Sicherheit zu sagen, ob die Restrukturierung geglückt ist und die Gesellschaft fortgeführt werden kann.[360] Darüber hinaus würden die Gesellschafter ihre Mitgliedschaft ohne die Maßnahmen im Insolvenzplan und die Beteiligung der Gläubiger ohnehin verlieren.[361] Der Verlust der Mitgliedschaft wäre

---

353 *Skaursadszun,* DB 2014, 2694 (2697).

354 *Kresser,* ZInsO 2010, 1409 (1416).

355 *Bremen,* NZI 2014, 137 (141); *Brünkmans,* ZIP 2014, 1857 (1862); *Decher/Voland,* ZIP 2013, 103 (109); *Hagemann,* Debt Equity Swaps, S. 63; *Sassenrath,* ZIP 2003, 1517 (1524); *Spliedt* folgert aus der Möglichkeit, den Insolvenzgrund zu beseitigen, dass die Anteilseigner insgesamt keinen Anspruch auf den Fortführungswert haben; Schmidt InsO/ *ders.,* § 225a Rn. 7.

356 *Altmeppen,* FS Hommelhoff, 1 (19); *Bremen,* NZI 2014, 137 (141); *Brünkmans,* ZIP 2014, 1857 (1862); *Decher/Voland,* ZIP 2013, 103 (106); MüKo InsO/*Eidenmüller,* § 225a Rn. 50; *Fischer,* NZI 2013, 823 (829); KPB InsO/*Spahlinger,* § 225a Rn. 103 (55. EL 10/13); Schmidt InsO/*Spliedt,* § 225a Rn. 8, 13; *ders.,* GmbHR 2012, 462 (465).

357 *Bitter,* ZGR 2010, 147 (194).

358 *Eidenmüller,* ZIP 2014, 1197 (1203).

359 *Thole,* Gesellschaftsrechtliche Maßnahmen in der Insolvenz, Rn. 226; meist wird es in der Insolvenz ohnehin zu einer Liquidation kommen *Smid*, Handbuch Insolvenzrecht, § 1 Rn. 23.

360 *Thole,* Gesellschaftsrechtliche Maßnahmen in der Insolvenz, Rn. 226.

361 Schmidt InsO/*Spliedt,* § 225a Rn. 7.

auch im Falle der übertragenden Sanierung unausweichlich.[362] Nachdem hier das Vermögen der Gesellschaft auf einen neuen Rechtsträger übertragen wurde, wird die Schuldnergesellschaft liquidiert.[363] Dass auch hier der Gesellschafteranteil nicht erhalten wird, betonte auch das BVerfG im Rahmen der Ablehnung der einstweiligen Anordnung im *Suhrkamp*-Verfahren am 18.12.2014. Es stellte insbesondere heraus, dass auch eine übertragende Sanierung *„allein den wirtschaftlichen Wert"* erhalte, nicht aber die Beteiligung des Altgesellschafters.[364] Nichtsdestotrotz wird auch hier nicht von einem Verstoß gegen Art. 14 I GG ausgegangen.[365]

Warum also für den Fall des Regelverfahrens und der übertragenden Sanierung etwas anderes gelten sollte als für den Fall der Fortführung der Gesellschaft mittels Insolvenzplan, ist aus den oben angeführten Gründen nicht ersichtlich. Dementsprechend ist die Entscheidung des Gesetzgebers, die Anteile der Gesellschafter im Insolvenz(plan)verfahren nicht in ihrem Bestand, sondern nur in vermögensmäßiger Hinsicht zu schützen, nicht zu beanstanden. Verfassungsrechtlich unbedenklich ist damit auch die Norm des § 238a InsO, der anordnet, dass sich die Beteiligungsrechte der Gesellschafter ausschließlich nach ihrer vermögensrechtlichen Beteiligung richten.[366] Denn ein rein vermögensmäßiger Schutz entzieht hierüber hinausgehenden gesellschaftsrechtlichen Zuständigkeiten und Stimmbindungen die Legitimation.[367] Insoweit fungiert das Stimmrecht des Gesellschafters bei der Abstimmung über den Insolvenzplan nicht als *„Fortsetzung der gesellschaftsrechtlichen Willensbildung"*, sondern soll allein die *„optimale Koordination"* der Abstimmung in der Beteiligtenversammlung sicherstellen.[368]

bb) Besonderheiten im Falle lediglich drohender Zahlungsunfähigkeit?

Die Insolvenzantragspflicht (§ 15a InsO) fungiert als Rechtfertigung für die beschränkte Haftungsmasse und soll die Gläubiger schützen.[369] Die Geltung

362 *Bitter*, ZGR 2010, 147 (191).

363 Siehe 1. Teil B II. 2).

364 BVerfG, Beschl. v. 18.12.2014 – 2 BvR 1978/13, ZIP 2015, 80 (83).

365 *Bitter*, ZGR 2010, 147 (191).

366 Dies sieht wohl auch Kübler HRI/*Madaus*, § 33 Rn. 34 Fn. 29, so, der feststellt, dass nur die *Organisationshoheit* der Gesellschafter, nicht aber ein bestimmtes *Stimmgewicht* verfassungsrechtlich garantiert ist.

367 *Hölzle*, ZIP 2015, 83 (85).

368 Heidelberger Kommentar InsO/*Haas*, § 238a Rn. 1.

369 *Röhricht*, 50 Jahre BGH, 83 (99).

obiger Grundsätze leuchtet in diesen Fällen deswegen unmittelbar ein. Allerdings ist fraglich, ob im Falle lediglich drohender Zahlungsunfähigkeit (§ 18 InsO) Gleiches gelten kann. Hier besteht die Besonderheit, dass die Gesellschaft gerade nicht verpflichtet ist, einen Insolvenzantrag zu stellen. Der Gesetzgeber drückt durch die Freiwilligkeit des Antrages aus, dass die wirtschaftliche Situation der Schuldnergesellschaft das Befriedigungsinteresse der Gläubiger noch nicht in dem Maße gefährdet, dass eine Einleitung des Insolvenzverfahrens verpflichtend wäre. Kommt es dennoch zu einer Antragstellung besteht die Gefahr, dass die Gesellschafter so den Unternehmenswert an die Gläubiger verlieren.[370]

Allerdings weist *Brinkmann* richtigerweise auf Folgendes hin: Beantragt die Gesellschaft im Fall der drohenden Zahlungsunfähigkeit die Eröffnung des Insolvenzverfahrens, ist es gerechtfertigt, dass die Gesellschafter dem insolvenzrechtlichen Haftungsregime unterworfen werden.[371] Sie haben sich diesem schließlich freiwillig ausgesetzt.[372] Die drohende Zahlungsunfähigkeit kann insoweit lediglich Einfluss auf die Voraussetzungen haben, unter denen ein Insolvenzantrag gemäß § 18 I InsO gestellt werden kann.[373] Sichergestellt werden muss deswegen, dass der Antrag nicht völlig losgelöst vom Willen der Gesellschafter gestellt wird.[374] Die verfassungsmäßige Beurteilung der Eingriffe in Gesellschafterrechte im bereits eröffneten Insolvenzverfahren ist deswegen nicht zu ändern. Voraussetzung ist allerdings, dass die Rechte der Gesellschafter im Zeitpunkt vor Verfahrenseröffnung durch das Insolvenzgericht Beachtung finden.[375] Hierzu zählt nicht nur, dass ein Insolvenzgrund, der die Legitimation des Eingriffes darstellt, tatsächlich vorliegt, sondern auch, dass die Gesellschafter vor unberechtigten Insolvenzanträgen geschützt werden[376].

cc) Der vollständige Entzug der Gesellschafterposition in der Rechtsprechung des BVerfG

Der Eingriff in die Anteilsrechte der Gesellschafter entspricht damit der Rechtsprechung des BVerfG zum vollständigen Anteilsentzug im außerinsolvenzlichen Bereich. Dass ein solcher Anteilsentzug hier grundsätzlich zulässig ist,

370 Dies gibt Uhlenbruck InsO/*Hirte*, § 225a Rn. 4, zu bedenken.
371 *Brinkmann*, ZIP 2014, 197 (202).
372 *Brinkmann*, ZIP 2014, 197 (202).
373 *Brinkmann*, ZIP 2014, 197 (202).
374 Hierzu ausführlich im 2. Teil D. I. 2).
375 *Smid/Rattunde/Martini*, Der Insolvenzplan, Rn. 9.34.
376 In diese Richtung auch *Siemon*, ZInsO 2014, 172 (175).

entschied das BVerfG schon früh für Fälle, in denen die Gesellschafterminderheit Zwangseingriffen durch die Gesellschaftermehrheit ausgesetzt war.[377]

In den betreffenden Fällen ging es stets um einen Eingriff der Gesellschaftermehrheit in die Rechte der Gesellschafterminderheit.[378] Das BVerfG urteilte, der Fokus der Minderheitsgesellschafter liege überwiegend auf der vermögensrechtlichen Komponente der Mitgliedschaft.[379] Den Mehrheitsgesellschaftern dürfe dann aber nicht verwehrt werden, ihre unternehmerischen Ambitionen ohne die Beeinträchtigung der Gesellschafterminderheit auszuüben.[380] Dem ist zu entnehmen, dass die Mitgliedschaftsrechte der Minderheitsgesellschafter weniger schützenswert sind, wenn sie *„nur noch auf dem Papier"* bestehen.[381]

Im Unterschied hierzu können Gläubiger mittels § 225a III InsO in die Rechte der Mehrheitsgesellschafter eingreifen und einen Mehrheitsgesellschafter bspw. mittels *Debt Equity Swap* zu einem Minderheitsgesellschafter machen.[382] Die Interessen der Gesellschaftermehrheit können – zumindest außerhalb der Insolvenz – nicht auf die vermögensrechtliche Komponente der Mitgliedschaft reduziert werden. Allerdings ist, wie oben bereits ausgeführt, ab Eintritt in das Insolvenzverfahren die Gläubigerbefriedigung (§ 199 InsO) vorrangig.[383] Mit Verfahrenseröffnung ist die Gesellschaft gemäß § 60 I Nr. 4 GmbHG bzw. § 262 I Nr. 3 AktG aufgelöst und der verfassungsrechtliche Schutz der Gesellschafter damit grundsätzlich auf die Stellung im Rahmen der Abwicklung beschränkt.[384] Hiermit einher geht die Reduktion ihrer Mitgliedschaftsrechte und Einflussnahmemöglichkeiten.[385] Übrig bleiben allein die Vermögensinteressen

---

377 Siehe bspw. BVerfG, Beschl. v. 26.4.2011, NJW 2011, 2497 (2498); Beschl. v. 30.5.2007 – 1 BvR 390/04, NJW 2007, 3268 (3269); Beschl. v. 27.4.1999 – 1 BvR 1613/94, BVerfGE 100, 289 (302 f.) („DAT/Altana"); Entsch. v. 7.8.1962 – 1 BvL 16/60, BVerfGE 14, 263 (278) („Feldmühle").

378 MüKo InsO/*Eidenmüller,* § 225a Rn. 45; *Verse,* ZGR 2010, 299 (310).

379 BVerfG, Beschl. v. 30.5.2007 – 1 BvR 390/04, NJW 2007, 3268 (3270); Beschl. v. 27.4.1999 – 1 BvR 1613/94, BVerfGE 100, 289 (305) („DAT/Altana").

380 BVerfG, Beschl. v. 30.5.2007 – 1 BvR 390/04, NJW 2007, 3268 (3270).

381 *Spliedt,* GmbHR 2012, 462 (465).

382 *Bay/Seeburg/Böhmer,* ZInsO 2011, 1927 (1938); auf diesen Unterschied weist auch *Pühl,* Der Debt Equity Swap im Insolvenzplanverfahren, Rn. 302.

383 *Bitter,* ZGR 2010, 147 (192).

384 Kübler HRI/*Hölzle,* § 31 Rn. 8.

385 Heidelberger Kommentar InsO/*Haas,* § 225a Rn. 15; *Pühl,* Der Debt Equity Swap im Insolvenzplanverfahren, Rn. 304; *Schmidt,* BB 2011, 1603 (1609); *Skauradszun,* DB 2014, 2694 (2697); *Smid/Rattunde/Martini,* Der Insolvenzplan, Rn. 9.34.

der Gesellschafter.[386] Zwar können die Gläubiger nicht mit der Gesellschaftermehrheit gleichgesetzt werden, allerdings kommen ihnen durchaus Entscheidungsbefugnisse zu, die die Gesellschafter erheblich in ihren Verwaltungsrechten begrenzen.[387] Diese Beschneidung der Rechte müssen die Gesellschafter in der Situation der Insolvenz ebenso hinnehmen wie die Entscheidungsmacht der Gesellschaftermehrheit außerhalb des Insolvenzverfahrens.[388]

In diesem Sinne kann durchaus vertreten werden, dass die Verwaltungsrechte auch hier nur noch *„auf dem Papier"* bestehen.[389] Die Grundsätze der Rechtsprechung des BVerfG sind damit auf die Situation im Insolvenzplanverfahren übertragbar.[390]

d) Ergebnis und Folge für die weitere Betrachtung

Die Einbeziehung der Gesellschafteranteile in den Insolvenzplan ist im Hinblick auf Art. 14 I GG verfassungsrechtlich nicht zu beanstanden. Entsprechend der dargestellten Rechtsprechung des BVerfG zu gesellschaftsrechtlichen Strukturmaßnahmen gilt dies sogar für einen kompletten Verlust der Mitgliedschaft durch Ausschluss aus der Gesellschaft. Aus der Übertragbarkeit dieser Rechtsprechung des BVerfG folgt allerdings auch, dass die Gesellschafter für einen solchen Eingriff nicht nur wirtschaftlich *voll entschädigt* werden, sondern auch *wirksame Rechtsmittel gegen einen Missbrauch* gegeben sein müssen.[391] Ob die neuen Regelungen diesen Voraussetzungen Stand halten, gilt es im Rahmen der weiteren Betrachtung zu überprüfen.

---

386 *Bitter,* ZGR 2010, 147 (192).

387 *Büchele,* Eingriff in Gesellschafterrechte, S. 126, 127.

388 *Büchele,* Eingriff in Gesellschafterrechte, S. 127.

389 Kübler HRI/Hölzle, § 31 Rn. 8 spricht von „wirkungsentkleideten Mitglieds- und Teilhaberechte(n)"; in diesem Sinne auch Schmidt InsO/Spliedt, § 225a Rn. 10: *„Das Mitverwaltungsrecht ist durch Art. 14 GG nicht gesondert geschützt, wenn es de facto leer läuft.* […] *Das entspricht der verfassungsrechtlichen Beurteilung zum Hinausdrängen der Gesellschafter im Wege eines Squeeze Outs, zur Eingliederung oder auch zur Vermögensübertragung im Ganzen."*

390 *Bay/Seeburg/Böhmer,* ZInsO 2011, 1927 (1939) wollen die Grundsätze nur auf den Eingriff in die Anteile von Minderheitsgesellschaftern übertragen; für eine Anwendung in allen Fällen MüKo InsO/*Eidenmüller,* § 225a Rn. 45; *Verse,* ZGR 2010, 299 (310).

391 BVerfG, Beschl. v. 30.5.2007 – 1 BvR 390/04, NJW 2007, 3268 (3270); Beschl. v. 23.8.2000 – 1 BvR 68/95 u. 1 BvR 147/97, NJW 2001, 279 (280) („Moto Meter"); Beschl. v. 27.4.1999 – 1 BvR 1613/94, BVerfGE 100, 289 (303) („DAT/Altana"); Entsch. v. 7.8.1962 – 1 BvL 16/60, BVerfGE 14, 263 (283) („Feldmühle").

3) *Vereinbarkeit mit Art. 9 I GG*

Die Vereinbarkeit der Regelungen mit Art. 14 I GG bedeuten jedoch nicht automatisch die Rechtfertigung eines etwaigen Eingriffs in den Schutzbereich von Art. 9 I GG.

a) *Schutzbereich und Verhältnis zu Art. 14 I GG*

In den Schutzbereich der Vereinigungsfreiheit fällt sowohl die negative als auch die positive Vereinigungsfreiheit – also das Recht, einer Organisation beizutreten, in ihr zu verbleiben und sie zu verlassen.[392] Darüber hinaus muss es den Mitgliedern der Vereinigung gewährt werden, sich selbst zu organisieren und Entscheidungen zu treffen.[393]

Zwar schützt, wie soeben gesehen, auch Art. 14 I GG die Mitgliedschaft in ihrer verwaltungsrechtlichen Komponente, das BVerfG ging im *Mitbestimmungs*-Urteil jedoch von einer grundsätzlichen Anwendung der Vereinigungsfreiheit neben dem Eigentumsrecht selbst in großen Aktiengesellschaften aus.[394] Es ist somit Idealkonkurrenz anzunehmen.[395]

b) *Eingriff*

Durch die neuen Vorschriften wird in den Schutzbereich des Art. 9 I GG eingegriffen: Zum einen können die Gesellschafter durch die §§ 225a II, III InsO zwangsweise aus der Gesellschaft ausgeschlossen werden. Zum anderen wird mit der Stimmberechtigung der Gläubiger (§ 237 InsO) in die innere Organisationsstruktur der Gesellschafter eingegriffen: Die Altgesellschafter haben über Maßnahmen im Insolvenzplan nicht (wie außerhalb des Insolvenzverfahrens) die alleinige Entscheidungsmacht. Und auch Stimmrechtsbeschränkungen, Sonder- oder Mehrstimmrechte bleiben unbeachtlich, vielmehr bestimmen sich die Stimmrechte allein nach der vermögensmäßigen Beteiligung an der Gesellschaft (§ 238a I InsO). Schließlich kann unter Anwendung des Obstruktionsverbots (§ 245 InsO) im Einzelfall sogar die Zustimmung zum Insolvenzplan fingiert werden.

---

392 BVerfG, Urt. v. 29.7.1959 – 1 BvR 394/58, BVerfGE 10, 89 (102).

393 BVerfG, Urt. v. 1.3.1979 – 1 BvR 532/77, BVerfGE 50, 290 (354) („Mitbestimmungsurteil").

394 BVerfG, Urt. v. 1.3.1979 – 1 BvR 532/77, BVerfGE 50, 290 (356) („Mitbestimmungsurteil"). Allerdings kam es in dem Urteil auf das Verhältnis von Art. 9 I GG zu Art. 14 I GG nicht an.

395 Maunz/Dürig/*Scholz*, Bd. II, Art. 9 Rn. 111 (35. EL 2/99).

c) Rechtfertigung

Die Kollektivierung im Verband führt grundsätzlich zu einem Ausschluss der autonomen Willensbildung.[396] Außerhalb der Insolvenz bestimmt die Gesellschafterversammlung unter Zugrundelegung des Mehrheitsprinzips über die Vornahme gesellschaftsrechtlicher Maßnahmen. Die Geltung des Mehrheitsprinzips stellt hierbei die Entscheidungs- und Handlungsfähigkeit der Gesellschaft sicher.[397] Dies bedingt, dass bei gegenläufigen Interessen den Interessen der Gesellschaftermehrheit Vorrang eingeräumt wird.[398] Dass der einzelne Gesellschafter dadurch nicht in der Lage ist, eine gesellschaftsrechtliche Maßnahme zu verhindern, gehört dabei zu den gesellschaftsrechtlichen Strukturmerkmalen.[399] Mit seinem Beitritt zur Gesellschaft unterwirft er sich freiwillig dem Mehrheitsregime. Im Insolvenzplanverfahren wird die Binnenorganisation der Gesellschaft aufgelöst: An die Stelle der Gesellschafter- bzw. Hauptversammlung tritt nun die Beteiligtenversammlung (als „*Zwangsgemeinschaft*") und die Gläubiger erhalten nicht nur Stimmmacht, sie können mithilfe des Obstruktionsverbots (§ 245 InsO) sogar sämtliche Gesellschafter überstimmen.

In dieser „*potentiellen Letztentscheidungsmacht*" der Gläubiger sieht insbesondere *Madaus* die Gefahr einer „*vollständigen Fremdbestimmung*" und einen nicht zu rechtfertigenden Eingriff in das Recht der Gesellschafter aus Art. 9 I GG.[400] Zwar lasse sich aus Art. 9 I GG kein Schutz „*auf Erhalt des Status quo der Binnenstruktur*" herleiten.[401] Stimme der Mehrheitsgesellschafter dem Plan zu, liege die Letztentscheidungsmacht also nicht bei *Gesellschaftsexternen,* womit auch keine Verletzung von Art. 9 I GG festgestellt werden könne.

Anders sei dies aber zu beurteilen, wenn die Gesellschaftermehrheit gegen den Plan stimme. Ein Obstruktionsverbot, mit dessen Hilfe es möglich wäre, die Gesellschafter vollständig zu überstimmen, verstoße gegen den Grundsatz der Verhältnismäßigkeit.[402]

---

396 BVerfG, Urt. v. 1.3.1979 – 1 BvR 532/77, BVerfGE 50, 290 (345) („Mitbestimmungsurteil"); *Schön,* FS Ulmer, 1359 (1376).

397 *Vorwerk/Wimmers,* GmbHR 1998, 717 (717).

398 *Vorwerk/Wimmers,* GmbHR 1998, 717 (721).

399 Für die AG: BVerfG, Urt. v. 1.3.1979 – 1 BvR 532/77, BVerfGE 50, 290 (345) („Mitbestimmungsurteil").

400 *Madaus,* ZIP 2014, 500 (505); *ders.,* ZGR 2011, 749 (766); ähnlich *Müller,* KTS 2012, 419 (426).

401 *Madaus,* ZIP 2014, 500 (505).

402 *Madaus,* ZGR 2011, 749 (765).

Zwar stehe den Gläubigern im Insolvenzverfahren grundsätzlich die Befugnis zu, über die Verwertung des Schuldnervermögens zu bestimmen.[403] Dieser Grundsatz könne aber nicht für den Fall der Reorganisation gelten – hier bleibe es dabei, dass die Gesellschafter die Entscheidung über die Fortführung der Gesellschaft treffen.[404] Stimme die Gesellschaftermehrheit gegen den Insolvenzplan, dürfe deswegen das Obstruktionsverbot keine Anwendung finden.[405] Etwas anderes ergebe sich auch nicht aus der besonderen Situation in der Insolvenz. Da die von Art. 9 I GG geschützten Mitgliedschaftsrechte in der Insolvenz weiter bestünden und zudem unpfändbar seien, könne ein Eingriff nicht mithilfe einer kollisionsrechtlichen Abwägung mit dem Recht der Gläubiger aus Art. 14 I GG gerechtfertigt werden.[406] Die Schutzbereiche kollidierten insoweit gar nicht, womit eine Abwägung ausgeschlossen sei.[407]

Diese Argumentation kann allerdings nicht überzeugen. Insbesondere bedingt bereits die Zurverfügungstellung haftungsbeschränkter Rechtsformen eine Kollision der Schutzbereiche.[408] Denn die Möglichkeit der Gesellschafter, sich in einer haftungsbeschränkten Gesellschaft unternehmerisch zu betätigen (Art. 9 I GG), geht mit einer Gefährdung der Eigentumsrechte der Gläubiger (Art. 14 I GG) einher.[409] Als Schutzmechanismus für die Gläubiger hat der Gesetzgeber deswegen die Insolvenzantragspflichten gemäß § 15a InsO normiert – liegt ein Insolvenzgrund vor, gebührt den Eigentumsrechten der Gläubiger aber grundsätzlich der Vorrang.[410] Darüber hinaus ist auch der Schutzgehalt von Art. 9 I GG und Art. 14 I GG grundsätzlich einheitlich zu bewerten.[411] So sieht auch das BVerfG von Art. 14 I GG eindeutig die mitgliedschaftliche Komponente des Anteilseigentums geschützt.[412] Es prüft in der Regel lediglich das

---

403 *Madaus,* ZGR 2011, 749 (753).

404 *Madaus,* ZGR 2011, 749 (753).

405 *Madaus,* ZGR 2011, 749 (767).

406 *Madaus,* ZGR 2011, 749 (766).

407 *Madaus,* ZGR 2011, 749 (766).

408 Kübler HRI/*Hölzle,* § 31 Rn. 10.

409 Kübler HRI/*Hölzle,* § 31 Rn. 10; ähnlich *Brinkmann,* ZIP 2014, 197 (202).

410 Kübler HRI/*Hölzle,* § 31 Rn. 10.

411 *Decher/Voland,* ZIP 2013, 103 (112).

412 BVerfG, Urt. v. 11.7.2012 – 1 BvR 3142/07, 1569/08, BVerfGE 132, 99 (119) („Delisting"); Beschl. v. 26.4.2011 – 1 BvR 2658/10, ZIP 2011, 1051 (1053) („T-Online/Deutsche Telekom"); Beschl. v. 30.5.2007 – 1 BvR 1267/06, NJW 2007, 3266 (3267); Urt. v. 23.8.2000 – 1 BvR 68/95, NJW 2001, 279 (279) („Moto Meter"); Beschl. v. 27.4.1999 – 1 BvR 1613/94, BVerfGE 100, 289 (301 f.) („DAT/Altana"); Urt. v. 1.3.1979 – 1 BvR 532/77, BVerfGE 50, 290 (342) („Mitbestimmungsurteil"); Urt. v. 7.5.1969 – 2 BvL

Eigentumsrecht der Gesellschafter, selbst wenn diese in ihrem Mitgliedschaftsrecht betroffen sind, ohne Art. 9 I GG auch nur zu erwähnen.[413] Zwar entschied das Gericht im *Mitbestimmungs*-Urteil, dass Art. 9 I GG neben Art. 14 I GG grundsätzlich Anwendung finde, allerdings musste es in diesem Fall nicht entscheiden, ob Art. 9 I GG einen über Art. 14 I GG hinausgehenden Schutz verspricht.[414]

Schließlich ist Folgendes zu konstatieren: Zwar betonte das BVerfG, eine *Fremdbestimmung* widerspreche dem Schutzzweck des Art. 9 I GG.[415] Allerdings führte es auch aus, es müsse dem Gesetzgeber im Rahmen des Art. 9 I GG grundsätzlich möglich sein, die Organisation und Willensbildung der geschützten Vereinigungen zu regeln. Damit würde sichergestellt, dass *„den schutzbedürftigen Belangen Dritter oder auch öffentlichen Interessen Rechnung"* getragen wird.[416] *Öffentliche Interessen* können dabei zum Beispiel die Interessen der Arbeitnehmer am Erhalt ihres Arbeitsplatzes sein.[417] Weiterhin sind auch die Interessen der Gläubiger als *Belange Dritter* einzuordnen. Es muss also als legitim gewertet werden, dass der Gesetzgeber durch das ESUG die Interessen der Gläubiger im Insolvenzverfahren besonders schützt. Das Eigentumsrecht der Gläubiger bleibt damit auch im Rahmen des Art. 9 I GG Parameter für eine Rechtfertigung.[418]

Insoweit ist die oben angeführte Argumentation grundsätzlich auf die Abwägung im Rahmen des Art. 9 I GG übertragbar. Die Stellung der Altgesellschafter als nachrangig Berechtigte im Insolvenzverfahren rechtfertigt damit nicht nur die Teilnahme an der Abstimmung in Höhe ihres vermögensrechtlichen Anteilswerts (§ 238a I InsO).[419] Auch rechtfertigt sie, dass die Zustimmung der Gesellschaftermehrheit zum Plan unter den Voraussetzungen des § 245 InsO fingiert werden kann. Insoweit muss die Gefahr einer *„vollständigen Fremdbestimmung"* relativiert werden. Schließlich kann die Zustimmung nur fingiert

---

15/67, BVerfGE 25, 371 (407); Entsch. v. 7.8.1962 – 1 BvL 16/60, BVerfGE 14, 263 (277) („Feldmühle").

413 Siehe bspw. BVerfG, Beschl. v. 30.5.2007 – 1 BvR 1267/06, NJW 2007, 3268.

414 BVerfG, Urt. v. 1.3.1979 – 1 BvR 532/77, BVerfGE 50, 290 (356) („Mitbestimmungsurteil").

415 BVerfG, Urt. v. 1.3.1979 – 1 BvR 532/77, BVerfGE 50, 290 (354) („Mitbestimmungsurteil").

416 BVerfG, Urt. v. 1.3.1979 – 1 BvR 532/77, BVerfGE 50, 290 (354) („Mitbestimmungsurteil").

417 Diese sind auch durch Art. 12 GG geschützt, *Wertenbruch*, ZIP 2013, 1693 (1696).

418 *Decher/Voland*, ZIP 2013, 103 (112); *Verse*, ZGR 2010, 299 (312).

419 *Hölzle*, ZIP 2015, 83 (85).

werden, wenn die Gesellschafter ihre Zustimmung ungerechtfertigterweise verweigern.[420] Dabei stellt § 245 InsO nicht nur sicher, dass die Gläubiger durch den Insolvenzplan nicht mehr als den ihnen zustehenden Forderungsbetrag erhalten (§ 245 III Nr. 1 InsO). Vielmehr wird auch verhindert, dass die Zustimmung ersetzt wird, wenn der opponierende Gesellschafter durch den Plan schlechter gestellt wird als er ohne den Plan stünde (§ 245 I Nr. 1 InsO). Die durch Art. 9 I GG geschützten Teilhabe- und Mitwirkungsrechte der Gesellschafter verlieren mit der Insolvenzeröffnung zwar *signifikant* an Bedeutung.[421] Die Auflösung der ungerechtfertigten Obstruktion der Gesellschafter ist aber zugunsten der Gläubigerinteressen als *volkswirtschaftliches Gesamtinteresse* gerechtfertigt.[422] Dies muss insbesondere deswegen gelten, da die Gesellschafter den Insolvenzgrund jederzeit beseitigen und damit ihre ursprüngliche Organisationsstruktur wiederherstellen können.[423] Tun sie dies nicht, ist weder eine Aufrechterhaltung ihrer Letztentscheidungsmacht zulasten der Gläubiger noch die ursprüngliche Zusammensetzung des Verbandes zu rechtfertigen.[424]

4) Ergebnis

Die Einbeziehung von Gesellschaftern in den Insolvenzplan und der Eingriff in ihre Rechte sind insoweit verfassungsrechtlich unbedenklich, als die Voraussetzungen, die das BVerfG in seiner Rechtsprechung zu gesellschaftsrechtlichen Strukturmaßnahmen außerhalb der Insolvenz aufgestellt hat, von den gesetzlichen Regelungen erfüllt werden.

IV. Zulässige gesellschaftsrechtliche Regelungen im Insolvenzplan

1) Grundsätzliches zu § 225a InsO

Mit § 225a InsO werden die *Rechte der Anteilsinhaber* und damit auch § 217 S. 2 InsO präzisiert.[425] Systematisch korrekt befindet sich die Norm hinter § 225 InsO, der die Rechte nachrangiger Insolvenzgläubiger regelt; schließlich gleicht die Stellung der Gesellschafter in der Insolvenz derjenigen von

---

420 *Segmiller,* Kapitalmaßnahmen im Insolvenzplan, S. 72; näher zu den Voraussetzungen des § 245 InsO im 2. Teil E. II. 1) a).

421 Kübler HRI/*Hölzle,* § 31 Rn. 8.

422 Kübler HRI/*Hölzle,* § 31 Rn. 8.

423 Kübler HRI/*Hölzle,* § 31 Rn. 8.

424 Ähnlich *Prusko,* Die Gesellschafterstellung in der Insolvenz, S. 106.

425 MüKo InsO/*Eidenmüller,* § 225a Rn. 1.

letztrangigen Gläubigern.[426] Insbesondere bestimmen die Absätze II und III den Umfang, in dem in *Anteils- und Mitgliedschaftsrechte* der Gesellschafter eingegriffen werden kann. Hierunter werden „*alle Rechtspositionen* [gefasst], *welche aus der Mitgliedschaft in einem Verband resultieren*".[427]

In gleichem Maße, wie diese Norm die umfassende gesellschaftsrechtliche Reorganisation einer Gesellschaft erleichtert,[428] ist sie geeignet, den einzelnen Gesellschafter in seinen Rechten massiv zu beeinträchtigen.[429] Dies verdeutlicht insbesondere die Tatsache, dass im Insolvenzplanverfahren die Gesellschafterrechte auch zur Disposition der Gläubiger stehen und selbst in Gesellschaften, in denen eigentlich das Einstimmigkeitsprinzip gilt, Mehrheitsentscheidungen maßgeblich sind.[430] Dabei ist § 225a InsO nicht auf Kapitalgesellschaften beschränkt, sondern gilt auch für Personengesellschaften, womit Möglichkeiten und Grenzen gesellschaftsrechtlicher Reorganisation zumindest für das Insolvenzplanverfahren insoweit gleichgelagert sind.[431]

Besondere Aufmerksamkeit wurde dabei schon während der Vorarbeiten zur Reform § 225a II InsO mit der Regelung des *Debt Equity Swaps* zuteil.[432] Auch die Regierungsbegründung hebt dieses Instrument als „*zentrales Mittel für ein attraktives Sanierungsverfahren*" besonders hervor.[433] Als *Generalnorm* ist gleichwohl Absatz III zu verstehen, während Absatz II lediglich ein Beispiel unter den Regelungsmöglichkeiten darstellt.[434] Systematisch befindet sich Abs. III also streng genommen an der falschen Position.[435]

Möglich ist nach dem Wortlaut des Absatzes III „*jede Regelung* [...], *die gesellschaftsrechtlich zulässig ist*". Damit eröffnen sich für den Planersteller umfassende Möglichkeiten, die Gesellschaft umzustrukturieren.[436] Die Regelung wird deshalb auch als „*Magna Carta*" bezeichnet.[437]

---

426 MüKo InsO/*Eidenmüller*, § 225a Rn. 2.
427 MüKo InsO/*Eidenmüller*, § 225a Rn. 20.
428 MüKo InsO/*Eidenmüller*, § 225a Rn. 74.
429 *Schmidt*, ZGR 2012, 566 (578).
430 *Schmidt*, ZGR 2012, 566 (578).
431 *Wertenbruch*, ZIP 2013, 1693 (1694).
432 Siehe bspw. *Bauer/Dimmling*, NZI 2011, 517; *H. Meyer/Degener*, BB 2011, 847; *Weber/Schneider*, ZInsO 2012, 374.
433 BegrRegE ESUG, BT-Drucks. 17/5712, S. 31.
434 Schmidt InsO/*Spliedt*, § 225a Rn. 34.
435 *Becker*, ZInsO 2013, 1885 (1886).
436 *Eidenmüller*, NJW 2014, 17 (17); A/G/R InsO/*Silcher*, § 225a Rn. 8.
437 Braun InsO/*Braun/Frank*, § 225a Rn. 32.

a) Keine Massebezogenheit der gesellschaftsrechtlichen Regelung

Die genaue Auslegung der Norm ist allerdings unklar. Zunächst stellt sich die Frage, ob nur solche Maßnahmen erfasst sind, die unmittelbaren Einfluss auf die Insolvenzmasse haben – also *massebezogen* sind.

Um diese Frage zu beantworten, könnte ein Rückgriff auf die *Verdrängungslehre*[438] von *Weber* hilfreich sein.[439] Danach wird die Insolvenzmasse ausschließlich durch den Insolvenzverwalter, nicht durch die Gesellschaftsorgane verwaltet (*Verdrängungsbereich*).[440] Den Gesellschaftsorganen verbleibt lediglich im *„konkursfreien Gemeinschuldnerbereich"* die alleinige und umfassende Kompetenz (*Schuldnerbereich*).[441] Eingeschränkt wird diese wiederum dann, wenn Entscheidungen, die eigentlich dem Schuldnerbereich zuzuordnen sind, die Insolvenzmasse beeinflussen (*Überschneidungsbereich*).[442] Maßnahmen, die den Schuldnerbereich betreffen, stellten hiernach keine Maßnahme im Sinne von § 225a III InsO dar, sondern verblieben in der alleinigen Kompetenz der Gesellschaftsorgane.

Ähnlich fiele die Beurteilung aus, wenn zwischen Maßnahmen über das Fremd- bzw. Eigenkapital differenziert würde.[443] Auf die Norm des § 255a III InsO übertragen, würde bspw. die Abberufung oder Bestellung von Vertretungsorganen, welche das Fremdkapital nicht unmittelbar betrifft,[444] eine ***un****zulässige gesellschaftsrechtliche Maßnahme* darstellen.

Das ESUG sollte eine solche Unterscheidung allerdings gerade nicht aufrechterhalten.[445] Insoweit stellt der Gesetzgeber zum einen klar, dass *„die Grenze zwischen Eigenkapital und Fremdkapital, zwischen Beteiligung an einer Gesellschaft und Forderung gegen eine Gesellschaft, fließend"* ist.[446] Zum anderen bedarf es für eine effektive und langfristige Sanierung allgemein finanzwirtschaftlicher Maßnahmen ohne Beschränkung auf eine etwaige Massebezogenheit.[447] Denn nicht selten bedürfen massebezogene (wie z.B. ein *Debt Equity Swap*) gerade noch zusätzlicher, die Umstrukturierung unterstützende Maßnahmen (wie der

---

438 *Weber*, KTS 1970, 73.
439 *Hölzle*, Praxisleitfaden ESUG, §§ 217, 225a Rn. 23.
440 *Weber*, KTS 1970, 73 (78).
441 *Weber*, KTS 1970, 73 (79).
442 *Weber*, KTS 1970, 73 (79 f.).
443 So vor dem ESUG *Ott/Brauckmann*, ZIP 2004, 2117 (2118, 2119).
444 *Ott/Brauckmann*, ZIP 2004, 2117 (2120).
445 *Hölzle*, Praxisleitfaden ESUG, §§ 217, 225a Rn. 25.
446 BegrRegE ESUG, BT-Drucks. 17/5712, S. 30.
447 *Hölzle*, Praxisleitfaden ESUG, §§ 217, 225a Rn. 24.

Abbestellung von Organen).[448] Dass solche Maßnahmen Auswirkungen auf die Insolvenzmasse haben können, zeigt schon § 276a S. 2 InsO, der die Abberufung und Bestellung der Geschäftsleitung von der Zustimmung des Sachwalters abhängig macht.[449] Eine andere Auslegung bedeutete eine Schmälerung der Sanierungschancen.[450]

Für die Zulässigkeit von Maßnahmen, die nicht unmittelbar Einfluss auf die Insolvenzmasse haben, spricht auch der Beschluss des BGH vom 17.07.2014[451] im *Suhrkamp*-Verfahren.[452] Der BGH stellte hier fest, dass die im Insolvenzplan beschlossene Umwandlung der GmbH & Co. KG in eine AG weder eine unmittelbare Sanierungsmaßnahme noch eine Notwendigkeit für die 100%ige Gläubigerbefriedigung darstellte.[453] Einen Zweifel an der generellen Zulässigkeit dieser Maßnahmen äußerte er hingegen nicht, was als klares Indiz zu werten ist, dass es nicht auf die Massebezogenheit ankommt.[454]

Ein Massebezug der gesellschaftsrechtlichen Maßnahme ist dementsprechend nicht zu fordern.[455]

b) Zulässigkeit der gesellschaftsrechtlichen Regelung

Allerdings ist damit nicht abschließend geklärt, was mit „*gesellschaftsrechtlich zulässig*" gemeint ist. Fraglich bleibt, ob lediglich die *technische Machbarkeit* im gesellschaftsrechtlichen Sinne gemeint ist oder ob es als Verweis auf allgemeine Prinzipien des Gesellschaftsrechts verstanden werden muss.

Teilweise wird in der Literatur die Auffassung vertreten, § 225a III InsO verweise lediglich auf das *zwingende* Gesellschaftsrecht, um zu verhindern, dass Gesellschaftsformen entstünden, die als solche im Gesellschaftsrecht nicht existieren.[456] Materielle Voraussetzungen, die im Gesellschaftsrecht eigentlich zu

448 *Hölzle,* Praxisleitfaden ESUG, §§ 217, 225a Rn. 24; *Thole*, Gesellschaftsrechtliche Maßnahmen in der Insolvenz, Rn. 238.

449 *Smid/Rattunde/Martini,* Der Insolvenzplan, Rn. 9.10; *Thole*, Gesellschaftsrechtliche Maßnahmen in der Insolvenz, Rn. 238.

450 *Hölzle,* Praxisleitfaden ESUG, §§ 217, 225a Rn. 24.

451 BGH, Beschl. v. 17.7.2014 – IX ZB 13/14, BGHZ 202, 133.

452 *Hölzle*, ZIP 2014, 1819 (1820).

453 BGH, Beschl. v. 17.7.2014 – IX ZB 13/14, BGHZ 202, 133 (149).

454 *Hölzle*, ZIP 2014, 1819 (1821).

455 *Bulgrin,* Die strategische Insolvenz, S. 72; *Haas* NZG 2012, 961 (965); *Hölzle,* Praxisleitfaden ESUG, §§ 217, 225a Rn. 24, 25; *Thole*, Gesellschaftsrechtliche Maßnahmen in der Insolvenz, Rn. 238.

456 *Haas,* NZG 2012, 961 (965); *Thole*, Gesellschaftsrechtliche Maßnahmen in der Insolvenz, Rn. 233.

beachten seien, blieben im Insolvenzverfahren ohne Relevanz. Die Norm als Einfallstor für das Gesellschaftsrecht anzusehen, ginge nach dieser Ansicht zu weit.[457] Dies zeigten auch die sonstigen Sonderregelungen (wie §§ 225a V, 226, 238a, 245 III, 251, 253, aber auch § 276a InsO), die im Rahmen des Insolvenzplanverfahrens die gesellschaftsrechtlichen Bestimmung überlagerten.[458] Darüber hinaus werde die Gesellschaft mit Eröffnung des Insolvenzverfahrens aufgelöst, womit den Gesellschaftern ein Schutz durch gesellschaftsrechtliche Bestimmungen nicht mehr zukomme.[459] In diese Richtung tendiert auch das LG Berlin,[460] das – wiederum im *Suhrkamp*-Verfahren – ausführte, im Insolvenzplanverfahren stünde „*das gesellschaftsrechtliche Gestaltungspotential* [...] *uneingeschränkt zur Verfügung*".[461] Damit scheint das Gericht auch lediglich auf die *technische Machbarkeit* abzustellen.

Eine solche Auslegung lässt sich allerdings weder im Wortlaut der Vorschrift noch in den Gesetzesmaterialien ausmachen – beide schweigen vielmehr zu dieser Frage.[462] Es erscheint aber fraglich, ob ein umfassender Verzicht auf gesellschaftsrechtliche Prinzipien vom Gesetzgeber tatsächlich gewollt ist.[463] Zwar steht mit Eintritt in das Insolvenzverfahren die Gläubigerbefriedigung im Vordergrund (§ 1 InsO), dies kann jedoch nicht bedeuten, dass die Gesellschafter völlig schutzlos zu stellen sind.[464] Hinzu kommt, dass auch ungeschriebene gesellschaftsrechtliche Grundsätze, wie zum Beispiel die sachliche Rechtfertigung beim Bezugsrechtsausschluss, durchaus *zwingend* sind.[465] Dabei widerspricht die Fortgeltung allgemeiner gesellschaftsrechtlicher Prinzipien auch nicht der gesetzgeberischen Intention. Diese besteht schließlich insbesondere darin, dem Obstruktionspotential der Gesellschafter entgegenzuwirken.[466] Hierfür bedarf es allerdings nicht eines Ausschlusses sämtlichen Gesellschaftsrechts.[467]

---

457 *Decher/Voland*, ZIP 2013, 103 (106); *Haas*, NZG 2012, 961 (965).

458 *Decher/Voland*, ZIP 2013, 103 (106); *Eidenmüller*, NJW 2014, 17 (18); *Spliedt*, GmbHR 2012, 462 (466).

459 *Decher/Voland*, ZIP 2013, 103 (106).

460 *Schäfer*, ZIP 2014, 2417 (2418).

461 LG Berlin, Beschl. v. 20.10.2014 – 51 T 696/14, ZIP 2014, 2197 (2202).

462 MüKo InsO/*Eidenmüller*, § 225a Rn. 76; *ders.*, NJW 2014, 17 (17); *Schäfer*, ZIP 2013, 2237 (2242); *Gräfin von Spee*, Gesellschafter im Reorganisationsverfahren, S. 134.

463 *Meyer*, DB 2015, 538 (540); *Schäfer*, ZIP 2013, 2237 (2242).

464 *Schäfer*, ZIP 2014, 2417 (2418).

465 *Schäfer*, ZIP 2014, 2417 (2418).

466 *Gräfin von Spee*, Gesellschafter im Reorganisationsverfahren, S. 134.

467 *Gräfin von Spee*, Gesellschafter im Reorganisationsverfahren, S. 134.

Es genügen die durch das ESUG modifizierten Abstimmungsregeln und das neu für die Gesellschafter eingeführte Obstruktionsverbot. Damit behalten materielle Anforderungen des Gesellschaftsrechts grundsätzlich auch im Rahmen des Insolvenzplans ihre Wirkung und müssen berücksichtigt werden.[468] Dies schließt allerdings nicht aus, dass die besondere Situation der Insolvenz bei der Anwendung Berücksichtigung findet und die Gesellschafterrechte insoweit lediglich in determinierter Weise fortbestehen. Zusätzlich tritt hinzu, dass in jenen Bereichen, die durch Vorschriften der InsO neu geregelt wurden, die Anwendung gesellschaftsrechtlicher Vorschriften ausgeschlossen sein muss.[469] Diese Auslegung entspricht der grundsätzlichen Vorgehensweise bei einer Kollision von allgemeinen mit speziellen Normen.[470]

Für sämtliche der nachfolgenden gesellschaftsrechtlichen Maßnahmen im Insolvenzplan gelten allerdings diese Beschränkungen:

- Eine Zwangswirkung entfalten die Maßnahmen ausschließlich gegenüber zwangsweise Planunterworfenenen (hier sind insbesondere die Anteilsinhaber der Schuldnergesellschaft zu nennen),
- die Maßnahmen müssen *gesellschaftsrechtlich zulässig* sein und
- die Maßnahmen müssen dem insolvenzrechtlichen Gleichbehandlungsgrundsatz (§ 226 InsO) und den Regelungen zum Minderheitenschutz entsprechen (§ 245 III, 251, 253 InsO).[471]

2) Der Debt Equity Swap *gemäß § 225a II InsO*

Mit dem *Debt Equity Swap*[472] werden Forderungen von Gläubigern in eine Beteiligung an der Gesellschaft – also Fremd- in Eigenkapital –

468 Uhlenbruck InsO/*Hirte*, § 225a Rn. 41; FK-InsO/*Jaffé*, § 225a Rn. 14, nimmt dies für den Fall einer Kombination von Kapitalherabsetzung auf Null mit Bezugsrechtsausschluss an; Kleindiek, FS Hommelhoff, 543 (546); *Müller*, KTS 2012, 419 (442); *Schäfer*, ZIP 2013, 2237 (2242); *Simon/Merkelbach*, NZG 2012, 121 (125); *Gräfin von Spee*, Gesellschafter im Reorganisationsverfahren, S. 135; *Wertenbruch*, ZIP 2013, 1693 (1696).

469 *Brünkmans*, ZInsO 2014, 993 (996); *Brünkmans/Greif-Werner*, ZInsO 2015, 1585 (1588); *Bulgrin*, Die strategische Insolvenz, S. 68; MüKo InsO/*Eidenmüller*, § 225a Rn. 77; *ders.*, NJW 2014, 17 (18); FK-InsO/*Jaffé*, § 225a Rn. 36; *Ströhmann/Harder*, NZI 2015, 417 (418); *Wertenbruch*, ZIP 2013, 1693 (1696).

470 *Eidenmüller*, NJW 2014, 17 (18).

471 SanRKomm/*Seibt/Westphal*, § 225a Rn. 80.

472 Siehe hierzu ausführlich die rechtsvergleichenden Dissertationen von *Hagemann*, Debt Equity Swaps und *Schwarz*, Der Debt-Equity-Swap.

umgewandelt.[473] Die Sanierungsqualitäten des *Debt Equity Swaps* werden teilweise als *„zentral“* in der Insolvenz bezeichnet,[474] teilweise aber auch eher im vorinsolvenzlichen Bereich gesehen, wo er die Beseitigung des Insolvenzgrundes herbeiführen kann[475]. Unbestritten wird durch den *Debt Equity Swap* – auch in der Insolvenz – nicht nur die Eigenkapitalstruktur des Unternehmens verbessert, sondern auch die Befreiung von Zins- und Tilgungsleistung erreicht.[476] Auch der Rechtsträger und somit Verträge, Konzessionen etc. bleiben erhalten.[477] Zunächst wirkt sich der *Debt Equity Swap* nur bilanziell aus, was für eine nachhaltige Sanierung freilich nicht genügt.[478] Allerdings bietet der *Swap* auch die Möglichkeit, die gesellschaftsrechtlichen Strukturen zu verändern und somit die Gesellschaft dauerhaft zu reorganisieren.[479] Da durch den *Swap* die Gläubiger an der Gesellschaft beteiligt werden, gerät *„das Unternehmen in die Hände* [...] *derjenigen, denen es in der Insolvenz offenbar gehört.“*[480] Für die Gläubiger kann diese Übernahme unternehmerischer Verantwortung einen besonderen Reiz ausüben, zumal sie hierdurch auch an künftigen Erträgen des Unternehmens beteiligt werden.[481] Darüber hinaus kann es ggf. (mithilfe eines Bezugsrechtsausschlusses) zu einer kompletten Veränderung des Gesellschafterkreises ohne weitere Beteiligung der Altgesellschafter kommen. Dabei muss sich nicht immer der eigentliche Gläubiger selbst an dem *Swap* beteiligen. Vielmehr kann dieser seine Forderungen an Investoren (in den meisten Fällen wohl weit unter dem eigentlichen Forderungswert) abtreten, welche die Umwandlung der Forderung dann benutzen, um Anteile an dem Unternehmen zu erlangen – sog. *distressed debt investing.*[482] Diese Möglichkeit mag man (vor allem aus Sicht der

---

473 *Maier-Reimer,* Gesellschaftsrecht in der Diskussion 2011, 107 (107).

474 MüKo InsO/*Eidenmüller,* § 225a Rn. 10; *ders./Engert,* ZIP 2009, 541 (542).

475 Schmidt InsO/*Spliedt,* § 225a Rn. 2; *ders.,* GmbHR 2012, 462 (471);

476 Braun InsO/*Braun/Frank,* § 225a Rn. 9; MüKo InsO/*Eidenmüller,* § 225a Rn. 10; *Hagemann,* Debt Equity Swaps, S. 26; *Müller,* KTS 2012, 419 (440); *Priester,* DB 2010, 1445 (1445); *Simon/Merkelbach,* NZG 2012, 121 (123); *Smid,* DZWIR 2010, 397 (402).

477 Braun InsO/*Braun/Frank,* § 225a Rn. 9; *Günther,* ZInsO 2012, 2037 (2039).

478 *Hagemann,* Debt Equity Swaps, S. 26.

479 *Hagemann,* Debt Equity Swaps, S. 26; *Spliedt,* GmbHR 2012, 462 (471).

480 MüKo InsO/*Eidenmüller,* § 225a Rn. 10.

481 Braun InsO/*Braun/Frank,* § 225a Rn. 4; *Günther,* ZInsO 2012, 2037 (2040); *Müller,* KTS 2012, 419 (440); *Priester,* DB 2010, 1445 (1445); A/G/R InsO/*Silcher,* § 225a Rn. 4; Hamburger Kommentar InsO/*Thies,* § 225a Rn. 12.

482 *Günther,* ZInsO 2012, 2037 (2040); *Kleindiek,* FS Hommelhoff, 543 (544); *Priester,* DB 2010, 1445 (1445); *Schwarz,* Der Debt-Equity-Swap, S. 58 f.; *Spliedt,* GmbHR 2012, 462 (470).

Altgesellschafter) kritisch bewerten, allerdings kann dem Gläubiger nicht das Recht abgesprochen werden, zumindest einen Restwert der Forderung durch einen solchen Verkauf zu generieren – seine Chancen in der Insolvenz sind demgegenüber weit unsicherer.[483] Das Schuldnerunternehmen muss ein solches Vorgehen schon allein deswegen akzeptieren, da es nicht mehr in der Lage ist, die Forderung des Gläubigers zu bedienen.[484]

Abgesehen von den Vor- und Nachteilen des *Debt Equity Swaps* für die Beteiligten bestehen auch materiell-rechtlich einige Streitpunkte und Unsicherheiten, die im Folgenden dargestellt werden sollen. Keiner Betrachtung unterzogen werden dabei übernahme-[485] und steuerrechtliche Fragen sowie solche rund um ein mögliches Sanierungsprivileg der *„swappenden"* Gläubiger.[486]

a) Die Kapitalherabsetzung

Die Herabsetzung des Grund- bzw. Stammkapitals ist zwar nicht unabdingbare Voraussetzung für einen *Debt Equity Swap*[487], zumeist jedoch Bestandteil desselben.[488] Sie erfolgt zumindest auf den Betrag, um den das Vermögen durch die Verbindlichkeiten gemindert ist.[489] So wird zunächst die tatsächliche Vermögensposition der Gesellschaft abgebildet.[490] Darüber hinaus tragen dadurch die Altgesellschafter und nicht die in die Gesellschaft eintretenden Gläubiger die bisherigen Verluste.[491]

Die Kapitalherabsetzung kann dabei im vereinfachten Verfahren nach § 58a GmbHG bzw. § 229 AktG und gemäß § 58a IV 1 GmbHG bzw. §§ 229 III i.V.m. 228 I AktG auch unter den Mindestnennbetrag – und nach ganz überwiegender Meinung sogar auf Null – vorgenommen werden.[492] In diesem Fall

483 *Spliedt,* GmbHR 2012, 462 (470).

484 *Spliedt,* GmbHR 2012, 462 (470).

485 Siehe hierzu *Schwarz,* Der Debt-Equity-Swap, S. 183 ff.

486 Hierzu bspw. Kübler HRI/*Hölzle,* § 31 Rn. 104 ff.; *Müller,* KTS 2012, 419 (450 f.); KPB InsO/*Spahlinger,* § 225a Rn. 59 ff. (55. EL 10/13).

487 *Hagemann,* Debt Equity Swaps, S. 36; Hamburger Kommentar InsO/*Thies,* § 225a Rn. 15.

488 BegrRegE ESUG, BT-Drucks. 17/5712, S. 31; *Simon/Merkelbach,* NZG 2012, 121 (123); *Stöber,* ZInsO 2012, 1811 (1817).

489 Braun InsO/*Braun/Frank,* § 225a Rn. 7; *Günther,* ZInsO 2012, 2037 (2040); *Stöber,* ZInsO 2012, 1811 (1817).

490 MüKo InsO/*Eidenmüller,* § 225a Rn. 41; *Hagemann,* Debt Equity Swaps, S. 37.

491 MüKo InsO/*Eidenmüller,* § 225a Rn. 41; *Müller,* KTS 2012, 419 (440).

492 BGH, Urt. v. 5.7.1999 – II ZR 126/98, BGHZ 142, 167 (169) („Hilgers"); Urt. v. 5.10.1992 – II ZR 172/91, BGHZ 119, 305 (319).

muss das Mindeststamm- oder -grundkapital allerdings laut den genannten Vorschriften mittels Bareinlage aufgefüllt werden.[493] Sowohl bei der GmbH als auch bei der AG bedeutet eine solche Kapitalherabsetzung auf Null das automatische Ausscheiden sämtlicher Gesellschafter, da in der Kapitalgesellschaft jeder Gesellschaftsanteil immer einen Vermögenswert aufweisen muss.[494]

b) Grundsätzliche Wertlosigkeit der Gesellschafteranteile?

Es existieren diverse Bewertungsanlässe in der Insolvenz – neben der Prüfung der Überschuldung[495] vor Insolvenzantragstellung unter anderem auch der *Debt Equity Swap* im Rahmen eines Insolvenzplanverfahrens.[496] Abgesehen von der Tatsache, dass es bei der Werthaltigkeitsdokumentation im Rahmen der Sachkapitalerhöhung und bei der Anwendung des Obstruktionsverbots i.S.v. § 245 InsO auf den Wert des Unternehmens ankommt,[497] muss auch das Verhältnis des Vermögens zu den Verbindlichkeiten abgebildet werden, um eine Kapitalherabsetzung vornehmen zu können[498]. Der Unternehmenswert gibt dabei unter anderem Auskunft darüber, ob die Anteile der Altgesellschafter noch werthaltig sind.[499] Deren Wert wird in der Regel indirekt über den Wert des Unternehmens bestimmt.[500] Die Anwendung einer bestimmten Bewertungsmethode ist dabei nicht vorgeschrieben,[501] allerdings wird in der Praxis meist auf die „*Grundsätze zur Durchführung von Unternehmensbewertungen*“[502] vom Institut der Wirtschaftsprüfer zurückgegriffen.[503] Hierbei entsteht die Schwierigkeit, dass die

493 Siehe auch BGH, Urt. v. 5.10.1992 – II ZR 172/91, BGHZ 119, 305 (319).

494 MüKo InsO/*Eidenmüller*, § 225a Rn. 43; *Priester*, DNotZ 2003, 592 (595).

495 Bei Gesellschaften, für die § 15a InsO gilt.

496 *Nickert*, FS Haarmeyer, 175 (177, 180).

497 *Nickert*, FS Haarmeyer, 175 (180).

498 *Schäfer/Wüstemann*, ZIP 2014, 1757 (1766).

499 IDW S 1 (i.d.F. 2008) Rn. 13 (abgedruckt in WPg Supplement 3/2008): „*Während sich der Unternehmenswert als Gesamtwert des Unternehmens auf alle Unternehmenseigner bezieht, entspricht der Wert des Unternehmensanteils dem jeweiligen Anteil eines Unternehmenseigners am Unternehmen*“.

500 *Fleischer*, AG 2014, 97 (99); *Hachmeister/Ruthardt*, BB 2014, 427 (427).

501 BVerfG, Beschl. v. 27.4.1999 – 1 BvR 1613/94, BVerfGE 100, 289 (307) („DAT/Altana“); OLG Düsseldorf, Beschl. v. 8.8.2013 – I-26 W 17/12 (AktE), AG 2013, 807 (808).

502 IDW S 1 (i.d.F. 2008).

503 *Fleischer*, AG 2014, 97 (99); das Gericht ist hieran aber grundsätzlich nicht gebunden, Hölters AktG/*Müller-Michaels*, § 327b Rn. 7.

Bewertung insolventer Unternehmen vielen unsicheren Parametern unterliegt, die die exakte Abbildung eines Unternehmenswertes enorm erschweren.[504]

In weiten Teilen der Literatur wird davon ausgegangen, die Gesellschaftsanteile wiesen in der Insolvenz keinen Wert mehr auf.[505] Zumindest im Falle der Überschuldung i.S.v. § 19 InsO stelle die Kapitalherabsetzung auf Null und damit das Ausscheiden der Gesellschafter somit die Regel dar.[506]

Zwar indiziert nicht allein das Interesse der Gläubiger an der Fortführung der Gesellschaft die Werthaltigkeit der Gesellschaftsanteile. Schließlich haben die Gläubiger schon dann ein Interesse an der Fortführung der Gesellschaft, wenn sie sich hierdurch versprechen, dass ihre Forderungen gegenüber der Liquidation auch nur minimal an Wert gewinnen.[507] Eine pauschale Bewertung der Anteile als wertlos sollte gleichwohl nicht angenommen werden.

Bei der Frage nach dem Unternehmenswert geht es zunächst darum, das Vermögen in das richtige Verhältnis zu den Verbindlichkeiten zu setzen. Die hieran anknüpfende (verfassungsrechtlich relevante) Frage besteht darin, zu entscheiden, ob die Altgesellschafter an einem nach Abzug der Verbindlichkeiten bestehenden Unternehmenswert zu beteiligen oder – bei einem Ausschluss aus der Gesellschaft – ggf. abzufinden sind.[508]

Zu einer grundsätzlichen Wertlosigkeit der Gesellschaftsanteile wird man in der Regel dann kommen, wenn für ihre Bewertung Liquidationswerte herangezogen werden. Denn nach § 199 S. 2 InsO werden die Gesellschafter bei der Schlussverteilung erst nach der Begleichung sämtlicher Forderungen berücksichtigt.[509] Allerdings erscheint es fraglich, ob Liquidationswerte tatsächlich

504 Eine Darstellung der betriebswirtschaftlichen Herangehensweise an eine Bewertung des Unternehmens in der Insolvenz soll nicht Bestandteil dieser Arbeit bilden. Insoweit wird auf den Aufsatz von *Fröhlich/Eckhardt*, ZInsO 2015, 925 ff. verwiesen.

505 *Altmeppen*, FS Hommelhoff, 1 (17); *Bitter*, ZGR 2010, 147 (192); *Braun*, FS Fischer, 53 (69); *Hölzle*, NZI 2011, 124 (127); *Krull*, Stellung und Schutz des Minderheitsgesellschafters im Insolvenzplanverfahren, S. 63, einschränkend aber S. 237 f.; *Madaus*, ZGR 2011, 749 (756); *Pape*, ZInsO 2010, 2155 (2159); *Segmiller*, Kapitalmaßnahmen im Insolvenzplan, S. 69; *Simon/Merkelbach*, NZG 2012, 121 (125); hiergegen: *Fölsing*, ZInsO 2014, 1591 (1592); *Skauradszun*, DB 2014, 2694 (2697).

506 *Bitter*, ZGR 2010, 147 (192); *Geißler*, ZInsO 2015, 785 (788); *Müller*, KTS 2012, 419 (433).

507 *Spetzler*, Eingriffe in die Rechte von Anteilseignern, S. 68.

508 *Schäfer/Wüstemann*, ZIP 2014, 1757 (1757), die kritisieren, dass diese beiden Fragen in der Literatur nicht ausreichend unterschieden werden.

509 *Decher/Voland*, ZIP 2013, 103 (108).

maßgeblich sind, wenn im Insolvenzplan die Fortführung des Unternehmens vorgesehen ist.

Decher/Voland bejahen dies und führen als Begründung insbesondere bewertungstechnische Gründe an.[510] Sie rekurrieren dazu auf zwei Entscheidungen des BGH.

In der ersten entschied der BGH, dass bei der Abfindung im Rahmen eines *Squeeze Outs* der Börsenkurs in einer dreimonatigen Referenzperiode vor Bekanntmachung der Strukturmaßnahme ermittelt wird.[511] Diese Entscheidung vermag allerdings nicht die Frage zu beantworten, ob einer Unternehmensbewertung Liquidations- oder Fortführungswerte zugrunde zu legen sind. Vielmehr stellte der BGH nur deswegen auf einen Zeitpunkt vor der Bekanntgabe der Maßnahme ab, da ansonsten die Gefahr bestand, dass sich die Marktteilnehmer von dieser Mitteilung zu Spekulationen über etwaige Abfindungen hätten hinreißen lassen.

In der zweiten zitierten Entscheidung urteilte der BGH, dass bei Abschluss eines Unternehmensvertrages *Verbundeffekte* für eine zu ermittelnde Abfindung keine Rolle spielen sollen.[512] Solche entstehen, „*wenn sich die Überschüsse durch die Verbindung zweier oder mehrerer Unternehmen steigern*" (z.B. durch Rationalisierungs- oder Kooperationsvorteile).[513] Gesellschaftsrechtliche Strukturmaßnahmen hiermit gleichzusetzen und die Grundsätze darauf zu übertragen, erscheint allerdings fragwürdig. Es ist vielmehr davon auszugehen, dass sich die Entscheidung auf Bewertungsfragen bei Abschluss eines Unternehmensvertrages bezieht und nicht unisono auf die hier vorliegende Konstellation übertragen werden kann.[514]

Vorzugswürdig erscheint demgegenüber die Anwendung der allgemeinen Grundsätze zur Unternehmensbewertung. Nach der Rechtsprechung des BGH ist eine Maßnahme grundsätzlich immer dann zu berücksichtigen, wenn sie „*in der Wurzel angelegt*" ist.[515] Auch das IDW S 1 will lediglich „[m]*ögliche, aber noch nicht hinreichend konkretisierte Maßnahmen*" unbeachtet lassen.[516] Ist das

---

510 *Decher/Voland*, ZIP 2013, 103 (108).

511 BGH, Beschl. v. 19.7.2010 – II ZB 18/09, BGHZ 186, 229 ff. („Stollwerck").

512 BGH, Beschl. v. 4.3.1998 – II ZB 5/97, BGHZ 138, 136 (140).

513 *Großfeld*, Recht der Unternehmensbewertung, Rn. 279; ähnlich Hüffer AktG/*Koch*, § 305 Rn. 33.

514 *Schäfer/Wüstemann*, ZIP 2014, 1757 (1760).

515 BGH, Beschl. v. 4.3.1998 – II ZB 5/97, BGHZ 138, 136 (140); Urt. v. 17.1.1973 – IV ZR 142/70, DB 1973, 563 (565).

516 IDW S 1 (i.d.F. 2008), Rn. 32 – dies gilt auch für die Bewertung ertragsschwacher Unternehmen siehe Rn. 150.

Sanierungskonzept also hinreichend konkret, besteht kein Anlass, es nicht in die Bewertung des Unternehmens einzubeziehen.[517]

Auch die viel zitierte Passage in der Begründung des Regierungsentwurfs, im Insolvenzverfahren sei regelmäßig von einer „*Wertlosigkeit der Anteile*" auszugehen,[518] kann nicht als zweifelsfreies Indiz gewertet werden, dass Gesellschaftsanteile in der Insolvenz *nie* einen Wert aufweisen können. Eine solche Annahme indiziert der Wortlaut keineswegs. Vielmehr erscheint es naheliegend, dass der Gesetzgeber zwar davon ausging, im Großteil der Fälle liege Wertlosigkeit vor.[519] Wäre er allerdings der Ansicht, dies sei stets der Fall, erschiene nicht nur die Schaffung des § 251 III InsO, sondern auch die Einbeziehung der Gesellschafter in den Insolvenzplan sinnlos.[520] Dass die Vorschrift unter dieser Prämisse ins Leere liefe, wird zwar in der Literatur erkannt; jene Autoren halten aber dennoch an der Wertlosigkeitsprämisse fest.[521] Neben der erwähnten Stelle der Begründung des Regierungsentwurfes muss dabei auch der Hinweis des Gesetzgebers beachtet werden, der verfassungsrechtliche Eigentumsschutz der Anteilsinhaber werde durch die §§ 245, 251, 253 InsO gewährleistet.[522] Die Bezugnahme auf das Obstruktionsverbot und damit auch auf § 245 III Nr. 1 InsO kann als Indiz gewertet werden, dass der Gesetzgeber sicherstellen wollte, dass die Altgesellschafter den Wert erhalten, der nach Abzug der Forderungen übrig bleibt.[523]

Andere Stimmen in der Literatur wollen den Willen des Gesetzgebers an der Aussage festmachen, es sei lediglich der Liquidationswert der Rechtsstellung der Anteilsinhaber zu erhalten.[524] Die zitierte Stelle der Gesetzesbegründung zum Regierungsentwurf geht auf die Änderung des § 251 InsO ein, der sicherstellen will, dass die gerichtliche Bestätigung des Insolvenzplans nur vorgenommen wird, wenn dieser die beteiligten Gesellschafter (bzw. Gläubiger) nicht

517 *Schäfer/Wüstemann*, ZIP 2014, 1757 (1759); a.A. *Bulgrin*, Die strategische Insolvenz, S. 56; *Pühl*, Der Debt Equity Swap im Insolvenzplanverfahren, Rn. 738, zieht aus der „*Wurzeltheorie*" einen anderen Schluss: Er will der Anteilsbewertung zwar den Fortführungswert zugrunde legen, dabei allerdings die Sanierungsmaßnahmen nicht einbeziehen.

518 *Simon/Merkelbach*, NZG 2012, 121 (124) unter Hinweis auf BegrRegE ESUG, BT-Drucks. 17/5712, S. 32.

519 *Schäfer/Wüstemann*, ZIP 2014, 1757 (1758, 1759).

520 *Schäfer*, ZIP 2013, 2237 (2240); *ders./Wüstemann*, ZIP 2014, 1757 (1758).

521 *Altmeppen*, FS Hommelhoff, 1 (17); *Simon/Merkelbach*, NZG 2012, 121 (125).

522 BegrRegE ESUG, BT-Drucks. 17/5712, S. 32.

523 *Frauer*, Grenzen des Eingriffs in Gesellschafterrechte, S. 87.

524 *Decher/Voland*, ZIP 2013, 103 (107) mit Verweis auf BegrRegE ESUG, BT-Drucks. 17/5712, S. 34; *Müller*, KTS 2012, 419 (432); *Simon/Merkelbach*, NZG 2012, 121 (124).

schlechter stellt als sie im Falle der Liquidation stünden. Hier geht es also nicht um eine allgemeine Festlegung der Wertlosigkeit der Gesellschaftsanteile, sondern um den Vergleich des Planergebnisses mit dem Erlös einer Regelabwicklung. Dass die Gesellschafter durch den Plan auf keinen Fall schlechter gestellt werden sollen als bei der Liquidation, leuchtet unmittelbar ein, bedeutet aber im Umkehrschluss nicht, dass den Gesellschaftern generell nur der Liquidationserlös gebühren soll. Dass der Gesetzgeber zumindest die Möglichkeit in Betracht zieht, dass die Anteile noch einen Wert haben können, zeigt auch § 199 InsO. Zwar ist die Vorschrift primär Ausdruck der Nachrangigkeit der Gesellschafteransprüche. Wenn allerdings keine Konstellation möglich wäre, in der nach der Befriedigung sämtlicher Verbindlichkeiten noch ein Restvermögen bestünde, hätte auch der schlichte Hinweis des Gesetzgebers genügt, die Gesellschafter des Schuldners seien bei der Schlussverteilung nicht zu berücksichtigen. Die Norm kann also auch als Hinweis gewertet werden, dass der Gesetzgeber von einer potentiellen Werthaltigkeit der Gesellschaftsanteile ausgeht.[525]

Auch wenn die Fälle, in denen von einer Wertlosigkeit der Anteile auszugehen ist, überwiegen werden, kann dies insbesondere bei drohender[526] oder bereits eingetretener Zahlungsunfähigkeit ohne Überschuldung anders aussehen.[527] Denkbar sind hier Konstellationen, in denen Gesellschafterstreitigkeiten eine notwendige Fremdfinanzierung unmöglich machen.[528] Aber selbst im Falle der Überschuldung ist ein positiver (Fortführungs-)Wert der Gesellschaftsanteile nicht ausgeschlossen, soweit die Sanierungsmaßnahmen erfolgversprechend sind.[529] Diese Ansicht wird auch durch den BGH bestätigt, der in seinem Beschluss vom 17.7.2014 feststellte, dass es Fälle geben kann, in denen die Gesellschaftsanteile im Insolvenzverfahren noch werthaltig sind.[530]

Zeichnet sich ab, dass die Planlösung die Gesellschafter möglicherweise besser stellen könnte als die Regelabwicklung, können die Altgesellschafter nicht

---

525 *Spetzler*, Eingriffe in die Rechte von Anteilseignern, S. 68.

526 Bereits 1985 vertrat dies *Ulmer*, ZHR 149 (1985), 541 (558).

527 *Bitter*, ZGR 2010, 147 (192); Uhlenbruck InsO/*Lüer* (13.Aufl.), § 217 Rn. 18; *Möhlenkamp*, BB 2013, 2828 (2829).

528 *Bitter*, ZGR 2010, 147 (192).

529 Uhlenbruck InsO/*Lüer* (13.Aufl.), § 217 Rn. 18, 20, zieht hieraus allerdings den Schluss, dass Eingriffe in die Rechte der Anteilsinhaber nicht möglich sind.

530 BGH, Beschl. v. 17.7.2014 – IX ZB 13/14, BGHZ 202, 133 (149): „*Angesichts des Fortbestands des Unternehmens ist nicht der von § 253 II InsO gemeinte Regelfall gegeben, dass der Wert der Beteiligung an der insolventen Gesellschaft wirtschaftlich mit Null anzusetzen ist.*“

ohne Weiteres hiervon ausgeschlossen werden. Wird also im Insolvenzplan beschlossen, dass das Unternehmen nach der Strukturmaßnahme weitergeführt werden soll, müssen für eine Unternehmensbewertung Fortführungswerte zugrunde gelegt werden.[531] Eine Kapitalherabsetzung auf Null kann damit nicht ohne Unternehmensbewertung vorgenommen werden und ist darüber hinaus auch nur dann legitim, wenn das Vermögen (nach Fortführungswerten) tatsächlich ganz von den Verbindlichkeiten aufgezehrt wird.[532] Ist nach Abzug der Verbindlichkeiten in Höhe des Nennkapitals das Unternehmensvermögen noch nicht vollends aufgebraucht, bleiben die Gesellschafter grundsätzlich in dieser Höhe an der Gesellschaft beteiligt.[533] Wenn bspw. die Verbindlichkeiten des Schuldnerunternehmens 2 Mio. € und der Ertragswert des fortgeführten Unternehmens 2,2 Mio. € betrügen, müssten die Gesellschafter nach dem *Debt Equity Swap* hiernach in Höhe von 200.000 € an der Gesellschaft beteiligt oder in dieser Höhe entschädigt werden.[534] Ist ein komplettes Ausscheiden der Altgesellschafter intendiert, muss im Insolvenzplan eine Abtretung dieser verbleibenden Anteile vorgesehen werden.

Ein solches Vorgehen entspricht auch dem Willen des Gesetzgebers, einen Anreiz zur frühzeitigen Insolvenzantragstellung zu setzen. Wäre ohne Weiteres von einer Wertlosigkeit der Anteile auszugehen, müssten die Gesellschafter stets damit rechnen, dass ihnen ihre Anteile durch die Gläubiger entzogen werden.[535]

c) Die Kapitalerhöhung

Im Anschluss an die Kapitalherabsetzung wird eine Erhöhung des Kapitals vorgenommen.[536]

Im Rahmen dieser Kapitalerhöhung bringen diejenigen Gläubiger, die sich an dem *Debt Equity Swap* beteiligen wollen (eine „*Zwangsbeteiligung*" der Gläubiger ist nach § 225a II 2 InsO ausgeschlossen), ihre Forderungen als Sacheinlage ein.[537] In dem Fall, dass eine Kapitalherabsetzung auf Null vorangegangen ist,

---

531 Uhlenbruck InsO/*Lüer* (13.Aufl.), § 217 Rn. 18; *Schäfer/Wüstemann,* ZIP 2014, 1757 (1766); *Schluck-Amend,* ZGR 2014, 151 (169).

532 *Schäfer/Wüstemann,* ZIP 2014, 1757 (1762).

533 *Burkert,* Der DES im Spannungsverhältnis, S. 80; *Schäfer/Wüstemann,* ZIP 2014, 1757 (1762).

534 Beispiel nach *Verse,* ZGR 2010, 299 (311).

535 *Schäfer/Wüstemann,* ZIP 2014, 1757 (1763).

536 BegrRegE ESUG, BT-Drucks. 17/5712, S. 31; FK-InO/*Jaffé,* § 225a Rn. 12; *Simon/Merkelbach,* NZG 2012, 121 (123); *Stöber,* ZInsO 2012, 1811 (1817).

537 *Geißler,* ZInsO 2015, 785 (790); *Müller,* KTS 2012, 419 (440).

muss das Mindeststamm- oder -grundkapital allerdings mittels Bareinlage aufgefüllt werden (§§ 58 IV GmbHG, 229 III i.V.m. 228 I AktG).[538] Die Einbringung der Forderung kann entweder durch Forderungsabtretung (§ 398 BGB) und damit Erlöschen qua Konfusion oder durch Erlassvertrag (§ 397 BGB) erfolgen.[539]

Darüber hinaus ist es auch möglich, dass die Altgesellschafter mittels *Share Deals* ihre Gesellschaftsanteile an die Gläubiger abtreten, welche dann entweder die Forderung an die Gesellschaft abtreten oder auf sie verzichten.[540] Falls einzelne Forderungen gesichert sein sollten, muss auch über diese Sicherheiten eine Abrede im Plan getroffen werden, da diese ansonsten erlöschen.[541]

Im Rahmen der Kapitalerhöhung sind zwei Fragen von besonderem Interesse: Kann das Bezugsrecht der Altgesellschafter ausgeschlossen werden? Und: In welcher Höhe können die Gläubiger ihre Forderungen einbringen?

aa) Das Bezugsrecht der Altgesellschafter

Dass grundsätzlich ein Bezugsrecht der Altgesellschafter besteht, dieses aber auch im Insolvenzplan ausgeschlossen werden kann, folgt aus § 225a II 3 a.E. InsO.[542]

Nicht näher ausgestaltet sind in dieser Vorschrift allerdings die Anforderungen, die an einen solchen Ausschluss gestellt werden.[543]

Von einigen Autoren wird deshalb die Auffassung vertreten, materielle Voraussetzungen seien nicht zu stellen – vielmehr genüge allein die Festlegung im Insolvenzplan.[544] Wie allerdings bereits oben herausgestellt, ist Folge der Formulierung des § 225a III InsO,[545] dass materielle Voraussetzungen, die

538 MüKo InsO/*Eidenmüller,* § 225a Rn. 42.

539 BegrRegE ESUG, BT-Drucks. 17/5712, S. 31; Braun InsO/*Braun/Frank,* § 225a Rn. 7; *Günther,* ZInsO 2012, 2037 (2040); *Maier-Reimer,* Gesellschaftsrecht in der Diskussion 2011, 107 (120); *Müller,* KTS 2012, 419 (440); *Simon/Merkelbach,* NZG 2012, 121 (123); Schmidt InsO/*Spliedt,* § 225a Rn. 19; *Weber/Schneider,* ZInsO 2012, 374 (375).

540 Braun InsO/*Braun/Frank,* § 225a Rn. 8; *Günther,* ZInsO 2012, 2037 (2040); *Müller,* KTS 2012, 419 (440).

541 BegrRegE ESUG, BT-Drucks. 17/5712, S. 31.

542 „*Insbesondere kann der Plan* [...] *den Ausschluss von Bezugsrechten* [...] *vorsehen*".

543 *Brünkmans,* ZIP 2014, 1857 (1861); MüKo InsO/*Eidenmüller,* § 225a Rn. 49; *Fischer,* NZI 2013, 823 (823).

544 MüKo InsO/*Eidenmüller,* § 225a Rn. 50; *ders.,* NJW 2014, 17 (17); Hamburger Kommentar InsO/*Thies,* § 225a Rn. 28; Unternehmensrestrukturierung/*Ziegenhagen,* 551 (565).

545 „*Im Plan kann jede Regelung getroffen werden, die gesellschaftsrechtlich zulässig ist*".

gesellschaftsrechtlich zwingend sind, auch im Insolvenzplanverfahren eine Rolle spielen.[546]

(1) Der Bezugsrechtsausschluss außerhalb der Insolvenz

Außerhalb der Insolvenz besteht sowohl in der AG als auch in der GmbH gemäß § 186 AktG (bei letzterer analog[547]) ein Bezugsrecht der Gesellschafter im Rahmen einer Kapitalerhöhung. Dieses kann ausgeschlossen werden, wenn es sachlich gerechtfertigt und verhältnismäßig ist.[548] Der Ausschluss des Bezugsrechts stellt grundsätzlich die Ausnahme dar.[549] Eine Rechtfertigung ist an drei Voraussetzungen geknüpft: Der Bezugsrechtsausschluss muss

> „*(1) im Interesse der Gesellschaft liegen.*
> *Er muss (2) zur Erreichung des im Gesellschaftsinteresse liegenden Zwecks geeignet und erforderlich, also nicht durch mildere, gleich geeignete Mittel ebenfalls zu verwirklichen sein.*
> *Die für die Gesellschaft erzielbaren Vorteile müssen schließlich (3) in einem angemessenen Verhältnis zu den Nachteilen der betroffenen* [Gesellschafter] *stehen.*“[550]

Dabei sind an die Sachkapitalerhöhung andere Voraussetzungen zu stellen als an die Barkapitalerhöhung.

Nach der *Kali & Salz*-Entscheidung kann bei einer Sachkapitalerhöhung schon genügen, dass „*die Gesellschaft nach vernünftigen kaufmännischen Überlegungen ein dringendes Interesse am Erwerb des Gegenstandes hat*“[551]. Als milderes Mittel wird dabei in der Literatur vorgeschlagen, zusätzlich eine Barkapitalerhöhung vorzunehmen, an der sich die Altgesellschafter beteiligen könnten, um der Verwässerung ihrer Anteile entgegenzuwirken.[552] Allgemein stimmt die Literatur aber darin überein, dass bei Sanierungsfällen ein Ausschluss schon dann

---

546 Siehe 1. Teil C. IV.

547 MüKo InsO/*Eidenmüller*, § 225a Rn. 49; *Geißler*, ZInsO 2015, 785 (791); MüKo GmbHG/*Lieder*, § 55 Rn. 70; Scholz GmbHG/*Priester*, § 55 Rn. 42; Hamburger Kommentar InsO/*Thies*, § 225a Rn. 26; aA Großkommentar GmbHG/*Ulmer/Casper*, § 55 Rn. 52.

548 BGH, Urt. v. 13.3.1978 – II ZR 142/76, BGHZ 71, 40 (44) („Kali & Salz“); *Gräfin von Spee*, Gesellschafter im Reorganisationsverfahren, S. 47; MüKo AktG/*Schürnbrand*, § 186 Rn. 71.

549 MüKo AktG/*Schürnbrand*, § 186 Rn. 73; *Zöllner*, AG 2002, 585 (586 f.).

550 MüKo AktG/*Schürnbrand*, § 186 Rn. 97.

551 BGH, Urt. v. 13.3.1978 – II ZR 142/76, BGHZ 71, 40 (46) („Kali & Salz“).

552 Bork/Schäfer GmbHG/*Arnold/Born*, § 55 Rn. 28; Michalski GmbHG/*Hermanns*, § 55 Rn. 53; MüKo GmbHG/*Lieder*, § 55 Rn. 94; *Lutter*, ZGR 1979, 401 (406); *Scheunemann/Hoffmann*, DB 2009, 983 (984).

erfolgen kann, wenn ein Investor die Mehrheitsbeteiligung als Voraussetzung für seine Investition macht und ohne ihn eine Sanierung aussichtslos wäre.[553] Ebenso soll der Bezugsrechtsausschluss bei der Forderungseinbringung im Rahmen eines *Debt Equity Swaps* möglich sein.[554]

Im Falle einer Barkapitalerhöhung ist ein Bezugsrechtsausschluss dagegen nur unter sehr eingeschränkten Voraussetzungen möglich. Hier ist grundsätzlich davon auszugehen, dass die Person des Kapitalgebers nicht von Bedeutung ist und sich so die Altgesellschafter in jedem Fall an der Erhöhung beteiligen können.[555] Ausnahmen hierzu können laut der Rechtsprechung des BGH gemacht werden, wenn Aktien im Rahmen einer Sanierung „*en bloc*" an einen Investor vergeben werden.[556]

(2) Der Bezugsrechtsausschluss im Insolvenzplan

Es gilt also zu untersuchen, welche Maßstäbe bezüglich eines Bezugsrechtsausschlusses im Rahmen des Insolvenzplanverfahrens gelten.[557] Fraglich erscheint dabei insbesondere, ob die außerhalb des Insolvenzrechts geltenden Grundsätze und hier speziell die Differenzierung zwischen Sachkapital- und Barkapitalerhöhung auch im Rahmen des Insolvenzverfahrens gelten. Dann wäre im Insolvenzplanverfahren ein kompletter Bezugsrechtsausschluss insbesondere bei einem Kapitalschnitt auf Null problematisch. Denn hierbei wird nicht nur eine Sacheinlage in Form von Gläubigerforderungen eingebracht; darüber hinaus muss das Mindestkapital der Gesellschaft als Bareinlage erbracht werden. Die Gläubiger könnten dann nur in Ausnahmefällen eine weitere Beteiligung von Altgesellschaftern vermeiden.

(a) Erfordernis einer sachlichen Rechtfertigung

Horstkotte und *Martini* vertreten diesbezüglich die Ansicht, dass lediglich die Voraussetzungen für einen Bezugsrechtsausschluss bei der Sachkapitalerhöhung

---

553 Bork/Schäfer, GmbHG/*Arnold/Born*, § 55 Rn 28; *Brünkmans*, ZIP 2014, 1857 (1861); *Decher/Voland*, ZIP 2013, 103 (105); Michalski GmbHG/*Hermanns*, § 55 Rn. 53; MüKo AktG/*Schürnbrand*, § 186 Rn. 113; *Simon/Merkelbach*, NZG 2012, 121 (125); *Wicke*, GmbHG, § 55 Rn. 11.

554 *Brünkmans*, ZIP 2014, 1857 (1862).

555 MüKo AktG/*Schürnbrand*, § 186 Rn. 112.

556 BGH, Urt. v. 19.4.1982 – II ZR 55/81, NJW 1982, 2444 (2446) („Holzmann").

557 Für eine sehr ausführliche Darstellung des insolvenzrechtlichen Bezugsrechtsausschlusses, siehe *Pühl*, Der Debt Equity Swap im Insolvenzplanverfahren, § 7, der auch rechtsvergleichenden Aspekten nachgeht und mögliche Anreizfunktionen eines Bezugsrechtes beleuchtet.

Anwendung finden sollen.[558] Da der Wert des Anteils ohnehin Null betrage, könne auch dem Bezugsrecht kein Wert zugemessen werden. Dann aber hätten die Altgesellschafter auch kein schützenswertes Interesse hieran.[559] Wie bereits zuvor festgestellt, kann von einer grundsätzlichen Wertlosigkeit der Anteile im Insolvenzverfahren nicht ausgegangen werden.[560] Insoweit kann zumindest auf Grundlage dieser Argumentation das Bezugsrecht nicht vereinfacht ausgeschlossen werden. Es ist also zu prüfen, welche Gesichtspunkte bei der Frage nach dem Bezugsrechtsausschluss eine Rolle spielen.

Teilweise wird die Möglichkeit eines kompletten Bezugsrechtsausschlusses als unvereinbar mit Art. 14 I und Art. 9 I GG bewertet.[561] Allerdings wurde bereits im Rahmen der verfassungsrechtlichen Beurteilung von möglichen Eingriffen in die Mitgliedschaftsrechte der Gesellschafter festgestellt, dass selbst ein kompletter Ausschluss aus der Gesellschaft mit Art. 14 I und Art. 9 I GG zu vereinbaren ist. Diese Prämisse bedeutet im Umkehrschluss aber nicht, dass das Bezugsrecht stets ausgeschlossen ist. Dies würde nicht nur dem Willen des Gesetzgebers widersprechen, der in § 225a II 3 InsO von einem grundsätzlichen Bezugsrecht der Gesellschafter ausgeht. Auch würde es dem oben gefundenen Ergebnis zuwiderlaufen, dass im Rahmen des § 225a III InsO gesellschaftsrechtliche Grundprinzipien fortgelten und damit auch der Bezugsrechtsausschluss einer sachlichen Rechtfertigung bedarf.[562] Und so wollen teilweise auch die Stimmen in der Literatur, die von einer Verfassungsmäßigkeit der Regelungen ausgehen, den Gesellschaftern ein Bezugsrecht einräumen.[563]

Fraglich erscheint allerdings, ob die Maßstäbe der sachlichen Rechtfertigung entsprechend der besonderen Situation in der Insolvenz abgewandelt werden müssen.

(b) Keine Übertragung der Grundsätze aus Sanieren oder Ausscheiden

Gräfin von Spee will einen Bezugsrechtsausschluss im Rahmen der Barkapitalerhöhung nur dann zulassen, wenn die Altgesellschafter weder sanierungswillig noch -fähig sind.[564] Dafür will sie die Wertungen des Urteils *Sanieren oder*

---

558 *Horstkotte/Martini*, ZInsO 2012, 557 (563 Fn. 45).
559 *Horstkotte/Martini*, ZInsO 2012, 557 (563 Fn. 45).
560 Siehe 1. Teil C. IV. 2) b).
561 *Simon/Merkelbach*, NZG 2012, 121 (125); *Stöber*, ZInsO 2012, 1811 (1819).
562 A.A. *Bulgrin*, Die strategische Insolvenz, S. 102.
563 *Brünkmans*, ZIP 2014, 1857 (1861); Uhlenbruck InsO/*Hirte*, § 225a Rn. 4; Kübler HRI/*Hölzle*, § 31 Rn. 12; *Schäfer*, ZIP 2014, 2417 (2418).
564 *Gräfin von Spee*, Gesellschafter im Reorganisationsverfahren, S. 175, 196.

Ausscheiden[565] auf die Situation im Insolvenzplanverfahren übertragen.[566] Die Interessenslage sieht sie – trotz der Tatsache, dass es hier um das Verhältnis der Gesellschafter zu den Gläubigern geht – als vergleichbar an. Seien die Altgesellschafter sowohl im Zeitpunkt vor der Insolvenz als auch in der Insolvenz sanierungsfähig und -willig (dies sollen sie in den Stimmabgaben zeigen)[567], dürfe ihr Bezugsrecht nicht ausgeschlossen werden. Falls die Gläubiger berechtigte Gründe hätten, sich gegen die Beteiligung einzelner Gesellschafter zu wehren, solle eine solche geringere Beteiligung durch ein beschränktes Bezugsrecht sichergestellt werden.[568] So könne auch verhindert werden, dass das Insolvenzplanverfahren für ein Herausdrängen der Altgesellschafter missbraucht würde.[569]

Letzterem ist allerdings entgegenzuhalten, dass die Prüfung einer missbräuchlichen Inanspruchnahme des Verfahrens nicht im Rahmen der Prüfung des Bezugsrechtsausschlusses angesiedelt werden sollte. Dies sollte bereits im Insolvenzantrag geprüft und dieser im Bedarfsfalle abgelehnt werden.[570] Hinzu kommt, dass der Ausschluss des Bezugsrechts nicht die einzige Möglichkeit darstellt, Altgesellschafter aus der Gesellschaft zu drängen oder ihnen ihre Rechte zu entziehen. Vielmehr kann dies bspw. auch über eine Umwandlung oder eine Übertragung von Gesellschaftsanteilen erfolgen. Wie man in solchen Situationen einen Missbrauch verhindern sollte, bleibt aber offen. Überzeugender ist es deswegen, eine etwaige Missbrauchsprüfung an anderer Stelle zu etablieren.

Hingegen erscheint die Übertragung der Grundsätze der Rechtsprechung in außergerichtlichen Sanierungsfällen zunächst einmal naheliegend. In beiden Konstellationen geht es schließlich um die Frage, ob ein Ausscheiden der Gesellschafter aus der Gesellschaft zumutbar ist.

Trotzdem vermag dieser Ansatz nicht zu überzeugen. Zunächst einmal geht es im Rahmen des *Debt Equity Swaps* in der Insolvenz nicht darum, sanierungsunwillige Gesellschafter mithilfe der Treuepflicht zur Teilnahme an einer Sanierung zu bewegen. Vielmehr wird der umgekehrte Fall relevant: die Verhältnismäßigkeit des Ausschlusses sanierungswilliger Gesellschafter. Entscheidender Faktor ist dabei, dass zwischen Gesellschaftern und Gläubigern gerade keine Treuepflichten existieren. Und selbst wenn man die Pflicht zur vorrangigen

565 Hierzu bereits oben im 1. Teil B. I. 3).

566 *Gräfin von Spee,* Gesellschafter im Reorganisationsverfahren, S. 189.

567 *Gräfin von Spee,* Gesellschafter im Reorganisationsverfahren, S. 175.

568 *Gräfin von Spee,* Gesellschafter im Reorganisationsverfahren, S. 176.

569 *Gräfin von Spee,* Gesellschafter im Reorganisationsverfahren, S. 184 ähnlich auch *Müller,* KTS 2012, 419 (443) und *Simon/Merkelbach,* NZG 2012, 121 (126).

570 *Eidenmüller,* NJW 2014, 17 (18).

Befriedigung der Gläubiger zum Anlass nimmt, Rücksichtnahme- oder Aufopferungspflichten der Gesellschafter gegenüber den Gläubigern anzunehmen,[571] bedeutet dies nicht, dass den Gläubigern ebensolche Pflichten gegenüber den Gesellschaftern obliegen. Die Entscheidung, sich an der Gesellschaft zu beteiligten, bedeutet für die Gläubiger eine Investition,[572] welche auch durchaus im Allgemeininteresse liegt.[573] Ausschlaggebend für diese Entscheidung kann aber auch sein, wie die Gesellschafterstruktur in der sanierten Gesellschaft beschaffen ist.[574] Den Gläubigern sollte die Möglichkeit zustehen, missliebigen Altgesellschaftern ein Bezugsrecht zu verweigern. Zu dem teilweisen Forderungsverzicht (der mit der Abwertung des Forderungswerts einhergeht) und dem Sanierungsrisiko sollte nicht noch eine Rücksichtnahmepflicht gegenüber den Altgesellschaftern hinzukommen.[575] Darüber hinaus hätten die sanierungswilligen Gesellschafter nicht nur im Vorfeld eines Insolvenzverfahrens die Möglichkeit, Sanierungsmaßnahmen – im Sinne der *Sanieren oder Ausscheiden*-Rechtsprechung sogar entgegen dem Willen sanierungsunwilliger Gesellschafter – vorzunehmen. Auch in der Zeit nach der Stellung des Insolvenzantrags bis zur eigentlichen Abstimmung über die Maßnahmen im Insolvenzplan können sie durch Beseitigung des Insolvenzgrundes die Gesellschaft ohne Beteiligung der Gläubiger fortführen.[576] *Spahlinger* sieht aufgrund dieser Option keinen Grund, den Gesellschaftern ein etwaiges „*Affektions- oder sonstiges Interesse an ihren Anteilen*" zu gewähren, wobei auch er sich hierin durch die *Sanieren oder Ausscheiden*-Rechtsprechung bestätigt sieht.[577]

(c) Kein zwingendes Bezugsrecht

Für die Einräumung eines grundsätzlichen Bezugsrechts wird angeführt, der einzelne Gesellschafter hätte es für sich gesehen nicht in der Hand, über Kapitalmaßnahmen zu entscheiden; Sanierungsbemühungen könnten vielmehr von den Mitgesellschaftern blockiert werden.[578] Dann sei es aber auch nicht

---

571 Von einer Aufopferungspflicht ging bereits vor der Insolvenzrechtsreform *Bitter*, ZGR 2010, 147 ff., aus.

572 *Brünkmans*, ZIP 2014, 1857 (1862).

573 *Frauer*, Grenzen des Eingriffs in Gesellschafterrechte, S. 95.

574 *Brünkmans*, ZIP 2014, 1857 (1862).

575 KPB InsO/*Spahlinger*, § 225a Rn. 28 (55. EL 10/13).

576 KPB InsO/*Spahlinger*, § 225a Rn. 103 (55. EL 10/13).

577 KPB InsO/*Spahlinger*, § 225a Rn. 103 (55. EL 10/13).

578 *Burkert*, Der DES im Spannungsverhältnis, S. 92; *Gräfin von Spee*, Gesellschafter im Reorganisationsverfahren, S. 186.

gerechtfertigt, einen solchen sanierungswilligen Gesellschafter der Möglichkeit zu berauben, an einer Kapitalerhöhung im Rahmen des Insolvenzplans teilzunehmen und weiterhin an der Gesellschaft beteiligt zu bleiben.[579] Weiterhin wird angeführt, allein aus Art. 14 I GG folge, dass die Gesellschafter die Möglichkeit erhalten müssten, durch die Ausübung ihres Bezugsrechts weiterhin an der Gesellschaft beteiligt zu bleiben.[580] Ein Ausschluss der Gesellschafter gegen ihren Willen stelle sich auch unter Berücksichtigung der Gläubigerinteressen als unverhältnismäßig dar.[581]

Räumt man mit dieser Ansicht den Gesellschaftern in jedem Fall ein – ggf. vermindertes – Bezugsrecht ein, bleibt fraglich, nach welchem Maßstab diese verringerte Beteiligungsquote gebildet werden sollte.[582] Dies erkennen auch die Befürworter dieser Meinung und kommen zu dem Ergebnis, den Beteiligten bliebe letztlich nur die Verhandlung über den Beteiligungsschlüssel, wobei den Gesellschaftern die schwächere Verhandlungsposition zukomme.[583]

Auch *Fischer* sieht ein zwingendes Bezugsrecht als nicht gerechtfertigt an. Er ist vielmehr der Auffassung, den Gesellschaftern komme ohnehin ein „*vorrangiges Bezugsrecht*“ zu.[584] Die Möglichkeit, den Insolvenzgrund auch noch während des Insolvenzverfahrens zu beseitigen und so einen Ausschluss aus der Gesellschaft zu verhindern, stelle für diese ebenso eine Investitionsmöglichkeit dar wie die Forderungsumwandlung für die Gläubiger. Beide Gruppen konkurrierten diesbezüglich miteinander, wobei die Gesellschafter aufgrund der Norm des § 212 InsO den Vorrang genössen. Die Möglichkeit des Bezugsrechtsausschlusses sei Ausdruck des gesetzgeberischen Verständnisses von der Vorrangigkeit der Gläubigerbefriedigung.

579 *Burkert,* Der DES im Spannungsverhältnis, S. 92, 96 will den Altgesellschaftern im Rahmen der erforderlichen Barkapitalerhöhung bei einem Kapitalschnitt auf Null ausnahmslos ein Bezugsrecht einräumen.

580 *Simon/Merkelbach,* NZG 2012, 121 (126).

581 *Simon/Merkelbach,* NZG 2012, 121 (126).

582 *Decher/Voland,* ZIP 2013, 103 (106); KPB InsO/*Spahlinger*, § 225a Rn. 100 (55. EL 10/13); *Zarzitzky,* Die Reform des Insolvenzplanverfahrens, S. 99.

583 *Simon/Merkelbach,* NZG 2012, 121 (127).

584 *Fischer,* NZI 2013, 823 (829 f.). Nach ihm ist ein Bezugsrechtsausschluss *per se* möglich.

(d) Insolvenzspezifische Abwägung des Bezugsrechtsausschlusses

Es ist damit zu konstatieren, dass ein Bezugsrechtsausschluss zwar sachlich gerechtfertigt sein muss, dass diese Rechtfertigung aber an die veränderten Gegebenheiten in der Insolvenz anzupassen ist.[585]

Eine solche insolvenzspezifische Abwägung traf das LG Heidelberg bereits im Jahre 1988.[586] Es urteilte hier, der Bezugsrechtsausschluss im Rahmen des Konkursverfahrens könne auch bei einem Kapitalschnitt auf Null zulässig sein. Ein Beispiel hierfür sei die Vergabe neuer Aktien *en bloc*, wenn dies das einzige Mittel sei, *„ein Wiederaufleben der Gesellschaft zu ermöglichen"*.[587]

In diesem Sinne kann für den Ausschluss des Bezugsrechts im Rahmen der Sachkapitalerhöhung beim *Debt Equity Swap* die Tatsache ausreichen, dass die Sanierung nicht anders durchführbar ist.[588] Aber auch bei einem Kapitalschnitt auf Null mit anschließender Sach- und Barkapitalerhöhung muss als Rechtfertigung genügen, dass die Mehrheit der Gläubiger einen Bezugsrechtsausschluss als Voraussetzung für eine Teilnahme am *Debt Equity Swap* verlangt[589] oder dass sich die Gläubiger mit dem Insolvenzverwalter (bzw. dem Geschäftsführer bei der Eigenverwaltung) darauf verständigen, dass die Reorganisation der Gesellschaft durch die Gläubiger voraussichtlich erfolgreich sein wird[590]. Für die grundsätzliche Zulässigkeit einer Kapitalerhöhung allein durch Gläubiger und dritte Investoren spricht auch, dass dies *wirtschaftlich* einer übertragenden Sanierung gleicht, bei der die Gesellschafter ihre Beteiligung auch komplett einbüßen.[591]

Sollten noch andere Möglichkeiten der Sanierung in Betracht kommen, muss für eine Rechtfertigung des Bezugsrechtsausschlusses trotzdem gezeigt werden, dass die Möglichkeit, die den Bezugsrechtausschluss enthält, erfolgreicher zu sein scheint.[592] Insoweit ist für jeden Einzelfall eine Abwägung der verschiedenen

---

585 *Brünkmans,* ZIP 2014, 1857 (1862); *Wertenbruch,* ZIP 2013, 1693 (1697) mit dem Hinweis auf das Urteil des LG Heidelberg, Urt. v. 16.3.1988 – O 6/88 KfH II, ZIP 1988, 1257; a.A. *Krull,* Stellung und Schutz des Minderheitsgesellschafters im Insolvenzplanverfahren, S. 106.

586 LG Heidelberg, Urt. v. 16.3.1988 – O 6/88 KfH II, ZIP 1988, 1257 f.

587 LG Heidelberg, Urt. v. 16.3.1988 – O 6/88 KfH II, ZIP 1988, 1257 (1258).

588 FK-InsO/Jaffé, § 225a Rn. 14; zumindest für den Fall, dass *„ein Neugesellschafter seinen Sanierungsbeitrag nur „en bloc" zu leisten bereit wäre und die Gesellschafter nicht eintreten können"*, nimmt dies Meyer, DB 2015, 538 (540), an.

589 *Wertenbruch,* ZIP 2013, 1693 (1697); ähnlich auch *Altmeppen,* FS Hommelhoff, 1 (19).

590 *Decher/Voland,* ZIP 2013, 103 (106).

591 KPB InsO/*Spahlinger,* § 225a Rn. 27 (55. EL 10/13).

592 *Wertenbruch,* ZIP 2013, 1693 (1697).

Möglichkeiten zu treffen. Die Anforderungen an die Rechtfertigung in der Insolvenz sollten zwar nicht überspannt werden.[593] Dies lädt allerdings nicht dazu ein, willkürlich das Bezugsrecht für einige Gesellschafter zuzulassen, es für andere jedoch auszuschließen.[594] Für eine solche Vorgehensweise ist insoweit eine besondere Rechtfertigung zu fordern.

Wird ein Bezugsrechtsausschluss im Insolvenzplan geregelt und weisen die Gesellschaftsanteile noch einen Wert auf, müssen die Gesellschafter – nach der Rechtsprechung des BVerfG – mit ihrem *wahren Wert* abgefunden werden. Damit haben die Gesellschafter zwar keinen unbedingten Anspruch auf eine weitere Mitgliedschaft an der sanierten Gesellschaft, wohl aber auf geldwerten Ausgleich.[595]

bb) Forderungseinbringung der Gläubiger

Nachdem die Stellung der Altgesellschafter in der reorganisierten Gesellschaft geklärt ist, ist nun von Bedeutung, in welcher Höhe die Gläubigerforderungen als Einlage eingebracht werden können. Relevant ist diese Frage nicht nur deshalb, weil sie entscheidend für die Beteiligungsquote an der reorganisierten Gesellschaft und damit auch für den Grad an Einflussnahme ist.[596] Auch künftige Gläubiger sind an einer zutreffenden Bewertung interessiert.

Sowohl für den *Debt Equity Swap* außerhalb als auch innerhalb des Insolvenzrechts ist das Meinungsspektrum bezüglich dieser Bewertungsfrage zweigeteilt. Da sich die Maßnahmen im Insolvenzplan und im Gesellschaftsrecht – auch bilanziell – gleichen, kann die Diskussion übertragen werden.[597]

(1) Vollwertigkeit der einzubringenden Forderung

Eine im Vordringen befindliche Ansicht will die Forderung ohne jede Bewertung mit ihrem Nennbetrag auf das Eigenkapital anrechnen (sog. *Nennwertthese*). Dabei soll die Tatsache genügen, dass durch den Wegfall der Verbindlichkeit eine Entschuldung in Nennwerthöhe eintritt.[598] Die Forderung sei bei der

---

593 *Brünkmans*, ZIP 2014, 1857 (1862) will die Prüfung auf eine *„reine Missbrauchskontrolle beschränken"*.

594 KPB InsO/*Spahlinger*, § 225a Rn. 30 (55. EL 10/13).

595 Ähnlich auch *Bitter*, ZGR 2010, 147 (191); *Gehrlein*, NZI 2012, 257 (261).

596 *Segmiller*, Kapitalmaßnahmen im Insolvenzplan, S. 185; *Simon/Merkelbach*, NZG 2012, 121 (124).

597 *Weber/Schneider*, ZInsO 2012, 374 (378); für eine ausführliche Darstellung sei auch auf *Pühl*, Der Debt Equity Swap im Insolvenzplanverfahren, Rn. 748 ff., verwiesen.

598 *Burkert*, Der DES im Spannungsverhältnis, S. 126; *Cahn/Simon/Theiselmann*, CFL 2010, 238 (246); *Simon*, CFL 2010, 448 (452); Hamburger Kommentar InsO/*Thies*,

Anrechnung nicht abzuwerten, denn die bilanzielle Betrachtung habe nicht aus der Perspektive des Gläubigers, sondern aus der Perspektive der Gesellschaft zu erfolgen.[599] Diese habe aber nach § 253 I 2 HGB Verbindlichkeiten stets in Höhe ihres Erfüllungsbetrages anzusetzen.[600]

Zutreffend ist, dass sich durch die Umwandlung der Verbindlichkeit in Eigenkapital die Verbindlichkeiten um deren Nennwert verringern.[601] Dieser Vorgang ist als reiner Passivtausch zu qualifizieren, der die Gesellschaft allerdings nicht mit neuen Vermögenswerten ausstattet.[602] Zulässig ist dieses Vorgehen deshalb, weil hierdurch Aktiva frei werden, die bislang von der Verbindlichkeit neutralisiert wurden.[603] Diese Aktiva können dann anderweitig Verwendung finden – ähnlich wie bei der Erbringung von Bareinlagen.[604] Ein gleichwertiges Ergebnis wird aber nur dann erreicht, wenn die einzubringende Forderung *vollwertig* ist, d.h. wenn sie und alle übrigen Fremdkapitalposten durch entsprechendes Vermögen auf der Aktivseite gedeckt sind.[605] Die Forderungseinbringung kann schließlich nicht per se wie eine Bareinlage behandelt werden – zumindest in der Insolvenz wird sie für die Gesellschaft nicht denselben Wert haben.[606]

Zuzustimmen ist der *Nennwertthese* darin, dass sich das Erfordernis der Vollwertigkeit nicht aus Schutzgesichtspunkten gegenüber den Gläubigern ergibt, die sich nicht an dem *Debt Equity Swap* beteiligen – diese erhalten vielmehr durch die Umwandlung eine höhere Chance auf Befriedigung ihrer eigenen, noch bestehenden Forderungen.[607] Allerdings sieht dies in den Fällen anders aus,

---

§ 225a Rn. 24; *Wansleben,* WM 2012, 2083 (2086); nach *Maier-Reimer,* Gesellschaftsrecht in der Diskussion 2011, 107 (127) liegt in der Tatsache, dass die Gesellschaft wieder *„lebensfähig"* gemacht wird, ein eigenständiger Wert, der auch mit einbezogen werden muss.

599 *Cahn/Simon/Theiselmann*, CFL 2010, 238 (243); *Wansleben,* WM 2012, 2083 (2086).

600 *Cahn/Simon/Theiselmann*, CFL 2010, 238 (243); *Wansleben,* WM 2012, 2083 (2086).

601 *Bremen,* NZI 2014, 137 (142); *Priester,* DB 2010, 1445 (1448); *Weber/Schneider,* ZInsO 2012, 374 (375).

602 *Segmiller,* Kapitalmaßnahmen im Insolvenzplan, S. 195.

603 *Kleindiek,* FS Hommelhoff, 543 (552); *Priester,* DB 2010, 1445 (1447); *Segmiller,* Kapitalmaßnahmen im Insolvenzplan, S. 195.

604 *Priester,* DB 2010, 1445 (1447).

605 *Priester,* DB 2010, 1445 (1448); in diesem Sinne auch *Kleindiek,* FS Hommelhoff, 543 (549); *Korff,* ZInsO 2013, 2411 (2412); MüKo GmbHG/*Lieder,* § 56 Rn. 19; *Müller,* KTS 2012, 419 (447); *Schäfer/Wüstemann,* ZIP 2014, 1757 (1767).

606 *Altmeppen,* FS Hommelhoff, 1 (13).

607 *Cahn/Simon/Theiselmann*, CFL 2010, 238 (246); MüKo InsO/*Eidenmüller,* § 225a Rn. 53; *Simon,* CFL 2010, 448 (452); *Wansleben,* WM 2012, 2083 (2086); dies erkennen

in denen sich auch nachrangige Gläubiger (§ 39 InsO) an der Umwandlung ihrer Forderungen in Eigenkapital beteiligen – durch eine Anrechnung des Nennwertes würden sie bevorzugt.[608] Und auch zukünftigen Gläubigern würde durch die Nennwertanrechnung vorgespielt, das Eigenkapital sei tatsächlich in der ausgewiesenen Höhe gewachsen.[609]

Zwar wird von den Anhängern der *Nennwertthese* angeführt, der Höhe des Eigenkapitals komme in der Wirtschaftswelt kaum noch eine Bedeutung zu.[610] Aber selbst wenn andere Kennzahlen für künftige Gläubiger eine größere Rolle spielen sollten, bliebe es trotzdem dabei, dass das Eigenkapital nicht in seiner ausgewiesenen Höhe werthaltig erbracht wurde.[611] Abhilfe kann hier auch nicht durch Offenlegung des *Debt Equity Swaps* geschaffen werden.[612] Eine solche Offenlegung würde den künftigen Gläubigern schließlich nicht ausweisen, wie hoch (oder niedrig) die Einlage bei ihrer Erbringung tatsächlich war.[613] Diese Sichtweise wird auch durch einen Vergleich zu den Fällen bestätigt, in denen das Kapital aus Gesellschaftsmitteln erhöht wird.[614] Hier verbietet der Gesetzgeber die Umwandlung der Rücklagen in Eigenkapital, soweit die Bilanz einen Verlust einschließlich eines Verlustvortrags ausweist (§ 57d II GmbHG, § 208 II AktG). Eine Außerachtlassung der Aktivseite der Bilanz auch im Rahmen des *Debt Equity Swaps* würde dieser Wertentscheidung des Gesetzgebers widersprechen.[615] Die Umwandlung der Forderung lediglich in Höhe ihres *vollwertigen*

---

auch die Anhänger der *Vollwertigkeitsthese* an *Priester,* DB 2010, 1445 (1448); *Weber/Schneider,* ZInsO 2012, 374 (375).

608 *Müller,* KTS 2012, 419 (447).

609 *Cahn/Simon/Theiselmann,* CFL 2010, 238 (247); MüKo InsO/*Eidenmüller,* § 225a Rn. 53.

610 *Wansleben,* WM 2012, 2083 (2091).

611 *Priester,* DB 2010, 1445 (1448); *Segmiller,* Kapitalmaßnahmen im Insolvenzplan, S. 191; *Weber/Schneider,* ZInsO 2012, 374 (375); im Ergebnis auch FK-InsO/*Jaffé,* § 225a Rn. 16.

612 *Becker,* Anreizwirkung des Sanierungsvorbereitungsverfahrens, S. 61; *Kleindiek,* FS Hommelhoff, 543 (551); *Priester,* DB 2010, 1445 (1449); so aber *Cahn/Simon/Theiselmann,* CFL 2010, 238 (247); MüKo InsO/*Eidenmüller,* § 225a Rn. 53; *Wansleben,* WM 2012, 2083 (2088).

613 *Segmiller,* Kapitalmaßnahmen im Insolvenzplan, S. 193, der darauf hinweist, dass Gläubiger sich freilich nur darauf verlassen können, dass das Grundkapital real erbracht wurde; nicht aber darauf, dass ihre Forderungen vom Vermögen der Gesellschaft gedeckt sind.

614 *Priester,* DB 2010, 1445 (1448).

615 *Priester,* DB 2010, 1445 (1448).

Teils entspricht der Handhabung im Falle einer verdeckten Sachlage: Auch hier wird die Forderung nur in Höhe ihres objektiven Wertes auf die Einlagepflicht des Inferenten angerechnet (§ 19 IV 3 GmbHG, § 27 III 3 AktG). Wieso im Falle der offenen Sacheinlage etwas anderes gelten soll, leuchtet nicht ein.[616]

Der Gesichtspunkt des Gläubigerschutzes ist bei der ordnungsgemäßen Kapitalaufbringung zwar vorherrschend. Dies bedeutet allerdings nicht, dass Schutzgesichtspunkte für die Gesellschafter bedeutungslos sind – sie sollen durch die ordnungsgemäße Bewertung der Forderung vor der Verwässerung ihrer Anteile und damit vor einer Ungleichbehandlung im Vergleich zu den Gläubigern geschützt werden.[617] Auch dies spricht demnach für das Erfordernis der Vollwertigkeit der Forderung.

Die *Nennwertthese* besticht zwar mangels Pflicht zur aufwändigen Bewertung durch ihre Einfachheit und ihre Anreizwirkung für die Gläubiger.[618] Bewertungsschwierigkeiten sind aber nicht nur auf die Bewertung von Forderungen beschränkt, sondern treten auch bei der Bewertung sonstiger Sacheinlagen auf.[619]

Die Beibehaltung des Vollwertigkeitskriteriums scheint auch der Gesetzgeber zu favorisieren.[620] Zwar haben die in der Gesetzesbegründung angesprochenen Sachverständigengutachten eher die Funktion, eine Haftung des Insolvenzverwalters wegen Falschbewertung der Forderungen zu verhindern.[621] Allerdings ist – auch nach der Gesetzesbegründung – die „*Werthaltigkeit der Forderung* [...] *regelmäßig reduziert und der Wert wird nicht mehr dem buchmäßigen Nennwert entsprechen* [...]. *Hierbei kann auch die Quotenerwartung berücksichtigt werden.*“[622]

---

616 *Priester,* DB 2010, 1445 (1449); *Weber/Schneider,* ZInsO 2012, 374 (376).

617 *Kleindiek,* FS Hommelhoff, 543 (553); *Müller,* KTS 2012, 419 (447); *Priester,* DB 2010, 1445 (1447).

618 MüKo InsO/*Eidenmüller,* § 225a Rn. 53; *Kleindiek,* FS Hommelhoff, 543 (550); *Müller,* KTS 2012, 419 (447); *Zarzitzky,* Die Reform des Insolvenzplanverfahrens, S. 91.

619 *Müller,* KTS 2012, 419 (447).

620 MüKo InsO/*Eidenmüller,* § 225a Rn. 51; *Drukarczyk,* NZI 2015, 110 (115); FK-InsO/*Jaffé,* § 225a Rn. 21; *Kleindiek,* FS Hommelhoff, 543 (554); *Pühl,* Der Debt Equity Swap im Insolvenzplanverfahren, Rn. 806; *Schäfer/Wüstemann,* ZIP 2014, 1757 (1767); *Schwarz,* Der Debt-Equity-Swap, S. 121. Auch *Burkert,* Der DES im Spannungsverhältnis, S. 130, geht von einem dementsprechenden Willen des Gesetzgebers aus, obwohl nach seiner Ansicht die besseren Argumente für die *Nennwertthese* sprechen. Dementsprechend diskutiert auch er, ob für die vorzunehmende Bewertung Liquidations- oder Fortführungswerte relevant sein sollen (S. 131 ff.).

621 FK-InsO/*Jaffé,* § 225a Rn. 21; *Zarzitzky,* Die Reform des Insolvenzplanverfahrens, S. 83.

622 BegrRegE ESUG, BT-Drucks. 17/5712, S. 32.

(2) Bewertung nach Fortführungswerten

Die Entscheidung für die *Vollwertigkeitsthese* beantwortet indes noch nicht die Frage, ob für die Bewertung der Forderungen Zerschlagungs- oder Fortführungswerte zugrunde gelegt werden. Zumeist wird als Argument für die Maßgeblichkeit von Zerschlagungswerten eine mögliche Schlechterstellung der Altgesellschafter angeführt. Werden ihre Anteile mit Zerschlagungswerten angesetzt, führt die Bewertung der Gläubigerforderungen nach Fortführungswerten zu einer unvertretbaren Ungleichbehandlung.[623] Wird aber – wie hier[624] – eine Bewertung der Gesellschafteranteile zum Fortführungswert angenommen, kann dieses Argument nicht herangezogen werden.

Spiegelbildlich spricht die Bewertung der Gesellschafteranteile der Altgesellschafter nach Fortführungswerten dafür, bei der Bewertung der Gläubigerforderungen ebenso vorzugehen.[625] Wächst der Unternehmenswert aufgrund der Fortführung des Unternehmens, muss dieser Wert allen an der Sanierung Beteiligten zustehen.[626]

Für das Heranziehen von Zerschlagungswerten wird der maßgebliche Bewertungszeitpunkt angeführt. Da der maßgebliche Zeitpunkt die Anmeldung der Sachkapitalerhöhung im Handelsregister sei, könne eine zukunftsorientierte Bewertung gar nicht stattfinden.[627] Dabei wird aber übersehen, dass eine Forderungsumwandlung immer zu dem Betrag vorgenommen werden muss, den die Gesellschaft in Zukunft zur Erfüllung aufbringen können wird.[628] Dass eine Prognose bei der Bewertung nicht ungewöhnlich ist, zeigt bspw. auch § 253 III HGB, der eine solche Prognose voraussetzt.[629] Und auch bei anderen Sacheinlagen, wie

---

623 *Altmeppen,* FS Hommelhoff, 1 (15); *Kleindiek,* FS Hommelhoff, 543 (555, 560); *Müller,* KTS 2012, 419 (448); *Simon/Merkelbach,* NZG 2012, 121 (124).

624 Siehe im 1. Teil C. IV. 2) b).

625 MüKo InsO/*Eidenmüller,* § 225a Rn. 52; *Schluck-Amend,* Gesellschaftsrecht in der Diskussion 2014, 151 (172); anders *Burkert,* Der DES im Spannungsverhältnis, S. 137 der zwar die Gläubigerforderungen anhand des Fortführungswertes berechnen will, nicht aber die Anteile der Altgesellschafter bei einer etwaigen Abfindung.

626 MüKo InsO/*Eidenmüller,* § 225a Rn. 52, der aber trotzdem für die *Nennwertthese* plädiert.

627 *Becker,* Anreizwirkung des Sanierungsvorbereitungsverfahrens, S. 62; *Kleindiek,* FS Hommelhoff, 543 (555).

628 *Weber/Schneider,* ZInsO 2012, 374 (379); im Ergebnis auch *Horstkotte/Martini,* ZInsO 2012, 557 (563 Fn. 47); *Zarzitzky,* Die Reform des Insolvenzplanverfahrens, S. 94.

629 *Horstkotte/Martini,* ZInsO 2012, 557 (563 Fn. 47).

Unternehmen oder Forderungen, kann eine Bewertung, die nicht prognostisch ist, schlicht nicht vorgenommen werden.[630]

Gegen das Ansetzen von Fortführungswerten spricht auch nicht der Hinweis des Regierungsentwurfs auf die Quotenerwartung.[631] Denn nicht nur bei der Liquidation der Gesellschaft erhalten die Gläubiger eine Quote – dies ist in vielen Fällen auch nach dem Insolvenzplanverfahren der Fall.[632] Auch der Ausschluss der Differenzhaftung (§ 254 IV InsO) erschiene bei der Einbringung zu Liquidationswerten überflüssig, da die Gefahr der Überbewertung bei Liquidationswerten als eher gering einzuschätzen ist.[633]

Hinzu kommt, dass die Anreize, sich an einem *Debt Equity Swap* zu beteiligen, im Falle der Anrechnung der Liquidationswerte noch weiter schwinden würden.[634] Die Gläubiger hätten kaum einen Grund, nicht direkt auf die Zerschlagung der Gesellschaft hinzuwirken, um ihre Quote zu erhalten.[635] Damit nehmen nicht nur die Chancen auf eine Gläubigerbeteiligung am *Debt Equity Swap* zu, wenn Fortführungswerte angesetzt werden.[636] Auch die Gefahr für eine Folgeinsolvenz kann zumindest geringfügig verringert werden.[637] Denn der Reiz der Teilnahme an einem *Debt Equity Swap* liegt gerade darin, nicht lediglich Zerschlagungs-, sondern vor allem Fortführungswerte zu erhalten.[638] Allein die Aussicht, dass das Unternehmen auf lange Sicht möglicherweise Rendite erwirtschaftet, wird in den meisten Fällen nicht genügen.[639]

Damit sind im Rahmen der *Vollwertigkeitsthese* Fortführungswerte zugrunde zu legen, um die Höhe der einzubringenden Gläubigerforderungen zu bemessen.

---

630 *Weber/Schneider*, ZInsO 2012, 374 (377).

631 *Kleindiek*, FS Hommelhoff, 543 (557); *Segmiller*, Kapitalmaßnahmen im Insolvenzplan, S. 203; anders *Becker*, Anreizwirkung des Sanierungsvorbereitungsverfahrens, S. 62; *Deppisch*, Das Insolvenzplanverfahren, S. 152; *Simon/Merkelbach*, NZG 2012, 121 (124).

632 *Segmiller*, Kapitalmaßnahmen im Insolvenzplan, S. 203.

633 *Kleindiek*, FS Hommelhoff, 543 (553); *Segmiller*, Kapitalmaßnahmen im Insolvenzplan, S. 204. Für die Anhänger der *Nennwertthese* ist diese Vorschrift ohne Bedeutung MüKo InsO/*Eidenmüller*, § 225a Rn. 55.

634 *Burkert*, Der DES im Spannungsverhältnis, S. 134; *Drukarczyk*, NZI 2015, 110 (115); FK-InsO/*Jaffé*, § 225a Rn. 22.

635 *Segmiller*, Kapitalmaßnahmen im Insolvenzplan, S. 205.

636 *Zarzitzky*, Die Reform des Insolvenzplanverfahrens, S. 95, 104.

637 *Zarzitzky*, Die Reform des Insolvenzplanverfahrens, S. 84.

638 *Simon/Merkelbach*, NZG 2012, 121 (124).

639 *Segmiller*, Kapitalmaßnahmen im Insolvenzplan, S. 205.

(3) Vereinbarkeit der Forderungseinbringung mit Art. 9 I GG

Die Möglichkeit der Gläubiger, sich durch Forderungseinbringung an der Gesellschaft zu beteiligen, ist auch verfassungsrechtlich unproblematisch.

Ähnlich wie beim Bezugsrechtsausschluss der Altgesellschafter bewirkt auch hier die Norm des § 245 InsO, dass den Altgesellschaftern bei Verbleib in der Gesellschaft neue Gesellschafter (die Gläubiger) aufgedrängt werden könnten. Liegen die Voraussetzungen des § 245 InsO vor, haben die Altgesellschafter keine Möglichkeit, gegen die Beteiligung der Gläubiger an der Gesellschaft zu stimmen. Während dies in großen Publikumsgesellschaften, in denen ein steter Wechsel der Gesellschafter die Regel darstellt, grundsätzlich keine große Relevanz besitzt, sieht dies in personalistisch geprägten Gesellschaften anders aus.[640] Hier kommt grundsätzlich den Gesellschaftern die Entscheidung zu, ob und welche Person als Gesellschafter neu in die Gesellschaft eintreten kann. Diese Gesellschafter könnten durch die Regelung in ihrer negativen Vereinigungsfreiheit beschränkt sein.[641]

Zu beachten ist allerdings, dass den Altgesellschaftern durch § 225a V 1 InsO (eingefügt auf Vorschlag des Rechtsausschusses[642]) die Möglichkeit geschaffen wurde, aus der Gesellschaft auszuscheiden, sollte eine Maßnahme nach § 225a II, III InsO einen wichtigen Grund hierfür darstellen. Die Möglichkeit aus der Gesellschaft auszutreten, ist dabei geeignet, einen Eingriff in Art. 9 I GG zu rechtfertigen.[643] Denn insbesondere in personalistisch geprägten Gesellschaften wird der Eintritt der Gläubiger in die Gesellschaft einen wichtigen Grund zum Austritt darstellen.[644] Tritt der Gesellschafter in diesem Sinne freiwillig aus der Gesellschaft aus, ist vom Gesetz eine Abfindung lediglich in Höhe des Liquidationswertes vorgesehen (§ 225a V 1 InsO). Bei einer Abfindung in Höhe des Fortführungswertes des Gesellschaftsanteils wäre ein Austritt zwar attraktiver; allerdings erscheint es ungerechtfertigt, den Gesellschafter an dem zukünftigen Erfolg der Maßnahmen teilnehmen zu lassen, die zu seinem freiwilligen Austritt

---

640 *Hagemann,* Debt Equity Swaps, S. 70.

641 *Frauer,* Grenzen des Eingriffs in Gesellschafterrechte, S. 89.

642 Beschlussempfehlung und Bericht des Rechtsausschusses zu dem Gesetzesentwurf der Bundesregierung – Drucks. 17/5712, BT-Drucks. 17/7511, S. 36.

643 *Frauer,* Grenzen des Eingriffs in Gesellschafterrechte, S. 89; *Hagemann,* Debt Equity Swaps, S. 72.

644 Maßstab für den „*wichtigen Grund*" ist nach MüKo InsO/*Eidenmüller,* § 225a Rn. 93, das Gesellschaftsrecht; A/G/R InsO/*Silcher,* § 225a Rn. 13; *Spliedt,* GmbHR 2012, 462 (467); Handbuch Insolvenzrecht/*Wienberg/Dellit,* Kapitel 12 Rn. 112 wollen jede Maßnahme nach § 225a II, III InsO als wichtigen Grund genügen lassen.

geführt haben.[645] Dementsprechend ist es hier – anders als bei einem zwangsweisen Ausschluss – durchaus gerechtfertigt, eine Abfindung lediglich in Höhe des Liquidationswertes vorzusehen.[646]

Ebenso gerechtfertigt ist es in dem Sinne auch, einen *„wichtigen Grund“* als Voraussetzung für den Austritt zu verlangen und diesen nicht voraussetzungslos zuzulassen.[647] Ein Austritt nach dieser Vorschrift sollte nur dann möglich sein, wenn die Maßnahme den Gesellschafter über sein Vermögensinteresse hinaus beeinträchtigt.[648] Diese Einschränkung ist damit zu begründen, dass der Gesellschafter bei Verletzung seiner Vermögensinteressen bereits durch die Vorschriften der §§ 251, 253 InsO geschützt wird – ein Gesellschafteraustritt ist in diesem Bereich nicht notwendig.[649] Anders sieht dies aus, wenn der Gesellschafter durch die Maßnahme im Insolvenzplan in seinen verwaltungsrechtlichen Rechten eingeschränkt wird: So wird der Verlust der Leitungsmacht eines ehemaligen Mehrheitsgesellschafters oder die Veränderung des Gesellschafterkreises in einer personalistischen Gesellschaft in jedem Fall einen wichtigen Grund darstellen.[650] Etwas anderes könnte nur dann gelten, wenn auch der Gesellschaftsvertrag die Möglichkeit vorsieht, dass ohne oder gegen den Willen der Gesellschafter Neugesellschafter hinzutreten können.[651] Hierdurch ist auch sichergestellt, dass ein Austritt aus der Gesellschaft *ultima ratio* bleibt.[652]

d) Die Vereinbarkeit des Debt Equity Swaps mit der Kapitalrichtlinie

Abschließend ist noch zu klären, ob § 225a II InsO möglicherweise unionsrechtswidrig sein könnte.[653] Eine solche Unionsrechtswidrigkeit könnte sich aus einem Verstoß gegen die Kapitalrichtlinie[654] ergeben.

---

645 MüKo InsO/*Eidenmüller,* § 225a Rn. 120; Braun InsO/*Braun/Frank,* § 225a Rn. 30.

646 MüKo InsO/*Eidenmüller,* § 225a Rn. 119.

647 *Segmiller,* Kapitalmaßnahmen im Insolvenzplan, S. 76; *Spliedt,* GmbHR 2012, 462 (466).

648 *Spliedt,* GmbHR 2012, 462 (466).

649 *Spliedt,* GmbHR 2012, 462 (466).

650 *Spliedt,* GmbHR 2012, 462 (466).

651 *Schluck-Amend,* FS Hoffmann-Becking, 1039 (1051).

652 *Segmiller,* Kapitalmaßnahmen im Insolvenzplan, S. 76.

653 An dieser Stelle soll lediglich ein kurzer Überblick gegeben werden. Für eine ausführliche Darstellung sei bspw. auf *Prusko,* Die Gesellschafterstellung in der Insolvenz, S. 110 ff., verwiesen.

654 Zweite Richtlinie des Rates 77/91 EWG vom 13. Dezember 1976 zur Koordinierung der Schutzbestimmungen, die in den Mitgliedstaaten den Gesellschaften im Sinne des Artikels 58 Absatz 2 des Vertrages im Interesse der Gesellschafter sowie Dritter für die

Diese schreibt ausschließlich für Aktiengesellschaften (Art. 1 I i.V.m. Anhang) die alleinige Zuständigkeit der Hauptversammlung für die Kapitalherabsetzung (Art. 34 n.F. (Art. 30 a.F.)), die Kapitalerhöhung (Art. 29 I n.F. (Art. 25 a.F.)) und den Bezugsrechtsausschluss bei Barkapitalerhöhungen (Art. 33 IV n.F. (Art. 29 a.F.)) vor.

Problematisch erscheinen dabei hinsichtlich des *Debt Equity Swaps* nur die beiden letzten Maßnahmen, da die Richtlinie für die Kapitalherabsetzung eine Ausnahme von der Zustimmungspflicht der Hauptversammlung festsetzt. Diese Ausnahme ist gemäß Art. 34 n.F. der Richtlinie anzunehmen, wenn die Kapitalherabsetzung durch eine *„gerichtliche Entscheidung"* angeordnet wurde. Da die Kapitalherabsetzung im Rahmen des Insolvenzplans durch das Insolvenzgericht (§ 248 InsO) bestätigt wird, ist diese Ausnahme erfüllt.[655]

Sowohl für die Kapitalerhöhung als auch den Bezugsrechtsausschluss sind hingegen keine entsprechenden Ausnahmen in der Richtlinie festgelegt. Der EuGH hat in verschiedenen Urteilen die Anwendbarkeit der Richtlinie in Krisensituationen betont. Insbesondere für *„bloße Sanierungsregelungen"* sei eine Zustimmung der Hauptversammlung unverzichtbar.[656] Allerdings ist der EuGH auch der Ansicht, die Richtlinie solle nicht auf solche Verfahren Anwendung finden, in denen *„die Gesellschaft zum Schutz der Rechte der Gläubiger einer Zwangsverwaltungsregelung"* unterstellt wird.[657] Vielmehr solle sie nur so lange gelten, *„wie die Gesellschaft mit ihren eigenen Strukturen fortbesteht"*.[658]

Gründung der Aktiengesellschaft sowie für die Erhaltung und Änderung ihres Kapitals vorgeschrieben sind, um diese Bestimmungen gleichwertig zu gestalten, ABl. L 26 vom 31.1.1977, S. 1, zuletzt geändert durch Richtlinie 2012/30/EU des Europäischen Parlaments und Rates vom 25. Oktober 2012, Abl. L 315 vom 14.11.2012, S. 74.

655 *Burkert,* Der DES im Spannungsverhältnis, S. 45; MüKo InsO/*Eidenmüller,* § 225a Rn. 124; *Verse,* ZGR 2010, 299 (313).

656 EuGH, Urt. v. 30.5.1991, verb. Rs. C-19/90 u. C-20/90, Slg. 1991, I-2691 = ECLI: EU: C:1991:229, Tz. 30 („Karella"); Urt. v. 24.3.1992, Rs. C-381/89, Slg. 1992, I-2111 = ECLI: EU: C:1992:142, Tz. 27 („Syndesmos Melon"); Urt. v. 12.3.1996, Rs. C-441/93, Slg. 1996, I-1347 = ECLI: EU: C:1996:92, Tz. 57 („Pafitis").

657 EuGH, Urt. v. 30.5.1991, verb. Rs. C-19/90 u. C-20/90, Slg. 1991, I-2691 = ECLI: EU: C:1991:229, Tz. 30 („Karella"); Urt. v. 24.3.1992, Rs. C-381/89, Slg. 1992, I-2111 = ECLI: EU: C:1992:142, Tz. 27 („Syndesmos Melon"); Urt. v. 12.3.1996, Rs. C-441/93, Slg. 1996, I-1347 = ECLI: EU: C:1996:92, Tz. 57 („Pafitis").

658 EuGH, Urt. v. 30.5.1991, verb. Rs. C-19/90 u. C-20/90Slg. 1991, I-2691 = ECLI: EU: C:1991:229, Tz. 30 („Karella"); Urt. v. 24.3.1992, Rs. C-381/89, Slg. 1992, I-2111 = ECLI: EU: C:1992:142, Tz. 27 („Syndesmos Melon").

In der Literatur wird hierzu vertreten, eine solche Zwangsverwaltung bestehe nur, wenn die Gesellschaft im Insolvenzverfahren abgewickelt wird.[659] Bei der Sanierung der Gesellschaft mithilfe eines *Debt Equity Swaps* sei dies eben nicht der Fall, da eine Weiterführung der Gesellschaft intendiert sei.[660] Grundsätzlich sei also die Richtlinie auch in der Insolvenz anzuwenden.[661]

Allerdings sind weder eine Kapitalerhöhung noch ein Bezugsrechtsausschluss im Rahmen eines Abwicklungsverfahrens sinnvoll.[662] Vielmehr ist es bei einem *Debt Equity Swap* im Rahmen des Insolvenzplanverfahrens so, dass nicht nur das Gesellschaftsvermögen allein der Gläubigerbefriedigung zur Verfügung steht, sondern dass die Gesellschaft ausschließlich zugunsten der Gläubigerbefriedigung aufrecht erhalten wird.[663] Diesen kommen dementsprechend auch weitgehende Entscheidungsbefugnisse zugute. Das Insolvenzplanverfahren – auch wenn es zur *Sanierung* der Gesellschaft genutzt wird – hat also durchaus auch den Charakter eines *Zwangsverfahrens*, in welchem der durch die Richtlinie bezweckte Aktionärsschutz zurücktritt.[664]

Der EuGH muss so verstanden werden, dass er eben solche Fälle in der Insolvenz nicht als *bloße Sanierungsregelung* betrachtet.[665] Hinzu kommt, dass die Gesellschaft zwar auch während des Insolvenzverfahrens mit ihren Organen erhalten bleibt.[666] Allerdings ändert sich schon wegen § 80 InsO zwingend die Gesellschaftsstruktur, da der Insolvenzverwalter die Aufgaben der Organe weitgehend übernimmt.[667] Schließlich muss auch die Tatsache Beachtung finden,

---

659 *Madaus*, ZGR 2011, 749 (769); *Stöber*, ZInsO 2012, 1811 (1820); *ders.*, ZInsO 2013, 2457 (2461).

660 *Drouven*, ZIP 2009, 1052 (1052); *Madaus*, ZGR 2011, 749 (769).

661 *Drouven*, ZIP 2009, 1052 (1052); *Madaus*, ZIP 2014, 500 (506); *Schuster*, ZGR 2010, 325 (350); unsicher ist sich *Piekenbrock*, NZI 2012, 905 (908).

662 BegrRegE ESUG, BT-Drucks. 17/5712, S. 20; MüKo InsO/*Eidenmüller*, § 225a Rn. 127; *ders./Engert*, ZIP 2009, 541 (548); Zweifel, dass der EuGH sich dieser Schlussfolgerung bewusst war, hat *Spetzler*, KTS 2010, 433 (440); *Verse*, ZGR 2010, 299 (314); *Wertenbruch*, ZIP 2013, 1693 (1698); dagegen: *Madaus*, ZGR 2011, 749 (769).

663 *Burkert*, Der DES im Spannungsverhältnis, S. 48; *Maier-Reimer*, Gesellschaftsrecht in der Diskussion 2011, 107 (112); Schmidt InsO/*Spliedt*, § 225a Rn. 14.

664 MüKo InsO/*Eidenmüller*, § 225a Rn. 127, 128; *ders./Engert*, ZIP 2009, 541 (548); *Verse*, ZGR 2010, 299 (314).

665 In diese Richtung anscheinend auch *Bork*, ZIP 2010, 397 (408).

666 MüKo InsO/*Eidenmüller*, § 225a Rn. 126; *Madaus*, ZGR 2011, 749 (769).

667 BegrRegE ESUG, BT-Drucks. 17/5712, S. 20; ähnlich *Maier-Reimer*, Gesellschaftsrecht in der Diskussion 2011, 107 (112); *Spliedt*, GmbHR 2012, 462 (466).

dass die einschlägige Rechtsprechung des EuGH lediglich zu Sanierungsverfahren erging, die im Vorfeld einer Insolvenz ergriffen werden sollten.[668]

Es ist also anzunehmen, dass auch für den *Debt Equity Swap* im Insolvenzplanverfahren die Ausnahme der Rechtsprechung Anwendung findet. Damit ist § 225a II InsO nicht unionsrechtswidrig.

3) Weitere zulässige gesellschaftsrechtliche Maßnahmen

Zwar ist der *Debt Equity Swap* sowohl vor, während als auch nach Abschluss des Gesetzgebungsverfahrens die meist betrachtete gesellschaftsrechtliche Maßnahme gewesen, allerdings nicht die einzig mögliche. Die Aufzählung der Möglichkeiten in § 225a III InsO ist dabei nicht abschließend, was der Gesetzgeber durch die Verwendung des Adverbs *„insbesondere“* klarstellt.[669] Um die Motivation der Gesellschafter zu verstehen, das Insolvenzverfahren (möglicherweise unberechtigt) zur gesellschaftsrechtlichen Umstrukturierung zu nutzen, lohnt es sich, auch einen Blick auf einige andere Maßnahmen zu werfen, die durch das ESUG ermöglicht wurden. Bezüglich etwaiger verfassungsrechtlicher Bedenken kann auf die obigen Ausführungen verwiesen werden. Diese gehen von dem schwersten Eingriff in die Rechte der Altgesellschafter – dem vollständigen Ausschluss aus der Gesellschaft – aus. *A maiore ad minus* müssen dieselben Erwägungen auch für die übrigen (weniger schwer wiegenden) Maßnahmen gelten.

a) Fortsetzungsbeschluss

Vor dem Inkrafttreten des ESUG war es den Gesellschaftern erst möglich, nach der Aufhebung des Insolvenzverfahrens einen Fortsetzungsbeschluss zu fassen (§§ 60 I Nr. 4 GmbHG, 274 II Nr. 1 AktG). Dies wurde durch die Einführung des § 225a III InsO geändert.[670] Ein Fortführungsbeschluss kann nun bereits im gestaltenden Teil des Insolvenzplans festgelegt werden, ohne dass es nach Aufhebung des Insolvenzverfahrens eines Fortsetzungsbeschlusses der Gesellschafter bedarf.[671] Wirksam wird er dann nach Planbestätigung und Aufhebung des

---

668 *Eidenmüller/Engert,* ZIP 2009, 541 (548); *Verse,* ZGR 2010, 299 (314).

669 MüKo InsO/*Eidenmüller,* § 225a Rn. 83; SanRKomm/*Seibt/Westphal,* § 225a Rn. 79.

670 BegrRegE ESUG, BT-Drucks. 17/5712, S. 32.

671 Andres/Leithaus InsO/*Andres,* § 225a Rn. 8; MüKo InsO/*Eidenmüller,* § 225a Rn. 84; Graf-Schlicker InsO/*Kebekus/Wehler,* § 225a Rn. 8; SanRKomm/*Seibt/Westpfahl,* § 225a Rn. 91; KPB InsO/*Spahlinger,* § 225a Rn. 65 (55. EL 10/13); Schmidt InsO/*Spliedt,* § 225a Rn. 40; Hamburger Kommentar InsO/*Thies,* § 225a Rn. 47.

Verfahrens – unter den Voraussetzungen der §§ 244 ff. InsO auch ohne Zustimmung einzelner Altgesellschafter.[672]

b) Satzungsänderungen

Gegenstand des Insolvenzplans können Satzungsänderungen sein, wobei sich die Änderungen auf *echte* Satzungsbestandteile beschränkt, da nur diese *korporativer Natur* sind und damit den Regelungen über die Änderung des Gesellschaftsvertrages unterliegen.[673] Als *echte* Satzungsbestandteile sind solche Bestimmungen zu bezeichnen, *„für welche* [...] *die Aufnahme in den Gesellschaftsvertrag konstitutive Wirkung hat"*.[674] Abgesehen hiervon steht der Katalog möglicher Satzungsänderungen unbeschränkt zur Verfügung,[675] weshalb neben den im Folgenden aufgeführten Satzungsänderungen jegliche Maßnahmen, die echte Satzungsbestandteile betreffen, ergriffen werden können.[676]

aa) Anteilsübertragungen

Ausdrückliche Erwähnung in § 225a III InsO findet die *Übertragung von Anteils- oder Mitgliedschaftsrechten*. Die Gesetzesbegründung erwähnt zwar lediglich die *„Übertragung von Beteiligungen des Schuldners an Drittgesellschaften"*[677], möglich ist allerdings auch die Übertragung der Anteile an der Schuldnergesellschaft an Dritte.[678]

Der Insolvenzplan kann bspw. eine Anteilsübertragung an die Gläubiger vorsehen. Möglich gemacht wird dadurch ein sogenannter *„unechter" Debt Equity Swap*.[679] Hierbei treten die Altgesellschafter ihre Anteile an die Gläubiger ab, die wiederum der Gesellschaft ihre noch ausstehenden Forderungen gemäß

---

672 MüKo InsO/*Eidenmüller*, § 225a Rn. 84.

673 KPB InsO/*Spahlinger*, § 225a Rn. 88 (55. EL 10/13); dem folgend SanRKomm/*Seibt/Westpfahl*, § 225a Rn. 113.

674 MüKo GmbHG/*Harbarth*, § 53 Rn. 10.

675 Kübler HRI/*Hölzle*, § 31 Rn. 50;

676 Siehe für weitere Beispiele *echter* Satzungsbestandteile MüKo GmbHG/*Harbarth*, § 53 Rn. 12 ff.

677 BegrRegE ESUG, BT-Drucks. 17/5712, S. 32.

678 *Brünkmans*, ZIP 2014, 1857 (1858); MüKo InsO/*Eidenmüller*, § 225a Rn. 87; *Nawroth/Wohlleber*, ZInsO 2013, 1022 (1024); *Simon/Merkelbach*, NZG 2012, 121 (127); Schmidt InsO/*Spliedt*, § 225a Rn. 46; Hamburger Kommentar InsO/*Thies*, § 225a Rn. 49; *Zarzitzky*, Die Reform des Insolvenzplanverfahrens, S. 113.

679 MüKo InsO/*Eidenmüller*, § 225a Rn. 88; *Nawroth/Wohlleber*, ZInsO 2013, 1022 (1023); Hamburger Kommentar InsO/*Thies*, § 225a Rn. 49.

§ 397 BGB erlassen.[680] Ein solches Vorgehen kann immer dann vorteilhaft sein, wenn die Voraussetzungen für einen Kapitalschnitt auf Null mit gleichzeitigem Bezugsrechtsausschluss nicht vorliegen, die Gläubiger aber dennoch die reorganisierte Gesellschaft ohne die Altgesellschafter weiterführen möchten.[681] Auch die Tatsache, dass die Forderungen der Gläubiger nicht bewertet werden müssen (diese werden schließlich erlassen und nicht als Sacheinlage eingebracht), kann im Einzelfall für ein solches Vorgehen sprechen.[682]

Freilich können die Anteile nicht nur an Gläubiger, sondern auch an sonstige Dritte (Investoren) abgetreten werden.[683] Ähnlich wie bei dem kompletten Bezugsrechtsausschluss ist auch hier eine Übertragung der Anteile möglich, selbst wenn der betroffene Altgesellschafter einen Sanierungsbeitrag erbringen will und kann.[684] Dies stellt grundsätzlich keinen unverhältnismäßigen Eingriff in Art. 14 I, 9 I GG dar.[685] Ein hiermit verbundener Gesellschaftsausschluss ist aber – insoweit gilt ebenfalls das oben Ausgeführte – ausschließlich dann möglich, wenn im Insolvenzplan eine Abfindung der Altgesellschafter in Höhe des Fortführungswertes vorgesehen wird.[686]

Eine Anteilsübertragung kann durchaus riskant für den Neugesellschafter sein, da dieser nicht nur für etwaige nicht geleistete Einlagen haftet sondern auch etwaige Rechte Dritter (z.B. Sicherungsrechte) an den Anteilen fortbestehen.[687] Bei der Übertragung von Gesellschaftsanteilen an Drittgesellschaften ist überdies die Norm des § 230 II InsO zu beachten, wonach dem Plan die Zustimmung der übernehmenden Gläubiger anzuhängen ist.

bb) Sonstige Kapitalmaßnahmen

Neben dem *Debt Equity Swap* können auch andere Kapitalmaßnahmen im Insolvenzplan vorgesehen werden.

---

680 MüKo InsO/*Eidenmüller,* § 225a Rn. 88; Hamburger Kommentar InsO/*Thies,* § 225a Rn. 49; *Zarzitzky,* Die Reform des Insolvenzplanverfahrens, S. 113.

681 Hamburger Kommentar InsO/*Thies,* § 225a Rn. 49.

682 MüKo InsO/*Eidenmüller,* § 225a Rn. 88, wobei dieser darauf hinweist, dass das Problem der Bemessung der Abfindung der Altgesellschafter bestehen bleibt.

683 *Brünkmans,* ZIP 2014, 1857 (1858); *Nawroth/Wohlleber,* ZInsO 2013, 1022 (1024).

684 MüKo InsO/*Eidenmüller,* § 225a Rn. 87; hiergegen *Simon/Merkelbach,* NZG 2012, 121 (127).

685 *Brünkmans,* ZIP 2014, 1857 (1859).

686 *Brünkmans,* ZIP 2014, 1857 (1859); MüKo InsO/*Eidenmüller,* § 225a Rn. 87.

687 *Rendels/Zabel,* Insolvenzplan, Rn. 250. Siehe hierzu ausführlich *Brünkmans,* ZIP 2014, 1857 (1859 f.).

So können zum einen Kapitalherabsetzungen und -erhöhungen Bestandteil des Insolvenzplans werden. Der Ablauf gestaltet sich dabei so wie bei der Vereinbarung eines *Debt Equity Swaps*, womit sich auch (abgesehen von der Bewertung der Gläubigerforderung) die gleichen Fragen stellen.[688] Auch hier kann ein Kapitalschnitt in Verbindung mit einem Bezugsrechtsausschluss dazu führen, dass die Gesellschafter aus der Gesellschaft *„gedrängt"* werden.[689] Ein Investor kann somit die Gesellschaft mittels Bareinlage übernehmen, ohne dass eine Abtretung der Anteile der Altgesellschafter vereinbart werden müsste.[690] Vorteilhaft kann dies insbesondere sein, wenn die Altanteile mit Drittrechten belastet sind.[691]

Zum anderen können grundsätzlich auch Nachschüsse vereinbart werden.[692] Eine solche Vereinbarung kann notwendig werden, wenn das Schuldnerunternehmen nur durch die Leistung weiterer Beiträge sanierungswilliger Gesellschafter saniert werden kann.[693] Bei einer solchen Regelung im Insolvenzplan ist besonders darauf zu achten, dass die nachschießenden Gesellschafter hierdurch nicht schlechter gestellt werden als sie ohne den Plan stünden.[694] Ist dies nämlich der Fall, greift der Minderheitenschutz gemäß § 251 I Nr. 2 InsO und der betroffene Gesellschafter kann die Bestätigung des Insolvenzplans verhindern. Da zumindest in der Kapitalgesellschaft im Liquidationsfall keine Nachschüsse geleistet werden müssen, wird diese Voraussetzung in der Regel immer erfüllt sein. Gegen den Willen der Gesellschafter wird damit eine Vereinbarung von Nachschusspflichten nicht möglich sein.

cc) Änderungen in der Organstruktur

Daneben sind auch Änderungen in der Organstruktur möglich. Infrage kommt hier bspw. die Einführung fakultativer Gesellschaftsorgane, aber auch die Abberufung und Bestellung neuer Organmitglieder.[695] Insbesondere die Auswechselung

---

688 Bezüglich der Zulässigkeit solcher Maßnahmen sei deswegen auf die obigen Ausführungen verwiesen.

689 Ausführlich zur „Unternehmensakquisition über einen Kapitalschnitt im Insolvenzverfahren" Brünkmans, ZIP 2014, 1857 (1860 ff.).

690 *Brünkmans,* ZIP 2014, 1857 (1860); KPB InsO/*Spahlinger,* § 225a Rn. 69 (55. EL 10/13).

691 *Brünkmans,* ZIP 2014, 1857 (1862).

692 MüKo InsO/*Eidenmüller,* § 225a Rn. 95.

693 Schmidt InsO/*Spliedt,* § 225a Rn. 51.

694 SanRKomm/*Seibt/Westphal,* § 225a Rn. 101; Schmidt InsO/*Spliedt,* § 225a Rn. 51.

695 MüKo InsO/*Eidenmüller,* § 225a Rn. 96; Kübler HRI/*Hölzle,* § 31 Rn. 23; *Müller,* KTS 2012, 419 (422); *Smid/Rattunde/Martini,* Der Insolvenzplan, Rn. 9.10.

der Geschäftsleitung kann immense Auswirkungen für den Erfolg einer Unternehmenssanierung haben.[696] Infrage kommt zumindest die Bestellung oder Abberufung des Geschäftsführers einer GmbH, da dies in die Kompetenz der Gesellschafterversammlung fällt.[697] Hingegen ist die Bestellung/Abberufung des Vorstands einer AG grundsätzlich nicht von der Hauptversammlung, sondern vom Aufsichtsrat vorzunehmen – dieser bleibt auch in der Insolvenz zuständig und entscheidet über eine entsprechende Maßnahme.[698]

Da Maßnahmen betreffend die Organstellung in der Regel nicht zwangsweise Planunterworfene betreffen, müssen diese – falls die Maßnahme nach gesellschaftsrechtlichen Regelungen zustimmungsbedürftig ist – hierzu zustimmen.[699] Insoweit kann zwar die Abbestellung von Aufsichtsratsmitgliedern i.S.v. § 103 I, II AktG ohne, die Bestellung indes lediglich mit deren Zustimmung im Plan vorgesehen werden.[700]

dd) Änderung von Sonderrechten der Gesellschafter

Auch die Änderung von Rechten und Pflichten der Gesellschafter kann beschlossen werden. So können bspw. bereits bestehende Sonderrechte, die eine Reorganisation möglicherweise erschweren, aufgehoben oder, auch erst geschaffen werden.[701]

c) Gesellschafterausschluss

Sowohl in der GmbH als auch in der AG kann – unabhängig davon, ob eine Zwangseinziehung von Gesellschaftsanteilen im Gesellschaftsvertrag (§ 34 I GmbHG) bzw. der Satzung (§ 237 I AktG) zugelassen ist – bei Vorliegen eines *wichtigen Grundes* ein Gesellschafter aus der Gesellschaft ausgeschlossen werden.[702]

Grundsätzlich ist dies auch im Insolvenzplan möglich. Fraglich ist allerdings, ob hier – genau wie außerhalb der Insolvenz – ein *wichtiger Grund* vorliegen

696 Schmidt InsO/*Spliedt*, § 225a Rn. 39.

697 *Nawroth/Wohlleber*, ZInsO 2015, 1022 (1024); SanRKomm/*Seibt/Westpfahl*, § 225a Rn. 90.

698 SanRKomm/*Seibt/Westpfahl*, § 225a Rn. 90; KPB InsO/*Spahlinger*, § 225a Rn. 90 (55. EL 10/13).

699 MüKo InsO/*Eidenmüller*, § 225a Rn. 81; SanRKomm/*Seibt/Westpfahl*, § 225a Rn. 90.

700 MüKo InsO/*Eidenmüller*, § 225a Rn. 81

701 MüKo InsO/*Eidenmüller*, § 225a Rn. 95; *Müller*, KTS 2012, 419 (422); *Rendels/Zabel*, Insolvenzplan, Rn. 242; *Spliedt*, GmbHR 2012, 462 (466).

702 MüKo GmbHG/*Merkt*, § 13 Rn. 195; Münch. Hdb. GesR IV/*Scholz*, § 63 Rn. 56.

muss. Zwar sind, wie oben festgestellt, die gesellschaftsrechtlichen Grundsätze nicht sämtlich durch das Insolvenzrecht suspendiert. Insoweit ist das Vorliegen eines *wichtigen Grundes* grundsätzlich zu verlangen.[703] Jedoch ist – genauso wie bei der Frage nach der sachlichen Rechtfertigung eines Bezugsrechtsausschlusses – auch hier der besonderen Situation in der Insolvenz Rechnung zu tragen. Ähnlich wie beim Bezugsrechtsausschluss sollte es daher genügen, dass ein Investor seine Investition von dem Gesellschafterausschluss abhängig macht und die Sanierung anderweitig nicht vorgenommen werden kann.

d) Umwandlungen

Neben der Möglichkeit, Kapitalmaßnahmen für die Reorganisation der Schuldnergesellschaft zu nutzen, rückt zunehmend die Frage in den Vordergrund, ob und inwieweit Umwandlungen im Rahmen eines Insolvenzplans zur Reorganisation genutzt werden können.

In der Literatur äußern sich einige Stimmen zwar zurückhaltend hinsichtlich ebensolcher Maßnahmen, gleichwohl wird das Potential, das dem Umwandlungsrecht für eine Reorganisation mithilfe eines Insolvenzplans zukommt, durchaus anerkannt.[704] Das Umwandlungsgesetz bietet für die Umstrukturierung der Schuldnergesellschaft vielfältige Möglichkeiten, wenn aus gesellschaftsrechtlichen oder auch betriebswirtschaftlichen Gründen die Fortführung der Gesellschaft in einer anderen Struktur vorteilhaft erscheint.[705] Insoweit können Formwechsel, Spaltung in Form von Abspaltung und Ausgliederung sowie Verschmelzung für das Insolvenzplanverfahren interessant sein.[706]

Eine umfassende Darstellung aller hiermit zusammenhängenden offenen Fragen soll an dieser Stelle nicht vorgenommen werden – gleichwohl soll ein kurzer Überblick erfolgen

aa) Die Umwandlungsfähigkeit aufgelöster Rechtsträger

Das Hindernis, das vormals der Nutzung des Umwandlungsrechts im Rahmen des Insolvenzplans im Wege stand, wurde durch das ESUG ausgeräumt.[707]

§ 3 III UmwG legt fest, dass *„an der Verschmelzung* […] *als übertragende Rechtsträger auch aufgelöste Rechtsträger beteiligt sein* [können], *wenn die*

---

703 Anders MüKo InsO/*Eidenmüller,* § 225a Rn. 92.

704 *Becker,* ZInsO 2013, 1885 (1885); *Madaus,* ZIP 2012, 2133 (2133).

705 RSI/*Hermanns,* § 17 Rn. 28.

706 KPB InsO/*Spahlinger,* § 225a Rn. 74 (55. EL 10/13).

707 *Kahlert/Gehrke,* DStR 2013, 975 (975, 976); *Priester,* FS Kübler, 557 (559).

Fortsetzung dieser Rechtsträger beschlossen werden könnte", wobei die Norm gemäß § 124 II UmwG auf die Spaltung entsprechend anzuwenden ist. Auch für den Formwechsel ist in § 191 III UmwG geregelt: „*Der Formwechsel ist auch bei aufgelösten Rechtsträgern möglich, wenn ihre Fortsetzung in der bisherigen Rechtsform beschlossen werden könnte*".

Vor der Einführung des § 225a III InsO war es den Beteiligten eines Insolvenzplans nicht möglich, einen Fortführungsbeschluss vor Aufhebung des Insolvenzverfahrens zu vereinbaren. Aus diesem Grund war es vor Inkrafttreten des ESUG allgemeine Meinung, dass eine Umwandlung der Gesellschaft erst nach dieser Aufhebung beschlossen werden konnte.[708]

Der überwiegende Teil der Literatur geht seit der Reform durch das ESUG davon aus, dass eine Umwandlung nun auch im Insolvenzplanverfahren vereinbart werden kann.[709]

Ausgenommen von dieser Möglichkeit ist indes der Fall, dass die im Insolvenzplanverfahren befindliche Gesellschaft als übernehmender Rechtsträger fungieren soll. Gegen diese Möglichkeit spricht vor allem der Wortlaut des § 3 III UmwG („*können als* ***übertragende*** *Rechtsträger auch aufgelöste Rechtsträger beteiligt sein*").[710] Aber auch der Schutz der Gläubiger der übertragenden (solventen) Gesellschaft sollte in die Beurteilung mit einbezogen werden. Dieser wäre insbesondere im Falle einer Abwicklungsfusion unzureichend – die Gläubiger würden hier nicht einmal von der Regelung des § 22 UmwG profitieren.[711] Eine Ausweitung des Wortlauts des § 3 III UmwG käme insoweit nur für solche Fälle in Frage, in denen die übertragende Gesellschaft keine Gläubiger hat (wenn es sich bspw. um eine Tochtergesellschaft der insolventen Gesellschaft handelt) oder eine Sanierungsfusion einen solventen Rechtsträger hervorbringt.[712] Jedoch

---

708 Zur alten Rechtslage *Limmer,* Kölner Schrift zur InsO, 1219 (1246 ff.).

709 *Brünkmans,* ZInsO 2014, 2533 (2534); *Kahlert/Gehrke,* DStR 2013, 975 (975, 976); *Madaus,* ZIP 2012, 2133 (2134); *Priester,* FS Kübler, 557 (559); *Simon/Brünkmans,* ZIP 2014, 657 (659); *Thole,* Gesellschaftsrechtliche Maßnahmen in der Insolvenz, Rn. 350, 351. *Becker,* ZInsO 2013, 1885 (1187), ist der Meinung, dass hierfür nicht allein auf die neuerliche Möglichkeit, einen Fortführungsbeschluss im Insolvenzplan zu beschließen, abgestellt werden kann. Vielmehr komme es auf die „*Reichweite der Überlagerung des Gesellschaftsrechts durch das Insolvenzrecht*" des § 225a III InsO an. Er bejaht im Ergebnis aber auch die Möglichkeit der Umwandlung.

710 *Becker,* ZInsO 2013, 1885 (1888); *Brünkmans,* ZInsO 2014, 2533 (2534); *Simon/Brünkmans,* ZIP 2014, 657 (660).

711 *Madaus,* ZIP 2012, 2133 (2135).

712 Ausführlich *Madaus,* ZIP 2012, 2133 (2135).

hätte auch diese Ausnahme den Wortlaut der Vorschrift gegen sich. Dementsprechend ist lediglich von der Umwandlungsfähigkeit insolventer Gesellschaften auszugehen, wenn diese als *übertragender* Rechtsträger fungieren.[713] Diese Ansicht hat auch das OLG Brandenburg in seinem Beschluss vom 27.1.2015 bestätigt.[714] Das Gericht stellte hier klar, dass – in Übereinstimmung mit dem Wortlaut des § 3 III UmwG – aufgelöste Rechtsträger lediglich als übertragende Rechtsträger fungieren können, wobei eine analoge Anwendung der Norm auf den umgekehrten Fall ausgeschlossen sei.[715]

bb) Verschmelzung

Als Verschmelzung gilt die „*Verbindung zweier oder mehrerer Rechtsträger durch Übergang aller Aktiva und Passiva ipso iure (durch Gesamtrechtsnachfolge) von einem oder mehreren liquidationslos erlöschenden Rechtsträgern auf den (einen) aufnehmenden oder neu zu bildenden Rechtsträger unter Gewährung von Anteilen oder Mitgliedschaften des übernehmenden oder neuen Rechtsträgers an die Anteilsinhaber des übertragenden Rechtsträgers.*“[716] Unterschieden wird damit die Verschmelzung durch Aufnahme (§§ 2 Nr. 1, 4 ff. UmwG) und durch Neugründung (§§ 2 Nr. 2, 36 ff. UmwG).

Im Insolvenzplanverfahren können beide Methoden genutzt werden, um die Schuldnergesellschaft zu sanieren.[717]

Zum einen kann die Schuldnergesellschaft im Wege der Verschmelzung durch Aufnahme als übertragender Rechtsträger auf eine solvente Gesellschaft verschmolzen werden – erstere geht dabei zwingend unter.[718] Hiermit wird ermöglicht, dass die insolvente Gesellschaft auf einen Investor oder Gläubiger verschmolzen und damit entschuldet wird.[719] Den Anteilseignern des Schuldnerunternehmens stehen zwar von Gesetzes wegen Anteile an der aufnehmenden Gesellschaft zu (§ 20 I Nr. 3 UmwG), sie können aber gemäß §§ 54 I 3, 68 I 3 UmwG auf dieses Recht verzichten. Dieser Verzicht ist

713 *Priester,* FS Kübler, 557 (559).

714 OLG Brandenburg, Beschl. v. 27.1.2015 – 7 W 118/14, NZG 2015, 884.

715 OLG Brandenburg, Beschl. v. 27.1.2015 – 7 W 118/14, NZG 2015, 884 (885); dazu kritisch *Wachter,* NZG 2015, 858.

716 Henssler/Strohn/*Heidinger,* § 2 UmwG Rn. 4.

717 Ausführlich hierzu *Brünkmans,* ZInsO 2014, 2533 (2534 ff.).

718 *Limmer,* Kölner Schrift zur InsO, 1219 (1226); *Madaus,* ZIP 2012, 2133 (2135).

719 *Priester,* FS Kübler, 557 (559).

gesellschaftsrechtlich zulässig und kann damit nach § 225a III InsO auch im Rahmen des Insolvenzplans geregelt werden.[720]

Zum anderen können die solvente und die Schuldnergesellschaft auch gemeinsam auf eine neue, dritte Gesellschaft verschmolzen werden, wobei beide übertragenden Rechtsträger erlöschen. Dies ist ein Fall der Verschmelzung durch Neugründung.[721] In dieser Konstellation erhalten grundsätzlich die Gesellschafter beider übertragender Rechtsträger Anteile an der neuen Gesellschaft. Der Insolvenzplan kann in diesem Fall allerdings nur auf die Anteile der Gesellschafter der Schuldnergesellschaft Einfluss nehmen – dies folgt aus § 217 S. 2 InsO.[722]

Aufgrund der Gesamtrechtsnachfolge (§ 20 I Nr. 1 UmwG) gehen stets sowohl Vermögen als auch Verbindlichkeiten auf den aufnehmenden Rechtsträger über – eine komplette Entschuldung wird damit durch eine Verschmelzung nicht erreicht werden können.[723] Allerdings gehen auch sämtliche rechtsträgergebundenen Verträge und Berechtigungen über, was für die aufnehmende Gesellschaft von Interesse sein kann.[724]

cc) Spaltung

Die Spaltung umfasst gemäß § 123 UmwG die Aufspaltung, Abspaltung und Ausgliederung[725]. Sämtliche Formen der Spaltung können dabei sowohl zur Aufnahme als auch zur Neugründung erfolgen.[726]

(1) Aufspaltung

Mit der Aufspaltung wird das gesamte Vermögen des übertragenden Rechtsträgers auf die übernehmenden Rechtsträger (mindestens zwei) oder aber auf neu gegründete Rechtsträger übertragen.[727] Der übertragende Rechtsträger (hier die insolvente Gesellschaft) erlischt gemäß §§ 131 I Nr. 2, 135 I UmwG.

---

720 Ausführlich hierzu *Brünkmans*, ZInsO 2014, 2533 (2535 f.); *Madaus*, ZIP 2012, 2133 (2136); *Priester*, FS Kübler, 557 (559).

721 *Limmer*, Kölner Schrift zur InsO, 1219 (1226).

722 *Madaus*, ZIP 2012, 2133 (2136); *Priester*, FS Kübler, 557 (559).

723 *Madaus*, ZIP 2012, 2133 (2136).

724 *Madaus*, ZIP 2012, 2133 (2136).

725 Siehe zur Ausgliederung vor dem Inkrafttreten des ESUG *Spetzler*, Eingriffe in die Rechte von Anteilseignern.

726 Ausführlich zu der Spaltung im Insolvenzplanverfahren *Brünkmans*, ZInsO 2014, 2533 (2541 ff.).

727 *Brünkmans*, ZInsO 2014, 2533 (2541); Schmitt/Hörtnagl/Stratz UmwG/*Hörtnagl*, § 123 Rn. 6.

Den Gesellschaftern des übertragenden Rechtsträgers (Schuldnergesellschaft) stehen dabei wiederum Anteile an den übernehmenden Rechtsträgern zu (§ 131 I Nr. 3, 135 I UmwG), was allerdings abweichend im Insolvenzplan geregelt werden kann (dies ist gemäß §§ 125 S. 1, 54 I 3, 68 I 3 UmwG eine gesellschaftsrechtlich zulässige Regelung).[728]

Ziel einer solchen Aufspaltung in der Insolvenz kann die Übertragung der Berechtigungen der Schuldnergesellschaft sein, die Vorbereitung einer späteren Veräußerung, die Verkleinerung von Unternehmenseinheiten oder die Isolierung von Haftungsrisiken.[729]

(2) Abspaltung

Im Rahmen der Abspaltung wird lediglich ein Teil des Vermögens des übertragenden Rechtsträgers auf die übernehmenden (bestehenden) Rechtsträger oder auf die durch die Spaltung gegründeten Rechtsträger durch Sonderrechtsnachfolge übertragen.[730]

Es findet also grundsätzlich keine automatische Gesamtrechtsnachfolge statt. Vielmehr können die Beteiligten im Einzelnen bestimmen, welcher Teil des Vermögens auf die übernehmenden Rechtsträger übergehen soll.[731] Anders als bei der Aufspaltung (§ 131 I Nr. 2 UmwG) erlischt bei der Abspaltung der übertragende Rechtsträger nicht automatisch.[732] Der insolvente Rechtsträger besteht also zunächst fort, bevor er in einem nächsten Schritt abgewickelt werden kann.[733]

Im Rahmen des Insolvenzplanverfahrens der *Loewe Opta GmbH* wurde die Abspaltung in Verbindung mit einem Asset Deal bereits genutzt. Hier wurden bedeutende Lizenz- und Produktionsverträge als Gesamtheit im Wege der Abspaltung zur Aufnahme auf eine Erwerbsgesellschaft (bzw. deren Schwestergesellschaft) übertragen, wobei die *Loewe Opta GmbH* fortbestand.[734] Im Wege eines Asset Deals wurden darüber hinaus der operative Geschäftsbetrieb und wesentliche Vermögensgegenstände der *Loewe Opta GmbH* an die Erwerbsgesellschaft verkauft und übertragen.[735]

---

728 *Madaus,* ZIP 2012, 2133 (2136).

729 *Madaus,* ZIP 2012, 2133 (2136).

730 *Brünkmans,* ZInsO 2014, 2533 (2541); Schmitt/Hörtnagl/Stratz UmwG/*Hörtnagl,* § 123 Rn. 9.

731 Schmitt/Hörtnagl/Stratz UmwG/*Stratz,* § 20 Rn. 2.

732 Schmitt/Hörtnagl/Stratz UmwG/*Hörtnagl,* § 123 Rn. 9.

733 *Madaus,* ZIP 2012, 2133 (2136).

734 *Brünkmans,* ZInsO 2014, 2533 (2542).

735 *Brünkmans,* ZInsO 2014, 2533 (2542).

(3) Ausgliederung

Die Übertragung einzelner Vermögensteile des übertragenden Rechtsträgers wird bei der Ausgliederung ebenso vorgenommen wie bei der Abspaltung. Im Unterschied zu letzterer werden nicht die Gesellschafter des übertragenden Rechtsträgers, sondern der übertragende Rechtsträger selbst an dem (oder den) übernehmenden Rechtsträger(n) beteiligt.[736] Anders als bei der Verschmelzung kann auf die Anteilsgewährung nicht i.S.d. §§ 54 I 3, 68 I 3 UmwG verzichtet werden – insoweit ist die Ausgliederung als Sacheinlage des übertragenden Rechtsträgers zu qualifizieren.[737]

Da bei der Ausgliederung nach § 131 I Nr. 1 UmwG im Wege der Sonderrechtsnachfolge die festgelegten Vermögensteile nicht einzeln übertragen werden müssen, stellt sie eine echte Alternative zu der übertragenden Sanierung dar.[738] Insbesondere die Tatsache, dass rechtsträgergebundene Berechtigungen so automatisch auf den übernehmenden Rechtsträger übergehen, kann von erheblichem Vorteil sein.[739]

So kann der fortführungswürdige Teil einer insolventen Gesellschaft bspw. auf eine Vorratsgesellschaft übertragen werden, um diese später zu verkaufen bzw. um die Anteile der übertragenden an der übernehmenden Gesellschaft an einen Investor zu veräußern.[740] Aber auch in Konstellationen, in denen nur einzelne Betriebsteile sanierungsfähig sind, kann die Ausgliederung interessant erscheinen.[741] Schließlich kann dies eine positive Signalwirkung auf Vertragspartner und Arbeitnehmer ausüben.[742] Und auch eine Bewertung der Anteile der Altgesellschafter im Falle eines Eingriffs in ihre Rechte mit einer Abfindung ist bei einer Ausgliederung nicht notwendig.[743]

---

736 Schmitt/Hörtnagl/Stratz UmwG/*Hörtnagl*, § 123 Rn. 11; *Simon/Brünkmans*, ZIP 2014, 657 (662).

737 Umstritten, siehe hierzu näher *Brünkmans*, ZInsO 2014, 2533 (2546); *Kahlert/Gehrke*, DStR 2013, 975 (976, 977).

738 MüKo InsO/*Eidenmüller*, § 225a Rn. 99; *Simon/Brünkmans*, ZIP 2014, 657 (658); *Spetzler*, Eingriffe in die Rechte von Anteilseignern, S. 98.

739 *Kahlert/Gehrke*, DStR 2013, 975 (977); KPB InsO/*Spahlinger*, § 225a Rn. 78 (55. EL 10/13).

740 *Becker*, ZInsO 2013, 1885 (1890); *Brünkmans*, ZInsO 2014, 2533 (2545); *Kahlert/Gehrke*, DStR 2013, 975 (977); *Simon/Brünkmans*, ZIP 2014, 657 (658); KPB InsO/*Spahlinger*, § 225a Rn. 78 (55. EL 10/13).

741 *Simon/Brünkmans*, ZIP 2014, 657 (658); KPB InsO/*Spahlinger*, § 225a Rn. 78 (55. EL 10/13).

742 *Simon/Brünkmans*, ZIP 2014, 657 (658).

743 MüKo InsO/*Eidenmüller*, § 225a Rn. 99.

Ebenso wie bei der Abspaltung kann der insolvente Rechtsträger, der nach der Ausgliederung mit den Verbindlichkeiten zurückbleibt, anschließend abgewickelt werden.[744]

(4) Die Anwendbarkeit von § 133 UmwG

Ob Spaltungen künftig im Insolvenzplanverfahren verbreitet Anwendung finden, hängt entscheidend davon ab, ob § 133 UmwG Anwendung findet. Hierüber besteht in der Literatur Uneinigkeit.[745]

Die besseren Argumente sprechen aber für eine *teleologische Reduktion* der Vorschrift. § 133 UmwG dient dem Gläubigerschutz. Im Falle des Insolvenzverfahrens kann sich dies jedoch ins Gegenteil umkehren: Wird aufgrund der Anwendbarkeit der Norm von einer Spaltung im Insolvenzplanverfahren abgesehen, so verhindert dies ggf. die Chance, die Haftungsmasse der Gläubiger durch diese Maßnahme zu vergrößern.[746] Dies ist ähnlich wie bei der Frage nach der Anwendbarkeit des § 25 HGB, der bei einer Veräußerung des Unternehmens durch den Insolvenzverwalter keine Anwendung findet.[747]

Schließlich spricht auch die Schutzfunktion der Norm gegen eine Anwendung. Im Gegensatz zu der Situation außerhalb des Insolvenzverfahrens bestimmen im Rahmen des Insolvenzplanverfahrens die Gläubiger selbst, ob eine Spaltung vorgenommen werden soll oder nicht.[748] Aufgrund dieser Argumentation scheint ein großer Teil der Literatur gegen eine Anwendung von § 133 UmwG zu votieren.[749] Trotzdem wird aufgrund der Tatsache, dass eine gefestigte Rechtsprechung zu dieser Frage noch nicht vorliegt, auch diskutiert,

---

744 *Brünkmans,* ZInsO 2014, 2533 (2546); *Madaus,* ZIP 2012, 2133 (2136); zu der Frage, ob § 140 UmwG Anwendung findet *Kahlert/Gehrke,* DStR 2013, 975 (976).

745 Der Streit soll an dieser Stelle nicht umfassend dargestellt werden, insoweit sei ergänzend auf die betreffende Literatur verwiesen: *Becker,* ZInsO 2013, 1885 (1890 ff.); Müko InsO/*Eidenmüller,* § 225a Rn. 100.

746 *Kahlert/Gehrke,* DStR 2013, 975 (978); sehr ausführlich zu der Frage *Simon/Brünkmans,* ZIP 2014, 657 (664); KPB InsO/*Spahlinger,* § 225a Rn. 84 (55. EL 10/13).

747 BGH, Urt. v. 11.4.1988 – II ZR 313/87, BGHZ 104, 151 (153); *Kahlert/Gehrke,* DStR 2013, 975 (978); *Simon/Brünkmans,* ZIP 2014, 657 (663); KPB InsO/*Spahlinger,* § 225a Rn. 84 (55. EL 10/13).

748 *Becker,* ZInsO 2013, 1885 (1891); *Brünkmans,* ZInsO 2014, 2533 (2552); *Simon/Brünkmans,* ZIP 2014, 657 (663, 665).

749 *Becker,* ZInsO 2013, 1885 (1891); *Brünkmans,* ZInsO 2014, 2533 (2543, 2552); *Kahlert/Gehrke,* DStR 2013, 975 (978); *Simon/Brünkmans,* ZIP 2014, 657 (665); KPB InsO/*Spahlinger,* § 225a Rn. 84 (55. EL 10/13).

ob die Vereinbarung eines Ausschlusses der Nachhaftung gemäß § 133 UmwG im Insolvenzplan beschlossen werden kann.[750]

dd) Formwechsel

Auch ein Formwechsel kann zu der Reorganisation einer Schuldnergesellschaft beitragen. Zwar verbleiben hierdurch sowohl Vermögen als auch Verbindlichkeiten bei der Schuldnergesellschaft – eine Entschuldung kann insoweit also nicht erreicht werden.[751] Allerdings bietet der Formwechsel durchaus Möglichkeiten, die Gesellschaft umzustrukturieren und dadurch die Vorteile anderer Gesellschaftsformen für die Sanierung zu nutzen. So kann ein Formwechsel in eine AG einen Börsengang ermöglichen, die Umwandlung von der Personen- in eine Kapitalgesellschaft die Haftung der Gesellschafter beschränken.[752] Der Formwechsel einer AG in eine GmbH kann den Gesellschaftern (oder den künftigen Investoren) mehr Einflussmöglichkeiten geben oder umgekehrt der Formwechsel in eine AG verhindern, dass die Gesellschafter übermäßigen Einfluss ausüben.[753] Weiterhin können auch steuerliche Gründe oder Fragen der *Corporate Governance* dafür sprechen, die Gesellschaftsform im Insolvenzplan zu verändern.[754] Und schließlich können durch einen Formwechsel in eine Personengesellschaft Arbeitnehmermitbestimmung oder Publizitätspflichten vermieden werden.[755]

4) Abfindung zum wahren Wert

Verfassungsrechtliche Voraussetzung für die Vereinbarkeit des Zugriffs auf Gesellschafterrechte durch den Insolvenzplan ist die Abfindung der Gesellschafter zum wahren Wert ihrer Anteile.[756] Dies folgt – wie im Rahmen der

---

750 Hierzu *Becker*, ZInsO 2013, 1885 (1891); *Brünkmans*, ZInsO 2014, 2533 (2552 f.); KPB InsO/*Spahlinger*, § 225a Rn. 84 (55. EL 10/13).

751 *Brünkmans*, ZInsO 2014, 2533 (2547); *Limmer*, Kölner Schrift zur InsO, 1219 (1242); *Madaus*, ZIP 2012, 2133 (2135).

752 *Brünkmans*, ZInsO 2014, 2533 (2547); *Limmer*, Kölner Schrift zur InsO, 1219 (1242).; *Madaus*, ZIP 2012, 2133 (2135); *Priester*, FS Kübler, 557 (559).

753 KPB InsO/*Spahlinger*, § 225a Rn. 75 (55. EL 10/13).

754 *Madaus*, ZIP 2012, 2133 (2135); KPB InsO/*Spahlinger*, § 225a Rn. 75 (55. EL 10/13); *Thole*, Gesellschaftsrechtliche Maßnahmen in der Insolvenz, Rn. 344.

755 *Madaus*, ZIP 2012, 2133 (2135).

756 *Brünkmans*, ZIP 2014, 1857 (1859); MüKo InsO/*Eidenmüller*, § 225a Rn. 45; *Frauer*, Grenzen des Eingriffs in Gesellschafterrechte, S. 86; *Gehrlein*, NZI 2012, 257 (261); *Spetzler*, Eingriffe in die Rechte von Anteilseignern, S. 67; lediglich im Falle von

Ausführungen zur Verfassungsmäßigkeit ausgeführt – aus der Übertragbarkeit der Rechtsprechung des BVerfG zu gesellschaftsrechtlichen Strukturmaßnahmen außerhalb der Insolvenz.

Eine solche Entschädigungspflicht war ausdrücklich noch in § 225a IV DiskE ESUG vorgesehen, wurde aber letztendlich nicht Gesetz. Die Streichung bedeutet freilich nicht, dass eine Entschädigungspflicht obsolet wäre.[757] Stattdessen findet sich nun der Hinweis des Gesetzgebers in § 225a II 3 a.E. InsO, im Insolvenzplan könne die „*Zahlung von Abfindungen an ausscheidende Anteilsinhaber*" vorgesehen werden. Hiermit soll den verfassungsrechtlichen Anforderungen Genüge getan werden.[758]

a) Abfindung bei Ausscheiden eines Gesellschafters

Ein Ausschluss der Altgesellschafter aus der reorganisierten Gesellschaft ist bei einem bezifferten Anteilswert von Null kompensationslos möglich. Da allerdings bei einer geplanten Reorganisation grundsätzlich Fortführungswerte angesetzt werden müssen,[759] kann von einer Wertlosigkeit nicht ohne Weiteres ausgegangen werden. Ergibt die Bewertung einen positiven Anteilswert, muss der Gesellschafter als Ausgleich für den Eingriff in seine Rechtsstellung abgefunden werden. Ob bei einem Ausschluss aus der Gesellschaft eine Entschädigung nach Fortführungswerten allerdings gerechtfertigt ist, kann zumindest bezweifelt werden.

Offensichtlich ungerechtfertigt ist die Teilhabe am zukünftigen Unternehmenswert, wenn der Altgesellschafter anlässlich der beschlossenen Strukturmaßnahmen im Insolvenzplan *freiwillig* austritt.[760] Damit ist auch zu erklären, dass § 225a V InsO für diesen Fall den Liquidationswert für relevant erklärt. Die Vorschrift lässt indes keinen Rückschluss auf die Fälle zu, in denen den Altgesellschaftern ihre Anteile *unfreiwillig* entzogen werden.[761] Hier erscheint eine

---

Minderheitsgesellschaftern vertritt dies *Zarzitzky*, Die Reform des Insolvenzplanverfahrens, S. 141.

757 *Hirte/Knof/Mock*, Das neue Insolvenzrecht nach dem ESUG, S. 36.; *Pühl*, Der Debt Equity Swap im Insolvenzplanverfahren, Rn. 325; anders aber *Gräfin von Spee*, Gesellschafter im Reorganisationsverfahren, S. 160.

758 Hamburger Kommentar InsO/*Thies*, § 225a Rn. 29.

759 *Brünkmans*, ZIP 2014, 1857 (1859); *Drukarczyk*, NZI 2015, 110 (116); MüKo InsO/*Eidenmüller*, § 225a Rn. 46; *ders./Engert*, ZIP 2009, 542 (546); siehe dazu ausführlich 1. Teil C. IV. 2) b).

760 *Schäfer*, ZIP 2013, 2237 (2240); *Schäfer/Wüstemann*, ZIP 2014, 1757 (1759).

761 MüKo InsO/*Eidenmüller*, § 225a Rn. 46; *Frauer*, Grenzen des Eingriffs in Gesellschafterrechte, S. 87; Hamburger Kommentar InsO/*Thies*, § 225a Rn. 31; *Schäfer/*

Begrenzung der Abfindung auf den Liquidationswert wertungsmäßig nicht angebracht. Dies gilt insbesondere dann, wenn die Fortführung des Schuldnerunternehmens nicht ausschließlich auf dem Insolvenzplan und dem Einsatz der Gläubiger beruht.[762]

In den Fällen, in denen die Fortführung nur durch den Sanierungseinsatz der Gläubiger im Insolvenzplan ermöglicht wird, ließe sich demgegenüber schon eher begründen, die Gesellschafter hätten von vornherein keinen Anspruch auf einen hieraus resultierenden Fortführungswert.[763] So argumentiert *Büchele*, dessen Arbeitshypothese sich allerdings ausschließlich auf den obstruktiven Gesellschafter bezieht.[764] Für die Fälle, in denen die Gesellschafter sich aber nicht ausschließlich obstruktiv zeigen, kann die Argumentation nicht in dieser Absoluthcit überzeugen. Zwar ist aufgrund der besonderen Gegebenheiten in der Insolvenz den Altgesellschaftern ein Ausschluss aus der Gesellschaft durchaus zuzumuten.[765] Dies bedeutet allerdings nicht, dass lediglich eine Abfindung in Höhe des Liquidationswertes angebracht wäre. Dem Gläubigervorrang wird vermögensrechtlich bereits dadurch ausreichend Rechnung getragen, dass für die Beurteilung des Residualvermögens die ausstehenden Forderungen in Höhe des Nennwertes angesetzt werden.[766] Den Gläubigern aber mehr als diesen Forderungswert zuzusprechen, erscheint nicht geboten.[767] Schließlich nutzen die Gläubiger den Rechtsträger, um ihre Haftungsmasse zu vergrößern, was gleichzeitig für einen Restwert der Anteile an dem Rechtsträger spricht.[768] Ist nach Abzug der Forderungen noch ein (Fortführungs-)Unternehmenswert vorhanden, müssen

Wüstemann, ZIP 2014, 1757 (1759); anders aber *Altmeppen*, FS Hommelhoff, 1 (17); *Burkert*, Der DES im Spannungsverhältnis, S. 135; *Decher/Voland*, ZIP 2013, 103 (107); *Müller*, KTS 2012, 419 (432).

762 *Schäfer/Wüstemann*, ZIP 2014, 1757 (1762).

763 *Verse*, ZGR 2010, 299 (311), der diese Argumentation aber letztendlich verwirft.

764 *Büchele*, Eingriff in Gesellschafterrechte, S. 109 f.

765 Siehe zur verfassungsrechtlichen Beurteilung 1. Teil C. III.

766 MüKo InsO/*Eidenmüller*, § 225a Rn. 46; *Schäfer/Wüstemann*, ZIP 2014, 1757 (1762); *Schluck-Amend*, Gesellschaftsrecht in der Diskussion 2014, 151 (169).

767 *Frauer*, Grenzen des Eingriffs in Gesellschafterrechte, S. 84; *Schäfer/Wüstemann*, ZIP 2014, 1757 (1763); *Spetzler*, Eingriffe in die Rechte von Anteilseignern, S. 67; *Verse*, ZGR 2010, 299 (311).

768 *Brünkmans*, ZIP 2014, 1857 (1859); MüKo InsO/*Eidenmüller*, § 225a Rn. 46; *Verse*, ZGR 2010, 299 (311); dagegen *Pühl*, Der Debt Equity Swap im Insolvenzplanverfahren, Rn. 729.

die Gesellschafter deswegen grundsätzlich hieran beteiligt werden.[769] Werden sie jedoch zwangsweise ausgeschlossen, müssen sie für den noch werthaltigen Teil ihrer Anteile nach Fortführungswerten abgefunden werden.[770]

b) Abfindung bei Beschränkung der Gesellschafteranteile

Aber auch in den Fällen, in denen die Altgesellschafter nicht ausgeschlossen, ihre Anteilsrechte aber erheblich beschränkt werden, kommt eine Entschädigungspflicht in Betracht.[771] Denkbar sind insbesondere Fälle, in denen den Altgesellschaftern durch eine Umwandlung Sonderrechte entzogen werden. Solche Sonderrechte sind insbesondere in der GmbH verbreitet – infrage kommen hier bspw. Mehrstimm- und Vetorechte oder das Recht, die Geschäftsführung zu benennen.[772] In der AG hingegen sind aufgrund der Satzungsstrenge (§ 23 V AktG) Sonderrechte selten, jedoch nicht ausgeschlossen, wie das Entsendungsrecht gemäß § 101 II AktG zeigt.

Werden diese Sonderrechte beschränkt, kann dies eine Minderung des Anteilswertes darstellen.[773] Gleiches gilt für Beschränkungen (wie die Vinkulierung von Aktien, § 68 II 1 AktG) oder die Verwässerung von ursprünglichen Anteilen durch Kapitalerhöhung unter Bezugsrechtsausschluss der Altgesellschafter. Dies zeigt auch der bereits erwähnte Beschluss des BGH vom 17.7.2014. Hier stellte das Gericht fest, Beschränkungen der Gesellschafterrechte, insbesondere aber die Vinkulierung der Anteile des Minderheitsgesellschafters seien geeignet, den „*Wert der Beteiligung erheblich* [zu] *mindern*".[774] Zwar beziehen sich diese Ausführungen auf eine Schlechterstellung im Sinne des § 253 II Nr. 3 InsO; allerdings sind sie hinsichtlich des Anteilswertes durchaus verallgemeinerungsfähig.[775]

---

769 MüKo InsO/*Eidenmüller,* § 225a Rn. 47; *Eidenmüller/Egbert,* ZIP 2009, 541 (546); *Spetzler,* Eingriffe in die Rechte von Anteilseignern, S. 71.

770 *Brünkmans,* ZIP 2014, 1857 (1859); MüKo InsO/*Eidenmüller,* § 225a Rn. 45; *Frauer,* Grenzen des Eingriffs in Gesellschafterrechte, S. 86; Uhlenbruck InsO/*Hirte,* § 225a Rn. 49; *Madaus,* ZIP 2014, 500 (507); *Sassenrath,* ZIP 2003, 1517 (1524); *Spetzler,* Eingriffe in die Rechte von Anteilseignern, S. 67.

771 MüKo InsO/*Eidenmüller,* § 225a Rn. 45; Uhlenbruck InsO/*Hirte,* § 225a Rn. 48 betont allerdings den Vorrang *„eines Rechtserhalts beziehungsweise einer Vermeidung der Rechtsverkürzung*"; *Madaus,* ZIP 2014, 500 (508).

772 Henssler/Strohn/*Verse,* § 14 GmbHG Rn. 50, 51.

773 Für Mehrstimmrechte *Großfeld,* Recht der Unternehmensbewertung, Rn. 1198; *Hölzle,* ZIP 2014, 1819 (1823); *Schäfer,* ZIP 2014, 2417 (2419); *ders.,* ZIP 2015, 1208 (1210); *Thole,* ZIP 2013, 1937 (1945); *Westermann,* NZG 2015, 134 (139).

774 BGH, Beschl. v. 17.7.2014 – IX ZB 13/14, BGHZ 202, 133 (150).

775 Ob der BGH in diesem Beschluss im Hinblick auf § 253 InsO den richtigen Vergleichsmaßstab wählte, ist allerdings fraglich. Hierauf wird unter 2. Teil F. I. eingegangen.

Eine Entschädigung der Altgesellschafter zu Fortführungswerten kommt also nicht nur dann infrage, wenn der Insolvenzplan ihre Anteile komplett entzieht, sondern auch dann, wenn eine empfindliche Beschränkung vereinbart wird. Die Untergrenze der Abfindung bleibt aber stets der jeweilige Liquidationswert.

Eine Entschädigungspflicht besteht dabei trotz der Tatsache, dass es im Einzelfall für den Altgesellschafter schwierig sein kann, einen wirtschaftlichen Nachteil zu beziffern und zu belegen[776]. Schwierigkeiten sind nicht nur bei der Bewertung von Sonderrechten zu befürchten. Vielmehr bestehen im gesamten Insolvenzrecht Unsicherheiten hinsichtlich der Bewertung.[777] Diesen Unsicherheiten und dem damit verbundenen Missbrauchspotential kann nach *Rendels/Zabel* entgegengewirkt werden, indem (jedenfalls bei Unternehmen ab einer bestimmter Größenordnung) in Form eines *rechtzeitigen und transparenten M&A Prozesses* ein Markttest durchgeführt wird.[778] Auf diese Weise wollen die Autoren sicherstellen, dass sowohl für den Fall der Fortführung mittels des Insolvenzplans als auch für die Regelinsolvenz (insbesondere im Fall der übertragende Sanierung) die erzielbaren Werte von Anfang an und für alle Beteiligten transparent gemacht werden.[779]

c) *Besonderheiten bei der börsennotierten AG*

Bei der börsennotierten AG ist allerdings die Besonderheit zu beachten, dass nach den Grundsätzen des *DAT/Altana*-Urteils des BVerfG auch der Börsenkurs des Unternehmens im Rahmen der Bewertung des Anteilswerts Beachtung finden muss.[780] Von der Maßgeblichkeit des Börsenkurses werden indes in einigen Kon-stellationen (wie bspw. bei einer vorherrschenden Marktenge) Ausnahmen gemacht.[781] Und auch in der vorliegenden Konstellation erscheint die Beachtlichkeit des Börsenwerts – zumindest bei bereits erfolgter Bekanntgabe der Reorganisationsmaßnahme – fraglich. Denn mit der Bekanntgabe wird die Preisbildung

---

776 Auf diese Schwierigkeit weist auch das BVerfG im *Suhrkamp*-Verfahren hin: Beschl. v. 18.12.2014 – 2 BvR 1978/13, ZIP 2015, 80 (81); *Schäfer*, ZIP 2014, 2417 (2419, 2420), sieht in der Nichtbezifferbarkeit eines Anteilswertes hingegen einen der Planbestätigung entgegenstehenden Grund.

777 *Prusko*, Die Gesellschafterstellung in der Insolvenz, S: 107.

778 *Rendels/Zabel*, Insolvenzplan, Rn. 9a ff.

779 *Rendels/Zabel*, Insolvenzplan, Rn. 9a ff., 233a.

780 BVerfG, Beschl. v. 27.4.1999 – 1 BvR 1613/94, BVerfGE 100, 289 (307) („DAT/Altana“).

781 *Decher/Voland*, ZIP 2013, 103 (110) mit Hinweis auf entsprechende Entscheidungen des BVerfG.

wohl nicht mehr den tatsächlichen Wert abbilden, sondern durch Spekulationen auf Abfindungen oder Beteiligung an der Gesellschaft gekennzeichnet sein.[782] Im Hinblick auf den Vorrang der Gläubiger im Insolvenzverfahren sollte diese mögliche Überbewertung der Aktien durch ebendiese Spekulationen nicht zu ihren Lasten gehen.[783] Insoweit erscheint es hier durchaus vertretbar, für die Feststellung des Börsenkurses einen Zeitraum vor der Bekanntgabe der Maßnahme zu wählen.[784]

d) Geltendmachung des Abfindungsanspruchs

Die Entschädigungsklausel ist grundsätzlich bereits im Insolvenzplan vor- (i.S.v. § 225a II 3 a.E. InsO) und als Voraussetzung für den rechtmäßigen Inhalt anzusehen. Darüber hinaus kann das verfassungsrechtliche Entschädigungsgebot zwar nicht zu unmittelbaren Entschädigungansprüchen aus Art. 14 I GG führen, gleichwohl kann es aber dazu dienen, die im einfachen Recht bestehenden Ansprüche zu konkretisieren.[785] Insoweit muss es den (Alt-)Gesellschaftern möglich sein, eine unterbliebene Entschädigung im Insolvenzplan über § 251 III 2 InsO außerhalb des Insolvenzverfahrens geltend zu machen.[786] Damit ist der Auffassung zu folgen, die einen vorherigen Antrag nach § 251 InsO nicht zur Voraussetzung für die Geltendmachung eines Ausgleichsanspruchs gemäß § 251 III InsO macht.[787] Diese Auslegung entspricht auch dem Willen des Gesetzgebers, der von einer Mittelbereitstellung i.S.v. § 251 III InsO für etwaige Abfindungen der Gesellschafter ausgeht.[788]

Fraglich ist aber schlussendlich, ob eine Abfindungszahlung mit den Kapitalerhaltungsgrundsätzen der §§ 30 GmbHG, 57 III AktG konfligiert. Dies wird teilweise angenommen und als Ausweg eine Zahlung der Abfindung durch Dritte vorgeschlagen.[789] Die Grundsätze der Kapitalerhaltung dienen genauso

---

782 *Burkert,* Der DES im Spannungsverhältnis, S. 135; *Decher/Voland,* ZIP 2013, 103 (111); *Müller,* KTS 2012, 419 (433); *Pühl,* Der Debt Equity Swap im Insolvenzplanverfahren, Rn. 744; *Rendels/Zabel,* Insolvenzplan, Rn. 278.

783 *Verse,* ZGR 2010, 299 (312).

784 MüKo InsO/*Eidenmüller,* § 225a Rn. 47.

785 *Klöhn,* Das System der aktien- und umwandlungsrechtlichen Abfindungsansprüche, S. 108, 109.

786 KPB InsO/*Spahlinger,* § 225a Rn. 101 (55. EL 10/13); wohl auch *Schluck-Amend,* Gesellschaftsrecht in der Diskussion 2014, 151 (180).

787 MüKo InsO/*Sinz,* § 251 Rn. 45; a.A. *Lehmann/Rühle,* NZI 2015, 151 (153).

788 BegrRegE ESUG, BT-Drucks. 17/5712, S. 32.

789 *Müller,* KTS 2012, 419 (435) schlägt diese Vorgehensweise bei einer Übertragung der Anteile auf einen Gläubiger oder Mitgesellschafter vor.

dem Schutz der Gläubiger wie die Möglichkeit, Altgesellschafter gegen Entschädigung aus der Gesellschaft auszuschließen.[790] Durch einen Ausschluss soll den Gläubigern schließlich eine höhere Befriedigung ermöglicht werden.[791] Dementsprechend erscheint es vorzugswürdig, die verfassungsrechtlich unabdingbare Entschädigung nicht an den Kapitalerhaltungsregeln scheitern zu lassen.[792]

D. Ergebnis zum 1. Teil

Vor der Reform durch das ESUG waren Sanierungsbemühungen im Rahmen eines Insolvenzplanverfahrens durch das Obstruktionspotential der Gesellschafter gekennzeichnet. Dies ergab sich daraus, dass die Vereinbarung gesellschaftsrechtlicher Maßnahmen stets von der Zustimmung der Gesellschafter gemäß den gesellschaftsrechtlichen Vorschriften abhängig war und diesen dementsprechend erhebliches Blockadepotential zukam. Diese Spannung zwischen Gesellschafts- und Insolvenzrecht wurde durch die Einbeziehung der Gesellschafter in das Insolvenzplanverfahren und ihre Unterwerfung unter das Obstruktionsverbot durch das ESUG in weiten Teilen aufgelöst.

Hierdurch wird zwar empfindlich in die Rechtsstellung der Gesellschafter eingegriffen. Nichtsdestotrotz ist entgegen teilweise anderer Ansicht in der Literatur nicht von einem Verstoß gegen Art. 14 I GG und Art. 9 I GG auszugehen. In Bezug auf Art. 14 I GG findet insoweit die Rechtsprechung des BVerfG zum vollständigen Entzug von Anteilsrechten der Gesellschafterminderheit Anwendung. Die hier aufgestellten Grundsätze sind auf die Situation in der Insolvenz übertragbar, womit ein Eingriff in Gesellschafterrechte immer dann gerechtfertigt ist, wenn sie für den (teilweisen) Entzug zum wahren Wert abgefunden und ihnen Rechtsschutzmöglichkeiten gegen einen etwaigen Missbrauch eingeräumt werden.

Die Normen §§ 225a II, III InsO ermöglichen eine umfassende gesellschaftsrechtliche Umstrukturierung. Möglich sind neben der Vornahme eines *Debt Equity Swaps* sämtliche Regelungen, die *gesellschaftsrechtlich zulässig sind.* Die gesellschaftsrechtliche Zulässigkeit bestimmt sich dabei grundsätzlich nach den allgemeinen Vorschriften des Gesellschaftsrechts, wobei dies nur insoweit gilt, als diese nicht durch besondere insolvenzrechtliche Vorschriften verdrängt werden. Im Kollisionsfall gilt der absolute Vorrang des Insolvenzrechts.

---

790 *Eidenmüller/Engert*, ZIP 2014, 541 (550).
791 *Eidenmüller/Engert*, ZIP 2014, 541 (550).
792 MüKo InsO/*Eidenmüller*, § 225a Rn. 121; ders./*Engert*, ZIP 2014, 541 (550).

Soll im Rahmen eines *Debt Equity Swaps* das Bezugsrecht der Altgesellschafter ausgeschlossen werden, bedarf es demgemäß grundsätzlich einer *sachlichen Rechtfertigung*. Diese ist aber an die besondere Situation der Insolvenz mit dem grundsätzlichen Vorrang der Gläubigerinteressen anzupassen. Insbesondere der Ausschluss des Bezugsrechts im Rahmen einer Barkapitalerhöhung ist damit nicht an dieselben hohen Voraussetzungen geknüpft, wie der Bezugsrechtsausschluss außerhalb der Insolvenz. In der Insolvenz genügt es bereits, dass die Gläubiger den Ausschluss des Bezugsrechts zur Voraussetzung ihres Sanierungsbeitrages machen.

Wird ein Gesellschafter durch eine gesellschaftsrechtliche Maßnahme aus der Gesellschaft ausgeschlossen oder in seinen Rechten beschränkt, muss gemäß den Grundsätzen des BVerfG der Insolvenzplan eine Abfindung vorsehen. Diese bemisst sich entgegen einer Ansicht in der Literatur nicht nach Liquidations- sondern nach Fortführungswerten. Von einer grundsätzlichen Wertlosigkeit der Gesellschaftsanteile in der Insolvenz kann deswegen nicht ohne weiteres ausgegangen werden. Etwas anderes gilt nur, wenn der Gesellschafter anlässlich der Regelung im Insolvenzplan freiwillig im Sinne von § 225a V 1 InsO aus der Gesellschaft ausscheidet. In diesem Fall wäre eine Abindung nach Fortführungswerten nicht gerechtfertigt, weswegen ausschließlich eine Abfindung nach Liquidationswerten in Betracht kommt.

2. Teil: Vom strategischen zum rechtsmissbräuchlichen Eigenantrag

A. Einleitung

Die Insolvenzantragstellung kann – neben dem originären Ziel der Eröffnung des Insolvenzverfahrens – unterschiedliche Strategien verfolgen.[793] Insolvenztypisch und gesetzlich intendiert sind dabei zunächst jegliche Ziele, die der Verwirklichung des in § 1 InsO niedergelegten Zwecks des Insolvenzverfahrens und damit der Überwindung der Liquiditätskrise dienen.[794] Je nachdem, von wem und zu welchem Zeitpunkt der Antrag gestellt wird und welche tatsächlichen und rechtlichen Umstände zu der Liquiditätskrise des Insolvenzschuldners geführt haben, können diverse Determinanten hinzukommen, die die Antragstellung beeinflussen und deren Verwirklichung im Insolvenzverfahren neben das gesetzliche Ziel tritt.[795] Ist das Insolvenzverfahren (auch) Mittel zur Verwirklichung dieser Ziele, ist der Antrag auf Eröffnung strategischer Natur.[796]

„Strategisch" ist dabei der Oberbegriff für all jene Anträge, die *„freiwillig* [...] *planvoll zur Erreichung eines wirtschaftlichen Ziels gestellt"* werden.[797] Solch planvolle Insolvenzanträge sind weder ein neues Phänomen,[798] noch generell unzulässig zu bewerten. Vielmehr führen sie in vielen Fällen aufgrund der planvollen Vorgehensweise des Antragstellers zu einer frühzeitigen Antragstellung, was die Chance auf eine erfolgreiche Sanierung erhöht.[799] Darüber hinaus erfolgt – insbesondere bei externer Beratung – die Durchführung zumeist professionell.[800]

In anderen Rechtsordnungen wie denen Frankreichs, Englands und der Vereinigten Staaten ist eine solch strategische Nutzung des Insolvenzverfahrens deshalb recht verbreitet.[801] Teilweise wird hier der Antrag nicht einmal an das

---

793 Schmidt/Uhlenbruck GmbH in der Krise/*Schmidt*, 4. Teil A Rn. 4.4.

794 Schmidt/Uhlenbruck GmbH in der Krise/*Schmidt*, 4. Teil A Rn. 4.7.

795 Vgl. *Eidenmüller*, ZIP 2014, 1197 (1198).

796 Ähnlich Schmidt/Uhlenbruck GmbH in der Krise/*Schmidt*, 4. Teil A Rn. 4.8.

797 *Eidenmüller*, ZIP 2014, 1197 (1198).

798 Für die Gesetzeslage vor dem ESUG vergleiche die Darstellung bei *Doliwa*, Die geplante Insolvenz.

799 Nach *Schmidt*, ZIP 2012, 2085 (2088), sind gute Sanierungen dadurch gekennzeichnet, dass sie *„früh, schnell und still"* geschehen.

800 *Eidenmüller*, ZIP 2014, 1197 (1197).

801 *Eidenmüller*, ZIP 2014, 1197 (1199).

Vorliegen von Insolvenzgründen geknüpft, sodass Insolvenzanträge weit vor dem Zeitpunkt gestellt werden, zu dem sich das Unternehmen einer Existenzbedrohung ausgesetzt sieht.[802]

Seit in Deutschland die durch das ESUG neu geschaffene Möglichkeit existiert, das Schuldnerunternehmen mit dem Insolvenzplan gesellschaftsrechtlich umzustrukturieren, wachsen die Befürchtungen sowohl im gesellschafts- als auch im insolvenzrechtlichen Schrifttum, hierdurch würden neue Anreize für eine strategische Nutzung des Insolvenzplanverfahrens geschaffen.

Gefahren drohen hier von gleich zwei Seiten: Zum einen könnten die Gläubiger einen *insolvenzrechtlichen Squeeze Out* anstreben.[803] Durch die Einbeziehung der Gesellschafter in das Planverfahren und der damit geschaffenen Möglichkeit, diese bei der Planabstimmung zu überstimmen, bietet insbesondere der *Debt Equity Swap* die Möglichkeit zu unternehmerischem Engagement außenstehender Forderungsinhaber.[804] Eine Gefahr wird dabei nicht unbedingt von Seiten der ursprünglichen Gläubiger gesehen, sondern von Hedgefonds, die für Investitionszwecke Forderungen der Gesellschaft in der Krise zu einem geringen Preis erwerben (sog. *Distressed Debt Investing*).[805]

Zum anderen wurde durch das ESUG erstmals realistischerweise ein Anreiz für die Gesellschafter selbst geschaffen, einen strategischen Eigenantrag zu stellen.[806] Ihre Einbeziehung in das Insolvenzplanverfahren eröffnet die Möglichkeit, Gesellschafterkonflikte zulasten des Minderheitsgesellschafters im Rahmen des Insolvenzplanverfahrens zu lösen.[807] Denn die Anforderungen, die verfahrensrechtlich an die Vereinbarung von Strukturmaßnahmen gestellt werden, sind insbesondere durch die insolvenzrechtlichen Vorschriften über die Abstimmung und die erforderlichen Mehrheiten erheblich reduziert.[808] Strukturmaßnahmen, die außerhalb der Insolvenz nicht die erforderlichen Mehrheiten erreicht hätten,

---

802 *Eidenmüller,* ZIP 2014, 1197 (1199).

803 *Schmidt,* ZIP 2012, 2085 (2086).

804 *Siemon,* ZInsO 2014, 172 (175).

805 *Siemon,* ZInsO 2014, 172 (175); siehe hierzu auch ausführlich, *Pühl,* Der Debt Equity Swap im Insolvenzplanverfahren, Rn. 593 ff.

806 *Brünkmans/Uebele,* ZInsO 2014, 265 (266); *Eidenmüller,* NJW 2014, 17 (17); Schmidt/Uhlenbruck, GmbH in der Krise/*Schmidt,* 4. Teil A Rn. 4.8.

807 *Böcker,* DZWIR 2014, 331 (334, 336); *Brünkmans/Uebele,* ZInsO 2014, 265 (266); *Westermann,* NZG 2015, 134 (135); die Befürchtung, dass diese Möglichkeiten keinen Anreiz zur Antragstellung bieten, sondern eher hiervon abschrecken, hat *Gutowski,* Der DES als Sanierungsinstrument, S. 318.

808 *Priester,* FS Kübler, 557 (560).

können so in der Insolvenz vereinfacht durchgesetzt werden. Überspitzt wird hier von der „*Zähmung des Widerspenstigen*" gesprochen.[809] Bestand vor der Reform noch große Sorge, die meisten Gesellschaften verspielten mit dem verspäteten Eigenantrag die Chance auf eine erfolgreiche Sanierung, wird nunmehr befürchtet, den Gesellschaftern werde durch die Reform ein Anreiz gesetzt, nicht nur zu früh, sondern vor allem aus den falschen Gründen den Eigenantrag zu stellen. Es wird die Frage gestellt, ob der deutsche Gesetzgeber es verpasst habe, einen Schutz für Fälle unberechtigter Insolvenzeröffnung in den neuen Regelungen zu implementieren.[810]

In diesem Kapitel soll daher untersucht werden, ob das ESUG nicht nur zu (zulässigen) strategischen, sondern gar zu (unzulässigen) rechtsmissbräuchlichen Eigenanträgen motiviert und wie die Stellung rechtsmissbräuchlicher Anträge verhindert werden kann. Hierbei ist zunächst ein Blick auf das Schutzschirmverfahren und seine (potentielle) Missbrauchsanfälligkeit zu werfen. Daran anknüpfend sollen kurz zwei Beispiele aus der Praxis vorgestellt werden, bei denen die Rechtsmissbräuchlichkeit diskutiert wird. Anschließend gilt es zu klären, welche Merkmale einen rechtsmissbräuchlichen Insolvenzantrag kennzeichnen. Zuletzt wird untersucht, ob und wie einem solchen Antrag verfahrenstechnisch begegnet werden kann, wobei von besonderem Interesse ist, welche Schutzmöglichkeiten der Gesellschafterminderheit zur Verfügung stehen. Ihr Schutz ist dabei – wie oben ausgeführt – bereits verfassungsrechtlich vorgegeben.[811] Die Darstellung konzentriert sich dabei ausschließlich auf Eigenanträge und klammert das *Distressed Debt Investing* aus.[812]

B. Der strategische Eigenantrag

Für Kapitalgesellschaften besteht gemäß § 15a InsO eine Pflicht zur Insolvenzantragstellung, wenn die Gesellschaft zahlungsunfähig oder überschuldet (§§ 17, 19 InsO) ist. Ab dem Moment der Insolvenzantragspflicht unterliegt die Frage, *ob* ein Insolvenzantrag gestellt wird, keinen strategischen Erwägungen mehr – vielmehr erfolgt die Antragstellung in Erfüllung der gesetzlichen Pflicht. In Bezug auf den Zeitpunkt der Antragstellung kommen strategische Eigenanträge damit nur in den Fällen der drohenden Zahlungsunfähigkeit in Betracht.

---

809 *Fölsing,* ZInsO 2013, 1325 (1325).

810 *Siemon,* ZInsO 2014, 172 (175).

811 Siehe 1. Teil C. III. 1) c) cc).

812 Siehe hierzu bspw. *Siemon,* ZInsO 2014, 172 ff.

Allerdings kann nicht nur die Entscheidung, ob in diesem frühen Stadium ein Insolvenzantrag gestellt wird, strategischen Erwägungen unterliegen. Auch die Stellung eines zusätzlichen „*Sanierungsantrags*“[813] – d.h. eines Antrages auf Anordnung der Eigenverwaltung bzw. der vorläufigen Eigenverwaltung (§ 270a InsO) oder eines Schutzschirmantrags (§ 270b InsO) – kann für sich gesehen strategisch sein und ist nicht auf Fälle drohender Zahlungsunfähigkeit beschränkt.

I. Die Anreize des Schutzschirmverfahrens für strategische Anträge

Insbesondere die Kombination aus Insolvenzplan- und Eigenverwaltungsverfahren bietet dem Schuldner optimale Möglichkeiten, strategische Insolvenzen durchzuführen. Denn einerseits eröffnet das Insolvenzplanverfahren die Möglichkeit, in die Gesellschafterstruktur einzugreifen. Andererseits belässt das Eigenverwaltungsverfahren dem Schuldner auch die Verwaltungs- und Verfügungsbefugnis.

Bereits im 1. Teil der Arbeit wurden die durch das ESUG neu in die Insolvenzordnung eingeführten Eröffnungsverfahren (§§ 270a, 270b InsO) umrissen. Beide Verfahren bieten dem Schuldner die Vorzüge des Eigenverwaltungsverfahrens bereits im Eröffnungsverfahren. Darüber hinaus ist allerdings das Schutzschirmverfahren (§ 270b InsO) speziell auf die Durchführung eines Insolvenzplanverfahrens in Eigenverwaltung ausgerichtet. Die amtliche Überschrift betitelt das Verfahren dementsprechend auch mit „*Vorbereitung einer Sanierung*“, da es darauf ausgelegt ist, dass der Schuldner bereits im Eröffnungsverfahren einen Insolvenzplan erstellt. Die *Verzahnung* von Schutzschirm- und Insolvenzplanverfahren kann dementsprechend als *Hebel* genutzt werden, um die Gesellschaftstruktur neu zu gestalten – auch gegen den Willen etwaig obstruierender Gesellschafter.[814] Der Antrag auf Eröffnung eines Schutzschirmverfahrens ist aufgrund des Verfahrenszwecks der Sanierung dabei immer zumindest strategischer Natur.[815] Hinzu kommt, dass ein Antrag nur dann in Betracht kommt, wenn die Gesellschaft lediglich drohend zahlungsunfähig bzw. übeschuldet ist. In Teilen der Literatur wird das Schutzschirmverfahren aus diesem Grund sogar als besonders missbrauchsanfällig angesehen,[816] obwohl es im Vergleich zu dem Verfahren nach § 270a InsO strengere Anforderungen an den Antrag stellt[817].

---

813 Siehe *Tresselt/Müller*, KSzW 2015, 198 (200).

814 *Lang/Muschalle*, NZI 2013, 953 (955).

815 *Mönning*, FS Kübler, 431 (439).

816 *Ganter*, NZI 2012, 985 (988); wohl auch *Schäfer*, ZIP 2014, 2417 (2418).

817 Kübler HRI/*Koch/Jung*, § 8 Rn. 10, 21; *Pape*, ZInsO 2013, 2077 (2081).

1) *Die Vormachtstellung der Geschäftsführung im Schutzschirmverfahren*

In den Genuss eines Schutzschirmverfahrens kommen nur solche Schuldnerunternehmen, bei denen noch keine Zahlungsunfähigkeit vorliegt (§ 270b I 1 InsO). Als „*Belohnung*" für die frühe Antragstellung wird dem Schuldner – und für diesen handelnd die Geschäftsführung – bereits im Eröffnungsverfahren weitestgehend die Verwaltungs- und Verfügungsbefugnis belassen.[818] Anders als im ursprünglichen Eröffnungsverfahren hat die Geschäftsführung damit auch bestimmenden Einfluss auf die Insolvenzplanerstellung. Überwacht wird sie dabei lediglich von einem *vorläufigen Sachwalter*, dessen Auswahl sie weitgehend bestimmt. Die Geschäftsführung behält sprichwörtlich „*das Heft in der Hand*".[819]

In der Literatur wird aus diesem Grund die Frage aufgeworfen, ob der Geschäftsführung möglicherweise zu viel *Macht* zukomme, sie gar verleitet sei, diese Macht – ggf. in Zusammenarbeit mit dem Mehrheitsgesellschafter – gegen die (übrigen) Gesellschafter auszuspielen.[820] Insbesondere in der personalistischen GmbH kommt hinzu, dass der Geschäftsführer oft gleichzeitig (Mehrheits-)Gesellschafter ist. Bei Gesellschafterstreitigkeiten könnte dieser geneigt sein, ein Schutzschirmverfahren nicht um den Willen der Gläubigerbefriedigung, sondern um den Willen der Konfliktlösung einzuleiten.[821] Denn kommt es zur Anordnung der Eigenverwaltung, wird der Gesellschafter-Geschäftsführer zwar in seiner Position als Gesellschafter geschwächt (siehe nur § 276a InsO), dies gilt indes nicht für seine Eigenschaft als Geschäftsführer. Er kann sich insoweit sicher sein, dass er die weitgehende Kontrolle über das Verfahren behält.

2) *Die Unterstützung durch die Gläubiger*

Auch die Möglichkeit des Schuldners, gemäß § 22a II InsO die Einsetzung eines vorläufigen Gläubigerausschusses zu beantragen, verhilft dem Geschäftsführer zu mehr Kontrolle über das Verfahren. So kann er die für ihn „*richtigen*" Gläubiger benennen, deren Unterstützung er sich bei dem von ihm angestrebten Sanierungskonzept sicher sein kann.[822]

---

818 *Buchta/Ott*, ZInsO 2015, 288 (289); *Camek*, Das Schutzschirmverfahren, S. 159; siehe auch schon die Ausführungen zum Schutzschirmverfahren im 1. Teil C. I. 2).

819 *Schäfer*, ZIP 2013, 2237 (2237).

820 *Brünkmans/Uebele*, ZInsO 2014, 265 (266); *Fölsing*, ZInsO 2013, 1325 (1325).

821 *Brünkmans/Uebele*, ZInsO 2014, 265 (266).

822 *Haarmeyer*, ZInsO 2012, 2109 (2113); *Pape*, ZInsO 2013, 2077 (2079).

Eine solche Unterstützung ist insbesondere im Rahmen des Schutzschirmverfahrens entscheidend, da gemäß § 270b IV Nr. 2 InsO das Gericht auf Antrag des vorläufigen Gläubigerausschusses die Verfahrensanordnung aufzuheben hat.[823] Daneben kann der vorläufige Gläubigerausschuss auch die Bestellung eines bestimmten vorläufigen Sachwalters beantragen (§ 56a InsO).[824] Dies wird im Rahmen des § 270b InsO jedoch keine große Bedeutung haben, da das Vorschlagsrecht des Schuldners hier stets vorrangig zu beachten ist[825].

Zwar wird teilweise die *„kalte Übernahme des Verfahrens"*[826] befürchtet, allerdings ist dabei zu beachten, dass das Gericht vor Bestellung prüfen wird, ob die Gläubiger i.S.v. § 22a II InsO *„als Mitglieder* […] *in Betracht kommen"*.[827] Versuche, Berater des Schuldners (die bereits Gläubiger des Schuldners sind oder zu solchen „gemacht werden") oder Gesellschafter (als nachrangige Gläubiger) in den Ausschuss zu bestellen, werden hieran in der Regel scheitern.[828]

3) Die (Un-)Abhängigkeit der Geschäftsführung vom Einfuss der Gesellschafter und der Überwachungsorgane

Die Macht der Geschäftsführung im Rahmen des Schutzschirmverfahrens hängt entscheidend von dem Ausmaß der Einflussmöglichkeiten der Gesellschafter bzw. der Hauptversammlung und der Aufsichtsorgane ab.

Diese Kompetenzfrage stellte sich bereits vor Inkrafttreten des ESUG. Für den Bereich des eröffneten Insolvenzverfahrens etablierte sich die Abgrenzung der Kompetenzen zwischen Insolvenzverwalter und Gesellschaftern anhand dreier

Bereiche, die von *Weber* entwickelt wurden.[829] Die Einführung des § 276a InsO[830] ist insoweit als eine Klarstellung des Gesetzgebers für das eröffnete

823 MüKo InsO/*Haarmeyer*, § 22a Rn. 124.

824 Insbesondere diesen Aspekt sieht *Pape*, ZInsO 2013, 2077 (2079), kritisch.

825 *Becker*, Anreizwirkung des Sanierungsvorbereitungsverfahrens, S. 147; Schmidt InsO/*Undritz*, § 270b Rn. 10.

826 *Pape*, ZInsO 2013, 2077 (2079).

827 *Haarmeyer*, ZInsO 2012, 2109 (2114).

828 *Hölzle*, Praxisleitfaden ESUG, § 22a Rn. 78, 81; ebenso Kübler HRI/*Ampferl*, § 9 Rn. 124, 125.

829 *Weber*, KTS 1970, 73.

830 Der Wortlaut der Norm lautet: *„Ist der Schuldner eine juristische Person oder eine Gesellschaft ohne Rechtspersönlichkeit, so haben der Aufsichtsrat, die Gesellschafterversammlung oder entsprechende Organe keinen Einfluss auf die Geschäftsführung des Schuldners. Die Abberufung und Neubestellung von Mitgliedern der Geschäftsleitung ist nur wirksam, wenn der Sachwalter zustimmt. Die Zustimmung ist zu erteilen, wenn die Maßnahme nicht zu Nachteilen für die Gläubiger führt."*

Eigenverwaltungsverfahren anzusehen.[831] Hintergrund der Regelung ist, dass ab diesem Zeitpunkt die Geschäftsführung nur noch am Zweck des Insolvenzverfahrens auszurichten ist.[832] Und so sind Weisungs- und Kontroll-, aber auch allgemeine Auskunfts- und Prüfungsrechte der Gesellschafter ausgeschlossen.[833] Eine wirksame Kontrolle verspricht sich der Gesetzgeber lediglich von dem Sachwalter und den Gläubigern selbst.[834]

Für die Eröffnungsverfahren der §§ 270a, 270b InsO ist damit allerdings nicht viel gewonnen. Waren die Kompetenzen der Gesellschaftsorgane im Eröffungsverfahren bereits vor dem ESUG umstritten, so ist nunmehr fraglich, ob die Norm des § 276a InsO bereits hierauf Anwendung findet.

Eine Begrenzung der Kompetenzen der Gesellschafter sowie der Aufsichtsorgane im Schutzschirmverfahren wird von Teilen der Literatur als noch bedeutsamer empfunden als im eröffneten Verfahren.[835] Es besteht die Sorge, dass andernfalls der Geschäftsleiter, der ein den Gesellschaftern missliebiges Sanierungskonzept verfolgt, durch diese abberufen werden könnte oder sie gläubigerschädigend auf ihn einwirken könnten.[836] Die Einflussnahme vonseiten der Gesellschafter könne in den besonderen Eröffnungsverfahren damit noch sanierungsfeindlicher wirken als im eröffneten Verfahren.[837]

a) Keine gesellschaftsrechtliche Veränderungssperre

Hölzle geht aus diesem Grund von einer „*gesellschaftsrechtlichen Veränderungssperre*" im Schutzschirmverfahren aus.[838] Ähnlich wie bei § 233 InsO könne ein Antrag bei Gericht auf Begründung einer solchen Veränderungssperre gestellt werden.[839] Er führt als Argument an, dass mit der Einführung der

---

831 MüKo InsO/*Klöhn*, § 276a Rn. 4.

832 Schmidt InsO/*Undritz*, § 276a Rn. 2.

833 *Hölzle*, Praxisleitfaden ESUG, § 276a Rn. 7; Schmidt InsO/*Undritz*, § 276a Rn. 2.

834 Schmidt InsO/*Undritz*, § 276a Rn. 2.

835 *Haas*, FS Stürner, 749 (765); *Hölzle*, Praxisleitfaden ESUG, § 276a Rn. 6; *Ströhmann/Längsfeld*, NZI 2013, 271 (274); ähnlich *Thole*, Gesellschaftsrechtliche Maßnahmen in der Insolvenz, Rn. 200.

836 *Hölzle*, ZIP 2012, 2427 (2428); *Meyer-Löwy/Pickerill*, GmbHR 2013, 1065 (1070); *Ströhmann/Längsfeld*, NZI 2013, 271 (274); *Thole*, Gesellschaftsrechtliche Maßnahmen in der Insolvenz, Rn. 200.

837 *Haas*, FS Stürner, 749 (765).

838 *Hölzle*, ZIP 2012, 2427 (2429).

839 Allerdings bereits vor der Eröffnung des Verfahrens – ausführlich *Hölzle*, Praxisleitfaden ESUG, § 276a Rn. 14 ff.

§§ 217 S. 2, 225a InsO – angelehnt an die Weber'sche Bereichslehre – ein neuer „*Verdrängungsbereich II*" entstanden sei, weshalb sämtliche Entscheidungen ausschließlich der Beteiligtenversammlung zugewiesen seien.[840] Die Gesellschafterversammlung habe im eröffneten Verfahren keine alleinige Zuständigkeit mehr, was wiederum Vorwirkungen auf das Eröffnungsverfahren habe. Nur so sei eine freie Entscheidung der Beteiligtenversammlung über die vorzunehmenden Maßnahmen im Erörterungs- und Abstimmungstermin sicherzustellen.[841] Ohne eine *gesellschaftsrechtliche Veränderungssperre* hätten die Gesellschafter die Macht, eine solch freie Entscheidung durch die Gläubiger zu konterkarieren.[842]

Dieses Konzept kann allerdings nicht überzeugen. So ist bereits nicht ersichtlich, wie im Vorfeld durch das Insolvenzgericht entschieden werden soll, welche Beschlüsse die Gesellschafter bzw. die Aufsichtsorgane treffen dürfen und welche nicht.[843] Eine gerichtliche Anordnung als Handhabe für sanierungshemmende Einwirkungen auf den Geschäftsleiter zu wählen, erscheint insoweit umständlich.[844]

b) Keine analoge Anwendung des § 276a InsO auf das Schutzschirmverfahren

Andere Stimmen in der Literatur gehen von einer (analogen) Anwendung des § 267a InsO aus.[845]

Eine solche setzt zunächst eine *Regelungslücke* voraus.[846] Von der Gesetzesbegründung wird als Normzweck des § 276a InsO angeführt, dass die „[z]*usätzliche Einwirkungsmöglichkeiten von Aufsichtsrat oder Gesellschafterversammlung auf die Geschäftsführung* [...] *in dieser Situation wenig nützen, wohl aber hemmend und blockierend wirken* [könnten]".[847] Bezogen ist diese Aussage auf das eröffnete Verfahren,[848] wobei der Gedanke grundsätzlich auch auf das Schutzschirmverfahren als Eröffnungsverfahren übertragbar ist.[849] Eine Einwirkung

840 *Hölzle*, ZIP 2012, 2427 (2429); *ders.*, Praxisleitfaden ESUG, § 276a Rn. 13.

841 *Hölzle*, ZIP 2012, 2427 (2429).

842 *Hölzle*, ZIP 2012, 2427 (2429); *ders.*, Praxisleitfaden ESUG, § 276a Rn. 13.

843 *Thole*, Gesellschaftsrechtliche Maßnahmen in der Insolvenz, Rn. 207.

844 *Thole*, Gesellschaftsrechtliche Maßnahmen in der Insolvenz, Rn. 207.

845 *Brinkmann*, DB 2012, 1369 (1369 Fn. 50); *Ströhmann/Längsfeld*, NZI 2013, 271 (274); *Thole*, Gesellschaftsrechtliche Maßnahmen in der Insolvenz, Rn. 199.

846 Siehe hierzu und allgemein zu der Analogie von Normen, *Würdinger*, AcP 2006, 946 (950).

847 BegrRegE ESUG, BT-Drucks. 17/5712, S. 42.

848 *Zipperer*, ZIP 2012, 1492 (1494); anders *Ströhmann/Längsfeld*, NZI 2013, 271 (274).

849 *Haas*, FS Stürner, 749 (765); *Hölzle*, Praxisleitfaden ESUG, § 276a Rn. 16; *Zipperer*, ZIP 2012, 1492 (1494).

der Gesellschafter auf die Geschäftsführung bereits im Eröffnungsverfahren kann schließlich auch sanierungshemmend oder gar -beendend wirken.[850]

Die Abberufung eines Geschäftsleiters, der gegen den Willen der Gesellschafter Einschnitte in ihre Rechte plant, kann sich durchaus gläubigerbenachteiligend auswirken. Auch die Geltendmachung von Kontrollrechten kann sich verzögernd auf das Verfahren auswirken und damit sanierungsbehindernd wirken. Zwar können die Gläubiger gemäß § 270b IV Nr. 2 und 3 InsO die Aufhebung des Verfahrens erwirken, womit sie nicht gänzlich schutzlos gestellt sind. Gleiches gilt aber laut § 272 I InsO für das eröffnete Verfahren, womit den Gläubigern weniger Schutz zuteil wird als im eröffneten Verfahren. Eine Regelungslücke kann dementsprechend angenommen werden.[851]

Ob diese Regelungslücke indes *planwidrig* ist, erscheint zweifelhaft. Hiergegen spricht die Systematik des Gesetzes. So wird auf die Norm weder in § 270a InsO noch in § 270b InsO verwiesen.[852] Während man dies möglicherweise noch mit der Tatsache begründen könnte, dass § 270a I 2 InsO nur einen Verweis auf die Aufgaben des vorläufigen Sachwalters enthält, es bei § 276a InsO hingegen um die Kompetenzen der Gesellschafterversammlung und Aufsichtsorgane geht,[853] kann es nicht lediglich als eine Ungenauigkeit des Gesetzgebers angesehen werden, dass die Norm ausschließlich auf den „*Sachwalter*" und nicht auf den „*vorläufigen Sachwalter*" Bezug nimmt[854].

Und auch eine *vergleichbare Interessenlage* kann schwerlich bejaht werden.

Zunächst spricht gegen eine solche, dass im Eröffnungsverfahren im Gegensatz zum eröffneten Verfahren noch keine haftungsrechtliche Zuweisung des Vermögens stattgefunden hat.[855] Dies lässt daran zweifeln, ob eine Kompetenzbeschränkung der Gesellschafter bereits hier opportun ist. Diese Zweifel lassen sich auch nicht mit dem Argument beseitigen, dass die Bestellung eines

---

850 *Haas,* FS Stürner, 749 (765); *Meyer-Löwy/Pickerill,* GmbHR 2013, 1065 (1070).

851 *Hölzle,* Praxisleitfaden ESUG, § 276a Rn. 1; *Meyer-Löwy/Pickerill,* GmbHR 2013, 1065 (1070).

852 Graf-Schlicker InsO/*Graf-Schlicker,* § 276a Rn. 4; HRI/*Herbst,* § 28 Rn. 80; MüKo InsO/*Klöhn,* § 276a Rn. 18.; *ders.,* NZG 2013, 81 (84); Nerlich/Römermann InsO/*Riggert,* § 276a Rn. 6 (23. EL 3/12).

853 *Ströhmann/Längsfeld,* NZI 2013, 271 (274); *Thole,* Gesellschaftsrechtliche Maßnahmen in der Insolvenz, Rn. 199.

854 MüKo InsO/*Klöhn,* § 276a Rn. 18.; *ders.,* NZG 2013, 81 (84); *Meyer,* ZInsO 2013, 2361 (2363); Nerlich/Römermann InsO/*Riggert,* § 276a Rn. 6 (23. EL 3/12).

855 Kübler HRI/*Hofmann,* § 7 Rn. 38; dies gibt auch *Thole,* Gesellschaftsrechtliche Maßnahmen in der Insolvenz, Rn. 201, zu.

vorläufigen Insolvenzverwalters ebenso die Gesellschafter in ihren Kompetenzen beeinträchtige und damit auch das Eröffnungsverfahren von der Beschränkung der Gesellschaftsorgane gekennzeichnet sei.[856] Denn zumindest im Schutzschirmverfahren ist es dem Gericht nicht gestattet, einen vorläufigen Insolvenzverwalter zu bestellen.[857] Gleiches gilt für die Anordnung eines allgemeinen Verfügungsverbots oder eines Zustimmungsvorbehalts[858] – insoweit wird erneut der Ausnahmecharakter des Schutzschirmverfahrens deutlich. Im Übrigen sind vorläufige Maßnahmen selbst im Rahmen des § 270a InsO nur ausnahmsweise und auf richterliche Anordnung im Einzelfall möglich.[859]

Folgender Grund spricht aber entscheidend gegen eine analoge Anwendung des § 276a InsO: Zu dem Zeitpunkt, in dem sich die Gesellschaft im Schutzschirmverfahren befindet, ist noch nicht abschließend geklärt, ob ein Insolvenzgrund vorliegt und das Insolvenzverfahren eröffnet wird.[860] Erst mit dem Eröffnungsbeschluss wird dies durch das Insolvenzgericht bestätigt. Wie bereits in der verfassungsrechtlichen Betrachtung der möglichen gesellschaftsrechtlichen Maßnahmen ausgeführt, rechtfertigt gerade das Vorliegen der Insolvenzgründe die besonderen Einschnitte in die Rechte der Gesellschafter.[861] Ihnen nun bereits im Eröffnungsverfahren nahezu sämtliche Kompetenzen abzuerkennen, erscheint verfassungsrechtlich sehr bedenklich.[862] Insoweit kann die Gleichstellung der Anteilseigner mit den Gläubigern nicht bereits auf das Eröffnungsverfahren ausstrahlen und eine Einwirkungsmöglichkeit der Gesellschafter verhindern.[863]

Es kann den Gesellschaftern und den Überwachungsorganen daher nicht verwehrt werden, auch noch innerhalb des Eröffnungsverfahrens ihre gesellschaftsrechtlichen Kompetenzen auszuüben und sogar den Geschäftsleiter

---

856 *Haas,* FS Stürner, 749 (766); *ders.*, FS Kübler, 203 (215).

857 Dies ergibt sich aus § 270b II 3 InsO: MüKo InsO/*Kern,* § 270b Rn. 98; *Zipperer,* ZIP 2012, 1492 (1494).

858 MüKo InsO/*Kern,* § 270b Rn. 98.

859 Kübler HRI/*Bierbach,* § 11 Rn. 182.

860 Graf-Schlicker InsO/*Graf-Schlicker,* § 276a Rn. 4; MüKo InsO/*Klöhn,* § 276a Rn. 18.; *ders.,* NZG 2013, 81 (84); *Krull,* Stellung und Schutz des Minderheitsgesellschafters im Insolvenzplanverfahren, S. 55; Nerlich/Römermann InsO/*Riggert,* § 276a Rn. 6 (23. EL 3/12).

861 So schon *Zipperer,* ZIP 2012, 1492 (1495 Fn. 21).

862 Graf-Schlicker InsO/*Graf-Schlicker,* § 276a Rn. 4; *Zipperer,* ZIP 2012, 1492 (1495 Fn. 21).

863 So aber *Tresselt/Müller,* KSzW 2015, 198 (205).

abzuberufen.[864] Die Norm des § 276a InsO führt damit zumindest im Eröffnungsverfahren nicht zu einer Ausweitung der Macht der Geschäftsführung.[865]

4) Die strategische Wahl des vorläufigen Sachwalters

Auch auf die Bestellung des vorläufigen Sachwalters kann der Geschäftsleiter als handelndes Organ für das Schuldnerunternehmen im Rahmen des Schutzschirmverfahrens Einfluss nehmen. Das begrenzte Auswahlermessen des Gerichts (§ 270b II 2 InsO) ist als weiterer Anreiz des Gesetzgebers zu einer frühzeitigen Antragstellung gedacht.[866] So kann es für die Sanierung des Unternehmens einen entscheidenden Faktor darstellen, dass der Schuldner mit einem vorläufigen Sachwalter zusammenarbeiten kann, welcher sein Vertrauen genießt.[867] Denn in der Zeit vor Inkrafttreten des ESUG hatten sich gerichtlich bestellte vorläufige Insolvenzverwalter oftmals gegen ein von dem Schuldner gewolltes Sanierungskonzept und für die übertragende Sanierung entschieden.[868]

Obwohl der Schuldner seit der Gesetzesreform weitreichende Handlungsspielräume behält,[869] unterliegt er der Überwachung des vorläufigen Sachwalters. Letzterer nimmt dementsprechend eine wichtige Rolle im Schutzschirmverfahren ein.[870] Ob von einem „*mitgebrachten*" Sachwalter aber tatsächlich die Gefahr ausgeht, dass der Schuldner das Verfahren noch weiter an sich reißt und in Zusammenarbeit mit dem Sachwalter ein gläubigerfeindliches Sanierungskonzept umsetzt,[871] erscheint fraglich. Schließlich ist der vorläufige Sachwalter kein *persönlicher Berater* des Schuldners.[872] Vielmehr entlehnen sich seine Aufgaben denen eines Sachwalters im eröffneten Verfahren (§§ 270b II 1, 270a I 2, 274, 275 InsO). Insbesondere obliegen ihm im Interesse der Gläubiger die Nachteilsmeldepflicht (§ 274 III InsO) und die Pflicht, den „*Eintritt der Zahlungsunfähigkeit unverzüglich anzuzeigen*" (§ 270b IV 2 InsO).[873]

---

864 Nerlich/Römermann InsO/*Riggert,* § 276a Rn. 6 (23. EL 3/12); *Rendels/Zablel,* Insolvenzplan, Rn. 235.

865 Kübler HRI/*Bierbach,* § 11 Rn. 183, der dies jedoch für wünschenswert hielte; Kübler HRI/*Hofmann,* § 7 Rn. 39.

866 Graf-Schlicker InsO/*Graf-Schlicker,* § 270b Rn. 19; *Sämisch,* ZInsO 2014, 1312 (1312).

867 *Flöther,* ZInsO 2014, 465 (465); *Hölzle,* NZI 2011, 124 (126); *Sämisch,* ZInsO 2014, 1312 (1312); *A.Schmidt/Hölzle,* ZIP 2012, 2238 (2239).

868 Nerlich/Römermann InsO/*Riggert,* § 270b Rn. 22 (23. EL 3/12).

869 *Siemon,* ZInsO 2014, 172 (180).

870 *Buchta/Ott,* ZInsO 2015, 288 (289).

871 So *Urlaub,* ZIP 2011, 1040 (1043).

872 *Frind,* NZI 2014, 937 (941).

873 *Frind,* ZInsO 2014, 119 (130).

Aus diesem Grund kann dem Schuldner seine Wahl auch nicht völlig freigestellt werden.[874] Insoweit setzt § 270b II 1 InsO zunächst die Personenverschiedenheit von vorläufigem Sachwalter und Aussteller der Bescheinigung voraus, womit richtigerweise auch Personen ein- und derselben Kanzlei ausscheiden.[875]

Des Weiteren gilt über §§ 270a I 2, 274 I InsO grundsätzlich auch die Vorschrift des § 56 InsO. Damit kommt nur eine *„geeignete, insbesondere geschäftskundige und von den Gläubigern und dem Schuldner unabhängige"* Person in Betracht. Das Auswahlermessen des Gerichts ist im Falle des Schutzschirmverfahrens allerdings noch weiter reduziert als im Eröffnungsverfahren nach § 270a InsO: § 270b II 2 InsO beschränkt die Ablehnung des Vorschlags auf Fälle *„offensichtlicher"* Ungeeignetheit.[876] Die Gründe für die Ungeeignetheit müssen also förmlich *„auf der Hand liegen"*.[877] Dies wird nicht schon dann der Fall sein, sollte die ausgewählte Person kein bei Gericht gelisteter Verwalter sein.[878] Etwas anderes könnte sich nur ergeben, wenn ein zuvor gelisteter Verwalter durch das Gericht von der Liste entfernt wurde.[879]

Problematisch in der Praxis ist auch die Bestimmung der *Unabhängigkeit.*[880] Aufgrund der Tatsache, dass der Schuldner den vorläufigen Sachwalter *„mitbringen"* darf, wird dieses Merkmal in Teilen der Literatur als besonders wichtig[881] – gar als *„unverzichtbare rechtsstaatliche Schranke"*[882]– hervorgehoben.

Das AG Stendal kam diesbezüglich zu dem Ergebnis, die Unabhängigkeit eines vorläufigen Sachwalters sei dann nicht gewahrt, wenn dieser bereits in der Vergangenheit mit dem Schuldner bei Unternehmenssanierungen zusammengearbeitet hat.[883] Vorgeschlagen wurde der vorläufige Sachwalter in dem zu entscheidenden Fall von dem Geschäftsführer des Schuldnerunternehmens,

---

874 *Flöther,* ZInsO 2014, 465 (465).

875 *Frind,* ZInsO 2014, 119 (130); *Hölzle,* Praxisleitfaden ESUG, § 270b Rn. 68; MüKo InsO/*Kern,* § 270b Rn. 88; *A. Schmidt/Linker,* ZIP 2012, 963 (964).

876 *Frind,* ZInsO 2014, 119 (130); Graf-Schlicker InsO/*Graf-Schlicker,* § 270b Rn. 19; Braun InsO/*Riggert,* § 270b Rn. 11; ob ein unterschiedlicher Maßstab wirklich vom Gesetzgeber intendiert war, bezweifelt *Hölzle,* NZI 2011, 124 (126).

877 Graf-Schlicker InsO/*Graf-Schlicker,* § 270b Rn. 19; MüKo InsO/*Kern,* § 270b Rn. 94.

878 Graf-Schlicker InsO/*Graf-Schlicker,* § 270b Rn. 18; *Hölzle,* Praxisleitfaden ESUG, § 270b Rn. 72.

879 *A.Schmidt/Linker,* ZIP 2012, 963 (964).

880 RSI/*Herbst,* § 28 Rn. 68.

881 Kübler HRI/*Koch/Jung,* § 8 Rn. 91; *Vallender/Zipperer,* ZIP 2013, 149 (152).

882 *Urlaub,* ZIP 2011, 1040 (1042).

883 AG Stendal, Beschl. v. 31.8.2012 – 7 IN 164/12, ZIP 2012, 1875 (1876).

welcher zudem eigens für die Sanierung in sein Amt bestellt wurde.[884] Das Gericht befürchtete eine Abhängigkeit des vorläufigen Sachwalters von dem Schuldner, welche sich negativ auf das Verfahren auswirken könne.[885]

Diese Entscheidung kann durchaus mit der Erwägung in Zweifel gezogen werden, es könne sich positiv auf eine Sanierung auswirken, wenn Schuldner und Sachwalter bereits in vorherigen Verfahren gute Zusammenarbeit bewiesen haben.[886]

Allerdings ist dieser Fall ebenso wie jener, in dem der vorläufige Sachwalter den Schuldner im Vorfeld der Insolvenzantragstellung beraten hat, mit Vorsicht zu betrachten. Insbesondere im letztgenannten Fall besteht grundsätzlich die Befürchtung der Befangenheit,[887] denn Teil einer solchen Beratung wird auch immer die Frage des Bestehens von Ansprüchen der Gesellschaft gegenüber den Gesellschaftern und dem Geschäftsführer sein. Ob aber der vorläufige Sachwalter ggf. bestehende Ansprüche im Rahmen des Verfahrens tatsächlich geltend macht, wird zurecht bezweifelt.[888] Hinzu kommt, dass der vorläufige Sachwalter geneigt sein könnte, mögliche vorinsolvenzliche Beratungsfehler zu vertuschen.[889]

Insgesamt muss immer im Auge behalten werden, dass vor allem die Gläubiger ein berechtigtes Interesse an der unabhängigen und objektiven Ausübung des Sachwalteramtes haben.[890] So ist auch die Streichung des § 56 I Nr. 3 InsO-E durch den Rechtsausschuss, der bemüht war, auch nur den Anschein einer Abhängigkeit zu vermeiden, zu erklären.[891] Die Vorschrift sah ursprünglich vor, die Unabhänigkeit sei nicht deshalb ausgeschlossen, weil der vorläufige Sachwalter vor dem Insolvenzantrag bereits mit der Erstellung

---

884 AG Stendal, Beschl. v. 31.8.2012 - 7 IN 164/12, ZIP 2012, 1875 (1876).

885 AG Stendal, Beschl. v. 31.8.2012 - 7 IN 164/12, ZIP 2012, 1875 (1876).

886 Andres/Leithaus InsO/*Leithaus,* § 22a Rn. 14; *A.Schmidt/Hölzle,* ZIP 2012, 2238 (2243) wollen auf das Merkmal der Unabhängigkeit nur bei einem einstimmigen Beschluss des vorläufigen Gläubigerausschusses verzichten; *Vallender/Zipperer,* ZIP 2013, 149 (151), erkennen auch die Vorteile, die eine Vorbefassung mit sich bringen kann, sehen die Unabhängigkeit trotzdem als unverzichtbar an.

887 *Urlaub,* ZIP 2011, 1040 (1042).

888 *Hölzle,* NZI 2011, 124 (127); *Urlaub,* ZIP 2011, 1040 (1042).

889 Beschlussempfehlung und Bericht des Rechtsausschusses zu dem Gesetzesentwurf der Bundesregierung - Drucks. 17/5712, BT-Drucks. 17/7511, S. 34.

890 *A. Schmidt/Hölzle,* ZIP 2012, 2238 (2239).

891 Beschlussempfehlung und Bericht des Rechtsausschusses zu dem Gesetzesentwurf der Bundesregierung - Drucks. 17/5712, BT-Drucks. 17/7511, S. 34.

des Insolvenzplans befasst war.[892] Allerdings würde auch in diesem Fall der Eindruck entstehen, dass der vorläufige Sachwalter auch dann eine Umsetzung forcieren würde, selbst wenn dies nicht im Interesse der Gläubiger läge. Die Gläubiger hätten in diesem Fall auch keinerlei Möglichkeit, auf die Wahl des vorläufigen Sachwalters einzuwirken. Der Vorschlag des Schuldners geht einem Vorschlag des vorläufigen Gläubigerausschusses grundsätzlich vor.[893] Eine Anhörung nach § 56a I InsO sollte zwar grundsätzlich stattfinden; hier kann sich der vorläufige Gläubigerausschuss dann auch zu der Ungeeignetheit des vorläufigen Sachwalters äußern.[894] Allerdings ist die Norm des § 56a III InsO im Schutzschirmverfahren nicht anwendbar.[895] Sollte der vorläufige Gläubigerausschuss eine Abbestellung des vorläufigen Sachwalters erreichen wollen, bliebe ihm nur, die Aufhebung des Schutzschirmverfahrens (§ 270b IV Nr. 2 InsO) zu beantragen.[896]

Um die Objektivität des vorläufigen Sachwalters zu wahren, ist damit nur möglich, dass „*die Person den Schuldner vor dem Eröffnungsantrag in allgemeiner Form über den Ablauf eines Insolvenzverfahrens und dessen Folgen beraten hat*“ (§ 56 I 3 Nr. 2 InsO). Wie allerdings eine solche *allgemeine Beratung* ohne Bezugnahme auf das anzustrengende Verfahren aussehen soll, bleibt ungewiss.[897]

Trotz dieser bestehenden Unsicherheiten bezüglich der Bestellung des vorläufigen Sachwalters, ist jedoch nicht zu befürchten, dass durch die Vorschlagsoption dem Schuldner die Möglichkeit eingeräumt wird, das Verfahren hierdurch übermäßig zu seinen Gunsten zu beeinflussen.

---

892 Beschlussempfehlung und Bericht des Rechtsausschusses zu dem Gesetzesentwurf der Bundesregierung – Drucks. 17/5712, BT-Drucks. 17/7511, S. 34.

893 MüKo InsO/*Kern*, § 270b Rn. 90; Schmidt InsO/*Undritz*, § 270b Rn. 10; *Pape*, ZInsO 2013, 2077 (2082) weist auf die Möglichkeit hin, auch i.R.d. § 270a InsO mittelbar über den Gläubigerausschuss - der nach § 56a II InsO den vorläufigen Sachwalter einstimmig wählen kann – Einfluss auf die Person des vorläufigen Sachwalters auszuüben. Dieses Vorgehen habe einen „*sehr viel objektiveren Anstrich*“ als die direkte Wahl des vorläufigen Sachwalters nach § 270b II 1 InsO.

894 MüKo InsO/*Kern*, § 270b Rn. 90; Braun InsO/*Riggert*, § 270b Rn. 10; Nerlich/Römermann InsO/*ders.*, § 270b Rn. 26a (23. EL 3/12).

895 MüKo InsO/*Graeber*, § 56a Rn. 58; anders Graf-Schlicker InsO/*Graf-Schlicker*, § 270b Rn. 19.

896 Kübler HRI/*Ampferl*, § 9 Rn. 227.

897 RSI/*Herbst*, § 28 Rn. 70; *Hölzle*, NZI 2011, 124 (127); hierzu näher *Becker*, Anreizwirkung des Sanierungsvorbereitungsverfahrens, S. 143 ff.

5) Die eingeschränkte Überprüfbarkeit der Bescheinigung

Nach § 270b I 3 InsO hat der Schuldner mit dem Antrag auf Eröffnung des Schutzschirmverfahrens eine Bescheinigung vorzulegen, die zum einen nachweist, dass lediglich der Insolvenzgrund der drohenden Zahlungsunfähigkeit oder Überschuldung vorliegt und zum anderen, dass die Sanierung nicht offensichtlich aussichtslos ist. Ausweislich der Gesetzesbegründung ist dabei nicht die Vorlage eines ausführlichen Sanierungsgutachtens zu verlangen.[898] Ferner ist auch der Prüfungsumfang des Insolvenzgerichts nach überwiegender Auffassung in inhaltlicher Hinsicht beschränkt.[899] Insbesondere diese eingeschränkte Kontrolle schürt in der Literatur teilweise die Befürchtung, die Anordnung des Schutzschirmverfahrens könne mithilfe von Gefälligkeitsbescheinigungen erschlichen werden.[900] Eine Prüfung der Bescheinigung sowohl in formeller als auch materieller Hinsicht wird für unentbehrlich gehalten.[901] Nur so könne die Funktion des Gerichts als „*Torwächter*" des Verfahrens gewahrt und Missbräuche ausgeschlossen werden.[902] Gegen diese Ansicht spricht allerdings, dass der Zweck der Bescheinigung gerade darin liegt, die Überprüfung durch das Gericht zu ersetzen; eine zusätzliche Überprüfung erschiene dann aber obsolet.[903] In diesem Sinne ist auch die Bestellung eines Sachverständigen, der die Bescheinigung überprüft, abzulehnen, da dies der Beschleunigungsfunktion des Verfahrens entgegenliefe.[904] Zu prüfen ist durch das Gericht lediglich die ausreichende Qualifizierung des Bescheinigers[905] und die Schlüssigkeit der vorgelegten Bescheinigung.[906]

Zwar ist der Gegenansicht zuzugeben, dass ein Hinwirken auf die Anordnung aufgrund des herabgesetzten Prüfungsumfangs des Insolvenzgerichts vereinfacht wird. Gleichwohl zeigt sich in der Praxis, dass die Erfordernis der

---

898 BegrRegE ESUG, BT-Drucks. 17/5712, S. 40.

899 *Bremen,* NZI 2014, 137 (139); *Madaus,* ZIP 2014, 500 (501); Schmidt InsO/*Undritz,* § 270b Rn. 9; *Vallender,* GmbHR 2012, 450 (451).

900 *Ganter,* NZI 2012, 985 (988); ähnlich *Siemon,* ZInsO 2014, 172 (177).

901 *Beth,* ZInsO 2014, 369 (372); *Buchalik,* ZInsO 2012, 349 (352); *Hölzle,* ZIP 2012, 158 (160); *ders.,* NZI 2011, 124 (130).

902 *Buchalik,* ZInsO 2012, 349 (352).

903 Uhlenbruck InsO/*Zipperer,* § 270b Rn. 48.

904 *Desch,* BB 2011, 841 (842); Schmidt InsO/*Undritz,* § 270b Rn. 9; anders FK-InsO/*Foltis,* § 270b Rn. 22.

905 Schmidt InsO/*Undritz,* § 270b Rn. 9; Uhlenbruck InsO/*Zipperer,* § 270b Rn. 47.

906 *Madaus,* ZIP 2014, 500 (501); Schmidt InsO/*Undritz,* § 270b Rn. 9; Uhlenbruck InsO/*Zipperer,* § 270b Rn. 48.

Bescheinigung in vielen Fällen eine Hürde darstellt.[907] Insoweit erscheint auch fraglich, wie real die Gefahr von Gefälligkeitsbescheinigungen – insbesondere im Hinblick auf die Haftung des Bescheinigers für unrichtige Bescheinigungen[908] – ist. Letztendlich ist auch in die Bewertung einzubeziehen, dass die Anordnung des Schutzschirmverfahrens noch keine Entscheidung bezüglich der Eröffnung des Insolvenzverfahrens bedeutet. Ob die Eröffnungsvoraussetzungen vorliegen, prüft das Gericht gemäß § 270b IV 3 InsO schließlich erst nach Aufhebung der Anordnung oder Ablauf der Frist.[909]

II. (Zwei) Prominente Beispiele aus der Praxis

Das ESUG ist mit seinen Restrukturierungsmöglichkeiten inzwischen längst in der Praxis angekommen.[910] Die ersten Restrukturierungen, die gemäß den Neuerungen vorgenommen wurden bzw. die derzeit andauernden Verfahren geben erste Hinweise auf die Potentiale und die Grenzen der neuen Vorschriften. Sie bieten Anlass, die sich aufzeigenden Rechtsprobleme einer näheren Betrachtung zu unterziehen. Die im Folgenden geschilderten zwei Beispiele sollen insoweit einen Überblick bieten, wie die Praxis die neu geschaffenen Vorschriften zur Restrukturierung einsetzt. Dabei ist es nicht das Ziel, die Fälle einer Analyse zu unterziehen. Vielmehr sollen sie zusammen mit der bereits ergangenen Rechtsprechung den Ausgangspunkt für eine abstrakte Auseinandersetzung mit den größtenteils noch ungeklärten Rechtsproblemen bilden.

1) Pfleiderer AG

Bereits Anfang 2012 bediente sich die *Pfleiderer AG* der durch das ESUG gerade neu geschaffenen gesellschaftsrechtlichen Möglichkeiten.

---

907 Nach Kübler HRI/*Koch/Jung*, § 8 Rn. 8, führt bei circa 44% aller Anträge eine mangelnde Bescheinigung zur Ablehnung des Antrages; zu dem „*Unsicherheitsfaktor*" der Bescheinigung auch *Becker*, Anreizwirkung des Sanierungsvorbereitungsverfahrens, S. 125 ff., der die Einführung eines Vordrucks für die Sanierungsbescheinigung vorschlägt (S. 127 ff.).

908 Zur Haftung des Bescheinigers siehe bspw. KPB InsO/*Pape*, § 270b Rn. 53 f. (49. EL 7/12); Schmidt InsO/*Undritz*, § 270b Rn. 6.

909 Auch *Hölzle*, Praxisleitfaden ESUG, § 270b Rn. 83 f., zeigt auf, dass dies als ein Verweis auf die allgemeinen Vorschriften des Eröffnungsverfahrens zu verstehen ist. An das Schutzschirmverfahren schließt sich also die allgemeine Prüfung der Eröffnungsvoraussetzungen durch das Insolvenzgericht an.

910 MüKo InsO/*Eidenmüller*, § 225a Rn. 14.

Zwar war schon im Vorfeld der Insolvenz versucht worden, die Gesellschaft zu sanieren, dies scheiterte allerdings an der Aktionärsmehrheit.[911] Infolgedessen wurde im April 2012 der Antrag auf Eröffnung des Insolvenzverfahrens in Eigenverwaltung gestellt.[912] Der Insolvenzplan sah einen Kapitalschnitt vor, wodurch die Altaktionäre ihre Anteile an der Gesellschaft verloren und die Gesellschaft von der Börse delistet wurde.[913] An der anschließenden Kapitalerhöhung beteiligte sich ausschließlich ein Investor, der im Vorfeld die Bankverbindlichkeiten der *Pfleiderer AG* erworben hatte.[914] Sein Engagement machte dieser allerdings von einer 100%-igen Beteiligung an der Gesellschaft abhängig.[915] Dementsprechend wurde das Bezugsrecht der Altaktionäre im Insolvenzplan ausgeschlossen.[916] Das Insolvenzverfahren wurde im Dezember 2012 aufgehoben und die Sanierung damit abgeschlossen.[917]

Dieser Fall, der als Beispiel für *Distressed Debt Investing* angeführt werden kann, wurde in der Literatur durchaus kritisch bewertet.[918] Insbesondere wurde kritisiert, die Gesellschafter seien aus dem Unternehmen *gedrängt* worden.[919] Die dahingend von den Aktionären erhobenen Beschwerden wurde allerdings vom AG Düsseldorf als zuständigem Insolvenzgericht zurückgewiesen.[920]

2) Suhrkamp Verlagsgruppe GmbH & Co. KG

Weitaus größere Aufmerksamkeit erlangte die Insolvenz des *Suhrkamp Verlages* mit einer kontrovers geführten Diskussion in der Fachliteratur und Medienöffentlichkeit.[921]

911 *Decher/Voland,* ZIP 2013, 103 (103), gehörten als Rechtsanwälte von *Freshfields Bruckhaus Deringer* zum Beraterteam der *Pfleiderer AG.*
912 *Decher/Voland,* ZIP 2013, 103 (103).
913 *Pleister,* GWR 2013, 220 (221).
914 *Pleister,* GWR 2013, 220 (222).
915 *Pleister,* GWR 2013, 220 (222).
916 *Decher/Voland,* ZIP 2013, 103 (103).
917 *Decher/Voland,* ZIP 2013, 103 (103).
918 *Pleister,* GWR 2013, 220 (222); *Schmidt,* ZIP 2012, 2085 (2086 f.).
919 *Schmidt,* ZIP 2012, 2085 (2086).
920 Siehe hierzu *Decher/Voland,* ZIP 2013, 103 (103).
921 Siehe nur *Böcker,* DZWIR 2014, 331; *ders.,* DZWIR 2014, 440; *ders.,* DZWIR 2014, 604; *ders.,* DZWIR 2015, 10; *ders.,* DZWIR 2015, 123; *Eidenmüller,* NJW 2014, 17; *Lang/Muschalle,* NZI 2013, 953; *Madaus,* ZIP 2014, 500; *Möhlenkamp,* BB 2013, 2828; *Müller,* DB 2014, 41; *Schäfer,* ZIP 2013, 2237 (2237).

Der *Suhrkamp Verlagsgruppe GmbH & Co. KG* gehörten ursprünglich mit 61% die *Siegfried und Ulla Unseld Familienstiftung* und die *Medienholding AG Winterthur* mit 39 % als Kommanditistinnen und die *Suhrkamp VerlagsleitungsGmbH* als Komplementärin an. Kontrolliert wurden die Kommanditisten-Gesellschaften dabei von *Ulla Unseld Berkéwicz* (*Siegfried und Ulla Unseld Familienstiftung*) und *Hans Barlach* (Alleingesellschafter der *Medienholding AG Winterthur*), welche zusätzlich die Anteile an der Komplementär-GmbH mit jeweils 55% bzw. 45% hielten.[922] Diese beiden Hauptakteure befanden sich bereits seit Jahren in gesellschaftsrechtlichen Auseinandersetzungen,[923] die im Mai 2013 schließlich in der Insolvenz und der Eröffnung eines Schutzschirmverfahrens endeten[924]. Der im Rahmen dieses Schutzschirmverfahrens ausgearbeitete Insolvenzplan sah eine komplette gesellschaftsrechtliche Umstrukturierung vor. Die Gesellschaft sollte in eine AG umgewandelt werden, wobei die Beteiligungen nahezu stabil bleiben sollten, allerdings die zahlreichen Sonderrechte, die der Minderheitskommanditistin durch den Gesellschaftsvertrag eingeräumt waren (u.a. Vetorechte bei bestimmten Geschäften und bei der Bestellung der Geschäftsführer der Komplementär-GmbH),[925] untergingen. Diese wehrte sich – letztendlich erfolglos[926] – daraufhin mit aller Macht und unter Inanspruchnahme der Gerichte gegen die Antragstellung durch die Komplementär-GmbH. Die hierzu ergangenen Urteile werden an den relevanten Stellen der Arbeit erwähnt, sollen hier aber nicht umfassend dargestellt werden.

Besondere Aufmerksamkeit erlangte dieser Fall, da hier die Kontroversen, die durch das Aufeinanderprallen von Gesellschafts- und Insolvenzrecht entstehen, besonders deutlich wurden. So interpretiert die Mehrzahl der Literaturstimmen das Verfahren als Beispiel für die strategische Lösung eines Gesellschafterstreits mit den Mitteln des Insolvenzrechts.[927]

---

922 *Böcker*, DZWIR 2014, 440 (441).

923 Siehe hierzu und auch zu dem Verlauf des Insolvenzverfahrens ausführlich *Böcker*, DZWIR 2014, 331 (332 f.) und *ders.*, ZInsO 2015, 773 (774 f.); Überblick auch durch das BVerfG, Beschl. v. 18.12.2014 – 2 BvR 1978/13, ZIP 2015, 80 (80).

924 *Lang/Muschalle*, NZI 2013, 953 (953).

925 *Böcker*, DZWIR 2014, 331 (332).

926 Die sofortige Beschwerde gegen den Insolvenzplan scheiterte mit dem Beschluss des LG Berlin v. 20.10.2014 – 51 T 696/14, NZI 2015, 66, endgültig. Der Formwechsel der GmbH & Co. KG in eine Aktiengesellschaft wurde am 30.12.2014 ins Handelsregister eingetragen.

927 Siehe unter anderem *Hölzle*, ZIP 2015, 83 (83); *Madaus*, ZIP 2014, 500 (500); *Westermann*, NZG 2015, 134 (134).

C. Rechtsmissbräuchlichkeit eines strategischen Eigenantrags?

Grundsätzlich ist von der oben aufgestellten Prämisse auszugehen, dass strategische Insolvenzanträge zulässig sind. Denn das Ziel des ESUG, frühzeitige Antragstellungen und damit eine Vergrößerung der Haftungsmasse zu erreichen, wird im Regelfall durch eine strategische Antragstellung unterstützt.[928] Überschritten ist die Grenze des Zulässigen jedoch dann, wenn das Insolvenzverfahren zu rechtsmissbräuchlichen Zwecken eingeleitet werden soll.

Die Gefahr von missbräuchlichen Insolvenzanträgen ist nicht neu. Schon vor der Gesetzesnovelle bestanden – sowohl für die Gläubiger als auch für die Gesellschafter des Schuldnerunternehmens – Möglichkeiten, die Insolvenz für eigene Zwecke zu instrumentalisieren.[929] Ein solches Missbrauchspotential resultiert aus der Antragstellung durch die Beteiligten selbst.[930] Gläubigerschädigendes Verhalten wie die *„Flucht"* in die Abweisung mangels Masse oder auch Vermögensverschiebungen sind hier als Beispiele zu nennen.[931] Darüber hinaus verleiten die geringen Voraussetzungen des § 18 InsO seit seiner Einführung zu einer missbräuchlichen Inanspruchnahme.[932] Und auch die übertragende Sanierung schafft und schuf den Anreiz für Gläubiger und Gesellschafter, die Insolvenz eines Unternehmens durch Unterbindung weiterer, lebenserhaltender Finanzierungen herbeizuführen, um anschließend in der Insolvenz die Gesellschaft unter Verkehrswert zu erwerben und den Geschäftsbetrieb ohne unliebsame (Mit-)Gesellschafter weiterzuführen.[933]

Die Gefahr missbräuchlichen Verhaltens wächst mit den Anreizen, die das Verfahren den Beteiligten bietet.[934] Gleichzeitig wird es aber auch durch die Konsequenzen, die mit der Verfahrenseröffnung einhergehen, begrenzt. Für den Schuldner hat das Insolvenzverfahren weitreichende Konsequenzen. Nicht nur gesellschaftliche und gesellschaftsrechtliche Folgen gehen hiermit einher, sondern auch *direkte* und *indirekte* Insolvenzkosten.[935] Die direkten Kosten umfassen dabei insbesondere die Gerichtsgebühren, sowie Verwalter- und Anwaltskosten,

---

928 *Eidenmüller*, ZIP 2014, 1197 (1200).

929 *Haarmeyer*, ZInsO 2013, 2345 (2345).

930 *Guski*, WM 2011, 103 (104).

931 *Haarmeyer*, ZInsO 2013, 2345 (2345); *A. Lang*, Das Rechtsschutzinteresse, S. 192.

932 *A. Lang*, Das Rechtsschutzinteresse, S. 178; Beispiele bei *Tetzlaff*, ZInsO 2008, 137 (141).

933 *A. Lang*, Das Rechtsschutzinteresse, S. 191; *Sassenrath*, ZIP 2003, 1517 (1526).

934 *Thole*, ZIP 2013, 1937 (1944).

935 *Brinkmann*, ZIP 2014, 197 (200).

die 1-10% des Unternehmenswertes ausmachen können.[936] Stärker ins Gewicht fallen indes die indirekten Insolvenzkosten. Hierzu zählen alle Kosten, die nicht unmittelbar mit der Insolvenz verbunden sind, wie bspw. die Minderung des Unternehmenswertes.[937] Diese indirekten Kosten bewegen sich zumeist zwischen 10-20% des Unternehmenswertes.[938]

Der Faktor „Kosten“ wird bei der Entscheidung, ob der Schuldner außerhalb seiner Antragspflicht einen Eigenantrag stellt, eine maßgebliche Rolle spielen. Ohne Weiteres wird es also allein deswegen nicht zu rechtsmissbräuchlichen Eigenanträgen kommen.[939]

Gleichwohl verdeutlicht insbesondere die *Suhrkamp*-Insolvenz, welche neuen Anreize die Gesetzesreform des ESUG für eine insbesondere durch die Gesellschafter betriebene Instrumentalisierung geschaffen hat.

Ob eine solche Instrumentalisierung die Grenze des Zulässigen im Einzelfall überschreitet, sich also als eine *„missbilligte [...] Inanspruchnahme eines Rechts“*[940] darstellt, ist insolvenzspezifisch zu beantworten. Maßgebliches Kriterium für die Beurteilung eines etwaigen Rechtsmissbrauchs des Insolvenzverfahrens ist dessen Zweckbestimmung (§ 1 InsO). Denn auch wenn der Insolvenzantrag ein Initiativrecht darstellt, wird dieses Recht den Verfahrensbeteiligten nur eingeräumt, um die Erfüllung dieses Zwecks zu gewährleisten.[941]

I. Der Zweck des Insolvenzverfahrens als „Richtschnur“

„Das Insolvenzverfahren dient dazu, die Gläubiger eines Schuldners gemeinschaftlich zu befriedigen“ – § 1 InsO legt den Programmsatz für das Insolvenzverfahren fest. Die Norm zieht dadurch Grenzen, die die Verfahrensbeteiligten einzuhalten haben und bildet den Ausgangspunkt für die Beurteilung einer etwaigen Rechtsmissbräuchlichkeit.[942] Allen voran sollen die Gläubiger bestmöglich befriedigt werden.

Allerdings erwähnt § 1 S. 1 Hs. 2 InsO zugleich die Möglichkeit, im Insolvenzplan den Erhalt des Schuldners zu vereinbaren. Damit stellt sich die Frage,

---

936 *Eidenmüller*, ZIP 2014, 1197 (1199).
937 *Eidenmüller*, ZIP 2014, 1197 (1199).
938 *Eidenmüller*, ZIP 2014, 1197 (1199).
939 *Eidenmüller*, ZIP 2014, 1197 (1201).
940 So die allgemeine Definition des Rechtsmissbrauchs, vgl. MüKo BGB/*Roth/Schubert*, § 242 Rn. 202.
941 MüKo InsO/*Schmahl/Vuia*, § 13 Rn. 3.
942 MüKo InsO/*Ganter/Lohmann*, § 1 Rn. 7; *A. Lang*, Das Rechtsschutzinteresse, S. 23; § 1 Rn. 1; *Smid*, Handbuch Insolvenzrecht, § 1 Rn. 15.

ob die Sanierung – bspw. in Form der Restrukturierung der Schuldnergesellschaft – als eigenständiges Ziel des Insolvenzverfahrens infrage kommt. Dies gilt umso mehr nach dem Inkrafttreten des ESUG mit dem erklärten Ziel die Sanierung von Unternehmen zu fördern.[943]

Schon vor Inkrafttreten des ESUG war in der höchstrichterlichen Rechtsprechung des BGH[944] und des BAG[945] anerkannt, dass die Gläubigerbefriedigung das einzige Hauptziel des Insolvenzverfahrens ist. Das ESUG hat hieran nichts geändert.[946] Lediglich das BVerwG scheint in einem Urteil im Jahr 2005 den Erhalt des Unternehmens zum Verfahrenszweck zu erklären.[947]

Der Wortlaut des § 1 S. 1 InsO[948] zeigt indes, dass der Erhalt des Unternehmens lediglich *ein* Mittel zum Zweck der Gläubigerbefriedigung darstellen kann.[949] Wäre hingegen der Erhalt des Unternehmens alleiniger Verfahrenszweck, würde dies unweigerlich bedeuten, dass alle Insolvenzverfahren, die mit der Liquidation des Rechtsträgers enden, hieran scheitern.[950] Dies träfe dann für einen Großteil der Insolvenzen zu.[951] Wenn der Unternehmenserhalt als alleiniger Zweck des Insolvenzverfahrens intendiert wäre, hätte der Gesetzgeber dies – spätestens mit dem ESUG – deutlicher herausstellen müssen.[952] Sowohl die Gesetzesbegründungen zum Inkrafttreten der InsO als auch des ESUG betonen jedoch, dass der

943 *Bremen*, NZI 2014, 137 (138); *Buchalik*, ZInsO 2015, 484 (486); Heidelberger Kommentar InsO/*Sternal*, § 1 Rn. 6; Hamburger Kommentar InsO/*A. Schmidt*, § 1 Rn. 23.

944 BGH, Urt. v. 21.4.2005 – IX ZR 281/03, BGHZ 163, 32 (35).

945 BAG, Urt. v. 28.10.2004 – 8 AZR 199/04, NZA 2005, 405 (407).

946 BegrRegE ESUG, BT-Drucks. 17/5712, S. 17; Kübler HRI/*Bierbach*, § 11 Rn. 169; *Bremen*, NZI 2014, 137 (138); *Brinkmann*, ZIP 2014, 197 (200); *Brünkmans/Uebele*, ZInsO 2014, 265 (272); Unternehmenssanierung/*Buchalik*, Kapitel 11 Rn. 8; MüKo InsO/*Ganter/Lohmann*, § 1 Rn. 20; *Gutowski*, Der DES als Sanierungsinstrument, S. 322; *Krull*, Stellung und Schutz des Minderheitsgesellschafters im Insolvenzplanverfahren, S. 59, 278; *Madaus*, ZIP 2014, 500 (501); *Ritter von Onciul*, Die rechtzeitige Auslösung des Insolvenzverfahrens, S. 1; *Westermann*, NZG 2015, 134 (135).

947 BVerwG, Urt. v. 13.4.2005 – BVerwG 6 C 4.04, BVerwGE 123, 203 (215).

948 „[…] *die Gläubiger eines Schuldners gemeinschaftlich zu befriedigen,* ***indem*** [Hervorhebung durch Verf.] […] *in einem Insolvenzplan eine abweichende Regelung insbesondere zum Erhalt des Unternehmens getroffen wird.*"

949 *Buchalik*, ZInsO 2015, 484 (485); *Foerste*, ZZP 2012, 265 (266); *Kluth*, ZInsO 2002, 258 (260).

950 *Bremen*, NZI 2014, 137 (138); MüKo InsO/*Ganter/Lohmann*, § 1 Rn. 85; *Zarzitzky*, Die Reform des Insolvenzplanverfahrens, S. 6.

951 MüKo InsO/*Ganter/Lohmann*, § 1 Rn. 85.

952 *Bremen*, NZI 2014, 137 (138); MüKo InsO/*Ganter/Lohmann*, § 1 Rn. 85.

Erhalt des Unternehmens kein Selbstzweck sein darf.[953] Ein eigenständiges Verfahrensziel ist die Unternehmenssanierung also nicht.

In § 1 S. 1 Hs. 2 InsO sind mit der Verwertung und dem Erhalt des Schuldnerunternehmens damit lediglich Möglichkeiten genannt, die „*bestmögliche Befriedigung*“ der Gläubiger zu erreichen.[954] Insoweit ließe sich allenfalls erwägen, eine Art Stufensystem bei der Wahl des jeweiligen Mittels anzunehmen.

Die Tatsache, dass durch einen Unternehmenserhalt nicht nur die Gläubiger befriedigt, sondern auch Arbeitsplätze und Vertragsbeziehungen aufrechterhalten werden können,[955] würde grundsätzlich dafür sprechen, die unternehmenserhaltende Sanierung als vorzugswürdig gegenüber der Verwertung anzuerkennen.[956] In diesem Zusammenhang kommt die Frage auf, nach welchen Kriterien die *bestmögliche Befriedigung* der Gläubiger zu bemessen ist.[957] Allgemein wird hierfür auf die höchstmögliche Quote abgestellt.[958] Allerdings ist zu berücksichtigen, dass es für einige Gläubigergruppen in der Insolvenz häufig nicht auf eine möglichst hohe Quote ankommt. So werden Arbeitnehmer in vielen Fällen an dem Erhalt ihres Arbeitsplatzes sowie Lieferanten, Dienstleister und Vermieter an der Aufrechterhaltung der Vertragsbeziehungen interessiert sein.[959] Hinzu kommt, dass selbst im Falle der Liquidation die Quote zumeist erst einige Jahre später ausgezahlt wird.[960] Letztlich ist die Entscheidung zwischen Verwertung und Erhalt des Unternehmens eine Einzelfallentscheidung[961] – eine

---

953 BegrRegE InsO, BT-Drucks. 12/2443, S. 108, 109; BegrRegE ESUG, BT-Drucks. 17/5712, S. 17.

954 BVerfG, Beschl.v. 23.5.2006 – 1 BvR 2530/04, BVerfGE 116, 1 (13).

955 *Foerste*, ZZP 2012, 265 (266); MüKo InsO/*Ganter/Lohmann*, § 1 Rn. 85; *Rattunde*, ZIP 2003, 2103 (2104); *Smid/Rattunde/Martini*, Der Insolvenzplan, Rn. 0.10.

956 Hierfür sprechen sich augenscheinlich MüKo InsO/*Ganter/Lohmann*, § 1 Rn. 85 aus, die die Sanierung als „*partielle(s) Verfahrensziel*“ immer dann verwirklicht sehen wollen, wenn das Unternehmen „*sanierungsfähig ist und die Sanierung für die Gläubiger zumindest gleiche Befriedigungschancen bietet* [...]“.

957 *Buchalik*, ZInsO 2015, 484 (484).

958 *Buchalik*, ZInsO 2015, 484 (486).

959 *Buchalik*, ZInsO 2015, 484 (486, 487).

960 *Buchalik*, ZInsO 2015, 484 (487).

961 BegrRegE ESUG, BT-Drucks. 17/5712, S. 17; Heidelberger Kommentar InsO/*Sternal*, § 1 Rn. 6.

Abstufung der infrage kommenden Mittel ist weder in § 1 S. 1 Hs. 2 InsO zu erkennen noch zu fordern[962].[963]

Damit befindet sich das Insolvenzverfahren immer dann außerhalb der durch § 1 InsO gesteckten Grenzen, wenn nicht die gemeinschaftliche Befriedigung der Gläubiger, sondern die Verfolgung hiervon abweichender Ziele angestrebt ist.[964]

II. Die insolvenzzweckwidrige Nutzung des Insolvenzplanverfahrens

Bevor der Frage nachgegangen wird, welche Auswirkungen ein rechtsmissbräuchlicher Eigenantrag auf die Stellung des Insolvenzantrags und/oder auf das eröffnete Insolvenzverfahren zeitigen kann, muss zunächst eine Eingrenzung der zu betrachtenden Fälle vorgenommen werden. Wie bereits in der bisherigen Darstellung angedeutet, existieren denkbar viele Gründe und Konstellationen, ein Insolvenzverfahren für – möglicherweise – insolvenzzweckwidrige Absichten zu nutzen. Die vorliegende Betrachtung soll sich insoweit auf die Lösung innergesellschaftlicher Konflikte durch das Insolvenzplanverfahren in Eigenverwaltung beschränken. Insbesondere durch die *Suhrkamp*-Insolvenz fand die Frage, ob eine derartige Instrumentalisierung des Insolvenzverfahrens als zulässig oder rechtsmissbräuchlich zu beurteilen ist, Einzug in die insolvenz- und gesellschaftsrechtliche Literatur.

1) Eingrenzung auf den Gesellschafterkonflikt in der personalistischen GmbH

Gesellschaftsrechtliche Streitigkeiten können – je nach der Gesellschaftsform und -größe – in den verschiedensten Spielarten und Varianten vorkommen. Um die nachfolgende Betrachtung übersichtlicher zu gestalten, soll deswegen eine Eingrenzung auf die *personalistische GmbH* vorgenommen werden. Denn zum einen erscheint die Gefahr, dass es zu gesellschaftsinternen Konflikten kommt, umso größer, je kleiner der Gesellschafterkreis ist. Zum anderen ist die Zuspitzung eines solchen Konflikts mit Auswirkungen auf den wirtschaftlichen Zustand der Gesellschaft insbesondere dann zu befürchten, wenn die

---

962 *Brüning*, Gesellschafter und Insolvenzplan, S. 207; *Smid*, Handbuch Insolvenzrecht, § 1 Rn. 28.

963 BegrRegE InsO, BT-Drucks. 12/2443, S. 77, 78; BAG, Urt. v. 28.10.2004 – 8 AZR 199/04, NZA 2005, 405 (407); *Bremen*, NZI 2014, 137 (138); *Buchalik*, ZInsO 2015, 484 (486); *Ritter von Onciul*, Die rechtzeitige Auslösung des Insolvenzverfahrens, S. 1; *Zarzitzky*, Die Reform des Insolvenzplanverfahrens, S. 6.

964 BGH, Beschl. v. 29.6.2006 – IX ZB 245/05, NJW-RR 2006, 1482 (1483); *Eidenmüller*, ZIP 2014, 1197 (1202); Graf-Schlicker InsO/*Kexel*, § 13 Rn. 31; *Gundlach/Müller/Rautmann*, ZInsO 2015, 889 (889).

Gesellschafter besonders großen Einfluss auf die Geschäfte und die Geschäftsführung der Gesellschaft haben.[965]

In der GmbH ist dieser Einfluss – anders als in der AG – besonders ausgeprägt. So ist der Geschäftsführer gemäß § 37 I GmbHG, vorbehaltlich anderweitiger Ausgestaltung in der Satzung, weisungsgebunden. Demgegenüber führt der Vorstand der AG die Gesellschaft weitgehend unter eigenen Verantwortung (§ 76 I AktG), ohne dass die Aktionäre hierauf wesentlich einwirken könnten.[966] In der personalistischen GmbH[967] ist es hingegen üblich, dass die Gesellschafter entscheidenden Einfluss auf die Führung der Geschäfte haben.[968] Der Gesellschafterkreis ist hier – ähnlich wie in einer Personengesellschaft – klein und meist sind die Gesellschafter selbst für die Gesellschaft tätig; in vielen Fällen sogar als Geschäftsführer.[969] Aufgrund der Bedeutsamkeit der einzelnen Personen für die Gesellschaft sind die Anteile häufig vinkuliert, um ihre Abtretung zu erschweren bzw. auf bestimmte Personenkreise zu beschränken.[970] Und auch die Einräumung von Sonderrechten in der Satzung der GmbH ist hier aufgrund der weitgehenden Gestaltungsfreiheit durchaus verbreitet.[971] Diese Sonderrechte verleihen den Gesellschaftern im Einzelfall noch weitergehende Rechte und Einflussmöglichkeiten in Form von Veto-, Mehrstimm- oder Entsendungsrechten und führen bei Nichtbeachtung zur Unwirksamkeit der gleichwohl vorgenommenen Maßnahme.[972]

Eine besonders enge und persönliche Beziehung zwischen den Gesellschaftern und das persönliche Engagement in der Gesellschaft stellen dementsprechend die Determinanten für das Ausmaß eines Gesellschafterstreits dar.[973] Denn auch wenn die Gesellschafter einst beschlossen haben, den Gesellschaftszweck gemeinsam zu verfolgen, können sich Lebensumstände und Ansichten ändern und zu grundlegenden Zerwürfnissen führen.[974] Der Gegenstand eines

---

965 Ähnlich Handbuch Gesellschaftsrechtliche Streitigkeiten/*Paura*, § 21 Rn. 17.

966 Auch § 82 II AktG erlaubt nur in sehr begrenztem Umfang den Einfluss auf die Geschäftsführungsbefugnis. Eine Beschränkung muss sich im Rahmen des aktienrechtlichen Normengefüges bewegen. Hierzu ausführlich Hüffer AktG/*Koch*, § 82 Rn. 8 ff.

967 Diese stellt, laut MüKo GmbHG/*Liebscher*, § 45 Rn. 18, mit 70% die häufigste Erscheinungsform der GmbH dar.

968 MüKo GmbHG/*Liebscher*, § 45 Rn. 18.

969 MüKo GmbHG/*Liebscher*, § 45 Rn. 18.

970 MüKo GmbHG/*Liebscher*, § 45 Rn. 18.

971 Henssler/Strohn/*Verse*, § 14 GmbHG Rn. 50.

972 Henssler/Strohn/*Verse*, § 14 GmbHG Rn. 51, 57.

973 Für die Personengesellschaft MAH PersGesR/*von Unger*, § 12 Rn. 1, 3.

974 Nach MAH PersGesR/von Unger, § 12 Rn. 3,4, ist der „*Gesellschafterstreit* [...] [ein] *Prozess mit einer natürlichen Eskalationstendenz*".

solchen Gesellschafterkonflikts kann verschiedenartig sein. Denkbar sind bspw. Differenzen bezüglich der strategischen und unternehmerischen Ausrichtung der Gesellschaft, der Ausgestaltung des Gesellschafterkreises, der Verwendung des Gewinns, der (übermäßigen) Wahrnehmung von Veto- und Auskunftsrechten oder auch der Einmischung in das Ressort eines Gesellschafters.[975] Unterschieden werden kann zwischen *Sachkonflikten*, *Wert- und Grundsatzkonflikten*, *Strategiekonflikten*, *Verteilungskonflikten* und *Beziehungskonflikten*.[976] Überdauert ein solcher Konflikt einen längeren Zeitraum, intensivieren sich auch die Auswirkungen auf die laufenden Geschäfte der Gesellschaft.[977] Inbesondere wenn unternehmerische Maßnahmen verzögert oder blockiert werden, kann dies negative Effekte auf die Wettbewerbsfähigkeit bzw. Reputation haben und zu wirtschaftlichen Einbußen führen.[978] Dies kann sich bis zur Unmöglichkeit der Fortführung[979] oder der Insolvenz der Gesellschaft zuspitzen[980]. Dabei sind nicht nur Auswirkungen auf die Führung der Geschäfte für den Fall zu befürchten, dass die Gesellschafter gleichzeitig Geschäftsführer sind. Vielmehr können die Gesellschafter durch Ausübung ihrer Sonder-, Weisungs- und Auskunftsrechte auch auf die Geschäftsführung, die nicht zum Gesellschafterkreis gehört, behindernd einwirken.[981]

2) Widerspricht die Lösung eines Gesellschafterkonflikts dem Zweck des Insolvenzverfahrens?

Anteilsrechte in den Insolvenzplan einzubeziehen und gemäß § 225a III, II InsO gesellschaftsrechtliche Maßnahmen zu beschließen, kann einen Ausweg aus der Gesellschafterkrise ermöglichen:[982] Sonder- oder Mehrstimmrechte, die

---

975 Siehe MAH PersGesR/*von Unger*, § 12 Rn. 7.

976 Nach *Schröder*, GmbHR 2014, 287 (287).

977 MAH PersGesR/*von Unger*, § 12 Rn. 15.

978 MAH PersGesR/*von Unger*, § 12 Rn. 14, 15; ähnlich *Madaus*, ZIP 2014, 500 (501); Handbuch Gesellschaftsrechtliche Streitigkeiten/*Paura*, § 21 Rn. 17; *Zipperer*, ZIP 2015, 2002 (2006).

979 Michalski GmbHG/*Nerlich*, § 61 Rn. 19.

980 MAH PersGesR/*von Unger*, § 12 Rn. 16.

981 Ähnlich auch *Fölsing*, ZInsO 2013, 1325 (1325).

982 Einen solchen Ausweg aus der Krise beschreibt auch das LG Berlin, Beschl. v. 20.10.2014 – 51 T 696/14, NZI 2015, 66 (69), im *Suhrkamp*-Verfahren; laut MAH PersGesR/*von Unger*, § 12 Rn. 134, kann mit § 225a III InsO ein *„scharfes Schwert zur Zerschlagung des „gordischen Knotens“ Gesellschafterstreit geschmiedet werden“*; ähnlich *Fölsing*, ZInsO 2013, 1325 (1325).

zu Pattsituationen geführt haben, können im Insolvenzplan aufgehoben, Einflussmöglichkeiten der Mehr- und Minderheitsgesellschafter auf die Geschäftsführung durch einen Formwechsel abgemildert und allzu widerspenstige Gesellschafter gar aus der Gesellschaft ausgeschlossen werden.[983] Die Vornahme derartiger gesellschaftsrechtlicher Umstrukturierungen ist zwar auch außergerichtlich möglich, angesichts der Mehrheitserfordernisse, die an die gesellschafterliche Zustimmung geknüpft sind, häufig aber nicht vielversprechend. Befindet sich die Gesellschaft jedoch im Insolvenzverfahren, gelten auch die insolvenzrechtlichen Abstimmungsregeln mit der Stimmmacht der Gläubiger und den herabgesetzten Mehrheitserfordernissen.[984] Wie im 1. Teil der Arbeit bereits ausgeführt wurde, sollen diese Möglichkeiten die Sanierung des Unternehmens erleichtern und eine möglichst hohe Gläubigerbefriedigung erreichen. Das Insolvenzverfahren soll insoweit eine vermögensrechtliche Umverteilung bewirken.

Fraglich ist aber, ob das Insolvenzverfahren auch einen geeigneten Rechtsrahmen für die Lösung gesellschaftsrechtlicher Konflikte darstellt.[985] Möglicherweise könnten in diesem Fall die durch das Gesellschaftsrecht zur Verfügung gestellten Mittel zur Konfliktlösung vorrangig sein. Dann wiederum könnte die Inanspruchnahme des Insolvenzverfahrens zur Lösung gesellschaftsrechtlicher Konflikte insolvenzzweckwidrig sein.

Ein solcher Vorrang gesellschaftsrechtlicher Lösungsmechanismen ließe sich insbesondere deshalb annehmen, weil mit der Nutzung des Insolvenzplanverfahrens zur Beilegung gesellschaftsrechtlicher Konflikte die strengeren gesellschaftsrechtlichen Regeln (insbesondere Mehrheitserfordernisse und Begründungspflichten) für die Vornahme von Strukturmaßnahmen umgangen werden könnten.[986] Ein Vorrang dieser außerinsolvenzlichen Maßnahmen spräche dafür, dass das Insolvenzverfahren gerade nicht das vom Gesetzgeber vorgesehene Instrument für die Lösung gesellschaftsrechtlicher Konfliktlagen darstellt. Ein dennoch zu diesem Zweck durchgeführtes Insolvenzplanverfahren widerspräche folglich der Zielsetzung des Insolvenzverfahrens.

---

983 Siehe für weitere Möglichkeiten, die sich durch § 225a InsO bieten: 1. Teil C. IV.

984 MAH PersGesR/*von Unger*, § 12 Rn. 134.

985 Dies bezweifeln *Brinkmann*, ZIP 2014, 197 (200); *Westermann*, NZG 2015, 134 (142).

986 *Priester*, FS Kübler, 557 (559), weist auf die *„wesentliche Absenkung der Hürden für Strukturmaßnahmen"* hin.

a) Der Subsidiaritätsgedanke im Gesellschaftsrecht

Die Gesellschafter einer GmbH sind grundsätzlich nicht verpflichtet, die Gesellschaft um jeden Preis am Leben zu erhalten – sie genießt keinen Bestandsschutz.[987] Zwar kann die Gesellschaftermehrheit auch Sanierungsbestrebungen zur Rekapitalisierung unter bestimmten Voraussetzungen gegen den Willen der Gesellschafterminderheit durchsetzen.[988] Eine solche außergerichtliche Rekapitalisierungsmaßnahme wird indes keine Lösung des gesellschaftsinternen Konflikts herbeiführen.

aa) Auflösung der GmbH

Außerhalb des Vorliegens von Insolvenzgründen steht es den Gesellschaftern also frei, einen Gesellschafterstreit durch die Auflösung der Gesellschaft beizulegen.

Bei einer Mehrheit von ¾ der abstimmenden Gesellschafter ist es grundsätzlich auch ohne Vorliegen eines sachlichen Grundes möglich, eine Auflösung zu beschließen (§ 60 I Nr. 2 GmbHG). Nach der Rechtsprechung des BGH trägt „[e]*in mit der nötigen Mehrheit gefaßter Auflösungsbeschluß* […] *seine Rechtfertigung in sich*“ und wird nur in Ausnahmefällen durch die gesellschaftsrechtliche Treuepflicht begrenzt.[989] Dies hat der BGH im *Linotype*-Urteil bestätigt und ausgeführt, dass Liquidationsbeschlüsse grundsätzlich keiner allgemeinen Inhaltskontrolle unterliegen und der Auflösungsbeschluss des Mehrheitsgesellschafters lediglich im Einzelfall eine Treuepflichtverletzung darstellen kann.[990]

Auch der Gesellschafterminderheit[991] ist es gemäß § 61 I GmbHG möglich, die Auflösung der GmbH durch das Gericht zu beantragen, wenn die „*Erreichung des Gesellschaftszwecks unmöglich wird, oder, wenn andere, in den Verhältnissen der Gesellschaft liegende, wichtige Gründe für die Auflösung vorhanden sind*“. In Betracht kommen auch hier innergesellschaftliche Gründe, wie bspw.

---

987 BGH, Urt. v. 20.3.1995 – II ZR 205/94, BGHZ 129, 136 (151) („Girmes“); *Meyer*, ZInsO 2013, 2361 (2362); *Veil*, ZGR 2006, 374 (384).

988 Eine solche Pflicht kann sich aus der gesellschafterlichen Treuepflicht ergeben. Siehe hierzu die Zusammenfassung der BGH-Rechtsprechung im 1. Teil B I. 3). Zu der Frage, ob die *Sanieren oder Ausscheiden*-Rechtsprechung auch auf die GmbH übertragbar ist, siehe *Bauer*, Die GmbH in der Krise, Kapitel D Rn. 270; *Priester*, ZIP 2010, 497 ff.; Zu der Frage, wie dies in der GmbH durchgesetzt werden kann, *Nentwig*, GmbHR 2012, 664 ff.

989 BGH, Urt. v. 28.1.1980 – II ZR 124/87, BGHZ 76, 352 (353).

990 BGH, Urt. v. 1.2.1988 – II ZR 75/87, BGHZ 103, 184 (191 ff.) („Linotype“).

991 Diese muss 10% des Stammkapitals halten, vgl. § 61 II 2 GmbHG.

ein *„tiefgreifendes und unheilbares Zerwürfnis der Gesellschafter"*, wenn dieses der Fortsetzung der Gesellschaft entgegensteht.[992] Die Voraussetzungen, die an die Auflösung durch die Gesellschafterminderheit gestellt werden, sind allerdings um einiges strenger als jene, die an den Beschluss der Mehrheit gestellt werden. So kann die Auflösung in diesem Fall nur *subsidiär* beantragt werden.[993] Die Subsidiarität spielt dabei insbesondere beim Vorliegen persönlicher Gründe eine große Rolle.[994] Existieren *mildere Mittel*, die Verfolgung des Gesellschaftszwecks zu gewährleisten, ohne die Gesellschaft aufzulösen, sind diese vorrangig zu verfolgen.[995] Besteht bspw. die Möglichkeit, den Konflikt durch Austritt oder Ausschluss eines Gesellschafters, die Einziehung eines Gesellschaftsanteils oder eine andere Satzungsänderung zu lösen, ist kein *wichtiger Grund* für die Auflösung der Gesellschaft gegeben und die Klage der Gesellschafterminderheit wird als unbegründet zurückgewiesen.[996]

bb) Urteil des OLG München vom 4.2.2015

Mit der Frage, ob aus Sicht der gesellschaftsrechtlichen Treuepflicht auch die Stellung eines Insolvenzantrages subsidiär ist, hat sich kürzlich das OLG München auseinandergesetzt:[997]

Die Gesellschafter einer GbR stritten in diesem Fall über das Bestehen von Aufwendungsansprüchen und die Alleinvertretungsbefugnis des klagenden Gesellschafters. Der Gesellschaftszweck der GbR bestand in der Bebauung eines Grundstücks durch die Gesellschafter, wobei kein individueller Gesellschaftsvertrag geschlossen wurde, der die streitigen Punkte näher regelte. Nachdem sich die Mitgesellschafter des Klägers weigerten, den Aufwendungsanspruch zu begleichen und Überschuldung eintrat, stellte der Kläger Insolvenzantrag. Nach dem Dafürhalten des OLG München verletzte der Gesellschafter mit der Insolvenzantragstellung seine gesellschaftsrechtliche Treuepflicht.[998] Das Gericht begründete dies mit folgenden Erwägungen: Zum einen bestand für

992 Handbuch Gesellschaftsrechtliche Streitigkeiten/*Paura,* § 21 Rn. 17.

993 Henssler/Strohn/*Arnold,* § 61 GmbHG Rn. 1.

994 Handbuch Gesellschaftsrechtliche Streitigkeiten/*Paura,* § 21 Rn. 17.

995 OLG Naumburg, Urt. v. 20.4.2012 – 10 U 24/19, GmbHR 2013, 37 (38, 39); Henssler/Strohn/*Arnold,* § 61 GmbHG Rn. 1; MüKo GmbHG/*Limpert,* § 61 Rn. 22; Michalski GmbHG/*Nerlich,* § 61 Rn. 10; Handbuch Gesellschaftsrechtliche Streitigkeiten/*Paura,* § 21 Rn. 12.

996 Michalski GmbHG/*Nerlich,* § 61 Rn. 11, 12.

997 OLG München, Urt. v. 4.2.2015 – 7 U 2177/14, ZIP 2015, 826.

998 OLG München, Urt. v. 4.2.2015 – 7 U 2177/14, ZIP 2015, 826 (827).

den Gesellschafter trotz Vorliegen der Überschuldung keine Insolvenzantragspflicht[999] und die Gläubiger waren aufgrund des relativ geringen Überschuldungsbetrags nicht schutzbedürftig; zum anderen hätte es dem Gesellschafter aufgrund der gesellschaftsrechtlichen Treuepflicht oblegen, eine Klärung des Gesellschafterstreits um die Vertretungsbefugnis vor Stellung des Insolvenzantrags herbeizuführen.[1000]

Fraglich ist, ob dieses Urteil auf die GmbH übertragen werden kann. Die unterschiedlichen Gesellschaftsformen sprechen zunächst einmal nicht automatisch gegen eine Übertragbarkeit. Zwar ist die Treuepflicht in der Personengesellschaft regelmäßig stärker ausgeprägt als in der GmbH.[1001] Allerdings ist auch anerkannt, dass das Ausmaß der Treuepflicht primär von der Realstruktur der Gesellschaft und nicht von der Gesellschaftsform abhängt. Ist die GmbH also im Einzelfall durch eine enge Vertrauensbeziehung der Gesellschafter untereinander und ihren persönlichen Arbeitseinsatz gekennzeichnet, kann die Treuepflicht auch hier ähnlich stark ausgeprägt sein.[1002] Auch in der Krise der Gesellschaft sind die Gesellschafter hiernach verpflichtet, auf die Interessen der Mitgesellschafter Rücksicht zu nehmen.[1003] Diese Rücksichtnahmepflicht ist allerdings begrenzt auf die Förderung des Gesellschaftszwecks – eine treuepflichtbedingte Rücksichtnahme auf persönliche Belange der Mitgesellschafter ist grundsätzlich nicht geboten.[1004] Im allgemeinen Gesellschaftsinteresse liegt es aber, die Eskalation eines Gesellschafterstreits zu verhindern, um eine gemeinsame Verfolgung des Gesellschaftszwecks zu gewährleisten. Das Hinwirken auf die Lösung des Gesellschafterkonflikts ist den Gesellschaftern insbesondere dann zuzumuten, wenn dies ohne besonders hohen Aufwand möglich ist.

Im Fall des OLG München hätte der klagende Gesellschafter die Frage der Alleinvertretungsbefugnis entweder durch Herbeiführung eines Gesellschafterbeschlusses oder durch Erhebung einer Zahlungsklage klären können.[1005] Dadurch, dass er der Lösung der gesellschaftsrechtlichen Rechtsfrage durch Stellung des Insolvenzantrags zuvorkam, vereitelte er endgültig den

---

999 § 15a InsO gilt nicht für Gesellschaften mit ausschließlich persönlich haftenden Gesellschaftern.

1000 OLG München, Urt. v. 4.2.2015 – 7 U 2177/14, ZIP 2015, 826 (827).

1001 Siehe schon allgemein zur gesellschaftsrechtlichen Treuepflicht im 1. Teil B. I. 2).

1002 Michalski GmbHG/*Michalski/Funke*, § 13 Rn. 145.

1003 *Brünkmans/Uebele*, ZInsO 2014, 265 (269); Henssler/Strohn/*Verse*, § 14 GmbHG Rn. 98, 101.

1004 Michalski GmbHG/*Michalski/Funke*, § 13 Rn. 139; *Thole*, ZIP 2013, 1937 (1941).

1005 OLG München, Urt. v. 4.2.2015 – 7 U 2177/14, ZIP 2015, 826 (828).

Gesellschaftszweck und verletzte seine gesellschaftsrechtliche Treuepflicht.[1006] So hätte er nach Ansicht des Gerichts die Stellung des Insolvenzantrags erst in Betracht ziehen dürfen, nachdem die opponierenden Mitgesellschafter sich ihrerseits geweigert hätten, an der Klärung durch Gesellschafterbeschluss mitzuwirken, bzw. im Rechtsstreit erstinstanzlich obsiegt hätten.[1007]

Eine solche treuepflichtbedingte Obliegenheit zur Herbeiführung einer gesellschaftsrechtlichen Konfliktlösung kann auch für die personalistische GmbH angenommen werden. Zwar widerspricht die Durchführung des Insolvenzverfahrens, selbst wenn der Gesellschafterstreit den Insolvenzgrund hervorgerufen hat, nicht automatisch der Treuepflicht.[1008] Grundsätzlich verpflichtet die Treuepflicht aber den Gesellschafter, jedenfalls den Versuch einer Beilegung des Gesellschafterstreits durch Vornahme gesellschaftsrechtlicher Maßnahmen zu unternehmen.

Dabei können – aus gesellschaftsrechtlicher Sicht – insbesondere folgende Maßnahmen vor der Insolvenzantragstellung zur Konfliktlösung in Betracht kommen:[1009]

- Abberufung des Gesellschafters/der Gesellschafter als Geschäftsführer und Bestellung eines außenstehenden Dritten;
- Übertragung des Geschäftsanteils für gewisse Zeit auf einen Treuhänder[1010] oder Übertragung der Ausübung von Mitwirkungsrechten auf einen Vertreter;
- Teileinziehung des Gesellschafteranteils, wenn die Majorität oder eine Sperrminorität in querulatorischer Weise ausgeübt wird;
- die Einteilung der Gesellschafteraufgaben in klar abgegrenzte Ressorts;
- Bildung eines Beirats, der die Gesellschafter bei ihren Entscheidungen in objektiver Weise zu unterstützen vermag.

Sind die Sonderrechte eines Gesellschafters und ihre Ausübung Ursprung des Konflikts, kann auch über die Entziehung dieser Rechte nachgedacht werden. Ein solcher Entzug wäre als milderes Mittel der Einziehung und dem Ausschluss

1006 OLG München, Urt. v. 4.2.2015 – 7 U 2177/14, ZIP 2015, 826 (828). Das Gericht nahm insoweit einen Schadensersatzanspruch des beklagten Gesellschafters aus §§ 280 I, 705 BGB an.

1007 OLG München, Urt. v. 4.2.2015 – 7 U 2177/14, ZIP 2015, 826 (828).

1008 *Spliedt,* ZInsO 2013, 2155 (2158).

1009 Siehe hierzu die Beispiele bei MAH PersGesR/*von Unger,* § 12 Rn. 42, 43, 47.

1010 Zur doppelnützigen Sanierungstreuhand auch *Ziegenhagen/Braegelmann,* KSI 2013, 197 (199).

vorzuziehen.[1011] Problematisch ist insoweit freilich, dass hierfür nicht nur die Satzung geändert werden, sondern der Sonderrechtsinhaber dem Entzug gemäß § 35 BGB zustimmen muss[1012]. Dieser Zustimmung bedarf es nur dann nicht, wenn das Sonderrecht aus *wichtigem Grund* entzogen wird – sein Fortbestehen für die Gesellschaft also *unzumutbar* ist.[1013]

Die Zustimmung zu den notwendigen Maßnahmen ist allerdings nicht nur auf den Entzug von Sonderrechten beschränkt. Insoweit bedarf die Klärung des Gesellschafterstreits der Mitwirkung aller Gesellschafter. Ob eine solche Mitwirkung bei tief zerstrittenen Gesellschaftern tatsächlich zu erwarten wäre, ist allerdings zweifelhaft.[1014] Gleichwohl schließt die Ungewissheit nicht die generelle Pflicht aus, auf eine einvernehmliche Streitbeilegung hinzuwirken. Dies stellte auch das OLG München in seinem Urteil klar.[1015] Ein ernsthaftes Bemühen um eine Konfliktlösung ist insoweit das Mindestmaß dessen, was aus Treuepflichtgesichtspunkten von den Gesellschaftern verlangt werden kann.

Insbesondere erscheint es treuwidrig, auf das Angebot eines Gesellschafters, eine einvernehmliche Lösung herbeizuführen, einseitig nicht einzugehen, sondern unmittelbar mit der Stellung eines Insolvenzantrags zu reagieren.

Dabei ist allerdings zu berücksichtigen, dass die GmbH als Kapitalgesellschaft gemäß § 15a InsO der Insolvenzantragspflicht unterliegt. Die betroffene GbR im Urteil des OLG München war hingegen selbst im Falle der Zahlungsunfähigkeit nicht insolvenzantragspflichtig. Aus diesem Grund war das Gericht nicht daran gehindert, Gläubigerschutzgesichtspunkte für die Annahme der Treuepflichtverletzung weitestgehend auszublenden.[1016] Eine Übertragbarkeit der Argumentation auf die GmbH ist insoweit nur für den Bereich der drohenden Zahlungsunfähigkeit (§ 18 InsO) möglich. Denn zumindest mit Eintritt der Insolvenzantragspflichten muss im (nun vorrangigen) Gläubigerinteresse Insolvenzantrag gestellt werden, ohne dass eine gesellschaftsrechtliche Pflicht zur außerinsolvenzlichen Streitbeilegung angenommen werden könnte.[1017]

1011 Michalski GmbHG/*Michalski/Funke,* § 13 Rn. 186.

1012 BGH, Urt. v. 10.10.1988 – II ZR 3/88, NJW-RR 1989, 542 (543); Henssler/Strohn/*Verse,* § 14 GmbHG Rn. 54.

1013 Henssler/Strohn/*Verse,* § 14 GmbHG Rn. 55.

1014 Zu weiteren Möglichkeiten der Konfliktlösung, wie Verhandlungen, Gerichtsverfahren, Mediation, Schiedsverfahren und Schlichtung *Schröder,* GmbHR 2014, 287 (287 ff.).

1015 OLG München, Urt. v. 4.2.2015 – 7 U 2177/14, ZIP 2015, 826 (828).

1016 OLG München, Urt. v. 4.2.2015 – 7 U 2177/14, ZIP 2015, 826 (827).

1017 Ähnlich *Gundlach/Müller/Rautmann,* ZInsO 2015, 889 (890).

Unmittelbare Geltung beanspruchen die Grundsätze aus dem Urteil darüber hinaus ausschließlich für den gesellschaftsrechtlichen Bereich und das Verhältnis der Gesellschafter untereinander. Auf die Beurteilung, ob die Stellung eines Insolvenzantrags zur Lösung von Gesellschafterkonflikten insolvenzzweckwidrig ist, hat eine etwaige Treuepflichtverletzung eines Gesellschafters deshalb keine Auswirkung, weil die Treuepflichten zunächst nur das Verhältnis zwischen den Gesellschaftern betreffen. Insoweit äußerte sich das OLG München – als hierfür unzuständiges Gericht – nicht zu einer möglichen Auswirkung der festgestellten Treuepflichtverletzung auf die Zulässigkeit des Insolvenzantrags.

b) Generelle Subsidiarität des Insolvenzverfahrens?

Fraglich ist demnach, ob sich die für das Gesellschaftsrecht geltenden Grundsätze auf das Insolvenzrecht übertragen lassen, ob also auch hier von einer Subsidiarität der Inanspruchnahme des Insolvenzverfahrens zur Auflösung eines Gesellschafterkonflikts mittels gesellschaftsrechtlicher Maßnahmen ausgegangen werden kann.

In der Literatur und der Rechtsprechung wird dies teilweise angenommen. Die Lösung eines Gesellschafterstreits sei vorrangig mithilfe der gesellschaftsrechtlichen Mittel der Auflösung, Ausschließung von Gesellschaftern oder Einziehung von Gesellschaftsanteilen zu erreichen.[1018]

Zutreffend ist insoweit, dass die Inanspruchnahme des Insolvenzrechts grundsätzlich *ultima ratio* darstellt.[1019] Dies wird seit dem Inkrafttreten des ESUG und der nunmehr bestehenden Möglichkeit, die Gesellschafteranteile in den Insolvenzplan einzubeziehen, besonders deutlich. Durch die Einbeziehung wollte der Gesetzgeber eine verbesserte Gläubigerbefriedigung erreichen, nicht aber die Umgehung gesellschaftsrechtlicher Voraussetzungen an Strukturmaßnahmen fördern.

Der Zweck des Insolvenzverfahrens ist die möglichst umfassende Befriedigung der Gläubigerinteressen,[1020] nicht die vereinfachte Beilegung eines Gesellschafterkonflikts. Die Abgrenzung ist allerdings nicht immer trennscharf möglich, kann die Auflösung eines Gesellschafterkonflikts doch auch

1018 LG Frankfurt a.M., Urt. v. 13.8.2013 – 3-09 O 78/13, NZG 2013, 1064 (1068); Urt. v. 10.9.2013 – 3-09 96/13, NZG 2013, 1315 (1318, 1319); *Brünkmans,* ZInsO 2013, 265 (268); ders./*Uebele,* ZInsO 2014, 265 (268).

1019 *Böcker,* DZWiR 2014, 331 (336); *Madaus,* ZIP 2014, 500 (501); SanRKomm/*Seibt*/*Westpfahl,* § 225a Rn. 85.

1020 Siehe 2. Teil C. I.

das (einzige) Mittel zur Gläubigerbefriedigung darstellen.[1021] Unzutreffend wäre daher die Annahme, ein Gesellschafterkonflikt müsse stets vorrangig mithilfe des Gesellschaftsrechts aufgelöst werden. Denn spitzt sich der Konflikt so zu, dass die Gesellschaft in wirtschaftliche Schwierigkeiten gerät und Gläubigerinteressen gefährdet werden, ist auch die Auflösung mithilfe des Insolvenzverfahrens von dessen Zweck gedeckt.[1022] Dies gilt umso mehr, wenn der Rückgriff auf das Gesellschaftsrecht bereits erfolglos versucht wurde.[1023] Haben die streitenden Gesellschafter bspw. gegenseitige Verletzungen von Gesellschafterpflichten begangen, die jeweils einen Ausschluss aus der Gesellschaft rechtfertigen würden, wird selbst eine Ausschließungsklage keinen Erfolg haben.[1024] In solch verfahrenen Situationen sollte der Rückgriff auf das Insolvenzplanverfahren nicht versperrt werden.[1025] Schließlich wird mit der Vornahme gesellschaftsrechtlicher Maßnahmen im Insolvenzplan gleichzeitig der Grund beseitigt, der zu der wirtschaftlichen Schieflage und damit zur Gefährdung der Gläubigerinteressen geführt hat.[1026] Dies gilt selbstverständlich nur unter der Prämisse, dass ein Insolvenzgrund tatsächlich vorliegt.[1027] Damit muss grundsätzlich auch das Vorliegen der drohenden Zahlungsunfähigkeit als Grund für die Einleitung des Verfahrens genügen – vorausgesetzt, hiermit ist (auch) die Befriedigung der Gläubiger bezweckt.[1028] Insoweit kann für die Zulässigkeit der Inanspruchnahme des Insolvenzverfahrens auch nicht deswegen etwas anderes gelten, weil die Insolvenzantragstellung nach den oben aufgestellten Grundsätzen gegen die Treuepflicht verstößt. Denn der Zweck des Insolvenzverfahrens ist vorrangig an den Gläubigerinteressen ausgerichtet. Etwaige Treuepflichtverletzungen im Vorfeld einer Insolvenz sind für diese allerdings irrelevant. Relevant ist einzig, ob die Bereinigung des Gesellschafterkonflikts im Rahmen des Insolvenzverfahrens

---

1021 MAH PersGesR/*von Unger,* § 12 Rn. 137.

1022 *Böcker,* DZWiR 2014, 331 (336); *Fölsing,* ZInsO 2013, 1325 (1325); *Lang/Muschalle,* NZI 2013, 953 (956); *Madaus,* ZIP 2014, 500 (501); *Priester,* FS Kübler, 557 (565); MAH PersGesR/*von Unger,* § 12 Rn. 142.

1023 *Böcker,* DZWiR 2014, 331 (336); *Madaus,* ZIP 2014, 500 (501).

1024 So wohl im *Suhrkamp*-Verfahren LG Frankfurt a.M., Urt. v. 13.11.2013 – 3-03 O 72/12, NZG 2013, 1427 (1429, 1430) unter Hinweis auf die Rspr. des BGH: BGH, Urt. v. 31.3.2003 – II ZR 8/01, NZG 2003, 625 (627); Urt. v. 23.2.1981 – II ZR 229/79, BGHZ 80, 346 (351); Urt. v. 25.1.1960 – II ZR 22/59, BGHZ 32, 17 (31).

1025 So schon *Madaus,* ZIP 2014, 500 (501).

1026 MAH PersGesR/*von Unger,* § 12 Rn. 137.

1027 *Böcker,* ZInsO 2015, 773 (782); *Fölsing,* ZInsO 2013, 1325 (1325).

1028 *Madaus,* ZIP 2014, 500 (501).

zu einer verbesserten Befriedigung ihrer Forderungen führt. Ist dies der Fall, kann nicht von einer insolvenzzweckwidrigen Inanspruchnahme des Verfahrens ausgegangen werden. Die gegenteilige Annahme würde der Intention des Gesetzgebers, frühzeitige Sanierungen zu fördern, widersprechen.[1029] Dient die Durchführung des Insolvenzverfahrens allerdings ausschließlich der Lösung des Gesellschafterkonflikts unter Umgehung gesellschaftsrechtlicher Vorschriften und nicht der Befriedigung der Gläubiger, widerspricht dies dem Zweck des Insolvenzverfahrens.[1030]

3) Zwischenergebnis und weiterer Gang der Untersuchung

Die Lösung gesellschaftsinterner Konflikte im Rahmen des Insolvenzverfahrens ist entgegen der in Teilen des Schrifttums vertretenen Ansicht nicht als grundsätzlich insolvenzzweckwidrig zu bewerten und auch ein Vorrang der im Gesellschaftsrecht vorgesehenen Maßnahmen zur Beilegung von Gesellschafterkonflikten ist – bei Vorliegen eines Insolvenzgrundes – nicht begründbar.

Dies gilt allerdings nicht für den Fall, dass das Insolvenzverfahren ausschließlich der gesellschaftsrechtlichen Umstrukturierung dient. Ist das Insolvenzverfahren nicht auf die Befriedigung der Gläubiger ausgerichtet, widerspricht dies dem Insolvenzverfahrenszweck und stellt eine Umgehung der gesellschaftsrechtlichen Regelungen dar.

Nachfolgend gilt es dementsprechend zu untersuchen, woran eine solche Intention zur Instrumentalisierung des Insolvenzverfahrens festzumachen ist und wie ein solcher Rechtsmissbrauch innerhalb des Verfahrens verhindert werden kann.

III. Anknüpfungspunkt für die Feststellung der Rechtsmissbräuchlichkeit

Die Insolvenzeröffnung hat für alle Beteiligten empfindliche Konsequenzen – allen voran wirtschaftlicher Natur.[1031] Es besteht daher ein Bedürfnis, rechtsmissbräuchliche (Eigen-)Anträge frühestmöglich von dem weiteren Verfahren auszuschließen. Aus diesem Grund wird im deutschen Recht rechtsmissbräuchlichen Anträgen bereits zu Beginn entgegengewirkt.[1032] Dabei stellt die

---

1029 *Madaus*, ZIP 2014, 500 (501).

1030 *Brinkmann*, ZIP 2014, 197 (200); MAH PersGesR/*von Unger*, § 12 Rn. 137.

1031 *Eidenmüller*, ZIP 2014, 1197 (1201).

1032 *Eidenmüller*, ZIP 2014, 1197 (1197); Heidelberger Kommentar InsO/*Haas*, § 225a Rn. 18.

Rechtsmissbräuchlichkeit keine eigenständige Negativvoraussetzung des Antrages dar.[1033] Vielmehr bilden Zulässigkeit und Begründetheit die Schranken, die eine solche verhindern und so Schuldner und Gläubiger schützen sollen.[1034]

Insbesondere die Insolvenzgründe bilden hier eine Eingangshürde, die sicherstellt, dass in die Rechte der Gläubiger wie auch der Gesellschafter nur dann eingegriffen wird, wenn dies zur Schadensabwendung notwendig ist,[1035] nicht hingegen lediglich aufgrund *allgemeiner politischer Überlegungen*[1036]. Dies weicht von anderen Jurisdiktionen, wie der USA, dem Vereinigten Königreich und Frankreich ab, in denen die Antragstellung keine derartige Beschränkung findet.[1037] Dies wiederum erklärt, weshalb dort die Missbrauchskontrolle durch den Richter sehr viel stärker ausgeprägt ist als in Deutschland.[1038]

In der deutschen Literatur wird für die Prüfung der Rechtsmissbräuchlichkeit verbreitet an das Rechtsschutzinteresse angeknüpft.[1039] Dieses stellt – wie allgemein im Zivilprozess – auch beim Insolvenzantrag sicher, dass die Beteiligten nur dann Rechtsschutz erhalten, wenn dies prozesswirtschaftlich und zweckmäßig ist.[1040] Als unbestimmter Rechtsbegriff ist das Rechtsschutzinteresse allerdings konturlos und auslegungsbedürftig.[1041] Hinzu kommt, dass aufgrund des staatlichen Vollstreckungsmonopols der Antragsteller darauf angewiesen ist, das Insolvenzverfahren vor einem Gericht einzuleiten.[1042] Die Ablehnung des Rechtsschutzinteresses muss insoweit grundsätzlich die Ausnahme bleiben.[1043] Diese zurückhaltende Herangehensweise spiegelt auch die Rechtsprechung zum Rechtsschutzbedürfnis bei Gläubigeranträgen wider, wie im Laufe des Kapitels

---

1033 *Prütting*, FS Kübler, 567 (573).

1034 *Prütting*, FS Kübler, 567 (572).

1035 Braun InsO/*Bußhardt*, § 16 Rn. 1; *Eidenmüller*, ZIP 2014, 1197 (1202); Heidelberger Kommentar InsO/*Haas*, § 225a Rn. 18; Insolvenzrechts-Handbuch/*Haas*, § 91 Rn. 42; Heidelberger Kommentar InsO/*Rüntz*, § 16 Rn. 2; MüKo InsO/*Schmahl/Vuia*, § 16 Rn. 2; Uhlenbruck InsO/*Mock*, § 16 Rn. 1, 4.

1036 Nerlich/Römermann InsO/*Mönning*, § 16 Rn. 6 (23. EL 3/12).

1037 *Eidenmüller*, ZIP 2014, 1197 (1199).

1038 *Eidenmüller*, ZIP 2014, 1197 (1201); In Deutschland sei nach *Eidenmüller*, ZIP 2014, 1197 (1197), hingegen „*kaum Raum für ein Eingreifen des Rechtsmissbrauchsverbots*".

1039 *Brünkmans/Uebele*, ZInsO 2014, 265 (268); *Gundlach/Müller/Rautmann*, ZInsO 2015, 889 (889); *Prütting*, FS Kübler, 567 (573); *Thole*, ZIP 2013, 1937 (1944).

1040 *Guski*, WM 2011, 103 (105).

1041 *A. Lang*, Das Rechtsschutzinteresse, S. 33.

1042 *A. Lang*, Das Rechtsschutzinteresse, S. 32.

1043 *A. Lang*, Das Rechtsschutzinteresse, S. 32.

noch zu zeigen sein wird.[1044] Vorzugswürdig muss es sein, die Entscheidung, ob ein rechtsmissbräuchlicher – da insolvenzzweckwidriger – Insolvenzantrag vorliegt, nicht anhand unbestimmter und unsicherer Maßstäbe, sondern mit höchstmöglicher Rechtsklarheit zu treffen.[1045] Insoweit erscheint es vorzugswürdig, die Prüfung vorrangig anhand der klar formulierten Antragsvoraussetzungen vorzunehmen.[1046] Diese sind auf ihre Geeignetheit zu überprüfen, einen rechtsmissbräuchlichen Antrag vom weiteren Verfahren auszuschließen, bevor *subsidiär* auf das Rechtsschutzbedürfnis zurückgegriffen wird.[1047]

D. Insolvenzverfahrensrechtliche Schutzmechanismen gegen missbräuchliche Eigenanträge

Entsprechend der aufgestellten Grundsätze ist zunächst das Eröffnungsverfahren auf die Grenzen zu untersuchen, die es einem auf Auflösung eines Gesellschafterkonflikts gerichteten Insolvenzantrag setzt.

I. Die Antragsbefugnis

Der Instrumentalisierung des Insolvenzplanverfahrens zur Lösung gesellschaftsrechtlicher Konflikte kann möglicherweise bereits im Rahmen der Antragsbefugnis wirksam begegnet werden. Soll eine gesellschaftsrechtliche Umstrukturierung zulasten eines oder mehrerer Gesellschafter vorgenommen werden, wird der Insolvenzantrag regelmäßig ohne oder gegen den Willen der/des betroffenen Gesellschafter(s) gestellt. Fraglich erscheint deswegen, ob eine solche Antragstellung gegen den Willen Einzelner möglich ist oder ob der/die betroffene(n) Gesellschafter bereits in diesem frühen Stadium vor einem – ggf. – missbräuchlichen Eigenantrag geschützt werden kann/können.

1) Die Antragsberechtigung

Für die Antragsberechtigung muss zunächst geklärt werden, wer generell zur Stellung des Insolvenzantrags und der weiteren Sanierungsanträge berechtigt ist.

1044 Siehe hierzu 2. Teil D. IV. 1).

1045 *Eidenmüller*, ZIP 2014, 1197 (1201).

1046 *A. Lang*, Das Rechtsschutzinteresse, S. 44.

1047 *A. Lang*, Das Rechtsschutzinteresse, S. 33.

a) *Die Antragsberechtigung beim Eigenantrag*

Zur Stellung eines Eigenantrages auf Eröffnung des Insolvenzverfahrens ist bei juristischen Personen gemäß § 15 I 1 InsO grundsätzlich *„jedes Mitglied des Vertretungsorgans"*, in der GmbH also der oder die Geschäftsführer befugt.

Besteht das Vertretungsorgan aus mehreren Personen, können Meinungsverschiedenheiten darüber auftreten, ob ein Eigenantrag gestellt werden sollte. Dies wird insbesondere für den Fall der drohenden Zahlungsunfähigkeit (§ 18 InsO) gelten, da diese noch keine Antragspflicht (§ 15a InsO) auslöst. Nicht ausgeschlossen ist es aber, dass auch die Frage, ob überhaupt ein Insolvenzgrund vorliegt, innerhalb des Geschäftsführungsorgans kontrovers beurteilt wird.[1048]

Diesen Fällen wollte der Gesetzgeber – bereits vor dem ESUG – mit den Vorschriften der §§ 15 II, 18 III InsO begegnen. Insbesondere § 15 II 1, 2 InsO soll dabei missbräuchlichen Anträgen frühzeitig entgegenwirken.[1049]

§ 15 II InsO, welcher für sämtliche Insolvenzgründe gilt, soll *willkürliche* Eigenanträge verhindern, die nicht mit allen Mitgliedern des Vertretungsorgans abgestimmt sind.[1050] Stellt ein Geschäftsführer eigenmächtig den Insolvenzeröffnungsantrag, muss er nicht nur den Insolvenzgrund glaubhaft machen (§ 15 II 1 InsO), vielmehr müssen die übrigen Mitglieder des Vertretungsorgans – ähnlich wie beim Gläubigerantrag (§§ 14 II, 10 InsO)[1051] – vom Insolvenzgericht angehört werden (§ 15 II 3 InsO). Diese Anhörung ist dabei nicht auf das Vorliegen des Insolvenzgrundes begrenzt, es können vielmehr jegliche Gründe vorgebracht werden, die zur Unzulässigkeit oder Unbegründetheit des Eröffnungsantrages führen können.[1052] Treten die übrigen antragsberechtigten Geschäftsführer der Antragstellung entgegen, werden sie zu Antragsgegnern und sind berechtigt, ihre Einwendungen gegen den Antrag vorzubringen und glaubhaft zu machen.[1053] Bezweifelt das nicht antragstellende Mitglied des

---

1048 Dies gilt laut *Uhlenbruck,* GmbHR 2005, 817 (822), insbesondere für den Fall der Überschuldung.

1049 Heidelberger Kommentar InsO/*Haas,* § 225a Rn. 18.

1050 Graf-Schlicker InsO/*Bremen,* § 15 Rn. 13; Braun InsO/*Bußhardt,* § 15 Rn. 14; Heidelberger Kommentar InsO/*Kleindiek,* § 15 Rn. 16; MüKo InsO/*Klöhn,* § 15 Rn. 74; Nerlich/Römermann InsO/*Mönning,* § 15 Rn. 38 (23. EL 3/12).

1051 Nerlich/Römermann InsO/*Mönning,* § 15 Rn. 40 (23. EL 3/12).

1052 MüKo InsO/*Klöhn,* § 15 Rn. 79; Nerlich/Römermann InsO/*Mönning,* § 15 Rn. 42 (23. EL 3/12).

1053 Graf-Schlicker InsO/*Bremen,* § 15 Rn. 15; Heidelberger Kommentar InsO/*Kleindiek,* § 15 Rn. 17; MüKo InsO/*Klöhn,* § 15 Rn. 79.

Vertretungsorgans das Vorliegen eines Insolvenzgrundes, ist es im Gesellschaftsinteresse sogar verpflichtet, dem Antrag entgegenzutreten.[1054]

§ 18 III InsO stellt darüber hinaus eine zusätzliche Voraussetzung für den Fall der Antragstellung bei drohender Zahlungsunfähigkeit auf. Hier kann ein einzelnes Mitglied der Geschäftsführung nur dann eigenmächtig den Insolvenzantrag stellen, wenn es *„zur Vertretung der juristischen Person berechtigt"* ist. Der Wortlaut ist unpräzise, gemeint sein kann allerdings nur die Alleinvertretungsmacht.[1055] Hiermit wird der Tatsache Rechnung getragen, dass noch keine Insolvenzantragspflicht und insoweit kein dringendes Bedürfnis daran besteht, dass sämtliche Mitglieder des Vertretungsorgans ohne Weiteres einen Antrag stellen können.[1056] Parallel zur Einführung des Insolvenzgrundes der drohenden Zahlungsunfähigkeit wurde diese Regelung geschaffen, um rechtsmissbräuchliche Anträge zu vermeiden.[1057] Ergänzt wird der Schutz des § 18 III InsO darüber hinaus durch die zusätzliche Anwendung des § 15 II InsO.[1058] Würde letzterer durch § 18 III InsO verdrängt, hätte dies zur Folge, dass der antragstellende Geschäftsführer die drohende Zahlungsunfähigkeit lediglich darlegen müsste;[1059] die Voraussetzungen wären dann aber geringer als bei Vorliegen der Überschuldung oder Zahlungsunfähigkeit (§§ 17, 19 InsO) – dies kann vom Gesetzgeber indes nicht bezweckt sein. Den übrigen Mitgliedern des Vertretungsorgans ist es damit auch hier möglich, Einwendungen gegen den Antrag des eigenmächtig handelnden Geschäftsführers im Rahmen der Anhörung geltend zu machen.

Ob diese beiden Vorschriften allerdings einen missbräuchlichen Antrag des Geschäftsführers verhindern können, ist überaus fraglich. So werden hierdurch lediglich Fälle abgedeckt, in denen innerhalb eines mehrköpfigen Vertretungsorgans Uneinigkeit bezüglich der Antragstellung besteht. Liegt ein solcher Fall vor, erhalten die übrigen Antragsberechtigten in der Anhörung die Möglichkeit, das Gericht auf die vermeintliche Rechtsmissbräuchlichkeit des eigenmächtig

---

1054 *Uhlenbruck,* GmbHR 2005, 817 (822).

1055 Insolvenzrechts-Handbuch/*Haas/Kolmann/Pauw*, § 92 Rn. 41; Heidelberger Kommentar InsO/*Rüntz*, § 18 Rn. 16; FK-InsO/*Schmerbach*, § 18 Rn. 27, welcher in Rn. 30 die schwierige Handhabbarkeit in der Praxis rügt.

1056 MüKo InsO/*Klöhn,* § 15 Rn. 90.

1057 Beschlussempfehlung und Bericht des Rechtsausschusses zu dem Gesetzentwurf der Bundesregierung – BT-Drucks. 12/2443, BT-Drucks. 12/7302, S. 157.

1058 Graf-Schlicker InsO/*Bremen,* § 18 Rn. 5; Braun InsO/*Buhardt*, § 18 Rn. 19; Heidelberger Kommentar InsO/*Rüntz*, § 18 Rn. 18; MüKo InsO/*Klöhn,* § 15 Rn. 93; FK-InsO/*Schmerbach*, § 18 Rn. 31.

1059 FK-InsO/*Schmerbach*, § 18 Rn. 31.

gestellten Antrags aufmerksam zu machen.[1060] Allerdings laufen die Vorschriften bei Gesellschaften mit nur einem Geschäftsführer oder bei Gesellschaften, bei denen sich sämtliche Geschäftsführer einig sind, leer. In diesem Sinne kritisiert auch *Zipperer*, dass *„der Missbrauch an der Intention der Antragsteller und nicht an der Anzahl der Mitwirkenden festzumachen ist"*.[1061] Hinzu kommt, dass den Gesellschaftern hierdurch nicht die Möglichkeit eingeräumt wird, zu dem Antrag Stellung zu nehmen. Sie werden nur dann angehört, wenn sie persönlich haften oder die Gesellschaft führungslos ist (§ 15 II 3 Fall 2 und 3 InsO). Eine wirksame Hürde für rechtsmissbräuchliche Eigenanträge kann in den Normen insgesamt nicht erblickt werden.

b) Die Antragsberechtigung bei Sanierungsanträgen

Die Beantragung der Eigenverwaltung und der besonderen Eröffnungsverfahren gemäß §§ 270a, 270b InsO kann lediglich durch den Schuldner erfolgen, § 270 II Nr. 1 InsO. Grund dafür ist, dass er hier – unter Aufsicht eines Sachwalters – einen Großteil der Verfahrensdurchführung übernimmt.[1062] Die Entscheidung, ob der Schuldner (bzw. das für ihn handelnde Organ) sich hierzu bereit erklärt, sollte aber ihm selbst überlassen werden. Nicht hingegen sollte er hierzu durch einen Gläubigerantrag oder eine Anordnung des Gerichts „gezwungen" werden.[1063]

Nicht geregelt ist die Frage, welches Organ des Schuldners antragsberechtigt ist.[1064] § 15 InsO betrifft lediglich die Berechtigung zur Stellung des Antrages auf Eröffnung des Insolvenzverfahrens und ist nach seinem Wortlaut nicht auf die Stellung von Sanierungsanträgen anwendbar. Entsprechend angewandt wäre – losgelöst von der im Einzelfall geregelten Vertretungsbefugnis – jedes Mitglied des Vertretungsorgans berechtigt, einen Sanierungsantrag zu stellen. Eine solche analoge Anwendung ist mangels vergleichbarer Interessenlage aber ausgeschlossen.[1065] § 15 I InsO gilt bei der Antragstellung wegen Zahlungsunfähigkeit oder Überschuldung – also den Fällen, in denen eine strafbewehrte Antragspflicht für

---

1060 MüKo InsO/*Klöhn*, § 15 Rn. 82.
1061 *Zipperer*, NZI 2010, 281 (282).
1062 § 270 I 1 Hs. 1 InsO: *„Der Schuldner ist berechtigt, unter Aufsicht eines Sachwalters die Insolvenzmasse zu verwalten und über sie zu verfügen* [...]".
1063 MüKo InsO/*Tetzlaff*, § 270 Rn. 23; Uhlenbruck InsO/*Zipperer*, § 270 Rn. 41.
1064 Insolvenzrechts-Handbuch/*Haas*, § 87 Rn. 11; MüKo InsO/*Tetzlaff*, § 270 Rn. 30.
1065 Graf-Schlicker InsO/*Graf-Schlicker*, § 270 Rn. 7; *Tresselt/Müller*, KSzW 2015, 198 (201). Für eine analoge Anwendung Nerlich/Römermann InsO/*Riggert*, § 270 Rn. 19 (27. EL 8/14).

jedes einzelne Mitglied des Vertretungsorgans des Schuldners gilt.[1066] § 15 I InsO will sicherstellen, dass jeder Geschäftsführer – auch gegen den Willen seiner Mitgeschäftsführer und entgegen der jeweiligen gesellschaftsrechtlichen Vertretungsbefugnis – seiner individuellen Antragspflicht nachkommen und somit der Haftung wegen Insolvenzverschleppung entgehen kann.[1067] Die Festlegung einer strafbewehrten Handlungspflicht wäre nicht gerechtfertigt, wenn nicht individuell die Möglichkeit bestünde, dieser durch Vornahme der gebotenen Handlung zu entgehen.[1068] Im Gegensatz hierzu besteht für den Schuldner keine gesetzliche Pflicht, Sanierungsanträge zu stellen.[1069] Dann sollte aber auch nicht automatisch jedem Mitglied des Vertretungsorgans eine Antragsberechtigung eingeräumt werden. Für die Stellung von Sanierungsanträgen kann es deswegen nur auf die im Einzelfall bestehende Vertretungsbefugnis innerhalb des Geschäftsführungsorgans ankommen.[1070] Insoweit kann ein Geschäftsführer auch entgegen den Willen seiner Mitgeschäftsführer ein Schutzschirmverfahren beantragen, solange er nach dem Gesellschaftsvertrag einzelvertretungsberechtigt ist. Hiergegen wird teilweise angeführt, der Zweck des Eigenverwaltungsverfahrens gebiete, dass die Mitglieder des Vertretungsorgans die Antragstellung übereinstimmend befürworten.[1071] Aus diesem Grund sei zu fordern, dass der Antrag von sämtlichen vertretungsberechtigten Mitgliedern gestellt würde.[1072] Richtig ist, dass eine solche Uneinigkeit keine optimale Voraussetzung für die Durchführung eines Insolvenzverfahrens in Eigenverwaltung darstellt, die Auffassung entbehrt aber einer gesetzlichen Grundlage[1073].Vorzugswürdig erscheint

---

1066 Insolvenzrechts-Handbuch/*Haas,* § 87 Rn. 12.

1067 Graf-Schlicker InsO/*Graf-Schlicker,* § 270 Rn. 7; Insolvenzrechts-Handbuch/*Haas,* § 87 Rn. 12; Heidelberger Kommentar/*Landfermann,* § 270 Rn. 11; *Tresselt/Müller,* KSzW 2015, 198 (201).

1068 Insolvenzrechts-Handbuch/*Haas,* § 87 Rn. 12.

1069 Insolvenzrechts-Handbuch/*Haas,* § 87 Rn. 12; *Tresselt/Müller,* KSzW 2015, 198 (201).

1070 Graf-Schlicker InsO/*Graf-Schlicker,* § 270 Rn. 7; Insolvenzrechts-Handbuch/*Haas,* § 87 Rn. 12; Heidelberger Kommentar/*Landfermann,* § 270 Rn. 11; Kübler HRI/*Neußner,* § 6 Rn. 100; MüKo InsO/*Tetzlaff,* § 270 Rn. 31; *Tresselt/Müller,* KSzW 2015, 198 (201).

1071 KPB InsO/*Pape,* § 270 Rn. 84 (48. EL 4/12).

1072 FK-InsO/*Foltis,* § 270 Rn. 42; KPB InsO/*Pape,* § 270 Rn. 84 (48. EL 4/12), verweist etwas irreführend hierfür auf den Grundgedanken des § 18 III InsO, welcher die Antragstellung allerdings jedem alleinvertretungsberechtigten Mitglied des Vertretungsorgans zubilligt.

1073 Heidelberger Kommentar/*Landfermann,* § 270 Rn. 11; MüKo InsO/*Tetzlaff,* § 270 Rn. 31; *Tresselt/Müller,* KSzW 2015, 198 (201).

es, diesen Umstand bei der Nachteilsprüfung im Sinne von § 270 II Nr. 2 InsO zu berücksichtigen.[1074]

c) Zwischenergebnis

Sowohl der Eigen- als auch ein hiermit verbundener Sanierungsantrag sind also grundsätzlich vom Geschäftsführungsorgan zu stellen. Ist dieses mehrköpfig, ist es naheliegend, dass es zu Uneinigkeiten kommen kann, ob ein Insolvenz- bzw. Sanierungsantrag gestellt werden sollte. Anträgen, die „im Alleingang" von einem Geschäftsführer gestellt werden, gebietet das Gesetz unmittelbar nur sehr einschränkend Einhalt. So sieht § 15 II 1, 3 InsO für diesen Fall lediglich die Glaubhaftmachung bzw. die Anhörung der übrigen Mitglieder des Geschäftsführungsorgans vor. Hinzu kommt, dass die Gesellschafter, zumindest wenn sie nicht auch gleichzeitig Geschäftsführer sind, auf den eigenmächtig gestellten Antrag keinerlei einschränkenden Einfluss ausüben können. Die Norm gilt allerdings nur für den Insolvenzantrag – der Sanierungsantrag kann grundsätzlich von jedem Vertretungsberechtigten gestellt werden, auch gegen den Willen der übrigen Vertretungsberechtigten. Verfolgt ein Organmitglied mit der Antragstellung eine rechtsmissbräuchliche Intention, wird dem Antrag nur in sehr seltenen Fällen bereits in der Antragsbefugnis begegnet werden können.

2) Pflicht zur Einholung der Zustimmung der Gesellschafter

Die Tatsache, dass sowohl Eigen- als auch Sanierungsantrag grundsätzlich durch das Geschäftsführungsorgan gestellt werden, schließt nicht aus, dass die Gesellschafter dessen Antragstellung – zumindest gesellschaftsintern – zustimmen müssen. Sollte eine Konsultationspflicht zu bejahen sein, muss hieran anknüpfend geklärt werden, welche Folgen eine Nichtbefolgung zeitigt.

Der Geschäftsführer befindet sich hier in einer heiklen Situation. Schließlich gehört es zu seinen Geschäftsführungspflichten, den frühzeitigen Insolvenzantrag als Sanierungsoption in Betracht zu ziehen.[1075] Und so hat er nicht nur bei einer verspäteten, sondern durchaus auch bei einer zu frühzeitigen Antragstellung Haftungsrisiken zu befürchten.[1076]

1074 *Tresselt/Müller*, KSzW 2015, 198 (201); Hierzu und auch zum Beschl. des AG Mannheim v. 21.02.2014 – 4 IN 115/14, unter 2. Teil D. III.

1075 Hierzu ausführlich *Ehlers*, BB 2013, 1539 (1539).

1076 Insolvenzrechts-Handbuch/*Haas/Kolmann/Pauw*, § 92 Rn. 156; *Meyer-Löwy/Pickerill*, GmbHR 2013, 1065 (1065).

a) *Zustimmung der Gesellschafter zum Eigenantrag*

Stellt der Geschäftsführer aufgrund der insolvenzantragspflichtigen Eröffnungsgründe (§§ 17, 19 InsO) einen Eigenantrag, schließt dies denknotwendig eine Konsultationspflicht der Gesellschafter aus. Schließlich kann er nicht verpflichtet sein, seine strafbewehrte Antragspflicht von der Zustimmung der Gesellschafter abhängig zu machen.[1077] In diesem Stadium ist er deswegen auch an etwaige Weisungen der Gesellschafterversammlung nicht mehr gebunden.[1078] Dies bedeutet zwar nicht, dass die Gesellschafter über die Stellung des Insolvenzantrags nicht zu informieren wären – einer Einberufung der Gesellschafterversammlung bedarf es jedoch nicht.[1079]

aa) Konsultationspflicht ausschließlich im Falle drohender Zahlungsunfähigkeit

Die Frage nach einer bindenden Konsultationspflicht kann also nur im Falle des Antrags bei drohender Zahlungsunfähigkeit (§ 18 InsO) gestellt werden.

In der GmbH haben die Gesellschafter Weisungsbefugnis gegenüber dem Geschäftsführer. Den Beschluss, einen Insolvenzantrag im Falle der drohenden Zahlungsunfähigkeit zu stellen (oder eben nicht), muss dieser also grundsätzlich befolgen.[1080] Ob der Geschäftsführer umgekehrt die Zustimmung der Gesellschafterversammlung zu einem Insolvenzantrag gemäß § 18 I InsO einholen muss, ist damit aber nicht geklärt.

Eine Gesellschafterversammlung ist nach § 49 II GmbHG „*außer* [in] *den ausdrücklich bestimmten Fällen zu berufen, wenn es im Interesse der Gesellschaft erforderlich erscheint*". Ausdrücklich geregelt ist der Fall des Absinkens des Stammkapitals auf die Hälfte (§ 49 III GmbHG). Die Vorschrift ist Ausdruck der *Finanzierungsfreiheit* der Gesellschafter.[1081] Sie sollen entscheiden, ob und welche Maßnahmen in der Krise der Gesellschaft zu ergreifen sind.[1082] Die drohende Zahlungsunfähigkeit ist ausdrücklich nicht genannt.

1077 Die Insolvenzantragspflicht stellt eine öffentlich-rechtliche Pflicht dar, *Uhlenbruck*, GmbHR 2005, 817 (820).

1078 *Geißler*, ZInsO 2014, 1201 (1201); *Leinekugel/Skauradszun*, GmbHR 2011, 1121 (1123); *Meyer*, ZInsO 2013, 2362 (2364); MüKo GmbHG/*Stephan/Tieves*, § 37 Rn. 26; *Tresselt/Müller*, KSzW 2015, 199 (200); *Uhlenbruck*, GmbHR 2005, 817 (821).

1079 *Uhlenbruck*, GmbHR 2005, 817 (821).

1080 *Fölsing*, ZInsO 2013, 1325 (1328); *Geißler*, ZInsO 2013, 919 (923).

1081 *Mönning*, FS Kübler, 431 (444).

1082 *Brünkmans/Uebele*, ZInsO 2014, 265 (267); *Leinekugel/Skauradszun*, GmbHR 2011, 1121 (1124); *Mönning*, FS Kübler, 431 (443); *Wertenbruch*, DB 2013, 1592 (1593).

Anders ist dies im Falle der UG (haftungsbeschränkt). Hier regelt § 5a IV GmbH die Pflicht zur Einberufung der Gesellschafterversammlung bei Eintritt der drohenden Zahlungsunfähigkeit. Ob dies auf die GmbH übertragen werden kann, erscheint zweifelhaft.[1083] Grundsätzlich ist die Norm Ausdruck der Tatsache, dass die UG (haftungsbeschränkt) kein Mindestkapital hat und somit die Hälfte des Stammkapitals einen ungeeigneten Anknüpfungspunkt bildet.[1084] Dass der Gesetzgeber bei der Schaffung der Norm auch § 49 III GmbHG überdacht und entschieden haben könnte, eine Einberufung im Falle der drohenden Zahlungsunfähigkeit sei hier gerade nicht notwendig,[1085] ist recht spekulativ.[1086] Da § 5 IV GmbHG in der Literatur ohnehin kritisiert und teilweise vertreten wird, dass eine Einberufung der Gesellschafterversammlung bereits zu einem früheren Zeitpunkt gemäß § 49 II GmbHG vorgenommen werden sollte,[1087] erscheint fraglich, ob aus der Norm Schlüsse für die Situation in der GmbH gezogen werden können.

bb) Antragstellung als außergewöhnliches Geschäft i.S.v. § 49 II GmbHG

Es bietet sich eher ein Rückgriff auf die Generalnorm des § 49 II GmbHG an. Hiernach soll eine Gesellschafterversammlung immer dann einberufen werden, wenn es „*im Interesse der Gesellschaft erforderlich scheint*“. Hierunter fallen Geschäfte, „*die nachhaltigen Einfluss auf die Interessen des Unternehmens und der Gesellschafter haben*“,[1088] die also nicht dem gewöhnlichen Geschäftsbetrieb zurechenbar sind.

Unter diese Definition kann durchaus die Stellung eines Insolvenzantrags wegen drohender Zahlungsunfähigkeit gefasst werden.[1089] Ein solcher ist ein

---

1083 So aber wohl *Geißler*, ZInsO 2013, 919 (922); *Leinekugel/Skauradszun*, GmbHR 2011, 1121 (1124); Kübler HRI/*Neußner*, § 6 Rn. 62.

1084 *Leinekugel/Skauradszun*, GmbHR 2011, 1121 (1124); MüKo GmbHG/*Rieder*, § 5a Rn. 35; *Saenger/Al-Wraikat*, NZG 2013, 1201 (1203); Henssler/Strohn/*Schäfer*, § 5a GmbHG Rn. 25.

1085 *Meyer-Löwy/Pickerill*, GmbHR 2013, 1065 (1074).

1086 *Wertenbruch*, DB 2013, 1592 (1594).

1087 Michalski GmbHG/*Miras*, § 5a Rn. 106; Roth/Altmeppen GmbHG/*Roth*, § 5a Rn. 31; Henssler/Strohn/*Schäfer*, § 5a Rn. 25.

1088 MüKo GmbHG/*Liebscher*, § 49 Rn. 51.

1089 *Geißler*, ZInsO 2013, 919 (922); *Götker*, Der Geschäftsführer in der Insolvenz der GmbH, Rn. 500; *Kebekus/Zenker*, FS Maier-Reimer, 319 (334); *Lang/Muschalle*, NZI 2013, 953 (955); *Meyer*, ZInsO 2013, 2361 (2364); Kübler HRI/*Neußner*, § 6 Rn. 61; *Saenger/Al-Wraikat*, NZG 2013, 1201 (1204); *Thole*, Gesellschaftsrechtliche Maßnahmen in der Insolvenz, Rn. 75; *Uhlenbruck*, GmbHR 2005, 817 (823).

singuläres Ereignis im Leben einer Gesellschaft und verändert das Ansehen und die Rechtsstellung der Gesellschaft und ihrer Gesellschafter grundlegend.[1090] Auch wenn hier noch keine Insolvenzantragspflicht vorliegt, der Antrag gemäß § 18 I InsO vielmehr mit dem Willen gestellt wird, die Gesellschaft zu sanieren,[1091] ist nicht ausgeschlossen, dass sich die drohende Zahlungsunfähigkeit mit Antragstellung in eine tatsächliche Zahlungsunfähigkeit wandelt.[1092] Denn die Antragstellung hat Einfluss auf das Verhalten der Gläubiger und Banken. So ist es keine Seltenheit, dass Banken Darlehen zur Rückzahlung fällig stellen, sobald sie von der Antragstellung erfahren.[1093] Der Einfluss, den der Antrag auf die Interessen der Gesellschaft(er) hat, kann also durchaus als *nachhaltig* bezeichnet werden.[1094] Und selbst wenn es nicht zu einer Verschlechterung der wirtschaftlichen Situation kommen sollte, verändert der Antrag trotzdem die Rechtsstellung der Gesellschafter in einer Weise, die ein Interesse im Sinne von § 49 II GmbHG begründet.[1095] Die Interessenlage ist hier ähnlich wie bei hälftiger Aufzehrung des Stammkapitals – möglicherweise sogar verschärfter –[1096] und betrifft die *Finanzierungsfreiheit* der Gesellschafter in gleichem Maße[1097].

cc) Auflösung der GmbH durch den Eröffnungsbeschluss

Hinzu kommt Folgendes: Durch den Eröffnungsbeschluss (§ 27 InsO) wird die Gesellschaft gemäß § 60 I Nr. 4 InsO aufgelöst. Eine solche Auflösung bedarf nach § 60 I Nr. 2 GmbHG aber grundsätzlich eines Gesellschafterbeschlusses mit einer ¾-Mehrheit.[1098] Hiergegen mag zwar eingewendet werden, intendiert sei bei einem Antrag nach § 18 I InsO eben nicht die Auflösung, sondern die Fortführung der Gesellschaft (der Fortführungsbeschluss kann schließlich bereits

1090 *Geißler*, ZInsO 2013, 919 (922); *Leinekugel/Skauradszun*, GmbHR 2011, 1121 (1124).

1091 Insoweit gehen *Meyer-Löwy/Pickerill*, GmbHR 2013, 1065 (1072) sowie *Eidenmüller*, ZIP 2014, 1197 (1203) von einer reinen *Geschäftsführungsmaßnahme* aus.

1092 *Geißler*, ZInsO 2013, 919 (922); *Leinekugel/Skauradszun*, GmbHR 2011, 1121 (1124).

1093 *Geißler*, ZInsO 2013, 919 (923).

1094 *Saenger/Al-Wraikat*, NZG 2013, 1201 (1204); *Thole*, Gesellschaftsrechtliche Maßnahmen in der Insolvenz, Rn. 75.

1095 *Fölsing*, ZInsO 2013, 1325 (1329); *Geißler*, ZInsO 2013, 919 (922); *Leinekugel/Skauradszun*, GmbHR 2011, 1121 (1124); *Saenger/Al-Wraikat*, NZG 2013, 1201 (1204).

1096 *Geißler*, ZInsO 2013, 919 (922); *Leinekugel/Skauradszun*, GmbHR 2011, 1121 (1124).

1097 *Mönning*, FS Kübler, 431 (444); *Wertenbruch*, DB 2013, 1592 (1593); *Tetzlaff*, ZInsO 2008, 137 (139).

1098 *Geißler*, ZInsO 2013, 919 (923); *Meyer*, ZInsO 2013, 2361 (2364); Handbuch Personengesellschaften/*Wertenbruch*, Rz. I 1848 (60. EL 9/14); *Wertenbruch*, DB 2013, 1592 (1593).

im Insolvenzplan getroffen werden).[1099] Allerdings ist – wie bereits erwähnt – die wirtschaftliche Entwicklung der Gesellschaft in der Insolvenz nie mit letzter Sicherheit vorherzusagen, sodass eine veritable Gefahr besteht, dass die Gesellschaft doch endgültig aufgelöst wird.[1100] Wenn die Auflösung der Gesellschaft eintreten kann, sollte den Gesellschaftern im Sinne des § 60 I Nr. 2 GmbHG aber auch die Entscheidung über die Stellung des hierzu führenden Insolvenzantrages überlassen werden.[1101]

dd) Urteil des OLG München vom 21.3.2013

Auch das Urteil des OLG München vom 21.3.2013[1102] nimmt eine Pflicht des Geschäftsführers an, vor der Antragstellung die Gesellschafterversammlung zu konsultieren.[1103] Im entschiedenen Fall ging es um eine Publikums GmbH & Co. KG, die von ihrem ehemaligen Notgeschäftsführer Schadensersatz für einen pflichtwidrig gestellten Insolvenzantrag verlangte.[1104] Das Gericht konnte zwar die drohende Zahlungsunfähigkeit nicht feststellen,[1105] die Ausführungen zu der Konsultationspflicht der Gesellschafter ergingen also lediglich als *obiter dictum*[1106]. Dennoch führte das Gericht aus, der Antrag auf Eröffnung eines Insolvenzverfahrens wegen drohender Zahlungsunfähigkeit stelle ein Grundlagengeschäft dar, welches immer der Zustimmung der Gesellschafter bedürfe.[1107] Bei drohender Zahlungsunfähigkeit sei den Gesellschafter- der Vorzug vor den Gläubigerinteressen einzuräumen, ihnen stehe bei diesem Antragsgrund noch die Finanzierungshoheit zu.[1108]

Dieses Urteil ist in der Literatur mitunter kritisiert worden. So wurde eingewandt, die Intention des ESUG, Sanierungen zu erleichtern, werde hierdurch

---

1099 *Meyer-Löwy/Pickerill,* GmbHR 2013, 1065 (1073, 1074).

1100 *Geißler,* ZInsO 2013, 919 (922).

1101 *Bulgrin,* Die strategische Insolvenz, S. 148; *Leinekugel/Skauradszun,* GmbHR 2011, 1121 (1126); *Meyer,* ZInsO 2013, 2361 (2364); Handbuch Personengesellschaften/*Wertenbruch,* Rz. I 1848 (60. EL 9/14); *ders.*, DB 2013, 1592 (1593).

1102 Die Nichtzulassungsbeschwerde unter dem Az II ZR 152/13 wurde am 11.02.2014 vom BGH zurückgewiesen.

1103 OLG München, Urt. v. 21.3.2013 – 23 U 3344/12, NZG 2013, 742 (744).

1104 OLG München, Urt. v. 21.3.2013 – 23 U 3344/12, NZG 2013, 742 (742).

1105 OLG München, Urt. v. 21.3.2013 – 23 U 3344/12, NZG 2013, 742 (744).

1106 *Meyer-Löwy/Pickerill,* GmbHR 2013, 1065 (1068).

1107 OLG München, Urt. v. 21.3.2013 – 23 U 3344/12, NZG 2013, 742 (743); dem folgend LG Frankfurt a.M., Urt. v. 10.9.2013 – 3-09 O 96/13, NZG 2013, 1315 (1317).

1108 OLG München, Urt. v. 21.3.2013 – 23 U 3344/12, NZG 2013, 742 (744).

konterkariert. Das Bekanntwerden eines Insolvenzantrags wegen drohender Zahlungsunfähigkeit berge nicht selten die Gefahr, dass Banken und Gläubiger ihre Forderungen fällig stellten, eine Vertiefung der Krise herbeiführten und somit die Sanierungsbemühungen des Geschäftsführers ins Leere liefen.[1109] Die durch das Gericht herbeigeführte Haftungsgefahr führe dazu, dass Geschäftsführer in der Zukunft von einer frühzeitigen Antragstellung Abstand nehmen würden.[1110] Ferner sei auch die Möglichkeit der Gesellschafter, auf die Antragstellung Einfluss zu nehmen, ungerechtfertigt. Es sei unverständlich, weshalb sie im Rahmen des eröffneten Insolvenzplanverfahrens keine Möglichkeit hätten, Einfluss auf die beschlossenen Maßnahmen zu nehmen, die Antragstellung selbst aber verhindern könnten.[1111] Die Gesellschafter seien in Sanierungsfällen nicht mehr wirtschaftliche Eigentümer der Schuldnergesellschaft, womit ihnen keinerlei Entscheidungsbefugnisse mehr zustünden.[1112] Die Fassung eines Gesellschafterbeschlusses räume den Gesellschaftern ein Drohpotential ein, das diese ausnutzen könnten, um *Lästigkeitsprämien* für ihre Zustimmung zu verlangen.[1113] *Meyer-Löwy* und *Pickerill* treten deswegen dafür ein, dass der Geschäftsführer grundsätzlich den Insolvenzantrag stellen kann, ohne die Gesellschafter zu befragen. Der Zweck des ESUG könne ansonsten nur zur Häfte erreicht werden.[1114] Es seien lediglich die geschäftsführenden Gesellschafter in die Entscheidung hinsichtlich der Antragstellung einzubeziehen.[1115] Insoweit könnten die Grundsätze des *Chapter 11* Verfahrens übertragen werden, nach dem die Geschäftsführer in der wirtschaftlichen Krise „*nicht mehr den Gesellschaftern, sondern den Gläubigern verpflichtet*" sind.[1116] Da sich die InsO mit dem ESUG diesem Konzept von Insolvenz und Sanierung angenähert habe, müssten diese Grundsätze auch hier gelten.[1117]

1109 *Saenger/Al-Wraikat,* NZG 2013, 1201 (1202), die aber trotzdem für eine Konsultation der Gesellschafter eintreten.
1110 *Meyer-Löwy/Pickerill,* GmbHR 2013, 1065 (1069).
1111 *Meyer-Löwy/Pickerill,* GmbHR 2013, 1065 (1070).
1112 *Meyer-Löwy/Pickerill,* GmbHR 2013, 1065 (1072, 1074).
1113 *Meyer-Löwy/Pickerill,* GmbHR 2013, 1065 (1068).
1114 *Meyer-Löwy/Pickerill,* GmbHR 2013, 1065 (1071).
1115 *Meyer-Löwy/Pickerill,* GmbHR 2013, 1065 (1072).
1116 *Meyer-Löwy/Pickerill,* GmbHR 2013, 1065 (1074).
1117 *Eidenmüller,* ZIP 2014, 1197 (1203); *Meyer-Löwy/Pickerill,* GmbHR 2013, 1065 (1075).

ee) Kein vorrangiges Gläubigerinteresse

Hierbei wird allerdings die Bedeutung der Insolvenzgründe im deutschen Recht verkannt. Denn bis zum Eintreten der Insolvenzantragspflicht haben die Gesellschafter von Gesetzes wegen durchaus die Befugnis zu entscheiden, wie mit der Krise umgegangen wird.

Insoweit muss differenziert werden: Seit dem Inkrafttreten des ESUG kann in empfindlicher Weise mit herabgesetzten Mehrheitserfordernissen in die Rechte der Gesellschafter eingegriffen werden.[1118] Dies ist – wie im Rahmen der Beurteilung der Verfassungsmäßigkeit der Regelungen gezeigt – auch grundsätzlich gerechtfertigt.[1119] Schließlich sind im eröffneten Insolvenzverfahren die Gläubigerinteressen vorrangig. Wenn eine Antragspflicht nach § 17 InsO bzw. § 19 InsO besteht, gilt dies nicht erst im eröffneten Verfahren, sondern bereits zum Zeitpunkt der Antragstellung.[1120] Hier hat sich die wirtschaftliche Lage der Gesellschaft derart verschärft, dass auf die Interessen der Gesellschafter keine Rücksicht mehr genommen werden kann. Das Befriedigungsinteresse der Gläubiger steht nun im Vordergrund. § 18 I InsO will aber lediglich eine Möglichkeit bieten, frühzeitig das Insolvenzverfahren einzuleiten – in diesem Stadium ist der Schutz der Gläubiger durch das Insolvenzverfahren nicht unabdingbar.[1121] Dann ist aber der Eingriff in die Rechte der Gesellschafter auch nur gerechtfertigt, wenn diese bei Vorliegen der drohenden Zahlungsunfähigkeit zumindest die Möglichkeit hatten, sich auch für ein außergerichtliches Sanierungskonzept zu entscheiden.[1122] Hierfür bedarf es jedoch der Beschlussfassung im Rahmen der Gesellschafterversammlung. Denn außerhalb des Insolvenzverfahrens würde der Großteil der gesellschaftsrechtlichen Maßnahmen eine ¾-Mehrheit voraussetzen; diese Entscheidungsmacht kann den Gesellschaftern – auch in verfassungsrechtlicher Hinsicht – nicht ohne Weiteres entzogen werden.[1123] Die Einberufung der Gesellschafterversammlung ist dem Geschäftsführer auch zumutbar. Zu diesem Zeitpunkt besteht schließlich für ihn weder ein Haftungsrisiko noch erschwert sie Antragstellung über Gebühr.[1124]

1118 *Brinkmann*, ZIP 2014, 197 (205).

1119 Siehe zur Verfassungsmäßigkeit: 1. Teil C. III.

1120 *Tresselt/Müller*, KSzW 2015, 198 (201).

1121 OLG München, Urt. v. 21.3.2013 – 23 U 3344/12, NZG 2013, 742 (744); *Tresselt/Müller*, KSzW 2015, 198 (200).

1122 OLG München, Urt. v. 21.3.2013 – 23 U 3344/12, NZG 2013, 742 (744).

1123 *Brinkmann*, ZIP 2014, 197 (205).

1124 *Leinekugel/Skauradszun*, GmbHR 2011, 1121 (1124); Handbuch Personengesellschaften/*Wertenbruch*, Rz. I 1848 (60. EL 9/14).

Angelehnt an die Vorschrift des § 60 I Nr. 2 GmbHG ist somit zu verlangen, dass die Gesellschafter mit ¾-Mehrheit einer Insolvenzantragstellung nach § 18 InsO zustimmen.[1125] Kommt der Geschäftsführer dieser Befragungspflicht nicht nach, ist er Schadensersatzansprüchen gemäß § 43 II GmbHG ausgesetzt.[1126]

b) Auswirkungen auf die Antragsbefugnis

Stellt ein Geschäftsführer bei drohender Zahlungsunfähigkeit eigenmächtig den Insolvenzantrag, ist fraglich, ob dies Auswirkungen auf seine Antragsbefugnis haben kann.

Die Vertretungsmacht des GmbH-Geschäftsführers ist im Außenverhältnis unbeschränkbar (§ 37 II 1 GmbHG). Insoweit besteht Einigkeit, dass die Überschreitung der Befugnisse im Innenverhältnis keine Auswirkung auf das Außenverhältnis hat (*Abstraktionsprinzip*),[1127] der Insolvenzantrag also trotz fehlender Zustimmung der Gesellschafter wirksam gestellt ist.[1128]

Auf das Bestehen der Vertretungsbefugnis des antragstellenden Vertretungsorgans soll sich das Insolvenzgericht grundsätzlich verlassen können – ein dementsprechender Handelsregistereintrag reicht insoweit aus, sofern keine Anhaltspunkte für Gegenteiliges gegeben sind.[1129]

1125 *Brünkmans/Uebele*, ZInsO 2014, 265 (267); *Bulgrin*, Die strategische Insolvenz, S. 152; *Geißler*, ZInsO 2013, 919 (923); *Leinekugel/Skauradszun*, GmbHR 2011, 1121 (1126); *Meyer*, ZInsO 2013, 2361 (2365); Kübler HRI/*Neußner*, § 6 Rn. 62; *Saenger/Al-Wraikat*, NZG 2013, 1201 (1204); *Thole*, Gesellschaftsrechtliche Maßnahmen in der Insolvenz, Rn. 76; *Tresselt/Müller*, KSzW 198 (200); *Wertenbruch*, DB 2013, 1592 (1593).

1126 *Götker*, Der Geschäftsführer in der Insolvenz der GmbH, Rn. 501; Insolvenzrechts-Handbuch/*Haas/Kolmann/Pauw*, § 92 Rn. 156; *Tresselt/Müller*, KSzW 2015, 198 (200); *Uhlenbruck*, GmbHR 2005, 817 (823).

1127 MüKo BGB/*Schubert*, § 164 Rn. 12, 210.

1128 AG Mannheim, Beschl. v. 21.2.2014 – 4 IN 115/14, ZIP 2014, 484 (485); AG Charlottenburg, Beschl. v. 20.6.2013 – 36s IN 2196/13, ZInsO 2013, 2501 (2504); *Brünkmans/Uebele*, ZInsO 2014, 265 (268); *Geißler*, ZInsO 2013, 919 (922); *Krull*, Stellung und Schutz des Minderheitsgesellschafters im Insolvenzplanverfahren, S. 151; Kübler HRI/*Neußner*, § 6 Rn. 63; *Lang/Muschalle*, NZI 2013, 953 (955); *Mönning*, FS Kübler, 431 (443); *Müller*, DB 2014, 41 (44); Schmidt InsO/*Schmidt*, § 18 Rn. 31; *Tresselt/Müller*, KSzW 2014, 198 (200); Handbuch Personengesellschaften/*Wertenbruch*, Rz. I 1847 (60. EL 9/14); *Westermann*, NZG 2015, 134 (136).

1129 Nerlich/Römermann InsO/*Mönning*, § 13 Rn. 25 (23. EL 3/12); MüKo InsO/*Schmahl/Vuia*, § 13 Rn. 79.

aa) Missbrauch der Vertretungsmacht

Einfluss auf das Außenverhältnis soll die Überschreitung im Innenverhältnis lediglich bei einem *Missbrauch der Vertretungsmacht* haben.[1130]

Bei dieser Fallgruppe der *unzulässigen Rechtsausübung* wird das eigentlich geltende Abstraktionsprinzip ausnahmsweise durchbrochen, wenn die Überschreitung der Befugnisse im Innenverhältnis für den Erklärungsgegner erkennbar ist.[1131] Ein *„bewusst nachteiliges Handeln"* des gesetzlich unbeschränkten Vertreters ist dabei nicht einmal Voraussetzung.[1132] Hinsichtlich der Voraussetzungen in der Person des Erklärungsempfängers existiert in Rechtsprechung und Literatur viel Uneinigkeit.[1133] Ausreichend wird hier aber zumindest die *„Kenntnis vom objektiven Missbrauch"* sein.[1134]

Die Anwendung der Grundsätze des *Missbrauchs der Vertretungsmacht* im Insolvenzverfahren erscheint zunächst einmal bedenklich. Schließlich ist die Entscheidung, ob ein Insolvenzantrag gestellt wird, so elementar für Gesellschaft und Gesellschafter, dass Streitigkeiten hierüber zu erwarten sind.[1135] Das Insolvenzgericht soll sich deswegen im Regelfall auf das Vorliegen der Vertretungsbefugnis verlassen können. Insoweit bilden Fragen der Vertretungsbefugnis auch nicht Teil des *insolvenzrechtlichen Prozessrechtsverhältnisses*,[1136] vielmehr sind sie dem rein gesellschaftsrechtlichen Bereich zuzuordnen. Aus diesem Grund sollen die Grundsätze über den *Missbrauch der Vertretungsmacht* nur in besonderen Ausnahmefällen gegenüber Gerichten Anwendung finden.[1137] Beispielhaft wird hier in der Literatur der Fall genannt, in dem der Geschäftsführer einer GmbH eigenmächtig Klage gegen einen Gesellschafter erhebt, obschon dies laut Gesellschaftervertrag nur unter Vorbehalt eines zustimmenden

---

1130 Hierfür *Brünkmans/Uebele*, ZInsO 2014, 265 (268); *Müller*, DB 2014, 41 (44).

1131 MüKo BGB/*Schubert*, § 164 Rn. 214 ff.

1132 BGH, Hinweisbeschl. v. 10.4.2006 – II ZR 337/05, NJW 2006, 2776 (2776).

1133 Ausführlich hierzu MüKo BGB/*Schubert*, § 164 Rn. 217 ff; MüKo GmbHG/*Stephan/Tieves*, § 37 Rn. 182 ff.

1134 Roth/Altmeppen GmbHG/*Altmeppen*, § 37 Rn. 42; MüKo GmbHG/*Stephan/Tieves*, § 37 Rn. 182 ff.; Baumbach/Hueck GmbHG/*Zöllner/Noack*, § 37 Rn. 47.

1135 *Frege/Keller/Riedel*, Insolvenzrecht, Teil 2 Rn. 578.

1136 *Frege/Keller/Riedel*, Insolvenzrecht, Teil 2 Rn. 579.

1137 Großkommentar GmbHG/*Paefgen*, § 37 Rn. 101; Baumbach/Hueck GmbHG/*Zöllner/Noack*, § 37 Rn. 51; allgemein für die Anwendbarkeit der Grundsätze auf Erklärungen gegenüber dem Gericht, *Meyer*, ZInsO 2013, 2361 (2365); *Müller*, DB 2014, 41 (44) mit Hinweis auf BGH, Urt. v. 14.5.1986 – IVa ZR 146/85, NJW-RR 1987, 307 (307).

Gesellschafterbeschlusses zulässig sein soll.[1138] Der Missbrauch der Vertretungsmacht könne hier zum einen deswegen berücksichtigt werden, weil das Gericht grundsätzlich nicht in den Schutzbereich des § 37 II GmbHG einbezogen sei; zum anderen müsse es sich in dem angezettelten Prozess ohnehin mit dem Innenverhältnis der Gesellschafter beschäftigen.[1139]

Für die restriktive Anwendung des *Missbrauchs der Vertretungsmacht* insbesondere im Fall der Stellung des Insolvenzantrags spricht die Norm des § 15 II InsO. Diese legt fest, dass der Insolvenzgrund immer dann glaubhaft gemacht werden muss, wenn nicht alle Mitglieder des Vertretungsorgans den Insolvenzantrag stellen. Die Vorschrift zielt also gerade auf den Fall ab, dass die Mitglieder des Vertretungsorgans sich uneinig über die Antragstellung sind. Die Norm stellt allerdings nicht die Vertretungsbefugnis des Vertretungsorgans, welches den Antrag gestellt hat, in Frage, sondern ordnet die genaue Überprüfung des Insolvenzgrundes an. Und auch § 18 III InsO will für die Frage der Antragsbefugnis die allgemeinen Vertretungsregeln angewendet wissen.[1140] Wie allerdings bereits dargestellt, bietet diese Norm für den Fall der eigenmächtigen Antragstellung durch den Geschäftsführer den Gesellschaftern keinen ausreichenden Schutz.

Seit Inkrafttreten des ESUG ist deren Schutzbedarf jedoch signifikant gestiegen, denn nun besteht die realistische Gefahr für die Gesellschafter, dass ihre Mitgliedschaftsrechte im Insolvenzplanverfahren gegen ihren Willen beschränkt werden. Zwar ist dies verfassungsrechtlich nicht zu beanstanden, wenn eine Insolvenzantragspflicht für die Gesellschaft besteht. Ist eine solche Antragspflicht jedoch nicht gegeben, die Gesellschaft also nur drohend zahlungsunfähig, gilt die Prämisse der Verfassungsmäßigkeit nur insoweit, als die Gesellschafter die Entscheidungsmacht darüber haben, ob der Insolvenzantrag gestellt wird. Denn damit unterwerfen sie sich freiwillig dem insolvenzrechtlichen Regelungsregime.[1141] Stellt der Geschäftsführer eigenmächtig einen Insolvenzantrag, ohne die Gesellschafter in die Entscheidung einzubeziehen, muss also schon aus verfassungsrechtlichen Gründen die Überschreitung der Vertretungsmacht Auswirkungen haben – den (Minderheits-)Gesellschaftern ist durch das Gericht Schutz gegen Missbrauch zu gewähren. Die ausschließliche Gewährung von

1138 *Beise*, GmbHR 1987, 259 f.
1139 *Beise*, GmbHR 1987, 259 (259).
1140 *Brinkmann*, FS Schilken, 631 (641 Fn. 28).
1141 Siehe hierzu 1. Teil C. III. 2) c) bb).

Schadensersatz erscheint hier nicht ausreichend.[1142] Die Durchbrechung des *Abstraktionsprinzips* ist in diesem Fall ausnahmsweise zuzulassen.[1143] Zwar kann das Insolvenzgericht grundsätzlich darauf vertrauen, dass die im Handelsregister Eingetragenen auch tatsächlich vertretungsberechtigt sind.[1144] Allerdings muss es Zweifeln hinsichtlich der Vertretungsbefugnis von Amts wegen nachgehen.[1145] Ist der Insolvenzantrag lediglich auf drohende Zahlungsunfähigkeit gestützt, ist das Insolvenzgericht insoweit verpflichtet, das Bestehen der Antragsbefugnis von einem die Vertretungsbefugnis legitimierenden Gesellschafterbeschluss abhängig zu machen.[1146]

Damit hat die fehlende Vertretungsbefugnis für den Fall der drohenden Zahlungsunfähigkeit Auswirkungen auf die Antragsbefugnis. Sie ist dem Geschäftsführer immer dann abzusprechen, wenn dieser keinen seinen Antrag stützenden Gesellschafterbeschluss vorlegen kann.

bb) Alternativ: Rücknahme des eigenmächtig gestellten Insolvenzantrags?

Alternativ besteht während des Eröffnungsverfahrens die grundsätzliche Möglichkeit zur Rücknahme des (Eigen-)Antrags (§ 13 II InsO). Dies könnte eine weitere Option zum Schutz der Gesellschafter im Falle des eigenmächtig gestellten Antrages darstellen.

(1) Antragsrücknahme nach Abberufung des Geschäftsführers

Da das Insolvenzgericht und auch die Gläubiger nicht mit innergesellschaftlichen Differenzen belastet werden sollen, wird überwiegend vertreten, dass nur derjenige den Antrag zurücknehmen kann, der ihn auch gestellt hat.[1147] Bei einem mehrköpfigen Vertretungsorgan kann aus diesem Grund ausschließlich der ursprünglich antragstellende, nicht aber ein anderer Geschäftsführer den Eigenantrag zurücknehmen. Der Fall, dass innerhalb des Vertretungsorgans Uneinigkeit bezüglich der Antragstellung besteht, ist durch die Vorschrift des § 15 II InsO ausreichend erfasst.[1148]

1142 *Böcker,* ZInsO 2015, 773 (781); *Krull,* Stellung und Schutz des Minderheitsgesellschafters im Insolvenzplanverfahren, S. 151.

1143 *Meyer,* ZInsO 2013, 2361 (2365).

1144 MüKo InsO/*Schmahl/Vua,* § 13 Rn. 79.

1145 *Meyer,* ZInsO 2013, 2361 (2365); MüKo InsO/*Schmahl/Vua,* § 13 Rn. 79.

1146 *Müller,* DB 2014, 41 (44); SanRKomm/*Seibt/Westpfahl,* § 225a Rn. 85.

1147 Insolvenzrechts-Handbuch/*Haas/Kolmann/Pauw,* § 92 Rn. 63; MüKo InsO/*Klöhn,* § 15 Rn. 83; Uhlenbruck InsO/*Wegener,* § 13 Rn. 162; zweifelnd *N.Schmidt,* ZInsO 2015, 2168 (2170).

1148 MüKo InsO/*Klöhn,* § 15 Rn. 83; MüKo InsO/*Schmahl/Vuia,* § 13 Rn. 116.

Fraglich ist aber, ob diese Einschränkung auch dann gemacht werden muss, wenn der eigenmächtig antragstellende Geschäftsführer abberufen wird und der verbleibende oder neu bestellte Geschäftsführer die Rücknahme des Eigenantrags erklärt.

Die Norm des § 276a InsO hindert die Gesellschafterversammlung zumindest nicht an einer dementsprechenden Beschlussfassung.[1149] Auch der BGH sieht die Antragsrücknahme durch einen verbleibenden Geschäftsführer nach Abberufung des antragstellenden Geschäftsführers als unproblematisch an.[1150] Dieser Ansicht ist zuzustimmen und aufgrund der gleichgelagerten Interessenlage auch auf den Fall zu übertragen, dass neben dem abberufenen kein weiterer Geschäftsführer existiert und deshalb der neu bestellte Geschäftsführer den Antrag zurücknimmt.[1151]

Wäre eine Antragsrücknahme ausschließlich durch den ursprünglichen Antragsteller möglich, bedeutete dies in Fällen der Abberufung den Ausschluss der Rücknahmemöglichkeit.[1152] Dies würde aber dem Dispositionsgrundsatz widersprechen, der dem Insolvenzantrag zugrunde liegt.[1153] Schließlich ist das Insolvenzverfahren gerade kein Amtsverfahren.[1154]

Das Interesse der Gesellschaft, mit der Antragsrücknahme die Eröffnung eines unberechtigten Insolvenzverfahrens zu verhindern, widerstreitet freilich dem Interesse der Gläubiger an einer frühzeitigen Insolvenzeröffnung.[1155] Letzteres sollte die Antragsrücknahme indes nicht von vornherein ausschließen. Denn aufgrund der weitreichenden Konsequenzen für die Rechtsstellung der Gesellschafter und die wirtschaftlichen Folgen für die Gesellschaft muss die Antragsrücknahme der Gesellschaft grundsätzlich offenstehen.[1156] Auch sind die Gläubiger im Falle der Rücknahme nicht schutzlos gestellt.[1157] Denn die Pflicht

---

1149 Siehe hierzu bereits 2. Teil B. I. 3).

1150 BGH, Beschl. v. 10.7.2008 – IX ZB 122/07, NZI 2008, 550 (551). Diese Frage war zuvor höchst umstritten. Der BGH wendete sich mit dieser Entscheidung gegen die damals herrschende Meinung. Siehe hierzu Braun InsO/*Bußhardt*, § 13 Rn. 21 ff.

1151 Braun InsO/*Bußhardt*, § 13 Rn. 21, 24.

1152 BGH, Beschl. v. 10.7.2008 – IX ZB 122/07, NZI 2008, 550 (551); *N. Schmidt*, ZInsO 2015, 2168 (2169); Uhlenbruck InsO/*Wegener*, § 13 Rn. 161.

1153 BGH, Beschl. v. 10.7.2008 – IX ZB 122/07, NZI 2008, 550 (551); MüKo InsO/*Klöhn*, § 15 Rn. 84.

1154 BGH, Beschl. v. 10.7.2008 – IX ZB 122/07, NZI 2008, 550 (551).

1155 Insolvenzrechts-Handbuch/*Haas/Kolmann/Pauw*, § 92 Rn. 62.

1156 *Delhaes*, Kölner Schrift zur InsO, 141 (151, 152), der allerdings dafür streitet, dass auch bei Verbleib des Geschäftsführers in der Gesellschaft der Antrag durch ein anderes Mitglied des Vertretungsorgans zurückgenommen werden kann.

1157 Uhlenbruck InsO/*Wegener*, § 13 Rn. 161.

zur Insolvenzantragsstellung (§ 15a InsO) besteht auch für denjenigen fort, der den Antrag zurücknimmt; bei Nichtbefolgung drohen straf- und zivilrechtliche Konsequenzen.[1158] Hinzu kommt, dass hier das Argument für die Einschränkung der Antragsrücknahmemöglichkeit auf denjenigen, der ihn auch gestellt hat, nicht greift. Sie soll ein Hin und Her bei der Antragstellung aufgrund von innergesellschaftlichen Streitigkeiten verhindern (ein Geschäftsführer stellt den Antrag, ein anderer nimmt ihn zurück und der erste stellt ihn daraufhin erneut). Durch die Abberufung wird eine solche Situation aber gerade verhindert. Die zu vermeidende Unsicherheit aufgrund gesellschaftsinterner Streitigkeiten besteht also nicht. Da nach der Abberufung nur noch der antragsrücknehmende Geschäftsführer die Gesellschaft vertritt, steht auch die Ratio des § 15 II InsO nicht entgegen.

Der Gesellschaft wird so neben der Anhörungspflicht aus § 15 III 3 InsO eine weitere Option eröffnet, einen unberechtigten Eigenantrag zurückzunehmen und sicherzustellen, dass die Gesellschaft fortbesteht.[1159]

Eine Einschränkung wird lediglich für den Fall gemacht, dass die Rücknahme des Antrags als rechtsmissbräuchlich zu beurteilen ist.[1160] Hier wird in der Literatur vertreten, Rechtsmissbräuchlichkeit liege insbesondere dann vor, wenn der Geschäftsführer nur aufgrund der Antragstellung abberufen wurde.[1161] Eine solche Annahme liegt nahe, da durch die Rücknahme der Eindruck entstehen kann, die Gesellschaft werde durch die Rücknahme des Insolvenzantrags auf Kosten der Gläubiger weiter in die wirtschaftliche Krise bis zur Masselosigkeit weitergeführt.[1162] Hierbei wird allerdings übersehen, dass durchaus Konstellationen vorliegen können, in denen die Antragstellung durch den Geschäftsführer tatsächlich unberechtigt war.[1163] Insbesondere wenn lediglich drohende

---

1158 BGH, Beschl. v. 10.7.2008 – IX ZB 122/07, NZI 2008, 550 (551); Uhlenbruck InsO/*Wegener*, § 13 Rn. 161; *Delhaes*, Kölner Schrift zur InsO, 141 (151, 152) ist allerdings der Ansicht, dass aufgrund dieser Sanktionsvorschriften auch die Möglichkeit der Rücknahme durch ein anderes als das antragstellende Vertretungsorganmitglied besteht, obwohl Letzteres nicht abberufen wurde.

1159 BGH, Beschl. v. 10.7.2008 – IX ZB 122/07, NZI 2008, 550 (551).

1160 BGH, Beschl. v. 10.7.2008 – IX ZB 122/07, NZI 2008, 550 (551); *Zipperer*, NZI 2010, 281 (282 f.).

1161 MüKo InsO/*Klöhn*, § 15 Rn. 84.

1162 Dieses Argument wird bereits generell gegen die Möglichkeit der Rücknahme des Antrages durch einen anderen als den antragstellenden Geschäftsführer angeführt, Uhlenbruck InsO/*Wegener*, § 13 Rn. 161.

1163 *Delhaes*, Kölner Schrift zur InsO, 141 (151).

Zahlungsunfähigkeit vorliegt – und damit noch keine Antragspflicht im Sinne von § 15a InsO – kann es nicht als rechtsmissbräuchlich angesehen werden, wenn der Geschäftsführer abberufen wird, weil er ohne Konsultation der Gesellschafter den Insolvenzantrag gestellt hat. Dies muss schon deswegen gelten, da die Antragstellung ohne vorherige Konsultation der Gesellschafterversammlung eine Pflichtverletzung darstellt.[1164] Rechtsmissbräuchlichkeit kann in einem solchen Fall nicht angenommen werden.

Eine Abberufung des Geschäftsführers ist gemäß § 38 I GmbH im Regelfall grundlos mit einfacher Mehrheit (§ 47 I GmbHG) möglich. Und selbst wenn der Gesellschaftsvertrag einen *wichtigen Grund* für die Abberufung voraussetzt (§ 38 II GmbHG), dürfte die eigenmächtige Antragstellung einen solchen darstellen.[1165] Dieser muss das „*Verbleiben des Geschäftsführers als unzumutbar erscheinen lassen.*“[1166] Bei der Beurteilung kann auch das Verhalten des Geschäftsführers gegenüber den Gesellschaftern Berücksichtigung finden.[1167] Wie bereits ausgeführt, steht den Gesellschaftern im Falle der lediglich drohenden Zahlungsunfähigkeit das Recht zu, die Entscheidung zu treffen, ob ein Insolvenzantrag gestellt wird oder nicht. Aufgrund der schwerwiegenden Folgen, die ein solcher Antrag für die Rechtsstellung der Gesellschafter hat, stellt der eigenmächtige Insolvenzantrag des Geschäftsführers eine *grobe Pflichtverletzung* dar.[1168] Zu beachten ist hier, dass bei der Feststellung des Grundes für die Abberufung eine Abwägung vorgenommen werden muss.[1169] Insoweit müssen die jeweiligen Besonderheiten des Einzelfalls Berücksichtigung finden, wobei auch die Frage des Verschuldens des Geschäftsführers eine Rolle für die Verhältnismäßigkeitsprüfung spielen kann.[1170] Ging der Geschäftsführer bei Antragstellung also bspw. nicht von lediglich drohender Zahlungsunfähigkeit, sondern Überschuldung aus, schließt dies zwar den *wichtigen Grund* nicht aus, kann aber dazu führen, dass eine Abberufung unverhältnismäßig ist. Nutzt der Geschäftsführer allerdings das Vorliegen lediglich drohender Zahlungsunfähigkeit aus, um entgegen oder ohne den

---

1164 Siehe 2. Teil D. I. 2) a).

1165 *Bauer*, Die GmbH in der Krise, § 2 Rn. 160; Insolvenzrechts-Handbuch/*Haas/Kolmann/Pauw*, § 92 Rn. 160.

1166 Henssler/Strohn/*Oetker*, § 38 GmbHG Rn. 21; ähnlich Michalski GmbHG/*Terlau*, § 38 Rn. 38.

1167 Henssler/Strohn/*Oekter*, § 38 GmbHG Rn. 22.

1168 *Bauer*, Die GmbH in der Krise, § 2 Rn. 160.

1169 Henssler/Strohn/*Oetker*, § 38 GmbHG Rn. 26 mit Hinweis auf BGH, Beschl. v. 12.1.2009 – II ZR 27/08, NZG 2009, 386 (387).

1170 Henssler/Strohn/*Oetker*, § 38 GmbHG Rn. 26.

Willen der Gesellschafter einen Eigenantrag zu stellen, ist die Abberufung jedenfalls als verhältnismäßig zu bewerten.

Ob ein solches Vorgehen eine tragfähige Schutzmöglichkeit gegen einen eigenmächtig gestellten Eigenantrag bietet, erscheint jedoch zweifelhaft.

Zunächst liegt die Befürchtung nahe, dass bei einem Streit unter den Gesellschaftern unterschiedliche Auffassungen bezüglich der Abberufung des Geschäftsführers bestehen. Kommen die Gesellschafter nicht überein, wird es für den einzelnen (Minderheits-)Gesellschafter im Zweifel schwierig sein, die nach § 47 I GmbHG erforderliche Mehrheit zu gewinnen. Zwar sind die/der opponierende(n) Gesellschafter qua Treuepflicht bei Vorliegen eines wichtigen Grundes verpflichtet, der Abberufung zuzustimen;[1171] ablehnende Stimmen sind in diesem Fall nichtig.[1172] Dies vor Gericht feststellen zu lassen,[1173] wird in aller Regel wohl zu viel Zeit kosten, zumal der opponierende Gesellschafter hiergegen womöglich auch noch vorgehen wird.

Noch schwieriger ist die Lage, wenn der Geschäftsführer selbst Gesellschafter ist – bspw. in einer Zweimann-GmbH. Zwar ist der Gesellschafter-Geschäftsführer immer dann von der Teilnahme an der Abstimmung ausgeschlossen, wenn er aus wichtigem Grund abberufen werden soll.[1174] Allerdings ist umstritten, welche Auswirkungen es auf die Wirksamkeit der Abberufung hat, wenn Zweifel über das Vorliegen eines wichtigen Grundes bestehen.[1175] Die wohl herrschende Meinung wendet für die Abberufung des GmbH-Geschäftsführers grundsätzlich die Regelung des § 84 III 4 AktG an, womit die Abberufung solange wirksam ist, bis ein Gericht Gegenteiliges feststellt.[1176] Allerdings muss Anderes bei der Abberufung eines Gesellschafter-Geschäftsführers insbesondere in der personalistischen Zweimann-GmbH gelten. Hier ist eine solche analoge Anwendung

1171 BGH, Urt. v. 19.11.1990 – II ZR 88/89, NJW 1991, 846 (846); Urt. v. 9.11.1987 – II ZR 100/87, BGHZ 102, 172 (176); OLG Köln, Urt. v. 1.6.2010 – 18 U 72/09, NZG 2011, 307 (307); *Meyer,* NJW 2013, 753 (755); Baumbach/Hueck GmbHG/*Zöllner/Noack,* § 38 Rn. 31.

1172 BGH, Urt. v. 9.11.1987 – II ZR 100/87, BGHZ 102, 172 (176); Baumbach/Hueck GmbHG/*Zöllner/Noack,* § 38 Rn. 49.

1173 Siehe hierzu Baumbach/Hueck GmbHG/*Zöllner/Noack,* § 38 Rn. 49, 60 f.

1174 BGH, Urt. v. 27.4.2009 – II ZR 167/07, NJW 2009, 2300 (2303); Urt. v. 20.12.1982 – II ZR 110/82, BGHZ 86, 177 (178); MüKo GmbH/*Drescher,* § 47 Rn. 162; MüKo GmbH/*Stephan/Tieves,* § 38 Rn. 24; Michalski GmbHG/*Terlau,* § 38 Rn. 59; *Werner,* NZG 2006, 761 (762).

1175 Michalski GmbHG/*Terlau,* § 38 Rn. 64 ff; *Werner,* NZG 2006, 761 (762).

1176 Scholz GmbHG/*U. Schneider/H.Scheider,* § 38 Rn. 64; *Werner,* NZG 2006, 761 (762).

aufgrund der Nähe zur Personenengesellschaft[1177] und der Tatsache, dass eine Pattsituation entstehen könnte, da der abberufene Gesellschafter sich unmittelbar erneut zum Geschäftsführer bestellen könnte, abzulehnen.[1178] Dies hat zur Folge, dass der Geschäftsführer bis zur gerichtlichen Feststellung der Abberufung im Amt und damit auch handlungsfähig bleibt.[1179] Einstweiliger Rechtsschutz stellt hier eine Möglichkeit dar, die Abberufung des Gesellschafter-Geschäftsführers sicherzustellen und zu beschleunigen.[1180] Die Beantragung einer einstweiligen Abberufung für die Dauer des laufenden Rechtsstreits kommt jedoch nur in schwerwiegenden Ausnahmefällen in Betracht.[1181]

Insgesamt wird die Abberufung des Geschäftsführers in den Fällen von Gesellschafterstreitigkeiten keine besonders hohen Erfolgsaussichten haben und stellt damit keine valide Schutzalternative für den einzelnen Gesellschafter dar.[1182]

(2) Antragsrücknahme aufgrund einer Gesellschafteranweisung

Neben einer Abberufung des Geschäftsführers kommt auch eine an diesen gerichtete Weisung der Gesellschafterversammlung in Betracht, den Antrag zurückzunehmen. Zwar gilt die Weisungsbefugnis nicht in den Fällen, in denen eine Insolvenzantragspflicht besteht,[1183] anders ist dies aber bei Vorliegen der drohenden Zahlungsunfähigkeit zu beurteilen. Wie bereits ausgeführt, muss der Geschäftsführer einen Beschluss, mit dem er angewiesen wird, einen Insolvenzantrag gemäß § 18 InsO zu stellen, befolgen. Gleiches muss dann aber auch für den Weisungsbeschluss gelten, einen bereits gestellten Eigenantrag zurückzunehmen. Dies gilt zumindest solange, bis das Insolvenzgericht über den Antrag entscheidet (§ 13 II InsO).

1177 Michalski GmbHG/*Terlau,* § 38 Rn. 67.

1178 *Werner,* NZG 2006, 761 (762); Baumbach/Hueck/*Zöllner/Noack,* § 38 Rn. 59.

1179 BGH, Urt. v. 20.12.1982 – II ZR 110/82, BGHZ 86, 177 (181); OLG Köln, Beschl. v. 26.8.1994 – 2 Wx 24/94, GmbHR 1995, 299 (299); OLG Karlsruhe, Urt. v. 4.12.1992 – 15 U 208/92, NJW-RR 1993, 1505 (1506); Michalski GmbHG/*Terlau,* § 38 Rn. 67; *Werner,* NZG 2006, 761 (762).

1180 Siehe allgemein zum einstweiligen Rechtsschutz in der GmbH auch *Nietsch,* GmbHR 2006, 393 ff.; Michalski GmbHG/*Terlau,* § 38 Rn. 75 ff.; Baumbach/Hueck GmbHG/*Zöllner/Noack,* § 38 Rn. 69 ff.

1181 *Werner,* NZG 2006, 761 (764).

1182 *Meyer,* ZInsO 2013, 2361 (2369).

1183 *Geißler,* ZInsO 2014, 1201 (1201); *Leinekugel/Skauradszun,* GmbHR 2011, 1121 (1123); *Meyer,* ZInsO 2013, 2362 (2364); *Tresselt/Müller,* KSzW 2015, 199 (200); *Uhlenbruck,* GmbHR 2005, 817 (821).

In diesem Sinne können die Gesellschafter – gemäß § 47 I GmbHG grundsätzlich mit der Mehrheit der abgegebenen Stimmen – bis zur Eröffnungsentscheidung des Insolvenzgerichts einen Weisungsbeschluss fassen, mit dem der Geschäftsführer angewiesen wird, den Insolvenzantrag zurückzunehmen. Die gesellschaftsrechtliche Treuepflicht verpflichtet hier die Gesellschaftermehrheit, einem solchen Beschluss zuzustimmen.[1184] Dies muss zumindest für den Fall gelten, dass mehr als ¼ der abstimmenden Gesellschafter sich gegen die freiwillige Stellung des Eigenantrages ausspricht. Dies entspricht dem oben aufgestellten Grundsatz, dass ein Antrag gemäß § 18 InsO nur mit der Zustimmung einer Gesellschaftermehrheit von ¾ der abgegebenen Stimmen gestellt werden kann.[1185] Die Anwendbarkeit der Treuepflicht ist in diesem Verfahrensstadium auch noch gegeben.[1186] Denn allein der Insolvenzantrag lässt das Binnenrecht der Gesellschaft grundsätzlich unberührt – insoweit gilt sowohl die Treuepflicht als auch das Weisungsrecht der Gesellschafter (§ 276a InsO findet noch keine Anwendung) fort.[1187] Dies muss allein deswegen gelten, da das Schicksal des Antrags zu diesem Zeitpunkt noch ungewiss ist.[1188]

Weist die Gesellschafterversammlung den Geschäftsführer an, den Insolvenzantrag zurückzunehmen, ist er daran gebunden. Leistet der Geschäftsführer dem Weisungsbeschluss keine Folge, steht der Gesellschaft grundsätzlich offen, auf Erfüllung zu klagen und ggf. auch eine einstweilige Verfügung auf Abgabe der Willenserklärung zu erwirken, wobei die Vollstreckung nach §§ 890, 894 ZPO erfolgt.[1189] Aufgrund der Eilbedürftigkeit wird hierfür lediglich einstweiliger Rechtsschutz in Betracht kommen.

Ob dies hingegen möglich ist, erscheint fraglich. Für den Fall eines unberechtigten Gläubigerantrages ist anerkannt, dass der Schuldner den Gläubiger im Regelfall nicht mithilfe einer einstweiligen Verfügung zur Rücknahme seines Insolvenzantrages verpflichten kann.[1190] Hat der Gläubiger einen Insolvenzantrag gestellt, obschon kein Insolvenzgrund vorliegt, wird dem Schuldner grundsätzlich ausschließlich Schutz durch das Insolvenzeröffnungsverfahren und

---

1184 *Stöber*, ZInsO 2013, 2457 (2464); wohl auch *Meyer*, ZInsO 2013, 2361 (2367).

1185 Siehe 2. Teil D. I. 2) a) ee).

1186 Zu der umstrittenen Frage, ob die gesellschafterliche Treuepflicht auch im eröffneten Verfahren Anwendung findet, siehe 2. Teil E. II. 1) b) cc) (1).

1187 *Meyer*, ZInsO 2013, 2361 (2366).

1188 *Zipperer*, ZIP 2015, 2002 (2006).

1189 MüKo GmbHG/*Stephan*/*Tieves*, § 37 Rn. 150.

1190 *Zipperer*, ZIP 2014, 2002 (2006), mit Hinweis auf OLG Koblenz, Beschl. v. 17.11.2005 – 10 W 105/05, NZI 2006, 353.

damit durch das Insolvenzgericht selbst gewährt.[1191] Für Rechtsschutz durch ein anderes Gericht ist dementsprechend kein Raum.[1192]

Die hier interessierende Konstellation weicht davon aber insoweit ab, als es nicht darum geht, ob ein Insolvenzgrund vorliegt, sondern darum, dass die innergesellschaftlichen Voraussetzungen für die Stellung eines Antrages gemäß § 18 InsO nicht gegeben sind. Gleichwohl muss auch hier der Rechtsschutz durch ein anderes als das Insolvenzgericht abgelehnt werden. Denn nach hier vertretener Ansicht hat die unterlassene Konsultation der Gesellschafterversammlung Einfluss auf die Antragsbefugnis.[1193] Danach ist das Insolvenzgericht im Falle der Antragstellung nach § 18 InsO verpflichtet, sich den zustimmenden Gesellschafterbeschluss vorzeigen zu lassen, um die Antragsbefugnis annehmen zu können. Insoweit ist davon auszugehen, dass die Gesellschafter ausreichend geschützt sind. Es kommt lediglich darauf an, ob der Insolvenzantrag nach insolvenzrechtlichen Grundsätzen zulässig und begründet ist.[1194]

cc) Zwischenergebnis

Die Vertretungsbefugnis des Geschäftsführers im Rahmen der Antragsbefugnis ist nach außen hin grundsätzlich unbeschränkbar. Eine Ausnahme von diesem *Ab-straktionsprinzip* ist aber in dem Fall zu machen, dass der Geschäftsführer eigenmächtig Insolvenzantrag wegen drohender Zahlungsunfähigkeit stellt. Aufgrund des herausragenden Schutzbedürfnisses der Gesellschafter hat das Insolvenzgericht bei Antragstellung die Vorlage eines entsprechenden Gesellschafterbeschlusses zu verlangen. Kann der Geschäftsführer einen solchen Beschluss nicht vorlegen, ist mit den Grundsätzen des *Missbrauchs der Vertretungsmacht* ausnahmsweise von einer fehlenden Vertretungsbefugnis auszugehen und die Antragsbefugnis abzulehnen. Die potentielle Rücknahmemöglichkeit des Eigenantrages bietet demgegenüber keine ausreichende Schutzmöglichkeit für die übergangenen Gesellschafter.

c) Zustimmung der Gesellschafter zu Sanierungsanträgen

Die Antragstellung durch den Geschäftsführer bedarf also einer vorherigen Zustimmung der Gesellschaftermehrheit. Dies gilt nur für den Fall der drohenden Zahlungsunfähigkeit, nicht aber bei bestehender Insolvenzantragspflicht.

1191 OLG Koblenz, Beschl. v. 17.11.2005 – 10 W 105/05, NZI 2006, 353 (353).
1192 OLG Koblenz, Beschl. v. 17.11.2005 – 10 W 105/05, NZI 2006, 353 (353).
1193 Siehe 2. Teil D. I. 2) b) aa).
1194 So wohl auch *Lang/Muschalle,* NZI 2013, 953 (957).

Fraglich erscheint nun, ob diese oben aufgestellten Grundsätze auch für eine etwaige Zustimmungspflicht der Gesellschafter bei der Stellung von Sanierungsanträgen gelten.

aa) Keine Konsultationspflicht aufgrund der gesellschaftsrechtlichen Treuepflicht

Entscheidend hierfür ist zunächst, dass keine gesetzliche Pflicht des Geschäftsführers zur Stellung von Sanierungsanträgen besteht. Vielmehr erfüllt er diese gesetzliche Pflicht in den Fällen der §§ 17, 19 InsO durch die Stellung des Eigenantrags.

Hiermit argumentiert das LG Frankfurt a.M. und führt in seinem Urteil im *Suhrkamp*-Verfahren aus, die *gesellschaftsrechtliche Treuepflicht* der geschäftsführenden Komplementärin gebiete es, zumindest bezüglich der Stellung eines Schutzschirmantrags einen vorherigen Gesellschafterbeschluss einzuholen.[1195] Eine Beschränkung auf die Fälle lediglich drohender Zahlungsunfähigkeit sei hier nicht angezeigt, vielmehr eine Zustimmung der Gesellschafter auch im Falle der Überschuldung (§ 19 InsO) erforderlich.[1196] Dieser Grundsatz müsse gelten, da im Rahmen des Schutzschirmverfahrens die Möglichkeit bestünde, einen Sanierungsvorschlag auszuarbeiten, der drastische Eingriffe in Gesellschafterrechte vorsieht.[1197]

Dem Geschäftsführer einer GmbH obliegen organschaftliche Treuepflichten.[1198] Diese bestehen allerdings grundsätzlich gegenüber der Gesellschaft, nicht den Gesellschaftern.[1199] Ist der Geschäftsführer gleichzeitig Gesellschafter, ist er in seiner Position als Gesellschafter aus der Treuepflicht zwar auch gegenüber seinen Mitgesellschaftern verpflichtet.[1200] Allerdings ist seine Treubindung gegenüber den Mitgesellschaftern in der Rolle als Geschäftsführer grundsätzlich nachrangig, vorrangig ist er bei Geschäftsführungsmaßnahmen organschaftlich allein der Gesellschaft verpflichtet.[1201]

1195 LG Frankfurt a.M., Urt. v. 10.9.2013 – 3-09 O 96/13, NZG 2013, 1315 (1316, 1317). Die bloße Beantragung des Eigenverwaltungsverfahrens (§ 270 InsO) oder des vorläufigen Eigenverwaltungsverfahrens (§ 270a InsO) war nicht Gegenstand des Verfahrens.

1196 LG Frankfurt a.M., Urt. v. 10.9.2013 – 3-09 O 96/13, NZG 2013, 1315 (1317).

1197 LG Frankfurt a.M., Urt. v. 10.9.2013 – 3-09 O 96/13, NZG 2013, 1315 (1317).

1198 Michalski GmbHG/*Haas/Ziemons*, § 43 Rn. 86; Hölters AktG/*Hölters*, § 93 Rn. 114.

1199 MüKo GmbHG/*Fleischer*, § 43 Rn. 157.

1200 MüKo GmbHG/*Fleischer*, § 43 Rn. 159.

1201 MüKo GmbHG/*Fleischer*, § 43 Rn. 159.

In der Krise der Gesellschaft ist der Geschäftsführer – auch außerhalb des Anwendungsbereichs des § 49 III GmbHG – verpflichtet, die Gesellschafter hierüber zu informieren.[1202] Den Gesellschaftern soll so die Möglichkeit eingeräumt werden, auf die Krise der Gesellschaft zu reagieren.[1203] Ein Gesellschafterbeschluss hierüber ist allerdings nicht zu fassen.[1204] Darüber hinaus obliegt dem Geschäftsführer auch, die verschiedenen Sanierungsoptionen zu sondieren.[1205] Ob die Sanierungsfähigkeit der Gesellschaft tatsächlich durch Stellung eines Sanierungsantrags verbessert wird, stellt eine *Prognoseentscheidung* dar.[1206] Jene Pflichten des Geschäftsführers bedürfen allerdings nicht der Begründung mittels Treuepflichten, sondern resultieren bereits aus der allgemeinen Pflicht zur ordnungsgemäßen Geschäftsführung.[1207]

bb) Kein außergewöhnliches Geschäft

Es ließe sich lediglich darüber nachdenken, ob die Stellung von (jedweden) Sanierungsanträgen ebenso wie der Insolvenzantrag aufgrund drohender Zahlungsunfähigkeit ein *außergewöhnliches* Geschäft darstellt, welches wiederum die Zuständigkeit der Gesellschafterversammlung zur Folge hätte.[1208] Hiergegen spricht, dass bereits der Eigenantrag die Zweckänderung und Auflösung der Gesellschaft herbeiführt und somit das außergewöhnliche Geschäft darstellt.[1209] Die Stellung von Sanierungsanträgen ist lediglich Ausdruck der dem

---

1202 *Bork,* ZIP 2011, 101 (108); *Brünkmans,* ZInsO 2014, 265 (267); *Doliwa,* Die geplante Insolvenz, S. 241; Insolvenzrechts-Handbuch/*Gundlach,* § 7 Rn. 45; *Ziegenhagen/Braegelmann,* KSI 2013, 197 (198).

1203 Insolvenzrechts-Handbuch/*Gundlach,* § 7 Rn. 45; gegen eine solche generelle Informationspflicht bei der AG *Schuster,* ZGR 2010, 325 (332).

1204 *Brünkmans,* ZInsO 2014, 265 (267). Dies wird von *Veil,* ZGR 2006, 374 ff., kritisiert, der sich für eine Reform des GmbH-Rechts dahingehend ausspricht, dass Gesellschafter in der Krise der Gesellschaft einberufen werden und sich zwingend zur Fortführung oder Auflösung der Gesellschaft äußern müssen.

1205 *Schuster,* ZGR 2010, 325 (331); *Tresselt/Müller,* KSzW 2015, 198 (291); *Uhlenbruck,* GmbHR 2005, 817 (820); *Veil,* ZGR 2006, 374 (379).

1206 Ob diese Prognoseentscheidung bei Fehleinschätzung des Geschäftsführers zu einem Schadensersatzanspruch führen kann, wollen *Tresselt/Müller,* KSzW 2015 198 (201 f.), anhand einer „*Insolvency Judgement Rule*“ entscheiden, welche ab Eingreifen der Insolvenzantragspflicht gemäß § 15a InsO gelten soll.

1207 Hierzu auch *Bauer,* Die GmbH in der Krise, § 4 Rn. 302; *Bork,* ZIP 2011, 101 (101 f.).

1208 Dies nimmt, zumindest bei Vorliegen drohender Zahlungsunfähigkeit, *Krull,* Stellung und Schutz des Minderheitsgesellschafters im Insolvenzplanverfahren, S. 162, an.

1209 Insolvenzrechts-Handbuch/*Haas,* § 87 Rn. 13; *Tresselt/Müller,* KSzW 2015, 198 (203).

Geschäftsführer obliegenden Prognoseentscheidung, wie die Gesellschaft am effektivsten zu sanieren ist.[1210] Zwar ist dem LG Frankfurt a.M. darin zuzustimmen, dass insbesondere das Schutzschirmverfahren mit der darauf folgenden Eigenverwaltung massive Eingriffe in die Gesellschafterstellung ermöglicht. Hierbei ist auch zu bedenken, dass die Durchführung eines Insolvenzplanverfahrens in Eigenverwaltung regelmäßig das *„mildere Mittel“* im Vergleich zu der Durchführung eines Regelinsolvenzverfahrens darstellt, da hier zumindest die Möglichkeit besteht, die Gesellschafteranteile zu erhalten.[1211] Im Rahmen des Regelinsolvenzverfahrens, welches – außer bei drohender Zahlungsunfähigkeit – ohnehin durchgeführt werden muss, bestünde eine solche Möglichkeit von vornherein nicht. Das Geschäftsführungsorgan ist grundsätzlich befugt, die Entscheidung, ob ein Sanierungsantrag gestellt wird, unabhängig von den Gesellschaftern zu treffen.[1212]

cc) Kein Weisungsrecht der Gesellschafter

Damit besteht auch kein Weisungsrecht der GmbH-Gesellschafter.[1213] Der Ausschluss des Weisungsrechts widerspricht auch nicht der Wertung des § 276a InsO.[1214] Hier gilt weiterhin, dass dieser im Rahmen der Eröffnungsverfahren nach §§ 270a, 270b InsO keine Anwendung findet und die Gesellschafter bis zur endgültigen Entscheidung über die Eröffnung des Verfahrens weisungsbefugt bleiben – lediglich auf die Stellung der Sanierungsanträge haben sie keinen Einfluss.[1215]

Anders ist dies nur bei Vorliegen der drohenden Zahlungsunfähigkeit. Der Geschäftsführer muss hier nicht nur das Unternehmens-, sondern auch noch das Gesellschafterinteresse beachten. Zwar bedarf es mangels eines außergewöhnlichen Geschäfts keines Gesellschafterbeschlusses; gegen den Willen der

---

1210 *Tresselt/Müller,* KSzW 2015, 198 (201).

1211 *Tresselt/Müller,* KSzW 2015, 198 (202); Ähnlich Insolvenzrechts-Handbuch/*Haas,* § 87 Rn. 14; auf die Vorteile der Eigenverwaltung für das Schuldnerunternehmen weist auch Schmidt/Uhlenbruck GmbHG in der Krise/*Vallender,* 5.Teil C Rn. 5.272, hin und sieht den Geschäftsführer gar in der Pflicht, diese bei Vorliegen der Voraussetzungen zu beantragen.

1212 *Tresselt/Müller,* KSzW 2015, 198 (201).

1213 *Tresselt/Müller,* KSzW 2015, 198 (203); a.A. Insolvenzrechts-Handbuch/*Haas,* § 87 Rn. 14.

1214 *Tresselt/Müller,* KSzW 2015, 198 (203 Fn. 49).

1215 *Tresselt/Müller,* KSzW 2015, 198 (203 Fn. 49).

Gesellschafter kann das Geschäftsführungsorgan jedoch hier keinen Sanierungsantrag stellen.[1216]

Letzteres kann aber nicht für den Fall des Vorliegens der Zahlungsunfähigkeit oder Überschuldung[1217] gelten. Unabhängig davon, dass § 15a InsO keine Pflicht zur Stellung von Sanierungsanträgen begründet, gilt Folgendes: In dem Moment, in dem eine Insolvenzantragspflicht für den Geschäftsführer besteht, muss dieser die Gläubigerinteressen an einer optimalen Befriedigung beachten.[1218] Er ist verpflichtet, die erfolgversprechendste Sanierungsstrategie zu wählen. Diese Orientierung an den Interessen der Gläubiger entspricht auch dem allgemeinen Pflichtenkanon des Geschäftsführers ab Eintritt der materiellen Insolvenz (§ 64 GmbHG).[1219] Hinzu kommt, dass die Gläubiger zwar weder das Schutzschirmverfahren noch die vorläufige Eigenverwaltung beantragen können, ihnen allerdings gemäß § 270 III 2 InsO und § 270b IV 1 Nr. 2 InsO durchaus Einfluss auf die Einleitung und die Fortführung des Verfahrens gegeben wird.[1220]

Durch diese gebotene Orientierung an den Gläubigerinteressen wird zwar die Entscheidungshoheit der Gesellschafter eingeschränkt – allerdings gilt hier das bereits im Rahmen der Verfassungsmäßigkeit Ausgeführte: Nicht nur im Rahmen der besonderen Eröffnungsverfahren (§§ 270a, 270b InsO) sind die Gesellschafter ungehindert, den Insolvenzgrund *effektiv* zu beseitigen und damit die volle Entscheidungskompetenz zurückzugewinnen und drohende Eingriffe in ihre Rechte abzuwenden.[1221] Dies gilt auch noch während des eröffneten Insolvenzverfahrens. Nehmen sie diese Möglichkeit wahr, ist das Geschäftsführungsorgan auch verpflichtet, den Eröffnungsantrag und damit gleichzeitig den Sanierungsantrag zurückzunehmen.[1222]

Für den Fall, dass der Geschäftsführer durch den Eigenantrag seine Vertretungsmacht missbraucht und der Antrag nach den oben aufgestellen Grundsätzen deswegen unwirksam ist, wird der gleichzeitig gestellte Sanierungsantrag aufgrund der Unzulässigkeit des eigentlichen Insolvenzantrages gegenstandslos

---

1216 Das Weisungsrecht bleibt also bestehen *Tresselt/Müller*, KSzW 2015, 198 (201).

1217 Die Stellung eines Schutzschirmantrags wäre gemäß § 270b I 1 Hs. 1 InsO in diesem Fall ohnehin nicht möglich.

1218 *Tresselt/Müller*, KSzW 2015, 198 (201).

1219 *Tresselt/Müller*, KSzW 2015, 198 (203).

1220 *Tresselt/Müller*, KSzW 2015, 198 (203).

1221 *Tresselt/Müller*, KSzW 2015, 198 (204).

1222 *Tresselt/Müller*, KSzW 2015, 198 (202).

und muss folglich nicht extra zurückgenommen werden. Außerhalb dieser Konstellationen besteht keine Rücknahmepflicht eines Sanierungsantrags.

dd) Wille des ESUG-Gesetzgebers

Diese Ansicht entspricht auch dem Willen des Gesetzgebers, durch die Änderungen im ESUG nicht nur das Obstruktionspotential der Gesellschafter abzubauen, sondern auch Sanierungen zu erleichtern. Müssten die Gesellschafter aber vor Stellung eines Sanierungsantrags zwingend befragt werden, würde ihnen doch wieder eine weitgehende Einflussmöglichkeit auf das Verfahren eingeräumt.[1223] Zwar will das LG Frankfurt a.M. einen Gesellschafterbeschluss dann nicht verlangen, wenn ein Gesellschafter sich wiederum treuepflichtwidrig der Sanierung mittels Schutzschirmverfahrens verschließt.[1224] Dem Geschäftsführer eine solche Prüfung aufzubürden, würde aber nicht nur wertvolle Zeit kosten und die Chance auf eine erfolgreiche Sanierung zulasten der Gläubigerinteressen schmälern. Auch würde er sich der Gefahr von Schadensersatzansprüchen gegenüber den Gesellschaftern aussetzen, wenn er die Treuepflichten der Gesellschafter falsch einschätzte. Dies würde entgegen der Intention des Gesetzgebers dazu führen, dass von der Möglichkeit des Schutzschirmverfahrens noch seltener Gebrauch gemacht würde.

Es besteht damit keine Pflicht des Geschäftsführers, die Zustimmung der Gesellschafter zur Stellung von Sanierungsanträgen einzuholen.

3) Ergebnis zum Bestehen der Antragsbefugnis

Die Stellung eines Eigenantrags ist im Falle der drohenden Zahlungsunfähigkeit als *außergewöhnliche Geschäftsführungsmaßnahme* zu qualifizieren, die eines vorherigen Beschlusses der Gesellschaftermehrheit bedarf (¾-Mehrheit). Das Insolvenzgericht kann die Antragsbefugnis nur dann annehmen, wenn dieser zustimmende Gesellschafterbeschluss bei der Antragstellung nachgewiesen wird. Wird der Gesellschafterbeschluss nicht eingeholt, stellt dies einen *Missbrauch der Vertretungsmacht* dar, der zur Unzulässigkeit des Antrages führt. Im Falle der zusätzlichen Stellung eines Sanierungsantrags ist der Geschäftsführer grundsätzlich nicht verpflichtet, die Gesellschafter hierüber zu konsultieren. Die Entscheidung, ob ein solcher Sanierungsantrag gestellt wird, ist vielmehr eine *Prognoseentscheidung* des Geschäftsführers, die dieser unabhängig von den Gesellschaftern treffen kann. Gleichwohl wird dem Sanierungsantrag die

---

1223 *Tresselt/Müller*, KSzW 2015, 198 (202).

1224 LG Frankfurt a.M., Urt. v. 10.9.2013 – 3-09 O 96/13, NZG 2013, 1315 (1317).

Grundlage entzogen, sollte der Eigenantrag gemäß § 18 InsO unzulässig sein. In diesem Fall kommt es auf einen etwaigen Gesellschafterwillen bezüglich des Sanierungsantrages gar nicht an. Dementsprechend existieren durchaus Möglichkeiten, der Instrumentalisierung des Insolvenzplanverfahrens zur gesellschaftsrechtlichen Umstrukturierung bereits im Rahmen der Antragsbefugnis effektiv zu begegnen.

II. Der Eröffnungsgrund

Grundsätzlich stellt das Erfordernis eines Eröffnungsgrundes (§ 16 InsO) das originäre Instrument zur Verhinderung missbräuchlicher Insolvenzanträge dar. Diese Eingangshürde soll sicherstellen, dass die Inanspruchnahme des Rechtsrahmens des Insolvenzverfahrens aufgrund der wirtschaftlichen Situation zur Gläubigerbefriedigung notwendig ist.[1225] Da Schuldner im Regelfall dazu tendier(t)en, trotz Vorliegen eines Insolvenzgrundes mit der Antragstellung zu lange zuzuwarten, wurde bisher allgemein davon ausgegangen, hier bestehe nicht die Gefahr, dass ein Insolvenzantrag gestellt werde, obwohl noch kein Insolvenzgrund vorlag.[1226] Überwog vor Inkrafttreten des ESUG auf Schuldnerseite die Angst vor den wirtschaftlichen und rechtlichen Konsequenzen, die ein Insolvenzantrag zeitigte,[1227] bietet der geänderte Rechtsrahmen des Insolvenzplanverfahrens nun auch Anreize für eine (zu) frühzeitige Antragstellung durch den Schuldner. Mit den hierdurch gestiegenen Anfälligkeiten einer missbräuchlichen Inanspruchnahme des Insolvenzverfahrens steigt auch bei Eigenanträgen die Notwendigkeit, das tatsächliche Vorliegen eines Insolvenzgrundes sicherzustellen. Die Bedeutung der Insolvenzgründe als Eingangshürde ist seit dem ESUG also gestiegen.[1228] Die genaue Beurteilung der Insolvenzgründe ist insoweit als besonders wichtig einzustufen – insbesondere wenn hierüber Uneinigkeit besteht. Missbräuchlichen Anträgen, bei denen der Rechtsrahmen des Insolvenzverfahrens genutzt werden soll, obschon die wirtschaftliche Lage der Gesellschaft dies eigentlich nicht erfordert, kann hierdurch Einhalt geboten

---

1225 Braun InsO/*Bußhardt*, § 16 Rn. 1; *Eidenmüller*, ZIP 2014, 1197 (1202); Heidelberger Kommentar InsO/*Haas*, § 225a Rn. 18; Uhlenbruck InsO/*Mock*, § 16 Rn. 1, 4; Heidelberger Kommentar InsO/*Rüntz*, § 16 Rn. 2; *Müller*, DB 2014, 41 (43); KPB InsO/*Steffek*, § 16 Rn. 2 (69. EL 11/16); MüKo InsO/*Schmahl/Vuia*, § 16 Rn. 2; *Siemon*, ZInsO 2014, 172 (175).

1226 *A. Lang*, Das Rechtsschutzinteresse, S. 177.

1227 *A. Lang*, Das Rechtsschutzinteresse, S. 177.

1228 *Zabel/Pütz*, ZIP 2015, 912 (912).

werden. Im Folgenden soll deswegen der Frage nachgegangen werden, welche Anforderungen an die Feststellung der Insolvenzgründe zu stellen sind.

1) *Grundsätzliches zur Feststellung des Insolvenzgrundes*

Ein Antrag auf Eröffnung des Insolvenzverfahrens kann nur dann gestellt werden, wenn ein Insolvenzgrund, also Zahlungsunfähigkeit (§ 17 InsO), drohende Zahlungsunfähigkeit (§ 18 InsO) oder Überschuldung (§ 19 InsO), vorliegt.[1229]

Für die Betrachtung der durch das ESUG motivierten strategischen Insolvenzanträge stehen die *Überschuldung* und *drohende Zahlungsunfähigkeit* im Zentrum des Interesses.[1230] Denn zum einen kann der Schuldner bei diesen beiden Insolvenzgründen das Schutzschirmverfahren als besonderes Sanierungsverfahren beantragen. Zum anderen nimmt die drohende Zahlungsunfähigkeit als fakultativer Eröffnungsgrund eine besondere Stellung im Rahmen der Insolvenzgründe ein. Die Freiwilligkeit führt dazu, dass – wie im vorherigen Abschnitt ausgeführt – an die Antragstellung weitergehende Anforderungen geknüpft sind. So ist vor der Antragstellung von der Geschäftsführung die Zustimmung der Gesellschafter einzuholen. Hierbei hat der Insolvenzrichter besonderes Augenmerk auf die wirksame Vertretungsbefugnis des antragstellenden Geschäftsführers zu legen.

a) *Überschuldung*

Gemäß § 19 II 1 InsO liegt der Tatbestand der Überschuldung vor, „[…] *wenn das Vermögen des Schuldners die bestehenden Verbindlichkeiten nicht mehr deckt, es sei denn, die Fortführung des Unternehmens ist nach den Umständen überwiegend wahrscheinlich.*“[1231]

1229 Eine umfassende Darstellung der Voraussetzungen der einzelnen Insolvenzgründe soll an dieser Stelle nicht erfolgen. Siehe hierzu unter anderem *Harz/Bornmann/Conrad/Ecker,* NZI 2015, 737 ff.; *Steffan/Solmecke*, ZInsO 2015, 1365 ff.; *Weber/Küting/Eichenlaub,* GmbHR 2014, 1009 ff. und *Zabel/Pütz,* ZIP 2015, 912 ff.

1230 *Madaus,* ZIP 2014, 500 (502); *Weber/Küting/Eichenlaub,* GmbHR 2014, 1009 (1009).

1231 Diese zweistufige modifizierte Überschuldungsprüfung war durch Art. 6 III, 7 II des Finanzmarktstabilisierungsgesetzes (BGBl. I 2008, S. 1982) ursprünglich auf den Zeitraum des 18.10.2008 bis 31.12.2010 befristet und wurde durch das ESUG (BGBl. I 2009, S. 3151) bis zum 31.12.2013 verlängert. Inzwischen wurde auch diese Befristung durch Art. 18 des Gesetzes zur Einführung einer Rechtsbehelfsbelehrung im Zivilprozess und zur Änderung anderer Vorschriften (BGBl I 2012, S. 2418) aufgehoben; siehe hierzu unter anderem Henssler/Strohn/*Arnold,* § 19 InsO Rn. 1; Braun InsO/*Bußhardt,* § 19 Rn. 3; Andres/Leithaus InsO/*Leithaus,* § 19 Rn. 1.

Die Überschuldungsprüfung setzt demnach ein zweistufiges Vorgehen voraus, welches aus einer Überschuldungsprüfung und einer Fortbestehensprognose besteht.[1232]

Von einer Überschuldung ist nach der Rechtsprechung des BGH dann auszugehen, „*wenn das Vermögen der Gesellschaft bei Ansatz von Liquidationswerten unter Einbeziehung der stillen Reserven die bestehenden Verbindlichkeiten nicht deckt (rechnerische Überschuldung) und die Finanzkraft der Gesellschaft nach überwiegender Wahrscheinlichkeit mittelfristig nicht zur Fortführung des Unternehmens ausreicht (Überlebens- oder Fortbestehensprognose).*“[1233]

b) Drohende Zahlungsunfähigkeit

Die drohende Zahlungsunfähigkeit ist nach § 18 II InsO dadurch gekennzeichnet, dass der Schuldner „[…] *voraussichtlich nicht in der Lage sein wird, die bestehenden Zahlungspflichten im Zeitpunkt der Fälligkeit zu erfüllen.*“

Auch im Rahmen der Beurteilung der drohenden Zahlungsunfähigkeit wird regelmäßig eine langfristige Zahlungsfähigkeitsprognose mittels Finanzplan vorgenommen, die die Finanzlage der Gesellschaft bis zur Fälligkeit sämtlicher Verbindlichkeiten abbildet.[1234] Im Rahmen dieser Prognose werden die bereits fälligen, aber auch die zukünftig fälligen Verbindlichkeiten dem künftig voraussichtlich zur Begleichung zur Verfügung stehenden Vermögen gegenübergestellt.[1235] Dies kann zu einer Überschneidung mit dem Insolvenzgrund der Überschuldung führen.[1236] Denn ist die Fortbestehensprognose im Rahmen der Überschuldungsprüfung negativ, liegt automatisch auch eine drohende Zahlungsunfähigkeit vor.[1237] Diese Überschneidung erschwert eine klare

---

1232 Der BGH nimmt dabei zunächst die Überschuldungsprüfung und anschließend die Fortbestehensprognose vor, vgl. BGH, Urt. v. 6.6.1994 – II ZR 292/91, BGHZ 126, 181 (199); die umgekehrte Vorgehensweise nimmt der IDW Standard *Beurteilung des Vorliegens von Insolvenzeröffnungsgründen* – IDW S 11 (i.d.F. 2015) (abgedruckt in ZInsO 2015, 1136) – Rn. 53 vor. Dem folgend *Weber/Küting/Eichenlaub*, GmbHR 2014, 1009 (1014).

1233 BGH, Urt. v. 13.7.1992 – II ZR 269/91, BGHZ 119, 201 (214).

1234 BGH, Urt. v. 5.12.2013 – IX ZR 93/11, NJW-RR 2014, 235 (236); MüKo InsO/*Drukarczyk*, § 18 Rn. 23.

1235 BGH, Urt. v. 5.12.2013 – IX ZR 93/11, NJW-RR 2014, 235 (236).

1236 MüKo InsO/*Drukarczyk*, § 18 Rn. 86; Insolvenzrechts-Handbuch/*Gundlach*, § 6 Rn. 41; Uhlenbruck InsO/*Mock*, § 19 Rn. 27; Uhlenbruck InsO/*Zipperer*, § 270b Rn. 11.

1237 Schmidt/Uhlenbruck GmbH in der Krise/*Brinkmann*, 5. Teil A Rn. 5.44; Uhlenbruck InsO/*Mock*, § 19 Rn. 43, wobei keine eigenständige Fortbestehensprognose

Abgrenzung und lässt den Anwendungsbereich der drohenden Zahlungsunfähigkeit gleichzeitig schrumpfen.[1238] Er verbleibt demnach nur für den Fall, dass eine negative Fortbestehensprognose, gleichzeitig aber ein positives Reinvermögen und somit keine Liquiditätslücke vorliegen.[1239] Dabei wird es zwar selten vorkommen, dass bei negativer Fortbestehensprognose das Vermögen die Schulden übersteigt.[1240] Denkbar ist dies aber insbesondere für den Fall, dass ein anhaltender Konflikt unter den Gesellschaftern in absehbarer Zeit negativen Einfluss auf die wirtschaftliche Entwicklung der Gesellschaft hat,[1241] die aktuelle Liquiditätslage indes noch nicht beeinflusst. Ist der Konflikt unlösbar, kann dies eine negative Fortbestehensprognose und die Eröffnung eines Insolvenzverfahrens begründen.[1242]

c) Die Insolvenzgründe als Prognosetatbestände

Die Beurteilung der Insolvenzgründe ist regelmäßig mit Unsicherheit verbunden. Denn sowohl der Tatbestand der drohenden Zahlungsunfähigkeit („*voraussichtlich*"),[1243] als auch der Überschuldung („*überwiegend wahrscheinlich*") stellen Prognosetatbestände dar,[1244] die stets einen *Beurteilungsspielraum* und damit Restunsicherheit hinterlassen[1245].[1246] Teilweise wird daher befürchtet, die Beteiligten könnten die Insolvenzgründe weitestgehend selbst beeinflussen, womit sie „*faktisch abgeschafft*" würden.[1247]

---

für die Annahme der drohenden Zahlungsunfähigkeit notwendig ist, Uhlenbruck InsO/*Mock*, § 18 Rn. 25.

1238 Uhlenbruck InsO/*Mock*, § 19 Rn. 27.

1239 IDW S 11 (i.d.F. 2015) Rn. 92, 93.

1240 MüKo InsO/*Drukarczyk*, § 18 Rn. 86; MüKo InsO/*Drukarczyk/Schüler*, § 19 Rn. 145; *Frystatzki*, NZI 2014, 261 (261); FK-InsO/*Schmerbach*, § 19 Rn. 6; so auch IDW S 11 (i.d.F. 2015) Rn. 93.

1241 *Madaus*, ZIP 2014, 500 (501); *Thole*, ZIP 2013, 1937 (1944).

1242 Wie bereits argumentiert, kann die Tatsache, dass die Gesellschafter nicht willens sind, eine Lösung des innergesellschaftlichen Konflikts herbeizuführen, zwar einen Verstoß gegen die Treuepflicht bedeuten, grundsätzlich aber keine Auswirkung auf die Beurteilung der Fortbestehensprognose haben.

1243 FK-InsO/*Schmerbach*, § 18 Rn. 25; Schmidt InsO/*Schmidt*, § 18 Rn. 12; *Smid*, Handbuch Insolvenzrecht, § 3 Rn. 35; *Zipperer*, NZI 2010, 281 (283).

1244 *Madaus*, ZIP 2014, 500 (502).

1245 Heidelberger Kommentar InsO/*Haas*, § 225a Rn. 18.

1246 *Böcker*, ZInsO 2015, 773 (781).

1247 *Siemon*, ZInsO 2014, 172 (178).

Hinzu kommt, dass bei der Methode der Feststellung der Insolvenzgründe viele Unklarheiten bestehen. Die Feststellung der Überschuldung etwa wird als eines der „*schwierigsten Probleme*[...] *des Insolvenzrechts*“ bezeichnet.[1248] Und auch die Länge des Prognosezeitraums im Rahmen des § 18 II InsO ist seit jeher umstritten.[1249] Geht man von einem maximalen Zeitraum von zwei Jahren aus,[1250] wird es für viele wirtschaftlich bereits instabile Gesellschaften möglich sein, eine drohende Zahlungsunfähigkeit anzunehmen.[1251] Besteht aber bei der Beurteilung Raum für Interpretationen, eröffnet dies möglicherweise Manipulationsspielräume und die Gefahr, dass missbräuchliche Insolvenzanträge nicht aufgedeckt werden.

d) Die künstliche Schaffung eines Insolvenzgrundes durch den/die Gesellschafter?

Schwierigkeiten kann im Einzelfall die Beurteilung bereiten, ob das Vorliegen eines Insolvenzgrundes legitimer Weise angenommen werden kann oder dieser vielmehr „künstlich“ geschaffen wurde.[1252]

So ist bspw. denkbar, dass einzelne Gesellschafter durch Geltendmachung eigener Forderungen gegen die Gesellschaft einen Insolvenzgrund herbeiführen oder vertiefen. In diesem Fall würde die Legitimation zur Nutzung des Rechtsrahmens des Insolvenzverfahrens für gesellschaftsrechtliche Umstrukturierungen erst durch den Gesellschafter geschaffen.[1253]

Eine solche Situation kann auftreten, da dem Grunde nach sämtliche Forderungen – auch jene der Gesellschafter – bei der Beurteilung einer drohenden Zahlungsunfähigkeit und Überschuldung einzubeziehen sind.[1254]

1248 Uhlenbruck InsO/*Mock*, § 19 Rn. 38.

1249 Siehe hierzu bspw. *Geißler*, ZInsO 2013, 919 (920); Uhlenbruck InsO/*Mock*, § 18 Rn. 21 ff.; *Steffan/Solmecke*, ZInsO 2015, 1365 (1374); *Weber/Küting/Eichenlaub*, GmbHR 2014, 1009 (1014); *Zabel/Pütz*, ZIP 2015, 912 (918).

1250 Uhlenbruck InsO/*Mock*, § 18 Rn. 23, will keinen generellen Zeitraum ansetzen, die Prognose im Einzelfall aber auf maximal zwei Jahre beschränken.

1251 *Tetzlaff*, ZInsO 2008, 137 (138).

1252 Siehe auch *Böcker*, ZInsO 2015, 773 (782); *Thole*, ZIP 2013, 1937 (1944).

1253 In der *Suhrkamp*-Insolvenz wurde in diesem Sinne der Mehrheitsgesellschafterin vorgeworfen, durch die Geltendmachung ihrer Gewinnzahlungsansprüche die Überschuldung der *Suhrkamp GmbH & Co. KG* herbeigeführt oder zumindest vertieft zu haben.

1254 BGH, Urt. v. 8.1.2001 – II ZR 88/99, BGHZ 146, 264 (272); OLG Stuttgart, Beschl. v. 17.12. 1991 – 8 W 17/91, BB 1992, 531 (531); aA Insolvenzrechts-Handbuch/*Grundlach*, § 6 Rn. 68. *Hommelhoff*, FS Döllerer, 245 (258).

In der Regel wird zur Beurteilung der drohenden Zahlungsunfähigkeit – auch wenn dies vom Gesetz nicht explizit vorgesehen ist – ein Finanzplan aufgestellt, in dem die künftigen Ein- und Auszahlungen gegenübergestellt werden.[1255] Hier sind bereits entstandene, aber auch künftig entstehende Verbindlichkeiten zu berücksichtigen, deren Rechtsgrundlage entweder schon gelegt wurde oder die mit *überwiegender* Wahrscheinlichkeit innerhalb des Prognosezeitraums zur Entstehung kommen werden.[1256] Insoweit gelten die für die Beurteilung der Zahlungsunfähigkeit anzuwendenden Maßstäbe.[1257] Berücksichtigt werden im Finanzplan damit auch sämtliche Forderungen, die die Gesellschafter gegen die Gesellschaft innehaben. Grundsätzlich können damit also auch Ansprüche auf Gewinnauszahlung[1258] und aus Gesellschafterdarlehen zur Entstehung der drohenden Zahlungsunfähigkeit beitragen.[1259] Ähnliches gilt für die Erstellung der Überschuldungsbilanz.[1260] Auch hier sind sowohl (bereits entstandene) Gewinnansprüche der Gesellschafter[1261] als auch Ansprüche auf Rückgewähr eines Gesellschafterdarlehens beachtlich[1262]. Dies gilt auch dann, wenn die Verbindlichkeiten als nachrangig im Sinnes des § 39 I Nr. 5 InsO zu qualifizieren sind.[1263]

Hängt nun das Bestehen des Insolvenzgrundes lediglich von der Forderung eines Gesellschafters gegen die Gesellschaft ab, kann die Frage relevant werden, ob dieser auf Erfüllung bestehen kann oder hieran möglicherweise aus gesellschaftsrechtlichen Gründen gehindert ist.

1255 Uhlenbruck InsO/*Mock,* § 18 Rn. 27, 28.

1256 BGH, Urt. v. 5.12.2013 – IX ZR 93/11, NJW-RR 2014, 235 (236); siehe hierzu ausführlich Uhlenbruck InsO/*Mock,* § 18 Rn. 43 ff.

1257 Uhlenbruck InsO/*Mock,* § 18 Rn. 48.

1258 Voraussetzung für das Entstehen dieses Anspruchs ist der Gesellschafterbeschluss über die Ergebnisverwendung, Baumbach/Hueck GmbHG/*Fastrich,* § 29 Rn. 38. Mit diesem Ergebnisverwendungsbeschluss ist der Anspruch sofort fällig und klagbar, siehe Baumbach/Hueck GmbHG/*Fastrich,* § 29 Rn. 49.

1259 Zur Relevanz von Gewinnansprüchen, Uhlenbruck InsO/*Mock,* § 17 R. 88; zur Relevanz von Gesellschafterdarlehen Uhlenbruck, InsO/*Mock,* § 17 Rn. 94.

1260 Auch hier ist die Form der Dokumentation nicht vorgeschrieben, Uhlenbruck InsO/*Mock,* § 19 Rn. 45.

1261 Uhlenbruck InsO/*Mock,* § 19 Rn. 167.

1262 FK-InsO/*Schmerbach,* § 19 Rn. 26; Uhlenbruck InsO/*Mock,* § 19 Rn. 176.

1263 Uhlenbruck InsO/*Mock,* § 19 Rn. 157.

e) *Stundung und qualifizierter Rangrücktritt zur Vermeidung der Insolvenz*

Neben dem Forderungsverzicht (§ 397 BGB) bestehen in diesem Fall insbesondere zwei Möglichkeiten für den Gesellschafter, eine bestehende drohende Zahlungsunfähigkeit bzw. Überschuldung zu beseitigen.

Zur Beseitigung der drohenden Zahlungsunfähigkeit kommt die Stundung der Forderung in Betracht.[1264] Hierdurch erklärt sich der Schuldner bereit, auf die Forderungsdurchsetzung für eine bestimmte Zeit zu verzichten – die Fälligkeit entfällt –, wodurch der Stundungsvereinbarung auch für die Fälle bereits eingetretener Zahlungsunfähigkeit Relevanz zukommt.[1265]

Bei einer Überschuldung kommt keine Stundung,[1266] wohl aber die Vereinbarung eines Rangrücktritts in Betracht.[1267] Diese Möglichkeit besteht trotz der ausdrücklichen Erwähnung für Gesellschafterdarlehen in § 19 II 2 InsO für Forderungen sämtlicher Gläubiger,[1268] obwohl der Anzahl nach Vereinbarungen zwischen Gesellschafter und Gesellschaft überwiegen werden[1269]. Ziel eines solchen Rangrücktritts ist, dass die Forderung nicht in den Überschuldungsstatus aufgenommen wird und somit der Insolvenzgrund entfällt.[1270]

Der BGH hat in seinem Urteil vom 5.3.2015 die Anforderungen, die an einen solchen Rangrücktritt zu stellen sind, konkretisiert.[1271] So stellte er unter anderem klar, dass entscheidendes Kriterium für das Vermeiden der Insolvenz sei, dass für die in Rede stehende Forderung ein *qualifizierter* Rangrücktritt vereinbart werde – der Gesellschafter in seiner Stellung als Gläubiger bzw. der außenstehende Gläubiger also seinen Rangrücktritt für die Zeit vor und nach Insolvenzeröffnung erkläre.[1272] Hinsichtlich der *Rangtiefe* genüge es, wenn der

---

1264 Uhlenbruck InsO/*Mock*, § 18 Rn. 56.

1265 BGH, Urt. v. 20.12.2007 – IX ZR 93/06, NZI 2008, 231 (232); *Becker*, ZInsO 2015, 1938 (1939 Fn. 11); Uhlenbruck InsO/*Mock*, § 17 Rn. 136, 137.

1266 In die Überschuldungsbilanz sind auch nicht fällige Forderungen aufzunehmen, *Becker*, ZInsO 2015, 1938 (1939).

1267 Siehe zu diesem Instrument ausführlich: *Teller*, Rangrücktrittsvereinbarungen zur Vermeidung der Überschuldung bei der GmbH.

1268 So nun ausdrücklich der BGH, Urt. v. 5.3.2015 – IX ZR 133/14, NZI 2015, 315 (315); dem folgend *Becker*, ZInsO 2015, 1938 (1940); schon zuvor Uhlenbruck InsO/*Mock*, § 19 Rn. 226.

1269 *Grögler/Schneider*, ZInsO 2015, 1528 (1529).

1270 *Berger*, ZInsO 2015, 1938 (1939); Insolvenzrechts-Handbuch/*Grundlach*, § 6 Rn. 68.

1271 BGH, Urt. v. 5.3.2015 – IX ZR 133/14, NZI 2015, 315.

1272 BGH, Urt. v. 5.3.2015 – IX ZR 133/14, NZI 2015, 315 (316); dem folgend *Grögler/Schneider*, ZInsO 2015, 1528 (1529); so auch bereits zuvor Roth/Altmeppen GmbHG/*Altmeppen*, § 42 Rn. 51; Insolvenzrechts-Handbuch/*Grundlach*, § 6 Rn. 68;

Rangrücktritt erkennen lasse, dass die Forderung hinter die Forderungen aus § 39 I Nr. 5 InsO zurücktrete.[1273]

f) Treuwidrigkeit der Geltendmachung von Forderungen des Gesellschafters gegen die GmbH?

Wie bereits festgestellt, kann aus der gesellschafterlichen Treuepflicht für die *streitenden* Gesellschafter die Obliegenheit resultieren, zumindest auf die Lösung eines Konflikts zwischen den Gesellschaftern hinzuwirken.[1274] Kann aber die Treuepflicht so weit gehen, den einzelnen Gesellschafter zu verpflichten, die Herbeiführung der drohenden Zahlungsunfähigkeit oder Überschuldung durch Erklärung einer Stundung oder eines qualifizierten Rangrücktritts zu verhindern?[1275]

Außenstehende Gläubiger können bei der Geltendmachung ihrer Forderung ohne Rücksicht auf ein etwaiges Gesellschaftsinteresse vorgehen. In diesem Zusammenhang ist bspw. anerkannt, dass ein Gläubiger auch aufgrund einer nachrangigen Forderung einen Insolvenzantrag stellen kann, obwohl seine Chancen auf Befriedigung relativ gering stehen.[1276]

Im Grundsatz gilt das Gleiche auch für den Gesellschafter in seiner Rolle als Forderungsinhaber. Dieser Grundsatz findet seine Grenzen allerdings in der gesellschaftsrechtlichen Treuepflicht.[1277] Anders als die Gläubiger sind die Gesellschafter nämlich auch dann an die Treuepflicht gebunden, wenn sie der Gesellschaft in ihrer Eigenschaft als Gläubiger gegenübertreten.

aa) Treuepflicht bei Ausübung eigennütziger Rechte

Durch die Geltendmachung von Forderungen des Gesellschafters gegenüber der Gesellschaft nimmt dieser eigennützige Rechte wahr – unabhängig davon, ob es sich dabei um Gewinnansprüche, Ansprüche aus einem Gesellschafterdarlehen oder sonstige Forderungen handelt. Auch die Ausübung eigennütziger Rechte durch die Gesellschafter ist durch die Treuepflicht determiniert, allerdings in

---

Uhlenbruck InsO/*Mock*, § 19 Rn. 228; Schmidt InsO/*Schmidt*, § 19 Rn. 35; a.A. *Thole*, Gesellschaftsrechtliche Maßnahmen in der Insolvenz, Rn. 55.

1273 BGH, Urt. v. 5.3.2015 – IX ZR 133/14, NZI 2015, 315 (316).

1274 Siehe 2. Teil C. II. 2) a).

1275 Diese – möglicherweise bestehende – Pflicht knüpft an die Zeit vor Antragstellung an. Zu diesem Zeitpunkt ist die Geltung der gesellschaftsrechtlichen Treuepflicht unbestritten.

1276 *Lang/Muschalle*, NZI 2013, 953 (956).

1277 Siehe allgemein zur Treuepflicht 1. Teil B. I. 2) und 3).

weitaus schwächerem Umfang als dies bei uneigennützigen Rechten der Fall ist.[1278] Nur ausnahmsweise muss der Gesellschafter hier sein Eigeninteresse dem Gesellschaftsinteresse unterordnen.[1279] Der Gesellschafter – in seiner Stellung als Gläubiger – hat also grundsätzlich ein berechtigtes Interesse daran, seine Forderungen gegenüber der Gesellschaft durchzusetzen.

Dieses Interesse findet seine Grenze im treuepflichtbedingten Schädigungsverbot aus eigennützigen Motiven.[1280] Dies gilt auch und gerade in der Krise der Gesellschaft,[1281] welche der Gesellschafter grundsätzlich weder auslösen noch intensivieren darf. Zwar kann dies nicht zu der Pflicht führen, den Fortbestand der Gesellschaft durch Leistung weiterer Beiträge zu gewährleisten.[1282]

Allerdings kann im Einzelfall die Pflicht des Gesellschafters bestehen, eine Beeinträchtigung seiner Rechte hinzunehmen, „*wenn* [...] [dies] *einerseits mit Rücksicht auf das Gesellschaftsverhältnis, insbesondere zur Erhaltung des im Rahmen des Gesellschaftsverhältnisses Geschaffenen, erforderlich und andererseits für den Gesellschafter bei Berücksichtigung der Belange des Ganzen zumutbar ist.*“[1283]

Im Recht der Personengesellschaften kann der Kommanditist einer Publikums-KG nach der Rechtsprechung aufgrund der Treuepflicht verpflichtet sein, Zinsforderungen gegen die KG zu stunden, wenn ansonsten Zahlungsunfähigkeit eintreten würde.[1284] Darüber hinaus kann die Treuepflicht im Einzelfall der Gewinnentnahme eines Kommanditisten entgegenstehen, wenn dies die Insolvenz der Gesellschaft hervorriefe.[1285]

Aber auch für die GmbH ist in der Literatur anerkannt, dass die Geltendmachung von Gewinnansprüchen[1286] und Darlehensforderungen[1287] durch die

1278 Baumbach/Hueck GmbHG/*Fastrich*, § 13 Rn. 27.

1279 Roth/Altmeppen GmbHG/*Altmeppen*, § 13 Rn. 55; *Geißler*, ZInsO 2014, 1201 (1203).

1280 MüKo GmbHG/*Merkt*, § 13 Rn. 143; Michalski GmbHG/*Michalski/Funke*, § 13 Rn. 159.

1281 *Brünkmans/Uebele*, ZInsO 2014, 265 (269); MüKo GmbHG/*Merkt*, § 13 Rn. 151.

1282 *Meyer*, ZInsO 2013, 2361 (2362); *Schuster*, ZGR 2010, 325 (331). Eine Pflicht zur Leistung weiterer Beiträge besteht gemäß § 53 III GmbHG grundsätzlich nicht.

1283 BGH, Urt. v. 19.11.1984 – II ZR 102/84, NJW 1985, 972 (973) (Kommanditgesellschaft); BGH, Urt. v. 25.9.1986 – II ZR 262/85, BGHZ 98, 276 (279) (GmbH).

1284 BGH, Urt. v. 19.11.1984 – II ZR 102/84, NJW 1985, 972 (973).

1285 Siehe OLG Bamberg, Urt. v. 17.6.2005 – 6 U 56/04, NZG 2005, 808 (809); OLG Karlsruhe, Urt. v. 28.2.2003 – 4 U 8/02, NZG 2003, 429 (430).

1286 Roth/Altmeppen GmbHG/*Altmeppen*, § 13 Rn. 56; Scholz GmbHG/*Emmerich*, § 13 Rn. 43; Baumbach/Hueck GmbHG/*Fastrich*, § 13 Rn. 27; MüKo GmbHG/*Merkt*, § 13 Rn. 148; Michalski GmbHG/*Michalski/Funke*, § 13 Rn. 159.

1287 Roth/Altmeppen GmbHG/*Altmeppen*, § 13 Rn. 56.

Treuepflicht begrenzt werden kann, wenn dies die wirtschaftliche Lage der Gesellschaft erfordert. Insoweit lässt sich die Rechtsprechung zum Recht der Personengesellschaften auch auf die GmbH übertragen. Denn für den Umfang der Treuepflicht ist primär die *Realstruktur* der Gesellschaft von Bedeutung und nicht ihre Rechtsform.[1288] Ähnelt die GmbH in ihrer tatsächlichen Ausgestaltung einer Personengesellschaft mit ihren engen Verbindungen unter den Gesellschaftern, kann die Treuepflicht ein ähnliches Ausmaß annehmen.

Dabei ist ausschließlich die *horizontale* Treuepflicht angesprochen. Im *Girmes*-Urteil stellte der BGH nämlich klar, dass Treuepflichten eines Gesellschafters in der Sanierungssituation ausschließlich gegenüber seinen Mitgesellschaftern, nicht aber gegenüber der Gesellschaft bestehen.[1289] Zur Begründung führte der BGH aus, dass die Gesellschaft gegenüber den Gesellschaftern keinen allgemeinen Bestandsschutz genieße, diese vielmehr jederzeit die Auflösung der Gesellschaft beschließen könnten.[1290] Die Frage, ob die gesellschaftsrechtliche Treuepflicht die Geltendmachung einer Forderung durch einen Gesellschafter zur Vermeidung der Insolvenz beschränken kann, ist insoweit allein anhand der Interessen der Mitgesellschafter zu beurteilen.[1291]

bb) Interessenabwägung anhand des wirtschaftlichen Interesses

Dabei muss die Einschränkung der Wahrnehmung eigennütziger Rechte auf Ausnahmefälle beschränkt bleiben. Einzelfallabhängig muss eine Abwägung des Interesses an der Geltendmachung der Forderung mit dem Interesse der übrigen Gesellschafter an der Vermeidung der Insolvenz vorgenommen werden.[1292] Da es bei der Geltendmachung der Forderung um wirtschaftliche Interessen des Gesellschafters geht, muss das entscheidende Kriterium für die Interessenabwägung sein, ob die Geltendmachung unter *wirtschaftlichen Gesichtspunkten nachvollziehbar* ist.[1293] Ist dies nicht der Fall, überwiegen die Interessen der übrigen

1288 Baumbach/Hueck GmbHG/*Fastrich*, § 13 Rn. 22; MüKo GmbHG/*Merkt*, § 13 Rn. 11.

1289 BGH, Urt. v. 20.3.1995 – II ZR 205/94, BGHZ 129, 136 (151) („Girmes").

1290 BGH, Urt. v. 20.3.1995 – II ZR 205/94, BGHZ 129, 136 (151) („Girmes"); so auch schon BGH, Urt. v. 28.1.1980 – II ZR 124/78, ZIP 1980, 275 (267).

1291 Anders wohl LG Frankfurt a.M., Urt. v. 13.8.2013 – 3-09 O 78/13, ZIP 2013, 1720 (1727).

1292 Vgl. allgemein zu den stregen Voraussetzungen einer solchen Abwägung Roth/Altmeppen GmbHG/*Altmeppen*, § 13 Rn. 54, 55, 56.

1293 *Brünkmans/Uebele*, ZInsO 2014, 265 (269).

Gesellschafter und die Geltendmachung der Forderung ist durch die Treuepflicht zu begrenzen.[1294]

Die Geltendmachung einer Forderung ist nicht unter *wirtschaftlichen Gesichtspunkten nachvollziehbar*, wenn die Gesellschaft die Forderung voraussichtlich in naher Zukunft wird begleichen können oder wenn der Gesellschafter in der Insolvenz aufgrund der Nachrangigkeit seiner Forderung ohnehin Gefahr laufen würde, diese insgesamt zu verlieren.[1295]

cc) Umfang der Treuepflicht

Liegen vorgenannte Voraussetzungen vor, stellt sich in einem nächsten Schritt allerdings die Frage, in welchem Umfang dem Gesellschafter Handlungspflichten aufgrund der Treuepflicht auferlegt werden können. Mit der Rechtsprechung ist insoweit zu fordern, dass die Beeinträchtigung durch die gesellschaftsrechtliche Treuepflicht dem Gesellschafter *zumutbar* ist.[1296]

Für die Zumutbarkeit muss richtigerweise zwischen der Stundung eines Anspruchs zur Vermeidung der drohenden Zahlungsunfähigkeit und der Erklärung eines Rangrücktritts zur Vermeidung der Überschuldung unterschieden werden.

Von der Zumutbarkeit einer Stundung des Anspruchs kann regelmäßig dann ausgegangen werden, wenn dies die Geltendmachung des Anspruchs nur für einen gewissen Zeitraum hindert.[1297] Das muss jedenfalls dann gelten, wenn der Gesellschafter allein durch die Geltendmachung seiner Forderung die Insolvenzreife der Gesellschaft herbeiführt.[1298] Wird die Krise durch Geltendmachung der Forderung initiiert, obwohl der Gesellschafter mit der Begleichung seiner Forderung in absehbarer Zeit rechnen kann, stehen die Nachteile der Mitgesellschafter, die aufgrund der Insolvenz der Gesellschaft eintreten, völlig außer Verhältnis zu dem Rechtsgewinn, den der Gesellschafter durch das Bestehen auf der Forderungserfüllung erlangt.[1299] Gleichzeitig indiziert dies die Intention, durch

---

1294 *Brünkmans/Uebele*, ZInsO 2014, 265 (269).

1295 *Brünkmans/Uebele*, ZInsO 2014, 265 (269); die fehlende Aussicht auf Forderungsbefriedigung aufgrund der Nachrangigkeit, sieht *Fölsing*, ZInsO 2013, 1325 (1328), als besonders relevant an.

1296 Vgl. BGH, Urt. v. 19.11.1984 – II ZR 102/84, NJW 1985, 972 (973); BGH, Urt. v. 25.9.1986 – II ZR 262/85, BGHZ 98, 276 (279).

1297 *Fischer*, WM 2014, 1709 (1712).

1298 *Stöber*, ZInsO 2013, 2457 (2464).

1299 Insbesondere für den Fall eines Fremdantrags durch den Gesellschafter, *Geißler*, ZInsO 2014, 1201 (1203).

Herbeiführen der Insolvenz die vereinfachte Möglichkeit zur gesellschaftsrechtlichen Umstrukturierung im Insolvenzplanverfahren nutzen zu wollen und ist als treuwidrig einzustufen.[1300] Damit überwiegt in diesem Fall das Stundungsinteresse der Mitgesellschafter das Auszahlungsinteresse des die Forderung geltend machenden Gesellschafters.[1301]

Anders ist die Zumutbarkeit allerdings bei der Abgabe einer treuepflichtbedingten Rangrücktrittserklärung zu bewerten. Um den Ansatz einer Forderung in den Überschuldungsstatus und damit den Eintritt der Überschuldung zu verhindern, muss der Gesellschafter nach der Rechtsprechung des BGH einen *qualifizierten* Rangrücktritt erklären.[1302] Dies bedeutet für den Gesellschafter eine nachrangige Befriedigung nach allen übrigen Gläubigern für die Zeit vor und nach der Insolvenzeröffnung.[1303] Damit wird sein Interesse auf Forderungsbefriedigung in massivem Umfang und unter Umständen für einen langen Zeitraum beschnitten. Insbesondere im Vergleich zu den geringen Folgen einer Stundung ist dies als zu weitgehend zu bewerten.[1304] Eine treuepflichtbedingte Abgabe einer Rangrücktrittserklärung kann damit nicht verlangt werden.[1305]

g) Folgen für das Bestehen des Insolvenzgrundes

Nach den oben ausgeführten Grundsätzen ist es einem Gesellschafter, der durch die Geltendmachung einer Forderung gegen die Gesellschaft deren Insolvenz herbeiführen würde, aufgrund der gesellschaftsrechtlichen Treuepflicht zumutbar, seinen Anspruch zu stunden, wenn die Gesellschaft entweder die Forderung voraussichtlich in naher Zukunft begleichen wird oder der Gesellschafter in der Insolvenz aufgrund der Nachrangigkeit seiner Forderung ohnehin Gefahr laufen

---

1300 *Brünkmans/Uebele*, ZInsO 2014, 265 (269); *Stöber*, ZInsO 2013, 2457 (2462); eine solche Motivation nahm das LG Frankfurt a.M., Urt. v. 13.8.2013 - 3-09 O 78/13, ZIP 2013, 1720 (1723), auch im *Suhrkamp*-Verfahren an. Dies hielt in der Berufungsinstanz nicht stand, vgl. OLG Frankfurt a.M., Beschl. v. 7.10.2013 - 5 U 135/13, ZInsO 2013, 2162.

1301 Ähnlich *Fischer*, WM 2014, 1709 (1712); a.A. OLG Frankfurt a.M., Beschl. v. 7.10.2013 - 5 U 135/13, ZInsO 2013, 2162 (2163), ohne auf die Treuepflicht näher einzugehen.

1302 BGH, Urt. v. 5.3.2015 - IX ZR 133/14, NZI 2015, 315 (316).

1303 BGH, Urt. v. 5.3.2015 - IX ZR 133/14, NZI 2015, 315 (316).

1304 *Fischer*, WM 2014, 1709 (1716); a.A. LG Frankfurt a.M., Urt. v. 13.8.2013 - 3-09 O 78/13, ZIP 2013, 1720 (1723).

1305 So auch OLG Frankfurt a.M., Beschl. v. 7.10.2013 - 5 U 135/13, ZInsO 2013, 2162 (2163); Uhlenbruck InsO/*Mock*, § 19 Rn. 168.

würde, diese insgesamt zu verlieren. Da eine solche Stundung allerdings nur für gewisse Zeit zumutbar ist, endet sie spätestens in dem Moment, in dem die Gesellschaft die drohende Zahlungsunfähigkeit abgewendet hat und in der Lage ist, die Forderung zu erfüllen. Dies entspricht dem Grundsatz, dass eine Stundung grundsätzlich dann endet, „*wenn Sinn und Zweck der Vereinbarung sowie die angemessene Abwägung der beiderseitigen Interessen dies gebieten*“.[1306] Durch die Stundung bleibt der Anspruch zwar erfüllbar, die Fälligkeit wird allerdings herausgezögert.[1307] Damit hat sie ausschließlich Auswirkungen auf die drohende Zahlungsfähigkeit,[1308] da *nicht fällige Verbindlichkeiten* gemäß § 18 II InsO bei deren Beurteilung außer Betracht bleiben. Im Unterschied hierzu sind in den Überschuldungsstatus einer Gesellschaft alle Verbindlichkeiten ohne Rücksicht auf ihre Fälligkeit aufzunehmen.[1309] Den Insolvenzgrund der Überschuldung kann eine gestundete Verbindlichkeit insoweit nicht beeinflussen.[1310]

Die treuepflichtbedingte Stundungsverpflichtung des Gesellschafters führt zu einem Leistungsverweigerungsrecht der Schuldnergesellschaft.[1311] Im Rahmen der Beurteilung, ob eine drohende Zahlungsunfähigkeit vorliegt, ist die Forderung dementsprechend nicht in Ansatz zu bringen – der Insolvenzgrund entfällt.[1312] Einer gerichtlichen Geltendmachung auf Abgabe einer Stundungserklärung, wie dies im *Suhrkamp*-Verfahren (erfolglos) versucht wurde,[1313] bedarf es insoweit nicht.[1314]

1306 BeckOK BGB/*Lorenz*, § 271 Rn. 14 (Stand: 1.11.2015).

1307 BGH, Beschl. v. 25.3.1998 – VIII ZR 298-97, NJW 1998, 2060 (2061); MüKo BGB/*Krüger*, § 271 Rn. 21.

1308 Siehe auch Uhlenbruck InsO/*Mock*, § 18 Rn. 55.

1309 *Merz/Hübner*, DStR 2005, 802 (805).

1310 *Merz/Hübner*, DStR 2005, 802 (805).

1311 OLG Bamberg, Urt. v. 17.6.2005 – 6 U 56/04, NZG 2005, 808 (808); *Brünkmans/Uebele*, ZInsO 2014, 265 (269); *Bulgrin*, Die strategische Insolvenz, S. 122; *Fischer*, WM 2014, 1709 (1712); *Fölsing*, ZInsO 2013, 1325 (1328); für die grundsätzliche Möglichkeit, die Treuepflicht als Einwendung zu benutzen auch *Servatius*, NZG 2014, 537 (539); *Szalai*, DStR 2008, 358 (360).

1312 *Brünkmans/Uebele*, ZInsO 2014, 265 (270); *Fischer*, WM 2014, 1709 (1712); *Fölsing*, ZInsO 2013, 1325 (1328).

1313 Siehe LG Frankfurt a.M., Urt. v. 13.8.2013 – 3-09 O 78/13, ZIP 2013, 1720 und die Entscheidung des OLG Frankfurt a.M., Beschl. v. 7.10.2013 – 5 U 135/13, ZInsO 2013, 2162, in der Berufungsinstanz.

1314 *Brünkmans/Uebele*, ZInsO 2014, 265 (270); *Bulgrin*, Die strategische Insolvenz, S. 168; *Fölsing*, ZInsO 2013, 1325 (1328).

h) Die gerichtliche Prüfung des Vorliegens eines Insolvenzgrundes

Das Insolvenzverfahren wird durch das Gericht nur eröffnet, wenn der Antrag des Schuldners zulässig und begründet ist.[1315] Das Gericht prüft das Vorliegen eines Insolvenzgrundes sowohl im Rahmen der Zulässigkeit unmittelbar nach der Antragstellung (sog. Zulassung) als auch im Rahmen der Begründetheit, die letztlich mit dem Eröffnungsbeschluss endet.[1316]

aa) Zulassung des Insolvenzantrags

Die Frage, ob ein Insolvenzgrund besteht, wird im Rahmen des Insolvenzverfahrens erstmalig bei der Zulassung des Antrags durch das Insolvenzgericht relevant. Die Zulassung des Antrages stellt dabei keine eigenständige Zwischenentscheidung des Gerichts dar – es stellt hier lediglich vorläufig die Zulässigkeit des Antrages fest.[1317]

Allein die Antragstellung und das Eröffnungsverfahren können erhebliche wirtschaftliche Auswirkungen auf den Schuldner haben.[1318] Eine von vornherein unberechtigte Antragstellung soll aus diesem Grund bereits vor Zulassung des Insolvenzantrages verhindert werden. Da der Gesetzgeber eine dementsprechende Gefahr insbesondere seitens der Gläubiger befürchtet, ist die Glaubhaftmachung des Insolvenzgrundes durch den Gläubiger Voraussetzung für die Zulassung.[1319]

Anders als beim Fremdantrag muss der Schuldner beim Eigenantrag den Insolvenzgrund grundsätzlich nicht glaubhaft machen. Der Grund für diese vergleichsweise niedrigeren Anforderungen an den Insolvenzantrag liegt in der Prämisse des Gesetzgebers, der Schuldner werde nur dann einen Insolvenzantrag stellen, wenn auch tatsächlich ein Insolvenzgrund vorliege.[1320] Lediglich im Falle des § 15 II 1 InsO wird eine Glaubhaftmachung des Insolvenzgrundes gesetzlich verlangt. Damit bestünde hier grundsätzlich die Möglichkeit für einen Geschäftsführer, Bedenken gegen den Insolvenzgrund aufgrund von Treuepflichtgesichtspunkten gegenüber dem Insolvenzgericht geltend zu machen.[1321] Besteht innerhalb eines mehrköpfigen Geschäftsführungsorgans Uneinigkeit

---

1315 *Foerste,* Insolvenzrecht Rn. 127.
1316 *Foerste,* Insolvenzrecht Rn. 130.
1317 *Beth,* NZI 2014, 487 (488).
1318 Braun InsO/*Bußhardt,* § 14 Rn. 4.
1319 Braun InsO/*Bußhardt,* § 14 Rn. 4.
1320 *A. Lang,* Das Rechtsschutzinteresse, S. 177.
1321 *Brünkmans/Uebele,* ZInsO 2014, 265 (270).

bezüglich des Vorliegens des Insolvenzgrundes, da (zumindest ein) Geschäftsführer der Meinung ist, der Gesellschafterforderung stehe die Einwendung der Treuepflicht entgegen, kann er seine Bedenken im Rahmen seiner Anhörung durch das Insolvenzgericht gegenglaubhaft machen.[1322]

Für den Fall, dass bei einem Fremdantrag (§ 14 InsO) der Insolvenzgrund von dem Bestehen lediglich einer Forderung abhängt, ist anerkannt, dass diese zur vollen Überzeugung des Insolvenzgerichts bestehen und der Gläubiger sie beweisen muss.[1323] Bestehen allerdings nach Ansicht des Insolvenzgerichts trotzdem Zweifel rechtlicher oder tatsächlicher Art, ist der Insolvenzantrag nicht zuzulassen, vielmehr sind die Parteien vom Insolvenzgericht auf den Prozessweg zu verweisen.[1324] Die Frage, ob die Forderung tatsächlich besteht, muss insoweit nicht vom Insolvenzgericht geprüft werden.[1325]

Bei Eigenanträgen wird der Fall, dass lediglich die Forderung eines Gesellschafters den Insolvenzgrund herbeiführt, zwar höchst selten vorkommen. Allerdings sind keine Gründe ersichtlich, weshalb die beim Fremdantrag anwendbaren Grundsätze dann nicht auch hier gelten sollten. Damit müsste das Insolvenzgericht in einem solchen Fall zwar nicht prüfen, ob die Einwendung aus der Treuepflicht tatsächlich besteht, es würde aber den Insolvenzantrag als unzulässig zurück- und die Gesellschaft auf den Prozessweg verweisen.

Besteht das Vertretungsorgan lediglich aus einem Mitglied – und ist dieses womöglich der Gesellschafter, der die bestrittene Forderung geltend gemacht hat –, ist die Wahrscheinlichkeit gering, dass bereits vor Zulassung des Antrages das Nichtbestehen des Insolvenzgrundes durch das Gericht aufgedeckt wird. Denn an die Geltendmachung des Insolvenzgrundes werden beim Eigenantrag nur sehr geringe Anforderungen gestellt.

1322 *Brünkmans/Uebele*, ZInsO 2014, 265 (270); MüKo InsO/*Klöhn*, § 15 Rn. 79, 81; *Zipperer*, ZIP 2015, 2002 (2004).

1323 BGH, Beschl. v. 29.11.2007 – IX ZB 12/07, NZI 2008, 182 (183); Beschl. v. 19.3.2007 – IX ZB 141/06, NZI 2007, 408 (409); Beschl. v. 14.12.2005 – IX ZB 207/04, NZI 2006, 174 (175); *Brünkmans/Uebele*, ZInsO 2014, 265 (270); Braun InsO/*Bußhardt*, § 14 Rn. 23; Uhlenbruck InsO/*Wegener*, § 14 Rn. 37.

1324 BGH, Beschl. v. 19.3.2007 – IX ZB 141/06, NZI 2007, 408 (409); Beschl. v. 14.12.2005 – IX ZB 207/04, NZI 2006, 174 (175); Beschl. v. 19.3.2007 – IX ZB 141/06, NZI 2007, 408 (409); Uhlenbruck InsO/*Wegener*, § 14 Rn. 37.

1325 BGH, Beschl. v. 19.3.2007 – IX ZB 141/06, NZI 2007, 408 (409); Braun InsO/*Bußhardt*, § 14 Rn. 23.

Zwar wurde immer wieder vertreten, es müsse hier eine *schlüssige* Darlegung des Insolvenzgrundes verlangt werden.[1326] Dies widerspricht jedoch der Auffassung des BGH.[1327] Das Vorliegen sämtlicher Insolvenzgründe muss hiernach lediglich *„in substantiierter, nachvollziehbarer Form"* dargelegt werden.[1328]

Lang befürchtet insoweit die missbräuchliche Antragstellung seitens des Schuldners.[1329] Er vertritt deswegen einschränkend, eine Glaubhaftmachung sei zumindest immer dann zu verlangen, wenn das Gericht *überwiegende Zweifel* an dem Bestehen eines Insolvenzgrundes und damit an der redlichen Antragstellung des Schuldners habe.[1330] Für *Lang* ist dies auch mit dem Willen des Gesetzgebers vereinbar, der sich bei den Auskunftspflichten des Schuldners gemäß § 20 InsO ursprünglich an § 104 KO orientieren wollte, welcher diese bereits bei Stellung des Antrages vorsah.[1331] Da § 20 I InsO hiervon abweichend Auskunftspflichten des Schuldners erst ab Zulässigkeit des Antrages vorsieht, schließt *Lang* hieraus, eine Einschränkung der Darlegungspflichten des Schuldners sei vom Gesetzgeber nicht gewollt.[1332] Diese Auffassung kann insoweit nicht mehr aufrecht erhalten werden, als der Gesetzgeber § 13 I InsO im Rahmen des ESUG um bereits bei Antragstellung bestehende Informationspflichten erweitert hat. Außerdem ergibt sich sowohl aus dem Umkehrschluss aus § 14 I InsO,[1333] als auch aus der ausdrücklich angeordneten Glaubhaftmachung im Falle des § 15 II 1 InsO, die gegenteilige Schlussfolgerung[1334]. Diese differenzierende Regelung der Notwendigkeit einer Glaubhaftmachung verdeutlicht die gesetzgeberische Intention, im Falle des Schuldnerantrages keine generelle Glaubhaftmachung zu verlangen. Der nicht-vertretungsberechtigte (Minderheits-)Gesellschafter wird daher im Sinne der insolvenzrechtlichen Vorschriften keine Möglichkeit erhalten, seine

---

1326 LG Potsdam, Beschl. v. 30.5.2002 – 5 T 124/02, NZI 2002, 555 (555); LG Duisburg, Beschl. v. 25.3.2001 – 7 T 45/02, ZInsO 2002, 783 (783).

1327 Der BGH, Beschl. v. 12.12.2002 – IX ZB 426/02, BGHZ 153, 205, stellte dies hier sowohl für die Zahlungsunfähigkeit als auch die drohende Zahlungsunfähigkeit klar.

1328 BGH, Beschl. v. 12.12.2002 – IX ZB 426/02, BGHZ 153, 205 (207); dem folgend Uhlenbruck InsO/*Mock*, § 18 Rn. 35; MüKo InsO/*Schmahl/Vuia*, § 13 Rn. 101; FK-InsO/*Schmerbach*, § 14 Rn. 156, spricht von einem *vereinfachten* Zulassungsverfahren.

1329 *A. Lang*, Das Rechtsschutzinteresse, S. 178.

1330 *A. Lang*, Das Rechtsschutzinteresse, S. 185.

1331 *A. Lang*, Das Rechtsschutzinteresse, S. 185.

1332 *A. Lang*, Das Rechtsschutzinteresse, S. 186.

1333 BGH, Beschl. v. 12.12.2002 – IX ZB 426/02, BGHZ 153, 205 (207).

1334 *Madaus*, ZIP 2014, 500 (500).

Bedenken gegen den Insolvenzgrund vor der Zulassung des Insolvenzantrages geltend zu machen.[1335]

bb) Eröffnungsbeschluss

Die Zulassung des Insolvenzantrages markiert den Zeitpunkt, ab dem das Gericht eine Amtsermittlungspflicht trifft, § 5 I InsO.[1336] Bei Fassung des Eröffnungsbeschlusses muss das Gericht vom Bestehen des Insolvenzgrundes überzeugt sein.[1337] Ist es das nicht, so ist das Gericht verpflichtet, notwendige Ermittlungen einzuleiten.[1338] Die Amtsermittlungspflicht gilt dabei nicht nur für den Gläubiger-, sondern auch für den Schuldnerantrag.[1339] Der Entscheidung über die Eröffnung des Insolvenzverfahrens kommt nicht nur generell eine herausragende wirtschaftliche Bedeutung zu,[1340] vielmehr ist eine Aufklärung durch das Gericht auch aufgrund der Missbrauchsmöglichkeiten durch den Schuldner angezeigt[1341]. Aus diesem Grund kann das Verfahren selbst dann nicht ohne weitere Nachforschungen eröffnet werden, wenn der Schuldner den Insolvenzgrund von sich aus eingesteht.[1342]

Im Gegensatz hierzu müssen die Forderungen grundsätzlich nicht zur vollen Überzeugung des Gerichts vorliegen.[1343] Etwas anderes gilt nur dann, wenn das Bestehen des Insolvenzgrundes lediglich von einer Forderung abhängt.[1344] In einem solchen Fall erstreckt sich die Amtsermittlungspflicht auch auf das Bestehen dieser Forderung.[1345] Das Insolvenzgericht muss dabei auch die Wirkung der Treuepflicht auf die Forderung und damit auf den Insolvenzgrund berücksichtigen,[1346] die Einwendung aus Treuepflicht stellt insoweit eine *der*

1335 *Zipperer*, ZIP 2015, 2002 (2004).

1336 BGH, Beschl. v. 12.12.2002 – IX ZB 426/02, BGHZ 153, 205 (207); *Beth*, NZI 2014, 487 (488); *Madaus*, ZIP 2014, 500 (502); Uhlenbruck InsO/*Mock*, § 16 Rn. 7; MüKo InsO/*Schmahl/Vuia*, § 16 Rn. 4.

1337 FK-InsO/*Schmerbach*, § 16 Rn. 7; Insolvenzrechts-Handbuch/*Vuia*, § 13 Rn. 1.

1338 *Brünkmans/Uebele*, ZInsO 2014, 265 (271); MüKo InsO/*Schmahl/Vuia*, § 16 Rn. 4.

1339 FK-InsO/*Schmerbach*, § 16 Rn. 11.

1340 Uhlenbruck InsO/*Mock*, § 16 Rn. 7; KPB InsO/*Steffek*, § 16 Rn. 2 (69. EL 11/16).

1341 Uhlenbruck InsO/*Mock*, § 18 Rn. 35; MüKo InsO/*Schmahl/Vuia*, § 16 Rn. 7.

1342 Uhlenbruck InsO/*Mock*, § 16 Rn. 8; Insolvenzrechts-Handbuch/*Vuia*, § 13 Rn. 2.

1343 FK-InsO/*Schmerbach*, § 16 Rn. 7.

1344 *Stöber*, ZInsO 2013, 2457 (2464), unter Hinweis auf die zu Gläubigeranträgen ergangene Rechtsprechung des BGH, Beschl. v. 14.12.2005 – IX ZB 207/04, NZI 2006, 174 (175).

1345 Nach Uhlenbruck InsO/*Mock*, § 16 Rn. 12, sind dann Forderung und Insolvenzgrund identisch.

1346 *Stöber*, ZInsO 2013, 2457 (2464); *Zipperer*, ZIP 2015, 2002 (2004).

Rechtslage immanente Beschränkung dar[1347]. Entfällt aufgrund der treuepflichtbedingten Stundung der Insolvenzgrund der drohenden Zahlungsunfähigkeit, ist der Insolvenzantrag als unbegründet zurückzuweisen.

Die grundsätzliche Berücksichtigung der Einwendung ist dabei allein schon aus verfassungsrechtlichen Gründen zu verlangen.[1348] Denn besteht kein Insolvenzgrund, ist ein zwangsweiser Eingriff in die Gesellschafterrechte durch Insolvenzplan nicht zu rechtfertigen. Ist ein Sachverständiger zur Beurteilung des Insolvenzgrundes bestellt, muss auch dieser sich hiermit auseinandersetzen.[1349] Allerdings weist *Zipperer* richtigerweise darauf hin, dass eine Unsicherheit verbleibt, ob das Insolvenzgericht im Einzelfall tatsächlich eine treuepflichtbedingte Einwendung annimmt.[1350] Diese Unsicherheit besteht vor allem aufgrund der Konturlosigkeit der gesellschafterlichen Treuepflicht.[1351] Ist sich das Insolvenzgericht nicht abschließend sicher, ob eine treuepflichtbedingte Stundung besteht oder nicht, ist es trotz der Amtsermittlungspflicht nicht gezwungen, diese streitige Rechtsfrage abschließend zu klären. Kann es also trotz der Ermittlungen nicht mit ausreichender Sicherheit von einem Insolvenzgrund ausgehen, ist der Antrag als unbegründet zurückzuweisen.[1352]

Auch für den Fall, dass mit dem Insolvenzantrag ein Antrag auf Eröffnung des Schutzschirmverfahrens gestellt wird, ändert sich grundsätzlich nichts an der Vorgehensweise hinsichtlich der Beurteilung der Insolvenzgründe. Wie oben bereits ausgeführt, ist das Schutzschirmverfahren schon dann zuzulassen, wenn die Bescheinigung schlüssig ist. Die Anordnung des Schutzschirmverfahrens führt indes nicht dazu, dass das Bestehen eines Eröffnungsgrundes vom Gericht nicht mehr zu prüfen wäre. Im Gegenteil legt § 270b IV 2 InsO fest, dass das Gericht nach Ablauf der dreimonatigen Frist (oder nach Aufhebung der Anordnung) über die Eröffnung des Insolvenzverfahrens befindet. Daraus ergibt sich, dass die Eröffnung des Insolvenzverfahrens nach den üblichen Maßstäben stattfindet – das Gericht also auch aufgrund seiner Amtsermittlungspflicht das Bestehen eines Insolvenzgrundes prüft.[1353]

1347 MüKo BGB/*Schubert,* § 242 Rn. 84.

1348 *Stöber,* ZInsO 2013, 2457 (2464).

1349 *Brünkmans/Uebele,* ZInsO 2014, 265 (270).

1350 *Zipperer,* ZIP 2015, 2002 (2004).

1351 *Zipperer,* ZIP 2015, 2002 (2004).

1352 Uhlenbruck InsO/*Mock,* § 16 Rn. 12; KPB InsO/*Steffek,* § 16 Rn. 28 (69. EL 11/16); MüKo InsO/*Schmahl/Vuia,* § 16 Rn. 38.

1353 So stellte auch im Suhrkamp-Verfahren das AG Charlottenburg, Beschl. v. 20.6.2013 – 36s IN 2196/13, ZInsO 2013, 2501 (2502), fest: „*Ob tatsächlich im Zeitpunkt der*

i) Ergebnis

Ein Gesellschafterkonflikt kann zu einer wirtschaftlichen Schieflage einer Gesellschaft beitragen und insoweit auch Auswirkungen auf das Vorliegen eines Insolvenzgrundes haben. Wenn ein Insolvenzgrund vorliegt, bietet das Insolvenzplanverfahren legitime Mittel, diesen Konflikt aufzulösen. Diese Möglichkeit darf der Gesellschaft dann nicht eröffnet werden, wenn der Insolvenzantrag auf eine treuepflichtwidrige Herbeiführung des Insolvenzgrundes zurückzuführen ist. Ein Gesellschafter, der eine Konfliktlösung über das Insolvenzplanverfahren sucht, könnte insoweit versucht sein, auf die Geltendmachung einer ihm zustehenden Forderung zu bestehen und damit die Krise der Gesellschaft zu vertiefen oder gar herbeizuführen. Der Gesellschafter kann dann unter engen Voraussetzungen aufgrund der gesellschaftsrechtlichen Treuepflicht verpflichtet sein, eine Stundung für seine Forderung zu erklären. Dies muss immer dann angenommen werden, wenn der Rechtsgewinn, den er durch die Geltendmachung erlangt, in keinem Verhältnis zum Schaden steht, den die Gesellschaft durch die Insolvenzantragstellung erleidet. Das ist zumindest dann anzunehmen, wenn der Gesellschafter durch das Bestehen auf der Erfüllung seiner Forderung die Insolvenz der Gesellschaft erst herbeiführt und die Befriedigungschance im Insolvenzplanverfahren ohnehin sehr gering ist bzw. eine Befriedigung auch außerhalb des Insolvenzverfahrens in absehbarer Zeit erfolgen kann. In diesen Fällen darf nicht der Rechtsrahmen des Insolvenzverfahrens in Anspruch genommen werden. Vielmehr sind die Gesellschafter zur Konfliktlösung auf die gesellschaftsrechtlichen Möglichkeiten zu verweisen.

Bezüglich der treuepflichtwidrig geltend gemachten Forderung steht der Schuldnergesellschaft ein Leistungsverweigerungsrecht zu, welches dazu führt, dass die Forderung im Rahmen der Beurteilung der drohenden Zahlungsunfähigkeit nicht in Ansatz zu bringen ist. Dieses hat das Insolvenzgericht bei der Prüfung des Insolvenzeröffnungsgrundes zu beachten und den Antrag aus diesem Grund zurückzuweisen. Die Zurückweisung des Antrages kann entweder bereits im Zulassungsverfahren (als unzulässig) oder bei Eröffnung des Verfahrens (als unbegründet) erfolgen.

Da im Rahmen der Zulassung beim Eigenantrag – anders als beim Fremdantrag – grundsätzlich keine Glaubhaftmachung des Insolvenzgrundes erfolgen muss, wird das Insolvenzgericht hier nur selten die treuepflichtbedingte Einwendung bemerken. Lediglich wenn das Vertretungsorgan der

---

Antragstellung ein Insolvenzgrund nach § 270b Abs. 1 Satz 1 InsO vorgelegen hat, ist außerhalb vom § 270b-Verfahren vom Gericht zu prüfen und festzustellen".

Gesellschaft aus mehreren Mitgliedern besteht, kann es wegen § 15 II 1 InsO dazu kommen, dass ein Geschäftsführer, der (aufgrund der Einwendung gegen die Forderung) nicht vom Bestehen des Insolvenzgrundes überzeugt ist, seine Gegenansicht im Rahmen einer Gegenglaubhaftmachung geltend machen kann.

Spätestens aber im Eröffnungsverfahren muss das Insolvenzgericht aufgrund der Amtsermittlungspflicht (§ 5 I InsO) den Insolvenzgrund zu seiner vollen Überzeugung ermitteln. Das gilt insbesondere dann, wenn der Insolvenzgrund nur auf eine einzige Forderung gestützt wird. Kann das Insolvenzgericht trotz seiner Ermittlungstätigkeiten nicht mit ausreichender Überzeugung vom Vorliegen eines Insolvenzgrundes ausgehen, muss es den Insolvenzantrag ablehnen und die Gesellschafter auf den Prozessweg verweisen.

2) Der vorläufige Sachwalter als Sachverständiger

Soll den Insolvenzgründen eine Funktion als Eingangshürde für das Insolvenzverfahren zukommen, ist die korrekte Ermittlung des Bestehens des Eröffnungsgrundes von großer Bedeutung. Da die Beurteilung spezieller Sachkunde bedarf, mit vielen Unsicherheiten behaftet und teilweise sehr umfangreich ist, bedient sich das Insolvenzgericht im Regelfall eines Sachverständigen.[1354] Dieser prüft unter anderem das Vorliegen des Insolvenzgrundes.[1355] Hierfür begutachtet er die wirtschaftlichen Verhältnisse des Schuldners und würdigt die entscheidenden tatsächlichen und rechtlichen Aspekte.[1356] Dies erfordert nicht nur betriebswirtschaftlichen, sondern auch juristischen Sachverstand.[1357] Die Auswahl des Sachverständigen ist also sowohl für die Gläubiger als auch für den Schuldner von immenser Bedeutung.

Bei Anordnung vorläufiger Maßnahmen gemäß § 21 InsO wird häufig der Sachverständige auch als vorläufiger Sachwalter bestellt (dies ist gemäß § 22 I 2 Nr. 3 Hs. 2 InsO möglich).[1358] Mit Einführung des Schutzschirmverfahrens nach § 270b InsO wird – allein schon aus „Praktikabilitätsgründen" – wahrscheinlich Gleiches für den vorläufigen Sachwalter (§§ 270b II 1, 270a I InsO)

1354 *Madaus,* ZIP 2014, 500 (503); MüKo InsO/*Schmahl/Vuia,* § 16 Rn. 45; Insolvenzrechts-Handbuch/*Vuia,* § 13 Rn. 7.

1355 FK-InsO/*Schmerbach,* § 16 Rn. 11.

1356 MüKo InsO/*Schmahl/Vuia,* § 16 Rn. 46; Insolvenzrechts-Handbuch/*Vuia,* § 13 Rn. 7.

1357 MüKo InsO/*Schmahl/Vuia,* § 16 Rn. 49.

1358 MüKo InsO/*Schmahl/Vuia,* § 16 Rn. 54.

gelten.[1359] Die Bestellung des vorläufigen Sachwalters erscheint aber insbesondere aus folgendem Grund problematisch:

Einer der Kernpunkte des Schutzschirmverfahrens ist die Möglichkeit des Schuldners, den vorläufigen Sachwalter „*mitzubringen*". Zwar muss – wie oben bereits ausgeführt – der vorläufige Sachwalter grundsätzlich unabhängig vom Schuldner i.S.v. §§ 270b II 1, 270a I 2, 274 I, § 56 I 1 InsO sein. Dennoch ist eine Abweichung des Insolvenzgerichts vom Vorschlag des Schuldners gemäß § 270b II 2 InsO nur bei *offensichtlicher Ungeeignetheit* des Vorgeschlagenen erlaubt. Diese Regelung ist grundsätzlich geeignet, die Attraktivität des Verfahrens zu steigern[1360] und kann aufgrund des Vertrauens, das der Schuldner dem Sachwalter entgegenbringt, zum Gelingen der Sanierung beitragen[1361]. Nichtsdestotrotz kann, wenn eine Person, die „*aus dem Lager des Schuldners*" stammt, die Sachverständigenrolle übernimmt, der Eindruck entstehen, diesem fehle es an Objektivität.[1362] Zuvorderst mag diese Befürchtung von den Gläubigern stammen. Allerdings kann sie auch bei Vorliegen eines Gesellschafterkonflikts an Bedeutung gewinnen. Denn besteht zwischen den Gesellschaftern Uneinigkeit hinsichtlich des Bestehens des Insolvenzgrundes und wurde der vorläufige Sachwalter von dem antragstellenden (Gesellschafter-)Geschäftsführer vorgeschlagen, liegt zumindest der Verdacht nahe, er könnte motiviert sein, in seinem Gutachten das Bestehen des Insolvenzgrundes festzustellen, ohne den Bedenken des (der) anderen Gesellschafter(s) nachzugehen.[1363]

Dass Insolvenzgericht und Sachwalter die Insolvenzgründe einer besonders gründlichen Beurteilung unterziehen müssen, wenn unter den Gesellschaftern Uneinigkeit hierüber besteht, machte auch das zuständige Insolvenzgericht im Falle des *Suhrkamp*-Verfahrens deutlich.[1364] Augenscheinlich traute das Gericht dem vorläufigen Sachwalter als Sachverständigen aber eine objektive Ermittlung und Beurteilung zu.[1365] Ob dies für das *Suhrkamp*-Verfahren tatsächlich

1359 Kübler HRI/*Neußner,* § 6 Rn. 146; *A.Schmidt/Linker,* ZIP 2012, 963 (964); *Siemon,* ZInsO 2013, 1861 (1871). Auch im *Suhrkamp*-Verfahren wurde der vorläufige Sachwalter als Sachverständiger bestellt, siehe AG Charlottenburg, Beschl. v. 20.6.2013 – 36s IN 2196/13, ZInsO 2013, 2501 (2501).

1360 Graf-Schlicker InsO/*Graf-Schlicker,* § 270b Rn. 19; *Sämisch,* ZInsO 2014, 1312 (1312).

1361 *Flöther,* ZInsO 2014, 465 (465); *Hölzle,* NZI 2011, 124 (126); *Sämisch,* ZInsO 2014, 1312 (1312); *A.Schmidt/Hölzle,* ZIP 2012, 2238 (2239).

1362 *Haarmeyer,* ZInsO 2013, 2504 (2504); *Madaus,* ZIP 2014, 500 (503); *Siemon,* ZInsO 2013, 1861 (1871).

1363 *Madaus,* ZIP 2014, 500 (503); *Siemon,* ZInsO 2013, 1861 (1871).

1364 AG Charlottenburg, Beschl. v. 20.6.2013 – 36s IN 2196/13, ZInsO 2013, 2501 (2502).

1365 AG Charlottenburg, Beschl. v. 20.6.2013 – 36s IN 2196/13, ZInsO 2013, 2501 (2502).

zutraf, wird in der Literatur zwar teilweise angezweifelt,[1366] kann hier allerdings nicht abschließend beurteilt werden. Vorzugswürdig erscheint es aber generell, den vorläufigen Sachwalter nicht gleichzeitig als Sachverständigen zu bestellen, um die – allgemein von einem Sachverständigen zu fordernde – Objektivität zu gewährleisten.[1367] Dies gilt insbesondere für den Fall, dass das Bestehen des Insolvenzgrundes zwischen den Gesellschaftern streitig ist.[1368]

Erfolgt aber dennoch diese als kritisch zu bewertende Bestellung, stellt sich die Frage, ob ein Gesellschafter, der um die Objektivität des Sachverständigen besorgt ist, eine Möglichkeit hat, sich hiergegen zur Wehr zu setzen.

Die Bestellung eines Sachverständigen ist grundsätzlich keine anfechtbare Entscheidung.[1369] Umstritten ist aber, ob hier ein Befangenheitsantrag gemäß § 406 I, II ZPO in Frage kommt, letzterer also über § 4 InsO entsprechende Anwendung findet. Dies wird teilweise abgelehnt[1370], teilweise aber auch bejaht[1371].

1366 *Siemon,* ZInsO 2013, 1861 (1871). Die Zweifel erwuchsen laut *Westermann,* NZG 2015, 134 (136), unter anderem aus der Tatsache, dass der vorläufige Sachwalter in einem Interview mit der FAZ angab, ihn gingen die Streitigkeiten zwischen den Gesellschaftern nichts an. Das Interview ist abrufbar unter http://www.faz.net/aktuell/feuilleton/buecher/suhrkamp/gespraech-mit-rolf-rattunde-ich-glaube-der-plan-von-suhrkamp-ist-zulaessig-12533694.html (zuletzt abgerufen am 21.10.2015).

1367 *Haarmeyer,* ZInsO 2013, 2504 (2504), befürchtet, dass ansonsten „*eine unabhängige, nicht interessengeleitete Beurteilung des Antrags* [...] *ad absurdum geführt wird*“; in die Richtung auch *Madaus,* ZIP 2014, 500 (503); *Rendels/Zabel,* Insolvenzplan, Rn. 9 (Fn. 18).

1368 *Madaus,* ZIP 2014, 500 (503).

1369 OLG Hamm, Beschl. v. 9.12.1985 – 15 W 441/85, ZIP 1986, 724, (724); AG Charlottenburg, Beschl. v. 20.6.2013 – 36s IN 2196/13, ZInsO 2013, 2501 (2503); *Vallender,* ZInsO 2010, 1457 (1458).

1370 LG Frankfurt/O, Beschl. v. 22.12.2005 – 3.1 IN 250/05, ZInsO 2006, 107 (108); AG Göttingen, Beschl. v. 26.5.2007 – 74 IN 180/07, ZInsO 2007, 720 (720); AG Göttingen, Beschl. v. 23.3.2000 – 74 IN 22/00, ZInsO 2000, 347 (347); MüKo InsO/*Ganter/Lohmann,* § 4 Rn. 42; Hamburger Kommentar InsO/*Rüther,* § 4 Rn. 60; FK-InsO/*Schmerbach,* § 4 Rn. 19; *Vallender,* ZInsO 2010, 1457 (1461).

1371 OLG Köln, Beschl. v. 6.12.1989 – 2 W 173/89, ZIP 1990, 58 (59 f.); OLG Hamm, Beschl. v. 9.12.1985 – 15 W 441/85, ZIP 1986, 724 (725); LG Ulm (Donau), Beschl. v. 22.10.2004 – 3 T 76/04, ZInsO 2004, 1268 (1268); LG Stendal, Beschl. v. 30.6.2003 – 25 T 237/0, ZInsO 2003, 721 (721); LG München I, Beschl. v. 20.7.2001 – 14 T 10 316/01, ZInsO 2001, 813 (815); Jaeger InsO/*Gerhardt,* § 5 Rn. 14; *Madaus,* ZIP 2014, 500 (503); Nerlich/Römermann InsO/*Mönning,* § 16 Rn. 8 (23. EL 3/12); MüKo InsO/*Schmahl/Vuia,* § 16 Rn. 54.

Auf Seiten derjenigen Stimmen, die die Möglichkeit eines Befangenheitsantrages ablehnen, wird angeführt, dass im Zivilprozess lediglich Parteien, jedoch keine Beteiligten existierten; ein Befangenheitsantrag würde insoweit eine „*doppelte*" Analogie voraussetzten.[1372] Abgesehen davon, dass diese Befürchtung allein deswegen schon zweifelhaft erscheint, da § 4 InsO die entsprechende Geltung der ZPO gerade anordnet, sollte diese Begrifflichkeit allein einer Anwendung nicht entgegenstehen. Denn insbesondere im Insolvenzeröffnungsverfahren besteht durchaus eine ähnliche Interessenlage: Schuldner und Gläubiger stehen sich auch hier grundsätzlich *wie Parteien* gegenüber.[1373]

Aber auch über diesen formellen Aspekt hinaus wird der Möglichkeit, eine Ablehnung wegen Befangenheit zu beantragen, entgegengetreten. Der Sachverständige im Insolvenzeröffnungsverfahren sei wie der „*verlängerte Arm*" des Gerichts und ähnele in seiner Position der eines vorläufigen Insolvenzverwalters und nicht der eines Sachverständigen im ZPO-Verfahren – für diesen seien aber die §§ 57, 58, 59 InsO vorrangig; dieser Grundgedanke gelte auch, wenn der Sachverständige lediglich als Gutachter fungiere.[1374] Die Vorrangigkeit der §§ 57, 58, 59 InsO wird auch von einigen Vertretern, die grundsätzlich für die Anwendbarkeit des § 406 I, II ZPO in Bezug auf den Sachverständigen plädieren, angeführt – jedoch ausschließlich für den Fall, dass der Sachverständige tatsächlich auch gleichzeitig vorläufiger Insolvenzverwalter ist.[1375] Würde hier die Befangenheit des Sachverständigen befürchtet, müsse das Insolvenzgericht ihn vorrangig gemäß §§ 21 II 1 Nr. 1, 59 InsO abberufen.[1376]

Ob diese Argumentation allerdings auch auf den vorläufigen Sachwalter im Schutzschirmverfahren übertragen werden kann, erscheint zweifelhaft. Denn anders als beim vorläufigen Insolvenzverwalter, der originär durch das Gericht ausgewählt und bestellt wird, hat der Schuldner bei der Wahl des vorläufigen Sachwalters das Vorschlagsrecht, von dem das Gericht nur bei offensichtlicher Ungeeignetheit des Vorgeschlagenen abweichen kann. Beim vorläufigen Sachwalter besteht die Gefahr, dass dieser im Sinne der Strategie des antragstellenden (Gesellschafter-)Geschäftsführers handelt.[1377] Die Gefahr einer möglichen

1372 *Vallender,* ZInsO 2010, 1457 (1460).

1373 Jaeger InsO/*Gerhardt,* § 5 Rn. 14.

1374 LG Frankfurt/O, Beschl. v. 22.12.2005 – 3.1 IN 250/05, ZInsO 2006, 107 (108); MüKo InsO/*Ganter/Lohmann,* § 4 Rn. 42; Hamburger Kommentar InsO/*Rüther,* § 4 Rn. 14; *Vallender,* ZInsO 2010, 1457 (1461).

1375 KPB InsO/*Prütting,* § 4 Rn. 7 (54. EL 8/13); MüKo InsO/*Schmahl/Vuia,* § 16 Rn. 54.

1376 MüKo InsO/*Schmahl/Vuia,* § 16 Rn. 54.

1377 Ähnlich *Madaus,* ZIP 2014, 500 (503).

Befangenheit ist bei ihm insoweit erheblich größer als beim vorläufigen Insolvenzverwalter. Dementsprechend sollte hier ein Befangenheitsantrag - auch und insbesondere für den (Minderheits-)Gesellschafter, der vom Nichtbestehen des Insolvenzgrundes ausgeht - zugelassen werden.[1378] Es ist auch nicht zu befürchten, dass hierüber durch die Hintertür ein Rechtsmittel gegen die Ermittlungsmaßnahmen des Gerichts ermöglicht wird.[1379] Außerdem ist allein aus verfassungsrechtlichen Gründen dem Minderheitsgesellschafter Schutz gegen Missbrauch des Antragsrechts zuzugestehen.[1380] Besteht aber die Gefahr, dass die Voraussetzungen für die Verfahrenseröffnung künstlich durch einen Geschäftsführer bzw. Mehrheitsgesellschafter herbeigeführt wurden, muss der widersprechende Gesellschafter zumindest die Möglichkeit haben, die Bestellung eines unabhängigen, objektiv urteilenden Sachverständigen durchzusetzen.

III. Keine Eigenverwaltung bei einem Konflikt innerhalb der Gesellschaft?

Möglicherweise ist bei Vorliegen eines gesellschaftsinternen Konflikts aber auch die Anordnung der Eigenverwaltung vom Insolvenzgericht aufgrund möglicher *Nachteile für die Gläubiger* (§ 270 II Nr. 2 InsO, ggf. i.V.m. § 270a I 1 InsO) abzulehnen.

1) Beschluss des AG Mannheim vom 21.2.2014

Hierauf könnte ein Beschluss des AG Mannheim vom 21.2.2014 schließen lassen:[1381]

Das Gericht lehnte hier den Antrag einer GmbH auf Anordnung der Eigenverwaltung aufgrund des Zerwürfnisses zwischen den beiden einzigen Gesellschafter-Geschäftsführern ab.

Die Gesellschaft war in der Rechtsform der GmbH organisiert und bestand aus zwei Gesellschaftern (mit jeweils 80% bzw. 20% der Gesellschaftsanteile), welche gleichzeitig auch jeweils alleinvertretungsberechtigte Geschäftsführer der Gesellschaft waren. Beide waren sich seit längerem über das weitere

---

1378 *Madaus*, ZIP 2014, 500 (503), will allen Beteiligten das Recht auf einen Befangenheitsantrag geben, denen *„infolge der Eröffnungsentscheidung Rechtseinbußen aus dem vorgelegten Insolvenzplan drohen."*

1379 So *Vallender*, ZInsO 2010, 1457 (1461), allerdings vor der ESUG-Reform.

1380 Siehe 1. Teil C. III 2) c) cc).

1381 AG Mannheim, Beschl. v. 21.2.2014 - 4 IN 115/14, NZI 2014, 412.

Schicksal der Gesellschaft uneinig. Der Mehrheitsgesellschafter-Geschäftsführer stellte daraufhin eigenmächtig – seinen Mitgesellschafter informierte er erst am Folgetag – Antrag auf Eröffnung des Insolvenzverfahrens wegen drohender Zahlungsunfähigkeit und auf Anordnung der Eigenverwaltung. Das AG Mannheim äußerte daraufhin Bedenken bezüglich einer möglichen Eigenverwaltung aufgrund des Zerwüfnisses der beiden Gesellschafter-Geschäftsführer und regte an, der Antrag solle zurückgenommen werden. Dies geschah jedoch nicht, vielmehr beantragte der Minderheitsgesellschafter nun, einen vorläufigen Insolvenzverwalter zu bestellen und ihm die Verwaltungs- und Verfügungsbefugnis zu übertragen, um so zum einen sicherzustellen, dass eine Sanierung der Gesellschaft gelingen könne und zum anderen zu verhindern, dass der Mehrheitsgesellschafter die Gesellschaft aus ihrer Muttergesellschaft herauslöse, deren Geschäftsführer er sei.

Das AG Mannheim stellte nun in seinem Beschluss fest, der Antrag auf Eigenverwaltung sei *offensichtlich aussichtslos*, weswegen gemäß § 270a I 1 InsO die vorläufige Eigenverwaltung nicht angeordnet werden könne.[1382] Würde die Eigenverwaltung angeordnet, seien Nachteile für die Gläubiger zu befürchten, da der Schuldner nicht geeignet sei, die Interessen sämtlicher Gläubiger zu wahren. Ein Indiz hierfür sah das Gericht in der *Uneinigkeit zwischen den beiden Gesellschafter-Geschäftsführern*. Dieser Eindruck würde auch durch den Antrag des Minderheitsgesellschafters auf Bestellung eines vorläufigen Insolvenzverwalters bestätigt – augenscheinlich traue auch dieser seinem Mitgesellschafter eine *nachteilsfreie* Führung der Eigenverwaltung nicht zu. Insoweit sei nicht zu erwarten, dass den beiden Gesellschafter-Geschäftsführern eine übereinstimmende Abwicklung im Rahmen der Eigenverwaltung gelänge.[1383] Hierbei sei auch die Tatsache einzubeziehen, dass die Geschäftsführer weder vor Stellung des Insolvenzantrags noch im Rahmen des laufenden Verfahrens die Möglichkeit zu einer Streitbeilegung genutzt hatten.[1384] Die *Aussichtslosigkeit* sei überdies hier auch *offensichtlich*, da die Gesellschafter-Geschäftsführer ihre Uneinigkeit im Rahmen ihrer Sachvorträge offengelegt hatten.[1385]

Diesen Ausführungen ist grundsätzlich zuzustimmen.[1386] Die Anordnung der Eigenverwaltung setzt gemäß § 270 II Nr. 2 InsO voraus, dass *„keine Umstände*

1382 AG Mannheim, Beschl. v. 21.2.2014 – 4 IN 115/14, NZI 2014, 412 (413).
1383 AG Mannheim, Beschl. v. 21.2.2014 – 4 IN 115/14, NZI 2014, 412 (413).
1384 AG Mannheim, Beschl. v. 21.2.2014 – 4 IN 115/14, NZI 2014, 412 (414).
1385 AG Mannheim, Beschl. v. 21.2.2014 – 4 IN 115/14, NZI 2014, 412 (414).
1386 *Neußner*, EWiR 2014, 331 (332); *Smid*, jurisPR-InsR 12/2014 Anm. 5.

bekannt sind, die erwarten lassen, dass die Anordnung zu Nachteilen für die Gläubiger führen wird." Dem Beschluss lag zwar die Entscheidung über das besondere Eröffnungsverfahren nach § 270a InsO zugrunde. Allerdings wird auch hier eine zu befürchtende Benachteiligung der Gläubiger bereits relevant, da § 270a I 1 InsO festlegt, dass der Antrag auf Eigenverwaltung „*nicht offensichtlich aussichtslos*" sein darf. Der Nachteilsbegriff aus § 270 II Nr. 2 InsO ist nicht gesetzlich definiert. Allgemein wird hierunter zunächst einmal gläubigerschädigendes Verhalten des Schuldners gefasst, welches zu *wirtschaftlichen Nachteilen* für die Gläubiger führt;[1387] weiterhin können sich aber auch aus der *mangelnden Befähigung* zur Durchführung der Eigenverwaltung Nachteile für die Gläubiger ergeben.[1388]

Eine solch mangelnde Befähigung ist auch dann zu befürchten, wenn innerhalb der Geschäftsführung kein Konsens über die Sinnhaftigkeit der Durchführung der Eigenverwaltung und die angestrebte Zukunft der Gesellschaft erlangt werden kann.[1389] Soll das Gericht dem Schuldner die Eigenverwaltung – und damit verbunden einen Großteil der Verwaltungs- und Verfügungsbefugnis – übertragen, muss ein Mindestmaß an Grundkonsens zwischen den Mitgliedern des Vertretungsorgans bestehen.[1390] Ansonsten könnten gegenseitige Blockierungen oder gegensätzliche Geschäftsführungsmaßnahmen das Eigenverwaltungsverfahren erheblich behindern.[1391]

Allerdings sind die Möglichkeiten der Insolvenzgerichte, die Anordnung der Eigenverwaltung abzulehnen, auf Fälle reduziert, in denen der Gesellschafterkonflikt auch gleichzeitig das Vertretungsorgan der Gesellschaft betrifft – es muss sich also um zwei oder mehr Gesellschafter-Geschäftsführer handeln. Hingegen können die Ausführungen des AG Mannheim nicht auf Konstellationen übertragen werden, in denen die Gesellschafter keiner Geschäftsführungstätigkeit nachgehen. Dies ist damit zu erklären, dass den Gesellschaftern im Eigenverwaltungsverfahren gemäß § 276a InsO keine Einflussmöglichkeit auf die Geschäftsführung zukommt. Diese kann vielmehr unbehelligt von den Gesellschaftern tätig werden. Konfligierende Meinungen unter den Gesellschaftern werden daher die Interessen der Gläubiger nicht tangieren.

1387 Insolvenzrechts-Handbuch/*Haas*, § 87 Rn. 21.

1388 Insolvenzrechts-Handbuch/*Haas*, § 87 Rn. 23, 30; Uhlenbruck InsO/*Zipperer*, § 270 Rn. 46.

1389 Hamburger Kommentar/*Fiebig*, § 270 Rn. 14, 21; ähnlich Uhlenbruck InsO/*Zipperer*, § 270 Rn. 48.

1390 *Neußner*, EWiR 2014, 331 (332).

1391 *Smid*, jurisPR-InsR 12/2014 Anm. 5.

Zwar mag eine Übertragung auf wenige Anwendungsfälle begrenzt sein. Nichtsdestotrotz ist die Entscheidung sehr zu begrüßen, da das Gericht hier bereits zu einem sehr frühen Verfahrenszeitpunkt die möglichen Gefahren, die aus Konfliktpotentialen innerhalb des Schuldners resultieren können, antizipiert hat.[1392] Es macht dadurch bereits zu Anfang deutlich, dass das Eigenverwaltungsverfahren nicht den geeigneten Rechtsrahmen für Auseinandersetzungen auf Geschäftsführerebene bietet.[1393]

Dies bedeutet allerdings nicht, dass die Anordnung der Eigenverwaltung von den Insolvenzgerichten zu restriktiv gehandhabt werden sollte. Insoweit ist insbesondere im Rahmen des § 270a I 1 InsO die Einschränkung der Ablehnung auf Fälle der *offensichtlichen Aussichtslosigkeit* zu beachten.[1394] Die Aussichtslosigkeit ist dementsprechend nur in Fällen anzunehmen, in denen sie geradezu mit den Händen zu greifen ist.[1395] Hierfür ist zu verlangen, dass die Unstimmigkeiten zwischen den Geschäftsführern in ähnlichem Umfang für das Insolvenzgericht offen zutage treten wie in dem Fall, den das AG Mannheim zu entscheiden hatte. Das Gericht kann dies durch den Antrag selbst oder auch durch Gespräche mit dem Schuldner oder den Gläubigern in Erfahrung bringen.[1396] Abzulehnen ist in diesem Sinne die sehr enge Ansicht des AG Hamburg, das in seinem Beschluss vom 19.12.2014 feststellte, die (vorläufige) Eigenverwaltung gelte nur für *„geeignete Ausnahmefälle"*, wobei das Gericht *„eine freie Prognoseentscheidung mit der Eröffnungsentscheidung zu treffen"* habe und es genüge, *„wenn geringe Zweifel am Vorliegen der Voraussetzungen bestehen"*.[1397] Im Gegenteil müssen insbesondere im Fall der vorläufigen Eigenverwaltung der Anordnung entgegenstehende Umstände deutlich werden.[1398]

2) Übertragung auf die Anordnung des Schutzschirmverfahrens?

Fraglich ist abschließend, ob eine dem Beschluss des AG Mannheim entsprechende Ablehnung wegen drohender Nachteile für die Gläubiger auch zu einer Ablehnung der Anordnung eines Schutzschirmverfahrens führen kann. Spätestens wäre eine Prüfung möglicher Nachteile für die Gläubiger bei der

1392 *Neußner,* EWiR 2014, 331 (332).
1393 *Neußner,* EWiR 2014, 331 (332).
1394 Kübler HRI/*Neußner,* § 6 Rn. 143.
1395 AG Mannheim, Beschl. v. 21.2.2014 – 4 IN 115/14, NZI 2014, 412 (414).
1396 Kübler HRI/*Neußner,* § 6 Rn. 145.
1397 AG Hamburg, Beschl. v. 19.12.2013 – 67 c IN 501/13, NZI 2014, 312 (312).
1398 *Möhlenkamp,* BB 2014, 150 (151).

abschließenden Entscheidung über die Anordnung der Eigenverwaltung nach § 270 II Nr. 2 InsO vorzunehmen. Allerdings erscheint es vorzugswürdig, bereits die Anordnung des Schutzschirmverfahrens abzulehnen, wenn für das Insolvenzgericht schon bei Antragstellung absehbar ist, dass der Konflikt unter den Geschäftsführern die Durchführung der Eigenverwaltung behindern wird. Dies kann aber nicht - wie bei dem Antrag nach § 270a I InsO - auf die *offensichtliche Aussichtslosigkeit der Eigenverwaltung* gestützt werden. Denn das ist zumindest vom Wortlaut des § 270b I 1 InsO nicht Prüfungsgegenstand. Zwar ist der Antrag des Schuldners auf Eigenverwaltung zwingender Bestandteil des Antrages auf Anordnung des Schutzschirmverfahrens, allerdings wird vom Wortlaut her grundsätzlich keine gesonderte Prüfung der Eigenverwaltung verlangt.[1399] Vielmehr wird auf die *Aussichtslosigkeit der Sanierung*, also auf die Frage abgestellt, ob ein erfolgversprechender Insolvenzplan zustandekommen und umgesetzt werden wird.[1400] Teilweise wird vertreten, mögliche Nachteile für die Gläubiger seien in die Prüfung der Sanierungsaussichten einzubeziehen.[1401] Dies ist abzulehnen. Wären die Aussichten einer Eigenverwaltung auch im Rahmen des § 270b I 1 InsO zu prüfen, hätte der Gesetzgeber nicht diesen Wortlaut gewählt. Allerdings besteht laut § 270b IV Nr. 3 InsO die Möglichkeit für die Gläubiger, die Aufhebung des Schutzschirmes zu beantragen, wenn „*Umstände bekannt werden, die erwarten lassen, dass die Anordnung zu Nachteilen für die Gläubiger führen wird*". Sind solche Umstände bereits bei Antragstellung bekannt und macht ein Gläubiger sie geltend, sollte das Gericht nicht verpflichtet sein, den Schutzschirm anzuordnen und ihn dann wenig später auf Antrag des Gläubigers wieder aufzuheben.[1402] In diesem Fall könnte das Gericht die zu befürchtenden Nachteile wegen des Konfliktes unter den Geschäftsführern in seine Entscheidung über die Anordnung einbeziehen und den Antrag ablehnen. In allen anderen Fällen wäre die Prüfung erst im Rahmen der Eröffnungsentscheidung bezüglich der Anordnung der Eigenverwaltung vorzunehmen.

1399 MüKo InsO/*Kern*, § 270b Rn. 39.

1400 Uhlenbruck InsO/*Zipperer*, § 270b Rn. 7.

1401 MüKo InsO/*Kern*, § 270b Rn. 39; Schmidt InsO/*Undritz*, § 270b Rn. 8.

1402 Hamburger Kommentar InsO/*Fiebig*, § 270b Rn. 10; *A. Schmidt/Linker*, ZIP 2012, 963 (963).

IV. Rechtsschutzbedürfnis

Wie bereits erwähnt, erfolgt die Prüfung der Rechtsmissbräuchlichkeit eines Insolvenzantrages häufig im Rahmen des Rechtsschutzbedürfnisses.[1403]

Das Rechtsschutzbedürfnis soll sicherstellen, dass der Zweck des Insolvenzverfahrens erreicht wird.[1404] Liegen die übrigen Antragsvoraussetzungen vor,[1405] widerspricht der Antrag hingegen den in § 1 InsO niedergelegten Zielen, muss das Rechtsschutzbedürfnis also abgelehnt werden.[1406] Kommen dem Gericht im Laufe des Verfahrens Bedenken hinsichtlich des Rechtsschutzbedürfnisses des Antragstellers, sind diese bis zur letzten Tatsachenentscheidung zu berücksichtigen.[1407] Auch hier gilt die Amtsermittlungspflicht des Insolvenzgerichts.[1408]

1) Grundsätze beim Gläubigerantrag

Dem Rechtsschutzbedürfnis kommt insbesondere im Rahmen des Gläubigerantrages Bedeutung zu.[1409] Hier legt § 14 InsO fest: „*Der Antrag eines Gläubigers ist zulässig, wenn der Gläubiger ein rechtliches Interesse an der Eröffnung des Insolvenzverfahrens hat* [...]".

An die Bejahung werden keine allzu hohen Anforderungen gestellt – so liegt das Rechtsschutzbedürfnis grundsätzlich immer dann vor, wenn der Gläubiger eine unbefriedigte Forderung innehat.[1410] Und selbst nachrangigen Insolvenzgläubigern, die keine Aussicht auf Befriedigung haben, ist es nicht verwehrt, einen Insolvenzantrag zu stellen.[1411] Anders kann dies nur dann beurteilt werden,

---

1403 *Brünkmans*, ZInsO 2014, 265 (268); *ders./Uebele*, ZInsO 2014, 265 (268); *Gundlach/Müller/Rautmann*, ZInsO 2015, 889 (889); *Prütting*, FS Kübler, 567 (573); *Thole*, ZIP 2013, 1937 (1944).

1404 *A. Lang*, Das Rechtsschutzinteresse, S. 23.

1405 Dies grenzt den Rechtsmissbrauch vom Prozessbetrug ab, *Brinkmann*, ZIP 2014, 197 (198); *Fleischer*, JZ 2003, 865 (870); *Prütting*, FS Kübler, 567 (574).

1406 *Brinkmann*, ZIP 2014, 197 (200); *Westermann*, NZG 2015, 134 (136).

1407 MüKo InsO/*Schmahl/Vuia*, § 13 Rn. 86.

1408 Nerlich/Römermann InsO/*Mönning*, § 14 Rn. 14 (23. EL 3/12).

1409 Ausführlich zum Rechtsschutzinteresse beim Gläubigerantrag, *A. Lang*, Das Rechtsschutzinteresse.

1410 BGH, Beschl. v. 19.5.2011 – IX ZB 214/10, NZI 2011, 540 (541); Beschl. v. 29.6.2006 – IX ZB 245/05, NJW-RR 2006, 1482 (1483); Braun InsO/*Bußhardt*, § 14 Rn. 11 ff.; Schmidt InsO/*Grundlach*, § 14 Rn. 24; *A. Lang*, Das Rechtsschutzinteresse, S. 32; Graf-Schlicker InsO/*Kexel*, § 14 Rn. 4.

1411 BGH, Beschl. v. 23.9.2010 – IX ZB 282/09, NZI 2011, 58 (58); Graf-Schlicker InsO/*Kexel*, § 14 Rn. 11; umstritten, siehe zu der Gegenauffassung statt aller, Hamburger Kommentar InsO/*Linker*, § 14 Rn. 48.

wenn der Gläubiger ausreichend dinglich gesichert ist, sodass das Insolvenzverfahren nutzlos für ihn ist.[1412] Damit ist der Insolvenzantrag neben den Fällen, in denen das Insolvenzverfahren dem Gläubiger nicht zu einer Durchsetzung seiner Rechte verhilft oder ihm einfachere Möglichkeiten zur Verfügung stehen, nur dann unzulässig, wenn der Insolvenzantrag zu *verfahrensfremden Zwecken* eingesetzt wird.[1413]

Dies wird insbesondere für die sogenannten „*Druckanträge*"[1414] und für die Fälle diskutiert, in denen die Absicht des Gläubigers besteht, einen *Mitbewerber vom Markt zu drängen*[1415]. Allerdings wird selbst in diesen Fällen nur dann von einem zur Unzulässigkeit führenden Einsatz zu verfahrensfremden Zwecken ausgegangen, wenn der Antrag allein aus diesem Grund gestellt wird,[1416] bspw. wenn gar nicht die Eröffnung des Insolvenzverfahrens angestrebt wird.[1417] Zulässig ist er jedoch, wenn zumindest auch die Forderungsbefriedigung angestrebt wird.[1418] Insbesondere das Urteil des BGH aus dem Jahre 2011 zum Herausdrängen eines Wettbewerbers zeigt sehr deutlich, dass die Feststellung der Rechtsmissbräuchlichkeit sehr hohe Hürden hat.[1419] Selbst in den Fällen, in denen subjektive Elemente eine rechtsmissbräuchliche Antragstellung nahelegen, ist es deswegen schwierig, eine Missbräuchlichkeit zu beweisen.[1420] In diesem Sinne stellt die Ablehnung des Rechtsschutzbedürfnisses beim Gläubigerantrag eher die Ausnahme dar.

1412 BGH, Beschl. v. 29.11.2007 – IX ZB 12/07, NZI 2008, 182 (183).

1413 Hamburger Kommentar InsO/*Linker*, § 14 Rn. 45.

1414 LG Hamburg, Beschl. v. 6.12.2001 – 326 T 144/01, NZI 2002, 164 (165); AG Duisburg, Beschl. v. 18.11.2002 – 62 IN 171/02, NZI 2003, 161 (161); Schmidt InsO/*Grundlach*, § 14 Rn. 25; *A. Lang*, Das Rechtsschutzinteresse, S. 130 ff.; Hamburger Kommentar InsO/*Linker*, § 14 Rn. 52.

1415 BGH, Beschl. v. 19.5.2011 – IX ZB 214/10, NZI 2011, 540 (541); Schmidt InsO/*Grundlach*, § 14 Rn. 25; Graf-Schlicker InsO/*Kexel*, § 14 Rn. 8; *A. Lang*, Das Rechtsschutzinteresse, S. 141 ff.; FK-InsO/*Schmerbach*, § 14 Rn. 78.

1416 BGH, Beschl. v. 19.5.2011 – IX ZB 214/10, NZI 2011, 540 (541); Graf-Schlicker InsO/*Kexel*, § 14 Rn. 8.

1417 *A. Lang*, Das Rechtsschutzinteresse, S. 129, 132.

1418 BGH, Beschl. v. 19.5.2011 – IX ZB 214/10, NZI 2011, 540 (541).

1419 *Lang/Muschalle,* NZI 2013, 953 (955).

1420 *Lang/Muschalle,* NZI 2013, 953 (955).

2) *Grundsätze beim Schuldnerantrag*

Trotz fehlender Normierung ist allgemein anerkannt, dass auch der Schuldnerantrag vom Rechtsschutzbedürfnis abhängig ist.[1421] Dies folgt allein schon daraus, dass sichergestellt werden muss, dass die Ziele des Insolvenzverfahrens aus § 1 I InsO erreicht werden.[1422] Genau wie der Gläubigerantrag darf also auch der Schuldnerantrag grundsätzlich nicht gegen den Insolvenzverfahrenszweck verstoßen.[1423]

Für die Frage, ob einem Schuldnerantrag das Rechtsschutzbedürfnis abzusprechen ist, ist an die obigen Ausführungen zum Zweck des Insolvenzverfahrens und zur möglichen Rechtsmissbräuchlichkeit anzuknüpfen.[1424] Hier wurde bereits festgestellt, dass die Inanspruchnahme des Insolvenzplanverfahrens zur Lösung von Gesellschafterkonflikten nicht generell, in Ausnahmefällen aber durchaus dem Zweck des Insolvenzverfahrens widersprechen kann. Dies ist immer dann anzunehmen, wenn nicht die Befriedigung der Gläubiger, sondern vielmehr die Umgehung der strengeren Regelungen im Gesellschaftsrecht intendiert ist.

Im Rahmen dieses Kapitels wurde gezeigt, dass einem solchen rechtsmissbräuchlichen Antrag bereits im Rahmen der Antragsbefugnis und dem Vorliegen des Eröffnungsgrundes effektiv begegnet werden kann. Fraglich ist aber, ob im Einzelfall darüber hinausgehend auch das Rechtsschutzbedürfnis zu verneinen ist. Eine solche Ablehnung des Rechtsschutzbedürfnisses ist bei einem Schuldnerantrag nur möglich, wenn keine Antragspflicht für die Gesellschaft besteht.[1425] Denn liegt eine solche vor, ist das Rechtsschutzbedürfnis im Hinblick auf die Gläubigerinteressen selbst dann zu bejahen, wenn Maßnahmen durchgesetzt werden sollen, die eigentlich mit Mitteln des Gesellschaftsrechts durchgesetzt werden müssten.[1426] Einem Antrag, mit dessen Stellung einer gesetzlichen

---

1421 *Brinkmann,* ZIP 2014, 197 (200); *Bulgrin,* Die strategische Insolvenz, S. 131; *A. Lang*, Das Rechtsschutzinteresse, S. 188, 189; *Lang/Muschalle*, NZI 2013, 953 (955); *Madaus,* ZIP 2014, 500 (500); Handbuch Insolvenzrecht/*Nissen*, Kapitel 3 Rn. 38; KPB InsO/*Pape*, § 13 Rn. 112 (56. EL 11/13); MüKo InsO/*Schmahl/Vuia*, § 13 Rn. 86.

1422 Heidelberger Kommentar InsO/*Sternal*, § 13 Rn. 22.

1423 *Brünkmans/Uebele,* ZInsO 2014, 265 (268); *A. Lang*, Das Rechtsschutzinteresse, S. 178; *Madaus,* ZIP 2014, 500 (500); KPB InsO/*Pape*, § 13 Rn. 112 (56. EL 11/13); Uhlenbruck InsO/ *Wegener*, § 13 Rn. 81.

1424 Siehe 2. Teil C.

1425 *Böcker,* DZWiR 2014, 331 (336); *Brinkmann,* ZIP 2014, 197 (199, 200); *Brünkmans/Uebele,* ZInsO 2014, 265 (268); *Bulgrin,* Die strategische Insolvenz, S. 134; FK-InsO/*Schmerbach*, § 14 Rn. 79.

1426 *Gundlach/Müller/Rautmann*, ZInsO 2015, 889 (890).

Pflicht entsprochen wird, kann schließlich nicht das Rechtsschutzbedürfnis fehlen.[1427]

Die Prüfung beschränkt sich also auf Anträge, die aufgrund drohender Zahlungsunfähigkeit gemäß § 18 InsO gestellt wurden.[1428] Aufgrund der Tatsache, dass auch hier ein Insolvenzgrund vorliegt, wird die Ablehnung des Rechtsschutzbedürfnisses die absolute Ausnahme bilden.[1429] Dem Insolvenzgericht müssen insoweit deutliche Anhaltspunkte vorliegen, an denen es die rechtsmissbräuchliche Intention des Antragstellers festmachen kann.

In der Literatur wird – abgeleitet aus dem *Suhrkamp*-Verfahren – vertreten, folgende Indizien sprächen für eine Ablehnung des Rechtschutzbedürfnisses wegen Rechtsmissbrauchs:[1430]

- die treuepflichtwidrige Herbeiführung des Insolvenzgrundes,
- im Insolvenzplan sind gesellschaftsrechtliche Maßnahmen bestimmt, die keinerlei Massebezug aufweisen und zulasten des Minderheitsgesellschafters gehen,
- es ist eine 100%-ige Quote für die Gläubigerbefriedigung vorgesehen.

Ob der Insolvenzgrund treupflichtwidrig herbeigeführt wurde, ist nach hier vertretener Auffassung zwar eine Frage des Vorliegens des Eröffnungsgrundes. Möglicherweise könnte aber der Inhalt des Insolvenzplans Aufschluss über die Intention des Antragstellers geben. Eine Berücksichtigung ist insbesondere dann möglich, wenn dem Insolvenzgericht der Insolvenzplan entweder bereits bei Antragstellung (§ 218 I 2 InsO) oder aber – im Falle des Schutzschirmverfahrens – bei der Entscheidung über die Eröffnung des Insolvenzverfahrens vorliegt. Ein Massebezug der geplanten Maßnahmen ist grundsätzlich nicht zu fordern. Zwar ist es richtig, dass die Vornahme von rekapitalisierenden Maßnahmen (z.B. *Debt Equity Swap* ohne Bezugsrechtsausschluss) die typische Form zur Gläubigerbefriedigung sind.[1431] Allerdings können auch durchaus Maßnahmen, die nicht typischerweise zur Rekapitaliserung gebraucht werden, sondern lediglich den gesellschaftsrechtlichen Bereich betreffen (z.B. Umwandlungsmaßnahmen, Abberufung von Organmitgliedern, Einziehung von Gesellschaftsanteilen), für

1427 *Gundlach/Müller/Rautmann*, ZInsO 2015, 889 (890).

1428 *Brünkmans/Uebele*, ZInsO 2014, 265 (268).

1429 *Eidenmüller*, ZIP 2014, 1197 (1202).

1430 Siehe *Brünkmans/Uebele*, ZInsO 2014, 265 (273).

1431 *Brünkmans/Uebele*, ZInsO 2014, 265 (273).

das Gelingen einer Sanierung notwendig sein.[1432] Dies kann insbesondere dann der Fall sein, wenn die bestehende Gesellschaftsorganisation eine wirtschaftlich auskömmliche Führung des Unternehmens behindert.

Auch kann eine geplante 100%-ige Befriedigung der Gläubiger allein kein Indiz dafür sein, dass der Antragsteller mit der Durchführung des Insolvenzverfahrens ausschließlich ein anderes Ziel als das der Gläubigerbefriedigung anstrebt. Denn auch wenn eine Quote von 100% in den seltensten Fällen erreicht werden kann, spricht doch die Regelung des § 199 S. 2 InsO dafür, dass dies grundsätzlich möglich sein muss, ohne dass der Antrag unmittelbar einem Rechtsmissbrauchsvorwurf ausgesetzt ist.

Diese Überlegungen offenbaren die Schwierigkeiten bei der Beurteilung der Motive des Antragstellers für das Insolvenzgericht.[1433] Geht das Gericht vom Vorliegen eines Insolvenzgrundes aus, ist es nahezu ausgeschlossen, die Motivation des Antragstellers zur rechtsmissbräuchlichen Inanspruchnahme des Insolvenzverfahrens mit hinreichender Sicherheit festzustellen. Für die Verneinung des Rechtsschutzbedürfnisses wegen Rechtsmissbräuchlichkeit ist zu fordern, dass die Insolvenzantragstellung *ausschließlich* aus anderen Gründen als zur Gläubigerbefriedigung erfolgt.[1434] Das objektive Vorliegen des Insolvenzgrundes begründet allerdings grundsätzlich die Notwendigkeit der Gläubigerbefriedigung.[1435] Insoweit vertritt *Prütting* die Auffassung, es sei nicht möglich, dass ein Insolvenzantrag bei Vorliegen eines Insolvenzgrundes insolvenzfremde Zwecke verfolge.[1436]

Allerdings ist durchaus vorstellbar, dass, obwohl objektiv eine drohende Zahlungsunfähigkeit vorliegt, die Durchführung des Insolvenzplanverfahrens nicht ausschließlich der Gläubigerbefriedigung dient.

1432 Kübler HRI/*Hölzle*, § 31 Rn. 23; *Priester*, FS Kübler, 557 (558); *Schäfer*, ZIP 2013, 2237 (2243), will solche „*sanierungsfernen*" Maßnahmen jeweils im Einzelfall an der Treuepflicht messen.

1433 *Prütting*, FS Kübler, 567 (571). Dies gilt in gleichem Maße für den Fremdantrag, wie *A. Lang*, Das Rechtsschutzinteresse, S. 134, herausstellt.

1434 *A. Lang*, Das Rechtsschutzinteresse, S. 179; MAH PersGesR/*von Unger*, § 12 Rn. 137.

1435 *Eidenmüller*, ZIP 2014, 1197 (1202); *Lang/Muschalle*, NZI 2013, 953 (956). Dies muss auch für den Insolvenzgrund der drohenden Zahlungsunfähigkeit gelten, denn schließlich will der Gesetzgeber den Schuldner anhalten, frühzeitig einen Insolvenzantrag zu stellen, *Gundlach/Müller/Rautmann*, ZInsO 2015, 889 (890) und *Saenger/Al-Wraikat*, NZG 2013, 1201 (1202).

1436 *Prütting*, FS Kübler, 567 (574).

So kann dies zum einen durch die *manipulative* Herbeiführung des Insolvenzgrundes indiziert sein.[1437] *Eidenmüller* führt in diesem Zusammenhang das Beispiel an, dass „übermäßige" Rückstellungen nicht gebildet werden.[1438] Und auch an anderer Stelle wird darauf hingewiesen, im Finanzplan könnten verschiedene Vermögenspositionen, wie Sicherungsrechte, Forderungen oder stille Reserven, nach Belieben „*groß- oder kleingerechnet*" werden.[1439] Auch wenn hier objektiv ein Insolvenzgrund vorliegen mag, so offenbart dieses Vorgehen jedoch, dass der Insolvenzantrag nicht die finanzielle Restrukturierung zur Gläubigerbefriedigung sicherstellen, sondern davon unabhängige Ziele verfolgen soll.[1440] Problematisch ist hier, dass dies nicht nicht ohne Weiteres nachzuweisen sein wird;[1441] weder für denjenigen, der sich auf die Rechtsmissbräuchlichkeit beruft,[1442] noch für den Insolvenzrichter, der die jeweiligen Wertansätze nur in eingeschränktem Umfang nachprüfen kann[1443].

Zum anderen kann aber auch folgendes Indiz dafür sprechen, dass das Verfahren nicht zur Gläubigerbefriedigung durchgeführt wird:

Ein Gesellschafterkonflikt kann – wie bereits ausgeführt – in manchen Fällen zu einer negativen Fortbestehensprognose und damit zum Eröffnungsgrund der drohenden Zahlungsunfähigkeit führen. Wird die negative Fortbestehensprognose allein hierauf gestützt, muss die Auflösung des Gesellschafterkonflikts zwingend das Hauptziel des Insolvenzplanverfahrens darstellen. Dies kann in den Fällen, in denen die wirtschaftliche Situation der Gesellschaft enorm unter dem Konflikt leidet, durchaus auch im Sinne der Gläubigerbefriedigung sein. Anders ist dies zu bewerten, wenn hiermit eine Auflösung des Gesellschafterkonflikts nach den strengeren gesellschaftsrechtlichen Regelungen umgangen werden soll. Es muss insoweit sichergestellt werden, dass der insolvenzrechtliche Rechtsrahmen nur dann in Anspruch genommen wird, wenn dies wirtschaftlich tatsächlich notwendig ist. Hier ist – anknüpfend an die Ausführungen zum Rechtsmissbrauch – zu verlangen, dass innerhalb der Gesellschaft zumindest versucht wurde, den Konflikt mit den Mitteln des Gesellschaftsrechts zu

1437 *Eidenmüller*, ZIP 2014, 1197 (1202); *Lang/Muschalle*, NZI 2013, 953 (955).

1438 *Eidenmüller*, ZIP 2014, 1197 (1202).

1439 Laroche/Pruskowski/Schöttler/Siebert/Vallender, ZIP 2014, 2153 (2166).

1440 *Eidenmüller*, ZIP 2014, 1197 (1202).

1441 *Eidenmüller*, ZIP 2014, 1197 (1202).

1442 Durch ihn muss eine Glaubhaftmachung erfolgen, BGH, Beschl. v. 29.6.2006 – IX ZB 245/05, NJW-RR 2006, 2483 (2483).

1443 Laroche/Pruskowski/Schöttler/Siebert/Vallender, ZIP 2014, 2153 (2166).

lösen.[1444] Dies erfordert nicht nur die gesellschafterliche Treuepflicht, sondern auch die *ultima ratio*-Funktion des Insolvenzrechts. Wurde die Konfliktlösung nicht mit allen Mitteln versucht, liegt der Schluss nahe, dass mit dem Insolvenzantrag eine Umgehung der gesellschaftsrechtlichen Vorschriften bezweckt wird, was wiederum dem Zweck des Insolvenzverfahrens widerspricht. In einem solchen Fall ist das Rechtsschutzbedürfnis zu verneinen und der Antrag als unzulässig zurückzuweisen.

V. Die Gewährung rechtlichen Gehörs im Eröffnungsverfahren

(Minderheits-)Gesellschafter, die nicht gleichzeitig Geschäftsführer sind, haben nach den Vorschriften der InsO grundsätzlich keine Möglichkeit, sich im Rahmen des Eröffnungsverfahrens Gehör vor dem Insolvenzgericht zu verschaffen.[1445] Lediglich die Anhörung des Vertretungsorgans des Schuldners wird in einigen Fällen angeordnet. Insbesondere wenn aber innergesellschaftlich Uneinigkeit über die Durchführung eines Insolvenzplanverfahrens besteht, kann die Vertretung der Gesellschafterinteressen durch die Geschäftsführung nicht immer sichergestellt werden.[1446]

1) Beschluss des BverfG vom 9.2.1982

Möglicherweise kann sich deswegen ein Anspruch der Gesellschafter selbst auf rechtliches Gehör aus Art. 103 I GG ergeben.[1447] Dies könnte aufgrund eines Beschlusses des BVerfG vom 9.2.1982 zu bejahen sein.[1448]

Grundlage des Beschlusses war die Verfassungsbeschwerde eines von zwei Gesellschaftern einer GmbH gegen ein Auflösungsurteil (§§ 60 I Nr. 3, 61 GmbHG), das sein geschäftsführender Mitgesellschafter erreicht hatte.[1449] Die beiden Gesellschafter befanden sich bereits seit Jahren im

---

1444 Siehe hierzu 2. Teil C. II. 2) a) bb).

1445 *Müller*, DB 2014, 41 (43). Ausnahme ist für die GmbH nach § 15 II 3 InsO lediglich der Fall der Führungslosigkeit der Gesellschaft.

1446 *Marotzke*, ZInsO 2015, 325 (329).

1447 Das AG Charlottenburg, Beschl. v. 20.6.2013 – 36s IN 2196/13, ZInsO 2013, 2501 (2501, 2502), bejahte den Anspruch auf rechtliches Gehör sowohl für den nachrangigen Gläubiger als auch für den Gesellschafter; dem folgte auch das AG Mannheim, Beschl. v. 21.2.2014 – 4 IN 115/14, NZI 2014, 412 (414); auch in der Literatur wird ein solcher Anspruch teilweise angenommen, *Marotzke*, ZInsO 2015, 325 ff.; *Müller*, DB 2014, 41 (43).

1448 Hierauf weisen *Marotzke*, ZInsO 2015, 325 ff. und *Müller*, DB 2014, 41 (43), hin.

1449 BVerfG, Beschl. v. 9.2.1982 – 1 BvR 191/81, BVerfGE 60, 7 (9).

Streit, weshalb der geschäftsführende Gesellschafter vergeblich versucht hatte, einen Auflösungsbeschluss im Sinne von § 60 I Nr. 2 GmbHG zu erreichen. Letztendlich erhob er Auflösungsklage, ohne seinen Mitgesellschafter hiervon zu unterrichten. Auch während des Verfahrens wurde dieser nicht informiert, geschweige denn angehört.

Das BVerfG sah den Beschwerdeführer durch das Auflösungsurteil in seinem Recht aus Art. 103 I GG verletzt.[1450] Rechtliches Gehör sei jedem zu gewähren, *„der durch die gerichtliche Entscheidung unmittelbar in seinen Rechten beeinträchtigt w*[e]*rd*[e].“[1451] Dies sei hier aufgrund der Auflösung der Gesellschaft der Fall.[1452] Dabei betonte das BVerfG, dass sich aus Art. 103 I GG auch unmittelbar Anhörungspflichten ergeben könnten, wenn *„die einschlägige Verfahrensordnung das durch die Verfassung gewährleistete Minimum an rechtlichem Gehör nur unzureichend gewährleiste*[…]“.[1453]

2) *Übertragbarkeit auf das Insolvenzverfahren*

Diese Argumentation könnte möglicherweise auf die Situation im Insolvenzverfahren übertragen werden. Dafür müsste der einzelne Gesellschafter durch die Eröffnung des Insolvenzverfahrens unmittelbar in seinen Rechten betroffen sein. Dabei greift Art. 103 I GG nicht bereits dann, wenn die gerichtliche Entscheidung eine *irgendwie geartete Auswirkung* hat.[1454] Ob hier die Tatsache, dass die GmbH durch den Eröffnungsbeschluss aufgelöst wird – § 60 I Nr. 4 GmbHG – ausreicht,[1455] erscheint fraglich. Denn einerseits tritt diese Auflösung nicht aufgrund der Entscheidung des Gerichts, sondern kraft Gesetzes ein, andererseits ist sie nicht in jedem Falle endgültig – vielmehr kann bereits im Insolvenzplan die Fortführung der Gesellschaft beschlossen werden. Die unmittelbare Beeinträchtigung müsste also unabhängig hiervon zu bejahen sein.

1450 BVerfG, Beschl. v. 9.2.1982 – 1 BvR 191/81, BVerfGE 60, 7 (13).

1451 BVerfG, Beschl. v. 9.2.1982 – 1 BvR 191/81, BVerfGE 60, 7 (13) mit Hinweis auf BVerfG, Beschl. v. 1.2.1967 – 1 BvR 630/64, BVerfGE 21, 132 (137).

1452 BVerfG, Beschl. v. 9.2.1982 – 1 BvR 191/81, BVerfGE 60, 7 (13).

1453 BVerfG, Beschl. v. 9.2.1982 – 1 BvR 191/81, BVerfGE 60, 7 (14), in diesem Sinne bereits BVerfG, Beschl. v. 8.1.1959 – 1 BvR 396/55, BVerfGE 9, 89 (96); BVerfG, Beschl. v. 22.4.1964 – 2 BvR 190/62, BVerfGE 17, 356 (361).

1454 Vgl. ausführlich zu den Anforderungen an die Anspruchsberechtigung: Maunz/Dürig/*Remmert,* Bd. VI, Art. 103 Fn. 40ff. (78. EL 9/16).

1455 So *Marotzke,* ZInsO 2015, 325 (329).

Nach der Auffassung *Zipperers* ist dies nicht gegeben.[1456] Eine Beeinträchtigung durch geplante gesellschaftsrechtliche Maßnahmen im Sinne von § 225a InsO stellten zum Zeitpunkt des Eröffnungsbeschlusses schließlich „*allenfalls ernstliche, nicht auszuschließende Möglichkeiten nach einem wie auch immer definierten Wahrscheinlichkeitsgrad*" dar.[1457] Dieser Aussage kann zwar insoweit gefolgt werden, als die Wirkung der gesellschaftsrechtlichen Maßnahmen endgültig erst mit der Rechtskraft der Bestätigung des Insolvenzplans durch das Insolvenzgericht (§§ 248, 254 InsO) eintritt. Allerdings muss hier auch der Tatsache Rechnung getragen werden, dass sich bereits mit dem Eröffnungsbeschluss der Rechtsrahmen und damit die Stellung des einzelnen Gesellschafters grundlegend ändert (siehe nur § 276a InsO). So wird hier der Grundstein für Eingriffe in die Rechte der Gesellschafter gelegt, die unter normalen Umständen nur mit ihrem Einverständnis erfolgen könnten.[1458] Sich hiergegen mit gesellschaftsrechtlichen Mitteln zu wehren, wird unter dem insolvenzrechtlichen Regime für den Gesellschafter nahezu unmöglich sein.[1459] Für den Gesellschafter ist es dementsprechend entscheidend, dass ihm die Gelegenheit zur Äußerung gegeben wird.[1460] Insoweit ist entgegen *Zipperer* durchaus davon auszugehen, dass bereits der Eröffnungsbeschluss eine unmittelbare Beeinträchtigung der Rechte der Gesellschafter zur Folge hat.

Dies kann jedoch nur für Fälle gelten, die über eine rein wirtschaftliche Beeinträchtigung hinausgehen.[1461] In diesem Sinn will *Brinkmann* den Schutz aus Art. 103 I GG auf den Verlust von Einflussmöglichkeiten beschränken, die dem Gesellschafter kraft seiner Mitgliedschaft zustehen.[1462] In jedem Falle ist dies bei einer Mindestbeteiligung von 25% gegeben.[1463] Aber auch bei niedrigeren Beteiligungen kann hiervon im Einzelfall ausgegangen werden,[1464] insbesondere wenn der Gesellschaftsvertrag dem Gesellschafter besondere Veto- oder Sonderrechte einräumt, die im Insolvenzverfahren nicht mehr ausgeübt werden können

---

1456 *Zipperer*, ZIP 2015, 2002 (2004).
1457 *Zipperer*, ZIP 2015, 2002 (2004).
1458 *Brinkmann*, ZIP 2014, 197 (203).
1459 *Haarmeyer*, ZInsO 2013, 2504 (2504). Zu der Frage, ob der Gesellschafter sich im bereits eröffneten Verfahren der gesellschaftsrechtlichen Treuepflicht bedienen kann, siehe 2. Teil E. II. 1) b).
1460 *Haarmeyer*, ZInsO 2013, 2504 (2504).
1461 Maunz/Dürig/*Schmidt-Aßmann*, Bd. VI, Art. 103 Rn. 40 (27. EL).
1462 *Brinkmann*, FS Schilken, 631 (641).
1463 *Brinkmann*, FS Schilken, 631 (641).
1464 *Brinkmann*, FS Schilken, 631 (641).

(siehe nur § 238a I 2 InsO). Andererseits stellt der Ausschluss von Kleinst- oder lediglich vermögensmäßigen Beteiligungen sicher, dass die Funktionsfähigkeit der Rechtspflege nicht durch massenhafte Anhörungen beeinträchtigt wird.[1465] Hierbei spielt auch eine Rolle, dass die Entscheidung über die Eröffnung des Insolvenzverfahrens grundsätzlich eilbedürftig ist.[1466]

Auch dem nicht geschäftsführenden Gesellschafter ist also rechtliches Gehör zu gewähren, wenn er durch die Insolvenzeröffnung in seinen Mitgliedschaftsrechten beeinträchtigt wird. Dieser Anspruch umfasst dabei nicht nur eine Äußerungsmöglichkeit zum Sachverhalt und zur Rechtslage,[1467] sondern auch die Pflicht des Gerichts zur Kenntnisnahme und Einbeziehung in seine Entscheidung[1468].[1469]

3) Zeitpunkt der Gewährung rechtlichen Gehörs

Eine solche Anhörung sollte zu einem möglichst frühen Zeitpunkt im Eröffnungsverfahren erfolgen – vorzugsweise noch vor der Zulassung des Insolvenzantrags.[1470] Ist der Antrag nämlich erst einmal zugelassen, löst dies im Regelfall eine *Kettenreaktion* aus: Banken werden Kredite fällig stellen und Vertragspartner nur noch bei Vorkasse Verbindlichkeiten eingehen wollen oder die Vertragsbeziehung kündigen.[1471] Hierdurch tritt eine weitere Verschärfung der Krise ein. Aus einer drohenden Zahlungsunfähigkeit kann so schnell eine Überschuldung werden.[1472] Und selbst wenn bei Antragstellung noch kein Insolvenzgrund vorlag, ist es ein durchaus realistisches Szenario, dass spätestens bei Eröffnung des

---

1465 Ob dies zu einem Ausschluss des Art. 103 I GG führen könnte, musste das BVerfG, Beschl. v. 9.2.1982 – 1 BvR 191/81, BVerfGE 60, 7 (15), nicht entscheiden, da hier lediglich zwei Gesellschafter existierten.

1466 *Müller,* DB 2014, 41 (43), will das Insolvenzgericht im Einzelfall abwägen lassen, ob die Anhörung zu einer unverhältnismäßigen Verzögerung führen würde, wobei dies im Falle der Anordnung eines Schutzschirmverfahrens generell zu verneinen sei.

1467 BVerfG, Beschl. v. 24.3.1982 – 2 BvH 1, 2/82, 2 BvR 233/82, BVerfGE 60, 175 (210).

1468 BVerfG, Beschl. v. 5.10.1976 – 2 BvR 558/75, BVerfGE 42, 364 (367); Beschl. v. 20.4.1982 – 1 BvR 1429/81, BVerfGE 60, 250 (252).

1469 *Brinkmann,* FS Schilken, 631 (641).

1470 *Brinkmann,* FS Schilken, 631 (640, 642), mahnt aber an, dass diese Beteiligungsmöglichkeiten lediglich „*Notbehelfe in Bezug auf die notwendige Entwicklung eines Gesellschaftsinsolvenzverfahrensrechts*“ darstellen.

1471 *Brinkmann,* FS Schilken, 631 (638); MüKo InsO/*Tetzlaff,* § 270 Rn. 35; ähnlich *Zipperer,* ZIP 2015, 2002 (2004).

1472 MüKo InsO/*Tetzlaff,* § 270 Rn. 35.

Verfahrens ein solcher bestehen wird.[1473] Wird der Gesellschafter dann aber erst zur Entscheidung über die Eröffnung des Verfahrens angehört, ist es für eine wirksame Intervention meist schon zu spät.[1474]

Um rechtsmissbräuchlichen Anträgen wirksam zu begegnen, ist es deshalb entscheidend, dass das Insolvenzgericht zum frühestmöglichen Zeitpunkt von den innergesellschaftlichen Konflikten erfährt und diese – sollte sie das Gericht als relevant für den Insolvenzantrag einstufen – für die Zulässigkeit (spätestens aber für die Begründetheit) berücksichtigen kann.[1475] Durch die Anhörung kann/können der/die Gesellschafter das Gericht unter anderem auf folgende Umstände aufmerksam machen:

- Die Antragstellung erfolgte eigenmächtig und ohne vorherige Konsultation der Gesellschafterversammlung durch den (Gesellschafter-)Geschäftsführer. Dies würde – nach hier vertretener Auffassung – den Missbrauch der Vertretungsmacht begründen.[1476] Das Gericht würde die Antragsbefugnis und damit den Insolvenzantrag als unzulässig ablehnen. Hat das Gericht nicht bereits die Vorlage des Gesellschafterbeschlusses verlangt, kann zumindest durch die Anhörung sichergestellt werden, dass es von der fehlenden Konsultation der Gesellschafter erfährt.[1477]
- Bezüglich des Bestehens eines Insolvenzgrundes können etwaige Bedenken hinsichtlich des Vorliegens eines Eröffnungsgrundes geltend gemacht werden. Bereits in der Zulässigkeit kann dies relevant werden, wenn der Insolvenzgrund ausschließlich auf einer Forderung gründet. Ist das Bestehen dieser Forderung innerhalb der Gesellschaft umstritten, kann – parallel zu dem Vorgehen beim Gläubigerantrag – das Insolvenzgericht den Antrag bereits als unzulässig ab- und die Parteien auf den Prozessweg verweisen.
- Wird die negative Fortbestehensprognose allein mit dem Vorliegen des Gesellschafterkonflikts begründet, kann dies ein Indiz für die Umgehung der strengeren gesellschaftsrechtlichen Regelungen darstellen und zur Ablehnung des Rechtsschutzbedürfnisses führen. Im Rahmen der Anhörung kann das Insolvenzgericht die Beteiligten des Konflikts zu Wort kommen lassen[1478] und

---

1473 *Brinkmann,* ZIP 2014, 197 (199).

1474 *Zipperer,* ZIP 2015, 2002 (2004).

1475 *Haarmeyer,* ZInsO 2013, 2504 (2504).

1476 Anders *Brinkmann,* FS Schilken, 631 (641), der dem Gesellschafter aber dennoch die Möglichkeit einräumen will, sich hierzu zu äußern.

1477 *Marotzke,* ZInsO 2015, 325 (329 Fn. 53).

1478 Dies erachtet auch *Müller,* DB 2014, 41 (43), als wichtig.

sich ein Bild darüber verschaffen, ob der Konflikt so aussichtslos ist, dass eine Inanspruchnahme des Insolvenzplanverfahrens opportun erscheint.

4) Möglichkeit zur Einreichung einer Schutzschrift

Mit der zwingenden Gewährung rechtlichen Gehörs geht die Möglichkeit des Gesellschafters einher, eine Schutzschrift bei Gericht einzureichen.[1479] Die Schutzschrift ist in der InsO nicht geregelt.[1480] Sie ist allerdings gewohnheitsrechtlich als Mittel anerkannt, um Gläubigern oder Schuldnern die Möglichkeit zu geben, dem Gericht frühzeitig eine opponierende Auffassung in Bezug auf Anträge der Gegenpartei zu signalisieren.[1481] Hierdurch soll das rechtliche Gehör bereits vor der Anordnung von Maßnahmen durch das Gericht gewährleistet werden.[1482] Diskutiert wurde die Schutzschrift als Mittel des Schuldners bislang – soweit ersichtlich – nur für den Fall eines unberechtigten Gläubigerantrages.[1483] Bereits im Eröffnungsverfahren kann hier der Schuldner eine Schutzschrift einreichen und dem (erwarteten) Gläubigerantrag vor der Anhörung gemäß § 14 II InsO widersprechen.[1484] Der Schuldner soll hiermit insbesondere verhindern können, dass das Gericht Sicherungsmaßnahmen (§ 21 InsO) trifft, da diese meist erhebliche Auswirkungen auf das Verhalten der Vertragspartner des Schuldners haben und dazu beitragen können, die Insolvenz erheblich zu vertiefen.[1485] Die Tatsache, dass die Schutzschrift bislang lediglich im Bereich des unberechtigten Gläubigerantrags relevant wurde, bedeutet indes nicht, dass

1479 *Brinkmann*, FS Schilken, 631 (641); dies gilt nach *Brünkmans/Uebele*, ZInsO 2014, 265 (268); *Müller*, DB 2014, 41 (44); *Meyer*, ZInsO 2013, 2361 (2365), insbesondere für die Geltendmachung des Missbrauchs der Vertretungsmacht bei einem Antrag gemäß § 18 I InsO; SanRKomm/*Seibt/Westpfahl*, § 225a Rn. 85.

1480 Sie ist vielmehr im Wettbewerbsrecht anerkannt, *Frege/Keller/Riedel*, Insolvenzrecht, Teil 2 Rn. 572; ausführlich zu der Schutzschrift im Insolvenzverfahren *Shillgalis*, Rechtsschutz bei unberechtigten Insolvenzanträgen, S. 147 ff.

1481 Diese Möglichkeit wurde urspünglich im Wettbewerbsrecht entwickelt, MüKo InsO/*Schmahl/Vuia*, § 14 Rn. 136.

1482 *Frege/Keller/Riedel*, Insolvenzrecht, Teil 2 Rn. 572; FK-InsO/*Schmerbach*, § 14 Rn. 176.

1483 Hierzu ausführlich *Shillgalis*, Rechtsschutz bei unberechtigten Insolvenzanträgen, S. 148 ff.

1484 *Frege/Keller/Riedel*, Insolvenzrecht, Teil 2 Rn. 574; FK-InsO/*Schmerbach*, § 14 Rn. 177.

1485 *Frege/Keller/Riedel*, Insolvenzrecht, Teil 2 Rn. 575; FK-InsO/*Schmerbach*, § 14 Rn. 177.

sie nicht auch die Gesellschafter als Instrument nutzen können, frühzeitig die Gewährung rechtlichen Gehörs sicherzustellen.

VI. Rechtsschutz gegen den Eröffnungsbeschluss?

Abschließend ist noch der Frage nachzugehen, ob dem (Minderheits-)Gesellschafter Rechtsschutz gegen den Eröffnungsbeschluss des Insolvenzgerichts zusteht.

1) Kein Rechtsschutz analog § 765a ZPO

Zwar wird in der Literatur mitunter in Betracht gezogen, dass dem Gesellschafter gegen den Eröffnungsbeschluss durch § 765a ZPO Schutz gewährt werden kann.[1486] Die analoge Anwendung dieser Ausnahmevorschrift für das Eröffnungsverfahren ist jedoch abzulehnen.[1487] Jedenfalls zu diesem Zeitpunkt ist noch keine für die Anwendbarkeit erforderliche *Vollstreckungssituation* gegeben.[1488] Hinzu kommt, dass § 765a ZPO Ausdruck einer Abwägung zwischen dem Recht des Gläubigers auf Vollstreckung und den besonderen Schutzinteressen des Schuldners ist.[1489] Die Berücksichtigung einer unzulässigen Rechtsausübung ist allerdings im Rahmen des Rechtsschutzinteresses vorzunehmen.[1490]

2) Keine Anhörungsrüge gemäß § 321 a ZPO

Und auch die Möglichkeit des Gesellschafters, eine Anhörungsrüge gemäß § 321a ZPO einzulegen, ist wohl abzulehnen.[1491] Im Übrigen würden dem Gesellschafter hiermit lediglich die Geltendmachung seines Anspruches auf Gewährung rechtlichen Gehörs, nicht aber hiervon unabhängige Unzulässigkeits- bzw. Unbegründetheitsrügen des Eröffnungsantrags ermöglicht.

1486 So *Zipperer*, ZIP 2015, 2002 (2005), der die Anwendbarkeit aber ablehnt.

1487 Hamburger Kommentar/*Denkhaus*, § 27 Rn. 40a; Jaeger InsO/*Gerhardt/Müller*, § 14 Rn. 43; MüKo ZPO/*Heßler*, § 765a Rn. 20; *A. Lang*, Das Rechtsschutzinteresse, S. 157; KPB InsO/*Pape*,§ 14 Rn. 145 (45. EL 8/11); *Schur*, KTS 2008, 471 (477, 478); Uhlenbruck InsO/*Wegener*, § 14 Rn. 199.

1488 *Zipperer*, ZIP 2015, 2002 (2005). Ausführlich zur Anwendung des § 765a ZPO auch im Rahmen des eröffneten Verfahrens, *Schur*, KTS 2008, 471.

1489 *Schur*, KTS 2008, 471 (479).

1490 KPB InsO/*Pape*,§ 14 Rn. 145 (45. EL 8/11); *Schur*, KTS 2008, 471 (479).

1491 Eine Anwendung scheitert nach *Marotzke*, ZInsO 2015, 325 (330), daran, dass die Gesellschafter keine *formellen Parteien* des Verfahrens darstellen und deswegen nicht von § 321a ZPO erfasst sind.

3) *Ausweitung des Rechtsschutzes gemäß § 34 InsO*

Ausgangspunkt für jedweden insolvenzrechtlichen Rechtsschutz stellt § 6 I 1 InsO dar, der den Rechtsschutz gegen Entscheidungen des Insolvenzgerichts auf die gesetzlich bestimmten Fälle beschränkt. Der Rechtsbehelf gegen den Eröffnungsbeschluss ist in § 34 InsO geregelt. Gegen die Anordnung der Eigenverwaltung ist hingegen kein Rechtsbehelf vorgesehen.[1492] Nach dem Wortlaut des § 34 InsO ist der einzelne Gesellschafter grundsätzlich nicht beschwerdebefugt – das Recht, sich gegen einen unberechtigten Eröffnungsbeschluss zu wehren, steht gemäß § 34 II InsO ausschließlich dem Schuldner zu.

Dies wird in der Literatur teilweise kritisiert und die Schaffung von Rechtsschutzmöglichkeiten verlangt.[1493] Zum Teil wird die fehlende Rechtsschutzmöglichkeit auch als gesetzgeberische Entscheidung hingenommen.[1494]

Ausschließlich *Brinkmann* und ihm folgend *Marotzke* fordern die analoge Anwendung der Norm auf Gesellschafter.[1495] Hiergegen werden allerdings einige Bedenken geäußert. So wird bereits das Vorliegen einer *planwidrigen Regelungslücke* bezweifelt. Eine Beschwerdemöglichkeit bereits im Eröffnungsverfahren sei zu früh angesiedelt, da zu diesem Zeitpunkt nicht einmal sicher sei, ob es zu einem Eingriff in die Rechte der Gesellschafter komme.[1496] Ferner sei es eine bewusste Entscheidung des Gesetzgebers, dem Gesellschafter erst *ex-post* eine Beschwerdemöglichkeit (§ 253 InsO) zu geben.[1497] Der Gesetzgeber habe zudem die Gruppe der Beschwerdeberechtigten absichtlich klein gehalten, um der Eilbedürftigkeit des Eröffnungsverfahrens Rechnung zu tragen.[1498] Eine über § 34 InsO hinausgehende Beschwerdemöglichkeit würde das Verfahren möglicherweise übermäßig in die Länge ziehen.[1499] Darüber hinaus sei jedenfalls eine *vergleichbare Interessenlage* abzulehnen. § 34 II InsO gewähre schließlich nicht jedem eventuell durch das Insolvenzverfahren Betroffenen ein

1492 Uhlenbruck InsO/*Pape*, § 34 Rn. 4; *Zipperer*, ZIP 2012, 2002 (2002).

1493 *Böcker*, ZInsO 2015, 773 (782); *ders.*, DZWIR 2014, 331 (337); *ders.*, DZWIR 2015, 125 (132); *Brünkmans/Uebele*, ZInsO 2014, 265 (271); *Bulgrin*, Die strategische Insolvenz, S. 244; *Meyer*, DB 2015, 538 (540); *Pleister/Tholen*, ZIP 2015, 414 (418); *Schäfer*, ZIP 2013, 2237 (2241).

1494 *Müller*, DB 2014, 41 (43).

1495 *Brinkmann*, ZIP 2014, 197 (203 f.); *ders.*, FS Schilken, 631 (639 f.); *Marotzke*, ZInsO 2015, 325 (331 ff.).

1496 *Thole*, ZIP 2013, 1937 (1945).

1497 *Madaus*, ZIP 2014, 500 (503); *Thole*, ZIP 2013, 1937 (1945).

1498 Heidelberger Kommentar/*Haas*, § 225a Rn. 19; *Müller*, DB 2014, 41 (43).

1499 Heidelberger Kommentar/*Haas*, § 225a Rn. 19.

Beschwerderecht.[1500] Eine analoge Anwendung allein zugunsten der Gesellschafter würde diese in ungerechtfertigter Weise besser stellen als die Gläubiger.[1501]

Unabhängig vom Vorliegen der Voraussetzungen einer analogen Anwendung der Norm, erscheint aber fraglich, ob diese fehlende Rechtsschutzmöglichkeit der Gesellschafter mit der Verfassung vereinbar ist.

Die Beschränkungen der Rechtsschutzmöglichkeiten im Insolvenzverfahren sind der generellen Eilbedürftigkeit des Insolvenzverfahrens als Vollstreckungsverfahren geschuldet.[1502] Das Verfahren soll nicht durch die übermäßige Inanspruchnahme von Rechtsbehelfen belastet und verzögert werden.[1503] Die Norm des § 34 InsO ist Nachfolgerin von § 109 KO.[1504] Auch hiernach hatte der einzelne Gesellschafter keine Möglichkeit, sich gegen den Eröffnungsbeschluss zu wehren – auch wenn dieser ihn wirtschaftlich beeinträchtigte.[1505] Dies erklärt *Brinkmann* damit, dass die Gesellschafter sowohl zu Zeiten der KO als auch vor dem Inkrafttreten des ESUG lediglich eine vermögensmäßige Beeinträchtigung zu befürchten hatten.[1506] Durch die neuerliche Möglichkeit, die Gesellschafteranteile nicht nur in den Insolvenzplan einzubeziehen, sondern auch in diese einzugreifen, hat sich die Lage für die Gesellschafter grundlegend geändert.[1507]

Verfassungsrechtliche Voraussetzung für Einbeziehung und Eingriff ist aber – wie bereits ausgeführt[1508] – effektiver Rechtsschutz der Gesellschafter gegen einen etwaigen Missbrauch. Der Gesetzgeber wollte aus diesem Grund das Rechtsschutzsystem mit der Änderung der Regelungen §§ 251, 253 InsO an die neue Rechtslage anpassen.[1509] Die Rechtsschutzmöglichkeiten gegen den Eröffnungsbeschluss wurden aber nicht zugunsten der Gesellschafter geändert – hier offenbart sich nun eine Rechtsschutzlücke.[1510] Denn liegen die Antragsvoraussetzungen nicht vor, wird durch die Geschäftsführung aber dennoch missbräuchlich ein Insolvenzantrag gestellt und das Verfahren eröffnet, kommt

---

1500 *Madaus,* ZIP 2014, 500 (503).

1501 *Madaus,* ZIP 2014, 500 (503); *Thole,* ZIP 2013, 1937 (1945), ist der Ansicht, dass auch den Gläubigern dann eine Beschwerdemöglichkeit eingeräumt werden müsste.

1502 Uhlenbruck InsO/*Pape,* § 6 Rn. 2.

1503 MüKo InsO/*Ganter/Lohmann,* § 6 Rn. 5.

1504 BegrRegE InsO, BT-Drucks 12/2443, S. 121.

1505 *Kuhn/Uhlenbruck* KO, § 109 Rn. 1.

1506 *Brinkmann,* ZIP 2014, 197 (204).

1507 *Brinkmann,* ZIP 2014, 197 (204).

1508 Siehe hierzu die Ausführungen zur Verfassungsmäßigkeit 1. Teil C. III. 2).

1509 BegrRegE ESUG, BT-Drucks. 17/5712, S. 34, 35.

1510 *Brinkmann,* FS Schilken, 631 (639).

der Rechtsschutz gegen den Insolvenzplan zu spät. Die Ingangsetzung des Verfahrens wird im Regelfall zu einer Vertiefung der wirtschaftlichen Krise führen, die zu diesem späten Zeitpunkt nicht mehr rückgängig zu machen ist.[1511] Den Gesellschaftern muss deswegen die Möglichkeit gegeben werden, bereits eine rechtsmissbräuchliche Antragstellung mit dem Ziel der Instrumentalisierung des Insolvenzverfahrens zu verhindern.[1512] Insoweit bietet die Gewährung rechtlichen Gehörs im Rahmen des Eröffnungsverfahrens allein keinen ausreichenden Schutz vor einer missbräuchlichen Antragstellung des Geschäftsführers. Ebensowenig kann der Gesellschafter auf eine etwaig bestehende Möglichkeit verwiesen werden, den Geschäftsführer mit gesellschaftsrechtlichen Maßnahmen dazu zu bringen, den Insolvenzantrag zurückzunehmen. Diese Möglichkeit bietet – allein aufgrund der Unsicherheiten, die hiermit verbunden sind, und der Dauer einer gerichtlichen Geltendmachung – keinen ausreichenden Rechtsschutz.[1513] Der Gesetzgeber ist also verfassungsrechtlich gehalten, den Rechtsschutz gegen den Eröffnungsbeschluss auf die Gesellschafter zu erweitern.[1514]

Allerdings ist hier – zur Vermeidung der Erhebung unberechtigter Beschwerden – lediglich solchen Gesellschaftern eine Beschwerdemöglichkeit einzuräumen, die nicht allein vermögensmäßig betroffen sind.[1515] Ebenso wie bei der Gewährung rechtlichen Gehörs ist dementsprechend auch hier zu verlangen, dass für den Gesellschafter die Gefahr des Verlustes qualifizierter gesellschaftsrechtlicher Einflussmöglichkeiten besteht, wobei bei einer Beteiligung, die 25% unterschreitet, im Einzelfall darzulegen wäre.[1516] § 570 I ZPO i.V.m. § 4 InsO würden hier auch die aufschiebende Wirkung der Beschwerde verhindern, womit nicht die Gefahr einer Verzögerung des Verfahrens bestünde.[1517]

Solange eine Neufassung der Norm noch nicht stattgefunden hat, ist der Anwendungsbereich des § 34 II InsO *verfassungskonform* auszulegen und auf Gesellschafter auszudehnen. Sie können dementsprechend sofortige Beschwerde gegen den Eröffnungsbeschluss einlegen.

1511 *Brinkmann,* FS Schilken, 631 (639).

1512 *Böcker,* ZInsO 2015, 773 (782), bezeichnet die Möglichkeit einer solchen Instrumentalisierung sogar als „*nicht billig und gesellschaftspolitisch anstößig*".

1513 *Brinkmann,* FS Schilken, 631 (640).

1514 *Böcker,* ZInsO 2015, 773 (782); *Schäfer,* ZIP 2013, 2237 (2241); *ders.,* ZIP 2014, 1208 (1212).

1515 *Brinkmann,* FS Schilken, 631 (643).

1516 Siehe hierzu bereits 2. Teil D. V.

1517 *Brinkmann,* FS Schilken, 631 (643).

4) Rechtsschutz gegen die Zulassung des Insolvenzantrags?

Hierbei muss allerdings bedacht werden, dass auch der Rechtsschutz gegen den Eröffnungsbeschluss in vielen Fällen von geringem Nutzen für den Gesellschafter sein wird.[1518] Dies resultiert aus der Tatsache, dass der maßgebliche Zeitpunkt für das Vorliegen eines Insolvenzgrundes die Eröffnung des Verfahrens ist.[1519] Das Abstellen auf den Zeitpunkt des Eröffnungsbeschlusses soll grundsätzlich sicherstellen, dass effektiver Rechtsschutz gegen einen unberechtigten Insolvenzantrag auch dann gewährt wird, wenn die Eröffnung des Verfahrens zur Verschlechterung der wirtschaftlichen Verhältnisse des Schuldners führt und hierdurch erst einen Insolvenzgrund herbeigeführt wird.[1520] Eine solche wirtschaftliche Verschlechterung tritt in vielen Fällen nicht erst im eröffneten Verfahren, sondern bereits nach Zulassung des Antrages ein.[1521] Läge insoweit zwar bei Antragstellung noch kein, bei Verfahrenseröffnung jedoch ein Insolvenzgrund vor, liefe der Rechtsschutz des Gesellschafters ins Leere.[1522] Effektiver Rechtsschutz gegen eine missbräuchliche Antragstellung würde voraussetzen, dass bereits gegen die Entscheidung des Insolvenzgerichts, den Antrag zuzulassen, Beschwerde erhoben werden kann.[1523] Dafür müsste allerdings diese bisher rein interne Entscheidung des Insolvenzrichters[1524] als formelle Zwischenentscheidung ausgestaltet werden.[1525] Der Richter würde im Rahmen eines solchen *Zulassungsbeschlusses* über die Zulässigkeit des Antrages und über das voraussichtliche Vorliegen eines Insolvenzgrundes entscheiden.[1526] Dem Gesellschafter wäre im Rahmen der Beschwerde dann zumindest die Möglichkeit eröffnet, das Fehlen der Antragsbefugnis und des Rechtsschutzbedürfnisses geltend zu machen.

Unabhängig von einer solchen Erweiterung bleibt es aber dabei, dass die Beschwerdemöglichkeit gegen den Eröffnungsbeschluss aus verfassungsrechtlichen Erwägungen auf die Gesellschafter auszudehnen ist.

1518 *Marotzke,* ZInsO 2015, 325 (333); *Zipperer,* ZIP 2015, 2002 (2003).

1519 *Marotzke,* ZInsO 2015, 325 (333); MüKo InsO/*Schmahl/Vuia,* § 16 Rn. 42.

1520 BGH, Beschl. v. 27.7.2006 – IX ZB 204/04, BGHZ 169, 17 (22); MüKo InsO/*Schmahl/Vuia,* § 16 Rn. 41.

1521 *Brinkmann,* FS Schilken, 631 (638); MüKo InsO/*Schmahl/Vuia,* § 16 Rn. 41.

1522 *Brinkmann,* FS Schilken, 631 (640); *Marotzke,* ZInsO 2015, 325 (333).

1523 *Brinkmann,* FS Schilken, 631 (642).

1524 *Beth,* NZI 2014, 487 (488).

1525 *Brinkmann,* FS Schilken, 631 (642).

1526 *Brinkmann,* FS Schilken, 631 (642).

E. Rechtsschutzmöglichkeiten des Gesellschafters im Rahmen des eröffneten Insolvenzplanverfahrens

Anknüpfend an die Ausführungen zum Rechtsschutz gegen missbräuchliche Anträge im Eröffnungsverfahren soll im Folgenden der Frage nachgegangen werden, inwieweit sich dem (Minderheits-)Gesellschafter auch im eröffneten Insolvenzplanverfahren Rechtsschutzmöglichkeiten gegen die Auflösung eines Gesellschafterkonflikts zu seinen Lasten bieten.

Hierbei ist insbesondere von Interesse, unter welchen Voraussetzungen der Gesellschafter Rechtsschutz bei Aufstellung, Annahme und Bestätigung des Insolvenzplans erlangen kann und welche Aspekte der Kontrolle durch das Insolvenzgericht unterliegen. Darüber hinaus ist zu prüfen, ob der einzelne Gesellschafter auch auf außerhalb des Insolvenzverfahrens geltende gesellschaftsrechtliche Rechtsschutzmöglichkeiten zurückgreifen kann. Hierbei ist insbesondere die gesellschaftsrechtliche Treuepflicht und die Frage anzusprechen, ob Treuepflichtverletzungen, die im Vorfeld des Insolvenzplanverfahrens stattgefunden haben, auch noch auf das eröffnete Verfahren Auswirkungen haben können.

I. Die Aufstellung des Insolvenzplans

Wie gesehen, kann der Insolvenzplan gesellschaftsrechtliche Umstrukturierungen in erheblichem Umfang vornehmen. Bevor aber darauf eingegangen wird, wie der Rechtsschutz des (Minderheits-)Gesellschafters gegen den Insolvenzplan ausgestaltet ist, soll zunächst der Frage nachgegangen werden, inwieweit Schutz vor übermäßigen Eingriffen in Gesellschafterrechte bereits durch die Vorschriften über die Planaufstellung gewährt wird.

1) Der Einfluss der Gesellschafter auf die Erstellung und Vorlage des Insolvenzplans?

Die Planvorlage durch den Schuldner kann zu verschiedenen Zeitpunkten erfolgen. Ausdrücklich erlaubt § 218 I 2 InsO dies bereits in Verbindung mit der Antragstellung, möglich bleibt aber auch die Vorlage im bereits eröffneten Verfahren[1527]. Daneben wurde durch das ESUG mit dem Schutzschirmverfahren ein spezielles Verfahren geschaffen, das auf die Ausarbeitung und Vorlage des Insolvenzplans im Eröffnungsverfahren ausgerichtet ist (§ 270b I 1 InsO).

1527 KPB InsO/*Spahlinger*, § 218 Rn. 44 (61. EL 11/14).

Die Planvorlage als solches obliegt im Außenverhältnis grundsätzlich der Geschäftsführung.[1528] Dies ist auch nicht deswegen anders zu beurteilen, da die Vorlage ein *außergewöhnliches Geschäft* darstellt. Vielmehr ist davon auszugehen, dass bereits die Antragstellung als ein solch *außergewöhnliches* Geschäft zu beurteilen ist, da hierdurch die Änderung des Gesellschaftszweckes eintritt.[1529] Alle hierauf folgenden Geschäftsführungsmaßnahmen – worunter auch die Vorlage des Insolvenzplans zu fassen ist – bewegen sich demgegenüber im Rahmen der Zwecksetzung des § 1 InsO und sind damit zustimmungsfrei.[1530]

Die Vorlageberechtigung lässt aber nicht automatisch Rückschlüsse auf die Planerstellung zu. Fraglich ist also, ob die Gesellschafter hierauf Einflussmöglichkeiten haben. Denn grundsätzlich ist die Entscheidung über die Fortführung, Liquidierung oder die Art der Sanierung den Gesellschaftern zugewiesen – zumindest sollten sie hierzu durch den Geschäftsführer befragt werden. Dieser Grundsatz gilt jedenfalls für den Fall, dass der Insolvenzplan vor der eigentlichen Antragstellung erstellt wird (sog. *prepackaged plan*). Da zu diesem Zeitpunkt ausschließlich gesellschaftsrechtliche Grundsätze gelten, kann den Gesellschaftern die Einflussnahme auf den Inhalt des Insolvenzplans dementsprechend nicht abgesprochen werden – es gilt insoweit die Weisungsbefugnis der Gesellschafterversammlung (§ 37 I GmbHG). Anders stellt sich die Situation im eröffneten Verfahren dar. Hier ist die Einflussmöglichkeit der Gesellschafterversammlung aufgrund der Norm des § 276a InsO ausdrücklich ausgeschlossen. Wird der Insolvenzplan im Eröffnungsverfahren – inbesondere im hierfür ausdrücklich geschaffenen Schutzschirmverfahren – erstellt, gilt § 276a InsO grundsätzlich nicht.[1531] Dann müsste der Gesellschafterversammlung aber im Eröffungsverfahren auch eine Einwirkung auf den Inhalt des Insolvenzplans möglich sein, der Geschäftsführer wäre auch hier weisungsgebunden.[1532] Gerade im Rahmen des Schutzschirmverfahrens ist eine solche Einflussnahmemöglichkeit auf den Inhalt des Insolvenzplans allerdings fraglich. Jenes zielt gerade auf die Ausarbeitung des Insolvenzplanes ab.[1533] Insoweit erscheint es widersprüchlich, der

1528 MüKo InsO/*Eidenmüller*, § 218 Rn. 71; KPB InsO/*Spahlinger*, § 218 Rn. 27 (61. EL 11/14).

1529 Heidelberger Kommentar InsO/*Haas*, § 218 Rn. 7. Siehe hierzu auch schon 2. Teil D. I. 2) c).

1530 MüKo InsO/*Eidenmüller*, § 218 Rn. 71; Heidelberger Kommentar InsO/*Haas*, § 218 Rn. 7.

1531 Siehe 2. Teil B. I. 3).

1532 Hierfür sprechen sich Heidelberger Kommentar InsO/*Haas*, § 218 Rn. 8 und *Spliedt*, ZInsO 2013, 2155 (2155), aus.

1533 *Tresselt/Müller*, KSzW 2015, 198 (205).

Gesellschafterversammlung die Einwirkung auf den Insolvenzplan im Eröffnungsverfahren mit einfacher Mehrheit zu gewähren, während im eröffneten Verfahren alleine die Geschäftsführung Einfluss auf den Planinhalt hat.[1534] Der Geschäftsführer wäre dann nämlich im Rahmen des Schutzschirmverfahrens an den Willen der (einfachen Mehrheit der) Gesellschafter gebunden und müsste einen Insolvenzplan vorlegen, der möglicherweise dem Gesellschafterinteresse eher entspricht als dem Gläubigerinteresse oder nach Ansicht des Geschäftsführers wenig erfolgversprechend ist.[1535] Im Rahmen des eröffneten Verfahrens wäre der Geschäftsführer dann allerdings nicht gehindert, diesen Plan zu verwerfen und einen neuen zu erstellen – dieses Mal ohne die Einflussmöglichkeiten der Gesellschafterversammlung.[1536] Nicht nur erscheint ein solches Vorgehen *unpraktikabel*, vielmehr würde auch das Schutzschirmverfahren mit seiner Frist zur Ausarbeitung eines Insolvenzplans ins Leere laufen.[1537]

Der entscheidende Grund, weshalb – auch hier – vom Fortbestand der gesellschafterlichen Einflussmöglichkeiten im Eröffnungsverfahren ausgegangen werden muss, ist, dass das Insolvenzgericht zu diesem Zeitpunkt noch nicht abschließend über das Vorliegen des Eröffnungsgrundes entschieden hat.[1538] Da das Vorliegen eines Insolvenzgrundes die Rechtfertigung für den Eingriff in die Gesellschafterrechte darstellt, ist die Beschneidung der Weisungs-, Kontroll-, Auskunfts- und Prüfungsrechte zu diesem Zeitpunkt nicht gerechtfertigt. Selbst die Abberufung des Geschäftsführers muss der Gesellschafterversammlung deswegen hier noch möglich sein. Von diesem Schutzgedanken ist auch grundsätzlich nicht abzuweichen. Allerdings erscheinen die Gesellschafter für den Fall der Erstellung eines Insolvenzplans in dieser Hinsicht nicht schutzbedürftig. Kommt der Insolvenzrichter im Rahmen des Eröffnungsverfahrens zu dem Ergebnis, dass kein Insolvenzgrund vorliegt, wird er den Insolvenzantrag als unbegründet zurückweisen. Da der Insolvenzplan aber erst nach seiner Bestätigung im eröffneten Verfahren Geltung erlangt, haben die Gesellschafter im Eröffnungsverfahren noch keinerlei Auswirkungen auf ihre Rechte zu befürchten. Wird der Antrag aber nach dem Eröffnungsverfahren als unbegründet zurückgewiesen, verliert

---

1534 *Tresselt/Müller*, KSzW 2015, 198 (205).

1535 *Tresselt/Müller*, KSzW 2015, 198 (205); KPB InsO/*Spahlinger*, § 218 Rn. 30 (61. EL 11/14).

1536 *Tresselt/Müller*, KSzW 2015, 198 (205); KPB InsO/*Spahlinger*, § 218 Rn. 30 (61. EL 11/14).

1537 *Tresselt/Müller*, KSzW 2015, 198 (205).

1538 Siehe 2. Teil B. I. 3).

auch der erstellte Insolvenzplan jegliche Relevanz und kann keine Rechtswirkungen für die Gesellschafter entfalten. Liegt ein Insolvenzgrund jedoch vor und ist der Antrag auch nicht aus anderen Gründen unzulässig oder unbegründet, sprechen die zuvor genannten Gründe für eine Abweichung von der Unanwendbarkeit des § 276a InsO im Rahmen des Eröffnungsverfahrens. Diese Ausnahme kann allerdings nur für den Fall der Einwirkung auf den Planinhalt gelten. Nicht aber können sämtliche Rechte, die dem Gesellschafter aufgrund seiner Stellung zukommen, ausgeschlossen werden.[1539]

Die Gesellschafter haben dementsprechend lediglich Einflussmöglichkeiten auf die Erstellung des Insolvenzplans, wenn diese bereits vor der Antragstellung vorgenommen wird. Ab Antragstellung ist eine solche Einflussnahme nach hier vertretener Ansicht ausgeschlossen.

2) Der Schutz der Gesellschafter durch die Vorschriften über den Planinhalt

Ist dem Gesellschafter die Einflussnahmemöglichkeit auf die Planerstellung im Schutzschirmverfahren verwehrt, stellt sich die Frage, inwieweit die Vorschriften über den Planinhalt Schutz vor unberechtigten Eingriffen in die Gesellschafterrechte bieten. Von Interesse ist hierbei insbesondere, ob es möglich ist, einen Gesellschafterkonflikt tatsächlich *einseitig* zulasten eines (Minderheits-)Gesellschafters oder einer Gesellschaftergruppe zu lösen.

a) Maßstäbe für die Gruppenbildung gemäß § 222 InsO

Durch das Insolvenzplanverfahren sollen „*wirtschaftlich optimale (pareto-effiziente) Abwicklungslösungen*" ermöglicht werden.[1540] § 222 InsO setzt hier an und legt fest, dass „[b]*ei der Festlegung der Rechte der Beteiligten im Insolvenzplan* […] *Gruppen zu bilden*" sind. Um eine Entscheidungsfindung zu erleichtern,[1541] stimmt nach § 243 InsO „*jede Gruppe* […] *gesondert über den Insolvenzplan ab* […]". Damit nimmt die Gruppenbildung entscheidenden Einfluss auf die

1539 Zu weitgehend Hölzle, Praxisleitfaden ESUG, § 276a Rn. 21, der für eine „*gesellschaftsrechtliche Veränderungssperre*" schon dann eintritt, wenn „*abstrakt zu befürchten ist, dass die Sanierung durch gesellschaftsrechtliche Maßnahmen gefährdet werden könnte*".

1540 MüKo InsO/*Eidenmüller*, § 222 Rn. 2.

1541 MüKo InsO/*Eidenmüller*, § 222 Rn. 3.

Annahme des Plans durch die Beteiligtenversammlung.[1542] Sie ist allerdings zwingend in der Zusammenschau mit den Vorschriften über die Annahme des Plans (§§ 243 ff. InsO) zu betrachten.[1543] Obwohl § 222 InsO durchaus eine verfahrensrechtliche Bedeutung zukommt, handelt es sich trotzdem streng genommen um eine Regelung, die den Inhalt des Insolvenzplans betrifft.[1544]

In den einzelnen Gruppen soll ein *„möglichst hohes Maß an Interessenparallelität"* herrschen, wodurch gleichzeitig die Wahrscheinlichkeit steigen soll, dass durch die Mehrheitsentscheidung auch die Interessen der überstimmten Minderheit gewahrt werden; dies wiederum erhöht die *Legitimationskraft* der Entscheidung.[1545] Um diese Interessenparallelität in den Gruppen herzustellen, legt § 222 I Nr. 1-4 InsO die zwingend zu differenzierenden Beteiligten fest. Die hiernach vorzunehmende Gruppenbildung stellt die notwendige *Mindestunterteilung* dar.[1546]

Nach § 222 I Nr. 4 InsO bilden Altgesellschafter, die in den Plan einbezogen werden, zumindest eine Gruppe. Dabei ist von einer Einbeziehung schon immer dann auszugehen, wenn die Fortführung des Rechtsträgers geplant ist.[1547] Abweichend hiervon ist auch die Bildung einer Gruppe bestehend aus *geringfügig beteiligten Anteilsinhabern* möglich (§ 222 III 2 Alt. 2 InsO). Angesprochen sind hier insbesondere große Publikumsgesellschaften, wie die AG, mit einer Vielzahl von Aktien in Streubesitz und einem Mehrheitsaktionär.[1548]

Über die zwingende Gruppenbildung nach Abs. 1 hinaus kann der Planersteller eine weitere Differenzierung innerhalb der Beteiligten mit gleicher Rechtsstellung, aber ungleichartigen *wirtschaftlichen Interessen* vornehmen (*fakultative* Gruppenbildung gemäß § 222 II 1 InsO).

Unterscheidungskriterium sind hierbei wirtschaftliche Interessen, *„die sich aus dem Tatbestand des über das Vermögen eines bestimmten Schuldners eröffneten Insolvenzverfahrens ergeben"*.[1549] Für einen Gläubiger kann dies bspw. dann

---

1542 MüKo InsO/*Eidenmüller,* § 222 Rn. 1; FK-InsO/*Jaffé,* § 222 Rn. 1, bezeichnet die Norm als *„Schlüsselvorschrift"*; Uhlenbruck InsO/*Lüer/Streit,* § 222 Rn. 2; KPB InsO/*Spahlinger,* § 222 Rn. 1 (63. EL 4/15).

1543 MüKo InsO/*Eidenmüller,* § 222 Rn. 2.

1544 *Brünkmans/Greif-Werner,* ZInsO 2015, 1585 (1587).

1545 MüKo InsO/*Eidenmüller,* § 222 Rn. 4.

1546 FK-InsO/*Jaffé,* § 222 Rn. 3.

1547 MüKo InsO/*Eidenmüller,* § 222 Rn. 72; Schmidt InsO/*Spliedt,* § 222 Rn. 10; KPB InsO/*Spahlinger,* § 222 Rn. 25 (63. EL 4/15); Hamburger Kommentar InsO/*Thies,* § 222 Rn. 13.

1548 FK-InsO/*Jaffé,* § 222 Rn. 45; *Simon/Merkelbach,* NZG 2012, 121 (122).

1549 MüKo InsO/*Eidenmüller,* § 222 Rn. 84.

ge-geben sein, wenn er ein besonderes Interesse an der Sanierung des Unternehmens hat, welches über sein eigentliches Befriedigungsinteresse hinausgeht.[1550] Gesellschafter verfolgen grundsätzlich ein gemeinsames Interesse: Die Förderung des Gesellschaftszwecks. Im Insolvenzfall kann sich dies unter Umständen ändern, insbesondere dann, wenn ein Gesellschafter bereit ist, Sanierungsbeiträge (wie die Leistung neuer Einlagen im Rahmen eines *Debt Equity Swaps*) zu erbringen, sein(e) Mitgesellschafter hingegen nicht.[1551] Aber auch folgende Merkmale indizieren unterschiedliche wirtschaftliche Interessen:

- die Höhe der Beteiligung (Mehrheits-/Minderheitsgesellschafter)[1552] und die Existenz von sonstigen Mitgliedschaftsrechten[1553];
- die Art der Sanierungsbeiträge;[1554]
- die gleichzeitige Eigenschaft als Gläubiger[1555].

Hinter der Möglichkeit zur Bildung fakultativer Gruppen steht die Vorstellung, gleich gelagerte Interessen könnten so im Rahmen der Verhandlungen vereinfacht und effizient koordiniert werden.[1556] Dabei kommt dem Planersteller grundsätzlich ein Gestaltungsermessen im Sinne einer freien Gruppenbildung zu.[1557] Dies ist allein schon deswegen notwendig, da die Gruppenbildung einen entscheidenden Faktor für das Zustandekommen des Insolvenzplans darstellt.[1558] Um die Chancen für die Annahme des Insolvenzplans zu steigern, kann der Planersteller deswegen durchaus strategisch vorgehen.[1559] So ist im Hinblick auf ein etwaiges Greifen des Obstruktionsverbots (§ 245 I Nr. 3 InsO) generell

---

1550 Hamburger Kommentar InsO/*Thies*, § 222 Rn. 17.

1551 KPB InsO/*Spahlinger*, § 222 Rn. 37 (63. EL 4/15); *Wertenbruch*, ZIP 2013, 1693 (1701).

1552 MüKo InsO/*Eidenmüller*, § 222 Rn. 98; Heidelberger Kommentar InsO/*Haas*, § 222 Rn. 13; KPB InsO/*Spahlinger*, § 222 Rn. 37 (63. EL 4/15); Schmidt InsO/*Spliedt*, § 222 Rn. 19; Hamburger Kommentar InsO/*Thies*, § 222 Rn. 17.

1553 MüKo InsO/*Eidenmüller*, § 222 Rn. 90.

1554 Heidelberger Kommentar InsO/*Haas*, § 222 Rn. 13; KPB InsO/*Spahlinger*, § 222 Rn. 37 (63. EL 4/15).

1555 MüKo InsO/*Eidenmüller*, § 222 Rn. 98.

1556 Heidelberger Kommentar InsO/*Haas*, § 222 Rn. 12.

1557 Uhlenbruck InsO/*Lüer/Streit*, § 222 Rn. 5; *Wertenbruch*, ZIP 2013, 1693 (1701).

1558 MüKo InsO/*Eidenmüller*, § 222 Rn. 6.

1559 *Geißler*, ZInsO 2015, 787 (791); Heidelberger Kommentar InsO/*Haas*, § 222 Rn. 15; Uhlenbruck InsO/*Lüer/Streit*, § 222 Rn. 5; KPB InsO/*Spahlinger*, § 222 Rn. 63 (63. EL 4/15); Schmidt InsO/*Spliedt*, § 222 Rn. 4; Hamburger Kommentar InsO/*Thies*, § 222 Rn. 3.

eine ungerade Anzahl von Gruppen vorteilhaft.[1560] Darüber hinaus kann es in manchen Fällen sinnvoll sein, Gruppen mit einer kleinen Anzahl von Beteiligten zu bilden.[1561] Obwohl dann die Anzahl der zustimmenden Gruppen, die für die Annahme des Plans benötigt werden, insgesamt ansteigt, ist grundsätzlich davon auszugehen, dass die Chance auf die Erreichung einer Mehrheit innerhalb der Gruppe steigt, wenn diese aus nur wenigen Beteiligten mit ähnlichen Interessen besteht.[1562] Zu bedenken ist hierbei auch, dass dann der Stimme des einzelnen Beteiligten ein höheres Gewicht zukommt als in Gruppen mit einer Vielzahl von Beteiligten.[1563] Allgemeine Strategien sind dementsprechend schwer auszumachen.[1564]

Offensichtlich ist allerdings, dass der Planersteller durch eine geschickte Bildung der Gruppen in hohem Maße auf das Abstimmungsergebnis Einfluss nehmen kann.[1565] Der Tatsache, dass § 222 InsO die Möglichkeit zu „*Manipulationen zur Beschaffung von Mehrheiten*" bietet, war sich der Gesetzgeber bei Schaffung der Norm durchaus bewusst und führte als Korrektiv das Erfordernis einer *sachgerechten* Abgrenzung der fakultativen Gruppen ein.[1566] Hierdurch soll insbesondere der Minderheitenschutz sichergestellt werden.[1567] Unter welchen Voraussetzungen die Abgrenzung als sachgerecht zu beurteilen ist, ist indes der Auslegung überlassen.[1568] Die Sachgerechtigkeit ist in Bezug auf den Planinhalt zu bestimmen[1569] und dann zu verneinen, „*wenn die wichtigsten wirtschaftlichen Interessen derjenigen, deren Rechte in unterschiedliche Gruppen eingeordnet wurden, gleichartig sind*".[1570] Es müssen also zwingend all diejenigen Beteiligten derselben Gruppe zugeordnet werden, die gleichartige wirtschaftliche Interessen aufweisen.[1571] Eine Gruppenbildung, die willkürliche Gruppen zur Erreichung

1560 Andres/Leithaus InsO/*Andres,* § 222 Rn. 18; MüKo InsO/*Eidenmüller,* § 222 Rn. 6; KPB InsO/*Spahlinger,* § 222 Rn. 66 (63. EL 4/15).
1561 Heidelberger Kommentar InsO/*Haas,* § 222 Rn. 17.
1562 Heidelberger Kommentar InsO/*Haas,* § 222 Rn. 17.
1563 MüKo InsO/*Eidenmüller,* § 222 Rn. 7.
1564 MüKo InsO/*Eidenmüller,* § 222 Rn. 7; *Geißler,* ZInsO 2015, 787 (791).
1565 FK-InsO/*Jaffé,* § 222 Rn. 17.
1566 BegrRegE InsO, BT-Drucks 12/2443, S. 199.
1567 Hamburger Kommentar InsO/*Thies,* § 222 Rn. 18.
1568 FK-InsO/*Jaffé,* § 222 Rn. 15.
1569 Andres/Leithaus InsO/*Andres,* § 222 Rn. 6a; Heidelberger Kommentar InsO/*Haas,* § 222 Rn. 15.
1570 MüKo InsO/*Eidenmüller,* § 222 Rn. 101; ähnlich Hamburger Kommentar InsO/*Thies,* § 222 Rn. 18.
1571 MüKo InsO/*Eidenmüller,* § 222 Rn. 101.

von Mehrheiten formt, ist unzulässig.[1572] Die Kriterien, nach denen die Abgrenzung vorgenommen wurde, sind gemäß § 222 II 3 InsO im Insolvenzplan anzugeben. Finden sich hierzu keine Ausführungen, ist der Plan formell mangelhaft.[1573] Die rechtmäßige Gruppenbildung wird durch das Insolvenzgericht sowohl bei der Zulassung des Plans (§ 231 I Nr. 1 InsO) als auch bei seiner Bestätigung (§ 250 Nr. 1 InsO) geprüft.[1574]

Über die Prüfung der Voraussetzungen der Norm hinaus ist aber grundsätzlich keine weitere Missbrauchskontrolle durch das Gericht vorzunehmen.[1575] Insoweit wird bei der fakultativen Gruppenbildung auch grundsätzlich nicht überprüft, ob auch eine andere Gruppenbildung möglich oder sinnvoll gewesen wäre – dies liegt im Ermessen des Planerstellers.[1576] Dieser Grundsatz kann allerdings nicht für den Fall gelten, dass Beteiligte mit gleicher Rechtsstellung aber *offensichtlich* widerstreitenden wirtschaftlichen Interessen derselben Gruppe zugeordnet werden.[1577] In diesem Fall würde die oben angesprochene Legitimationswirkung nicht erreicht – dem Abstimmungsergebnis der Mehrheit würde keine Repräsentationswirkung für die gesamte Gruppe zukommen.[1578] Zudem widerspräche die Zulassung solcher Gruppen dem verfassungsrechtlichen Gleichbehandlungsgebot (Art. 3 I GG), weshalb die Norm in diesem Fall verfassungskonform ausgelegt und das Ermessen des Planerstellers reduziert werden muss.[1579]

Ein solch *offensichtlicher* Fall entgegenstehender Interessen ist nicht schon dann gegeben, wenn zum Beispiel Minderheits- und Mehrheitsgesellschafter derselben Gruppe zugeordnet sind. Zwar kann – wie bereits ausgeführt – die Höhe der Beteiligung durchaus ein Kriterium für das Vorliegen unterschiedlicher wirtschaftlicher Interessen darstellen. Dies muss allerdings nicht in jedem

---

1572 Heidelberger Kommentar InsO/*Haas*, § 222 Rn. 17; KPB InsO/*Spahlinger*, § 222 Rn. 38 (63. EL 4/15); Hamburger Kommentar InsO/*Thies*, § 222 Rn. 15; 18; Handbuch Personengesellschaften/*Wertenbruch*, Rz. I 1866a (60. EL 9/14).

1573 MüKo InsO/*Eidenmüller*, § 222 Rn. 107.

1574 Andres/Leithaus InsO/*Andres*, § 222 Rn. 15; MüKo InsO/*Eidenmüller*, § 222 Rn. 164 ff.; Hamburger Kommentar InsO/*Thies*, § 222 Rn. 29; *Wertenbruch*, ZIP 2013, 1693 (1702).

1575 MüKo InsO/*Eidenmüller*, § 222 Rn. 114; KPB InsO/*Spahlinger*, § 222 Rn. 64 (63. EL 4/15).

1576 Uhlenbruck InsO/*Lüer/Streit*, § 231 Rn. 24; KPB InsO/*Spahlinger*, § 231 Rn. 14 (55. EL 10/13); *Stapper/Jacobi*, ZInsO 2014, 1821 (1824).

1577 MüKo InsO/*Eidenmüller*, § 222 Rn. 119.

1578 MüKo InsO/*Eidenmüller*, § 222 Rn. 119.

1579 MüKo InsO/*Eidenmüller*, § 222 Rn. 119.

Fall so sein, wobei die Beurteilung im Ermessen des Planerstellers liegt. Kommen hierzu aber weitere Gründe, wie zum Beispiel der geplante ausschließliche Entzug von Sonderrechten des Minderheitsgesellschafters,[1580] der Ausschluss seines Bezugsrechts im Rahmen einer Kapitalerhöhung oder die gesamte Abtretung seiner Anteile, sind zwingend unterschiedliche Gruppen zu bilden. Dies muss auch dann gelten, wenn der Gesellschaft lediglich zwei Gesellschafter angehören. Zwar stellen Gruppen mit nur einem Beteiligten eine Seltenheit dar,[1581] sie sind indes als zulässig zu beurteilen.[1582] Durch eine solche Aufteilung der Gesellschafter in unterschiedliche Gruppen kann ein Minderheitsgesellschafter nicht mehr von dem Mehrheitsgesellschafter überstimmt werden – er *„verliert seine verfahrensrechtliche Dominanz"*.[1583]

b) Das Gleichbehandlungsgebot gemäß § 226 InsO

Die Gleichbehandlung der Gläubiger ist ein grundlegendes Merkmal des Insolvenzverfahrens,[1584] das auf Art. 3 I GG fußt[1585]. Im Insolvenzplanverfahren wird dieser Grundsatz eingeschränkt – er gilt nur zwischen den Beteiligten einer Gruppe (§ 226 I InsO) –, da der Insolvenzplan gerade ein Mittel darstellen soll, unterschiedliche Interessen zu berücksichtigen.[1586] Seitdem die Einbeziehung der Gesellschafterrechte in den Insolvenzplan möglich ist, gehören allerdings auch die Gesellschafter als *Beteiligte* des Verfahrens zu den durch § 226 I InsO Geschützten. Die Norm ist Ausdruck des Grundsatzes, dass der Einzelne einen Eingriff in seine Rechte nur dann hinnehmen muss, wenn auch die ihm gleich gestellten Beteiligten einen Eingriff erdulden müssen.[1587]

1580 Ein solcher Fall lag augenscheinlich dem *Suhrkamp*-Fall zugrunde. Hier wurden der Minderheitsgesellschafterin durch den Insolvenzplan ihre Sonderrechte entzogen, der Mehrheitsgesellschafterin aber die Geschäftsführung der restrukturierten Gesellschaft überantwortet – siehe hierzu *Fölsing*, ZInsO 2014, 2239 (2241) und *Westermann*, NZG 2014, 134 (141), der kritisiert, dass die Frage nach der korrekten Gruppenbildung in den *Suhrkamp*-Urteilen unerörtert blieb.

1581 Hamburger Kommentar InsO/*Thies*, § 222 Rn. 4.

1582 *Schluck-Amend*, Gesellschaftsrecht in der Diskussion 2014, 151 (174).

1583 *Madaus*, ZIP 2014, 500 (507).

1584 FK-InsO/*Jaffé*, § 226 Rn. 1; KPB InsO/*Spahlinger*, § 226 Rn. 1 (55. EL 10/13).

1585 Hamburger Kommentar InsO/*Thies*, § 226 Rn. 1.

1586 Andres/Leithaus InsO/*Andres*, § 226 Rn. 1; MüKo InsO/*Breuer*, § 226 Rn. 2; Insolvenzrechts-Handbuch/*Koch/de Bra*, § 66 Rn. 18.

1587 KPB InsO/*Spahlinger*, § 226 Rn. 3 (55. EL 10/13).

§ 226 I InsO will „[i]*nnerhalb jeder Gruppe* [...] *allen Beteiligten gleiche Rechte an*[...]*bieten*". Umstritten ist insoweit, ob mit *gleichen Rechten* eine formale oder eine wirtschaftliche Gleichbehandlung gemeint ist. Teilweise wird hier die Meinung vertreten, es sei allein eine wirtschaftliche Betrachtung ausschlaggebend.[1588] Hiergegen spricht allerdings nicht nur der Wortlaut („*gleiche Rechte*"). Darüber hinaus würde die Ermittlung einer wirtschaftlichen Ungleichbehandlung in vielen Fällen streitig sein – eine Feststellung sich dementsprechend verfahrensverzögernd auswirken.[1589] Dies ist insbesondere deshalb zu befürchten, da das Insolvenzgericht bereits bei der Vorprüfung des Plans über die Gruppenbildung und damit auch über die Einhaltung des § 226 InsO befinden muss (§ 231 I Nr. 1 InsO) – in diesem Stadium wird die Prüfung einer wirtschaftlichen Gleichbehandlung allerdings schwer fallen.[1590] Die formale Gleichbehandlung ist demgegenüber relativ einfach festzustellen.[1591] Schließlich erscheint die Prüfung der wirtschaftlichen Nachteiligkeit vielmehr als eine Frage des Minderheitenschutzes gemäß § 251 InsO.[1592] Insoweit kann es nicht auf eine wirtschaftliche, sondern auf eine formale Betrachtung ankommen.[1593]

Innerhalb einer Gruppe von Anteilsinhabern kann dementsprechend kein lediglich teilweiser Ausschluss von Bezugsrechten vorgesehen werden.[1594] Ebensowenig können die Übertragung von Anteilen einzelner Gesellschafter und damit ihr Zwangsausschluss vereinbart[1595] oder die Sonderrechte nur einem Gesellschafter entzogen werden, ohne dass § 226 I InsO verletzt wäre[1596]. Allerdings ist hierbei zu beachten, dass eine Ungleichbehandlung dann nicht

---

1588 Nerlich/Römermann InsO/*Braun*, § 226 Rn. 6 (9. EL 3/05); Braun InsO/*Braun/Frank*, § 226 Rn. 6; MüKo InsO/*Breuer*, § 226 Rn. 8; Insolvenzrechts-Handbuch/*Koch/de Bra*, § 66 Rn. 19.

1589 Andres/Leithaus InsO/*Andres*, § 226 Rn. 2; KPB InsO/*Spahlinger*, § 226 Rn. 6 (55. EL 10/13); Schmidt InsO/*Spliedt*, § 226 Rn. 2; Hamburger Kommentar InsO/*Thies*, § 226 Rn. 2.

1590 Heidelberger Kommentar/*Haas*, § 226 Rn. 2.

1591 KPB InsO/*Spahlinger*, § 226 Rn. 5 (55. EL 10/13).

1592 KPB InsO/*Spahlinger*, § 226 Rn. 6 (55. EL 10/13).

1593 Andres/Leithaus InsO/*Andres*, § 226 Rn. 2; Heidelberger Kommentar/*Haas*, § 226 Rn. 2; Schmidt InsO/*Spliedt*, § 226 Rn. 2; Hamburger Kommentar InsO/*Thies*, § 226 Rn. 2.

1594 *Wertenbruch*, ZIP 2013, 1693 (1702).

1595 *Brünkmans*, ZIP 2014, 1857 (1859); MüKo InsO/*Eidenmüller*, § 225a Rn. 87; *Rendels/Zabel*, Insolvenzplan, Rn. 242a; *Schluck-Amend*, Gesellschaftsrecht in der Diskussion 2014, 151 (173); *Zarzitzky*, Die Reform des Insolvenzplanverfahrens, S. 114, 115.

1596 *Madaus*, ZIP 2014, 500 (506); *Wertenbruch*, ZIP 2013, 1693 (1702).

vorliegt, wenn den Gruppenbeteiligten eine *Wahlmöglichkeit* offeriert wird.[1597] Wird also bspw. allen Gesellschaftern einer Gruppe das Bezugsrecht angeboten, dies allerdings nur von einigen angenommen, liegt keine Ungleichbehandlung vor.[1598] Ebenso muss der Fall beurteilt werden, wenn die Gesellschafter vor eine Entscheidung ähnlich der *Sanieren oder Ausscheiden*-Konstellation gestellt werden, sie also entweder neue Einlagen übernehmen oder aus der Gesellschaft ausscheiden müssen.[1599] Die Ungleichbehandlung, die durch die Entscheidung des Gesellschafters eintritt, ist dann ausschließlich auf seine Wahl zurückzuführen.[1600]

Soll eine Ungleichbehandlung vorgenommen werden, besteht noch die Möglichkeit, dass der Betroffene hierin einwilligt, § 226 II 1 InsO. Wird eine solche Erklärung nach § 226 II 2 InsO dem Insolvenzplan nicht beigefügt, besteht ein Hinderungsgrund für das Zustandekommen des Insolvenzplans. § 226 InsO stellt einen Teil des insolvenzrechtlichen Schutzkonzepts zur Verhinderung des Machtmissbrauchs durch die Gesellschaftermehrheit dar.[1601]

Allerdings besteht bei einer vorgesehenen Ungleichbehandlung auch die Möglichkeit, die Anteilsinhaber unterschiedlichen Gruppen zuzuordnen.[1602] Eine vollständige Umgehung des Gleichbehandlungsgrundsatzes ist trotzdem nicht möglich. Denn werden Minderheits- und Mehrheitsgesellschafter unterschiedlichen Gruppen zugeordnet, kann der Minderheitsgesellschafter gegen die Annahme des Insolvenzplans stimmen und wird bei der Prüfung des Obstruktionsverbots durch § 245 III Nr. 2 InsO geschützt.[1603] Eine Vereinbarung im Plan, durch die eine Ungleichbehandlung der Gesellschafter festgelegt wird und die dem Willen dieses Gesellschafters widerspricht, wird insoweit nicht ohne Weiteres möglich sein.[1604]

1597 Andres/Leithaus InsO/*Andres,* § 226 Rn. 2; Nerlich/Römermann InsO/*Braun,* § 226 Rn. 10 (9. EL 3/05); Braun InsO/*Braun/Frank,* § 226 Rn. 8.

1598 Handbuch Personengesellschaften/*Wertenbruch,* Rz. I 1867a (60. EL 9/14).

1599 *Wertenbruch,* ZIP 2013, 1693 (1702).

1600 *Wertenbruch,* ZIP 2013, 1693 (1702).

1601 Heidelberger Kommentar InsO/*Haas,* § 225a Rn. 16.

1602 BegrRegE ESUG, BT-Drucks. 17/5712, S. 31; hierzu auch *Madaus,* ZIP 2014, 500 (506) und *Schluck-Amend,* Gesellschaftsrecht in der Diskussion 2014, 151 (173).

1603 MüKo InsO/*Eidenmüller,* § 222 Rn. 11; FK-InsO/*Jaffé,* § 222 Rn. 20; *Rendels/Zabel,* Insolvenzplan, Rn. 242a; *Simon/Merkelbach,* NZG 2012, 121 (127); *Wertenbruch,* ZIP 2013, 1693 (1702); Handbuch Personengesellschaften/*Wertenbruch,* Rz. I 1867 (60. EL 9/14). Zu dieser Norm siehe ausführlich 2. Teil E. II. 1) a).

1604 MüKo InsO/*Eidenmüller,* § 225a Rn. 87; *Rendels/Zabel,* Insolvenzplan, Rn. 242a.

c) Beachtlichkeit der gesellschaftsrechtlichen Treuepflicht i.R.d. § 225a III InsO?

Der Schutz des Gesellschafters wird außerhalb des Insolvenzplanverfahrens zum einen durch teilweise erhöhte Mehrheitsanforderungen für Beschlüsse, die sich belastend auf die Rechtsposition des Einzelnen auswirken, sichergestellt. Zum anderen bewirkt die gesellschafterliche Treuepflicht einen darüber hinausgehenden, umfassenden Schutz. Insbesondere ist hier ihre Schrankenfunktion angesprochen, die hauptsächlich die Gesellschaftermehrheit, aber auch die -minderheit zu Rücksichtnahme auf die Belange der Gesellschaft bzw. Mitgesellschafter verpflichtet.[1605] Insoweit ist die Treuepflicht außerhalb der Insolvenz als „*wichtigstes Regulativ von Interessengegensätzen zwischen Gesellschaftermehrheit und Gesellschafterminderheit und […] Angelpunkt der rechtlichen Beurteilung von Macht- und Verteilungskämpfen in der Gesellschaft*" anzusehen.[1606] Fraglich erscheint dementsprechend, ob der einzelne Gesellschafter auch im Rahmen des Insolvenzplanverfahrens treuepflichtbedingten Schutz erfährt. Anknüpfungspunkt hierfür könnte die Norm des § 225a III InsO darstellen.[1607] Mit ihrer Bezugnahme auf *gesellschaftsrechtlich zulässige Regelungen* könnte hierüber die Treuepflicht als Maßstab für die im Insolvenzplan beschlossenen Maßnahmen fungieren. Die Auflösung eines Gesellschafterkonflikts durch Maßnahmen einseitig zu Lasten eines (Minderheits-)Gesellschafters würde so möglicherweise durch die gesellschafterliche Treuepflicht begrenzt. Diese Frage knüpft an die obigen Ausführungen zu den *gesellschaftsrechtlich zulässigen* Maßnahmen an.[1608] Hier wurde bereits festgestellt, dass die Norm auch insoweit allgemeine gesellschaftsrechtliche Grundsätze einbezieht, als diese nicht durch spezielle insolvenzrechtliche Normen überlagert sind. So schützt das grundsätzlich auch in der Insolvenz fortgeltende Erfordernis eines sachlichen Grundes die Gesellschafter bei Vereinbarung eines *Debt Equity Swaps* im Insolvenzplan vor einem willkürlichen Ausschluss ihres Bezugsrechts im Rahmen der Kapitalerhöhung. Das Erfordernis der sachlichen Rechtfertigung stellt also – trotz der insolvenzbedingten niedrigeren Anforderungen – insbesondere ein Schutzinstrument der Gesellschafter gegenüber den Gläubigern dar.[1609]

1605 MüKo BGB/*Ulmer/Schäfer*, § 705 Rn. 223.

1606 Großkommentar GmbHG/*Raiser*, § 14 Rn. 91.

1607 Dies denkt auch *Priester*, FS Kübler, 557 (565), an, verwirft diesen Gedanken aber wieder.

1608 Siehe 1. Teil C. IV.

1609 *Frauer*, Grenzen des Eingriffs in Gesellschafterrechte, S. 208 ff., vertritt einen weitergehenden Ansatz zum Schutz der Gesellschafter vor einer missbräuchlichen

Wäre nun im Rahmen des § 225a III InsO die Treuepflicht als Grenze des gesellschaftsrechtlich Zulässigen zu beachten, bedeutete dies einen Schutz der Gesellschafter untereinander. Hier müsste eine Abwägung vorgenommen werden, ob der im Insolvenzplan vorgesehene Eingriff in die Rechte des (Minderheits-)Gesellschafters diesem unter Treuepflichtgesichtspunkten zuzumuten wäre oder ob die hieraus folgende Rücksichtnahmepflicht ein milderes Mittel verlangen würde.

Eine Prüfung anhand der Maßstäbe der gesellschafterlichen Treuepflicht nimmt auch *Schäfer* vor. Er sieht zwar grundsätzlich den Eingriff in die Gesellschafterrechte aufgrund der Aufopferungspflicht als gerechtfertigt an.[1610] Diese Aufopferungspflicht bestehe allerdings nur im Verhältnis zu den Gläubigern, weswegen der Minderheitsgesellschafter nicht die Besserstellung des Mehrheitsgesellschafters im Insolvenzplan hinnehmen müsse.[1611] Da der InsO-Gesetzgeber einen Mehrheits-/Minderheitskonflikt zwischen den Gesellschaftern nicht berücksichtigt habe, müsse hier die Treuepflicht eingreifen.[1612] *Schäfer* bezieht sich dabei auf eine etwaige Treuepflichtverletzung im Zusammenhang mit der Antragstellung, nimmt aber auch Bezug auf etwaige, der Treuepflicht widersprechende gesellschaftsrechtliche Maßnahmen.[1613] Im Rahmen der Prüfung, ob eine geplante Maßnahme der Treuepflicht widerspreche, sei einzelfallabhängig zu überprüfen, ob die Maßnahme einen Sanierungsbezug erkennen lasse oder ob sie sanierungsfern sei; sei letzteres der Fall, indiziere dies in der Regel die Treuepflichtwidrigkeit und damit die Unzulässigkeit der Maßnahme.[1614]

Inanspruchnahme des Insolvenzplanverfahrens durch ***die Gläubiger***. Er will jede Maßnahme im Insolvenzplan daraufhin überprüfen, ob sie die Grenzen der gegenüber den Gläubigern bestehenden Aufopferungspflicht überschreitet. Der Insolvenzrichter soll seine Prüfung dabei angelehnt an die Rechtsprechung zu den gesellschaftsrechtlichen Treuepflichten vornehmen. Nach *Frauer* ist „[e]*in Eingriff in die Gesellschafterrechte* […] *in der Insolvenz zulässig, soweit er zum Zwecke der optimalen Gläubigerbefriedigung notwendig und erfolgversprechend* [ist], *dieser Eingriff dem Gesellschafter keinen unzumutbaren Nachteil und die Nichtannahme einer Aufopferungspflicht keinen schützenswerten Vorteil bringt*“, wobei von einer Unzulässigkeit insbesondere dann auszugehen ist, wenn die Insolvenz des Unternehmens missbräuchlich durch die Gläubiger herbeigeführt worden ist (S. 222).

1610 *Schäfer*, ZIP 2013, 2237 (2241).

1611 *Schäfer*, ZIP 2013, 2237 (2241); ähnlich wohl auch *Spliedt*, ZInsO 2013, 2155 (2157, 21588), der allerdings keinen Anknüpfungspunkt für die Treuepflicht in den insolvenzrechtlichen Vorschriften sieht.

1612 *Schäfer*, ZIP 2013, 2237 (2241).

1613 *Schäfer*, ZIP 2013, 2237 (2241, 2242).

1614 *Schäfer*, ZIP 2013, 2237 (2243).

In diese Richtung tendiert auch *Westermann*, der eine treuepflichtwidrige und damit unzulässige Maßnahme annehmen will, wenn hierdurch ausschließlich die Position des Mehrheitsgesellschafters gestärkt würde, ohne dass dies für die Sanierung notwendig sei.[1615] Dem Minderheitsgesellschafter würde so Schutz vor Übervorteilung des Mehrheitsgesellschafters geboten, den er durch die Vorschriften bezüglich des Insolvenzplans nicht erhielte.

Hierbei wird allerdings übersehen, dass der InsO-Gesetzgeber durchaus insolvenzspezifische Vorschriften zum Inhalt des Insolvenzplans geschaffen hat, die dafür Sorge tragen sollen, dass die Regelungen im Insolvenzplan nicht zulasten einzelner Beteiligter gehen.[1616] Zu nennen sind hier insbesondere die Normen der §§ 222, 226 InsO.[1617] Hierdurch wird nicht nur die ordnungsgemäße Gruppenbildung, sondern auch die Gleichbehandlung der einzelnen Gruppenmitglieder sichergestellt. Mit der durch das ESUG neu geschaffenen Möglichkeit, die Anteilsrechte der Gesellschafter in die Regelungen des Insolvenzplans einzubeziehen, wurden auch die Gesellschafter in diese Regelungen einbezogen. So ist gemäß § 222 I Nr. 4 InsO zumindest eine Gruppe bestehend aus Gesellschaftern zu bilden. § 226 I InsO stellt darauf aufbauend sicher, dass dem Minderheitsgesellschafter, der sich mit dem Mehrheitsgesellschafter in einer Gruppe befindet, kein Sonderopfer aufgezwungen werden kann, ohne dass dieser hierin einwilligt (§ 226 II 1 InsO). Aber auch wenn die Gesellschafter sich in unterschiedlichen Gruppen befinden, verhindert die neu geschaffene Vorschrift des § 245 III Nr. 2 InsO die Annahme eines Insolvenzplans, der einen Gesellschafter/eine Gesellschaftergruppe besser stellt als seine/ihre Mitgesellschafter.[1618] Die insolvenzrechtlichen Vorschriften sorgen damit für einen Schutz des Minderheitsgesellschafters vor dem Mehrheitsgesellschafter, legen aber auch gleichzeitig die *Höchstgrenze* fest, was dem Einzelnen insolvenzrechtlich zusteht.[1619] Die §§ 217 ff. InsO sind darüber hinaus Ausdruck der Tatsache, dass die Gesellschafterversammlung nun nicht mehr die alleinige Entscheidungsmacht besitzt, sondern die Beteiligtenversammlung über die Zukunft der Gesellschaft und damit auch die Vereinbarung von gesellschaftsrechtlichen Maßnahmen zu bestimmen

---

1615 *Westermann*, NZG 2015, 134 (138).

1616 *Eidenmüller*, NJW 2014, 17 (18); *Madaus*, ZIP 2014, 500 (506 Fn. 61); SanRKomm/*Seibt/Westpfahl*, § 225a Rn. 84.

1617 *Eidenmüller*, NJW 2014, 17 (18); Heidelberger Kommentar InsO/*Haas*, § 225a Rn. 16; FK-InsO/*Jaffé*, § 225a Rn. 37; *Madaus*, ZIP 2014, 500 (506).

1618 *Eidenmüller*, NJW 2014, 17 (18); Heidelberger Kommentar InsO/*Haas*, § 245 Rn. 26; FK-InsO/*Jaffé*, § 225a Rn. 37.

1619 *Eidenmüller*, NJW 2014, 17 (18).

hat.[1620] Ein über die insolvenzrechtlichen Grenzen der Insolvenzplangestaltung hinausgehender Schutz durch die gesellschafterliche Treuepflicht würde in dieses insolvenzrechtliche Schutzsystem eingreifen und ist aus diesem Grund nicht zu gewähren.[1621]

Eine gesonderte Überprüfung der gesellschaftsrechtlichen Maßnahmen anhand von Treuepflichtmaßstäben ist also nicht vorzunehmen.

3) Zurückweisung des Plans gemäß § 231 InsO

Die Möglichkeit zur Zurückweisung des Insolvenzplans vom Amts wegen (§ 231 InsO) stellt eine Vorprüfung mit dem Ziel dar, die Effizienz des Planverfahrens zu steigern.[1622] Aussichtslose Insolvenzpläne sollen so frühzeitig aus dem Verfahren eliminiert werden, dass den Beteiligten die Auseinandersetzung mit dem Planinhalt erspart wird.[1623] Insoweit stellt die Norm *„die Grenze der beabsichtigten Deregulierung des Verfahrens“* dar.[1624]

a) Prüfungsumfang

Der Prüfungsumfang des Insolvenzgerichts wird jedoch in Literatur und Rechtsprechung unterschiedlich beurteilt. So wird teilweise davon ausgegangen, bei der Prüfung im Rahmen des § 231 InsO handele es sich um eine reine Evidenzkontrolle mit dem Zweck, ausschließlich *offensichtlich* ungeeignete Pläne auszusortieren.[1625] Damit habe lediglich eine *summarische* Prüfung stattzufinden.[1626] Dieser Ansicht kann allerdings in dieser Allgemeinheit nicht gefolgt werden. So ist allein aufgrund des Wortlauts eine Differenzierung zwischen § 231 I 1 Nr. 1 InsO und den Nrn. 2 und 3 vorzunehmen.[1627] Denn das Gesetz begrenzt die Prüfung lediglich bei Nr. 2 und 3 auf *offensichtliche* Fälle. Diese Ansicht hat auch der BGH in einem Beschluss vom 7.5.2015 bestätigt.[1628] Er stellt hier klar, dass das

---

1620 MüKo InsO/*Eidenmüller*, § 225a Rn. 79.

1621 *Haas*, NZG 2012, 961 (965); FK-InsO/*Jaffé*, § 225a Rn. 36, 37; *Madaus*, ZIP 2014, 500 (507).

1622 MüKo InsO/*Breuer*, § 231 Rn. 1; Graf-Schlicker InsO/*Kebekus/Wehler*, § 231 Rn. 1; Uhlenbruck InsO/*Lüer/Streit*, § 231 Rn. 1.

1623 Heidelberger Kommentar InsO/*Haas*, § 231 Rn. 1.

1624 FK-InsO/*Jaffé*, § 231 Rn. 1.

1625 Braun InsO/*Braun/Frank*, § 231 Rn. 3; FK-InsO/*Jaffé*, § 231 Rn. 12.

1626 Hamburger Kommentar InsO/*Thies*, § 231 Rn. 26.

1627 MüKo InsO/*Breuer*, § 231 Rn. 17.

1628 BGH, Beschl. v. 7.5.2015 – IX ZB 75/14, NZI 2015, 697.

Insolvenzgericht bei der Prüfung im Rahmen des § 231 I 1 Nr. 1 InsO zwar die grundsätzliche *Entscheidungskompetenz der Gläubigerversammlung* zu beachten habe – ihnen obliege bspw. allein die Beurteilung der wirtschaftlichen Zweckmäßigkeit des Plans.[1629] Allerdings sei das Insolvenzgericht durchaus berufen, alle *rechtlichen Gesichtspunkte*, die den Inhalt des Plans betreffen, einer genauen – nicht auf *Offensichtlichkeit* beschränkten – Prüfung zu unterziehen.[1630] Damit ist im Rahmen der Nr. 1 eine Detailprüfung durch das Insolvenzgericht vorzunehmen.[1631] Eine solche Auslegung ist auch deswegen zu favorisieren, da hierdurch eine weitere Instanz zur Vorbeugung rechtswidriger Insolvenzpläne installiert wird.[1632] Stellt das Gericht bei dieser Prüfung einen Zurückweisungsgrund fest, muss es dem Planersteller die Möglichkeit geben, den Plan nachzubessern.[1633]

Eine Planregelung, die zulasten des (Minderheits-)Gesellschafters geht, wird also im Rahmen der Vorprüfung des Planinhalts einer insolvenzrichterlichen Kontrolle unterzogen. Mit besonderer Gründlichkeit ist dabei die Gruppenbildung (§ 222 InsO) und die Einhaltung des Gleichbehandlungsgebots (§ 226 InsO) zu überprüfen.[1634] Dies hat der Gesetzgeber durch die Änderung des § 231 I 1 Nr. 1 InsO („[...] *insbesondere zur Bildung von Gruppen* [...]") im Rahmen des ESUG klargestellt, da der Gruppenbildung besondere Relevanz für die Abstimmung und das Erreichen der notwendigen Mehrheiten zukommt.[1635] Insbesondere ist hier auf die *Sachgerechtigkeit* der fakultativen Gruppenbildung und die hierzu erfolgten Angaben im Plan zu achten.[1636] Für die inhaltlichen Anforderungen an die Gruppenbildung und das Gleichbehandlungsgebot sei ansonsten auf die obigen Ausführungen verwiesen. Darüber hinaus ist aber auch der Inhalt des Insolvenzplans – und damit insbesondere die Zulässigkeit der gesellschaftsrechtlichen Regelungen – Prüfungsgegenstand. Das Gericht prüft in diesem Sinne bspw., ob ein etwaiger Bezugsrechtsausschluss rechtmäßig

---

1629 BGH, Beschl. v. 7.5.2015 – IX ZB 75/14, NZI 2015, 697 (698).

1630 BGH, Beschl. v. 7.5.2015 – IX ZB 75/14, NZI 2015, 697 (698).

1631 MüKo InsO/*Breuer*, § 231 Rn. 17; *Brünkmans/Uebele*, ZInsO 2014, 265 (273); FK-InsO/*Jaffé*, § 231 Rn. 4; *Skauradszun/Spahlinger/Tresselt*, DZWIR 2015, 539 (543).

1632 Skauradszun/Spahlinger/Tresselt, DZWIR 2015, 539 (543).

1633 BGH, Beschl. v. 7.5.2015 – IX ZB 75/14, NZI 2015, 697 (697).

1634 OLG Frankfurt a.M., Beschl. v. 1.10.2013 – 5 U 145/13, NZI 2013, 978 (980).

1635 BegrRegE ESUG, BT-Drucks. 17/5712, S. 32; BGH, Beschl. v. 7.5.2015 – IX ZB 75/14, NZI 2015, 697 (698); MüKo InsO/*Breuer*, § 231 Rn. 4; FK-InsO/*Jaffé*, § 231 Rn. 7.

1636 BGH, Beschl. v. 7.5.2015 – IX ZB 75/14, NZI 2015, 697 (698); Uhlenbruck InsO/*Lüer/Streit*, § 231 Rn. 21; KPB InsO/*Spahlinger*, § 231 Rn. 12 (55. EL 10/13).

erfolgte, nicht hingegen, ob die Maßnahme mit der gesellschaftsrechtlichen Treuepflicht zu vereinbaren ist.

b) Keine Verhältnismäßigkeitsprüfung

Einige Stimmen in der Literatur wollen den Planinhalt hierüber hinaus allerdings noch einer Verhältnismäßigkeitsprüfung durch den Insolvenzrichter unterziehen.[1637] Eine solche Prüfung sei bereits aus verfassungsrechtlichen Gründen zu verlangen – schließlich stehe jedweder Eingriff in die Rechte Einzelner unter der Prämisse der Verhältnismäßigkeit.[1638]

Hiergegen spricht, dass die Möglichkeit, in Gesellschafterrechte im Insolvenzplan einzugreifen, ihre Rechtfertigung bereits in sich trägt. Diese Rechtfertigung sieht der ESUG-Gesetzgeber – was verfassungsrechtlich nicht zu beanstanden ist[1639] – im Vorliegen eines Insolvenzgrundes.[1640] Ein Eingriff in die Anteilsrechte soll in dieser Situation zugunsten der Gläubigerbefriedigung möglich sein, wobei diese auch dazu berufen sind, über die jeweilige Ausgestaltung der Maßnahme zur Erreichung dieses Ziels zu befinden. Das Planziel steht dabei nicht unter der Prämisse, dass der Eingriff in die Gesellschafterrechte besonders minimalinvasiv gestaltet sein muss. Es ist also nicht von Bedeutung, ob möglicherweise ein milderes Mittel existiert.[1641] Vielmehr ist jede Planmaßnahme zulasten der Gesellschafter möglich, solange sie die Gläubigerbefriedigung verspricht. In diesem Sinne hat der Gesetzgeber die widerstreitenden Interessen zwischen Gläubiger und Gesellschafter abgewogen und den Gläubigern – in den Grenzen des insolvenzrechtlich Möglichen – für den Fall der materiellen Insolvenz den Vorzug eingeräumt.[1642] Damit ist eine allgemeine Verhältnismäßigkeitsprüfung im Einzelfall abzulehnen.[1643] Hierdurch würden die Gesellschafter auch in ungerechtfertigter Weise gegenüber den Gläubigern bessergestellt. Denn auch diese müssen einen Eingriff ohne eine Verhältnismäßigkeitsprüfung im Einzelfall hinnehmen; weshalb die Gesellschafter insoweit eine Sonderrolle einnehmen sollen, ist nicht zu erkennen.[1644] Letztendlich würden hierdurch auch die

---

1637 *Meyer,* DB 2015, 538 (540); *Müller,* NZI 2014, 756 (757); *Wertenbruch,* ZIP 2013, 1693 (1698).

1638 *Meyer,* DB 2015, 538 (540); *Müller,* NZI 2014, 756 (757).

1639 Siehe dazu die Ausführungen zur Verfassungsmäßigkeit unter 1. Teil C. III.

1640 *Brünkmans/Greif-Werner,* ZInsO 2015, 1585 (1588).

1641 *Brinkmann,* ZIP 2014, 197 (201).

1642 *Brünkmans/Greif-Werner,* ZInsO 2015, 1585 (1588).

1643 *Brinkmann,* ZIP 2014, 197 (201); *Tresselt/Müller,* KSzW 2014, 198 (199).

1644 Heidelberger Kommentar InsO/*Haas,* § 225a Rn. 20.

insolvenzspezifischen Mindeststandards, die für alle Beteiligten gleichermaßen gelten, ausgehebelt.[1645]

c) Begrenzung anhand des Insolvenzzwecks

Fraglich ist allerdings, ob der Insolvenzrichter befugt ist, den Inhalt des Insolvenzplans anhand des Insolvenzzwecks zu begrenzen. Grundsätzlich ist § 1 InsO nicht justiziabel.[1646] Eine Ausnahme von diesem Grundsatz wird bei Rechtshandlungen des Insolvenzverwalters gemacht, die dem Insolvenzzweck der gleichmäßigen Gläubigerbefriedigung offensichtlich zuwiderlaufen.[1647] Der BGH begrenzt hier die Rechtsmacht des Insolvenzverwalters durch den Insolvenzzweck, wenn der „*Widerspruch zum Insolvenzzweck unter allen in Betracht kommenden Gesichtspunkten für jeden verständigen Beobachter ohne weiteres ersichtlich ist*", wobei das Gericht hierfür auf die Grundsätze vom Missbrauch der Vertretungsmacht zurückgreift.[1648] Ob das Insolvenzgericht in diesem Sinne den Insolvenzplan wegen Insolvenzzweckwidrigkeit einer Planregelung als unzulässig zurückweisen kann, erscheint allerdings fraglich. Denn dem Insolvenzgericht ist es grundsätzlich verwehrt, den Plan anhand von Zweckmäßigkeitserwägungen zu überprüfen.[1649] Dies entspricht dem Wesen des Insolvenzplans als autonom gestalteten Instruments der Verfahrensabwicklung.[1650] Die Entscheidung, ob der Insolvenzplan zweckmäßig ist, treffen die Verfahrensbeteiligten konsequenterweise auch selbst (insbesondere die Gläubiger), nicht der Richter.[1651] Letzterer soll – in *engen Grenzen* – durch die Vorprüfung lediglich sicherstellen, dass die autonome Gestaltungsmacht in rechtmäßiger Weise wahrgenommen wird.[1652] Im Sinne einer missbräuchlichen Verfahrensinanspruchnahme kann dies aber nicht in jedem Fall gelten. Bereits im Rahmen des Rechtsschutzbedürfnisses wurde darauf hingewiesen, dass sich die Auflösung eines Gesellschafterkonfliktes zwar

---

1645 Heidelberger Kommentar InsO/*Haas*, § 225a Rn. 20.

1646 KPB InsO/*Prütting*, § 1 Rn. 49 (48. EL 4/12).

1647 BGH, Urt. v. 25.4.2002 – IX ZR 313/99, BGHZ 150, 353 (360); siehe hierzu auch Uhlenbruck InsO/*Hirte/Ede*, § 129 Rn. 152 f.; KPB InsO/*Prütting*, § 1 Rn. 49 (48. EL 4/12); Nerlich/Römermann InsO/*Wittkowski/Kruth*, § 80 Rn. 119 ff. (27. EL 8/14).

1648 BGH, Urt. v. 25.4.2002 – IX ZR 313/99, BGHZ 150, 353 (361).

1649 Nerlich/Römermann InsO/*Braun*, § 248 Rn. 2 (9. EL 3/05); *Hölzle*, Praxisleitfaden ESUG, § 231 Rn. 5; KPB InsO/*Pleister*, § 248 Rn. 6 (68. EL 9/16); MüKo InsO/*Sinz*, § 248 Rn. 18.

1650 KPB InsO/*Spahlinger*, § 231 Rn. 3 (55. EL 10/13).

1651 *Stapper/Jacobi*, ZInsO 2014, 1821 (1825).

1652 KPB InsO/*Spahlinger*, § 231 Rn. 3 (55. EL 10/13).

in vielen Fällen im Rahmen des Insolvenzzwecks bewegt. Soll im Insolvenzplan allerdings eine Maßnahme vereinbart werden, die offensichtlich nicht zur Gläubigerbefriedigung beiträgt, muss es dem Insolvenzgericht möglich sein, einen solchen insolvenzzweckwidrigen Plan nach § 231 I 1 Nr. 1 InsO zurückzuweisen.[1653] Hierfür genügt allerdings nicht bereits, dass eine 100%-ige Befriedigung der Gläubiger im Insolvenzplan vorgesehen ist,[1654] da aus § 199 S. 2 InsO folgt, dass dies zwar selten sein mag, nicht aber allgemeinen Prinzipien des Insolvenzrechts widerspricht. Anders kann dies beurteilt werden, wenn der Insolvenzplan ausschließlich gesellschaftsrechtliche Maßnahmen zulasten eines Gesellschafters vorsieht, die ersichtlich keinen Einfluss auf die Gläubigerbefriedigung haben.[1655] Dies ist anhand der Erläuterungen im darstellenden und gestaltenden Teil des Insolvenzplans zu beurteilen.[1656] Wird hieraus ersichtlich, weshalb eine Maßnahme, die nicht unmittelbar rekapitalisierenden, sondern lediglich strukturändernden Charakter hat, dennoch einen entscheidendenden Beitrag zu einer nachhaltigen Sanierung und damit auch der Gläubigerbefriedigung leistet, ist nicht von einer Insolvenzzweckwidrigkeit auszugehen. Stellte die bisher geltende Gesellschaftsstruktur bspw. wegen der übermäßigen Einflussmöglichkeiten des Minderheitsgesellschafters den Grund für die Herbeiführung der Insolvenz dar, entspricht die Auflösung dieser Struktur gerade dem Insolvenzzweck. Die Insolvenzzweckwidrigkeit darf also, worauf richtigerweise hingewiesen wird, nicht *voreilig* vermutet werden.[1657] Erweckt die Maßnahme allerdings den Eindruck, als wenn lediglich die vereinfachten Voraussetzungen des Insolvenzrechts für die gesellschaftsrechtliche Umgestaltung ausgenutzt werden sollen, ist dies als insolvenzzweckwidrig zu beurteilen.[1658] Dabei ist die Zurückweisung wegen Insolvenzzweckwidrigkeit des Planinhalts allerdings nicht mit einer allgemeinen Verhältnismäßigkeitsprüfung gleichzusetzen.[1659] So sind ausschließlich solche Maßnahmen im Insolvenzplan als insolvenzzweckwidrig einzustufen,

---

1653 *Brünkmans/Greif-Werner,* ZInsO 2015, 1585 (1592); *Brünkmans/Uebele,* ZInsO 2014, 265 (272, 273); *Horstkotte,* ZInsO 2014, 1297 (1302); *Skauradszun/Spahlinger/Tresselt,* DZWIR 2015, 539 (541), die hierfür allerdings an § 231 I 1 Nr. 2 InsO anknüpfen wollen; *Thole,* ZIP 2013, 1937 (1945).

1654 So aber wohl *Meyer,* DB 2015, 538 (540).

1655 *Brünkmans/Uebele,* ZInsO 2014, 265 (273).

1656 *Brünkmans/Uebele,* ZInsO 2014, 265 (273); *Horstkotte,* ZInsO 2014, 1297 (1302).

1657 *Brünkmans/Uebele,* ZInsO 2014, 265 (273).

1658 *Brünkmans/Uebele,* ZInsO 2014, 265 (273).

1659 So aber wohl *Meyer,* DB 2015, 538 (540), die die Sanierungserforderlichkeit anhand des Verhältnismäßigkeitsmaßstabes überprüfen möchte.

die offensichtlich in keiner Weise zur Gläubigerbefriedigung beitragen. Dies ist nicht mit der Frage gleichzusetzen, ob möglicherweise ein für den/die Gesellschafter schonenderer Eingriff in seine/ihre Rechte auch zur Gläubigerbefriedigung beitragen könnte. Diese Beurteilung steht – wie bereits ausgeführt – nicht dem Insolvenzgericht zu und kann insbesondere nicht zur Zurückweisung des Insolvenzplans führen. Die Möglichkeit, den Planinhalt auf eine etwaige Insolvenzzweckwidrigkeit hin zu überprüfen, ergänzt insoweit die Prüfung des Rechtsschutzbedürfnisses, das einen Insolvenzantrag ebenfalls in Bezug auf den Insolvenzzweck begrenzt.[1660]

4) Ergebnis zur Aufstellung des Insolvenzplans

Der Insolvenzplan wird grundsätzlich durch das Geschäftsführungsorgan erstellt und vorgelegt. Wird der Plan bereits vor Antragstellung erstellt, können die Gesellschafter über ihr Weisungsrecht nach § 37 I GmbHG hierauf Einfluss nehmen.

Anders sieht dies allerdings aus, wenn die Planerstellung erst im Eröffnungsverfahren oder im eröffneten Insolvenzplanverfahren vorgenommen wird. Für den Zeitpunkt nach Verfahrenseröffnung ergibt sich dies aus § 276a InsO. Aber auch für eine Planerstellung im Rahmen des Eröffnungsverfahrens muss eine Einflussnahme der Gesellschafter ausnahmsweise ausgeschlossen werden. Der Schutz der Gesellschafter vor unberechtigten Eingriffen in ihre Rechte wird vielmehr durch die Vorschriften den Planinhalt betreffend gewährleistet. Schutz versprechen hier die Vorschriften zur ordnungsgemäßen Gruppenbildung und das Erfordernis der Gleichbehandlung innerhalb der jeweiligen Gruppe. Die inhaltliche Rechtmäßigkeit des Insolvenzplans wird durch das Insolvenzgericht sichergestellt. Nach der Rechtsprechung des BGH unterzieht es den Insolvenzplan gemäß § 231 I 1 Nr. 1 InsO einer Detailprüfung. Entgegen teilweise vertretener Ansicht nimmt das Insolvenzgericht hier keine Verhältnismäßigkeitsprüfung der Planmaßnahme(n) im Einzelfall vor. Es ist vielmehr davon auszugehen, dass die Möglichkeit, zugunsten der Gläubigerbefriedigung in Gesellschafterrechte einzugreifen, ihre Rechtfertigung bereits in sich trägt. Das Insolvenzgericht kann aber in eng begrenzten Einzelfällen den Insolvenzplan wegen Insolvenzzweckwidrigkeit zurückweisen. Dies kann jedoch nur für den Fall angenommen werden, dass der Insolvenzplan *offensichtlich* nicht der Gläubigerbefriedigung

---

1660 Wobei die Möglichkeiten, hier zu einer Unzulässigkeit wegen insolvenzzweckwidrigem Insolvenzantrag zu kommen, sehr begrenzt sind – siehe hierzu oben 2. Teil D. IV. 2).

dient, sondern lediglich der gesellschaftsrechtlichen Umstrukturierung unter vereinfachten Voraussetzungen. Die Prüfung der Insolvenzzweckwidrigkeit ist als Ergänzung der Prüfung des Rechtsschutzinteresses zu qualifizieren.

II. Annahme und Bestätigung des Insolvenzplans

Hat das Insolvenzgericht den Insolvenzplan nicht gemäß § 231 I InsO zurückgewiesen,[1661] wird er in das eigentliche Insolvenzplanverfahren überführt. Zunächst erfolgt die Weiterleitung des Insolvenzplans zur Stellungnahme gemäß § 232 InsO an die in Abs. 1 Genannten, um die Entscheidung der Beteiligten über den Plan vorzubereiten.[1662] Des Weiteren wird der Plan in der Geschäftsstelle zur Einsicht der Beteiligten niedergelegt (§ 234 InsO). Schließlich wird gemäß § 235 I 1 InsO ein Termin zur Erörterung des Insolvenzplans und des Stimmrechts der Beteiligten sowie zur Abstimmung über den Plan (§ 244 InsO) bestimmt. Um Wirkung zu entfalten, bedarf der Insolvenzplan abschließend der Bestätigung durch das Insolvenzgericht (§§ 248 ff. InsO).

1) Abstimmung über den Insolvenzplan

Im Insolvenzplanverfahren wird die Entscheidung der Verfahrensbeteiligten über den Insolvenzplan im Rahmen des Abstimmungstermins getroffen. Dieser knüpft an den Erörterungstermin an, kann gemäß § 236 S. 2 InsO allerdings auch mit diesem zusammen angesetzt werden. Im Erörterungstermin besteht für die Beteiligten die Möglichkeit, Fragen zum Plan zu stellen, Einwendungen geltend zu machen und abschließend über die Stimmabgabe im Abstimmungstermin zu befinden.[1663] Auch der Planersteller kommt hier zu Wort, kann die hinter dem Plan stehenden Überlegungen präsentieren, Fragen beantworten und versuchen, kritische Beteiligte von der Zustimmung zu überzeugen.[1664] Laut § 240 S. 1 InsO besteht hier auch noch die letzte Möglichkeit, den Plan abzuändern. Im Abstimmungstermin stimmen dann die Beteiligten – wozu seit dem ESUG auch die Gesellschafter gehören (§ 222 I 2 Nr. 4 InsO) – gesondert in den Gruppen abschließend über die Annahme des Plans ab (§ 243 InsO). Die Beschlussfassung der Gesellschafter wird dabei *formal und materiell* in das

---

1661 Zu der Frage, ob das Insolvenzgericht einen *förmlichen* Zulassungsbeschluss fällt, *Smid/Rattunde/Martini*, Der Insolvenzplan, Rn. 14.49 ff.

1662 MüKo InsO/*Breuer*, § 232 Rn. 1; *Smid/Rattunde/Martini*, Der Insolvenzplan, Rn. 15.2.

1663 Insolvenzrechts-Handbuch/*Koch/de Bra*, § 68 Rn. 31; Kübler HRI/*C.Schmidt/Stahlschmidt*, § 38 Rn. 18.

1664 Kübler HRI/*C.Schmidt/Stahlschmidt*, § 38 Rn. 19, 20.

Planverfahren integriert.[1665] Die Beteiligtenversammlung tritt insoweit an die Stelle der Gesellschafterversammlung.[1666] Die alleinige Entscheidungsmacht der Gesellschafter, wie sie außerhalb der Insolvenz besteht, wird hierdurch nivelliert.

Auch die Mehrheitserfordernisse weichen von denen des Gesellschaftsrechts ab. Unabhängig von den geplanten Maßnahmen bedarf es für die Annahme des Plans innerhalb der einzelnen Gruppen der in § 244 InsO geregelten Mehrheiten, nicht aber kommt es auf die im Gesellschaftsrecht geltenden Mehrheiten an.

Innerhalb der verschiedenen Gläubigergruppen bedarf es einer *doppelten Mehrheit*:[1667] Dies umfasst sowohl die „*Kopfmehrheit*“, also die Mehrheit der abstimmenden Gläubiger (§ 244 I Nr. 1 InsO), als auch die „*Summenmehrheit*“, also die summenmäßige Mehrheit der in der Stimmliste gemäß § 239 InsO aufgeführten Forderungen (§ 244 I Nr 2 InsO).

Das Stimmrecht der Anteilsinhaber richtet sich nach ihrer Beteiligung am Stammkapital (§ 238a I InsO).[1668] Angenommen ist der Plan durch die Gruppe(n) der Gesellschafter bereits bei Vorliegen der Mehrheit des in der Abstimmung repräsentierten Haftungskapitals (§ 244 III InsO).[1669] Abweichend von § 244 I Nr. 1 InsO ist hier eine zusätzliche Kopfmehrheit nicht zu fordern.[1670] Insoweit gleicht der Gesetzgeber die Abstimmungsvoraussetzungen denen in der Gesellschafterversammlung an.[1671]

a) Das Obstruktionsverbot

Das Obstruktionsverbot begrenzt den eigentlich ausschließlich unter den Planbeteiligten stattfindenden Einigungsprozess[1672] und gleicht das grundsätzlich geltende Einstimmigkeitsprinzip (§ 244 InsO) aus[1673]. Es verhindert, dass die Minderheit missbräuchlich aus willkürlichen oder eigennützigen Gründen

1665 Kübler HRI/*Madaus,* § 33 Rn. 27.

1666 *Rendels/Zabel,* Insolvenzplan, Rn. 238; *Westermann,* NZG 2015, 134 (140).

1667 Kübler HRI/*C.Schmidt/Stahlschmidt,* § 38 Rn. 27.

1668 Dieser verstößt – abweichend von einer im Schrifttum vertretenen Auffassung – nicht gegen Art. 14 I, 9 I GG, siehe 1. Teil C. III.

1669 KPB InsO/*Pleister,* § 244 Rn. 10 (68. EL 9/16).

1670 Kübler HRI/*Madaus,* § 33 Rn. 29; *Rendels/Zabel,* Insolvenzplan, Rn. 435; Kübler HRI/*C.Schmidt/Stahlschmidt,* § 38 Rn. 30.

1671 BegrRegE ESUG, BT-Drucks. 17/5712, S. 34.

1672 Kübler HRI/*F.Becker,* § 41 Rn. 1.

1673 Insolvenzrechts-Handbuch/*Koch/de Bra,* § 68 Rn. 51.

abstimmt.[1674] Ausgeschlossen werden soll, dass ein Insolvenzplan nicht zustande kommt, obwohl er bessere oder zumindest gleichwertige Befriedigungsmöglichkeiten bietet als ein Verfahren ohne Insolvenzplan.[1675] Die Norm dient damit dem Mehrheitsschutz.[1676] Gleichzeitig schützt § 245 InsO auch den Überstimmten, da seine Zustimmung nur unter besonderen Voraussetzungen fingiert werden kann.[1677]

aa) Keine Abhängigkeit von der Wertlosigkeit der Gesellschafteranteile

Seit das ESUG eine Einbeziehung der Rechte der Gesellschafter in den Insolvenzplan ermöglicht, sind auch diese dem Obstruktionsverbot unterworfen.

Fraglich ist, ob von einer uneingeschränkten Anwendung ausgegangen werden kann.

Schäfer stellt insoweit die Anwendung der Norm unter die Prämisse der Wertlosigkeit der Anteilsrechte.[1678] Nur in diesem Fall gebiete die Aufopferungspflicht die Unterwerfung der Gesellschafter unter den Willen der Gläubiger.[1679] Zunächst ist die Annahme *Schäfers*, dass die Anteile in der Insolvenz nicht stets wertlos sind, durchaus richtig.[1680] Allerdings folgt hieraus nicht die Unanwendbarkeit des Obstruktionsverbots gegenüber den Gesellschaftern. Der Gesetzgeber macht die Geltung des Obstruktionsverbots gerade nicht von der Wertlosigkeit der Anteile abhängig. Vielmehr stellt sie bei Vorliegen der materiellen Insolvenz das Ergebnis der Abwägung der Gläubigerinteressen mit den Gesellschafterinteressen dar. Ersteren wird in dieser Situation – in verfassungsrechtlich nicht zu beanstandender Weise[1681] – der Vorrang gewährt und hieraus gefolgert, dass die Gläubiger entscheiden sollen, wie ihre Interessen am besten im Insolvenzplan durchzusetzen sind. Dass dies in besonderem Maße gilt, wenn die Anteile wertlos sind, leuchtet unmittelbar ein. Aber auch für die (seltenen) Fälle, dass die Anteile auch in der Insolvenz noch werthaltig sind, gilt diese Prämisse fort. Sie erfordert im Falle des Entzugs des Gesellschafteranteils zwar eine

---

1674 Kübler HRI/*F.Becker*, § 41 Rn. 1; *Graf Brockdorff/Heintze/Rolle*, BB 2014, 1859 (1862); Uhlenbruck InsO/*Lüer/Streit*, § 245 Rn. 1; KPB InsO/*Pleister*, § 245 Rn. 4 (68. EL 9/16).

1675 Uhlenbruck InsO/*Lüer/Streit*, § 245 Rn. 1.

1676 *Smid*, ZInsO 2014, 1873 (1874).

1677 Skauradszun/Spahlinger/Tresselt, DZWIR 2015, 539 (542).

1678 *Schäfer*, ZIP 2013, 2237 (2243); ihm folgt *Müller*, DB 2014, 41 (44).

1679 *Schäfer*, ZIP 2013, 2237 (2241).

1680 Siehe dazu bereits die Ausführungen im 1. Teil C. IV. 2) b).

1681 Siehe hierzu insgesamt die Ausführungen zur Verfassungsmäßigkeit im 1. Teil C. III.

Abfindung zum wahren Wert. Nicht aber muss sie dahingehend verändert werden, dass ein Eingriff in (trotz der Insolvenz) werthaltige Gesellschafterrechte nur mit Zustimmung der Gesellschafter zulässig ist.

Richtigerweise kann das Insolvenzgericht damit unabhängig von einem etwaigen Anteilswert die Zustimmung einer Gruppe der Anteilsinhaber gemäß § 245 I Nr. 1-3, III InsO fingieren, wenn

1. *„die Angehörigen dieser Gruppe voraussichtlich nicht schlechter gestellt werden, als sie ohne den Plan stünden,*
2. *die Angehörigen dieser Gruppe angemessen an dem wirtschaftlichen Wert beteiligt werden, der auf der Grundlage des Plans den Beteiligten zufließen soll, und*
3. *die Mehrheit der abstimmenden Gruppen dem Plan mit den erforderlichen Mehrheiten zugestimmt hat.“*

bb) Keine Schlechterstellung durch den Insolvenzplan (§ 245 I Nr. 1 InsO)

Bei der Vergleichsrechnung im Rahmen von § 245 I Nr. 1 InsO ist für den allein wirtschaftlich zu betrachtenden Vergleichswert entscheidend, welche Verwertung anstelle des Insolvenzplans gewählt würde.[1682] Hier ist neben der Zerschlagung (als Vergleichswert wäre dann der Liquidationserlös anzusetzen) grundsätzlich auch das Szenario einer übertragenden Sanierung (dann wären Fortführungswerte des weitergeführten Unternehmens erheblich) denkbar.[1683] Allerdings muss es – da nur ein realistisches Szenario einen Vergleichswert bilden kann – für diese Option *konkrete Anhaltspunkte,* wie ein (ernst gemeintes) Investorenangebot, zum Beurteilungszeitpunkt geben.[1684]

cc) Vorliegen einer Mehrheit (§ 245 I Nr. 3 InsO)

Darüber hinaus muss im Sinne von § 245 I Nr. 3 InsO die Mehrheit der abstimmenden Gruppen zugestimmt haben, um die Stimme(n) der obstruierenden Gruppe(n) ersetzen zu können. Hier eröffnet sich für den Planersteller die Möglichkeit, durch geschickte Gruppenbildung auf das Vorliegen einer für die Anwendung des Obstruktionsverbotes ausreichenden Mehrheit Einfluss zu nehmen. Diese Möglichkeit ist allerdings nur in den oben dargestellten Grenzen zulässig und wird durch das Gericht im Rahmen des § 231 I 1 Nr. 1 InsO überprüft.[1685]

1682 Kübler HRI/*F.Becker,* § 41 Rn. 20; Uhlenbruck InsO/*Lüer/Streit,* § 245 Rn. 7.
1683 Kübler HRI/*F.Becker,* § 41 Rn. 20, 21; Uhlenbruck InsO/*Lüer/Streit,* § 245 Rn. 13.
1684 Kübler HRI/*F.Becker,* § 41 Rn. 22; Uhlenbruck InsO/*Lüer/Streit,* § 245 Rn. 13.
1685 Siehe hierzu 2. Teil E. I. 2) a).

dd) Angemessene wirtschaftliche Beteiligung (§ 245 I Nr. 2, III InsO)

Die in § 245 I Nr. 2 InsO vorausgesetzte *angemessene wirtschaftliche Beteiligung* wird für die Anteilsinhaber durch § 245 III Nr. 1, Nr. 2 InsO konkretisiert. Sie setzt zunächst voraus, dass *„kein Gläubiger wirtschaftliche Werte erhält, die den vollen Betrag seines Anspruchs übersteigen"*. Schwierigkeiten können sich hier insbesondere bei der Beurteilung ergeben, wenn den Gläubigern durch den Insolvenzplan Anteile an der Schuldnergesellschaft übertragen werden.[1686] Entscheidend ist hierbei der Zeitpunkt der *Umsetzung des Insolvenzplans*. Eine zukünftige Steigerung der Anteilswerte kann hier ebenso wenig von Bedeutung sein wie eine etwaige Wertminderung.[1687]

Stimmen die Gesellschafter aufgrund unterschiedlicher wirtschaftlicher Interessen in unterschiedlichen Gruppen über den Plan ab, sind sie nicht durch § 226 InsO vor einer Ungleichbehandlung geschützt. Insofern ist bei einem Gesellschafterkonflikt die Voraussetzung des § 245 III Nr. 2 InsO für die Gesellschafter von besonderer Bedeutung. Hierin ist festgelegt, dass eine Gruppe von Anteilsinhabern angemessen am wirtschaftlichen Wert des Plans beteiligt ist, wenn *„kein Anteilsinhaber, der ohne einen Plan den Anteilshabern* [dieser] *Gruppe gleichgestellt wäre, bessergestellt wird als diese."*

(1) Maßstab für die Gleichstellung

Fraglich ist dabei, wie die *Gleichstellung* zu bestimmen ist. Die Gesetzesbegründung stellt hier auf eine *rechtliche* Gleichstellung ab.[1688] Als Beispiel führt sie den Fall an, dass die Angehörigen der Gruppe der geringfügig beteiligten Anteilsinhaber nach dem Plan mehr bekommen sollen als die übrigen, rechtlich gleichstehenden Anteilsinhaber.[1689]

Bei der Parallelvorschrift für die Gläubiger (§ 245 II Nr. 3 InsO) ist entscheidend, ob die Gläubiger *gleichrangig* im Sinne von §§ 38, 39 InsO sind.[1690] Nicht nachrangigen Gläubigern muss die gleiche Quote im Plan zugesprochen werden.[1691] Auch im Rahmen des § 245 III Nr. 2 InsO bezieht sich die Gleichstellung auf die Beteiligung am wirtschaftlichen Wert und damit auf einen Vergleich mit dem Rang der Befriedigung im Falle der Zerschlagung der Gesellschaft.[1692] Eine

---

1686 Kübler HRI/*F.Becker,* § 41 Rn. 51; MüKo InsO/*Drukarczyk,* § 245 Rn. 97.

1687 Kübler HRI/*F.Becker,* § 41 Rn. 51; KPB InsO/*Pleister,* § 245 Rn. 27 (68. EL 9/16).

1688 BegrRegE ESUG, BT-Drucks. 17/5712, S. 34.

1689 BegrRegE ESUG, BT-Drucks. 17/5712, S. 34.

1690 Hamburger Kommentar InsO/*Thies,* § 245 Rn. 15.

1691 Hamburger Kommentar InsO/*Thies,* § 245 Rn. 15.

1692 Uhlenbruck InsO/*Lüer/Streit,* § 245 Rn. 37; *Madaus,* ZIP 2014, 500 (507); Hamburger Kommentar InsO/*Thies,* § 245 Rn. 17.

solche wird zwingend durch den Insolvenzverwalter vorgenommen, wenn kein Insolvenzplan und keine gegenteiligen Beschlüsse der Gläubigerversammlung vorliegen (§ 159 InsO).[1693] Eine den §§ 38, 39 InsO entsprechende Vorschrift, die für die Frage der Gleichstellung der Gesellschafter im Falle der Liquidation herangezogen werden könnte, existiert dabei nicht.[1694] Gemeint sein kann dann aber mangels insolvenzrechtlicher Rangunterscheidung lediglich eine gesellschaftsrechtlich unterschiedliche Rangfolge bei der Überschussverteilung nach § 199 S. 2 InsO.[1695] Grundsätzlich sind die Gesellschafter hier gleichgestellt, allerdings bestimmt sich die Verteilung nach den Regeln, die die Überschussverteilung im gesellschaftsrechtlichen Liquidationsverfahren betreffen.[1696] Dementsprechend findet bei der GmbH die Norm des § 72 GmbHG Anwendung, wobei gemäß S. 2 der Gesellschaftsvertrag eine von dem gesetzlichen Normalfall (Verteilung nach dem Verhältnis der Geschäftsanteile) abweichende Regelung vorsehen kann. Grundsätzlich muss der Insolvenzrichter hier aber von einer Gleichstellung der Gesellschafter ausgehen, falls nichts anderes vorgetragen wird.[1697]

(2) Maßstab für die Besserstellung

Wären die Gesellschafter ohne einen Plan untereinander *gleichgestellt*, dürfen sie durch den Plan also nicht *bessergestellt* werden, damit das Obstruktionsverbot für eine Gruppe der Gesellschafter Anwendung finden kann. Ob für diese *Besserstellung* eine mitgliedschaftsbezogene[1698] oder eine wirtschaftliche[1699] Betrachtungsweise anzustellen ist, ist indes umstritten.

Für eine mitgliedschaftliche Betrachtungsweise wird angeführt, der Zweck des § 245 III InsO sei gerade, einen Minderheitenschutz wie außerhalb des Planverfahrens zu bieten.[1700] Außerdem könne nur so eine Umgehung des

1693 *Smid/Rattunde/Martini,* Der Insolvenzplan, Rn. 18.117.

1694 Hamburger Kommentar InsO/*Thies,* § 245 Rn. 17.

1695 Andres/Leithaus InsO/*Andres,* § 245 Rn. 10; *Madaus,* ZIP 2014, 500 (507); *Smid/Rattunde/Martini,* Der Insolvenzplan, Rn. 18.117.

1696 MüKo InsO/*Füchsl/Weishäupl/Kebekus/Schwarzer,* § 199 Rn. 2; FK-InsO/*Kießner,* § 199 Rn. 4; Hamburger Kommentar InsO/*Preß,* § 199 Rn. 5; Uhlenbruck InsO/*Wegener,* § 199 Rn. 6.

1697 Andres/Leithaus InsO/*Andres,* § 245 Rn. 10.

1698 So *Simon/Merkelbach,* NZG 2012, 121 (128); *Rendels/Zabel,* Insolvenzplan, Rn. 461; *Thole,* Gesellschaftsrechtliche Maßnahmen in der Insolvenz, Rn. 278; *Wertenbruch,* ZIP 2013, 1693 (1703).

1699 Hierfür Kübler HRI/*F.Becker,* § 41 Rn. 76; *Böcker,* ZInsO 2015, 773 (780); *Madaus,* ZIP 2014, 500 (507); Schmidt InsO/*Spliedt,* § 245 Rn. 35.

1700 *Thole,* Gesellschaftsrechtliche Maßnahmen in der Insolvenz, Rn. 278.

Obstruktionsverbots durch missbräuchliche Gruppenbildung verhindert werden.[1701] Hiergegen spricht allerdings, dass die Frage nach einer missbräuchlichen Gruppenbildung durch das Insolvenzgericht im Rahmen des § 231 I 1 Nr. 1 InsO untersucht wird. Dabei ist insbesondere relevant, ob die Abgrenzung der Gruppen *sachgerecht* erfolgte. Abgesehen davon ist eine strategische Gruppenbildung – auch zur Genierung von Mehrheiten im Insolvenzplan grundsätzlich zulässig. Hat das Insolvenz-gericht bei seiner Prüfung i.R.d. § 231 I 1 Nr. 1 InsO aber keine unzulässige Gruppenbildung festgestellt, schließt dies auch einen Umgehungsversuch durch missbräuchliche Gruppenbildung aus.

Die Gegenansicht, die eine wirtschaftliche Betrachtungsweise vorzieht, geht davon aus, dass eine rechtliche Ungleichbehandlung durchaus zulässig ist, soweit diese durch Abfindung ausgeglichen wird.[1702] Die Anteile mit unterschiedlichen Rechten werden dementsprechend gemäß ihrem wirtschaftlichen Wert zueinander ins Verhältnis gesetzt, um zu bestimmen, ob eine Besserstellung vorliegt und ob diese ausgeglichen werden muss.[1703] Nach *Madaus* ist hierbei eine *wirtschaftliche Gesamtbetrachtung der Planwirkungen* vorzunehmen.[1704] Seinen Ansatz begründet er mit dem Wortlaut: § 245 III Nr. 2 InsO stelle eine Konkretisierung der *wirtschaftlich* angemessenen Beteiligung im Sinne von § 245 I Nr. 2 InsO dar.[1705] Zwar sei eine *rechtliche* Besserstellung dann anzunehmen, wenn ohne den Plan gleichgestellte Gesellschafter durch den Plan unterschiedliche Rechte zugestanden bekommen sollen, allerdings könne diese Besserstellung in der Gesamtbetrachtung wirtschaftlich ausgeglichen werden, womit eine Anwendung des Obstruktionsverbotes sichergestellt werde.[1706] Dies ermögliche bei

---

1701 *Wertenbruch*, ZIP 2013, 1693 (1703).

1702 Kübler HRI/*F.Becker*, § 41 Rn. 76.

1703 Kübler HRI/*F.Becker*, § 41 Rn. 76.

1704 *Madaus*, ZIP 2014, 500 (507); dem folgt *Böcker*, ZInsO 2015, 773 (780).

1705 *Madaus*, ZIP 2014, 500 (507 Fn. 71).

1706 *Madaus*, ZIP 2014, 500 (507). Unabhängig von seiner Auslegung der Norm des § 245 III Nr. 2 InsO ist zu beachten, dass *Madaus*, ZGR 2011, 749 (767, 771 ff.), die Anwendung des Obstruktionsverbots bei einem Eingriff in die Gesellschafterrechte durch den Plan nur zwischen Gesellschaftergruppen für verfassungsrechtlich zulässig erachtet. Aus Art. 9 I GG ergebe sich, dass der Wille der Gläubiger nicht über den der Gesellschafter gestellt werden dürfe. Damit die Stimme einer Gesellschaftergruppe ersetzt werden könne, sei es dementsprechend zwingend, dass (zumindest) eine andere Gesellschaftergruppe dem Plan zustimme. Sei dies nicht der Fall, sei für die Anwendung des Obstruktionsverbotes kein Raum. Etwas anderes gelte nur dann, wenn der Plan gar keinen Eingriff in die Gesellschafterrechte vorsehe – die Gesellschafter seien in dieser Situation nicht schutzwürdig und das Obstruktionsverbot

gesellschaftsrechtlichen Streitigkeiten einen „*zwangsweisen Abkauf von Sonderrechten*", um die „*Zementierung des Gesellschafterkonflikts*" zu verhindern.[1707] Maßstab für den wirtschaftlichen Ausgleich des Sonderopfers müsse dann der Fortführungswert sein, um die künftige Besserstellung des anderen Gesellschafters zu entschädigen.[1708] In Betracht komme hier dann eine Entschädigung für den kompletten Verlust des Anteils oder aber – wenn lediglich eine Beschränkung des Anteilsrechts vorgenommen wird – der Ausgleich für den Wertverlust durch die Beschränkung im Insolvenzplan.[1709]

Diese Betrachtungsweise stimmt nicht nur mit der Prämisse des Gesetzgebers überein, dass Gesellschafter bei Vorliegen der materiellen Insolvenz lediglich in ihren vermögensrechtlichen Interessen geschützt werden. Auch wird mit dieser Auslegung sichergestellt, dass die Auflösung eines Gesellschafterkonflikts – auch zu Lasten eines Gesellschafters – durch den Plan vorgenommen werden kann, soweit dies im Sinne einer optimalen Gläubigerbefriedigung ist. Ist aber die Auflösung des Konflikts zugunsten der Sanierung der Gesellschaft nur durch die gesellschaftsrechtliche Umstrukturierung zulasten eines Gesellschafters möglich, muss die Vereinbarung einer solchen Maßnahme auch gegen den Willen einzelner Beteiligter unter Ausgleich der Schlechterstellung möglich sein. Denn hat der Gesellschafterkonflikt in die Insolvenz geführt, erscheint es nicht gerechtfertigt, dem einzelnen Gesellschafter die Macht zuzugestehen, die Annahme des Plans und damit die Auflösung des Gesellschafterkonflikts zugunsten der Gläubigerbefriedigung zu verhindern. § 245 InsO dient – anders als § 251 InsO – dem Mehrheitsschutz.[1710] Diese Auslegung steht auch nicht im Widerspruch dazu, dass im Rahmen des § 226 InsO auf eine formale und nicht eine wirtschaftliche Gleichstellung abgestellt wird. Denn um zu einer Ersetzung der Stimme durch das Obstruktionsverbot zu kommen, müssen noch weitere Voraussetzungen erfüllt sein, die sicherstellen, dass die Zustimmung wirklich nur dann als erteilt gilt, wenn die Ablehnung ungerechtfertigt war und die Mehrheit der anderen Gruppen zugestimmt hat[1711].

---

könne greifen. Siehe hierzu bereits die Ausführungen zur Verfassungsmäßigkeit im 1. Teil C. III. 2.

1707 *Madaus,* ZIP 2014, 500 (507).

1708 *Madaus,* ZIP 2014, 500 (507).

1709 *Madaus,* ZIP 2014, 500 (508).

1710 *Smid,* ZInsO 2014, 1873 (1874).

1711 Nach *Skauradszun/Spahlinger/Tresselt,* DZWIR 2015, 539 (541), ist es unwahrscheinlich, dass ein inhaltlich unzulänglicher Insolvenzplan die *doppelte Mehrheit* in den Gläubigergruppen erhält.

Eine rechtliche Ungleichbehandlung der verschiedenen Gesellschaftergruppen ist damit unter der Voraussetzung möglich, dass eine Entschädigung im Insolvenzplan vorgesehen wird und damit – bei wirtschaftlicher Gesamtbetrachtung – keine Schlechterstellung vorliegt.

b) Einfluss der gesellschaftsrechtlichen Treuepflicht auf die Abstimmung?

Im Insolvenzplanverfahren richtet sich die Abstimmung über den Insolvenzplan nach den dargestellten insolvenzspezifischen Verfahrensvorschriften. In dieses System sind als Beteiligte des Verfahrens auch die Gesellschafter eingebunden. Die außerhalb des Insolvenzverfahrens geltenden gesellschaftsrechtlichen Bestimmungen die Beschlussfassung betreffend sind dementsprechend grundsätzlich derogiert.

Von diesem Grundsatz wird teilweise in Rechtsprechung und Literatur abgewichen und vom Einfluss der gesellschaftsrechtlichen Treuepflicht auf die Abstimmung über den Insolvenzplan durch die Gesellschafter ausgegangen.

Es wurde bereits ausgeführt, dass sich die Zulässigkeit gesellschaftsrechtlicher Maßnahmen i.S.v. § 225a III InsO nicht anhand der gesellschaftsrechtlichen Treuepflicht bemisst.[1712] Eine Prüfung, ob die im Insolvenzplan vorgesehenen Maßnahmen gegen die Treuepflicht verstoßen, findet dementsprechend nicht statt. Fraglich ist allerdings, ob ein Einfluss der Treuepflicht auch im Rahmen der Abstimmung über den Insolvenzplan ausgeschlossen ist. Dabei ist insbesondere von Interesse, ob sich eine etwaige Treuepflichtverletzung eines (Mehrheits-)Gesellschafters vor bzw. bei Insolvenzantragstellung im eröffneten Verfahren fortsetzt und Einfluss auf die Stimmabgabe bei der Planbestätigung haben kann.

aa) Urteil des LG Frankfurt a.M. v. 10.9.2013

Mit dem Urteil vom 10.9.2013 gab das LG Frankfurt a.M. dem Antrag der Minderheitsgesellschafterin (*Medienholding AG Winterthur*) der *Suhrkamp Verlagsgruppe GmbH & Co. KG* statt, die im Wege des einstweiligen Rechtsschutzes die Untersagung der Zustimmung der Mehrheitsgesellschafterin (*Siegfried und Ulla Unseld Familienstiftung*) zum Insolvenzplan begehrte.[1713]

Das Gericht sah die Anspruchsgrundlage für den Erlass der einstweiligen Anordnung in § 1004 BGB analog i.V.m. der sich aus dem Gesellschaftsvertrag ergebenden Treuepflicht der Gesellschafter. Es führte dazu aus, durch die Zustimmung zum Insolvenzplan, der den Formwechsel von der Rechtsform der GmbH

1712 Siehe 2. Teil E. I. 2) c).

1713 LG Frankfurt a.M., Urt. v. 10.9.2013 – 3-09 O 96/13, NZG 2013, 1315.

& Co. KG in eine AG vorsah, würde in die deliktsrechtlich geschützte Stellung der Minderheitsgesellschafterin als Mitglied der Gesellschaft eingegriffen. Nur durch die Unterlassungsanordnung könne dieser drohende Eingriff abgewendet werden. Mit dem Antrag auf Eröffnung eines Insolvenz- und Schutzschirmverfahrens habe die Mehrheitsgesellschafterin die mitgliedschaftlichen Rechte der Minderheitsgesellschafterin in treuwidriger Weise verletzt: Nicht nur hätte der Antrag auf Anordnung eines Schutzschirmverfahrens eines vorherigen Gesellschafterbeschlusses bedurft, auch hätte eine Einbeziehung der Minderheitsgesellschafterin in den Sanierungsplan erfolgen müssen. Hinzu komme, dass bereits das Behaupten des Insolvenzgrundes treuwidrig erfolgt sei: Die Mehrheitsgesellschafterin (in ihrer Eigenschaft als Geschäftsführerin der Schuldnerin) hatte den Insolvenzgrund auf das Fehlen der positiven Fortführungsprognose gestützt, die sich daraus ergeben sollte, dass die Gesellschafter nicht bereit seien, sich an einer außergerichtlichen Sanierung der Gesellschaft zu beteiligen. Die Minderheitsgesellschafterin habe allerdings drei Tage vor der Antragstellung ihre Sanierungsbereitschaft hinreichend ausgedrückt. Dies hätte die Mehrheitsgesellschafterin mit in die Beurteilung des Insolvenzgrundes einbeziehen müssen. Dies gelte trotz der Tatsache, dass sich die Minderheitsgesellschafterin im Vorfeld hierzu geweigert hatte, in dem von der Mehrheitsgesellschafterin geforderten Umfang an Sanierungshandlungen teilzunehmen. Sich dennoch zur Begründung der Insolvenzgründe auf die fehlende Sanierungsbereitschaft zu stützen, sei grob treuwidrig gegenüber der Gesellschaft und der Minderheitsgesellschafterin. Dies alles zeige, dass die Mehrheitsgesellschafterin das Insolvenzverfahren nur betreibe, um die Rechtsstellung der Minderheitsgesellschafterin nachhaltig zu schwächen bzw. sie aus der Gesellschaft zu drängen. Der Gläubigerbefriedigung diene das Insolvenzverfahren jedenfalls nicht.

Die dargestellten Treuepflichtverletzungen der Mehrheitsgesellschafterin würden sich, nach Ansicht des Gerichts, durch die Zustimmung zum Insolvenzplan verdichten. Aus diesem Grund sei davon auszugehen, dass sich die Treuepflichtverletzung im Insolvenzplanverfahren fortsetze und die Rechte der Minderheitsgesellschafterin ausnahmsweise im Innenverhältnis der Gesellschafter untereinander fortbestünden. Dies müsse allein deshalb gelten, weil es nicht anginge, dass die Treuepflichtverletzung durch Betreiben eines Insolvenzverfahrens „*reingewaschen*" werde. Dieser Fortgeltung der Treuepflichten stünde auch nicht die Norm des § 245 InsO entgegen, denn sie verhindere nicht, dass das Insolvenzgericht die Zustimmung zum Insolvenzplan gemäß dem Obstruktionsverbot fingiere. Auch verstoße das Stimmverbot nicht gegen § 238a InsO – der Gesetzgeber habe hiermit ein Stimmverbot aus der gesellschaftsrechtlichen Treuepflicht nicht ausschließen wollen. Schließlich stelle der

Erlass der einstweiligen Verfügung auch keine unzulässige Vorwegnahme der Hauptsache dar: sie sei hier vielmehr notwendig, um die schweren und Existenz vernichtenden Nachteile sowie das Entstehen eines erheblichen und irreparablen Schadens abzuwenden. Im Vergleich hierzu sei der durch den Erlass der einstweiligen Verfügung drohende Schaden verhältnismäßig gering.

bb) Beschluss des OLG Frankfurt a.M. v. 1.10.2013

Gegen die Anordnung der einstweiligen Verfügung wendete sich das OLG Frankfurt a.M. mit Beschluss vom 1.10.2013 und stellte die Zwangsvollstreckung hieraus einstweilig ein.[1714] Dies begründete das Gericht mit dem fehlenden Rechtsschutzbedürfnis, welches zur Unzulässigkeit der einstweiligen Verfügung führe. Hierbei zog es eine Parallele zu dem Urteil des BGH vom 15.11.2012[1715] und stellte fest, dass sich das Verfahren im vorliegenden Fall sowohl in verfahrens- als auch materiell-rechtlicher Hinsicht ausschließlich nach den Vorschriften der Insolvenzordnung zu richten habe. Das Insolvenzplanverfahren offeriere ausreichenden Minderheitenschutz, der sicherstelle, dass der Anteilsinhaber seine – in der Insolvenz allein in vermögensrechtlicher Hinsicht schützenswerte – Rechtsposition nicht gegen seinen Willen verliere. Das Stimmrecht der Anteilsinhaber bestehe ausschließlich in dem durch § 238a InsO festgelegten Umfang im Rahmen der Versammlung der stimmberechtigten Beteiligten. Darüber hinaus würde durch die im Erörterungstermin gegebene Möglichkeit, Erläuterungen, Auskünfte und weitere Informationen über den Plan zu erlangen, die Grundlage für die Entscheidungsfindung gelegt. Eine solche Entscheidungsfindung würde durch eine treuepflichtbedingte Stimmbindung verhindert. Für einen Eingriff in dieses insolvenzrechtlich festgelegte System mittels gesellschaftsrechtlicher Treuepflichten bestehe nach Ansicht des Gerichts auch deshalb kein Bedarf, weil die Gleichbehandlung der Beteiligten in den Gruppen bereits vor Abstimmung über den Insolvenzplan durch Prüfung des Insolvenzgerichts sichergestellt werde (§ 226 InsO). Die treuepflichtbedingte Pflicht des Anteilseigners, gegen den Insolvenzplan zu stimmen, liefe darüber hinaus dem Zweck des ESUG, wirtschaftlich sinnvolle und von der Mehrheit getragene Sanierungen auch gegen den Willen Einzelner durchzusetzen, entgegen. Auch die vermeintlich treuwidrige Instrumentalisierung des Insolvenzverfahrens sei nicht geeignet, das Rechtsschutzbedürfnis zu begründen. Außerhalb des Insolvenzverfahrens sei es nicht

1714 OLG Frankfurt a.M., Beschl. v. 1.10.2013 – 5 U 145/13, DZWIR 2014, 370. Hieran hielt das Gericht mit Beschl. v. 7.10.2013 – 5 U 135/13, ZInsO 2013, 2162, fest.

1715 BGH, Urt. v. 15.11.2012 – I ZR 128/11, MDR 2013, 736.

möglich, die Entscheidung eines anderen Gerichtes zu erwirken, wenn in dieser Entscheidung Fragen zu klären seien, die ausschließlich der Entscheidungsbefugnis des anderen Gerichts unterliegen. Der Erlass der einstweiligen Verfügung setzte eine Prüfung des LG hinsichtlich des konstruierten Insolvenzantrages, des treuwidrigen Missbrauchs des Insolvenzverfahrens und der Rechtmäßigkeit des Insolvenzplans voraus. Nach Ansicht des OLG oblag die Entscheidung dieser Fragen allerdings alleine dem zuständigen Insolvenzgericht.

cc) Bewertung durch das Schrifttum

Im Schrifttum sind die beiden Urteile auf ein geteiltes Echo gestoßen – der Einfluss der gesellschaftsrechtlichen Treuepflicht auf das Insolvenzplanverfahren wird seitdem intensiv diskutiert. Zu unterscheiden ist hierbei allerdings die Frage nach der generellen Geltung der Treuepflicht im Insolvenzplanverfahren von der Frage, ob ihre Geltendmachung vor einem anderen als dem Insolvenzgericht möglich ist.

(1) Die Geltung der gesellschaftsrechtlichen Treuepflicht im eröffneten Insolvenzplanverfahren

Bevor auf die gerichtlichen Zuständigkeiten eingegangen wird, soll der Frage nachgegangen werden, ob die gesellschaftsrechtliche Treuepflicht auch im eröffneten Insolvenzplanverfahren Anwendung findet und somit die Abstimmung der Gesellschafter über den Insolvenzplan determinieren kann. Hierbei ist besonders von Interesse, ob sich – wie es das LG Frankfurt a.M. in seinem Urteil annahm – die Treuepflichtverletzung eines (Mehrheits-)Gesellschafters vor bzw. bei Insolvenzantragstellung im eröffneten Verfahren fortsetzt. Nach Ansicht des LG Frankfurt a.M. kann die unterlassene Konsultation der Gesellschafterversammlung vor Insolvenzantragstellung und die treuwidrige Herbeiführung des Insolvenzgrundes im Rahmen der Abstimmung über den Plan zur Treuwidrigkeit der positiven Stimmabgabe führen. Die Untersagung der Stimmabgabe durch einstweilige Verfügung soll hier verhindern, dass sich die treuwidrige Inanspruchnahme des Insolvenzplanverfahrens in der Bestätigung des Plans fortsetzt.

Grundsätzlich besteht die gesellschaftsrechtliche Treuepflicht sowohl in der Liquidation[1716] als auch im eröffneten Insolvenzverfahren.[1717] Ihre Fortgeltung sollte insoweit nicht von vornherein rigoros abgelehnt werden. Fraglich ist aber,

1716 Scholz GmbHG/*Emmerich*, § 13 Rn. 6; MüKo BGB/*Ulmer/Schäfer*, § 705 Rn. 222.
1717 Heidelberger Kommentar InsO/*Haas*, § 218 Rn. 8.

ob Inhalt und Reichweite unverändert bestehen bleiben und so die Stimmabgabe im Insolvenzplanverfahren nach allgemeinen Grundsätzen treuwidrig sein kann.

Für eine unveränderte Fortgeltung könnte sprechen, dass die Treuepflicht grundsätzlich nur das Innenverhältnis zwischen den Gesellschaftern betrifft, von den Gläubigern also unabhängig ist.[1718] In eine ähnliche Richtung wird argumentiert, die Gesellschafter hätten in der eröffneten Insolvenz zwar ihre Rechte gegenüber den Gläubigern verloren – nicht aber müssten sie Treuepflichtverletzungen durch ihre Mitgesellschafter hinnehmen.[1719] Einer Einflussnahme auf das Stimmverhalten der Gesellschafter durch die gesellschaftsrechtliche Treuepflicht stünde auch nicht die Norm des § 276a InsO entgegen – diese schließe nur die Einflussnahme der Gesellschafter auf den Geschäftsführer aus, betreffe aber nicht das Innenverhältnis der Gesellschafter und ihr Verhalten bei der Abstimmung.[1720]

Gegen eine Trennung des gesellschaftsrechtlichen Innenverhältnisses vom Außenverhältnis spricht, dass sich mit der Eröffnung des Insolvenzverfahrens der Gesellschaftszweck ändert – die Gläubigerbefriedigung steht nun im Vordergrund,[1721] Teilhabe- und Mitwirkungsrechte der Gesellschafter treten zurück.[1722] Diese Änderung des Gesellschaftszwecks hat unweigerlich auch Auswirkungen auf den Inhalt der (am Gesellschaftszweck orientierten) Treuepflicht.[1723] Sie wird nicht mehr allein von den Interessen der Gesellschaft und der Gesellschafter, sondern vielmehr anhand des Gläubigerinteresses bestimmt. Da sich das Insolvenzverfahren an der Wahrung der Gläubigerinteressen orientiert und die Gesellschafter hieran gebunden sind, wird das Innenverhältnis zwingend durch die gebotene Rücksichtnahme auf das Außenverhältnis beeinflusst.[1724] Eine klare Trennung kann insoweit nicht vorgenommen werden. Im eröffneten Insolvenzplanverfahren gibt es damit „[…] *kein Innenverhältnis ohne das Außenverhältnis, d.h. die Gläubigerperspektive* […]".[1725] Das Kollektivinteresse am Bestand des Insolvenzplans, welcher durch die Mehrheit der Beteiligten getragen wird, hat

---

1718 Dies denkt *Thole,* ZIP 2013, 1937 (1939), an, verwirft diesen Ansatz jedoch wieder.

1719 *Schäfer,* ZIP 2013, 2237 (2241); *Spliedt,* ZInsO 2013, 2155 (2158).

1720 *Meyer,* ZInsO 2013, 2361 (2363, 2367).

1721 Insolvenzrechts-Handbuch/*Haas,* § 91 Rn. 29; *Thole,* ZIP 2013, 1937 (1941).

1722 Heidelberger Kommentar InsO/*Haas,* § 218 Rn. 8.

1723 *Thole,* ZIP 2013, 1937 (1943).

1724 *Krull,* Stellung und Schutz des Minderheitsgesellschafters im Insolvenzplanverfahren, S. 81; *Thole,* ZIP 2013, 1937 (1943); ähnlich auch Kübler HRI/*Burmeister/Schmidt-Hern,* § 43 Rn. 228.

1725 *Thole,* ZIP 2013, 1937 (1943).

grundsätzlich Vorrang vor dem Partikularinteresse des einzelnen Gesellschafters.[1726] Die Masseverwertung kann insoweit nicht von den Rechtsverhältnissen zwischen den Gesellschaftern abhängen.[1727]

Die Stimmabgabe im Rahmen des Abstimmungstermins stellt die Wahrnehmung des insolvenzverfahrensrechtlichen Teilhaberechts dar und ist Ausfluss der Einbindung in die insolvenzrechtliche Zwangsgemeinschaft.[1728] Letztere steht aber mit dem Geltungsgrund der Treuepflicht – der Verbandsautonomie – in keinem Zusammenhang, womit die Treuepflicht hierauf auch keinen Einfluss haben sollte.[1729] Hierfür spricht auch die Norm des § 238a InsO, welche die Unabhängigkeit des gesellschafterlichen Stimmrechts von besonderen Stimmrechten festlegt.[1730] Die Regelung stellt sicher, dass in den Abstimmungsprozess die Stimme jedes Gesellschafters, der in den Plan einbezogen wird, unabhängig vom gesellschaftsrechtlichen Stimmumfang einfließt.[1731] Daneben schafft die Norm auch eine Erleichterung für das Insolvenzgericht, das sich nicht mit etwaigen Stimmbindungen auseinandersetzen muss.[1732] Insoweit ist die Ansicht, ein Mehrheitsgesellschafter könne sich auf § 238a InsO dann nicht berufen, wenn er gegen die gesellschaftsrechtliche Treuepflicht verstößt, nicht aufrechtzuerhalten.[1733] Hiergegen spricht, dass § 238a InsO nicht den Schutz Einzelner bezweckt, sondern eine generelle Verfahrensregel darstellt, die nicht derogierbar ist.

Auch das wertbezogene Schutzkonzept des Insolvenzplanverfahrens spricht gegen die Bindung der Gesellschafter bei der Planabstimmung durch die Treuepflicht.[1734] Als Kehrseite der Haftungsbeschränkung ist das Verfahren zuvorderst auf das Befriedigungsinteresse der Gläubiger ausgerichtet – dem würde eine Einwirkungsmöglichkeit über die Treuepflicht gerade durch die Gesellschafter als letztrangig Berechtigte widersprechen.[1735] Die Gesellschafter sind – wie die

1726 *Zipperer,* ZIP 2015, 2002 (2009).

1727 *Zipperer,* ZIP 2015, 2002 (2007).

1728 Heidelberger Kommentar InsO/*Haas,* § 225a Rn. 10; *Hölzle,* EWiR 2013, 589 (590); *Zipperer,* ZIP 2015, 2002 (2007).

1729 Heidelberger Kommentar InsO/*Haas,* § 225a Rn. 10.

1730 *Bulgrin,* Die strategische Insolvenz, S. 85; Kübler HRI/*Madaus,* § 33 Rn. 34; *Thole,* ZIP 2013, 1937 (1943); anders LG Frankfurt a.M., Urt. v. 10.9.2013 – 3-09 O 96/13, NZG 2013, 1315 (1319).

1731 *Madaus,* ZIP 2014, 500 (504).

1732 *Madaus,* ZIP 2014, 500 (504).

1733 So aber *Fölsing,* ZInsO 2013, 2021 (2022).

1734 *Smid/Rattunde/Martini,* Der Insolvenzplan, Rn. 9.25; *Thole,* Gesellschaftsrechtliche Maßnahmen in der Insolvenz, Rn. 283.

1735 Kübler HRI/*Hölzle,* § 31 Rn. 52.

Gläubiger auch – lediglich in ihrer Stellung als Beteiligte des Insolvenzplanverfahrens vor unberechtigten Eingriffen durch den Insolvenzplan geschützt, nicht aber in ihrer mitgliedschaftlichen Stellung.[1736]

Eine Abwägung der widerstreitenden Interessen der Beteiligten im Rahmen der Planabstimmung hat der Gesetzgeber im Rahmen des § 245 InsO vorgenommen. Die Norm sorgt auch dafür, dass eine etwaige Anwendung der Treuepflicht aufgrund des Obstruktionsverbots regelmäßig keinen Einfluss auf die Annahme des Insolvenzplans haben wird.[1737] Denn nur für den Fall, dass die treuepflichtwidrig zustimmende Gesellschaftergruppe (im Sinne von § 245 I Nr. 3 InsO) ausschlaggebend für die Anwendung des Obstruktionsverbotes wäre, hätte eine einstweilige Verfügung Auswirkung auf die Annahme des Insolvenzplans.[1738] In den Fällen, in denen die Mehrheit der übrigen Gruppen dem Plan zustimmt, wäre eine Ersetzung der Stimmabgabe trotz der treuepflichtbedingten Ablehnung des Plans durch die Gesellschaftergruppe möglich. Dies räumen sowohl das LG Frankfurt a.M.[1739] als auch Teile der Autoren ein, die grundsätzlich für die Fortgeltung der Treuepflicht plädieren[1740]. Während das LG Frankfurt a.M. hierin ein weiteres Argument für die Anwendbarkeit der Treuepflicht erkennen will,[1741] schließt dies laut *Meyer* im Einzelfall die Treuepflichtverletzung aus[1742]. Für den Fall, dass der Plan auch ohne die Stimme des/der treuwidrig handelnden Gesellschafter(s) bestätigt werden könne, sei in der Zustimmung zum Insolvenzplan gerade keine Treuepflichtverletzung zu erblicken.[1743] Das Obstruktionsverbot legt jedoch vielmehr den Schluss nahe, dass die gesellschaftsrechtliche Treuepflicht grundsätzlich keinen Einfluss auf die Abstimmung im Rahmen des Insolvenzplanverfahrens haben darf. Die Norm begrenzt die freie Stimmabgabe der Verfahrensbeteiligten und ist Ausdruck der gesetzgeberischen Abwägung der Interessen sämtlicher Verfahrensbeteiligter im Rahmen des insolvenzrechtlichen Mehrheitsschutzes. Daneben besteht kein Raum für eine Abwägung unter Treuepflichtgesichtspunkten[1744] – auch nicht, wenn hierdurch der einzelne Gesellschafter nicht (wie bei § 245 InsO) zur Zustimmung, sondern zur

---

1736 *Thole*, ZIP 2013, 1937 (1943).

1737 *Spliedt*, ZInsO 2013, 2155 (2155); *Thole*, ZIP 2013, 1937 (1942).

1738 *Spliedt*, ZInsO 2013, 2155 (2155).

1739 LG Frankfurt a.M., Urt. v. 10.9.2013 – 3-09 O 96/13, NZG 2013, 1315 (1319).

1740 *Meyer*, ZInsO 2013, 2361 (2368); *Spliedt*, ZInsO 2013, 2155 (2155).

1741 LG Frankfurt a.M., Urt. v. 10.9.2013 – 3-09 O 96/13, NZG 2013, 1315 (1319).

1742 *Meyer*, ZInsO 2013, 2361 (2368).

1743 *Meyer*, ZInsO 2013, 2361 (2368).

1744 *Thole*, ZIP 2013, 1937 (1942).

Ablehnung des Insolvenzplans verpflichtet werden soll. Das Obstruktionsverbot stellt somit eine abschließende Möglichkeit zur Stimmrechtsbegrenzung dar.

Damit wird die Stimmabgabe im Insolvenzplanverfahren grundsätzlich nicht durch die gesellschaftsrechtliche Treuepflicht determiniert.

Hiergegen wendet das LG Frankfurt a.M. ein, eine Treuepflichtverletzung im Vorfeld vor Eröffnung des Insolvenzverfahrens könne nicht durch den Eröffnungsbeschluss *„reingewaschen"* werden.[1745] Das Fortwirken der Treuepflichtverletzung in das eröffnete Verfahren sei ausnahmsweise erforderlich, um zu verhindern, dass sich die pflichtwidrige Antragstellung in der Zustimmung zum Insolvenzplan endgültig *verdichte*.[1746] Auch in der Literatur wird eine solche Fortwirkung teilweise angenommen.[1747] Der Rechtsschutz für die Gesellschafter im Insolvenzplanverfahren sei ungenügend, weshalb ihnen ein Rückgriff auf das gesellschaftsrechtliche Mittel nicht verwehrt werden dürfe.[1748] Die Treuepflicht sei ein solch *existenzieller Baustein des Verbandsrechts,* dass sie einen Teil des Schutzes der Gesellschafterrechte aus Art. 9 I, 14 I 1 GG bilde. Verfassungsrechtlich sei es also geradezu zwingend, dass der Gesellschafter sich auch im Rahmen des Insolvenzplanverfahrens auf die Treuepflicht berufen könne.[1749] Hierzu wird von anderer Seite ergänzt, der Gesetzgeber habe einen Mehrheits-Minderheitskonflikt zwischen den Gesellschaftern schlicht nicht bedacht, weswegen die Treuepflicht auch nicht verdrängt werden könne.[1750] Auch *Spliedt* geht zwar davon aus, dass der Charakter der Treuepflicht sich durch die Verfahrenseröffnung ändere, durch sie aber trotzdem verhindert werden müsse, dass das Insolvenzverfahren zur Schlichtung eines Gesellschafterstreits *missbraucht* werde.[1751]

Sowohl die Argumentation der Rechtsprechung als auch der Literatur erweckt den Anschein, als diene die Treuepflicht lediglich dazu, eine missbräuchliche Inanspruchnahme des Insolvenzplanverfahrens, die nicht durch den Insolvenzrichter aufgedeckt wurde, endgültig zu verhindern.[1752] Es wird befürchtet, dass ohne das Einschreiten des Gesellschaftsrechts das Insolvenzplanverfahren

---

1745 LG Frankfurt a.M., Urt. v. 10.9.2013 – 3-09 O 96/13, NZG 2013, 1315 (1318).

1746 LG Frankfurt a.M., Urt. v. 10.9.2013 – 3-09 O 96/13, NZG 2013, 1315 (1318).

1747 *Stöber,* ZInsO 2013, 2457 (2465).

1748 *Stöber,* ZInsO 2013, 2457 (2463).

1749 *Stöber,* ZInsO 2013, 2457 (2463).

1750 *Schäfer,* ZIP 2013, 2237 (2241).

1751 *Spliedt,* ZInsO 2013, 2155 (2158).

1752 *Stöber,* ZInsO 2013, 2457 (2463), warnt insoweit – ähnlich wie das LG Frankfurt a.M. – vor der „[…] *Reinwaschung auch schwerster Treuepflichtverstöße durch das Insolvenzrecht* […]".

ungehindert in treuwidriger Weise durch einzelne Mehrheitsgesellschafter missbraucht werden könnte.[1753]

Gegen diese Befürchtung spricht indes, dass das Insolvenzverfahren selbst auf die rechtmäßige Eröffnung hin untersucht werden muss.[1754] Insbesondere mit dem Erfordernis eines Insolvenzgrundes wurde eine hinreichend effektive insolvenzrechtliche Eingangskontrolle geschaffen. Die Prüfung aber, ob ein solcher Eröffnungsgrund vorliegt, ist zuvorderst die Aufgabe des Insolvenzgerichts.[1755] Hierauf kann kein anderes Gericht unter Rückgriff auf die Treuepflicht einwirken.[1756] Wie bereits dargestellt, kann den Fällen, in denen der Insolvenzgrund treupflichtwidrig herbeigeführt wurde oder das Insolvenzplanverfahren nur dazu benutzt werden soll, die gesellschaftsrechtlichen Voraussetzungen für eine Strukturänderung zu umgehen, effektiv im Insolvenzplanverfahren selbst begegnet werden. Die Frage nach der Rechtsmissbräuchlichkeit des Insolvenzantrages stellt sich dementsprechend im Rahmen des Eröffnungsverfahrens.[1757] Die Einbeziehung eines missbräuchlichen Antrags im Rahmen der Abstimmung über den Plan würde vielmehr den rechtskräftigen Eröffnungsbeschluss in Frage stellen.[1758] Durch die Anwendung der Treuepflicht kann nicht eine vermeintlich fehlerhafte Entscheidung des Insolvenzgerichts korrigiert werden.[1759] Auch würde hierdurch das Ziel des ESUG konterkariert, das Obstruktionspotential der Gesellschafter im Insolvenzplanverfahren abzubauen.[1760] Die Treuepflicht ist für diesen Fall also irrelevant.[1761]

Die Treuepflicht kann in diesem Sinne nicht als „*Notanker*" zur Korrektur einer unberechtigt erfolgten Insolvenzeröffnung benutzt werden.[1762] Gegen eine solche unberechtigte Verfahrenseröffnung ist den Gesellschaftern vielmehr

1753 *Stöber*, ZInsO 2013, 2457 (2463).

1754 *Thole*, ZIP 2013, 1937 (1943).

1755 *Thole*, ZIP 2013, 1937 (1943).

1756 Handbuch Personengesellschaften/*Wertenbruch*, Rz. I 1870 (60. EL 9/14).

1757 Kübler HRI/*Madaus*, § 33 Rn. 34; *Schluck-Amend*, Gesellschaftsrecht in der Diskussion 2014, 151 (185); *Smid/Rattunde/Martini*, Der Insolvenzplan, Rn. 9.34.

1758 Kübler HRI/*Madaus*, § 33 Rn. 34; *Thole*, ZIP 2013, 1937 (1944).

1759 Kübler HRI/Burmeister/Schmidt-Hern, § 43 Rn. 228 führen dazu aus: „*Dass Fehlentscheidungen des zuständigen Gerichts nicht auszuschließen sind, ist keine Besonderheit des Insolvenzrechts und vermag auch keine „Notzuständigkeiten" zu begründen*".

1760 *Schluck-Amend*, Gesellschaftsrecht in der Diskussion 2014, 151 (185).

1761 Handbuch Personengesellschaften/*Wertenbruch*, Rz. I 1870 (60. EL 9/14).

1762 *Thole*, ZIP 2013, 1937 (1943, 1944).

richtigerweise Rechtsschutz gegen den Eröffnungsbeschluss des Gerichts zu eröffnen.

Hinzu kommt, dass die Frage nach einem treuepflichtbedingten Stimmverbot immer mit dem Inhalt des Insolvenzplans verknüpft ist.[1763] Denn ein Gesellschafter wird sich nur dann auf die Treuepflicht berufen, wenn er sich durch den Inhalt des Insolvenzplans benachteiligt sieht.[1764] Stellt der Gesellschafter aber das Plankonzept infrage, muss er dies im Planverfahren selbst verfolgen.[1765] Denn die Überprüfung des Planinhalts nimmt allein das Insolvenzgericht anhand der insolvenzrechtlichen Regelungen vor.[1766]

Die hieraus folgende Unbeachtlichkeit einer Treuepflichtverletzung vor bzw. bei Antragstellung im Rahmen der Planabstimmung führt allerdings nicht zu ihrer generellen Unbeachtlichkeit.[1767] Die Tatsache, dass die Treuepflichtverletzung keine Auswirkungen auf das eröffnete Verfahren haben kann, bedeutet nämlich nicht, dass sie durch die Eröffnung des Verfahrens bedeutungslos wird.[1768] Vielmehr kann unabhängig von den insolvenzrechtlichen Folgen missbräuchlicher Inanspruchnahme des Verfahrens die Verletzung der gesellschaftsrechtlichen Treuepflicht außerhalb des Insolvenzverfahrens Schadensersatzansprüche der Gesellschafter untereinander auslösen.[1769] Für einen solchen Schadensersatzanspruch kommt indes lediglich eine Treuepflichtverletzung vor bzw. durch den Insolvenzantrag in Betracht.[1770] Zu diesem Zeitpunkt besteht die gesellschaftsrechtliche Treuepflicht zweifellos und kann Schadensersatzansprüche, zum Beispiel wegen treuwidriger Herbeiführung des Insolvengrundes, auslösen.[1771] Ein Grund, die Verfolgung dieses Schadensersatzanspruches außerhalb des Insolvenzverfahrens auszuschließen, ist – jedenfalls soweit die Wirksamkeit des bestätigten Plans hierdurch nicht gefährdet wird – nicht ersichtlich.[1772]

1763 *Thole*, ZIP 2013, 1937 (1941).

1764 *Thole*, ZIP 2013, 1937 (1941).

1765 Kübler HRI/*Madaus*, § 33 Rn. 34.

1766 Kübler HRI/*Madaus*, § 33 Rn. 34.

1767 *Thole*, Gesellschaftsrechtliche Maßnahmen in der Insolvenz, Rn. 283; *Zipperer*, ZIP 2015, 2002 (2009).

1768 Nach *Zipperer*, ZIP 2015, 2002 (2008), verliert die Treuepflicht im eröffneten Insolvenzplanverfahren lediglich ihre *Durchsetzbarkeit*.

1769 Hierzu *Brinkmann*, ZIP 2014, 197 (206); *Zipperer*, ZIP 2015, 2002 (2009).

1770 *Zipperer*, ZIP 2015, 2002 (2009).

1771 *Zipperer*, ZIP 2015, 2002 (2009).

1772 *Zipperer*, ZIP 2015, 2002 (2009), schließt insoweit eine Rückgängigmachung der im Insolvenzplan erfolgten gesellschaftsrechtlichen Maßnahmen im Sinne einer Naturalrestitution aus. Der mögliche Umfang des Schadensersatzanspruches ist in der

Vielmehr besteht die Möglichkeit, dass solche Schadensersatzprozesse präventive Wirkung im Hinblick auf die Stellung rechtsmissbräuchlicher Insolvenzanträge haben.[1773] Da – wie ausgeführt – die Bestätigung des Insolvenzplans keine Treuepflichtverletzung darstellen kann, kommt hier auch ein nachgelagerter Schadensersatzanspruch grundsätzlich nicht in Betracht. Die Abstimmung richtet sich hier nach den Regelungen des Insolvenzrechts. Die Interessen des einzelnen Gesellschafters treten insoweit bei rechtskräftiger Bestätigung des Plans hinter dem Interesse der Beteiligtenmehrheit zurück.[1774]

(2) Entscheidungszuständigkeit eines anderen Gerichts

Neben der Tatsache, dass Auswirkungen der gesellschaftsrechtlichen Treuepflicht auf die Stimmabgabe im Rahmen des Insolvenzplanverfahrens generell abzulehnen sind, ist auch ein anderes als das Insolvenzgericht nicht berufen, auf das laufende Insolvenzplanverfahren durch Erlass einer einstweiligen Verfügung Einfluss zu nehmen.

Hiergegen wird – dem Urteil des LG Frankfurt a.M. folgend – angeführt, dem Gesellschafter stehe gemäß § 1004 BGB analog ein Anspruch auf Unterlassung der Planzustimmung zu, den er im Wege des einstweiligen Rechtsschutzes geltend machen könne.[1775] Der Anspruchsgrund ergebe sich dabei daraus, dass bei Durchführung des Insolvenzplanverfahrens Tatsachen zum Nachteil des Gesellschafters eintreten würden, die einen irreparablen Schaden herbeiführten.[1776]

Gegen diese Möglichkeit spricht aber nicht nur die Tatsache, dass die Einwirkung auf die Abstimmung durch eine einstweilige Verfügung einen *Fremdkörper* im Insolvenzplanverfahren darstellen würde – schließlich soll hier grundsätzlich erst der Bestätigungsbeschluss durch die Beteiligten beschwerdefähig sein.[1777] Insbesondere ist es nicht zuzulassen, dass ein Zivilgericht durch seine Entscheidung Einfluss auf das Insolvenzplanverfahren nimmt und damit die in diesem Verfahren geltenden und ausschließlich durch das Insolvenzgericht anzuwendenden

---

Literatur umstritten, soll hier aber nicht weiter ausgeführt werden. Siehe hierzu u.a. *Brinkmann,* ZIP 2014, 197 (206); Handbuch Personengesellschaften/*Wertenbruch,* Rz. I 1871 (60. EL 9/14); *Wertenbruch,* ZIP 2013, 1693 (1703).

1773 *Zipperer,* ZIP 2015, 2002 (2009); ähnlich auch *Brinkmann,* ZIP 2014, 197 (206).

1774 *Zipperer,* ZIP 2015, 2002 (2009); für den Bereich etwaiger Willensmängel bei Zustandekommen des Insolvenzplans MüKo InsO/*Eidenmüller,* § 217 Rn. 37.

1775 *Stöber,* ZInsO 2013, 2457 (2465).

1776 *Stöber,* ZInsO 2013, 2457 (2465).

1777 *Thole,* ZIP 2013, 1937 (1941).

Vorschriften aushebelt.[1778] In diesem Sinne ist der Hinweis des OLG Frankfurt a.M. auf ein Urteil des BGH vom 15.11.2012 zu verstehen.[1779] Hier stellte der erkennende Senat fest, dass „[…] *auf den Ablauf eines rechtsstaatlich geregelten Verfahrens nicht dadurch Einfluss genommen werden und seinem Ergebnis nicht dadurch vorgegriffen werden soll, dass ein an diesem Verfahren Beteiligter durch Unterlassungs- und Beseitigungsansprüche in seiner Äußerungsfreiheit eingeengt wird. Die Relevanz des Vorbringens soll allein in dem seiner eigenen Ordnung unterliegenden Ausgangsverfahren geklärt werden.*“[1780] Gegen die Übertragbarkeit dieses Urteils wird zwar eingewendet, die Untersagung der Zustimmung aufgrund der gesellschaftsrechtlichen Treuepflicht im Rahmen der Planabstimmung sei gar nicht Gegenstand des Insolvenzverfahrens, weshalb dem Ergebnis auch nicht durch ein anderes Gericht vorgegriffen werden könne.[1781] Und auch andernorts wird die Ansicht vertreten, der Eingriff in das Insolvenzverfahren sei allenfalls als *mittelbar* zu qualifizieren, da das Obstruktionsverbot weiterhin bestehen bleibe.[1782]

Allerdings kann es nicht darauf ankommen, ob die gesellschaftsrechtliche Zulässigkeit der Stimmabgabe im Rahmen des Insolvenzverfahrens geprüft wird, sondern darauf, dass das Insolvenzplanverfahren durchaus verfahrensrechtlichen Minderheitenschutz bei der Abstimmung über den Insolvenzplan bietet – insbesondere durch das Gleichbehandlungsgebot innerhalb der Abstimmungsgruppen (§ 226 InsO).[1783] Durch die Entscheidung eines anderen Zivilgerichts bestünde aber die Gefahr, dass dieses Gericht unter Anwendung der gesellschaftsrechtlichen Treuepflicht einen hiervon abweichenden Schutzstandard beschlösse.[1784] Hinzu kommt, dass sich nach dem wirksamen Eröffnungsbeschluss die Art der Teilnahme am Verfahren ausschließlich nach den Verfahrensregeln des Ausgangsverfahrens – hier also nach dem Insolvenzplanverfahren – richtet.[1785] Hier sind die insolvenzspezifischen Regeln über die

---

1778 OLG Frankfurt a.M., Beschl. v. 1.10.2013 – 5 U 145/13, DZWIR 2014, 370 (371); *Brünkmans/Uebele,* ZInsO 2014, 265 (272); *Pape,* ZInsO 2013, 2129 (2136).

1779 OLG Frankfurt a.M., Beschl. v. 1.10.2013 – 5 U 145/13, DZWIR 2014, 370 (371).

1780 BGH, Urt. v. 15.11.2012 – I ZR 128/11, NZM 2012, 589 (590).

1781 *Meyer,* ZInsO 2013, 2361 (2366); ähnlich *Spliedt,* ZInsO 2013, 2155 (2157).

1782 *Fölsing,* ZInsO 2013, 2021 (2022).

1783 OLG Frankfurt a.M., Beschl. v. 1.10.2013 – 5 U 145/13, DZWIR 2014, 370 (372).

1784 *Müller,* DB 2014, 41 (45).

1785 OLG Frankfurt a.M., Beschl. v. 1.10.2013 – 5 U 145/13, DZWIR 2014, 370 (371); *Böcker,* DZWIR 2014, 331 (334, 337); *Bulgrin,* Die strategische Insolvenz, S. 191; Kübler HRI/*Burmeister/Schmidt-Hern,* § 43 Rn. 228; Heidelberger Kommentar InsO/*Haas,* § 225a Rn. 10; *Lang/Muschalle,* NZI 2013, 953 (956, 957). Zur Konkursordnung

Abstimmung, das Obstruktionsverbot und das Zustandekommen des Insolvenzplans als abschließend zu betrachten.[1786] Rechtsschutz kann der Beteiligte lediglich im Rahmen dieses Ausgangsverfahrens, nicht aber durch andere Gerichte suchen.[1787] Das Rechtsschutzsystem gegen missbräuchliche Insolvenzanträge und -pläne ist insoweit als abschließend anzusehen.[1788]

Die Einflussnahme durch ein anderes Gericht würde die durch §§ 217 S. 2, 225a III, II InsO geschaffene Möglichkeit zur gesellschaftsrechtlichen Umstrukturierung umgehen.[1789] Denn hierdurch sollen gerade auch gesellschaftsrechtliche Umstrukturierungen gegen den Willen einzelner Gesellschafter ermöglicht werden.[1790] Die Untersagung der Stimmabgabe mittels einstweiliger Verfügung würde das Insolvenzplanverfahren als Sanierungsinstrument hemmen.[1791] Noch dazu bestünde die Gefahr eines *Nebenkriegsschauplatzes* zum Insolvenzplanverfahren: denn die Gesellschafter könnten auf die Idee kommen, wechselseitige einstweilige Verfügungen zu beantragen, die noch dazu wegen § 542 II 1 ZPO nicht der Vereinheitlichung der Rechtsprechung durch den BGH unterlägen.[1792]

Insoweit ist der Entscheidung des OLG Frankfurt a.M. zu folgen, dass einer solchen Klage vor einem Zivilgericht das Rechtsschutzbedürfnis fehlt.[1793]

2) *Bestätigung des Insolvenzplans durch das Insolvenzgericht*

Nachdem der Insolvenzplan durch die Beteiligten angenommen wurde, bedarf er abschließend der Bestätigung durch das Insolvenzgericht (§§ 248 I, § 250 InsO).

---

entschied in diesem Sinne auch der BGH, Urt. v. 22.1.1998 – IX ZR 99/97, BGHZ 138, 40 (42).

1786 *Hölzle*, EWiR 2013, 589 (590); *Lang/Muschalle*, NZI 2013, 953 (957); A/G/R InsO/*Silcher*, § 225a Rn. 9.

1787 *Brünkmans/Uebele*, ZInsO 2014, 265 (272); *Lang/Muschalle*, NZI 2013, 953 (956, 957); *Madaus*, ZIP 2014, 500 (504); A/G/R InsO/*Silcher*, § 225a Rn. 9; Handbuch Personengesellschaften/*Wertenbruch*, Rz. I 1872a (60. EL 9/14).

1788 *Brünkmans/Uebele*, ZInsO 2014, 265 (272); A/G/R InsO/*Silcher*, § 225a Rn. 9.

1789 *Pape*, ZInsO 2013, 2129 (2136).

1790 *Lang/Muschalle*, NZI 2013, 953 (957).

1791 *Brünkmans/Uebele*, ZInsO 2014, 265 (272); *Lang/Muschalle*, NZI 2013, 953 (956, 957).

1792 *Thole*, ZIP 2013, 1937 (1941).

1793 OLG Frankfurt a.M., Beschl. v. 1.10.2013 – 5 U 145/13, DZWIR 2014, 370 (371); *Böcker*, ZInsO 2015, 773 (780); Heidelberger Kommentar InsO/*Haas*, § 225a Rn. 10; Kübler HRI/*Madaus*, § 33 Rn. 35; *Madaus*, ZIP 2014, 500 (504); *Müller*, DB 2014, 41 (45); *Pape*, ZInsO 2013, 2129 (2136).

Dieser Bestätigungsbeschluss stellt – neben § 231 InsO – ein weiteres Instrument dar, um die Rechtmäßigkeit des Insolvenzplans sicherzustellen. Damit ist er auch Bestandteil des Minderheitenschutzes.[1794] Der Prüfungsumfang des Insolvenzgerichts geht dabei bereits nach dem Wortlaut des § 250 InsO über den des § 231 InsO hinaus, weswegen das Gericht durch eine vorherige Zulassungsentscheidung auch nicht gebunden ist.[1795] Nichtsdestotrotz sind die nach § 250 InsO von Amts wegen und die auf Antrag gemäß § 251 InsO zu beachtenden Bestätigungshindernisse abschließend.[1796] Dies ist Ausdruck der Tatsache, dass das Insolvenzplanverfahren insbesondere in wirtschaftlicher Hinsicht eine privatautonome Regelung der Insolvenz darstellt und das Insolvenzgericht dementsprechend nur sehr eingeschränkte Eingriffsmöglichkeiten hat.[1797]

Die Bestätigung des Insolvenzplans ist gemäß § 250 Nr. 1 InsO zwingend zu versagen, „*wenn die Vorschriften über den Inhalt und die verfahrensmäßige Behandlung des Insolvenzplans sowie über die Annahme durch die Beteiligten und die Zustimmung des Schuldners in einem wesentlichen Punkt nicht beachtet worden sind und der Mangel nicht behoben werden kann.*“

Besonders relevant für den Schutz des (Minderheits-)Gesellschafters ist dabei wohl die Prüfung der Vorschriften über den *Inhalt* des Insolvenzplans, § 250 I Nr. 1 Var. 1 InsO. Hierunter fallen bspw. die ordnungsgemäße Gruppenbildung[1798] sowie die gesellschaftsrechtliche Zulässigkeit der festgelegten Maßnahmen[1799]. Da der Inhalt des Insolvenzplans bereits Bestandteil der Zurückweisungsgründe im Sinne des § 231 I Nr. 1 Alt. 2 InsO ist, wird eine hiervon abweichende Entscheidung wohl nur selten in Betracht kommen.[1800] Möglich erscheint dies insbesondere dann, wenn der Plan nach Zulassung noch einmal geändert wurde oder das Insolvenzgericht – bspw. im Rahmen des Erörterungstermins – neue Erkenntnisse erlangt hat, die zu einer abweichenden Entscheidung führen.[1801] Die Versagung der Bestätigung steht dabei allerdings einschränkend unter der Prämisse, dass die betreffenden Vorschriften in einem

---

1794 FK-InsO/*Jaffé*, § 248 Rn. 2; *Skauradszun/Spahlinger/Tresselt*, DZWIR 2015, 539 (542).

1795 *Rendels/Zabel*, Insolvenzplan, Rn. 475; MüKo InsO/*Sinz*, § 250 Rn. 5; *Smid/Rattunde/Martini*, Der Insolvenzplan, Rn. 17.6, 17.7.

1796 FK-InsO/*Jaffé*, § 248 Rn. 5; MüKo InsO/*Sinz*, § 250 Rn. 2.

1797 FK-InsO/*Jaffé*, § 248 Rn. 5; MüKo InsO/*Sinz*, § 250 Rn. 2.

1798 *Fölsing*, ZInsO 2014, 2239 (2241).

1799 *Brünkmans/Greif-Werner*, ZInsO 2015, 1585 (1587); Heidelberger Kommentar InsO/*Haas*, § 250 Rn. 2; *Horstkotte*, ZInsO 2014, 416 (417).

1800 MüKo InsO/*Sinz*, § 250 Rn. 14.

1801 KPB InsO/*Pleister*, § 250 Rn. 7 (68. EL 9/16); MüKo InsO/*Sinz*, § 250 Rn. 15.

wesentlichen Punkt nicht beachtet wurden. Dies ist immer dann anzunehmen, wenn sich der Verstoß auf die Annahme des Plans ausgewirkt haben könnte, irrelevant ist jedoch, ob er tatsächlich ursächlich geworden ist.[1802]

Ein weiterer Grund, die Bestätigung abzulehnen, liegt gemäß § 250 I Nr. 2 InsO vor, *„wenn die Annahme unlauter, insbesondere durch Begünstigung eines Beteiligten, herbeigeführt worden ist."* Unlauter ist die Herbeiführung, wenn sie gegen Treu und Glauben verstößt.[1803] Hier sind Fälle angesprochen, in denen Forderungsankäufe zu einem die Planquote übersteigenden Betrag getätigt werden, Forderungen mit dem Ziel aufgeteilt werden, eine Stimmenmehrheit zu erreichen oder die Zustimmung durch Täuschung oder Drohung erlangt wurde.[1804]

Auch im Rahmen von § 250 InsO werden von verschiedenen Stimmen in der Literatur Möglichkeiten angedacht, wie einer etwaig missbräuchlichen bzw. treuepflichtwidrigen Inanspruchnahme des Insolvenzplanverfahrens begegnet werden kann. So äußert *Spliedt* den Gedanken, der Insolvenzrichter könne möglicherweise gemäß § 250 Nr. 1 InsO verpflichtet sein, ein treuepflichtwidriges Verhalten in die Bestätigungsentscheidung einzubeziehen, verwirft diesen Gedanken jedoch wieder, da mit „*Vorschriften*" nur diejenigen der InsO gemeint seien.[1805] Auch die Möglichkeit, ein treuwidrig gestellter Insolvenzantrag, der sich in der Annahme des Plans fortsetze, sei *unlauter* herbeigeführt im Sinne von § 250 Nr. 2 InsO, lehnt er aufgrund der Tatsache ab, dass dies den rechtskräftigen Eröffnungsbeschluss des Insolvenzgerichts infrage stelle.[1806] *Meyer* hingegen hält es für möglich, dass bei treuwidriger Antragstellung ein Verfahrensfehler gemäß § 250 Nr. 1 Var. 2 InsO vorliege: Der Schuldner, der das Insolvenzplanverfahren treuwidrig beantragt habe, hätte insoweit kein Recht zur Vorlage des Insolvenzplans.[1807] Dies sei nach *Meyer* möglicherweise für einen effektiven Rechtsschutz notwendig, da der einzelne Gesellschafter die treuwidrige

1802 BGH, Beschl. v. 13.10.2011 – IX ZB 37/08, NZI 2012, 139 (140); BGH, Beschl. v. 3.12.2009 – IX ZB 30/09, NZI 2010, 101 (101); FK-InsO/*Jaffé*, § 250 Rn. 5; MüKo InsO/*Sinz*, § 250 Rn. 11; Hamburger Kommentar InsO/*Thies*, § 250 Rn. 7.

1803 Hamburger Kommentar InsO/*Thies*, § 250 Rn. 11.

1804 Hamburger Kommentar InsO/*Thies*, § 250 Rn. 13.

1805 *Spliedt*, ZInsO 2014, 2155 (2157).

1806 *Spliedt*, ZInsO 2014, 2155 (2157).

1807 *Meyer*, ZInsO 2013, 2361 (2368); ähnlich *Schäfer*, ZInsO 2014, 1591 (1593), der zwar grundsätzlich der Ansicht ist, dass § 250 Nr. 2 InsO nicht der Korrektur unrichtiger, aber rechtskräftiger Insolvenzeröffnungsbeschlüsse dient, als *ultima ratio* aber eine Prüfung des Eröffnungsbeschlusses zulassen möchte, um zu verhindern, dass sich der Rechtsmissbrauch durch den Insolvenzplan manifestiert.

Antragstellung an keiner anderen Stelle des Planverfahrens anführen könne.[1808] Dies würde aber – ebenso wie die Ansicht *Spliedts* – den Eröffnungsbeschluss des Insolvenzgerichts infrage stellen. Dieser kann nicht zum Gegenstand der Prüfung der Rechtmäßigkeit des Insolvenzplans gemacht werden.[1809] Darüber hinaus wird der (Minderheits-)Gesellschafter nach hier vertretener Ansicht sehr wohl durch das Insolvenzplanverfahren – insbesondere im Rahmen des Eröffnungsbeschlusses – vor rechtsmissbräuchlichen Insolvenzanträgen durch andere Gesellschafter geschützt. Ihm kommt richtigerweise sogar Rechtsschutz gegen den Eröffnungsbeschluss des Gerichts zu. Darüber hinaus wurde bereits im Rahmen der Ausführungen zu § 225a III, 231 InsO dargestellt, dass weder die allgemeinen Grundsätze der gesellschaftsrechtlichen Treuepflicht noch eine allgemeine Verhältnismäßigkeitsprüfung Schranken für einen Insolvenzplan darstellen. Dieser Grundsatz ist auch auf die Norm des § 250 InsO zu übertragen. Aus diesem Grund kann auch nicht *Gräfin von Spee* gefolgt werden, die hinsichtlich eines *Debt Equity Swaps* ein Recht auf Reorganisationsbeteiligung im Rahmen des § 250 Nr. 1 InsO durch das Insolvenzgericht sichergestellt sehen will.[1810] Ein solches grundsätzliches Recht auf Reorganisationsbeteiligung ist – wie oben ausgeführt – gerade nicht anzuerkennen.

Allerdings hat das BVerfG in seinem Beschluss vom 17.10.2013 klargestellt, dass das Insolvenzgericht in diesem Rahmen den Verfahrensbeteiligten die Möglichkeit eröffnen muss, ihre Einwände gegen den Insolvenzplan zu äußern.[1811] Die in der Literatur verbreitete Ansicht, dass im Rahmen von § 248 II InsO die Gesellschafter des Schuldners kein Gehör erhalten,[1812] muss in diesem Sinne korrigiert werden.[1813]

3) Exkurs: *Prüfungsbefugnis des Registergerichts?*

Über die insolvenzgerichtliche Prüfung hinausgehend ist fraglich, ob auch das Registergericht vor Eintragung in das Handelsregister eine Überprüfung der im Insolvenzplan vorgesehenen Maßnahmen vornehmen kann. Anlass zu

---

1808 *Meyer,* ZInsO 2013, 2361 (2368).

1809 So auch allgemein LG Berlin, Beschl. v. 20.10.2014 – 51 T 696/14, NZI 2015, 66 (71).

1810 *Gräfin von Spee,* Gesellschafter im Reorganisationsverfahren, S. 200 f.; Siehe hierzu die Ausführungen im 1. Teil C. IV. 2) c) aa) (2) (b).

1811 BVerfG, Beschl. v. 17.10.2013 – 2 BvR 1978/13, NZI 2013, 1072 (1073).

1812 KPB InsO/*Pleister,* § 248 Rn. 7 (68. EL 9/16); MüKo InsO/*Sinz,* § 248 Rn. 10.

1813 Für eine Anhörung sämtlicher Beteiligter allerdings Braun InsO/*Braun/Frank,* § 248 Rn. 7.

dieser Frage hat insbesondere der Beschluss des AG Berlin-Charlottenburg vom 9.2.2015 gegeben.

In diesem Beschluss lehnte das Registergericht die Eintragung einer im Insolvenzplan beschlossenen und durch das Insolvenzgericht bestätigten Maßnahme in das Handelsregister ab.[1814] Materiell ging es dabei um die Einziehung von Aktien zur Kapitalherabsetzung (§ 237 AktG). Die Satzung der AG sah entgegen der Voraussetzung in § 237 I 2 AktG keine dementsprechende Anordnung vor, woraufhin das Registergericht die Unzulässigkeit der gesellschaftsrechtlichen Maßnahme annahm.[1815] Das AG Berlin-Charlottenburg nahm eine registerrechtliche Prüfungskompetenz zur Überprüfung der Zulässigkeit gesellschaftsrechtlicher Maßnahmen an und lehnte die Eintragung ab. Insoweit führte das Gericht aus, es sei nicht aufgrund einer vorrangigen Zuständigkeit des Insolvenzgerichts an einer Überprüfung der Frage gehindert.[1816] In den Fällen der §§ 241 Nr. 3, Nr. 4 AktG habe es vielmehr die Kompetenz, die Zulässigkeit der gesellschaftsrechtlichen Maßnahmen abzulehnen.[1817] Hierfür spreche auch, dass § 254a II InsO keine dem § 246a III 5 AktG entsprechende Anordnung treffe, mit der das Registergericht an den Beschluss des Insolvenzgerichts gebunden würde.[1818]

Diesem Argument ist zuzugeben, dass auch § 21 III 3 a.E. KredReorgG festlegt, dass das Registergericht ausschließlich bei *offensichtlicher Nichtigkeit* eine Eintragung verweigern kann.[1819] Das Schweigen des Gesetzgebers im Rahmen des § 254a II InsO könnte im Umkehrschluss also für eine Prüfungskompetenz sprechen.

Als weiteres Argument führt das Registergericht an, seine Prüfungskompetenz sei allein schon deshalb notwendig, da die herrschende Literaturmeinung davon ausgehe, das Insolvenzgericht habe im Rahmen der Planbestätigung lediglich das formelle Zustandekommen des Insolvenzplans zu prüfen; ohne

---

1814 AG Berlin-Charlottenburg, Beschl. v. 9.2.2015 – HRB 153203 B, NZI 2015, 415.

1815 AG Berlin-Charlottenburg, Beschl. v. 9.2.2015 – HRB 153203 B, NZI 2015, 415 (417); Kritik hieran üben *Brünkmans/Greif-Werner*, ZInsO 2015, 1585 (1589) und *Klausmann*, NZG 2015, 1300 (1304).

1816 AG Berlin-Charlottenburg, Beschl. v. 9.2.2015 – HRB 153203 B, NZI 2015, 415 (416).

1817 AG Berlin-Charlottenburg, Beschl. v. 9.2.2015 – HRB 153203 B, NZI 2015, 415 (417).

1818 AG Berlin-Charlottenburg, Urt. v. 10.9.2013 – 3-09 O 96/13, NZI 2015, 415 (416); zustimmend *Ströhmann/Harder*, NZI 2015, 417 (418).

1819 *Ströhmann/Harder*, NZI 2015, 417 (418); auch MüKo InsO/*Eidenmüller*, § 225a Rn. 8, sieht bei der Auslegung insbesondere der §§ 225a II, III InsO eine Heranziehung der parallelen Normen des KredReogG als hilfreich an.

Prüfungskompetenz des Registergerichts bestünde aber die Gefahr, dass die Verfahrensbeteiligten konsequenzlos gesellschaftsrechtlich unzulässige Maßnahmen im Insolvenzplan vereinbarten.[1820] Dieser Ansicht ist allerdings entgegenzutreten. Wie im Rahmen dieses Kapitels ausgeführt, prüft das Insolvenzgericht den Insolvenzplan umfassend i.S.d. §§ 248 ff. InsO hinsichtlich seiner inhaltlichen Rechtmäßigkeit. Der sich hierauf stützende Bestätigungsbeschluss des Insolvenzgerichts erwächst gemäß § 254 I InsO in Rechtskraft und heilt grundsätzlich jene inhaltlichen Mängel, die der Prüfung des Insolvenzgerichts unterliegen.[1821] Dem würde eine zusätzliche Kontrolle durch das Registergericht widersprechen.[1822] Die Bejahung der Prüfungskompetenz des Registergerichts hätte auch gravierende Konsequenzen für die Schuldnergesellschaft. Denn das Registergericht könnte trotz des Bestätigungsbeschlusses des Insolvenzgerichts das Insolvenzplanverfahren nachträglich scheitern lassen und so die Sanierung endgültig verhindern.[1823]

Eine Prüfungskompetenz des Registergerichts ist dementsprechend grundsätzlich abzulehnen. Etwas anderes kann nur in extrem gelagerten Ausnahmefällen gelten. Liegen in diesem Sinne offensichtliche Gesetzesverstöße und Unrichtigkeiten vor – wie eine Verletzung unabdingbarer und unverzichtbarer gesellschaftsrechtlicher Normen –, muss das Registergericht zu einer Ablehnung der Eintragung berechtigt bleiben.[1824] Anzunehmen wäre dies bspw. bei der Durchbrechung des *numerus clausus* des Gesellschaftsrechts oder bei schwerwiegenden Verstößen gegen den Grundsatz der Kapitalaufbringung.[1825] Diese Ausnahme ist auch hinsichtlich der Norm des § 21 III 2 KredReorgG stimmig.[1826]

1820 AG Berlin-Charlottenburg, Urt. v. 10.9.2013 – 3-09 O 96/13, NZI 2015, 415 (416); bezweifelnd *Horstkotte,* ZInsO 2015, 416 (417); auch *Ströhmann/Harder,* NZI 2015, 417 (418), stellen dies in Frage, nach ihrer Ansicht ist das „*Spektrum der Meinungen hierzu* [...] *weit gefächert.*"

1821 *Brünkmans/Greif-Werner,* ZInsO 2015, 1585 (1593).

1822 *Brünkmans/Greif-Werner,* ZInsO 2015, 1585 (1593); MüKo InsO/*Eidenmüller,* § 225a Rn. 103.

1823 *Klausmann,* NZG 2015, 1300 (1305); *Ströhmann/Harder,* NZI 2015, 417 (418).

1824 *Brünkmans/Greif-Werner,* ZInsO 2015, 1585 (1594); *Klausmann,* NZG 2015, 1300 (1305); SanRKomm/*Seibt/Westpfahl,* § 225a Rn. 82; *Ströhmann/Harder,* NZI 2015, 417 (418), gehen wohl von einer umfassenden Prüfungskompetenz des Registergerichts aus.

1825 *Brünkmans/Greif-Werner,* ZInsO 2015, 1585 (1594).

1826 *Brünkmans/Greif-Werner,* ZInsO 2015, 1585 (1594).

4) Ergebnis zur Annahme und Bestätigung des Insolvenzplans

Über die Annahme des Insolvenzplans entscheiden die Beteiligten in ihren jeweiligen Gruppen. Hierbei ist es gemäß § 245 InsO grundsätzlich möglich, die Zustimmung einer Gesellschaftergruppe zu fingieren. Schutz vor Ungleichbehandlung gegenüber den Mitgesellschaftern wird dem (Minderheits-)Gesellschafter, der sich in einer eigenen Gruppe befindet und gegen den Insolvenzplan gestimmt hat, insbesondere durch § 245 III Nr. 2 InsO gewährt. Dieser stellt sicher, dass kein Anteilsinhaber, der ohne einen Plan den Anteilsinhabern dieser Gruppe gleichgestellt wäre, bessergestellt wird als diese. Die Besserstellung wird dabei nach wirtschaftlichen Maßstäben beurteilt. Mit einer solchen Auslegung kann die Zementierung eines Gesellschafterkonflikts verhindert werden, da Ungleichbehandlungen vermögensmäßig durch den Plan ausgeglichen werden können, wenn dies im Interesse der (dem Plan zustimmenden) Beteiligtenmehrheit entspricht.

Die gesellschaftsrechtliche Treuepflicht hat – entgegen der Ansicht des LG Frankfurt a.M. – keine Auswirkung auf die Stimmabgabe der Gesellschafter. Insbesondere ist der Ansicht des Gerichts entgegenzutreten, dass eine Treuepflichtverletzung im Vorfeld der Antragstellung Wirkungen auf das eröffnete Verfahren zeitigen kann. Einer unberechtigten Antragstellung kann vielmehr effektiv im Rahmen des Eröffnungsverfahrens begegnet werden. Darüber hinaus ist auch ein anderes als das Insolvenzgericht nicht dazu berufen, in das laufende Insolvenzplanverfahren durch den Erlass einer einstweiligen Verfügung einzuwirken.

Die Bestätigung des Insolvenzplans durch das Insolvenzgericht gemäß §§ 248 I, 250 InsO stellt ein weiteres Instrument zur Sicherstellung der Rechtmäßigkeit des Insolvenzplans dar. Insbesondere werden hier nochmals die ordnungsgemäße Gruppenbildung und der Inhalt des Insolvenzplans überprüft. Die Prüfung der inhaltlichen Rechtmäßigkeit des Insolvenzplans durch das Insolvenzgericht ist als umfassend und abschließend zu beurteilen. Eine daneben bestehende Prüfungskompetenz des Registergerichts vor Eintragung der Maßnahmen in das Handelsregister besteht damit grundsätzlich nicht.

F. Rechtsschutzmöglichkeiten des Gesellschafters gegen den Insolvenzplan

Schutz gegen belastende Gesellschafterbeschlüsse findet der Gesellschafter außerhalb des Insolvenzverfahrens im gesellschaftsrechtlichen Rechtsschutzsystem. Hier kann der GmbH-Gesellschafter analog den aktienrechtlichen

Vorschriften Nichtigkeits- (§ 249 AktG) oder Anfechtungsklage (§ 246 AktG) gegen unwirksame Beschlüsse erheben.[1827] Diese Möglichkeiten stehen dem Gesellschafter gegen die Bestätigung des Insolvenzplans nicht zur Verfügung. In Betracht kommt lediglich ein Antrag auf Versagung der Bestätigung des Insolvenzplans (*Minderheitenschutz*) gemäß § 251 InsO sowie die Einlegung eines Rechtsmittels gegen den Bestätigungbeschluss gemäß § 253 InsO.[1828] Beide Normen wurden durch das ESUG geändert und ihr Schutz auf die Gesellschafter erweitert.

Zwar setzen die Vorschriften zu unterschiedlichen Verfahrenszeitpunkten an – § 251 InsO soll bereits die Bestätigung des Insolvenzplans verhindern, § 253 InsO richtet sich erst gegen den Bestätigungsbeschluss – und haben einen unterschiedlichen Prüfungsumfang.[1829] Zulässigkeitsvoraussetzung ist aber jeweils, dass der Antragsteller/Beschwerdeführer durch den Plan *schlechtergestellt* wird, als er ohne Plan stünde (§§ 251 II; 253 II Nr. 3 InsO). Der Rechtsschutz im eröffneten Insolvenzplanverfahren ist damit grundsätzlich *vermögensbezogen.*[1830]

I. Lediglich vermögensbezogener Schutz der Gesellschafter durch §§ 251, 253 InsO

Dass die Zulässigkeit des Rechtsschutzes *insgesamt* auf lediglich vermögensmäßige Beeinträchtigungen beschränkt ist, unterscheidet sich von der Rechtslage vor Inkrafttreten des ESUG. Zwar war der Minderheitenschutz nach § 251 InsO auch in seiner alten Fassung auf Fälle der vermögensmäßigen Schlechterstellung begrenzt. Hingegen lautete § 253 InsO a.F.: „*Gegen den Beschluß* [sic], *durch den*

1827 Kübler HRI/*Burmeister/Schmidt-Hern,* § 34 Rn. 224 Fn. 348.

1828 Eine umfassende Darstellung des Rechtsschutzes gegen die Bestätigung des Insolvenzplans findet sich bei *Vaske,* Die sofortige Beschwerde gegen die Bestätigung eines Insolvenzplans.

1829 Hierzu näher unter 2. Teil F. II und III.

1830 So die ganz herrschende Meinung LG Bonn, Beschl. v. 10.7.2014 – 6 T 178/14, ZInsO 2014, 43 (45); Andres/Leithaus InsO/*Andres,* § 251 Rn. 5; *Brinkmann,* ZIP 2014, 197 (201); Kübler HRI/*Burmeister/Schmidt-Hern,* § 43 Rn. 57; *Hölzle,* ZIP 2015, 83 (85); *ders.,* ZIP 2014, 1819 (1822); *ders.,* Praxisleitfaden ESUG, §§ 251, 253 Rn. 11; FK-InsO/*Jaffé,* § 251 Rn. 13; *Lehmann/Rühle,* NZI 2014, 889 (892); *Müller,* DB 2014, 41 (44); A/G/R InsO/*Silcher,* § 251 Rn. 14; MüKo InsO/*Sinz,* § 251 Rn. 28; MüKo InsO/*Sinz,* § 253 Rn. 32; *Gräfin von Spee,* Gesellschafter im Reorganisationsverfahren, S. 141, 147; Schmidt InsO/*Spliedt,* § 251 Rn. 7; *Thole,* ZIP 2013, 1937 (1945); *Zipperer,* ZIP 2015, 2002 (2008).

der Insolvenzplan bestätigt oder die Bestätigung versagt wird, steht den Gläubigern und dem Schuldner die sofortige Beschwerde zu." Zulässig war eine Beschwerde hier bereits bei *jeder Beeinträchtigung der Rechtsstellung.*[1831] Dies führte zu einer Vielzahl von Beschwerden seitens der Gläubiger und erheblichen Verfahrensverzögerungen – zum Teil von einigen Monaten.[1832] Dies wiederum konnte im Einzelfall den Erfolg einer Sanierung in Frage stellen.[1833] Der Gesetzgeber machte es sich deswegen zum Ziel, dieses „*Störpotential*" einzudämmen, um zu verhindern, dass „[w]*irtschaftlich sinnvolle und von einer Mehrheit der Beteiligten gewünschte Sanierungen* [...] *an der Blockade Einzelner scheitern.*"[1834]

Insbesondere in Bezug auf den Schutz der Altgesellschafter vor (unberechtigten) Eingriffen in ihre Rechte wird dieser rein vermögensbezogene Schutz gegen Insolvenzpläne teilweise kritisiert und in Frage gestellt.[1835]

1) Die Regelinsolvenz als Vergleichsmaßstab

Zwar kann eine Schlechterstellung des (Minderheits-)Gesellschafters grundsätzlich auch dann angenommen werden, wenn sein Bezugsrecht ausgeschlossen wird, der Anteil oder Sonderrechte entzogen werden.[1836] Nach dem Gesetzeswillen ist dies für die §§ 251, 253 InsO allerdings nur dann relevant, wenn die *Schlechterstellung* im Vergleich zu der Situation *ohne Plan* besteht. Der vom Gesetzgeber gewählte Bezugspunkt ist damit die Regelinsolvenz.[1837] Als Vergleichsgröße kommt dementsprechend der Erlös des Gesellschafters aus der Liquidation der Schuldnergesellschaft, der Gesamtveräußerung des Unternehmens oder der

---

1831 MüKo InsO/*Sinz,* § 253 Rn. 19 (2.Aufl., 2008); Schmidt InsO/*Spliedt,* § 253 Rn. 9.

1832 BegrRegE ESUG, BT-Drucks. 17/5712, S. 35; *Fischer,* NZI 2013, 513 (513).

1833 BegrRegE ESUG, BT-Drucks. 17/5712, S. 19.

1834 BegrRegE ESUG, BT-Drucks. 17/5712, S. 18, 19.

1835 *Brünkmans/Uebele,* ZInsO 2014, 265 (274); *Meyer,* DB 2015, 538 (542); *dies.,* ZInsO 2013, 2361 (2369); *Priester,* FS Kübler, 557 (566); *Schäfer,* ZIP 2015, 1208 (1210); *ders.,* ZIP 2014, 2417 (2419). Diese Kritik bezieht sich meist pauschal auf den „*vermögensbezogenen Rechtsschutz*" ohne explizit zwischen § 251 und § 253 InsO zu unterscheiden. Aus diesem Grund soll die Diskussion für beide Normen zusammen dargestellt werden.

1836 *Hölzle,* ZIP 2014, 1819 (1820).

1837 LG Hamburg, Beschl. v. 10.12.2014 – 326 T 163/14, ZInsO 2015, 159 (161); LG Bonn, Beschl. v. 10.7.2014 – 6 T 178/14, ZInsO 2015, 43 (44); *Brinkmann,* ZIP 2014, 197 (201); Kübler HRI/*Burmeister/Schmidt-Hern,* § 43 Rn. 56; *Lehmann/Rühle,* NZI 2015, 151 (154); *Krull,* Stellung und Schutz des Minderheitsgesellschafters im Insolvenzplanverfahren, S. 201; MüKo InsO/*Sinz,* § 251 Rn. 26; *Smid,* ZInsO 2014, 1873 (1880).

Veräußerung im Wege der übertragenden Sanierung in Betracht.[1838] In den allermeisten Fällen wird eine Besserstellung allerdings gegenüber der Stellung gemäß dem Insolvenzplan nicht festzustellen sein.[1839]

Beide Alternativen im Regelverfahren führen zum Verlust der Gesellschaftsanteile und somit auch der mit ihnen verbundenen Sonderrechte.[1840] Die Geltendmachung einer Schlechterstellung durch einen Entzug des Anteils- oder auch nur einzelner Mitgliedschaftsrechte wird dem Gesellschafter dementsprechend im Rahmen der §§ 251, 253 InsO nicht offenstehen.

2) *Keine Prüfung einer etwaigen Insolvenzzweckwidrigkeit des Insolvenzplans i.R.v. §§ 251, 253 InsO*

Die Tatsache, dass die Altgesellschafter hierdurch im eröffneten Insolvenzplanverfahren nahezu schutzlos gestellt sind, wird in der Literatur teilweise kritisiert.[1841]

In diesem Sinne wird vorgetragen, es sei verfassungsrechtlich unhaltbar, wenn dem Gesellschafter nicht ermöglicht würde, das Inkrafttreten *insolvenzzweckwidriger* Pläne gerichtlich zu verhindern.[1842]

Zwar ist – auch nach hier vertretener Auffassung – das Insolvenzgericht in engen Grenzen berechtigt, die Insolvenzzweckwidrigkeit eines Insolvenzplans im Rahmen des § 231 InsO zu prüfen und ihn ggf. zurückzuweisen.[1843] Diese Möglichkeit ist allerdings auf ein frühes Verfahrensstadium zu beschränken. Nicht hingegen sollte den Gesellschaftern – unabhängig von der Geltendmachung einer vermögensmäßigen Schlechterstellung – die Möglichkeit gegeben werden, nach der Annahme des Insolvenzplans durch die Beteiligtenversammlung die

---

1838 Andres/Leithaus InsO/*Andres*, § 251 Rn. 5; *Hölzle*, ZIP 2014, 1819 (1821); Kübler HRI/*Burmeister/Schmidt-Hern*, § 43 Rn. 63; *Lehmann/Rühle*, NZI 2015, 151 (154); KPB InsO/*Pleister*, § 251 Rn. 9 (68. EL 9/16); *Smid*, ZInsO 2014, 1873 (1881); *Vaske*, Die sofortige Beschwerde gegen die Bestätigung eines Insolvenzplans, S. 173.

1839 *Lehmann/Rühle*, NZI 2015, 151 (154); anders ist dies nur, wenn der Insolvenzplan bspw. eine *Nachschusspflicht* des Gesellschafters erst begründet. Dann kann laut *Eidenmüller*, NJW 2014, 17 (18), eine Schlechterstellung gegenüber dem Regelinsolvenzverfahren geltend gemacht werden.

1840 *Hölzle*, ZIP 2014, 1819 (1822).

1841 *Brünkmans/Uebele*, ZInsO 2014, 265 (274); *Meyer*, DB 2015, 538 (542); *dies.*, ZInsO 2013, 2361 (2369).

1842 *Brünkmans/Uebele*, ZInsO 2014, 265 (274).

1843 Die Insolvenzzweckwidrigkeit wird allerdings nur in den seltensten Fällen angenommen werden können. Siehe hierzu die Ausführungen im 2. Teil E. I. 3) c).

Insolvenzzweckwidrigkeit gerichtlich geltend zu machen. Die Zurückweisung des Insolvenzplans von Amts wegen (§ 231 InsO) verfolgt den Zweck, den Beteiligten eine zeitintensive Auseinandersetzung mit dem Inhalt eines ohnehin aussichtslosen Insolvenzplans zu ersparen.[1844] Für den Fall, dass ein Insolvenzplan offensichtlich nicht die Gläubigerbefriedigung bezweckt, erscheint die Annahme des Plans durch die Gläubiger höchst unwahrscheinlich. Ihnen die inhaltliche Auseinandersetzung mit einem solchen Insolvenzplan zu ersparen, ist dementsprechend durchaus sinnvoll. Schließlich nehmen die Verfahrensschritte zwischen Zulassung und der endgültigen Annahme des Plans durch die Beteiligten eine nicht unerhebliche Zeit ein, was sich – wenn von einer Planannahme ohnehin nicht auszugehen ist – sanierungshemmend auswirkt. Wurde der Plan durch die Beteiligten allerdings schon angenommen, zeigt dies, dass er mehrheitlich Zustimmung findet. Die Durchsetzung eines mehrheitlich getragenen Insolvenzplans ohne Verfahrensbehinderungen durch einzelne Beteiligte wurde durch die Änderung der Vorschriften zum Rechtsschutz gerade bezweckt.[1845] Es bleibt dementsprechend dabei, dass eine Insolvenzzweckwidrigkeit lediglich im Rahmen des § 231 InsO durch das Insolvenzgericht zu prüfen ist.

3) Keine Begrenzung bei nicht exakt bezifferbaren Nachteilen

Schäfer wählt hingegen einen anderen Ansatzpunkt, um die rein vermögensorientierte Betrachtungsweise im Falle des Rechtsschutzes der Gesellschafter auszuschließen. Nach seiner Ansicht stoße die vermögensbezogene Sichtweise immer dann an ihre „*immanenten Grenzen*“, wenn sich Nachteile für den Gesellschafter durch Veränderung seines Mitgliedschaftsrechts ergeben, die nicht *exakt bezifferbar* seien.[1846] In diesem Fall liege stets ein der Bestätigung entgegenstehender Nachteil vor.[1847] Schließlich bestehe die Pflicht zur Aufopferung des Mitgliedschaftsrechts nur bei Wertlosigkeit des Anteils.[1848]

Dass die (verfassungsrechtliche) Rechtfertigung für einen Eingriff in die Mitgliedschaftsrechte der Gesellschafter nicht in der allgemeinen Wertlosigkeit der

1844 Heidelberger Kommentar InsO/*Haas*, § 231 Rn. 1.

1845 Hierzu die BegrRegE ESUG, BT-Drucks. 17/5712, S. 18: „*Wirtschaftlich sinnvolle und von einer Mehrheit der Beteiligten gewünschte Sanierungen dürfen nicht an der Blockade Einzelner scheitern*“; so auch Fischer, NZI 2013, 513 (513).

1846 *Schäfer*, ZIP 2014, 2417 (2419); *ders.*, ZIP 2015, 1208 (1210); auch *Meyer*, DB 2015, 538 (541), befürchtet, dass der Entzug von Sonderrechten nicht wirtschaftlich zu messen sei.

1847 *Schäfer*, ZIP 2014, 2417 (2419).

1848 *Schäfer*, ZIP 2014, 2417 (2420).

Anteile liegt, sondern durch das Vorliegen eines Insolvenzgrundes begründet ist, wurde bereits an anderer Stelle ausgeführt.[1849] Insofern folgt aus der Werthaltigkeit des Anteils zwar, dass dem Gesellschafter – bei Entzug der vermögenswerten Position – ein Anspruch auf Abfindung zum wahren Wert zusteht.[1850] Nicht aber schließt dies die Bestätigung des Insolvenzplans aus. Mögliche Bewertungsschwierigkeiten lassen keine andere Beurteilung zu. Vielmehr sind solche Schwie-rigkeiten paradigmatisch für die Bewertung von Unternehmen und Unternehmensanteilen. Sähe man dies anders, wäre die inhaltliche Gestaltung des Insolvenzplans übermäßig eingeschränkt.

Darüber hinaus führte diese Ansicht dazu, dass die Änderung eines Mitgliedschaftsrechtes durch Entzug von Sonderrechten im Insolvenzplan stets ausgeschlossen wäre, wenn nicht eine offensichtliche Wertlosigkeit der Gesellschaftsanteile vorläge. Die Ablehnung der Planbestätigung würde dann zwingend zu einer Abwicklung der Schuldnergesellschaft im Regelverfahren führen, was für den Gesellschafter gleichfalls einen Verlust seiner Mitgliedschaftsrechte bedeutete.[1851] Damit wäre für die Gesellschafter nicht viel gewonnen.

4) Keine Ausnahme vom Vergleichsmaßstab der Regelinsolvenz

Aus ähnlichen Erwägungen kann auch nicht der neuerlichen Ansicht des BGH gefolgt werden. Dieser scheint in seinem Beschluss vom 17.7.2014 eine Ausnahme von dem Regelverfahren als Vergleichsgröße machen zu wollen.[1852] Die Entscheidung erging im *Suhrkamp*-Verfahren auf Antrag des Minderheitsgesellschafters gemäß § 253 InsO. Der BGH führte hier (allerdings lediglich als *obiter dictum*) aus, es spreche viel dafür, dass der Minderheitsgesellschafter eine *wesentliche Schlechterstellung* glaubhaft gemacht habe. Das Gericht zählte im Folgenden mehrere Indizien auf, die hierfür sprechen sollen:[1853] Da die Insolvenzgläubiger auch ohne weitere Sanierungsmaßnahmen voll befriedigt werden könnten, hätte die Gesellschaft auch in ihrer bisherigen Rechtsform fortgeführt oder im Wege der übertragenden Sanierung veräußert werden können. Wäre die Gesellschaft

---

1849 Siehe hierzu die Ausführungen zur Verfassungsmäßigkeit im 1. Teil C III.

1850 BegrRegE ESUG, BT-Drucks. 17/5712, S. 35; KPB InsO/*Pleister,* § 251 Rn. 11 (68. EL 9/16); *Smid,* ZInsO 2014, 1873 (1874).

1851 *Hölzle,* ZIP 2014, 1819 (1822).

1852 BGH, Beschl. v. 17.7.2014 – IX ZB 13/14, BGHZ 202, 133; dieser Ansicht folgend *Meyer,* DB 2015, 538 (542); aA. LG Berlin, Beschl. v. 20.10.2014 – 51 T 696/14, NZI 2015, 66 (68).

1853 BGH, Beschl. v. 17.7.2014 – IX ZB 13/14, BGHZ 202, 133 (149 f.).

in ihrer ursprünglichen Rechtsform der GmbHG & Co. KG fortgeführt worden, hätte der Minderheitsgesellschafter seinen Anteil jederzeit frei veräußern können. Dies sei ihm nun aufgrund einer Vinkulierung der Aktien nicht mehr möglich. Auch im Fall der übertragenden Sanierung hätte der Minderheitsgesellschafter am Erlös partizipiert. Es könne hier dementsprechend nicht davon ausgegangen werden, dass die Gesellschaftsanteile wertlos seien. Aufgrund des Insolvenzplans würden die Mitgliedschaftsrechte allerdings enorm beschnitten: die einst bestehenden Mitwirkungsrechte würden wirkungslos, das Anteilseigentum verwässert und vinkuliert. Insbesondere Letzteres sei in der Lage, den Wert *erheblich zu mindern*.

Der Vergleich des Planerlöses mit dem Erlös im Regelverfahren schließt zwar – wie bereits erwähnt – einen Erlös aus einer möglichen übertragenden Sanierung ein. Dies ist aber nur möglich, wenn die Alternative der übertragenden Sanierung überwiegend wahrscheinlich wäre.[1854] Die Ausführungen zu einer möglichen Fortführung in der ursprünglichen Rechtsform lassen aber darauf schließen, dass der BGH in diesem Fall ausnahmsweise einen Vergleich mit einem Alternativplan gelten lassen möchte – auch wenn er dies nicht *explizit* ausdrückt.[1855] Hiergegen spricht jedoch, dass dies einer Zweckmäßigkeitsprüfung durch das Insolvenzgericht gleichkäme.[1856] Ob ein Alternativplan aufgestellt wird, liegt ausschließlich in der Hand der Beteiligtenversammlung, nicht aber ist das Insolvenzgericht berufen, hierüber zu entscheiden.[1857] Hinzu kommt, dass insbesondere bei Konflikten innerhalb der Schuldnergesellschaft oder der Geschäftsführung die Einigung über die Aufstellung eines Alternativplans ein

---

1854 Andres/Leithaus InsO/*Andres*, § 251 Rn. 5; Kübler HRI/*Burmeister/Schmidt-Hern*, § 43 Rn. 63; KPB InsO/*Pleister*, § 251 Rn. 9 (68. EL 9/16); nach Schmidt InsO/*Spliedt*, § 251 Rn. 9, ist hierfür zwar nicht die Benennung konkreter Kaufinteressenten erforderlich, allerdings muss diese Alternative *glaubhaft* gemacht werden und der hierdurch erzielbare Erlös überwiegend wahrscheinlich höher sein; *Vaske*, Die sofortige Beschwerde gegen die Bestätigung eines Insolvenzplans, S. 174.

1855 Dies interpretieren auch *Hölzle*, ZIP 2014, 1819 (1821, 1822) und *Pleister/Tholen*, ZIP 2015, 414 (416), in diesem Sinne.

1856 *Hölzle*, ZIP 2014, 1819 (1822); *Krull*, Stellung und Schutz des Minderheitsgesellschafters im Insolvenzplanverfahren, S. 257; *Thole*, Gesellschaftsrechtliche Maßnahmen in der Insolvenz, Rn. 285c.

1857 Kübler HRI/*Burmeister/Schmidt-Hern*, § 43 Rn. 65; *Hölzle*, ZIP 2014, 1819 (1822); Schmidt InsO/*Spliedt*, § 251 Rn. 7; *Thole*, Gesellschaftsrechtliche Maßnahmen in der Insolvenz, Rn. 285c.

unrealistisches Szenario darstellt.[1858] Hierauf wies auch das BVerfG in seinem Beschluss vom 18.12.2014 hin.[1859] Die Minderheitsgesellschafterin des *Suhrkamp Verlages* hatte hier den Erlass einer einstweiligen Anordnung beantragt, um den Eintritt der Wirkungen des Insolvenzplans und die Eintragung in das Handelsregister vorläufig zu verhindern, was jedoch nicht erfolgreich war. Das Gericht führte in seiner Folgenabwägung gemäß § 32 I BVerfGG aus, die Minderheitsgesellschafterin blende bei der Annahme, ein Alternativplan würde ihre ursprüngliche Gesellschafterstellung erhalten, die unterschiedlichen Auffassungen der Gesellschafter über die Fortführung des Unternehmens aus.[1860] Aber nicht nur die Mitgesellschafter, auch die Gläubiger müssten in einem solchen Fall von einem alternativen Insolvenzplan überzeugt werden und diesem mehrheitlich zustimmen – auch dies wird in vielen Fällen kein realistisches Szenario darstellen.[1861]

Bleibt aber als realistische Alternative zum Insolvenzplan ohnehin nur das Regelverfahren mit dem unausweichlichen Verlust der Mitgliedschaftsrechte, wird ersichtlich, weshalb der Gesetzgeber Rechtsschutz gegen den Insolvenzplan nur bei einer vermögensmäßigen Schlechterstellung gegenüber dem Regelverfahren zulässt. Der Erlös aus einem Alternativplan ist insoweit keine zulässige Vergleichsgröße.[1862]

5) Ausreichender Schutz durch die vermögensbezogene Betrachtungsweise

Die Gefahr, dass rechtswidrige Insolvenzpläne bestätigt werden, ist gleichwohl nicht gegeben. Mit dem BVerfG ist insoweit davon auszugehen, dass der Bestätigungsbeschluss gemäß §§ 248, 250 InsO den Verfahrensbeteiligten bereits eine hinreichende Möglichkeit bietet, ihre Bedenken gegen den Insolvenzplan geltend zu machen und einer gerichtlichen Klärung zuzuführen.[1863]

1858 Hierauf weist auch das LG Berlin, Beschl. v. 20.10.2014 – 51 T 696/14, NZI 2015, 66 (68), hin.

1859 BVerfG, Beschl. v. 18.12.2014 - 2 BvR 1978/13, ZIP 2015, 80.

1860 BVerfG, Beschl. v. 18.12.2014 - 2 BvR 1978/13, ZIP 2015, 80 (83).

1861 Hierauf weist das LG Bonn, Beschl. v. 10.7.2014 – 6 T 178/14, ZInsO 2014, 43 (45), hin.

1862 LG Hamburg, Beschl. v. 10.12.2014 – 326 T 163/14, ZInsO 2015, 159 (161); LG Berlin, Beschl. v. 20.10.2014 – 51 T 696/14, NZI 2015, 66 (68); *Bulgrin,* Die strategische Insolvenz, S. 186; *Hölzle,* ZIP 2015, 83 (84); *ders.,* ZIP 2014, 1819 (1822); *Lehmann/Rühle,* NZI 2015, 151 (154); MüKo InsO/*Sinz,* § 251 Rn. 26; Schmidt InsO/*Spliedt,* § 251 Rn. 7.

1863 BVerfG, Beschl. v. 17.10.2013 – 2 BvR 1978/13, NZI 2010, 1072 (1073).

Auch verfassungsrechtlich ist damit nicht geboten, den Beteiligten unabhängig von ihrer vermögensrechtlichen Schlechterstellung darüber hinausgehenden Rechtsschutz gegen die Bestätigung des Insolvenzplans zu geben. Insoweit gewährt § 248 InsO einen in das Verfahren integrierten Rechtsschutz, der die von Art. 14 I GG verlangte Rechtsschutzgewährleistung erfüllt.[1864] Dabei ist auch zu beachten, dass der Insolvenzplan nicht nur im Rahmen der Planbestätigung einer eingehenden Prüfung durch das Insolvenzgericht unterzogen wird, bereits im Vorfeld hierzu findet eine detaillierte Prüfung gemäß § 231 InsO statt. Darüber hinaus ist auch die Abstimmung mit den erforderlichen Mehrheiten ein weiteres Schutzinstrument vor (inhaltlich) unzulänglichen Insolvenzplänen.[1865] Die Gefahr, dass ein Insolvenzplan, der rechtswidrige Zwecke verfolgt, sämtliche Prüfungsschritte passiert und dennoch bestätig wird, scheint damit sehr begrenzt.[1866]

Insgesamt ist damit zu konstatieren, dass der lediglich vermögensbezogene Schutz der Gesellschafter gegen den Insolvenzplan aufrechtzuerhalten ist. Der Gesellschafter, dessen Anteil aufgrund der Fortführung der Gesellschaft durch den Insolvenzplan einen Wert aufweist, muss bei (teilweisem) Entzug zwar zum wahren Wert abgefunden werden.[1867] Wird der Gesellschafter durch den Entzug allerdings nicht schlechter gestellt, als er im Regelverfahren stünde, ist die Inanspruchnahme von Rechtsschutz gegen den Insolvenzplan ausgeschlossen.

II. Minderheitenschutz gemäß § 251 InsO

Werden die Gesellschafter in den Insolvenzplan einbezogen, können sie den Minderheitenschutz des § 251 InsO geltend machen.[1868] Die Norm ergänzt den durch § 245 InsO gewährten Mehrheitsschutz um einen Minderheitenschutz.[1869]

1864 *Vaske,* Die sofortige Beschwerde gegen die Bestätigung eines Insolvenzplans, S. 159.

1865 Skauradszun/Spahlinger/Tresselt, DZWIR 2015, 539 (542).

1866 Skauradszun/Spahlinger/Tresselt, DZWIR 2015, 539 (543), führen aus, eine solche Annahme „*suggerier*[e] *bei Lichte betrachtet, dass alle mit der Sache befassten Gerichte und Planbeteiligten Insolvenzpläne entweder nicht überprüfen wollen oder können.* [Dies gehe] *an der Rechtswirklickeit vorbei*".

1867 Die Geltendmachung erfolgt vor einem ordentlichen Gericht, nicht jedoch im Insolvenzverfahren.

1868 Kübler HRI/*Burmeister/Schmidt-Hern,* § 43 Rn. 19; KPB InsO/*Pleister,* § 251 Rn. 4 (68. EL 9/16); MüKo InsO/*Sinz,* § 251 Rn. 7.

1869 Nerlich/Römermann InsO/*Braun,* § 251 Rn. 1 (14. EL 3/08); Uhlenbruck InsO/*Lüer/Streit,* § 251 Rn. 2; MüKo InsO/*Sinz,* § 251 Rn. 2; *Smid,* ZInsO 2014, 1873 (1874); *Smid/Rattunde/Martini,* Der Insolvenzplan, Rn. 20.3; Hamburger Kommentar InsO/*Thies,* § 251 Rn. 1.

Es soll sichergestellt werden, dass die Planbeteiligten nur dann durch den Insolvenzplan schlechter als im Regelverfahren gestellt werden, sofern dies ihrem Willen entspricht.[1870] Dem Gesellschafter wird damit der Wert garantiert, den seine Rechtsposition im Insolvenzverfahren hat.[1871] Die Norm ist insoweit Ausdruck der Tatsache, dass das Interesse der Minderheit innerhalb einer Gruppe nicht zwingend dem Interesse der Mehrheit entsprechen muss.[1872]

Dabei werden folgende Konstellationen erfasst: der Gesellschafter wird ohne abzustimmen, durch den Insolvenzplan benachteiligt; die Gruppe des Gesellschafters überstimmt diesen im Rahmen der Abstimmung; die Zustimmung der Gruppe des Gesellschafters wird über das Obstruktionsverbot fingiert.[1873]

1) Zulässigkeit des Antrags

Für die Zulässigkeit des Antrages bedarf es sowohl des Antrages gemäß § 251 I Hs. 1 InsO als auch des Widerspruchs gegen den Plan spätestens im Abstimmungstermin.[1874] Dabei genügt es nicht, wenn der Gesellschafter gegen den Plan gestimmt hat.[1875] Vielmehr ist es für einen Antrag ohne Belang, ob bzw. wie er abgestimmt hat.[1876]

Darüber hinaus muss der Gesellschafter gemäß § 251 II InsO die Schlechterstellung durch den Insolvenzplan glaubhaft machen. Dabei ist zu verlangen, dass Tatsachen vorgetragen werden, „*aus denen sich die überwiegende Wahrscheinlichkeit* [der] *Schlechterstellung durch den Insolvenzplan ergibt.*“[1877] An die Glaubhaftmachung (es gilt § 4 InsO i.V.m. § 294 ZPO) werden dabei hohe Anforderungen

---

1870 Uhlenbruck InsO/*Lüer/Streit,* § 251 Rn. 1; KPB InsO/*Pleister,* § 251 Rn. 2 (68. EL 9/16).

1871 Kübler HRI/*Burmeister/Schmidt-Hern,* § 43 Rn. 1; MüKo InsO/*Sinz,* § 251 Rn. 27.

1872 Kübler HRI/*Burmeister/Schmidt-Hern,* § 43 Rn. 3; KPB InsO/*Pleister,* § 251 Rn. 2 (68. EL 9/16); MüKo InsO/*Sinz,* § 251 Rn. 1.

1873 KPB InsO/*Pleister,* § 251 Rn. 3 (68. EL 9/16); *Smid/Rattunde/Martini,* Der Insolvenzplan, Rn. 20.3.

1874 Kübler HRI/*Burmeister/Schmidt-Hern,* § 43 Rn. 23; *Smid,* ZInsO 2014, 1873 (1874); anders Schmidt InsO/*Spliedt,* § 251 Rn. 5.

1875 Braun InsO/*Braun/Frank,* § 251 Rn. 5; Kübler HRI/*Burmeister/Schmidt-Hern,* § 43 Rn. 31; KPB InsO/*Pleister,* § 251 Rn. 6 (68. EL 9/16); MüKo InsO/*Sinz,* § 251 Rn. 14; Hamburger Kommentar InsO/*Thies,* § 251 Rn. 7.

1876 Braun InsO/*Braun/Frank,* § 251 Rn. 4; KPB InsO/*Pleister,* § 251 Rn. 4 (68. EL 9/16).

1877 BGH, Beschl. v. 17.12.2009 – IX ZB 124/09, ZIP 2010, 292 (292); BGH, Beschl. v. 19.5.2009 – IX ZB 236/07, ZIP 2009, 1384 (1385); ähnlich KPB InsO/*Pleister,* § 251 Rn. 13 (68. EL 9/16); *Rendels/Zabel,* Insolvenzplan, Rn. 509.

gestellt.[1878] Dies ist der Grund, weshalb in der Praxis häufig Anträge scheitern.[1879] Für die Schlechterstellung kommt es – entsprechend der oben aufgestellten Grundsätze – lediglich auf einen vermögensmäßigen Vergleich mit dem Regelinsolvenzverfahren an.

2) Begründetheit des Antrags

Liegt dem Insolvenzgericht ein zulässiger Antrag vor, prüft es im Rahmen der Begründetheit die *voraussichtliche* Schlechterstellung des Antragstellers durch den Plan (§ 251 I Nr. 1 InsO). Hierbei unterliegt es der Amtsermittlungspflicht.[1880] Allerdings sind vom Gericht nur die Tatsachen zu prüfen, die der Antragsteller für seine Schlechterstellung geltend gemacht hat.[1881] Diese muss wahrscheinlicher erscheinen als die Nichtschlechterstellung.[1882] Zweifel gehen dabei zulasten des Antragstellers,[1883] wobei – abweichend von § 253 II Nr. 3 InsO – keine Geringfügigkeitsschwelle existiert.[1884]

Abweichend von § 245 InsO wird nicht die *Angemessenheit* der Beteiligung am Planerlös garantiert.[1885] Lediglich der *Mindeststandard* der Regelabwicklung wird sichergestellt.[1886] Grund dafür ist, dass der Schutz des Einzelnen nicht so hoch ausgestaltet sein muss wie der Schutz einer ganzen Abstimmungsgruppe vor der Fiktion ihrer Zustimmung.[1887] Der Widerstand gegen den Plan ist also für den einzelnen Beteiligten innerhalb seiner Gruppe am effektivsten.[1888]

1878 AG Bonn, Beschl. v. 27.5.2014 – 99 IN 153/13, ZInsO 2015, 353 (354); Uhlenbruck InsO/*Lüer/Streit*, § 251 Rn. 19; siehe allgemein zum Erfordernis der Glaubhaftmachung i.R.d. § 251 InsO *Thorwart/Schauer*, NZI 2011, 574.

1879 *Rendels/Zabel*, Insolvenzplan, Rn. 509.

1880 *Böcker*, DZWIR 2014, 440 (441).

1881 BGH, Beschl. v. 19.7.2012 – IX ZB 250/11, WM 2012, 1640 (1640); BGH, Beschl. v. 24.3.2011 – IX ZB 80/11, 966 (968); *Böcker*, DZWIR 2014, 440 (441); Uhlenbruck InsO/*Lüer/Streit*, § 251 Rn. 21; *Rendels/Zabel*, Insolvenzplan, Rn. 506.

1882 Kübler HRI/*Burmeister/Schmidt-Hern*, § 43 Rn. 50; MüKo InsO/*Sinz*, § 251 Rn. 19.

1883 MüKo InsO/*Sinz*, § 251 Rn. 19.

1884 Kübler HRI/*Burmeister/Schmidt-Hern*, § 43 Rn. 50.

1885 Nerlich/Römermann InsO/*Braun*, § 251 Rn. 6 (14. EL 3/08); Braun InsO/*Braun/Frank*, § 251 Rn. 1; KPB InsO/*Pleister*, § 251 Rn. 15 (68. EL 9/16).

1886 MüKo InsO/*Sinz*, § 251 Rn. 32.

1887 KPB InsO/*Pleister*, § 251 Rn. 15 (68. EL 9/16).

1888 KPB InsO/*Pleister*, § 251 Rn. 16 (68. EL 9/16).

3) *Ausgleich gemäß § 251 III InsO*

Abzuweisen ist der Antrag, wenn der Insolvenzplan Mittel für den Ausgleich einer nachgewiesenen Schlechterstellung bereitstellt (§ 251 III 1 InsO). In der Schaffung dieser Regelung durch das ESUG ist die Anerkennung *salvatorischer Klauseln* durch den Gesetzgeber zu sehen.[1889] Wie die Mittel beschaffen sein müssen, um zu einer Abweisung des Antrages zu führen, wird durch das Gesetz nicht bestimmt.[1890] Die Begründung des Regierungsentwurfs führt hierzu lediglich aus, dass der Anspruch bspw. durch Bildung einer Rücklage oder durch Bankbürgschaft sichergestellt sein muss.[1891] Die Prüfung des Insolvenzgerichts ist darauf beschränkt, die ausreichende Höhe der Mittel festzustellen, bevor es den Antrag abweist.[1892]

Ob ein Beteiligter einen Ausgleich für seine individuelle Schlechterstellung erhält, muss er gemäß § 251 III InsO außerhalb des Insolvenzplanverfahrens klären. Dieser Rechtsstreit ist vor den ordentlichen Gerichten zu führen, um zu gewährleisten, dass das Planverfahren zügig fortschreiten kann.[1893] Wird das Insolvenzplanverfahren in Eigenverwaltung durchgeführt, muss die Klage gegen den Schuldner gerichtet werden.[1894] Wird die Finanzierung der Ausgleichsmittel durch einen Dritten garantiert, richtet sich die Klage gegen diesen.[1895]

Originärer Rechtsschutz gegen den Beschluss nach § 251 InsO existiert nicht, allerdings besteht die Möglichkeit, inzident im Rahmen des Rechtsschutzes gegen die Bestätigung des Insolvenzplans gemäß § 253 InsO vorzugehen.[1896] Der Antragsteller, dessen Antrag nach § 251 InsO zurückgewiesen wurde, ist insoweit durch den Bestätigungsbeschluss beschwert.[1897]

1889 Kübler HRI/*Burmeister/Schmidt-Hern,* § 43 Rn. 10; *Lehmann/Rühle,* NZI 2015, 151 (152); KPB InsO/*Pleister,* § 251 Rn. 17 (68. EL 9/16); *Rendels/Zabel,* Insolvenzplan, Rn. 510; MüKo InsO/*Sinz,* § 251 Rn. 36.

1890 *Lehmann/Rühle,* NZI 2015, 151 (152).

1891 BegrRegE ESUG, BT-Drucks. 17/5712, S. 35.

1892 BegrRegE ESUG, BT-Drucks. 17/5712, S. 35.

1893 BegrRegE ESUG, BT-Drucks. 17/5712, S. 35.

1894 Kübler HRI/*Burmeister/Schmidt-Hern,* § 43 Rn. 87; *Lehmann/Rühle,* NZI 2015, 151 (155); MüKo InsO/*Sinz,* § 251 Rn. 43.

1895 *Lehmann/Rühle,* NZI 2015, 151 (155).

1896 Nerlich/Römermann InsO/*Braun,* § 251 Rn. 3 (14. EL 3/08); Kübler HRI/*Burmeister/Schmidt-Hern,* § 43 Rn. 83; FK-InsO/*Jaffé,* § 251 Rn. 24; KPB InsO/*Pleister,* § 251 Rn. 23 (68. EL 9/16); MüKo InsO/*Sinz,* § 251 Rn. 55.

1897 MüKo InsO/*Sinz,* § 251 Rn. 56.

III. Rechtsmittel gegen den Bestätigungsbeschluss gemäß § 253 InsO

Mit § 253 InsO wird den durch die Bestätigung bzw. Versagung der Bestätigung des Insolvenzplans Beschwerten – also auch dem (Minderheits-)Gesellschafter – ein Rechtsmittel gegen den jeweiligen Beschluss eröffnet.

Da erst mit Rechtskraft des Bestätigungsbeschlusses die Wirkungen des gestaltenden Teils des Insolvenzplans eintreten (§ 254 I InsO), kommt der Beschwerde gegen den Bestätigungsbeschluss Suspensiveffekt zu.[1898] Eben dieser Suspensiveffekt birgt das Gefahrenpotential dieses Rechtsmittels für eine erfolgreiche Sanierung, denn der Beschwerdeführer hat es mit der Einlegung seiner Beschwerde in der Hand, den Eintritt der Wirkungen des Plans in beachtlichem Maße zu verzögern.[1899] Die Änderung der Zulässigkeitsvoraussetzungen durch das ESUG stellt nun einen Versuch dar, dieses Verzögerungspotential zu reduzieren.

Die Beschwerde ist gemäß § 6 I 2 InsO beim Insolvenzgericht einzureichen.[1900] Dieses muss der Beschwerde abhelfen, sofern es sie als begründet erachtet (§§ 4 InsO, 572 I 1 ZPO) und andernfalls dem Landgericht als Beschwerdegericht (§ 72 I GVG) vorlegen.

1) *Zulässigkeit*

Die Voraussetzungen an die Zulässigkeit der Beschwerde ergeben sich aus § 253 II Nr. 1-3 InsO. In formeller Hinsicht muss der Beschwerdeführer zum einen dem Plan spätestens im Abstimmungstermin widersprechen (Nr. 1) und zum anderen gegen den Plan gestimmt haben (Nr. 2). Letzteres ist Ausdruck des Verbots widersprüchlichen Verhaltens.[1901]

a) *Glaubhaftmachung einer wesentlichen Schlechterstellung*

Über diese formellen Voraussetzungen an die Beschwerde hinaus, muss der Beschwerdeführer seine *wesentliche* Schlechterstellung, welche nicht durch Mittel im Sinne des § 251 III InsO ausgeglichen werden kann, glaubhaft machen. Vergleichsgröße für die Schlechterstellung bildet dabei das

---

1898 Heidelberger Kommentar InsO/*Haas*, § 253 Rn. 13; FK-InsO/*Jaffé*, § 253 Rn. 18; KPB InsO/*Pleister*, § 253 Rn. 7 (68. EL 9/16); *Vaske*, Die sofortige Beschwerde gegen die Bestätigung eines Insolvenzplans, S. 96.

1899 KPB InsO/*Pleister*, § 253 Rn. 7 (68. EL 9/16).

1900 Heidelberger Kommentar InsO/*Haas*, § 253 Rn. 12; KPB InsO/*Pleister*, § 253 Rn. 6 (68. EL 9/16); Hamburger Kommentar InsO/*Thies*, § 253 Rn. 3.

1901 KPB InsO/*Pleister*, § 253 Rn. 14 (68. EL 9/16).

Regelinsolvenzverfahren.[1902] Diese empfindliche Einschränkung der Zulässigkeitsvoraussetzungen gegenüber der Rechtslage vor dem ESUG ist Folge der *moderaten* Beschränkung des Rechtsschutzes.[1903]

Insbesondere für den (Minderheits-)Gesellschafter wird diese Voraussetzung die größte Hürde im Rahmen der Beschwerde gegen den Bestätigungsbeschluss darstellen. Durch das *Wesentlichkeitserfordernis* wurde dabei die Voraussetzung gegenüber dem Minderheitenschutz nach § 251 InsO noch verschärft.

Das Gesetz konkretisiert die *wesentliche* Schlechterstellung zwar nicht. Allerdings stellt die Regierungsbegründung klar: „*Eine wesentliche Schlechterstellung in diesem Sinne wird jedenfalls dann nicht angenommen werden können, wenn die Abweichung von dem Wert* [...] *bei einer Verwertung ohne Insolvenzplan* [...] *unter zehn Prozent liegt.*"[1904]

Dieser Rechtsmittelausschluss für Fälle *unwesentlicher* Schlechterstellung begegnet keinen verfassungsrechtlichen Bedenken.[1905] Art. 19 IV GG erfordert lediglich die Gewährleistung einer richterlichen Entscheidung,[1906] nicht aber das Bestehen einer zweiten richterlichen Instanz.[1907] Dies fördert insbesondere im Insolvenzverfahren den „*zügigen und reibungslosen Ablauf*".[1908]

b) Kein vorheriger Antrag gemäß § 251 InsO

Als weitere Zulässigkeitsvoraussetzung wird teilweise ein vorheriger Antrag auf Minderheitenschutz gemäß § 251 InsO gefordert.[1909] Dieser Ansicht folgte auch das LG Berlin und wies im *Suhrkamp*-Verfahren die Rechtsbeschwerde der Minderheitsgesellschafterin des Verlages mittels Beschluss vom 24.2.2014 als

---

1902 Siehe hierzu bereits 2. Teil F. I.

1903 So die Ausdrucksweise des ESUG-Gesetzgebers, siehe BegrRegE ESUG, BT-Drucks. 17/5712, S. 35.

1904 BegrRegE ESUG, BT-Drucks. 17/5712, S. 35; dem folgen BGH, Beschl. v. 17.7.2014 – IX ZB 13/14, BGHZ 202, 133 (150); LG Hamburg, Beschl. v. 10.12.2014 – 326 T 163/14, ZInsO 2015, 159 (161); *Fischer*, NZI 2013, 513 (514); Heidelberger Kommentar InsO/*Haas*, § 253 Rn. 7, will allerdings im Einzelfall von dieser starren Größe abweichen.

1905 Heidelberger Kommentar InsO/*Haas*, § 253 Rn. 7; FK-InsO/*Jaffé*, § 253 Rn. 11.

1906 *Fischer*, NZI 2013, 513 (514).

1907 BegrRegE ESUG, BT-Drucks. 17/5712, S. 36 mit Hinweis auf BVerfG, Beschl. v. 26.11.2009 – 1 BvR 339/09 ZIP 2010, 237 (237). Hierzu ausführlich *Vaske*, Die sofortige Beschwerde gegen die Bestätigung eines Insolvenzplans, S. 146 ff.

1908 BVerfG, Beschl. v. 26.11.2009 – 1 BvR 339/09 ZIP 2010, 237 (238).

1909 *Fischer*, NZI 2013, 513 (515); FK-InsO/*Jaffé*, § 253 Rn. 7; *Skauradszun*, DZWIR 2014, 338 (339).

unzulässig zurück, da zuvor kein Antrag nach § 251 InsO gestellt worden war.[1910] Das Gericht führte hier zur Begründung aus, zwar sei § 253 InsO nicht unmittelbar das Erfordernis eines vorherigen Minderheitenschutzantrages zu entnehmen, allerdings müsse der Beschwerdeführer schon nach allgemeinen Grundsätzen stets seine *verfahrensmäßigen Möglichkeiten* voll ausgeschöpft haben, um Rechtsschutz zu erlangen. Dies müsse auch im Rahmen des § 253 InsO gelten, da nur so die vom Gesetzgeber intendierte Beschränkung des Rechtsschutzes im Insolvenzplanverfahren umgesetzt werden könne.[1911] In diesem Sinne führt auch *Skauradszun* an, das Erfordernis eines vorherigen Antrags nach § 251 InsO sei leicht überprüfbar und könne dazu beitragen, das Beschwerdeverfahrensrecht „*zu straffen*".[1912] Den richtigen Anknüpfungspunkt bilde insoweit das Rechtsschutzbedürfnis.[1913] Wäre ein vorheriger Minderheitenschutz keine Voraussetzung, bestünde zudem die Gefahr, dass § 251 InsO leerliefe. Schließlich sei zu befürchten, dass die Verfahrensbeteiligten andernfalls wegen ihres Suspensiveffekts vorrangig die Beschwerde nach § 253 InsO einlegten.[1914] Zudem sei es dem Beschwerdeführer auch zuzumuten, zunächst einen Minderheitenschutzantrag beim Insolvenzgericht einzulegen.[1915] Schließlich wisse er bereits im Abstimmungstermin von seiner Schlechterstellung.[1916]

Dieser Ansicht ist mit der vom BGH vertretenen Gegenansicht zu widersprechen.[1917] Der BGH wandte sich, auf die Rechtsbeschwerde der Minderheitsgesellschafterin hin, in seinem Beschluss vom 17.7.2014 gegen die Entscheidung des LG Berlin im *Suhrkamp*-Verfahren.[1918]

Gegen das Erfordernis eines vorherigen Minderheitenschutzantrages spricht dabei zunächst einmal, dass § 253 InsO dies nicht verlangt.[1919] Der BGH verweist insoweit auf die Rechtsprechung des BVerfG, wonach der Gesetzgeber zwar grundsätzlich in der Entscheidung frei ist, ob Rechtsmittel gegen Gerichtsentscheidungen zugelassen werden; entscheidet er sich dafür, müssen sich die

---

1910 LG Berlin, Beschl. v. 24.2.2014 – 51 T 107/14, DZWIR 2014, 374.

1911 LG Berlin, Beschl. v. 24.2.2014 – 51 T 107/14, DZWIR 2014, 374 (374).

1912 *Skauradszun,* DZWIR 2014, 338 (339).

1913 *Skauradszun,* DZWIR 2014, 338 (339).

1914 *Skauradszun,* DZWIR 2014, 338 (340).

1915 *Skauradszun,* DZWIR 2014, 338 (340).

1916 *Skauradszun,* DZWIR 2014, 338 (340).

1917 BGH, Beschl. v. 17.7.2014 – IX ZB 13/14, BGHZ 202, 133; ebenso *Hölzle,* ZIP 2014, 1819 (1819); *Lehmann/Rühle,* NZI 2014, 889 (893); *Meyer,* DB 2015, 538 (541).

1918 BGH, Beschl. v. 17.7.2014 – IX ZB 13/14, BGHZ 202, 133.

1919 BGH, Beschl. v. 17.7.2014 – IX ZB 13/14, BGHZ 202, 133 (137).

gesetzlichen Voraussetzungen „*durch ein besonderes Maß an Gleichheit, Klarheit und innerer Logik auszeichnen.*“[1920] Der Zugang zu Rechtsmittelgerichten muss „*möglichst klar erkennbar und bestimmt*“ gehalten sein.[1921] Die Beschwerdemöglichkeit gemäß § 253 InsO von einer *ungeschriebenen* Voraussetzung abhängig zu machen, würde diesen Grundsätzen zuwiderlaufen.[1922] Gegenteiliges lässt sich auch nicht dem Willen des Gesetzgebers entnehmen.[1923] In der Begründung des Regierungsentwurfes wird zwar darauf hingewiesen, dass die Beschwerde nach § 253 InsO nur dann zulässig ist, wenn im Vorfeld die verfahrensmäßigen Möglichkeiten ausgeschöpft wurden, um die Bestätigung des Plans zu verhindern.[1924] Allerdings weist der BGH richtigerweise darauf hin, dass der Gesetzgeber sich hier lediglich auf die Voraussetzung des § 253 II Nr. 2 InsO bezieht, dies jedoch nicht auf einen vorherigen Antrag nach § 251 InsO übertragen werden kann.[1925] Hätte der Gesetzgeber diese zusätzliche Voraussetzung gewollt, hätte er vielmehr ausdrücklich in § 253 InsO hierauf hinweisen müssen, da ansonsten der Zugang zur Beschwerdeinstanz in „*unzumutbarer Weise*“ erschwert würde.[1926] § 253 III InsO deutet vielmehr auf das Gegenteil hin. Aus der Norm wird ersichtlich, dass der Gesetzgeber einen besonderen Hinweis an die Verfahrensbeteiligten auf die in § 253 II Nr. 2 und 3 InsO normierten Zulässigkeitsvoraussetzungen für unverzichtbar hält – eine ungeschriebene Zulässigkeitsvoraussetzung wäre hiermit nur schwer in Einklang zu bringen.[1927] Es ist vielmehr davon auszugehen, dass der Gesetzgeber das Bestätigungshindernis des § 251 InsO und die Zulässigkeitsvoraussetzung des § 253 II Nr. 3 InsO klar unterscheidet.[1928] Unter dieser Prämisse ist § 253 II Nr. 3 InsO als allgemeine Voraussetzung für die Zulässigkeit anzusehen.[1929]

1920 BVerfG, Beschl. v. 11.2.1987 – 1 BvR 475/85, BVerfGE 74, 228 (234).

1921 BVerfG, Beschl. v. 11.6.1980 – 1 PBvU 1/79, BVerfGE 54, 277 (293).

1922 BGH, Beschl. v. 17.7.2014 – IX ZB 13/14, BGHZ 202, 133 (138).

1923 BGH, Beschl. v. 17.7.2014 – IX ZB 13/14, BGHZ 202, 133 (139, 140).

1924 BegrRegE ESUG, BT-Drucks. 17/5712, S. 35.

1925 BGH, Beschl. v. 17.7.2014 – IX ZB 13/14, BGHZ 202, 133 (139, 140); so auch *Meyer*, DB 2015, 538 (541); anders *Vaske*, Die sofortige Beschwerde gegen die Bestätigung eines Insolvenzplans, S. 120.

1926 BGH, Beschl. v. 17.7.2014 – IX ZB 13/14, BGHZ 202, 133 (140).

1927 BGH, Beschl. v. 17.7.2014 – IX ZB 13/14, BGHZ 202, 133 (141); *Fölsing*, ZInsO 2014, 2239 (2240).

1928 BGH, Beschl. v. 17.7.2014 – IX ZB 13/14, BGHZ 202, 133 (143).

1929 Dies gilt auch dann, wenn der Beschwerdeführer keinen Verstoß gegen § 251 InsO, sondern nur einen solchen gegen § 250 InsO rügt, BGH, Beschl. v. 17.7.2014 – IX ZB

2) *Umfang der Begründetheitsprüfung*

Ist die Beschwerde zulässig, entspricht die Begründetheitsprüfung grundsätzlich derjenigen der Rechtmäßigkeitsprüfung des Insolvenzgerichts im Bestätigungsverfahren – dementsprechend kann der Beschwerdeführer eine Verletzung der §§ 248-252 InsO geltend machen.[1930] Eine Beschneidung der Begründetheitsprüfung auf Verstöße, die zu der wesentlichen Schlechterstellung geführt haben, findet grundsätzlich nicht statt.[1931] § 253 II Nr. 3 InsO stellt ausschließlich eine Zulässigkeitsvoraussetzung dar und hat keinerlei Auswirkung auf die Begründetheit.[1932] Sähe man dies anders, könnte eine Beschwerde nach § 253 InsO nur dann Erfolg haben, wenn gleichzeitig ein Verstoß gegen § 251 InsO vorläge.[1933]

Begrenzt wird die Begründetheitsprüfung lediglich für den Fall, dass sich der Beschwerdeführer auf eine Verletzung des § 251 InsO beruft. Die Berufung hierauf unterliegt der Voraussetzung, dass der Beschwerdeführer im Vorhinein einen Antrag nach § 251 InsO gestellt hat;[1934] ist dies nicht geschehen, kann lediglich die Verletzung von § 250 InsO geltend gemacht werden.[1935]

3) *Das „Freigabeverfahren" gemäß § 253 IV InsO*

Zwar wurde die Beschwerdemöglichkeit gemäß § 253 II Nr. 3 a.E. InsO für den Fall ausgeschlossen, dass der Plan ausreichende Mittel für einen vermögensmäßigen Ausgleich der Schlechterstellung des Beschwerdeführers vorsieht. Nichtsdestotrotz schlug der Rechtsausschuss mit § 253 IV InsO ein weiteres Mittel vor, um dem Suspensiveffekt der Beschwerde etwas entgegenzusetzen und den

---

13/14, BGHZ 202, 133 (143); dem folgend LG Düsseldorf, Beschl. v. 10.9.2014 – 25 T 23/14, ZInsO 2014, 1963 (1963).

1930 BGH, Beschl. v. 17.7.2014 – IX ZB 13/14, BGHZ 202, 133 (146); so auch *Böcker,* DZWIR 2014, 440 (443); *ders.,* ZInsO 2015, 773 (776); *Brünkmans,* ZInsO 2014, 993 (996); Hamburger Kommentar InsO/*Thies,* § 253 Rn. 21; *Vaske,* Die sofortige Beschwerde gegen die Bestätigung eines Insolvenzplans, S. 94.

1931 BGH, Beschl. v. 17.7.2014 – IX ZB 13/14, BGHZ 202, 133 (146).

1932 BGH, Beschl. v. 17.7.2014 – IX ZB 13/14, BGHZ 202, 133 (147); *Brünkmans,* ZInsO 2014, 993 (996); *Hölzle,* ZIP 2014, 1819 (1820); Hamburger Kommentar InsO/*Thies,* § 253 Rn. 21; dieser Auslegung widerspricht Schmidt InsO/*Spliedt,* § 253 Rn. 16.

1933 BGH, Beschl. v. 17.7.2014 – IX ZB 13/14, BGHZ 202, 133 (148).

1934 *Brünkmans,* ZInsO 2014, 993 (995).

1935 BGH, Beschl. v. 17.7.2014 – IX ZB 13/14, BGHZ 202, 133 (146); *Böcker,* ZInsO 2015, 773 (776); hiergegen *Schäfer,* ZInsO 2014, 1591 (1592).

Planvollzug zu beschleunigen.[1936] Schließlich kann die durch die Einlegung von Rechtsmitteln bedingte Verzögerung des Insolvenzplanverfahrens (selbst die Prüfung der Zulässigkeit kann Wochen oder gar Monate in Anspruch nehmen) schwerwiegende und unkalkulierbare Auswirkungen haben, die sogar zum Scheitern des Plans führen können.[1937]

Vorbild des § 253 IV InsO ist das aktienrechtliche Freigabeverfahren gemäß § 246a AktG[1938] mit seinem Schutz gegen missbräuchliche Anfechtungsklagen durch räuberische Aktionäre, die mit ihrer Beschlussmängelklage die Eintragung von Kapitalmaßnahmen oder Unternehmensverträgen in das Handelsregister und damit ihre Wirksamkeit verzögern wollen[1939].

Mit der Einführung des § 253 IV InsO wurde für den Insolvenzverwalter – bzw. im Falle der Eigenverwaltung für den Schuldner[1940] – eine Möglichkeit geschaffen, einen Antrag auf Abweisung der Beschwerde zu stellen und somit die alsbaldige Rechtskraft des Insolvenzplans zu erreichen. Zu richten ist dieser Antrag ausschließlich an das Landgericht, da gemäß § 253 IV 1 Hs. 2 InsO in diesem Fall ein Abhilfeverfahren nicht stattfindet.[1941] Das Landgericht hat *unverzüglich* über den Antrag zu entscheiden, wobei ungeklärt ist, wie dieses Merkmal auszulegen ist.[1942]

1936 Beschlussempfehlung und Bericht des Rechtsausschusses zu dem Gesetzesentwurf der Bundesregierung – Drucks. 17/5712, BT-Drucks. 17/7511, S. 36; diesen Vorschlag begrüßt *Madaus,* NZI 2012, 597 (598).

1937 FK-InsO/*Jaffé,* § 253 Rn. 20, 33.

1938 *Böcker,* DZWIR 2015, 10 (17); *Meyer,* DB 2015, 538 (542); MüKo InsO/*Sinz,* § 253 Rn. 58.

1939 MüKo AktG/*Hüffer/Schäfer,* § 246a Rn. 2.

1940 LG Berlin, Beschl. v. 14.4.2014 – 51 T 107/14, DZWIR 2014, 375 (376); *Fischer,* NZI 2013, 513 (517); *Lehmann/Rühle,* NZI 2014, 889 (891); *Meyer,* DB 2015, 538 (542); *Pleister/Tholen,* ZIP 2015, 414 (414); MüKo InsO/*Sinz,* § 253 Rn. 60; Hamburger Kommentar InsO/*Thies,* § 253 Rn. 25a.

1941 *Fischer,* NZI 2013, 513 (517); Heidelberger Kommentar InsO/*Haas,* § 253 Rn. 16; KPB InsO/*Pleister,* § 253 Rn. 29 (68. EL 9/16); Schmidt InsO/*Spliedt,* § 253 Rn. 17.

1942 Im *Suhrkamp*-Verfahren hatte das LG Berlin, Beschl. v. 20.10.2014 – 51 T 696/14, NZI 2015, 66, nachdem der BGH mit Beschluss vom 17.7.2014 die Sache zur erneuten Entscheidung an das Gericht zurückverwiesen hatte, die Beschwerde der Minderheitsgesellschafterin nach § 253 IV InsO zurückgewiesen. Ob dieser Beschluss mehr als acht Monate nach Einlegung der sofortigen Beschwerde durch die Minderheitsgesellschafterin noch als *unverzüglich* i.S.v. § 253 IV 1 InsO angesehen werden kann, bezweifeln *Böcker,* DZWIR 2015, 10 (17) und *Fölsing,* ZInsO 2014, 2239 (2339); nach *Pleister/Tholen,* ZIP 2015, 414 (415), ist das Merkmal der *Unverzüglichkeit* zwar ein Appell an das Gericht, den Beschluss zügig zu fassen. Allerdings könne eine

Hat das Beschwerdegericht die Beschwerde bereits als unzulässig abgewiesen und hiergegen die Rechtsbeschwerde vor dem BGH zugelassen,[1943] ist es nicht befugt, in einem weiteren Beschluss die Beschwerde nach § 253 IV InsO zurückzuweisen.[1944]

a) *Nachteilsabwägung*

Die Beschwerde wird vom Landgericht nur unter der Voraussetzung zurückgewiesen, dass *„das alsbaldige Wirksamwerden des Insolvenzplans vorrangig erscheint, weil die Nachteile einer Verzögerung des Planvollzugs nach freier Überzeugung des Gerichts die Nachteile für den Beschwerdeführer überwiegen"* (§ 253 IV 1 InsO). Die Abwägung von Vollzugs- und Aufschubinteresse nimmt das Gericht nach freier Überzeugung vor.[1945] Dabei müssen die Vorträge beider Seiten so substantiiert sein, dass Art und Umfang der Nachteile für das Gericht nachvollziehbar werden.[1946] Da es für die Erfolgsaussichten der Beschwerde auf die vermögensmäßige Schlechterstellung des Beschwerdeführers ankommt, ist auch für die Nachteilsabwägung im Rahmen des § 253 IV InsO auf wirtschaftliche Aspekte beider Seiten abzustellen.[1947] Einbezogen werden kann dabei – wie auch bei der Prüfung der Schlechterstellung – ausschließlich der Vergleich mit dem Regelinsolvenzverfahren; keine zulässige Vergleichsalternative ist hingegen die Frage, wie der Beschwerdeführer im Falle der Aufhebung des Bestätigungsbeschlusses durch einen Alternativplan gestellt würde.[1948]

Verzögerung durch das Gericht nicht dazu führen, dass der Schuldner die Möglichkeit des § 253 IV InsO nicht nutzen könne; *Skauradszun*, DB 2014, 2694 (2695), sieht eine erneute Entscheidung als unproblematisch an, da sich das Verfahren nach Zurückweisung wieder in der Lage befindet, in der es sich vor der Entscheidung der Beschwerdekammer befand; Schmidt InsO/*Spliedt*, § 253 Rn. 18, geht davon aus, dass eine *unverzügliche* Zurückweisung solange möglich ist, wie Eilbedarf besteht.

1943 So das LG Berlin, Beschl. v. 14.4.2014 – 51 T 107/14, DZWIR 2014, 375. Diese *doppelte* Entscheidung kritisiert *Skauradszun*, DZWIR 2014, 338 (343 f.).

1944 BGH, Beschl. v. 17.7.2014 – IX ZB 13/14, BGHZ 202, 133 (144); dem folgend *Böcker*, ZInsO 2015, 773 (777); *Müller*, NZI 2014, 756 (756); das LG Berlin hätte vielmehr vorrangig nach § 253 IV InsO entscheiden müssen, siehe *Lehmann/Rühle*, NZI 2014, 889 (890).

1945 MüKo InsO/*Sinz*, § 253 Rn. 68.

1946 *Fischer*, NZI 2013, 513 (518).

1947 *Becker*, Anreizwirkung des Sanierungsvorbereitungsverfahrens, S. 176; *Fischer*, NZI 2013, 513 (518); Heidelberger Kommentar InsO/*Haas*, § 253 Rn. 17; *Lehmann/Rühle*, NZI 2014, 889 (894); MüKo InsO/*Sinz*, § 253 Rn. 68.

1948 LG Berlin, Beschl. v. 20.10.2014 – 51 T 696/14, NZI 2015, 66 (68); *Pleister/Tholen*, ZIP 2015, 414 (415).

Insoweit kann der Verlust von Sonderrechten des (Minderheits-)Gesellschafters kein abwägungsrelevanter Nachteil sein, wenn auch im Regelverfahren ein solcher Verlust stattgefunden hätte.[1949] Die Altgesellschafter sind in der Abwägung den Gläubigern gleichgestellt.[1950] Hingegen lässt der potentielle Schadensersatzanspruch, der dem Beschwerdeführer im Fall der Zurückweisung durch das Gericht zusteht (§ 253 IV 3 Hs. 1 InsO), tendenziell seinen Nachteil kleiner erscheinen.[1951] Den Planbefürwortern steht für den Fall, dass der Antrag auf Zurückweisung der Beschwerde nicht ergeht, ein solcher Schadensersatzanspruch nicht zu, wodurch ihre Nachteilsgefahr steigt.[1952] Ein weiterer Aspekt, der grundsätzlich für den Vorrang des Planvollzugs spricht, ist der potentielle Wegfall von Arbeitsplätzen für den Fall des Planaufschubs.[1953] Daneben hat das Vollzugsinteresse stets dann Vorrang, wenn die Beschwerde offensichtlich unzulässig oder unbegründet ist.[1954]

b) Besonders schwerer Rechtsverstoß

Ausgeschlossen ist die Zurückweisung der Beschwerde, wenn ein *besonders schwerer Rechtsverstoß* vorliegt. Die Norm ist als Pendant zu § 246a II Nr. 3 a.E. AktG als Ausnahmevorschrift formuliert, weswegen grundsätzlich hohe Anforderungen an das Vorliegen eines besonders schweren Rechtsverstoßes zu stellen sind.[1955] Als Rechtsverstoß in Betracht kommt grundsätzlich ein Verstoß gegen §§ 248-252 InsO,[1956] wobei dies allein nicht für die besondere Schwere genügt.[1957] Insoweit ist die Ansicht, die bereits bei jedem Verstoß gegen § 250 InsO von einem

1949 LG Berlin, Beschl. v. 20.10.2014 – 51 T 696/14, NZI 2015, 66 (70).

1950 *Fischer,* NZI 2013, 513 (519).

1951 LG Berlin, Beschl. v. 20.10.2014 – 51 T 696/14, NZI 2015, 66 (67); *Fischer,* NZI 2013, 513 (518); Heidelberger Kommentar InsO/*Haas,* § 253 Rn. 17; MüKo InsO/*Sinz,* § 253 Rn. 73; Schmidt InsO/*Spliedt,* § 253 Rn. 19; anders *Fölsing,* ZInsO 2014, 2239 (2241).

1952 LG Berlin, Beschl. v. 20.10.2014 – 51 T 696/14, NZI 2015, 66 (67); MüKo InsO/*Sinz,* § 253 Rn. 73; Schmidt InsO/*Spliedt,* § 253 Rn. 19.

1953 LG Berlin, Beschl. v. 20.10.2014 – 51 T 696/14, NZI 2015, 66 (67); KPB InsO/*Pleister,* § 253 Rn. 35 (68. EL 9/16); *Pleister/Tholen,* ZIP 2015, 414 (416).

1954 KPB InsO/*Pleister,* § 253 Rn. 33 (68. EL 9/16); *Pleister/Tholen,* ZIP 2015, 414 (415); MüKo InsO/*Sinz,* § 253 Rn. 71.

1955 *Brünkmans,* ZInsO 2014, 993 (998); *Fischer,* NZI 2013, 513 (518); *Lehmann/Rühle,* NZI 2014, 889 (892); Schmidt InsO/*Spliedt,* § 253 Rn. 20.

1956 KPB InsO/*Pleister,* § 253 Rn. 34 (68. EL 9/16).

1957 *Fischer,* NZI 2013, 513 (516); ihm folgen FK-InsO/*Jaffé,* § 253 Rn. 21; MüKo InsO/*Sinz,* § 253 Rn. 67.

besonders schwereren Rechtsverstoß ausgehen will,[1958] abzulehnen. Begründet wird diese Auffassung damit, dass die Hürde hier nicht so hoch gelegt werden dürfe wie im Rahmen des § 246a AktG, da es sich nicht um einen Rechtsverstoß der Gesellschaft, sondern des Insolvenzgerichts handele.[1959] Hiergegen spricht, dass § 253 IV InsO gerade die Möglichkeit eröffnen soll, eine Beschwerde gegen den Bestätigungsbeschluss auch dann zurückzuweisen, wenn dieser rechtsfehlerhaft ergangen ist, das Vollzugsinteresse jedoch überwiegt.[1960]

Ähnlich wie im Rahmen des § 246a AktG, der eine massive Verletzung elementarer Aktionärsrechte voraussetzt,[1961] kommt es deswegen auch im Rahmen von § 253 IV 2 InsO *„nicht nur auf die Bedeutung der verletzten Norm, sondern auch auf das konkrete Ausmaß der Rechtsverletzung im Einzelfall an“*[1962]. Hierbei ist an Rechtsverstöße im Ausmaß des § 250 Nr. 2 InsO zu denken.[1963] Diese müssen zudem *„greifbar“* sein, dem Plan muss die Unwirksamkeit plakativ gesprochen *„auf der Stirn geschrieben stehen“*.[1964] Dies ist nicht bereits für jeden Eingriff in Gesellschafterrechte anzunehmen.[1965] Insbesondere ist es für die Annahme des besonders schweren Rechtsverstoßes ohne Belang, ob das Insolvenzplanverfahren ursprünglich rechtmäßig eröffnet wurde[1966]. Eine nachträgliche Überprüfung des Eröffnungsbeschlusses kann im Rahmen der Rechtsbeschwerde nicht vorgenommen werden.[1967]

Wird die Beschwerde gemäß § 253 IV 1 InsO zurückgewiesen, ist dem Beschwerdeführer aus der Insolvenzmasse der Schaden zu ersetzen, der ihm durch den Planvollzug entsteht, wobei keine Naturalrestitution verlangt werden

---

1958 *Brünkmans,* ZInsO 2014, 993 (998); Heidelberger Kommentar InsO/*Haas,* § 253 Rn. 18; KPB InsO/*Pleister,* § 253 Rn. 35 (68. EL 9/16).

1959 KPB InsO/*Pleister,* § 253 Rn. 35 (68. EL 9/16).

1960 MüKo InsO/*Sinz,* § 253 Rn. 70.

1961 MüKo AktG/*Hüffer/Schäfer,* § 246a Rn. 26.

1962 *Fischer,* NZI 2013, 513 (516); ihm folgen FK-InsO/*Jaffé,* § 253 Rn. 21; *Lehmann/Rühle,* NZI 2014, 889 (892); MüKo InsO/*Sinz,* § 253 Rn. 67.

1963 *Fischer,* NZI 2013, 513 (518); MüKo InsO/*Sinz,* § 253 Rn. 67; ähnlich *Vaske,* Die sofortige Beschwerde gegen die Bestätigung eines Insolvenzplans, S. 276.

1964 LG Berlin, Beschl. v. 20.10.2014 – 51 T 696/14, NZI 2015, 66 (71); ähnlich Schmidt InsO/*Spliedt,* § 253 Rn. 20.

1965 LG Berlin, Beschl. v. 20.10.2014 – 51 T 696/14, NZI 2015, 66 (71).

1966 LG Berlin, Beschl. v. 20.10.2014 – 51 T 696/14, NZI 2015, 66 (71); zustimmend *Pleister/Tholen,* ZIP 2015, 414 (418).

1967 LG Berlin, Beschl. v. 20.10.2014 – 51 T 696/14, NZI 2015, 66 (71); zustimmend *Pleister/Tholen,* ZIP 2015, 414 (418).

kann (§ 253 IV 3 InsO). Ein solcher Schadensersatzanspruch besteht nur dann, wenn die Beschwerde zulässig und begründet gewesen wäre.[1968]

c) Keine Rechtsbeschwerde gegen den Freigabebeschluss

Seit der Aufhebung des § 7 InsO a.F. ist die Rechtsbeschwerde im Insolvenzverfahren nur dann statthaft, wenn sie gemäß § 574 I Nr. 2, II ZPO von dem Beschwerdegericht zugelassen wurde.[1969] Umstritten ist in Rechtsprechung und Literatur, ob dies auch für den Verwerfungsbeschluss nach § 253 IV InsO gilt, dieser also rechtsmittelfähig ist.

Diese Frage wird vom BGH und zahlreichen Stimmen in der Literatur verneint.[1970] Als Grund wird insbesondere der Vergleich mit dem aktienrechtlichen Freigabeverfahren angeführt, bei dem gemäß § 246a II 4 AktG der Beschluss unanfechtbar ist.[1971] Im Hinblick auf das „*insolvenzrechtliche Freigabeverfahren*" wird angeführt, auch hier handele es sich um ein *Eilverfahren* mit grundsätzlich vergleichbarer Interessenabwägung.[1972]

Dies sah das LG Berlin in seinem Beschluss vom 14.4.2014 anders und führte an, die Norm des § 253 IV InsO sehe im Gegensatz zu § 246a II 4 AktG keinen ausdrücklichen Ausschluss des Rechtsmittels vor, obschon eine solche Klarstellung des Gesetzgebers nahe gelegen hätte, wenn dieser dies gewollt hätte.[1973] Seine Ansicht sah das Gericht auch durch den Beschluss des Bundesverfassungsgerichts vom 17.10.2013 bestätigt, schließlich ginge hier das Gericht von einer Beschwerdemöglichkeit unter den Voraussetzungen des § 574 I Nr. 2 ZPO aus.[1974]

Zum einen äußerte sich das Bundesverfassungsgericht im genannten Beschluss lediglich zu einer möglichen Rechtsbeschwerde gegen die Entscheidung gemäß § 253 I InsO, bezog sich allerdings nicht auf den Verwerfungsbeschluss i.S.v.

1968 *Meyer,* DB 2015, 538 (542); *Pleister/Tholen,* ZIP 2015, 414 (419); MüKo InsO/*Sinz,* § 253 Rn. 74; *Skaursadszun,* DB 2014, 2694 (2696); ähnlich im Rahmen des § 264a AktG – siehe hierzu MüKo AktG/*Hüffer/Schäfer,* § 246a Rn. 36.

1969 *Skauradszun,* DZWIR 2014, 338 (340).

1970 BGH, Beschl. v. 17.9.2014 – IX ZB 26/14, NZG 2014, 1351; *Böcker,* ZInsO 2015, 773 (777); *ders.,* DZWIR 2014, 577 (579); FK-InsO/*Jaffé,* § 253 Rn. 23; *Lehmann/Rühle,* NZI 2014, 889 (894); *Skauradszun,* DZWIR 2014, 338 (342); MüKo InsO/*Sinz,* § 253 Rn. 87; Schmidt InsO/*Spliedt,* § 253 Rn. 22.

1971 BGH, Beschl. v. 17.9.2014 – IX ZB 26/14, NZG 2014, 1351 (1353).

1972 *Fischer,* NZI 2013, 513 (516).

1973 LG Berlin, Beschl. v. 14.4.2014 – 51 T 107/14, DZWIR 2014, 375 (376).

1974 LG Berlin, Beschl. v. 14.4.2014 – 51 T 107/14, DZWIR 2014, 375 (376).

§ 253 IV 1 InsO.[1975] Zum anderen sagt auch die unterbliebene Klarstellung des Gesetzgebers nichts über die Möglichkeit der Rechtsbeschwerde aus.[1976] Der Ausschluss der Anfechtung einer Entscheidung muss nämlich nicht zwingend ausdrücklich festgeschrieben sein, er kann sich vielmehr auch aus der Natur der Sache ergeben.[1977] Dies zeigt auch die Norm des § 574 I 2 ZPO. Hier wurde erst in Folge eines BGH-Urteils klarstellend eingefügt, dass bei Erlass einer einstweiligen Verfügung oder eines Arrests keine Rechtsbeschwerde stattfindet.[1978]

Auch im Fall des § 253 IV InsO legt der Eilcharakter der Entscheidung den Ausschluss einer Rechtsbeschwerde nahe. Die Frage, ob dem Vollzugsinteresse der Planbefürworter oder dem Aufschubinteresse des Beschwerdeführers der Vorrang einzuräumen ist und ob ein besonders schwerer Rechtsverstoß vorliegt, wird durch eine summarische Prüfung des Gerichts beantwortet.[1979] Eine solche summarische Prüfung ist auch für das Verfahren des einstweiligen Rechtsschutzes typisch, bei dem weder Revision noch Rechtsbeschwerde statthaft sind.[1980] Grund dafür ist, dass eine summarische Prüfung nur schwer im Rahmen eines Rechtsbeschwerdeverfahrens durchführbar ist.[1981] Hinzu kommt, dass der schnelle Eintritt der Rechtskraft des Insolvenzplans von immenser Bedeutung für den Erfolg des Insolvenzplanverfahrens ist und eine Rechtsbeschwerde dies noch weiter verzögern würde.[1982] Zudem ist gemäß § 253 IV 1 a.E. InsO sogar ein Abhilfeverfahren ausgeschlossen, da ein solches zu viel Zeit in Anspruch nehmen würde – daher kann erst recht keine Rechtsbeschwerde zum BGH statthaft sein.[1983] Insoweit stellt der in § 253 IV 3, 4 InsO normierte Schadensersatz im Falle einer Zurückweisung der Beschwerde eine Kompensation des

---

1975 BVerfG, Beschl. v. 17.10.2013 – 2 BvR 1978/13, NZI 2013, 1072 (1073); hierauf weist *Skauradszun,* DZWIR 2014, 338 (342), richtigerweise hin.

1976 *Brünkmans,* ZInsO 2014, 993 (999).

1977 BGH, Beschl. v. 17.9.2014 – IX ZB 26/14, NZG 2014, 1351 (1351); so auch schon *Brünkmans,* ZInsO 2014, 993 (999); *Fischer,* NZI 2013, 513 (520); FK-InsO/*Jaffé,* § 253 Rn. 23; *Lehmann/Rühle,* NZI 2014, 889 (894); *Skauradszun,* DZWIR 2014, 338 (342).

1978 *Fischer,* NZI 2013, 513 (520).

1979 BGH, Beschl. v. 17.9.2014 – IX ZB 26/14, NZG 2014, 1351 (1352).

1980 BGH, Beschl. v. 17.9.2014 – IX ZB 26/14, NZG 2014, 1351 (1352).

1981 BGH, Beschl. v. 17.9.2014 – IX ZB 26/14, NZG 2014, 1351 (1352); *Fischer,* NZI 2013, 513 (520); *Skaursadszun,* DB 2014, 2694 (2695).

1982 *Fischer,* NZI 2013, 513 (520); *Smid,* ZInsO 2014, 2078 (2080).

1983 *Brünkmans,* ZInsO 2014, 993 (999); *Skauradszun,* DZWIR 2014, 338 (343); *ders.,* DB 2014, 2694 (2695).

verkürzten Instanzenzuges dar.[1984] Ausgeglichen werden soll hierdurch eine zu Unrecht ergangene Eilentscheidung des Gerichts.[1985] Dieser gesetzgeberischen Ausnahme hätte es indes nicht bedurft, wenn die Rechtsbeschwerde zum BGH offen stünde.[1986] Dies mag man in rechtspolitischer Hinsicht bedauern,[1987] ist aber konsequent. Denn auch das Argument, dass ein Vergleich mit dem aktienrechtlichen Freigabeverfahren deswegen nicht vertretbar sei, da hier – anders als bei § 253 IV InsO – noch eine umfassende Hauptsacheentscheidung erginge,[1988] kann so nicht aufrechterhalten werden. Denn auch wenn das Hauptsacheverfahren weitergeführt wird, führt es bei Obsiegen des Beschwerdeführers gemäß § 246a IV 1 InsO lediglich zu einem Schadensersatzanspruch gegen die AG, nicht aber zu einer Rückgängigmachung des Beschlusses.[1989] Die Rechtsfolge ist dementsprechend im Aktien- und im Insolvenzrecht identisch.[1990]

1984 *Skauradszun,* DZWIR 2014, 338 (343); allgemeine Ausführungen zu diesem Schadensersatzanspruch bei *ders.,* DB 2014, 2694 (2696 f.).

1985 BGH, Beschl. v. 17.9.2014 – IX ZB 26/14, NZG 2014, 1351 (1353); *Skauradszun,* DZWIR 2014, 338 (343); *ders.,* DB 2014, 2694 (2695).

1986 *Skauradszun,* DZWIR 2014, 338 (343).

1987 *Rendels/Zabel,* Insolvenzplan, Rn. 534j.

1988 *Meyer,* DB 2015, 538 (542); *Schäfer,* ZIP 2014, 2417 (2417).

1989 Hierauf weisen *Pleister/Tholen,* ZIP 2015, 414 (419), hin.

1990 *Pleister/Tholen,* ZIP 2015, 414 (419).

Fazit

Mit dem ESUG hat der Gesetzgeber das Verhältnis von Gesellschafts- und Insolvenzrecht zugunsten der Sanierungsmöglichkeiten völlig neu geordnet. Gleichzeitig hat er ein Instrument geschaffen, welches weitreichende Möglichkeiten bietet, Gesellschafterkonflikte, die außerhalb der Insolvenz keiner Lösung zugeführt werden konnten, aufzulösen.

Die Möglichkeit, die Gesellschaftsstruktur im Insolvenzplanverfahren auch gegen den Willen einzelner Gesellschafter zu ändern, bedeutet für diese eine immense Beeinträchtigung ihrer Rechte. Erschwerend kommt hinzu, dass das eröffnete Insolvenzplanverfahren dem Gesellschafter nur eingeschränkten Schutz vor Eingriffen bietet. An die Stelle der gesellschaftsrechtlichen Schutzmechanismen tritt hier das rein vermögensbezogene insolvenzrechtliche Rechtsschutzsystem. Garantiert wird hierdurch zwar, dass der einzelne Gesellschafter nicht schlechter gestellt wird, als er im Fall der Regelinsolvenz stünde. Allerdings schützt den Gesellschafter dies nicht vor dem endgültigen Verlust seiner Mitgliedschaftsrechte. Gleichwohl ist dieser eingeschränkte Rechtsschutz als (verfassungsrechtlich) legitime gesetzgeberische Entscheidung zu bewerten und trägt der Tatsache Rechnung, dass die Gesellschafter im Insolvenzverfahren als letztrangig Berechtigte nur noch in ihren vermögensrechtlichen Interessen geschützt sind.

Die empfindlichen Einschnitte in die Rechte des Gesellschafters sind verfassungsrechtlich durch das Voliegen eines Insolvenzgrundes gerechtfertigt. Damit stellt der Insolvenzeröffnungsbeschluss die *„entscheidende Weichenstellung“*[1991] dar. Hier kann und muss sichergestellt werden, dass die Voraussetzungen für die Eröffnung des Verfahrens tatsächlich vorliegen. Ausgerichtet am Verfahrenszweck der Gläubigerbefriedigung (§ 1 InsO) muss dabei zwischen strategischen und rechtsmissbräuchlichen Insolvenzanträgen differenziert werden. Strategische Eigenanträge, also solche, die *„freiwillig* [...] *planvoll zur Erreichung eines wirtschaftlichen Ziels gestellt“* werden,[1992] sind dabei grundsätzlich zulässig und positiv zu bewerten, da sie in den meisten Fällen aufgrund der frühzeitigen und professionellen Durchführung die Chance einer erfolgreichen Sanierung erhöhen. Für die Annahme einer rechtsmissbräuchlichen Inanspruchnahme des Insolvenzplanverfahrens verbleibt daneben nur ein schmaler

1991 *Brinkmann,* ZIP 2014, 197 (197).
1992 *Eidenmüller,* ZIP 2014, 1197 (1198).

Anwendungsbereich. Dies ist damit zu erklären, dass von einer Rechtsmissbräuchlichkeit nur dann ausgegangen werden kann, wenn das Insolvenzverfahren *ausschließlich* zu einem anderen Zweck als dem der Gläubigerbefriedigung eingeleitet wird. Das Insolvenzverfahren stellt in diesem Sinne einen geeigneten Rechtsrahmen für die Auflösung gesellschaftsrechtlicher Konflikte dar, solange dies (auch) ein Mittel zum Zweck der Gläubigerbefriedigung darstellt.

Dient das Insolvenzverfahren nicht der Gläubigerbefriedigung, sondern ausschließlich der Auflösung des Gesellschafterkonflikts, ist ein gleichwohl gestellter Eigenantrag unzulässig. Sowohl im Eröffnungsverfahren als auch im Vorfeld hierzu kann sich ein solches Missbrauchspotential auf Seiten von (Mehrheits-)Gesellschaftern und Geschäftsführer(n) entfalten. Insbesondere sind hier die treuwidrige Herbeiführung des Insolvenzgrundes und die eigenmächtige Antragstellung durch den Geschäftsführer angesprochen. Letzteres wird zwar nur für die (wenigen) Fälle der drohenden Zahlungsunfähigkeit virulent, da lediglich in diesem Fall der Gesellschafterversammlung – und nicht dem Geschäftsführer – die Entscheidung hinsichtlich der Antragstellung obliegt. Dies bedeutet aber nicht die Irrelevanz dieser Konstellation. Ist aber verfassungsrechtliche Voraussetzung für die Rechtfertigung des Eingriffs in die Gesellschafterrechte das Vorliegen eines Insolvenzgrundes (bzw. für den Fall der drohenden Zahlungsunfähigkeit die freiwillige Unterwerfung der Gesellschafter unter das Regime des Insolvenzrechts), muss eine Sensibilisierung des Insolvenzgerichts für die hier angelegten Missbrauchspotentiale stattfinden. Dies allein ist aber nicht ausreichend, um den (Minderheits-)Gesellschafter vor einer unberechtigten Eröffnung des Insolvenzverfahrens zu schützen. Aus diesem Grund muss dem einzelnen Gesellschafter – *de lege ferenda* – Rechtsschutz gegen den Eröffnungsbeschluss des Insolvenzgerichts eingeräumt werden. Dies ist nicht nur verfassungsrechtlich, sondern auch rechtspolitisch geboten. Der Gesetzgeber ist insoweit angehalten, den Rechtsschutz des § 34 II InsO auf die Gesellschafter zu erweitern.

Einer Instrumentalisierung des Insolvenzverfahrens zur Lösung von Gesellschafterkonflikten sind damit im Insolvenzeröffnungsverfahren effektiv Grenzen zu setzen.

Zusammenfassung der wesentlichen Ergebnisse

1. Teil:

1. Vor der Reform durch das ESUG scheiterten Unternehmensrestrukturierungen durch Insolvenzplan häufig am Obstruktionspotential der Gesellschafter. Dies resultierte daraus, dass gesellschaftsrechtliche Maßnahmen stets ihrer Zustimmung gemäß den gesellschaftsrechtlichen Vorschriften bedurften. Diese Spannung zwischen Gesellschafts- und Insolvenzrecht wurde durch die Einbeziehung der Gesellschafter in das Insolvenzplanverfahren und ihre Unterwerfung unter das Obstruktionsverbot durch das ESUG in weiten Teilen aufgelöst.
2. Die neu geschaffenen Vorschriften zur Einbeziehung der Gesellschafter in den Insolvenzplan halten einer verfassungsrechtlichen Prüfung stand:
   In Bezug auf Art. 14 I GG findet die Rechtsprechung des BVerfG zu gesellschaftsrechtlichen Strukturmaßnahmen zulasten der Gesellschafterminderheit Anwendung. Dementsprechend ist sogar der komplette Verlust der Mitgliedschaft durch Ausschluss aus der Gesellschaft im Insolvenzplan möglich. Aus der Übertragbarkeit der Rechtsprechung des BVerfG folgt allerdings auch, dass die Gesellschafter für einen solchen Eingriff nicht nur wirtschaftlich *voll entschädigt* werden, sondern auch *wirksame Rechtsbehelfe gegen einen Missbrauch* vorhanden sein müssen.
   Auch Art. 9 I GG wird durch die Vorschriften nicht in verfassungswidriger Weise eingegriffen. Die Zwangseinbindung in die insolvenzrechtliche Beteiligtenversammlung bedingt zwar empfindliche Einschränkungen der gesellschafterlichen Entscheidungsrechte. Dies ist von den Gesellschaftern allerdings als Kehrseite der Haftungsbeschränkung hinzunehmen. Die Abwägung der Gesellschafter- mit den Gläubigerinteressen geht insoweit im Falle der Insolvenz zulasten der Gesellschafterinteressen aus.
3. §§ 225a II, III InsO ermöglicht eine umfassende gesellschaftsrechtliche Restrukturierung. Denkbar ist die Vereinbarung jeglicher gesellschaftsrechtlich zulässiger Maßnahmen. Ein Massebezug der Maßnahmen ist dabei nicht zu fordern, denn auch Maßnahmen, die nicht unmittelbar die Insolvenzmasse beeinflussen, sind geeignet, zu einer erfolgreichen Sanierung beizutragen. Allerdings müssen über § 225a III InsO allgemeine gesellschaftsrechtliche Grundsätze und Prinzipien auch im Insolvenzplan Berücksichtigung finden. Dies gilt zumindest insoweit, als diese nicht mit besonderen

insolvenzrechtlichen Bestimmungen kollidieren. Im Kollisionsfall gilt der absolute Vorrang des Insolvenzrechts.

4. Der Insolvenzplan kann im Rahmen eines *Debt Equity Swaps* grundsätzlich einen Bezugsrechtsausschluss für die Altgesellschafter vorsehen. Parallel zu der Rechtslage außerhalb der Insolvenz muss ein solcher Ausschluss sachlich gerechtfertigt sein. Hierbei ist – aufgrund der besonderen Situation in der Insolvenz mit dem Vorrang der Gläubigerinteressen – ein herabgesetzter Maßstab anzulegen. Zwar ist grundsätzlich eine Einzelfallprüfung vorzunehmen. Allgemein kann aber konstatiert werden, dass ein Bezugsrechtsausschluss in der Insolvenz immer dann möglich ist, wenn hierdurch eine erfolgreiche Sanierung wahrscheinlicher wird als bei der Gewährung des Bezugsrechts. Dies kann bspw. der Fall sein, wenn die Gläubiger einen Bezugsrechtsausschluss zur Voraussetzung ihres Sanierungsbeitrages machen.

2. Teil:

5. Strategische Insolvenzanträge sind solche, die *freiwillig planvoll zur Erreichung eines wirtschaftlichen Ziels gestellt* werden. Die durch das ESUG geschaffene Möglichkeit zur Einbeziehung der Gesellschafteranteile in den Insolvenzplan erhöht potentiell den Anreiz für strategische Insolvenzanträge. Insbesondere die Kombination aus Insolvenzplan- und Eigenverwaltungsverfahren bietet der Schuldnergesellschaft optimale Möglichkeiten, strategische Insolvenzen durchzuführen. Denn zum einen eröffnet das Insolvenzplanverfahren die Möglichkeit, in die Gesellschaftsstruktur einzugreifen. Zum anderen belässt das Eigenverwaltungsverfahren dem Schuldner die Verwaltungs- und Verfügungsbefugnis. Die neu geschaffenen Eröffnungsverfahren (§§ 270a, 270b InsO) bieten dem Schuldner die Vorzüge des Eigenverwaltungsverfahrens bereits im Eröffnungsverfahren. Das Schutzschirmverfahren ist dabei speziell auf die Durchführung eines Insolvenzplanverfahrens in Eigenverwaltung ausgerichtet. Die Verzahnung von Schutzschirm- und Insolvenzplanverfahren in Eigenverwaltung kann dementsprechend als *Hebel* genutzt werden, um die Gesellschaftsstruktur neu zu gestalten – auch gegen den Willen etwaig obstruierender Gesellschafter.
   Strategische Eigenanträge sind dabei nicht negativ zu bewerten. Da sie zu einer frühzeitigen Antragstellung motivieren und meist auch professionell durchgeführt werden, entsprechen sie vielmehr grundsätzlich dem Willen des Gesetzgebers.

6. Zur Bestimmung, wann die Durchführung eines Insolvenzplanverfahrens als rechtsmissbräuchlich einzustufen ist, ist von der Grundsatznorm des § 1 InsO, der die Gläubigerbefriedigung zum Zweck des Insolvenzverfahrens erklärt, auszugehen. Rechtsmissbräuchlich ist ein Insolvenzantrag insoweit immer dann, wenn mit dem Planverfahren ein anderer Zweck als der der Gläubigerbefriedigung angestrebt wird.
7. Die Lösung gesellschaftsinterner Konflikte im Rahmen des Insolvenzplanverfahrens ist entgegen teilweise vertretener Ansicht nicht als grundsätzlich insolvenzzweckwidrig zu bewerten und auch ein genereller Vorrang der gesellschaftsrechtlichen Institute zur Beilegung von Gesellschafterkonflikten ist – bei Vorliegen eines Insolvenzgrundes – nicht begründbar.
   Dies gilt allerdings nicht für den Fall, dass das Insolvenzverfahren ausschließlich der gesellschaftsrechtlichen Umstrukturierung dient. Ist das Insolvenzverfahren nicht auf die Befriedigung der Gläubiger ausgerichtet, widerspricht dies dem Insolvenzverfahrenszweck und stellt eine Umgehung der gesellschaftsrechtlichen Regelungen dar. Gleichzeitig verletzt ein gleichwohl durch den (Gesellschafter-)Geschäftsführer betriebenes Insolvenzplanverfahren die gesellschaftsrechtliche Treuepflicht.
8. Aufgrund der zu befürchtenden Eingriffe in die Rechtsstellung der Gesellschafter besteht ein Bedürfnis, rechtsmissbräuchliche Insolvenzanträge in einem möglichst frühen Verfahrensstadium zu erkennen und abzuweisen. Das Insolvenzeröffnungsverfahren bietet hier mehrere Anknüpfungspunkte. Besonders effektiv kann einem rechtsmissbräuchlichen Antrag allerdings dadurch entgegengewirkt werden, dass das Vorliegen der Vertretungsmacht im Rahmen der Antragsbefugnis und das Bestehen eines Insolvenzgrundes sichergestellt werden. Lediglich sekundär ist auf das Rechtsschutzbedürfnis zurückzugreifen.
9. Die Stellung eines Eigenantrags ist im Falle der drohenden Zahlungsunfähigkeit als außergewöhnliche Geschäftsführungsmaßnahme zu qualifizieren, die eines vorherigen Beschlusses der Gesellschaftermehrheit bedarf (¾-Mehrheit). Das Insolvenzgericht kann die Antragsbefugnis nur dann annehmen, wenn dieser zustimmende Gesellschafterbeschluss bei der Antragstellung nachgewiesen wird. Holt der Geschäftsführer einen entsprechenden Gesellschafterbeschluss nicht ein, sondern stellt eigenmächtig den Insolvenzantrag, ist dies als Missbrauch der Vertretungsmacht zu qualifizieren, der zur Unzulässigkeit des Antrages führt.
   Wird zusätzlich zum Insolvenzantrag ein Sanierungsantrag gestellt, ist der Geschäftsführer grundsätzlich nicht verpflichtet, einen zustimmenden Gesellschafterbeschluss einzuholen. Die Entscheidung, ob ein solcher

Sanierungsantrag gestellt wird, stellt vielmehr eine Prognoseentscheidung des Geschäftsführers dar, die dieser unabhängig von den Gesellschaftern treffen kann. Gleichwohl wird einem Sanierungsantrag die Grundlage entzogen, sollte der Eigenantrag gemäß § 18 InsO unzulässig sein. In diesem Fall kommt es nicht auf einen etwaigen Gesellschafterwillen bezüglich des Sanierungsantrages an.

10. Bis das Insolvenzverfahren eröffnet ist, besteht grundsätzlich die Möglichkeit, den (Gesellschafter-)Geschäftsführer abzubestellen und anschließend den Insolvenzantrag gemäß § 13 II InsO zurückzunehmen. Darüber hinaus kann die Gesellschafterversammlung den Geschäftsführer per Gesellschafterbeschluss anweisen, den Insolvenzantrag zurückzunehmen. Beide Möglichkeiten stellen indes keine ausreichende Schutzmöglichkeit für die übergangenen Gesellschafter dar.
11. Ein Gesellschafterkonflikt kann eine wirtschaftliche Schieflage der Gesellschaft herbeiführen und insoweit auch Auswirkungen auf das Vorliegen eines Insolvenzgrundes haben. Bei Vorliegen eines Insolvenzgrundes bietet das Insolvenzplanverfahren grundsätzlich legitime Möglichkeiten, einen solchen Konflikt durch die Vornahme gesellschaftsrechtlicher Maßnahmen im Insolvenzplan aufzulösen. Die Option, ein Insolvenzplanverfahren durchzuführen, sollte einer Gesellschaft allerdings dann nicht eröffnet werden, wenn der Insolvenzantrag auf eine treuepflichtwidrige Herbeiführung des Insolvenzgrundes zurückzuführen ist. Ein Gesellschafter, der eine Konfliktlösung über das Insolvenzplanverfahren sucht, könnte insoweit versucht sein, auf die Geltendmachung einer ihm gegen die Gesellschaft zustehenden Forderung zu bestehen und damit die Krise der Gesellschaft zu vertiefen oder herbeizuführen. Der Gesellschafter kann unter engen Voraussetzungen aufgrund der ihm obliegenden gesellschaftsrechtlichen Treuepflicht verpflichtet sein, den ihm zustehenden Anspruch zu stunden. Diese Pflicht kann aber nur dann angenommen werden, wenn der Rechtsgewinn, den er durch eine Geltendmachung erlangen würde, in keinem Verhältnis zu dem Schaden steht, den die Gesellschaft durch die Insolvenzantragstellung erleidet. Dies ist zumindest dann zu bejahen, wenn der Gesellschafter durch das Bestehen auf die Erfüllung seiner Forderung die Insolvenz der Gesellschaft erst herbeiführt und die Befriedigungschance im Insolvenzplanverfahren ohnehin sehr gering ist bzw. eine Befriedigung auch außerhalb des Insolvenzverfahrens in absehbarer Zeit erfolgen kann. In diesen Fällen darf nicht der Rechtsrahmen des Insolvenzverfahrens in Anspruch genommen werden – vielmehr sind die Gesellschafter zur Konfliktlösung auf die Möglichkeiten zu verweisen, die ihnen das Gesellschaftsrecht bietet.

12. Bezüglich des treuepflichtwidrig nicht gestundeten Anspruchs steht der Schuldnergesellschaft ein Leistungsverweigerungsrecht zu, welches dazu führt, dass die Forderung im Rahmen der Beurteilung der drohenden Zahlungsunfähigkeit nicht in Ansatz zu bringen ist. Dies hat auch das Insolvenzgericht bei der Prüfung des Insolvenzeröffnungsgrundes zu beachten und den Antrag aus diesem Grund zurückzuweisen. Hier kommt zum einen eine Zurückweisung im Zulassungsverfahren als unzulässig in Betracht, wenn der Insolvenzgrund ausnahmsweise gemäß § 15 III 1 InsO glaubhaft zu machen ist und ein weiteres Mitglied der Geschäftsführung dem Bestehen des Insolvenzgrundes entgegentritt.
Spätestens im Eröffnungsverfahren ist das Insolvenzgericht aber aufgrund seiner Amtsermittlungspflicht (§ 5 I InsO) verpflichtet, den Insolvenzgrund zu seiner vollen Überzeugung zu ermitteln. Dies gilt insbesondere, wenn der Insolvenzgrund nur auf eine einzige Forderung gestützt wird. Kann das Insolvenzgericht trotz seiner Ermittlungstätigkeiten nicht mit ausreichender Überzeugung vom Vorliegen eines Insolvenzgrundes ausgehen, wird es den Insolvenzantrag ablehnen und die Gesellschaft auf den Prozessweg verweisen.
13. Bedient sich das Insolvenzgericht bei der Beurteilung der Insolvenzgründe eines Sachverständigen, ist hierfür grundsätzlich nicht der von dem Schuldner im Rahmen des Schutzschirmverfahrens „mitgebrachte" Sachwalter zu bestellen. Dies würde die Objektivität des Sachverständigen infrage stellen. Eine etwaig zu befürchtende Beeinflussung des Sachverständigen sollte vielmehr durch Bestellung einer anderen Person als des Sachwalters verhindert werden. Erfolgt dennoch eine Bestellung des vorläufigen Sachwalters als Sachverständigen steht einem Gesellschafter, der dessen Objektivität anzweifelt, grundsätzlich die Möglichkeit der Stellung eines Befangenheitsantrages zu.
14. Das Insolvenzgericht kann gemäß § 270 II Nr. 2 InsO die Anordnung der Eigenverwaltung wegen möglicher Nachteile für die Gläubiger ablehnen. Angelehnt an einen Beschluss des AG Mannheim vom 21.2.2014 kann dies der Fall sein, wenn innerhalb des Geschäftsführungsorgans Uneinigkeit bezüglich der Sinnhaftigkeit der Durchführung der Eigenverwaltung und der angestrebten Zukunft der Gesellschaft besteht. Voraussetzung für die Anordnung der Eigenverwaltung – und damit einhergehend die Übertragung eines Großteils der Verwaltungs- und Verfügungsbefugnis auf das Geschäftsführungsorgan des Schuldners – ist, dass zumindest ein Grundkonsens zwischen den Mitgliedern des Geschäftsführungsorgans herrscht. Andernfalls ist zu befürchten, dass gegenseitige Blockierungen oder

gegensätzliche Geschäftsführungsmaßnahmen das Eigenverwaltungsverfahren erheblich behindern.

15. So wie der Fremdantrag gemäß § 14 InsO, ist auch der Schuldnerantrag gemäß § 13 InsO nur bei Vorliegen des Rechtsschutzbedürfnisses zulässig. Dieses ist im Regelfall anzunehmen, da bei Vorliegen eines Insolvenzgrundes grundsätzlich davon ausgegangen werden kann, dass der Antrag die Gläubigerbefriedigung und damit den Insolvenzzweck verfolgt. Im Falle des Eigenantrags der Schuldnergesellschaft kommt eine Ablehnung des Rechtsschutzbedürfnisses nur für Anträge bei lediglich drohender Zahlungsunfähigkeit in Betracht. Denn bei Vorliegen von Zahlungsunfähigkeit bzw. Überschuldung erfüllt der GmbH-Geschäftsführer mit der Antragstellung eine gesetzliche Pflicht. Liegen dem Insolvenzgericht aber bei einem auf drohende Zahlungsunfähigkeit gestützten Antrag deutliche Anhaltspunkte vor, an denen es die rechtsmissbräuchliche Intention des Antragstellers festmachen kann, ist das Rechtsschutzbedürfnis zu verneinen und der Antrag als unzulässig zurückzuweisen. Eine solche – grundsätzlich nur schwer festzumachende – Motivation kann erstens indiziert sein, wenn der Insolvenzgrund durch geschickte Erstellung des Finanzplans manipulativ herbeigeführt wurde. Ein solches Vorgehen lässt nämlich darauf schließen, dass nicht die finanzielle Restrukturierung der Gesellschaft im Vordergrund des Insolvenzantrages steht. Wird zweitens die negative Fortführungsprognose der Gesellschaft allein auf das Vorliegen eines Gesellschafterkonflikts gestützt, kann auch dies ein Indiz für ein mangelndes Rechtsschutzinteresse darstellen. Dies ist zumindest dann anzunehmen, wenn im Vorfeld der Insolvenzantragstellung innergesellschaftlich nicht versucht wurde, den Gesellschafterkonflikt aufzulösen.
16. Dem einzelnen Gesellschafter, der geltend macht, durch die Eröffnung des Insolvenzplanverfahrens in seinen mitgliedschaftlichen Rechten verletzt zu sein, ist grundsätzlich rechtliches Gehör durch das Insolvenzgericht zu gewähren (Art. 103 I GG). Eine Anhörung des Gesellschafters sollte dabei so früh wie möglich – bestenfalls vor der Zulassung des Insolvenzantrages – stattfinden. Mit der zwingenden Gewährung rechtlichen Gehörs geht die Möglichkeit des Gesellschafters einher, eine Schutzschrift bei Gericht einzureichen.
17. Der Rechtsschutz gegen den Eröffnungsbeschluss (§ 34 InsO) ist zu erweitern. Entgegen der geltenden Rechtslage ist es verfassungsrechtlich geboten, dem einzelnen Gesellschafter, der sich durch den Insolvenzplan der Gefahr des Verlustes qualifizierter gesellschaftsrechtlicher Einflussmöglichkeiten ausgesetzt sieht, Rechtsschutz gegen den Eröffnungsbeschluss des

Insolvenzgerichtes zu geben. Da der Rechtsschutz gegen die Eröffnungsentscheidung aufgrund der wirtschaftlichen Konsequenzen der Zulassung eines Insolvenzantrages in vielen Fällen ins Leere laufen würde, erscheint es vorzugswürdig, bereits gegen die Zulassung des Antrages eine Beschwerdemöglichkeit zu schaffen. Solange keine Abhilfe durch den Gesetzgeber geschaffen wurde, ist die Norm verfassungskonform auszulegen und den Gesellschaftern Rechtsschutz gegen den Eröffnungsbeschluss einzuräumen.

18. Der Insolvenzplan wird grundsätzlich durch das Geschäftsführungsorgan erstellt und vorgelegt. Wird der Plan bereits vor Antragstellung vorgenommen, können die Gesellschafter über ihr Weisungsrecht nach § 37 I GmbHG hierauf Einfluss nehmen. Anders sieht dies allerdings aus, wenn die Planerstellung erst im Eröffnungsverfahren oder im eröffneten Insolvenzplanverfahren vorgenommen wird. Für den Zeitpunkt nach Verfahrenseröffnung ergibt sich dies aus § 276a InsO. Aber auch für eine Planerstellung nach Antragstellung (bspw. im Schutzschirmverfahren) muss eine Einflussnahme der Gesellschafter ausnahmsweise ausgeschlossen werden. Der Schutz der Gesellschafter vor unberechtigten Eingriffen in ihre Rechte wird vielmehr insbesondere durch die Vorschriften betreffend den Planinhalt sichergestellt.
19. Schutz durch die Vorschriften über den Planinhalt erlangt der Gesellschafter durch eine ordnungsgemäße Gruppenbildung. Grundsätzlich sind die Gesellschafter einer Gruppe zuzuordnen (§ 222 I Nr. 4 InsO), zulässig ist aber auch die Bildung weiterer Untergruppen (§ 222 II 1 InsO). Schutz vor einer willkürlichen Gruppenbildung zur Erreichung von Mehrheiten bei der Planabstimmung bietet dabei das Kriterium der *„sachgerechten"* Gruppenabgrenzung (§ 222 II 2 InsO). Zulässige Abgrenzungskriterien können hier bspw. die Höhe der Beteiligung, die Existenz sonstiger Mitgliedschaftsrechte oder die Art der Sanierungsbeiträge der einzelnen Gesellschafter sein. Dem Planersteller kommt hier grundsätzlich ein Ermessen zu, welches allerdings für den Fall eingeschränkt werden muss, dass die Gesellschafter offensichtlich widerstreitende wirtschaftliche Interessen verfolgen. Hier sind die Gesellschafter dann zwingend unterschiedlichen Gruppen zuzuordnen, was durch das Insolvenzgericht im Rahmen von §§ 231 I Nr. 1, 250 Nr. 1 InsO überprüft wird.
20. Innerhalb der Gruppen sorgt § 226 InsO für eine Gleichbehandlung. Die Norm setzt eine formale Gleichbehandlung der Gruppenmitglieder voraus. Innerhalb einer Gruppe von Anteilsinhabern kann dementsprechend kein lediglich teilweiser Ausschluss von Bezugsrechten vorgesehen werden. Ebenso wenig kann die Übertragung von Anteilen einiger weniger

Gesellschafter vereinbart oder können Sonderrechte ausschließlich einem Gesellschafter entzogen werden, ohne dass dieser hierin im Sinne von § 226 II InsO einwilligte. Neben dem insolvenzrechtlichen Gleichbehandlungsgebot ist ein weiterer spezifischer Schutz der Gesellschafter nicht zu gewähren. Aus diesem Grund ist auch nicht von einer inhaltlichen Begrenzung des Planinhalts durch die gesellschaftsrechtliche Treuepflicht über § 225a III InsO auszugehen. Dies würde dem Schutzkonzept der InsO widersprechen.

21. Schutz vor einem Insolvenzplan, der einen Gesellschafter in ungerechtfertigter Weise in seinen Rechten beschneidet, wird durch § 231 InsO geboten. Insbesondere im Rahmen von § 231 I 1 Nr. 1 InsO ist das Insolvenzgericht nach der Rechtsprechung des BGH zu einer Detailprüfung verpflichtet.
Entgegen teilweise vertretener Ansicht nimmt das Insolvenzgericht hier keine Verhältnismäßigkeitsprüfung der Planmaßnahme im Einzelfall vor. Es ist vielmehr davon auszugehen, dass die Möglichkeit, zugunsten der Gläubigerbefriedigung in Gesellschafterrechte einzugreifen, ihre verfassungsrechtliche Rechtfertigung bereits in sich trägt. Diese Rechtfertigung liegt in dem Vorliegen eines Insolvenzgrundes.
Das Insolvenzgericht kann aber in eng begrenzten Einzelfällen den Insolvenzplan wegen Insolvenzzweckwidrigkeit zurückweisen. Dies kann allerdings nur für den Fall angenommen werden, dass der Insolvenzplan offensichtlich nicht der Gläubigerbefriedigung dient, sondern lediglich der gesellschaftsrechtlichen Umstrukturierung unter vereinfachten Voraussetzungen. Die Prüfung der Insolvenzzweckwidrigkeit ist als Ergänzung der Prüfung des Rechtsschutzinteresses zu qualifizieren.

22. Wird der Insolvenzplan nicht durch das Insolvenzgericht zurückgewiesen, stimmen die Beteiligten in den Gruppen über die Annahme des Plans ab. Hierbei ist es gemäß § 245 InsO grundsätzlich möglich, die Zustimmung einer Gesellschaftergruppe zu fingieren. Schutz vor Ungleichbehandlung gegenüber seinen Mitgesellschaftern wird dem (Minderheits-)Gesellschafter, der sich in einer eigenen Gruppe befindet und gegen den Insolvenzplan gestimmt hat, insbesondere durch § 245 III Nr. 2 InsO gewährt. Dieser stellt sicher, dass kein Anteilsinhaber, der ohne einen Plan den Anteilsinhabern dieser Gruppe gleichgestellt wäre, bessergestellt wird als diese. Diese Besserstellung wird dabei nach wirtschaftlichen Maßstäben beurteilt. Mit einer solchen Auslegung kann die Zementierung eines Gesellschafterkonflikts verhindert werden, da Ungleichbehandlungen vermögensmäßig durch den Plan ausgeglichen werden können, wenn dies dem Interesse der (dem Plan zustimmenden) Beteiligtenmehrheit entspricht.

23. Die gesellschaftsrechtliche Treuepflicht hat – entgegen der Ansicht des LG Frankfurt a.M. – keine Auswirkung auf die Stimmabgabe der Gesellschafter. Insbesondere ist der Ansicht des Gerichts entgegenzutreten, dass eine Treuepflichtverletzung im Vorfeld der Antragstellung Wirkungen auf das eröffnete Verfahren zeitigen kann. Einer unberechtigten Antragstellung kann effektiv im Rahmen des Eröffnungsverfahrens durch das Insolvenzgericht begegnet werden – hierzu bedarf es nicht einer treuepflichtbedingten Stimmbeschränkung einzelner (Mehrheits-)Gesellschafter. Darüber hinaus ist auch ein anderes als das Insolvenzgericht nicht dazu berufen, in das laufende Insolvenzplanverfahren durch den Erlass einer einstweiligen Verfügung zur treupflichtwidrigen Stimmuntersagung einzuwirken. Das insolvenzrechtliche Rechtsschutzsystem ist insoweit als abschließend zu betrachten.
24. Der Bestätigungsbeschluss gemäß §§ 248 I, 250 InsO stellt ein weiteres Instrument zur Sicherstellung der Rechtmäßigkeit des Insolvenzplans dar. Insbesondere werden hier nochmals die ordnungsgemäße Gruppenbildung und der Inhalt des Insolvenzplans überprüft.
Entgegen einer in der Literatur geäußerten Ansicht kann bei einer treuwidrigen Antragstellung nicht von einem Verfahrensfehler im Sinne von § 250 Nr. 1 Var. 2 InsO ausgegangen werden. Dies würde den Eröffnungsbeschluss des Insolvenzgerichts infrage stellen. Richtigerweise kann die Eröffnungsentscheidung nicht zum Gegenstand der Prüfung der Rechtmäßigkeit des Insolvenzplans gemacht werden. Darüber hinaus gilt, dass weder die Grundsätze der gesellschaftsrechtlichen Treuepflicht noch eine allgemeine Verhältnismäßigkeitsprüfung Gegenstand des Bestätigungsbeschlusses sind. Allerdings muss den Verfahrensbeteiligten durch das Gericht die Möglichkeit eingeräumt werden, allgemeine Einwände gegen den Insolvenzplan zu äußern.
Die Prüfung der inhaltlichen Rechtmäßigkeit des Insolvenzplans durch das Insolvenzgericht ist als umfassend und abschließend zu beurteilen. Eine daneben bestehende Prüfungskompetenz des Registergerichts ist dementsprechend abzulehnen. Dieses ist grundsätzlich nicht befugt, die Eintragung einer im Insolvenzplan beschlossenen und durch das Insolvenzgericht bestätigten Maßnahme wegen inhaltlicher Mängel des Plans abzulehnen. Etwas anderes kann nur in extrem gelagerten Ausnahmefällen gelten, wenn die Maßnahme bspw. unverzichtbare gesellschaftsrechtliche Normen verletzt. In diesem Fall ist das Registergericht nicht zur Eintragung der betreffenden Maßnahme verpflichtet.

25. Im eröffneten Insolvenzplanverfahren sind die Rechtsschutzmöglichkeiten des einzelnen Gesellschafters als gering einzuschätzen. Dies ist damit zu begründen, dass der Rechtsschutz gegen den Insolvenzplan lediglich vermögensmäßiger Natur ist. So wird die Zulässigkeit des Rechtsschutzes gegen den Insolvenzplan von der vermögensmäßigen Schlechterstellung durch den Plan abhängig gemacht. Vergleichsgröße bildet hier ausschließlich die Situation ohne Plan – mithin die vermögensmäßige Stellung des Gesellschafters im Regelinsolvenzverfahren. Keine zulässige Vergleichsgröße ist hingegen die Stellung durch einen potentiellen Alternativplan, mit dem die Rechte des Gesellschafters erhalten werden könnten. Der Ausschluss des Rechtsschutzes bei einer Schlechterstellung in nicht vermögensmäßiger Hinsicht ist im Hinblick auf die von Art. 14 I GG verlangte Rechtsschutzgewährung unbedenklich. Insoweit ist der in das Verfahren integrierte Rechtsschutz durch die Planbestätigung (§§ 248, 250 InsO) als ausreichend zu bewerten.
26. Ein Antrag auf Minderheitenschutz gemäß § 251 InsO ist keine Voraussetzung für die Zulässigkeit der sofortigen Beschwerde gegen die Bestätigung des Insolvenzplans gemäß § 253 InsO. Weder wird eine solche Zulässigkeitsvoraussetzung von der Norm selbst vorausgesetzt noch wäre die Annahme einer ungeschriebenen Zulässigkeitsvoraussetzung mit dem Grundsatz des BVerfG vereinbar, wonach sich die gesetzlichen Voraussetzungen von Rechtsmitteln *„durch ein besonderes Maß an Klarheit, Gleichheit und innerer Logik auszeichnen“* müssen.
27. Mit der Schaffung des *„insolvenzrechtlichen Freigabeverfahrens“* gemäß § 253 IV InsO hat der Gesetzgeber ein weiteres Instrument zur Beschleunigung des Planvollzugs geschaffen, wobei als Vorbild das aktienrechtliche Freigabeverfahren nach § 246a AktG fungierte. Auch hier kommt es im Rahmen der Nachteilsabwägung auf eine vermögensmäßige Betrachtung der Parteien an, wobei zulässige Vergleichsgröße wiederum ausschließlich das Regelinsolvenzverfahren darstellt.
    Ausgeschlossen ist die Zurückweisung der Beschwerde gegen den Bestätigungsbeschluss allerdings bei Vorliegen eines *besonders schweren Rechtsverstoßes.* An die Schwere des Rechtsverstoßes sind – aufgrund des Ausnahmecharakters dieser Bestimmung – hohe Anforderungen zu stellen. Ausreichend ist hierfür nicht bereits jeder Eingriff in Gesellschafterrechte.
    Eine Rechtsbeschwerde gegen den Freigabebeschluss findet aufgrund der Ausgestaltung des Freigabeverfahrens als Eilverfahren nicht statt. Unschädlich ist hierbei, dass ein solcher Ausschluss nicht ausdrücklich in der Norm festgeschrieben ist.

Literaturverzeichnis

Ahrens, Martin; *Gehrlein, Markus*; *Ringstmeier, Andreas*, Insolvenzrecht Kommentar, 3. Aufl., Köln 2017. [Zitiert als: A/G/R InsO/*Bearbeiter*, § Rn.]

Altmeppen, Holger, Zur Rechtsstellung der Gläubiger im Konkurs gestern und heute, in: *Erle, Bernd*; *Goette, Wulf*; *Kleindiek, Detlef*; *Krieger, Gerd*; *Priester, Hans-Joachim*; *Schubel, Christian*; *Schwab, Martin*; *Teichmann, Christoph*; *Witt, Carl-Heinz (Hrsg.)*: Festschrift für Peter Hommelhoff zum 70. Geburtstag, Köln 2012, S. 1–20.

Altmeppen, Holger; *Roth, Günter*, Gesetz betreffend die Gesellschaften mit beschränkter Haftung (GmbHG), Kommentar, 8. Aufl., München 2015. [Zitiert als: Roth/Altmeppen GmbHG/*Bearbeiter*, § Rn.]

Andres, Dirk; *Leithaus, Rolf*; *Dahl, Michael*, Insolvenzordnung (InsO) Kommentar, 3. Aufl., München 2014. [Zitiert als: Andres/Leithaus InsO/*Bearbeiter*, § Rn.]

Aschauer, Ewald, Die Bewertung von unterschiedlich ausgestalteten Unternehmensanteilen, in: *Königsmaier, Heinz*; *Rabel, Klaus (Hrsg.)*: Unternehmensbewertung, Theoretische Grundlagen – Praktische Anwendung, Festschrift für Gerwald Mandl zum 70. Geburtstag, S. 13-27, Wien 2010.

Bähr, Biner, Zum verfassungsrechtlichen Rechtsschutz gegen die Bestätigung eines Insolvenzplans („Suhrkamp"), Anmerkung zum Beschluss des BVerfG v. 18.12.2014 – 2 BvR 1978/13, EWiR 2015, S. 49–50.

Bamberger, Heinz Georg; *Roth, Herbert*, Beck'scher Online-Kommentar BGB, 41. Edition (Stand: 01.11.2016), München 2016. [Zitiert als: BeckOK BGB/*Bearbeiter*, § Rn. (Stand)]

Bartsch, Ralf, Die Entwicklung der personengesellschaftsrechtlichen Treuepflicht in der Rechtsprechung, zugl. Diss. iur. (Univ. Göttingen), Göttingen 1989.

Baumbach, Adolf; *Hueck, Alfred (Hrsg.)*, Beck'sche Kurzkommentare, Band 20, GmbHG, Gesetz betreffend die Gesellschaften mit beschränkter Haftung, 21. Aufl., München 2017. [Zitiert als: Baumbach/Hueck GmbHG/*Bearbeiter*, § Rn.]

Bauer, Andreas F.; *Dimmling, Andreas*, Endlich im Gesetz(entwurf): Der Debt-Equity-Swap, NZI 2011, S. 517–521.

Bauer, Joachim, Die GmbH in der Krise, Rechts- und Haftungsfragen der Unternehmenssanierung, Insolvenzgesellschaftsrecht, 5. Aufl., Bonn 2016.

Bay, Karl-Christian; *Seeburg, Dirk*; *Böhmer, Martin*, Debt-Equity-Swap nach § 225a Abs. 2 Satz 1 des geplanten Gesetzes zur weiteren Erleichterung der Sanierung von Unternehmen (ESUG), Überblick über gesetzgeberische Ziele, Voraussetzungen und Verfassungsmäßigkeit nach Art. 14 GG, ZInsO 2011, S. 1927–1941.

Bayer, Walter; *Fiebelkorn, Timo*, Neues Sanierungsgesellschaftsrecht: Erste Erfolge und großes Potenzial!, CFL 2012, Editorial I-II.

Becker, Christopher, Ist der gerichtliche Eigensanierungsrahmen nach dem Gesetz zur weiteren Erleichterung der Sanierung von Unternehmen besonders geeignet für die Sanierung mittelständischer Unternehmen?, Eine Untersuchung über die Anreizwirkung des Sanierungsvorbereitungsverfahrens, in: Schriften zum Wirtschaftsrecht, Band 264, zugl. Diss. iur (Univ. Siegen), Berlin 2015.

Becker, Florian, Umwandlungsmaßnahmen im Insolvenzplan und die Grenzen einer Überlagerung des Gesellschaftsrechts durch das Insolvenzrecht, ZInsO 2013, S. 1885–1892.

Beise, Herward, Beschränkungen der Prozeßführungsmacht des GmbH-Geschäftsführers in Ausnahmefällen, GmbHR 1987, S. 259–260.

Beissenhirtz, Volker, Plädoyer für ein Gesetz zur vorinsolvenzlichen Sanierung von Unternehmen, ZInsO 2011, S. 57–71.

Berger, Christian, Rangrücktrittsvereinbarungen zwischen Zivil- und Insolvenzrecht, Zugleich Bemerkungen zu BGH, Urt. v. 5.3.2015 – IX ZR 133/14, ZInsO 2015, 681, ZInsO 2015, S. 1938–1948.

Beth, Stephan, Die gerichtliche Prüfung der Voraussetzungen des Schutzschirmverfahrens nach § 270b InsO, ZInsO 2014, S. 369–375.

Beth, Stephan, Amtsermittlung des Insolvenzgerichts im Eröffnungsverfahren, NZI 2014, S. 487–492.

Bitter, Georg, Sanierung in der Insolvenz – Der Beitrag von Treue- und Aufopferungspflichten zum Sanierungserfolg, ZGR 2010, S. 147–200.

Böcker, Philipp, Gesellschaftsrecht versus Insolvenzrecht oder Suhrkamp: Verfall eines Verlages, Zugleich Besprechung des Beschlusses des OLG Frankfurt vom 1.10.2013 – 5 U 145/13, DZWIR 2014, 370, DZWIR 2014, S. 331–337.

Böcker, Philipp, Gesellschaftsrecht versus Insolvenzrecht oder Suhrkamp: Verfall eines Verlages (Fortsetzung I), Zugleich Besprechung des Beschlusses des BGH vom 17.7.2014 – IX ZB 13/14, DZWIR 2014, 462, DZWIR 2014, S. 440–444.

Böcker, Philipp, Gesellschaftsrecht versus Insolvenzrecht oder Suhrkamp: Verfall eines Verlages (Fortsetzung II), Zugleich Besprechung des

BGH-Beschlusses vom 17.9.2014 – IX ZB 26/14, DZWIR 2014, 604, DZWIR 2014, S. 577–580.

Böcker, Philipp, Gesellschaftsrecht versus Insolvenzrecht oder Suhrkamp: Verfall eines Verlages (Fortsetzung III), Zugleich eine Besprechung des Beschlusses des LG Berlin vom 20.10.2014 – 51 T 696/14, DZWIR 2015, 35, DZWIR 2015, S. 10–21.

Böcker, Philipp, Gesellschaftsrecht versus Insolvenzrecht oder Suhrkamp: Verfall eines Verlages (Fortsetzung IV), Zugleich eine Besprechung des Beschlusses des Bundesverfassungsgerichts vom 18.12.2014 – 2 BvR 1978/13, DZWIR 2015, 133, DZWIR 2015, S. 123–132.

Böcker, Philipp, Das ESUG in der praktischen Anwendung im Fall Suhrkamp, ZInsO 2015, S. 773–782.

Bork, Reinhard, Grundfragen des Restrukturierungsrechts, Prolegomena zu einer Reform des deutschen Insolvenzrechts, ZIP 2010, S. 397–413.

Bork, Reinhard, Pflichten der Geschäftsführung in Krise und Sanierung, ZIP 2011, S. 101–109.

Bork, Reinhard; *Hölzle, Gerrit (Hrsg.)*, Handbuch Insolvenzrecht, Köln 2014. [Zitiert als: Handbuch Insolvenzrecht/*Bearbeiter*, Kapitel Rn.]

Bork, Reinhard; *Schäfer, Carsten (Hrsg.)*, GmbHG, Kommentar zum GmbH-Gesetz, 3. Aufl. Köln 2015. [Zitiert als: Bork/Schäfer GmbHG/*Bearbeiter*, § Rn.]

Braun, Eberhard, Eingriff in Anteilseignerrechte im Insolvenzverfahren, Das U.S.-amerikanische Konzept in Chapter 11 Bankruptcy Code und seine deutsche Entsprechung, in: *Ganter, Hans Gerhard*; *Gottwald, Peter*; *Lwowski, Hans-Jürgen (Hrsg.)*: Haftung und Insolvenz, Festschrift für Gero Fischer zum 65. Geburtstag, München 2008, S. 53–70.

Braun, Eberhard (Hrsg.), Insolvenzordnung (InsO), InsO mit EuInsVO (Neufassung), Kommentar, 7. Aufl., München 2017. [Zitiert als: Braun InsO/*Bearbeiter*, § Rn.]

Bremen, Michael, Das Leitbild des sanierten Unternehmens im Schutzschirmverfahren, NZI 2014, S. 137–144.

Brinkmann, Moritz, Wege aus der Insolvenz eines Unternehmens – oder: Die Gesellschafter als Sanierungshindernis, WM 2011, S. 97–103.

Brinkmann, Moritz, Haftungsrisiken im Schutzschirmverfahren und in der Eigenverwaltung (Teil 1), DB 2012, S. 1313–1319.

Brinkmann, Moritz, Haftungsrisiken im Schutzschirmverfahren und in der Eigenverwaltung (Teil 2), DB 2012, S. 1369–1372.

Brinkmann, Moritz, Der strategische Eigenantrag – Missbrauch oder kunstgerechte Handhabung des Insolvenzverfahrens?, ZIP 2014, S. 197–207.

Brinkmann, Moritz, Verfahrensrechtlicher Schutz gegen die Eröffnung des Insolvenzverfahrens, in: *Meller-Hannich, Caroline*; *Haertlein, Lutz*; *Gaul, Hans Friedhelm*; *Becker-Eberhard, Ekkehard (Hrsg.)*: Rechtslage – Rechtserkenntnis – Rechtsdurchsetzung, Festschrift für Eberhard Schilken zum 70. Geburtstag, München 2015, S. 631–643.

Brühl, Volker; *Göpfert, Burkhard (Hrsg.)*, Unternehmensrestrukturierung, Strategien, Konzepte und Praxiserfahrungen, 2. Aufl., Stuttgart 2014. [Zitiert als: Unternehmensrestrukturierung/*Bearbeiter*]

Brüning, Marc, Gesellschafter und Insolvenzplan, Eine Untersuchung ihrer Stellung in der Reorganisation insolventer Gesellschaften im Insolvenzplanverfahren (§§ 217 ff. InsO), in: *Heinrich, Christian (Hrsg.)*: Schriftenreihe Insolvenzrecht in Forschung und Praxis, Band 13, zugl. Diss. iur. (Univ. Erfurt), Hamburg 2006.

Brünkmans, Christian, Die Unternehmensakquisition über einen Kapitalschnitt im Insolvenzplanverfahren, ZIP 2014, S. 1857–1866.

Brünkmans, Christian, Der Rechtsschutz gegen den Bestätigungsbeschluss des Insolvenzplans vor dem Hintergrund des insolvenzrechtlichen Freigabeverfahrens nach § 253 Abs. 4 InsO – Zugleich Anmerkung zu den Beschlüssen des LG Berlin v. 24.2.2014, ZInsO 2012 (sic), 963 und v. 14.4.2014 – 51 T 107/14, ZInsO 2014, 962 („Suhrkamp"), ZInsO 2014, S. 993–999.

Brünkmans, Christian, Rechtliche Möglichkeiten und Grenzen von Umwandlungen im Insolvenzplanverfahren, ZInsO 2014, S. 2533–2554.

Brünkmans, Christian; *Uebele, Sebastian*, Rechtsschutz gegen missbräuchliche Insolvenzanträge und insolvenzzweckwidrige Insolvenzpläne?, ZInsO 2014, S. 265–275.

Brünkmans, Christian; *Greif-Werner, Cathrin*, Die Prüfung gesellschaftsrechtlicher Regelungen im Insolvenzplan durch Insolvenzgericht und Registergericht, ZInsO 2015, S. 1585–1595.

Buchalik, Robert, Das Schutzschirmverfahren nach § 270b InsO (incl. Musteranträge), Ein überzeugender Schritt des Gesetzgebers, der Sanierung durch Insolvenz nachhaltig zum Durchbruch zu verhelfen, ZInsO 2012, S. 349–357.

Buchalik, Robert, § 1 InsO – der Erhalt des Unternehmens als Ziel des Insolvenzverfahrens nach Inkrafttreten des ESUG?, ZInsO 2015, S. 484–489.

Buchta, Jens; Ott, Kai-Peter, Business Judgement Rule in der Eigenverwaltung – eine Betrachtung 3 Jahre nach Inkrafttreten des ESUG, ZInsO 2015, S. 288–292.

Büchele, Moritz, Eingriff in Gesellschafterrechte im Insolvenzplan, in: *Adolphsen, Jens; Gottwald, Peter; Haas, Ulrich (Hrsg.)*: Schriften zum Verfahrensrecht, Band 40, zugl. Diss. iur. (Univ. Regensburg), Frankfurt am Main u.a. 2011.

Bulgrin, Gerrit M., Die strategische Insolvenz, Zwischen Missbrauch und kunstgerechter Handhabung des Insolvenzplanverfahrens als gesellschaftsrechtliches Gestaltungsinstrument, in: *Kämmerer, Jörn Axel; Schmidt, Karsten; Veil, Rüdiger (Hrsg.)*: Schriften zum Unternehmens- und Kapitalmarktrecht, Band 31, zugl. Diss. iur. (Bucerius Law School), Tübingen 2016. [zitiert als: *Bulgrin*, Die strategische Insolvenz]

Burkert, Michael, Der Debt-to-Equity-Swap im Spannungsverhältnis von Gesellschafts- und Insolvenzrecht, in: *Berger, Christian (Hrsg.)*: Schriften des Ernst-Jaeger-Instituts für Unternehmenssanierung und Insolvenzrecht, Band 4, zugl. Diss. iur. (Univ. Leipzig), Baden-Baden 2014.

Buth, Andrea K.; Hermanns, Michael (Hrsg.), Restrukturierung, Sanierung, Insolvenz, Handbuch, 4. Aufl., München 2014. [Zitiert als: RSI/*Bearbeiter*, § Rn.]

Cahn, Andreas; Simon, Stefan; Theiselmann, Rüdiger, Forderungen gegen die Gesellschaft als Sacheinlage? – Zum Erfordernis der Forderungsbewertung beim Debt Equity Swap –, CFL 2010, S. 238–250.

Camek, Fabian, Das Schutzschirmverfahren nach § 270b InsO und seine Funktionalität im internationalen Rechtsvergleich, in: *Adolphsen, Jens; Gottwald, Peter; Haas, Ulrich*: Schriften zum Verfahrensrecht, Band 48, zugl. Diss iur. (Univ. Regensburg), Frankfurt am Main 2014.

Cranshaw, Friedrich, Sanierungsunterstützende Maßnahmen des Kreditgebers außerhalb der „klassischen" Kreditgewährung, ZInsO 2008, S. 421–432.

Decher, Christian E.; Voland, Thomas, Kapitalschnitt und Bezugsrechtsausschluss im Insolvenzplan – Kalte Enteignung oder Konsequenz des ESUG?, ZIP 2013, S. 103–114.

Delhaes, Wolfgang, Die Stellung, Rücknahme und Erledigung verfahrenseinleitender Anträge nach der Insolvenzordnung, in: *Arbeitskreis für Insolvenz- und Schiedsgerichtswesen e.V. (Hrsg.)*: Kölner Schrift zur Insolvenzordnung, Das neue Insolvenzrecht in der Praxis, 2. Aufl., Köln 2000, S. 141–157.

Deppisch, Barbara, Das Insolvenzplanverfahren nach dem ESUG, Motive der Gesetzesänderung durch Erfahrungen mit dem bisherigen Recht und durch Vergleich mit amerikanischem und britischem Recht, in: Studien zur Rechtswissenschaft, Band 331, zugl. Diss. iur. (Univ. Regensburg) Hamburg 2014.

Desch, Wolfram, Schutzschirmverfahren nach dem RegE-ESUG in der Praxis, BB 2011, S. 841–846.

Doliwa, Cornelia J., Die geplante Insolvenz, Unternehmenssanierung mittels Prepackaged Plan und Eigenverwaltung, *Geiwitz, Arndt; Kebekus, Frank; Knecht, Thomas C.; Paulus, Christoph G. (Hrsg.)*: Schriften zur Restrukturierung, zugl. Diss. iur. (Univ. Berlin), Baden-Baden 2012.

Dreher, Meinrad, Die gesellschaftsrechtliche Treuepflicht bei der GmbH, DStR 1993, S. 1632–1636.

Dreier, Horst (Hrsg.), Grundgesetz Kommentar, Band I Präambel, Artikel 1-19, 3. Aufl., Tübingen 2013. [Zitiert als: Dreier GG/*Bearbeiter*, Art. Rn.]

Drouven, Ralph, Neue Wege: „Reserve Debt-to-Equity-Swap“, ZIP 2009, S. 1052–1053.

Drukarczyk, Jochen, Ökonomische Schieflage, insolvenzrechtliche Verteilungsregel, Eröffnungsgründe, DES und Position der Alteigentümer, NZI 2015, S. 110–118.

Drukarczyk, Jochen; Schüler, Andreas, Die Eröffnungsgründe der InsO: Zahlungsunfähigkeit, drohende Zahlungsunfähigkeit und Überschuldung, in: *Arbeitskreis für Insolvenz-und Schiedsgerichtswesen e.V. (Hrsg.)*: Kölner Schrift zur Insolvenzordnung, Das neue Insolvenzrecht in der Praxis, 2. Aufl., Köln 2000, S. 95–111.

Drygala, Tim; Staake, Marco; Szalai, Stephan, Kapitalgesellschaftsrecht, Mit Grundzügen des Konzern- und Umwandlungsrechts, Heidelberg 2012.

Ehlers, Harald, Noch eine Reform – § 224 Abs. 2 – 5 InsO, ZInsO 2009, S. 320–325.

Ehlers, Harald, „Notwendig“ frühzeitige Insolvenzverfahren, Ein Beitrag zur Krisencompliance und zur offensiven Nutzung der InsO, BB 2013, S. 1539–1547.

Eidenmüller, Horst, Unternehmenssanierung zwischen Markt und Gesetz, Mechanismen der Unternehmensreorganisation und Kooperationspflichten im Reorganisationsrecht, Köln 1999.

Eidenmüller, Horst, Gesellschafterstellung und Insolvenzplan, ZGR 2001, S. 680–711.

Eidenmüller, Horst, Leveraged Buyouts und die Effizienz des deutschen Restrukturierungsrechts, ZIP 2007, S. 1729–1737.

Eidenmüller, Horst, Reformperspektiven im Restrukturierungsrecht, ZIP 2010, S. 649–660.

Eidenmüller, Horst; *Engert, Andreas*, Reformperspektiven einer Umwandlung von Fremd- in Eigenkapital (Debt-Equity-Swap) im Insolvenzplanverfahren, ZIP 2009, S. 541–554.

Eidenmüller, Horst; *Frobenius, Tilmann*; *Prusko, Wolfram*, Regulierungswettbewerb im Unternehmensinsolvenzrecht: Ergebnisse einer empirischen Untersuchung, NZI 2010, S. 545–550.

Eidenmüller, Horst, Die Restrukturierungsempfehlungen der EU-Kommission und das deutsche Restrukturierungsrecht, KTS 2014, S. 401–422.

Eidenmüller, Horst, Der Insolvenzplan als gesellschaftsrechtliches Universalwerkzeug, NJW 2014, S. 17–19.

Eidenmüller, Horst, Strategische Insolvenz: Möglichkeiten, Grenzen, Rechtsvergleichung, ZIP 2014, S. 1197–1205.

Eilers, Stephan, Der Debt Equity Swap – Eine Sanierungsmaßnahme für unternehmerische Krisensituationen, GWR 2009, S. 3–5.

Eisenhardt, Ulrich, Gesellschaftsrecht, 14. Aufl., München 2009.

Ekkenga, Jens, Sachkapitalerhöhung gegen Schuldbefreiung, ZGR 2009, S. 581–622.

Epping, Volker; *Hillgruber, Christian (Hrsg.)*, Beck'scher Online-Kommentar GG, 31. Edition (Stand: 01.12.2016), München 2016. [Zitiert als: BeckOK GG/*Bearbeiter*, Art. Rn. (Stand)]

Finke, Jan, Kollision von Gesellschaftsrecht und Insolvenzrecht, Die Organkompetenzen der Aktiengesellschaft in Eigenverwaltung, in: *Ehricke, Ulrich*; *Paulus, Christoph (Hrsg.)*: Schriften zum Insolvenzrecht, Band 44, zugl. Diss. iur (Freie Univ. Berlin), Baden-Baden 2010.

Fischer, Gero, Das neue Rechtsmittelverfahren gegen den Beschluss, durch den der Insolvenzplan bestätigt wird, NZI 2013, S. 513–521.

Fischer, Nicolai, Gesellschafterdarlehen in Personen- und Kapitalgesellschaften als erlaubnispflichtige Bankgeschäfte?, WM 2014, S. 1709–1719.

Fischer, Roderich, Der Übernahme-Swap durch Insolvenzplan - Investitionsentscheidung im Wettbewerb, NZI 2013, S. 823–830.

Fleischer, Holger, Der Rechtsmißbrauch zwischen Gemeineuropäischem Privatrecht und Gemeinschaftsprivatrecht, JZ 2003, S. 865–874.

Fleischer, Holger, Unternehmensbewertung bei aktienrechtlichen Abfindungsansprüchen: Bestandsaufnahme und Reformperspektiven im Lichte der Rechtsvergleichung, AG 2014, S. 97–114.

Fleischer, Holger; Goette, Wulf (Hrsg.), Münchener Kommentar zum Gesetz betreffend die Gesellschaften mit beschränkter Haftung (GmbHG), Band 1, §§ 1–34, 2. Aufl. München 2015. [Zitiert als: MüKo GmbHG/*Bearbeiter*, § Rn.]

Fleischer, Holger; Goette, Wulf (Hrsg.), Münchener Kommentar zum Gesetz betreffend die Gesellschaften mit beschränkter Haftung (GmbHG), Band 2, §§ 35–52, 2. Aufl., München 2016. [Zitiert als: MüKo GmbHG/*Bearbeiter*, § Rn.]

Fleischer, Holger; Goette, Wulf (Hrsg.), Münchener Kommentar zum Gesetz betreffend die Gesellschaften mit beschränkter Haftung - GmbHG, Band 3 §§ 53–85, 2. Aufl., München 2016. [Zitiert als: MüKo GmbHG/*Bearbeiter*, § Rn.]

Flöther, Lucas F., Der vorläufige Sachwalter – Pilot, Co-Pilot oder fünftes Rad am Wagen?, ZInsO 2014, S. 465–472.

Flume, Werner, Die Rechtsprechung des II. Zivilsenats des BGH zur Treuepflicht des GmbH-Gesellschafters und des Aktionärs, ZIP 1995, S. 161–167.

Fölsing, Philipp, Die Zähmung des Widerspenstigen im Suhrkamp-Fall: Schutzschirmverfahren bei Gesellschafterstreit, ZInsO 2013, S. 1325–1332.

Fölsing, Philipp, Anmerkung zu LG Frankfurt/M., Urt. v. 10.9.2013 – 3-09 O 96/13, ZInsO 2013, S. 2021–2023.

Fölsing, Philipp, Anmerkung zum Beschluss des LG Frankfurt a.M. v. 19.7.2013 – 3-09 O 78/13, NZI 2013, S. 750–751.

Fölsing, Philipp, Suhrkamp: Das Machtwort des BGH, ZInsO 2014, S. 1591–1593.

Fölsing, Philipp, Fortbestand einer Gesellschaftervereinbarung trotz Formwechsels durch Insolvenzplan, Anmerkung zu LG Berlin v. 16.6.2014 – 95 O 52/13, ZInsO 2014, 2565 (n –iesem Heft), ZInsO 2014, S. 1541–1544.

Fölsing, Philipp, Anmerkung zu LG Berlin, Beschl. v. 20.10.2014 – 51 T 696/14 (Suhrkamp), ZInsO 2014, S. 2239–2241.

Foerste, Ulrich, Insolvenzrecht, 6. Aufl., München 2014.

Foerste, Ulrich, Gläubigerautonomie und Sanierung im Lichte des ESUG, ZZP 2012, S. 265–285.

Förster, Karsten, Klartext: Von Böcken und Gärtnern, ZInsO 1999, S. 153–154.

Frauer, Alexander R., Grenzen des Eingriffs in Gesellschafterrechte im Insolvenzplanverfahren, in: Europäische Hochschulschriften, Reihe II

Rechtswissenschaft, Band 5603, zugl. Diss. iur. (Regensburg), Frankfurt am Main 2014.

Frege, Michael C.; *Keller, Ulrich*; *Riedel, Ernst*, Handbuch der Rechtspraxis, Band 3, Insolvenzrecht, 8. Aufl., München 2015. [Zitiert als: *Frege/Keller/Riedel*, Insolvenzrecht, Teil Rn.]

Frind, Frank, Wann ist (ein Ratschlag zur) Eigenverwaltung gerechtfertigt? Probleme der Eigenverwaltung nach „ESUG" aus gerichtlicher Sicht, DB 2014, S. 165–170.

Frind, Frank, Gefahrzone Eigenverwaltung – Eine Zwischenbilanz über das Instrument Eigenverwaltung nach „ESUG" aus gerichtlicher Sicht –, WM 2014, S. 590–598.

Frind, Frank, Die Unabhängigkeit des (vorläufigen) Insolvenzverwalters/ Sachwalters nach Inkrafttreten des ESUG, ZInsO 2014, S. 119–131.

Frind, Frank, Der Aufgabenkreis des vorläufigen Sachwalters in der Eigenverwaltung – Eine Betrachtung aus insolvenzgerichtlicher Sicht, NZI 2014, S. 937–942.

Frind, Frank, Haftungsgefahren für den vorläufigen Sachwalter in Eigenverwaltungs- und Schutzschirmverfahren – Eine Betrachtung aus insolvenzgerichtlicher Sicht, NZI 2014, S. 977–981.

Fröhlich, Andreas; *Eckhardt, Jonas*, Bewertung insolventer Unternehmen (in Eigenverwaltungsverfahren): Rahmenbedingungen, Herausforderungen, Lösungsansätze, Würdigung, ZInsO 2015, S. 925–936.

Frystatzki, Christian, Anmerkung zum Urteil des BGH vom 5.12.2013 – IX ZR 93/11, NZI 2014, S. 261–262.

Fuchs, Andreas, Aktiengattungen, Sonderbeschlüsse und gesellschaftsrechtliche Treuepflicht, in: *Fuchs, Andreas*; *Schwintowski, Hans-Peter*; *Zimmer, Daniel (Hrsg.)*: Wirtschafts- und Privatrecht im Spannungsfeld von Privatautonomie, Wettbewerb und Regulierung, Festschrift für Ulrich Immenga zum 70. Geburtstag, München 2004, S. 589–606.

Ganter, Hans Gerhard, Zur drohenden Zahlungsunfähigkeit in § 270b InsO, NZI 2012, S. 985–988.

Gehrlein, Markus, Banken – vom Kreditgeber zum Gesellschafter – neue Haftungsfallen (Debt-Equity-Swap nach ESUG), NZI 2012, S. 257–262.

Geißler, Markus, Die drohende Zahlungsunfähigkeit (§ 18 InsO) in der Entscheidungsverantwortung des GmbH-Geschäftsführers, ZInsO 2013, S. 919–924.

Geißler, Markus, Rechtsfragen zum Insolvenzantrag eines Gesellschafters gegen seine GmbH, ZInsO 2014, S. 1201–1205.

Geißler, Markus, Rechtsfragen um die Sanierung einer GmbH im Insolvenzplanverfahren durch die Einbringung von Gläubigerforderungen, ZInsO 2015, S. 787–793.

von Gerkan, Hartwin, Gesellschafterbeschlüsse, Ausübung des Stimmrechts und einstweiliger Rechtsschutz, ZGR 1985, S. 167–190.

Gerster, Erwin, Insolvenzplan, „das unbekannte Wesen" oder „der Maßanzug des Insolvenzrechts"?, Erfahrungen mit dem neuen insolvenzrechtlichen Medium aus Sicht der insolvenzgerichtlichen Praxis, ZInsO 2008, S. 437–445.

Göbel, Reinhard, Mehrheitsentscheidungen in Personengesellschaften, Bestimmtheitsgrundsatz, materielle Beschlusskontrolle und Kernbereich der Mitgliedschaft, in: *Hopt, Klaus J.*; *Dauner-Lieb, Barbara*; *Westermann, Harm Peter (Hrsg.)*: Studien zum Handels-, Arbeits- und Wirtschaftsrecht, Band 18, zugl. Diss. iur (Univ. Berlin), Baden-Baden 1992.

Götker, Uwe, Der Geschäftsführer in der Insolvenz der GmbH, Der Einfluß der Insolvenzordnung auf die Rechts- und Pflichtenstellung eines GmbH-Geschäftsführers, in: *Balz, Manfred*; *Kübler, Bruno M.*; *Prütting, Hanns*; *Timm, Wolfram (Hrsg.)*: Beiträge zum Insolvenzrecht, Band 21, zugl. Diss. iur. (Univ. Düsseldorf), Köln 1999.

Goette, Wulf; *Habersack, Matthias*; *Kalss, Susanne (Hrsg.)*, Münchener Kommentar zum Aktiengesetz, Band 2, §§ 76–117, MitbestG, DrittelbG, 4. Aufl., München 2014. [Zitiert als: MüKo AktG/*Bearbeiter*, § Rn.]

Goette, Wulf; *Habersack, Matthias*; *Kalss, Susanne (Hrsg.)*, Münchener Kommentar zum Aktiengesetz, Band 4, §§ 179–277 AktG, 4. Aufl., München 2016. [Zitiert als: MüKo AktG/*Bearbeiter*, § Rn.]

Goette, Wulf; *Habersack, Matthias*; *Kalss, Susanne (Hrsg.)*, Münchener Kommentar zum Aktiengesetz, Band 5, §§ 278–328, SpruchG, ÖgesAusG, Österreichisches Konzernrecht, 4. Aufl., München 2015. [Zitiert als: MüKo AktG/*Bearbeiter*, § Rn.]

Gottwald, Peter (Hrsg.), Insolvenzrechts-Handbuch, 5. Aufl., München 2015. [Zitiert als: Insolvenzrechts-Handbuch/*Bearbeiter*, § Rn.]

Graf Brockdroff, Christian; *Heintze, Christian*; *Rolle, Jaqueline*, „Change of Control" im Planinsolvenzverfahren – verbesserte Chancen für Gesellschafter und Investoren durch das ESUG, BB 2014, S. 1859–1866.

Graf-Schlicker, Marie Luise, Die Entwicklung des ESUG und die Fortentwicklung des Insolvenzrechts, ZInsO 2013, S. 1765–1769.

Graf-Schlicker, Marie Luise (Hrsg.), InsO, Kommentar zur Insolvenzordnung, 4. Aufl., Köln 2014. [Zitiert als: Graf-Schlicker InsO/*Bearbeiter*, § Rn.)

Grögler, Herbert; *Schneider, Petra*, Neues vom BGH zum Thema „Rangrücktrittsvereinbarungen“: Eine Herausforderung für die Angehörigen der rechts- und steuerberatenden Berufe!, ZInsO 2015, S. 1528–1534.

Großfeld, Bernhard, Recht der Unternehmensbewertung, 6. Aufl., Köln 2011.

Grub, Volker, Überjustizialisierung und die Eigenverwaltung des Pleitiers, WM 1994, S. 880–881.

Grub, Volker; *Kübler, Bruno*; *Wellensiek, Jobst (Hrsg.)*, Gravenbrucher Kreis, Stellungnahme zu den Reformvorschlägen der Kommission für Insolvenzrecht, BB Beilage 15/1986 zu Heft 29/1986, S. 1–19. [Zitiert als: *Gravenbrucher Kreis*, BB Beilage 15/1986]

Gummert, Hans (Hrsg.), Münchener Anwaltshandbuch Personengesellschaftsrecht, 2. Aufl., München 2015. [Zitiert als: MAH PersGesR/*Bearbeiter*, § Rn.]

Gundlach, Ulf; *Müller, Udo*; *Rautmann, Heiko*, Das Rechtsschutzinteresse im Fall des Eigenantrags, ZInsO 2015, S. 889–891.

Guski, Roman, Das rechtliche Interesse beim Insolvenzantrag, WM 2011, S. 103–110.

Gutowski, Tobias, Der Debt-Equity-Swap als Sanierungsinstrument in der Insolvenzordnung nach dem ESUG, in: *Heinrich, Christian (Hrsg.)*: Insolvenzrecht in Forschung und Praxis, Band 87, zugl. Diss. iur. (Univ. Bremen), Hamburg 2014.

Günther, Thomas, Auswirkungen des ESUG auf das Insolvenzplanverfahren, Mehr Entscheidungsfreiheit für die Gläubiger?, ZInsO 2012, S. 2037–2043.

Haas, Ulrich, Mehr Gesellschaftsrecht im Insolvenzplanverfahren; Die Einbeziehung der Anteilsrechte in das Insolvenzverfahren, NZG 2012, S. 961–968.

Haas, Ulrich, ESUG und das Gesellschaftsinsolvenzrecht, in: *Bruns, Alexander*; *Kern, Christoph*; *Münch, Joachim*; *Piekenbrock, Andreas*; *Stadler, Astrid*; *Tsikrikas, Dimitrios (Hrsg.)*: Festschrift für Rolf Stürner zum 70. Geburtstag, 1. Teilband, Deutsches Recht, Tübingen 2013, S. 749–767.

Haas, Ulrich, Das gesellschaftsrechtliche Organisationsrecht in der (vorläufigen) Eigenverwaltung, in: *Bork, Reinhard*; *Kayser, Godehard*; *Kebekus, Frank (Hrsg.)*: Festschrift für Bruno M. Kübler zum 70. Geburtstag, München 2015, S. 203–217.

Haarmeyer, Hans, Der GmbH-Gesellschafter in der Unternehmensinsolvenz, in: *Dauner-Lieb, Barbara*; *Hommelhoff, Peter*; *Jacobs, Matthias*; *Kaiser, Dagmar*; *Weber, Christoph (Hrsg.)*: Festschrift für Horst Konzen zum siebzigsten Geburtstag, Tübingen 2006, S. 157–178.

Haarmeyer, Hans; *Buchalik, Robert*, Sanieren statt Liquidieren, Neue Möglichkeiten der Sanierung durch Insolvenz nach dem ESUG, Herne 2012.

Haarmeyer, Hans, Bestellung eines vorläufigen Gläubigerausschusses und die Auswahl seiner Mitglieder, Neue Strukturen im Eröffnungsverfahren, ZInsO 2012, S. 2109–2117.

Haarmeyer, Hans, Anmerkung zu AG Charlottenburg, Beschl. v. 20.6.2013 – 36s IN 2196/13, ZInsO 2013, S. 2504–2504.

Haarmeyer, Hans, Missbrauch der Eigenverwaltung? – Nicht der Gesetzgeber, sondern Gerichte, Verwalter und Berater sind gefordert, ZInsO 2013, S. 2345–2347.

Harz, Michael; *Bornmann, Martina*; *Conrad, Günther*; *Ecker, Tobias*, Zahlungsunfähigkeit, drohende Zahlungsunfähigkeit und Überschuldung – eine Betrachtung aus wirtschaftsforensischer Praxis –, NZI 2015, S. 737–744.

Hachmeister, Dirk; *Ruthardt, Frederik*, Vom Unternehmenswert zum Anteilswert: Vorzugs- und Stammaktien im Ertragswertkalkül, BB 2014, S. 427–431.

Hagemann, Sebastian, Debt Equity Swaps nach englischem und deutschem Recht unter besonderer Berücksichtigung des ESUG, in: *Ehricke, Ulrich*; *Paulus, Christoph (Hrsg.)*: Schriften zum Insolvenzrecht, Band 52, zugl. Diss. iur. (Univ. Köln), Baden-Baden 2014.

Häsemeyer, Ludwig, Obstruktionen gegen Sanierungen und gesellschaftsrechtliche Treuepflichten, ZHR 160 (1996), S. 109–132.

He, Wangxiang, Unternehmenserwerb im Insolvenzplanverfahren, Unter Berücksichtigung des Entwurfs für ein Gesetz zu weiteren Erleichterung der Sanierung von Unternehmen, in: *Lehmann, Michael (Hrsg.)*: Rechtswissenschaftliche Forschung und Entwicklung, zugl. Diss. iur. (Univ. München), München 2012.

Hennrichs, Joachim, Treuepflichten im Aktienrecht – zugleich Überlegungen zur Konkretisierung der Generalklausel des § 242 BGB sowie zur Eigenhaftung des Stimmrechtsvertreters, AcP 195, S. 221–273.

Henssler, Martin; *Strohn, Lutz (Hrsg.)*, Beck'sche Kurzkommentare, Band 62, Gesellschaftsrecht, 3. Aufl., München 2016. [Zitiert als: Henssler/ Strohn/*Bearbeiter*, § Rn.]

Hirte, Heribert, Anmerkungen zum von § 270b RefE-InsO ESUG vorgeschlagenen „Schutzschirm", ZInsO 2011, S. 401–405.

Hirte, Heribert; *Knof, Béla*; *Mock, Sebastian*, Das Gesetz zur weiteren Erleichterung der Sanierung von Unternehmen (Teil I), DB 2011, S. 632–643.

Hirte, Heribert; *Knof, Béla*; *Mock, Sebastian*, Das neue Insolvenzrecht nach dem ESUG, Einführung und Materialien zum Gesetz zur weiteren Erleichterung der Sanierung von Unternehmen, München 2012.

Hölters, Wolfgang (Hrsg.), Aktiengesetz Kommentar, 2. Aufl., München 2014. [Zitiert als: Hölters AktG/*Bearbeiter*, § Rn.]

Hölzle, Gerrit, Die „erleichterte Sanierung von Unternehmen" in der Nomenklatur der InsO – ein hehres Regelungsziel des RefE-ESUG, NZI 2011, S. 124–131.

Hölzle, Gerrit, Eigenverwaltung im Insolvenzverfahren nach ESUG – Herausforderungen für die Praxis, ZIP 2012, S. 158–164.

Hölzle, Gerrit, Gesellschaftsrechtliche Veränderungssperre im Schutzschirmverfahren, ZIP 2012, S. 2427–2431.

Hölzle, Gerrit, Kurzkommentar zu LG Frankfurt/M., Urt. v. 10.9.2013 – 3-09 O 96/13, EWiR 2013, S. 589–590.

Hölzle, Gerrit, Der Insolvenzantrag als Sanierungsoption – auch gegen den Willen von Gesellschaftern? Entscheidungszuständigkeiten und Organkompetenzen in der Krise, ZIP 2013, S. 1846–1851.

Hölzle, Gerrit, Praxisleitfaden ESUG, in: ZIP Praxishandbuch 4, 2. Aufl., Köln 2014.

Hölzle, Gerrit, Überlagerung des Gesellschaftsrechts durch das Insolvenzrecht und die Schlechterstellungsprüfung zu Lasten des (Minderheits-) Gesellschafters, Zugleich (partielle) Besprechung des BGH Beschlusses v. 17.7.2014 – IX ZB 13/14, ZIP 2014, 1442 – Suhrkamp, ZIP 2014, S. 1819–1823.

Hölzle, Gerrit, Anmerkung zum Beschluss des BVerfG v. 18.12.2014 – 2 BvR 1978/13, ZIP 2015, S. 83–85.

Hölzle, Gerrit, Der IDW ES 11 im Kontext der Zulässigkeitsprüfung von Schutzschirmverfahren gem. § 270b InsO, ZInsO 2015, S. 135–139.

Hoffmann-Becking, Michael, Münchener Handbuch des Gesellschaftsrechts, Band 4, Aktiengesellschaft. 4. Aufl., München 2015. [Zitiert als: Münch. Hdb. GesR IV/*Bearbeiter*, § Rn.]

Hommelhoff, Peter, Eigenkapitalersetzende Gesellschafterdarlehen und Konkursantragspflicht, in: *Knobbe-Keuk, Brigitte*; *Klein, Franz*; *Moxter, Adolf (Hrsg.)*: Handelsrecht- und Steuerrecht, Festschrift für Georg Döllerer, Düsseldorf 1988, S. 245–268.

Horstkotte, Martin; *Martini, Torsten*, Die Einbeziehung der Anteilseigner in den Insolvenzplan nach ESUG, Muster-Arbeitshilfen für Aktiengesellschaft und Gesellschaft mit beschränkter Haftung, ZInsO 2012, S. 557–581.

Horstkotte, Martin, Der Insolvenzplan in der gerichtlichen Vorprüfung, 18 Monate Insolvenzplanrecht in Richterzuständigkeit – § 231 in der Praxis, ZInsO 2014, S. 1297–1312.

Horstkotte, Martin, Anmerkung zu AG Charlottenburg – Handelsregistergericht – Beschl. v. 9.2.2015 – HRB 153203, ZInsO 2015, S. 416–418.

Hübler, Jana Julia, Die Eigenverwaltung des Schuldners als Instrument zur Unternehmenssanierung im Insolvenzverfahren, Beitrag des ESUG zur Erhöhung der Bedeutung der Eigenverwaltung, in: Europäische Hochschulschriften, Reihe II Rechtswissenschaft, Band 5478, zugl. Diss. iur. (Univ. Köln), Frankfurt am Main 2013.

Hüffer, Uwe, Zur gesellschaftlichen Treuepflicht als richterrechtliche Generalklausel; in: *Baur, Jürgen F.; Hopt, Klaus J.; Mailänder, K.Peter (Hrsg.):* Festschrift für Ernst Steindorff zum 70. Geburtstag am 13. März 1990, Berlin u.a. 1990, S. 59–78.

Hüffer, Uwe (Begr.), Beck'sche Kurzkommentare, Band 53, Aktiengesetz, 12. Aufl., München 2016. [Zitiert als: Hüffer AktG/*Bearbeiter*, § Rn.]

Immenga, Ulrich, Bindung von Rechtsmacht durch Treuepflichten, in: *Lutter, Marcus; Ulmer, Peter; Zöllner, Wolfgang (Hrsg.):* Festschrift 100 Jahre GmbH-Gesetz, Köln 1992, S. 189–208.

Institut der Wirtschaftsprüfer (Hrsg.), IDW Standard: Grundsätze zur Durchführung von Unternehmensbewertungen (IDW S 1 i.d.F. 2008), Stand 02.04.2008.

Institut der Wirtschaftsprüfer (Hrsg.), IDW Standard: Anforderungen an die Erstellung von Sanierungskonzepten (IDW S 6 i.d.F. 2012), Stand 20.08.2012.

Institut der Wirtschaftsprüfer (Hrsg.), IDW Standard: Beurteilung des Vorliegens von Insolvenzeröffnungsgründen (IDW S 11 i.d.F. 2015), Stand 29.01.2015.

Jacoby, Florian, Vorinsolvenzliches Sanierungsverfahren, ZGR 2010, S. 359–384.

Jaeger, Ernst (Begr.); Henckel, Wolfram; Gerhardt, Walter (Hrsg.), Insolvenzordnung, Großkommentar, Erster Band §§ 1–55, Berlin 2004. [Zitiert als: Jaeger InsO/*Bearbeiter*, § Rn.]

Jaffé, Michael, Drei Jahre Insolvenzplan, ZIP 2001, S. 2302–2304.

Jaffé, Michael; Friedrich, Andreas, Verbesserung der Wettbewerbsfähigkeit des Insolvenzstandorts Deutschland, ZIP 2008, S. 1849–1858.

Jaffé, Michael, Die gerichtliche Prüfung der Voraussetzungen des Schutzschirmverfahrens nach § 270b InsO, ZInsO 2015, S. 369–375.

Janke, Matthias, Gesellschaftsrechtliche Treuepflicht, Neubewertung der richterrechtlichen Generalklausel im Rahmen einer rechtsvergleichenden und ökonomischen Analyse, in: Frankfurter wirtschaftsrechtliche Studien, Band 51, zugl. Diss. iur. (Univ. Osnabrück), Frankfurt a.M. u.a. 2003.

Kahlert, Günter, ESUG macht es möglich: Ausgliederung statt Asset Deal im Insolvenzplanverfahren, DStR 2013, S. 975–981.

Kammel, Volker; *Staps, Christian*, Insolvenzverwalterauswahl und Eigenverwaltung im Diskussionsentwurf für ein Sanierungserleichterungsgesetz, NZI 2010, S. 791–798.

Kautz, Oliver A., Die gesellschaftsrechtliche Neuordnung der GmbH im künftigen Insolvenzrecht, in: Europäische Hochschulschriften, Reihe II Rechtswissenschaft, Band 1712, zugl. Diss. iur. (Univ. Regensburg), Frankfurt am Main 1995.

Kayser, Godehard; *Thole, Christoph (Hrsg.)*, Heidelberger Kommentar Insolvenzordnung, 8. Aufl., Heidelberg 2016. [Zitiert als: Heidelberger Kommentar InsO/*Bearbeiter*, § Rn.]

Kebekus, Frank; *Zenker, Wolfgang*, Business Judgement Rule und Geschäftsleiterermessen – auch in Krise und Insolvenz?, in: *Grunewald, Barbara*; *Westermann, Harm Peter (Hrsg.)*: Festschrift für Georg Maier-Reimer zum 70. Geburtstag, München 2010, S. 319–343.

Kellermann, Alfred, Zur Anwendung körperschaftsrechtlicher Grundsätze und Vorschriften auf die Publikums-Kommanditgesellschaft, in: *Lutter, Marcus*; *Mertens, Hans-Joachim*; *Ulmer, Peter (Hrsg.)*: Festschrift für Walter Stimpel zum 68. Geburtstag am 29. November 1985, Berlin u.a. 1985, S. 295–305.

Kilger, Joachim, Die Reorganisation insolventer Gesellschaften, ZRP 1984, S. 46–52.

Kindler, Peter, Grundkurs Handels- und Gesellschaftsrecht, 8. Aufl., München 2016.

Kirchhof, Hans-Peter; *Eidenmüller, Horst*; *Stürner, Rolf (Hrsg.)*, Münchener Kommentar zur Insolvenzordnung, Band 1, §§ 1-79, Insolvenzrechtliche Vergütungsordnung (InsVV), 3. Aufl., München 2013. [Zitiert als: MüKo InsO/*Bearbeiter*, § Rn.]

Kirchhof, Hans-Peter; *Eidenmüller, Horst*; *Stürner, Rolf (Hrsg.)*, Münchener Kommentar zur Insolvenzordnung, Band 2, §§ 80–216, 3. Aufl., München 2013. [Zitiert als: MüKo InsO/*Bearbeiter*, § Rn.]

Kirchhof, Hans-Peter; *Eidenmüller, Horst*; *Stürner, Rolf (Hrsg.)*, Münchener Kommentar zur Insolvenzordnung, Band 3, §§ 217–359 InsO, Art. 103a-110 EGInsO, Konzerninsolvenzrecht, Insolvenzsteuerrecht, 3. Aufl., München 2014. [Zitiert als: MüKo InsO/*Bearbeiter*, § Rn.]

Klausmann, Alexander N., Gesellschaftsrechtlich zulässige Regelungen im Insolvenzplan im Sinne von § 225a III InsO, NZG 2015, S. 1300–1306.

Kleindiek, Detlef, Debt-Equity-Swap im Insolvenzplanverfahren, in: *Erle, Bernd; Goette, Wulf; Kleindiek, Detlef; Krieger, Gerd; Priester, Hans-Joachim; Schubel, Christian; Schwab, Martin; Teichmann, Christoph; Witt, Carl-Heinz (Hrsg.)*: Festschrift für Peter Hommelhoff zum 70. Geburtstag, Köln 2012, S. 543–563.

Klöhn, Lars, Das System der aktien- und umwandlungsrechtlichen Abfindungsansprüche, in: JUS PRIVATUM Beiträge zum Privatrecht, Band 143, zugl. Habil. iur. (Univ. Göttingen), Tübingen 2009.

Klöhn, Lars, Gesellschaftsrecht in der Eigenverwaltung: Die Grenzen des Einflusses auf die Geschäftsführung gemäß § 276a Satz 1 InsO, NZG 2013, S. 81–87.

Kluth, Thomas, Die „wertlosen Gesellschaftsanteile" – der Stein des Anstoßes im Sanierungs-Insolvenzplan, ZInsO 2002, S. 258–264.

Korehnke, Stefan, Treuwidrige Stimmen im Personengesellschafts- und GmbH-Recht, Sanktionen und prozessuale Behandlung, in: *Hopt, Klaus J.; Lieb, Manfred; Westermann, Harm Peter(Hrsg.)*: Studien zum Handels-, Arbeits- und Wirtschaftsrecht, Band 50, zugl. Diss. iur. (Univ. Köln), Baden-Baden 1997.

Korff, Arne, Die Grenzen des Debt-to-Equity-Swap, ZInsO 2013, S. 2411–2414.

Kresser, Matthias, Debt-equity-swaps im Insolvenzplanverfahren de lege ferenda, – Zur Ändererung der Stellung der Anteilsinhaber im Insolvenzplanverfahren durch den Diskussionsentwurf des BMJ für ein Gesetz zur weiteren Erleichterung der Sanierung von Unternehmen –, ZInsO 2010, S. 1409–1418.

Krüger, Wolfgang; Rauscher, Thomas (Hrsg.), Münchener Kommentar zur Zivilprozessordnung mit Gerichtsverfassungsgesetz und Nebengesetzen, Band 2, §§ 355–945b, 5. Aufl., München 2016. [Zitiert als: MüKo ZPO/*Bearbeiter*]

Krull, Helge, Bedingter Insolvenzplan und Kapitalschnitt, zugl. Diss. iur. (Univ. Hamburg), Berlin 2000.

Krull, Laura Theresa, Stellung und Schutz des Minderheitsgesellschafters der schuldnerischen GmbH & Co. KG im Insolvenzplanverfahren nach dem ESUG, Möglichkeiten des geschäftsführenden Mehrheitsgesellschafters zur Lösung andauernder Gesellschafterstreitigkeiten im Insolvenzplanverfahren in Eigenverwaltung, in: Europäische Hochschulschriften, Reihe II Rechtswissenschaft, Band 5882, zugl. Diss. iur. (Univ. Münster),

Frankfurt a.M. 2016. [Zitiert als: *Krull*, Stellung und Schutz des Minderheitsgesellschafters im Insolvenzplanverfahren]

Krystek, Ulrich, Erfolgreiche Insolvenzsanierung, Eine Untersuchung der Determinanten erfolgreicher Sanierungen insolventer Unternehmen auf Basis von Experteninterviews, DB 2013, S. 768–773.

Kübler, Bruno M. (Hrsg.), HRI, Handbuch Restrukturierung in der Insolvenz, Eigenverwaltung und Insolvenzplan, 2. Aufl., Köln 2015. [Zitiert als: Kübler HRI/*Bearbeiter*, § Rn.]

Kübler, Bruno M.; *Prütting, Hanns*; *Bork, Reinhard (Hrsg.)*, InsO, Kommentar zur Insolvenzordnung, Band I, Stand: November 2016, Köln 2017. [Zitiert als: KPB InsO/*Bearbeiter*, § Rn. (EL)]

Kübler, Bruno M.; *Prütting, Hanns*; *Bork, Reinhard (Hrsg.)*, InsO, Kommentar zur Insolvenzordnung, Band III, Stand: November 2016, Köln 2017. [Zitiert als: KPB InsO/*Bearbeiter*, § Rn. (EL)]

Kuhn, Georg (Begr.); *Uhlenbruck, Wilhelm*, Konkursordnung Kommentar, 11. Aufl., München 1994. [Zitiert als: *Kuhn/Uhlenbruck* KO]

Lang, Andreas, Das Rechtsschutzinteresse beim Antrag auf Eröffnung des Insolvenzverfahrens, in: Europäische Hochschulschriften, Reihe II Rechtswissenschaft, Band 3726, zugl. Diss. iur. (Univ. Heidelberg), Frankfurt a.M. 2002.

Lang, Dennis; *Muschalle, Volker*, Suhrkamp-Verlag – Rechtsmissbräuchlichkeit eines rechtmäßig eingeleiteten Insolvenzverfahrens, NZI 2013, S. 953–957.

Laroche, Peter; *Pruskowski, Wolfgang*; *Schöttler, Alexandra*; *Siebert, Volker*; *Vallender, Heinz*, 30 Monate ESUG – eine Zwischenbilanz aus insolvenzrichterlicher Sicht, ZIP 2014, S. 2153–2166.

Lau, Bero-Alexander, Das Eröffnungsverfahren (§ 270a InsO) mit anschließender Eigenverwaltung aus der Sicht eines (vorläufigen) Sachwalters, DB 2014, S. 1417–1423.

Lehmann, Jochen; *Rühle, Thomas*, Die Ausgleichsmittel gem. § 251 III InsO inner- und außerhalb des Insolvenzverfahrens, NZI 2015, S. 151–157.

Lehmann, Jochen; *Rühle, Thomas*, Anmerkung zum Beschluss des LG Berlin vom 20.10.2014 - 51 T 696/14, NZI 2015, S. 72–73.

Leinekugel, Rolf; *Skauradszun, Dominik*, Geschäftsführerhaftung bei eigenmächtig gestelltem Insolvenzantrag wegen bloß drohender Zahlungsunfähigkeit – Das Spannungsfeld zwischen Sanierungspflicht und Insolvenzantragspflicht –, GmbHR 2011, S. 1121–1128.

Limmer, Peter, Unternehmensumstrukturierungen vor und in der Insolvenz unter Einsatz des Umwandlungsrechts, in: *Arbeitskreis für Insolvenz- und*

Schiedsgerichtsverfahren e. V. (Hrsg.): Kölner Schrift zur Insolvenzordnung, Das neue Insolvenzrecht in der Praxis, 2. Aufl., Köln 2000, S. 1219–1252.

Lissner, Stefan, Die Insolvenzrechtsreform – eine Betrachtung der Entwicklung, DZWIR 2014, S. 59–65.

Littbarski, Sigurd, Einstweiliger Rechtsschutz im Gesellschaftsrecht, in: *Wiedemann, Herbert (Hrsg.):* Schriften des Instituts für Arbeits- und Wirtschaftsrecht der Universität zu Köln, Band 62, München 1996.

Lutter, Marcus, Materielle und förmliche Erfordernisse eines Bezugsrechtsausschlusses – Besprechung der Entscheidung BGHZ 71, 40 (Kali + Salz) –, ZGR 1979, S. 401–418.

Lutter, Marcus, Die Treuepflicht des Aktionärs, Bemerkungen zur Linotype-Entscheidung des BGH, ZHR 153 (1989), S. 446–471.

Lutter, Marcus, Theorie der Mitgliedschaft – Prolegomena zu einem Allgemeinen Teil der Korporationsrechte, AcP 180, S. 84–159.

Madaus, Stephan, Keine Reorganisation ohne die Gesellschafter, ZGR 2011, S. 749–775.

Madaus, Stephan, Umwandlungen als Gegenstand eines Insolvenzplans nach dem ESUG, ZIP 2012, S. 2133–2139.

Madaus, Stephan, Die Rechtsbehelfe gegen die Planbestätigung nach dem ESUG, NZI 2012, S. 597–600.

Madaus, Stephan, Schutzschirme für streitende Gesellschafter? Die Lehren aus dem Suhrkamp-Verfahren für die Auslegung des neuen Insolvenzrechts, ZIP 2014, S. 500–508.

Maier-Reimer, Georg, Debt Equity Swap, in: *Gesellschaftsrechtliche Vereinigung (Hrsg.):* Gesellschaftsrecht in der Diskussion 2011, Jahrestagung der Gesellschaftsrechtlichen Vereinigung (VGR), Band 17, Köln 2012, S. 107–140.

Marotzke, Wolfgang, Rechtliches Gehör opponierender Gesellschafter im insolvenzrechtlichen Eröffnungsverfahren, ZInsO 2015, S. 325–334.

Maunz, Theodor; Dürig, Günter (Begr.), Grundgesetz Kommentar, Band II, Art. 6–15, München 2016 (78. EL). [Zitiert als: Maunz/Dürig/*Bearbeiter,* Bd. II, Art. Rn. (EL)]

Maunz, Theodor; Dürig, Günter (Begr.), Grundgesetz Kommentar, Band VI, Art. 86–106b, München 2016 (78. EL). [Zitiert als: Maunz/Dürig/*Bearbeiter,* Bd. VI. Art. Rn. (EL)]

Maus, Karl Heinz, Der Insolvenzplan, in: *Arbeitskreis für Insolvenz- und Schiedsgerichtswesen e. V. (Hrsg.)*: Kölner Schrift zur Insolvenzordnung, Das neue Insolvenzrecht in der Praxis, 2. Aufl., Köln 2000, S. 931–965.

Mehrbrey, Kim Lars (Hrsg.), Handbuch Gesellschaftsrechtliche Streitigkeiten, Corporate Litigation, 2. Aufl., Köln 2015. [Zitiert als: Handbuch Gesellschaftsrechtliche Streitigkeiten/*Bearbeiter*, § Rn.]

Meinert, Carsten, Neuere Entwicklungen in der Unternehmensbewertung (Teil I), DB 2011, S. 2397–2403.

Merz, Siegfried, Hübner, Alexander-Leon, Aktivierung von Sicherheiten Dritter und Behandlung rangrücktretender Forderungen im Überschuldungsstatus gemäß § 19 Abs. 2 InsO, DStR 2005, S. 802–807.

Meyer, Susanne, Vorrang des Insolvenzrechts vor dem Gesellschaftsrecht? - Überlegungen zur Position des Minderheitsgesellschafters im Schutzschirmverfahren, ZInsO 2013, S. 2361–2369.

Meyer, Susanne, Streit um den Suhrkamp-Verlag – Überlegungen zum Stimmverbot des Gesellschafter-Geschäftsführers, NJW 2013, S. 753–755.

Meyer, Susanne, Der Plan ist umgesetzt, doch manche Frage offen – Zwischenfazit zum Suhrkamp-Insolvenzverfahren, DB 2015, S. 538–543.

Meyer, Heinrich; Degener, Jan-Moritz, Debt-Equity-Swap nach dem RegE-ESUG, BB 2011, S. 846–851.

Meyer-Löwy, Bernd; Pickerill, Carl N., Versperrt das Gesellschaftsrecht den rechtzeitigen Weg in die Sanierung? – Eine Betrachtung zu den Auswirkungen des § 18 InsO auf den Konflikt zwischen Unternehmenserhaltungspflicht und frühzeitigen Sanierungsmaßnahmen –, GmbHR 2013, S. 1065–1975.

Michalski, Lutz (Hrsg.), Kommentar zum Gesetz betreffend die Gesellschaften mit beschränkter Haftung (GmbH-Gesetz), Band I Systematische Darstellungen, §§ 1-14 GmbHG, 2. Aufl., München 2010. [Zitiert als: Michalski GmbHG/*Bearbeiter*, § Rn.]

Michalski, Lutz (Hrsg.), Kommentar zum Gesetz betreffend die Gesellschaften mit beschränkter Haftung (GmbH-Gesetz), Band II §§ 35–85 GmbHG, §§ 1-4 EGGmbHG, 2. Aufl., München 2010. [Zitiert als: Michalski GmbHG/*Bearbeiter*, § Rn.]

Möhlenkamp, Andreas, Flucht nach vorn in die Insolvenz – funktioniert Suhrkamp? Zugleich Besprechung LG Frankfurt, Urt. v. 10.9.2013 und OLG Frankfurt, Beschl. v. 1.10.2013, BB 2013, S. 2828–2831.

Möhlenkamp, Andreas, AG Hamburg: Eigenverwaltung nur für „wohl vorbereitete“ Insolvenzanträge, Anmerkung zu AG Hamburg, Beschl. v. 19.12.2913 – 67c IN 501/13, BB 2014, S. 150–151.

Mönning, Rolf-Dieter, Der Schutzschirm: Strategische Insolvenz und Haftung, in: *Bork, Reinhard; Kayser, Godehard; Kebekus, Frank (Hrsg.):* Festschrift für Bruno M. Kübler zum 70. Geburtstag, München 2015, S. 431–447.

Müller, Hans-Friedrich, Reorganisation systemrelevanter Banken, Das Restrukturierungsgesetz für Kreditinstitute vor dem Hintergrund der Diskussion über die Reform des allgemeinen Unternehmensinsolvenzrechts, KTS 2011, S. 1–24.

Müller, Hans-Friedrich, Gesellschaftsrechtliche Maßnahmen im Insolvenzplan, KTS 2012, S. 419–452.

Müller, Hans-Friedrich, Entrechtung der Gesellschafter im Insolvenzplanverfahren?, Anmerkungen zum Fall Suhrkamp, DB 2014, S. 41–46.

Müller, Hans-Friedrich, Anmerkung zum Beschluss des BGH vom 17.7.2014 – IX ZB 13/14, NZI 2014, S. 756–757.

Nawroth, Mario; *Wohlleber, Markus*, Der „unechte Share Deal" mittels Insolvenzplan – oder: zum praktischen Umgang mit der Regelung des § 225a Abs. 3 InsO, ZInsO 2013, S. 1022–1026.

Nentwig, Martin, Durchsetzung von Sanierungsmaßnahmen in der GmbH, GmbHR 2012, S. 664–669.

Nerlich, Jörg; *Römermann, Volker (Hrsg.)*, Insolvenzordnung (InsO) Kommentar, Stand: Juli 2016, 30. Ergänzungslieferung, München 2013. [Zitiert als: Nerlich/Römermann InsO/*Bearbeiter*, § Rn. (EL)]

Neußner, Anette, Anmerkung zum Beschuss des AG Mannheim vom 21.2.2014 – 4 IN 115/14, EWiR 2014, S. 331–332.

Nickert, Cornelius, Erfordernis einer Unternehmensbewertung in der Insolvenz?, in: *Grote, Hugo; Obermüller, Manfred; Pape, Gerhard (Hrsg.)*: Insolvenz und Sanierung – auf der Dauerbaustelle geht es weiter, Festschrift für Hans Haarmeyer zum 65. Geburtstag, Köln 2013, S. 175–190.

Nietsch, Michael, Einstweiliger Rechtsschutz bei Beschlussfassung in der GmbH-Gesellschafterversammlung, GmbHR 2006, S. 393–399.

Noack, Ulrich, Reorganisation der Schuldnergesellschaft nach neuem Insolvenzrecht, in: *Lieb, Manfred*; *Noack, Ulrich*; *Westermann, Harm Peter (Hrsg.)*: Festschrift für Wolfgang Zöllner zum 70. Geburtstag, Band I, Köln u.a. 1998, S. 411–428.

Onciul, Georg Ritter von, Die rechtzeitige Auslösung des Insolvenzverfahrens, Unternehmenskrise, Insolvenz und die Eröffnungsgründe der InsO, zugl. Diss. iur. (Univ. Halle), Berlin u.a. 2000.

Ott, Wolfgang; *Brauckmann, Dana*, Zuständigkeitsgerangel zwischen Gesellschaftsorganen und Insolvenzverwalter in der börsennotierten Aktiengesellschaft, ZIP 2004, S. 2117–2123.

Pape, Gerhard, Die Eigenverwaltung des Schuldners nach der Insolvenzordnung, in: *Arbeitskreis für Insolvenz- und Schiedsgerichtswesen e.V. (Hrsg.):* Kölner Schrift zur Insolvenzordnung, Das neue Insolvenzrecht in der Praxis, 2. Aufl., Köln 2000, S. 895–929.

Pape, Gerhard, Erleichterung der Sanierung von Unternehmen durch Insolvenzverfahren bei gleichzeitiger Abschaffung der Gläubigergleichbehandlung?, ZInsO 2010, S. 2155–2162.

Pape, Gerhard, Erleichterung der Sanierung von Unternehmen zur Stärkung der Eigenverwaltung, ZInsO 2010, S. 1582–1596.

Pape, Gerhard, Eigenverwaltungsverfahren im Spiegel der Rechtsprechung nach Inkrafttreten des ESUG, ZInsO 2013, S. 2129–2138.

Pape, Gerhard, Entwicklungstendenzen bei der Eigenverwaltung, ZIP 2013, S. 2285–2294.

Pape, Gerhard, Das janusköpfige Insolvenzeröffnungsverfahren bei der Eigenverwaltung, ZInsO 2013, S. 2077–2083.

Piekenbrock, Andreas, Das ESUG – fit für Europa?, NZI 2012, S. 905–912.

Pieroth, Bodo; Schlink, Bernhard; Kingreen, Thorsten; Poscher, Ralf, Grundrechte, Staatsrecht II, 32. Aufl., Heidelberg u.a. 2016. [Zitiert als: *Pieroth/Schlink,* Grundrechte, § Rn.]

Pleister, Christian, Restrukturierung nach dem ESUG: Die wichtigsten Praxisfälle, GWR 2013, S. 220–222.

Pleister, Christian; Tholen, Laurenz, Zum Siegeszug des insolvenzrechtlichen Freigabeverfahrens, Die extensive Auslegung des LG Berlin zu § 253 IV InsO im Beschluss v. 20.10.2014 – 51 T 969/14, ZIP 2014, 2197 – Suhrkamp, ZIP 2015, S. 414–419.

Priester, Hans-Joachim, „Squeeze out“ durch Herabsetzung des Stammkapitals auf Null?, DNotZ 2003, S. 592–602.

Priester, Hans-Joachim, Debt-Equity-Swap zum Nennwert?, DB 2010, S. 1445–1450.

Priester, Hans-Joachim, “Sanieren oder Ausscheiden“ im Recht der GmbH, ZIP 2010, S. 497–503.

Priester, Hans-Joachim, Umwandlungen im Insolvenzplan und gesellschaftsrechtliche Treuepflicht, in: *Bork, Reinhard; Kayser, Godehard; Kebekus, Frank (Hrsg.):* Festschrift für Bruno M. Kübler zum 70. Geburtstag, München 2015, S. 557–566.

Prütting, Hanns, Rechtsmissbrauch und Insolvenzantrag, – Erwägungen zur Insolvenz des Suhrkamp-Verlags –, in: *Bork, Reinhard; Kayser, Godehard; Kebekus, Frank (Hrsg.):* Festschrift für Bruno M. Kübler zum 70. Geburtstag, München 2015, S. 567–575.

Prütting, Hanns; *Huhn, Christoph*, Kollision von Gesellschaftsrecht und Insolvenzrecht bei der Eigenverwaltung?, ZIP 2002, S. 777–782.

Prusko, Wolfram, Die Gesellschafterstellung in der Insolvenz, in: *Canaris, Claus-Wilhelm*; *Lerche, Peter*; *Roxin, Claus (Hrsg.)*: Münchener Universitätsschriften, Reihe der Juristischen Fakultät, Band 242, zugl. Diss. iur. (Universität München), München 2013.

Pühl, Helge, Der Debt Equity Swap im Insolvenzplanverfahren: Die Umwandlung von Fremdkapital in Eigenkapital per Insolvenzplan nach der Reform durch das ESUG, in: *Balz, Manfred*; *Kübler, Bruno M.*; *Prütting, Hanns*; *Timm, Wolfram (Hrsg.)*: Beiträge zum Insolvenzrecht, Band 46, zugl. Diss. iur (Univ. Bonn), Köln 2016.

Rattunde, Rolf, Sanierung durch Insolvenz, ZIP 2003, S. 2103–2110.

Rattunde, Rolf, Das neue Insolvenzplanverfahren nach dem ESUG, GmbHR 2012, S. 455–462.

Rendels, Dietmar; *Zabel, Karsten*, Insolvenzplan, in: ZIP Praxisbuch 3, Köln 2015.

Röhricht, Volker, Die GmbH im Spannungsfeld zwischen wirtschaftlicher Dispositionsfreiheit ihrer Gesellschafter und Gläubigerschutz, in: *Geiß, Karlmann*; *Nehm, Kay*; *Brandner, Hans Erich*; *Hagen, Horst (Hrsg.)*: Festschrift aus Anlaß des fünfzigjährigen Bestehens von Bundesgerichtshof, Bundesanwaltschaft und Rechtsanwaltschaft beim Bundesgerichtshof, Köln u.a. 2000, S. 83–122.

Römermann, Volker, Ein Jahr ESUG – Eine Bestandsaufnahme aus dem Blickwinkel der GmbH-Beratung –, GmbHR 2013, S. 337–345.

Roschmann, Christian; *Frey, Johannes*, Treuepflicht des Gesellschafters – Teil 1: Rechtsgrundlagen, Schutzrichtung und Umfang, WiB 1996, S. 881–885.

Säcker, Jürgen; *Rixecker, Roland*; *Oetker, Hartmut*; *Limperg, Bettina (Hrsg.)*, Münchener Kommentar zum Bürgerlichen Gesetzbuch, Band 1, Allgemeiner Teil, §§ 1–240, ProstG, AGG, 7. Aufl., München 2015. [Zitiert als: MüKo BGB/*Bearbeiter*, § Rn.]

Säcker, Jürgen; *Rixecker, Roland*; *Oetker, Hartmut*; *Limperg, Bettina (Hrsg.)*, Münchener Kommentar zum Bürgerlichen Gesetzbuch, Band 2, Schuldrecht Allgemeiner Teil, §§ 241–432, 7. Aufl., München 2016. [Zitiert als: MüKo BGB/*Bearbeiter*, § Rn.]

Säcker, Jürgen; *Rixecker, Roland*; *Oetker, Hartmut*; *Limperg, Bettina (Hrsg.)*, Münchener Kommentar zum Bürgerlichen Gesetzbuch, Band 5, Schuldrecht Besonderer Teil, §§ 705–853, Partnerschaftsgesellschaftsgesetz,

Produkthaftungsgesetz, 6. Aufl., München 2013. [Zitiert als: MüKo BGB/*Bearbeiter*, § Rn.]

Sämisch, Henning, Das Beschwerderecht und das Recht auf rechtliches Gehör im Verfahren über die Einsetzung eines Sachwalters nach § 270b InsO, ZInsO 2014, S. 1312–1315.

Saenger, Ingo; *Al-Wraikat, Nadja*, Insolvenzrecht versus Gesellschaftsrecht: Wer darf bei der GmbH wann den Schutzschirm öffnen?, NZG 2013, S. 1201–1206.

Sassenrath, Gerd, Der Eingriff in Anteilseignerrechte durch den Insolvenzplan, ZIP 2003, S. 1517–1530.

Servatius, Wolfgang, Treuepflichtbindung bei der Sanierung einer Publikums-GbR, NZG 2014, S. 537–539.

Schäfer, Carsten, Insolvenzplan als Lösungsmittel für Mehrheits-/Minderheitskonflikte? – Lehren aus dem Fall Suhrkamp, ZIP 2013, S. 2237–2244.

Schäfer, Carsten, Unzulässige Umgestaltung von Gesellschaftsanteilen im Insolvenzplan, ZIP 2014, S. 2417–2420.

Schäfer, Carsten; *Wüstemann, Jens*, Unternehmensbewertung, Kapitalmaßnahmen und Insolvenzplan, ZIP 2014, S. 1757–1768.

Schäfer, Carsten, Suhrkamp und die Folgen – Konsequenzen aus dem vorläufigen Abschluss des Suhrkamp-Insolvenzverfahrens, ZIP 2015, S. 1208–1213.

Schelo, Sven, Der neue § 270b InsO – Wie stabil ist das Schutzschirmverfahren in der Praxis? Oder: Schutzschirmverfahren versus vorläufige Eigenverwaltung, ZIP 2012, S. 712–715.

Scheunemann, Marc P.; *Hoffmann, Guido*, Debt-Equity-Swap, Steuerliche Strukturierung und zivilrechtliche Rahmenbedingungen, DB 2009, S. 983–986.

Schillgalis, Shenja, Rechtsschutz des Schuldners bei fahrlässig unberechtigten Insolvenzanträgen – insbesondere bei Anordnung von Sicherungsmaßnahmen gemäß § 21 InsO –, in: Nomos Universitätsschriften, Recht, Band 458, zugl. Diss. iur. (Univ. Osnabrück), Baden-Baden 2006.

Schimrick, Martin, Anmerkung zu BGH, Urt. v. 9.6.2015 – II ZR 420/13, NJW 2015, S. 2886–2886.

Schlarmann, Josef, Die Rechtsprechung des BGH zu Publikumspersonengesellschaften, BB 1979, S. 192–196.

Schluck-Amend, Alexandra, Paradigmenwechsel bei der Stellung des Gesellschafters im Insolvenzverfahren nach dem ESUG, in: *Krieger, Gerd*;

Lutter, Marcus; Schmidt, Karsten (Hrsg.): Festschrift für Michael Hoffmann-Becking zum 70. Geburtstag, München 2013, S. 1039–1052.

Schluck-Amend, Alexandra, Gesellschaftsrecht versus Insolvenzrecht – Möglichkeiten und Probleme in der Sanierung, in: *Gesellschaftsrechtliche Vereinigung (Hrsg.):* Gesellschaftsrecht in der Diskussion 2014, Jahrestagung der Gesellschaftsrechtlichen Vereinigung (VGR), Band 20, Köln 2015, S. 151–186.

Schmerbach, Ulrich, Die übertragende Sanierung im Insolvenzverfahren, ZInsO 2009, S. 458–467.

Schmidt, Andreas (Hrsg.), Sanierungsrecht, Köln 2015. [Zitiert als: SanRKomm/*Bearbeiter*, § Rn.]

Schmidt, Andreas (Hrsg.), Hamburger Kommentar zum Insolvenzrecht, 6. Aufl., Köln 2017. [Zitiert als: Hamburger Kommentar InsO/*Bearbeiter*, § Rn.]

Schmidt, Andreas; Hölzle, Gerrit, Der Verzicht auf die Unabhängigkeit des Insolvenzverwalters, Kein Schutz der Gläubiger vor sich selbst – ein Leitbild zur Anwendung der §§ 56, 56a InsO, ZIP 2012, S. 2238–2244.

Schmidt, Andreas; Linker, Jörg, Ablauf des sog. Schutzschirmverfahrens nach § 270b InsO, ZIP 2012, S. 963–965.

Schmidt, Karsten, Organverantwortlichkeit und Sanierung im Insolvenzrecht der Unternehmen, ZIP 1980, S. 328–337.

Schmidt, Karsten, Insolvenzordnung und Unternehmensrecht – Was bringt die Reform?, in: *Arbeitskreis für Insolvenz- und Schiedsgerichtswesen e.V. (Hrsg.):* Kölner Schrift zur Insolvenzordnung, Das neue Insolvenzrecht in der Praxis, 2. Aufl., Köln 2000, S. 1199–1217.

Schmidt, Karsten, Gesellschaftsrecht, 4. Aufl., Köln u.a. 2002.

Schmidt, Karsten, Debt-to-Equity-Swap bei der (GmbH & Co.-) Kommanditgesellschaft, ESUG, „Sanieren oder Ausscheiden“ und vor allem: Fragen über Fragen!, ZGR 2012, S. 566–584.

Schmidt, Karsten, Gesellschaftsrecht und Insolvenzrecht im ESUG-Entwurf, BB 2011, S. 1603–1610

Schmidt, Karsten, Die „erleichterte Sanierung von Unternehmen“ in der Nomenklatur der InsO – ein hehres Regelungsziel des RefE-ESUG, NZI 2011, S. 124–131.

Schmidt, Karsten, Schöne neue Sanierungswelt: Die Gläubiger okkupieren die Burg!, Recht und Realität der ESUG-Reform, Zeitschrift für Wirtschaftsrecht (ZIP) 2012, S. 2085–2088.

Schmidt, Karsten (Hrsg.), Beck'sche Kurzkommentare, Band 27, Insolvenzordnung, 19. Auflage, München 2016. [Zitiert als: Schmidt InsO/*Bearbeiter*, § Rn.]

Schmidt, Karsten; Uhlenbruck, Wilhelm (Hrsg.), Die GmbH in der Krise, Sanierung und Insolvenz, Gesellschaftsrecht, Insolvenzrecht, Steuerrecht, Arbeitsrecht, Bankrecht und Organisation bei Krisenvermeidung, Krisenbewältigung und Abwicklung, 5. Aufl., Köln 2016. [Zitiert als: Schmidt/Uhlenbruck GmbH in der Krise/*Bearbeiter*, Teil Rn.]

Schmidt, Nikolaus, Die Rücknahme des Eigenantrags durch ein Mitglied des Vertretungsorgans einer juristischen Person, ZInsO 2015, S. 2168–2170.

Schmitt, Joachim; Hörtnagl, Robert; Stratz, Rolf-Christian, Umwandlungsgesetz, Umwandlungssteuergesetz, 7. Aufl., München 2016. [Zitiert als: Schmitt/Hörtnagl/Stratz UmwG/*Bearbeiter*, § Rn.]

Schneider, Stephan, BGH unternimmt Abgrenzung zu „Sanieren oder Ausscheiden", NZG 2011, S. 575–577.

Scholz, Franz (Hrsg.), Kommentar zum GmbH-Gesetz mit Anhang Konzernrecht, I. Band §§ 1–34, 11. Aufl., Köln 2012. [Zitiert als: Scholz GmbHG/*Bearbeiter*, § Rn.]

Scholz, Franz (Hrsg.), Kommentar zum GmbH-Gesetz mit Anhang Konzernrecht, III. Band §§ 53–85, 11. Aufl., Köln 2015. [Zitiert als: Scholz GmbHG/*Bearbeiter*, § Rn.]

v. Schorlemer, Benedikt; Stupp, Matthias, Kapitalerhöhungen zu Sanierungszwecken – zur Reichweite der Zustimmungspflicht des Minderheitsgesellschafters mit Sperrminorität, NZI 2003, S. 345–354.

Schröder, Henning, Konfliktmanagement bei GmbH-Gesellschafterstreitigkeiten, GmbHR 2014, S. 287–292.

Schur, Wolfgang, Vollstreckungsschutz nach § 765a ZPO im Insolvenzverfahren, KTS 2008, S. 471–494.

Schuster, Gunnar, Zur Stellung der Anteilseigner in der Sanierung, ZGR 2010, S. 325–355.

Schwalme, Sebastian, Die Stellung des Anteilseigners in der Unternehmensinsolvenz, DZWIR 2004, S. 230–233.

Schwarz, Jonas, Der Debt-Equity-Swap als Instrument der Unternehmenssanierung nach deutschem und englischem Recht, Eine vergleichende Untersuchung praxisrelevanter rechtlicher Problemkreise bei der Umsetzung von Debt-Equity-Swaps nach deutschem und englischem Recht, in: Europäische Hochschulschriften, Reihe II, Band 5734, zugl. Diss. iur. (Univ. Heidelberg), Frankfurt am Main 2015.

Segmiller, Alexander Tobias, Kapitalmaßnahmen im Insolvenzplan, in: *Geiwitz, Arndt*; *Kebekus, Frank*; *Knecht, Thomas C.*; *Paulus, Christoph G. (Hrsg.)*: Schriften zur Restrukturierung, Band 4, zugl. Diss. iur. (Univ. Tübingen), Baden-Baden 2013.

Seibt, Christoph H., Sanierungsgesellschaftsrecht: Mitgliedschaftliche Treuepflicht und Grenzen der Stimmrechtsausübung in der Aktiengesellschaft, ZIP 2014, S. 1909–1916.

Seibt, Christoph H.; *Westpfahl, Lars*, Auf dem Weg zu einem „Neuen Sanierungsgesellschaftsrecht"?, Ergebnisse einer Experten-Umfrage, ZIP 2013, S. 2333–2343.

Siemon, Klaus, Das Eigenverwaltungsverfahren der USA auf dem Prüfstand und die Systemfrage für das deutsche Recht, ZInsO 2013, S. 1861–1876.

Siemon, Klaus, Das Distressed Debt Investing in der deutschen Insolvenz 2013, ZInsO 2014, S. 172–182.

Siemon, Klaus, Das Konzept für ein vorinsolvenzliches Sanierungsverfahren, NZI 2016, S. 57–63.

Simon, Stefan, Der Debt Equity Swap nach dem Gesetz zur weiteren Erleichterung der Sanierung von Unternehmen (ESUG), CFL 2010, S. 448–459.

Simon, Stefan; *Merkelbach, Matthias*, Gesellschaftsrechtliche Strukturmaßnahmen im Insolvenzplanverfahren nach dem ESUG, NZG 2012, S. 121–129.

Simon, Stefan; *Brünkmanns, Stefan*, Die Ausgliederung von sanierungswürdigen Betriebsteilen mithilfe des Insolvenzplanverfahrens nach ESUG: Verdrängt die Gläubigerautonomie den institutionalisierten Gläubigerschutz des Umwandlungsgesetzes?, ZIP 2014, S. 657–667.

Skauradszun, Dominik, Insolvenzpläne unter Beschuss – Erfahrungen, Strategien und Prognosen – zugleich eine Besprechung der Beschlüsse des BGH vom 17.07.2014 (IX ZB 13/14, DB0665515) und vom 17.09.2014 (IX ZB 26/14, DB0681389) sowie des LG Berlin vom 20.10.2014 (51 T 696/14) i.S. Suhrkamp –, DB 2014, S. 2694–2699.

Skauradszun, Dominik, Suhrkamp – Allgemeines Beschwerdeverfahrensrecht versus § 253 Abs. 4 InsO, Zugleich Besprechung der Beschlüsse des LG Berlin vom 24.2.2014 und 14.4.2014 – 51 T 107/14, DZWIR 2014, 374 und 375, DZWIR 2014, S. 338–345.

Skauradszun, Dominik; *Spahlinger, Andreas*; *Tresselt, Matthias*, Insolvenzpläne auf dem Prüfstand, Zugleich Besprechung des BGH-Beschlusses vom 7.5.2015 – IX ZR 75/14, DZWIR 2015, 560, DZWIR 2015, S. 539–550.

Smid, Stefan, 10 Jahre Insolvenzordnung – (k)ein trauriger Rückblick aus Sicht der Kreditinstitute (!)?, DZWIR 2009, S. 397–404.

Smid, Stefan, Große Reform oder Beseitigung der Insolvenzordnung durch ein neues Konkursverfahren?, -Ein Beitrag zu Schatten und Licht gegenwärtiger Reformprojekte-, DZWIR 2010, S. 397–408.

Smid, Stefan, Handbuch Insolvenzrecht, 6. Aufl., Berlin 2012.

Smid, Stefan, Keine Eigenverwaltung bei zerstrittenen Gesellschaftern, Anmerkung zu AG Mannheim, Beschluss vom 21.02.2014 – 4 IN 115/14, juris PraxisReport Insolvenzrecht (jurisPR-InsR) 12/2014 Anm. 5.

Smid, Stefan, Zu Fragen von Rechtsmitteln und rechtsbeschwerdegerichtlichen Entscheidungen im Insolvenzplanverfahren, Zugleich eine Anmerkung zu BGH, Beschl. v. 17.7.2014 – IX ZB 13/14, ZInsO 2014, 1552, ZInsO 2014, S. 1873–1882.

Smid, Stefan, Zu Fragen von Rechtsmitteln und rechtsbeschwerdegerichtlichen Entscheidungen im Insolvenzplanverfahren – Teil 2, Zugleich eine Anmerkung zu BGH, Beschl. v. 17.9.2014 – IX ZB 26/14, ZInsO 2014, 2109 (in diesem Heft), ZInsO 2014, S. 2078–2082.

Smid, Stefan; *Rattunde, Rolf*; *Martini, Torsten*, Der Insolvenzplan, Handbuch für das Sanierungsverfahren gemäß §§ 217 bis 269 InsO mit praktischen Beispielen und Musterverfügungen, 4. Aufl., Stuttgart 2015.

Soergel, Hans-Theodor (Begr.); Hadding, Walther, Bürgerliches Gesetzbuch mit Einführung und Nebengesetzen, Band 11/1, Schuldrecht 9/1, §§ 705–758, 13. Aufl., Stuttgart 2011. [Zitiert als: Soergel BGB/*Bearbeiter*, § Rn.]

Spee, Klara Gräfin von, Gesellschafter im Reorganisationsverfahren, Die Sanierungsbeteiligung der Gesellschafter nach dem ESUG, in: *Hommelhoff, Peter*; *Noack, Urlich*; *Weller, Marc-Philippe (Hrsg.)*: Abhandlungen zum deutschen und europäischen Handels- und Wirtschaftsrecht, Band 207, zugl. Diss. iur. (Univ. Freiburg), Köln 2014.

Spetzler, Sophie, Insolvenzrechtsreform und Bankenreorganisation, KTS 2010, S. 433–461.

Spetzler, Sophie, Eingriffe in die Rechte von Anteilseignern im Insolvenzverfahren, Ausgliederung als Alternative zum Debt-Equity-Swap, in: *Bork, Reinhard*; *Stürner, Rolf (Hrsg.)*: KTS Schriften zum Insolvenzrecht, Band 41, zugl. Diss. iur. (Univ. Hamburg), Köln 2011.

Spliedt, Jürgen, Debt-Equity-Swap und weitere Strukturänderungen nach dem ESUG, GmbHR 2012, S. 462–471.

Spliedt, Jürgen, Insolvenz der Gesellschaft ohne Recht der Gesellschaft? Zur gesellschaftsrechtlichen Abstinenz des OLG Frankfurt/M. in den

Beschlüssen v. 1.10.2013 – 5 U 145/13, ZInsO 2013, 2112 und v. 7.10.2013 – 5 U 135/13, ZInsO 2013, 2164, ZInsO 2013, S. 2155–2158.

Stapper, Florian, Die Praxis der Arbeit mit Insolvenzplänen oder die Insuffizienz des Insolvenzplans: Diagnose und Therapie, ZInsO 2009, S. 2361–2367.

Stapper, Florian; *Jacobi, Christoph Alexander*, Der Insolvenzplan – Was prüft das Gericht?, ZInsO 2014, S. 1821–1830.

von Staudinger, Julius (Begr.), J. von Staudingers Kommentar zum Bürgerlichen Gesetzbuch mit Einführungsgesetz und Nebengesetzen, Buch 2, Recht der Schuldverhältnisse, Einleitung zum Schuldrecht; §§ 241–243 (Treu und Glauben), Neubearbeitung 2015. [Zitiert als: Staudinger/*Bearbeiter*, § Rn.]

Steffan, Bernhard; *Solmecke, Henrik*, Die Beurteilung der Insolvenzeröffnungsgründe, Institut der Wirtschaftsprüfer veröffentlicht IDW S 11, ZInsO 2015, S. 1365–1375.

Stöber, Michael, Die Kompetenzverteilung bei Kapitalerhöhungen im Insolvenzverfahren, ZInsO 2012, S. 1811–1821.

Stöber, Michael, Strukturmaßnahmen im Insolvenzplanverfahren und gesellschaftsrechtliche Treuepflicht – der Fall Suhrkamp, ZInsO 2013, S. 2457–2466.

Ströhmann, Martin G.; *Längsfeld, Alexander M.H.*, Die Geschäftsführungsbefugnis in der GmbH im Rahmen der Eigenverwaltung, Welche Neuerungen brachte § 276a InsO?, NZI 2013, S. 271–278.

Ströhmann, Martin G.; *Harder, Phillip-Boie*, Anmerkung zum Beschluss des AG Berlin-Charlottenburg vom 9.2.2015 – HRB 153293 B, NZI 2015, S. 417–419.

Strohn, Lutz, Aktuelle Rechtsprechung des Bundesgerichtshofs zum Personengesellschaftsrecht, ZInsO 2013, S. 12–16.

Szalai, Stephan, Die Treuepflicht als Schranke des aktienrechtlichen Anfechtungsrechts, DStR 2008, S. 358–362.

Teller, Horst, Rangrücktrittsvereinbarungen zur Vermeidung der Überschuldung bei der GmbH, in: *Balz, Manfred*; *Kübler, Bruno M.*; *Merz, Franz*; *Timm, Wolfram (Hrsg.)*: Beiträge zum Insolvenzrecht, Band 12, 3. Aufl., Köln 2003.

Tetzlaff, Christian, Drohende Zahlungsunfähigkeit – Geschäftsführer und Gesellschafter in der Zwickmühle?, Zu Haftungsrisiken für den Geschäftsführer bei Stellung eines Insolvenzantrages wegen drohender Zahlungsunfähigkeit, oder: Sind die Gesellschafter einem böswilligen Fremdgeschäftsführer ausgeliefert, ZInsO 2008, S. 137–143.

Thierhoff, Michael; Müller, Renate (Hrsg.), Unternehmenssanierung, 2. Aufl., Heidelberg 2016. [Zitiert als: Unternehmenssanierung/*Bearbeiter*, Kapitel Rn]

Thole, Christoph, Treuepflicht-Torpedo? Die gesellschaftsrechtliche Treuepflicht im Insolvenzverfahren, Zugleich Besprechung LG Frankfurt/M v. 10.9.2013 – 3-09 O 96/13, ZIP 2013, 1831 – Suhrkamp, ZIP 2013, S. 1937–1945.

Thole, Christoph, Gesellschaftsrechtliche Maßnahmen in der Insolvenz, in: ZIP Praxisbuch 6, 2. Aufl., Köln 2015.

Thole, Christoph, Der Richtlinienvorschlag zum präventiven Restrukturierungsrahmen, ZIP 2017, S. 101–112.

Thorwart, Wolf; Schauer, Ludwig, § 251 InsO – effektiver Minderheitenschutz oder unüberwindbare Hürde, NZI 2011, S. 574–577.

Timm, Wolfram, Treuepflichten im Aktienrecht, WM 1991, S. 481–494.

Treffer, Christian, Auswirkungen der GmbH-Insolvenz auf das Binnenrecht der Gesellschaft, GmbHR 2002, S. 205–207.

Tresselt, Matthias; Müller, Matthias J., Die „Insolvency Judgement Rule" bei Stellung der Sanierungsanträge – Geschäftsführerpflichten und Gesellschafterrechte bei Beantragung der vorläufigen Eigenverwaltung und des „Schutzschirms", KSzW 2015, S. 198–206.

Uhlenbruck, Wilhelm, Die Rechtsstellung des Geschäftsführers in der GmbH-Insolvenz, Verfahrensmäßige Beschränkungen, Rechte und Pflichten, GmbHR 2005, S. 817–832.

Uhlenbruck, Wilhelm, Gesellschaftsrechtliche Defizite in der Insolvenzordnung, in: *Moll, Wilhelm (Hrsg.):* Festschrift für Hans-Joachim Lüer zum 70. Geburtstag, München 2008, S. 461–477.

Uhlenbruck, Wilhelm, Von der Notwendigkeit eines eigenständigen Sanierungsgesetzes, NZI 2008, S. 201–206.

Uhlenbruck, Wilhelm; Hirte, Heribert; Vallender, Heinz (Hrsg.), Insolvenzordnung Kommentar, 13. Aufl., München 2010. [Zitiert als: Uhlenbruck InsO/*Bearbeiter*, § Rn.]

Uhlenbruck, Wilhelm; Hirte, Heribert; Vallender, Heinz (Hrsg.), Insolvenzordnung Kommentar, 14. Aufl., München 2015. [Zitiert als: Uhlenbruck InsO/*Bearbeiter*, § Rn.]

Ulmer, Peter, Die gesellschaftsrechtlichen Regelungsvorschläge der Kommission für Insolvenzrecht, ZHR 149 (1985), S. 541–574.

Ulmer, Peter; Habersack, Mathias; Löbbe, Marc (Hrsg.), Gesetz betreffend die Gesellschaften mit beschränkter Haftung (GmbHG), Großkommentar,

Band I, Einleitung; §§ 1 bis 28, 2. Aufl., Tübingen 2013. [Zitiert als: Großkommentar GmbHG/*Bearbeiter*, § Rn.]

Ulmer, Peter; Habersack, Mathias; Löbbe, Marc (Hrsg.), Gesetz betreffend die Gesellschaften mit beschränkter Haftung (GmbHG), Großkommentar, Band II, §§ 29 bis 52, 2. Aufl., Tübingen 2014. [Zitiert als: Großkommentar GmbHG/*Bearbeiter*, § Rn.]

Ulmer, Peter; Habersack, Mathias; Löbbe, Marc (Hrsg.), Gesetz betreffend die Gesellschaften mit beschränkter Haftung (GmbHG), Großkommentar, Band III, §§ 53 bis 88, 2. Aufl., Tübingen 2016. [Zitiert als: Großkommentar GmbHG/*Bearbeiter*, § Rn.]

Undritz, Holger, Restrukturierung in der Insolvenz, ZGR 2010, S. 201–217.

Urlaub, Jasmin, Notwendige Änderungen im Gesetz zur weiteren Erleichterung der Sanierung von Unternehmen (ESUG) zur Verhinderung von Missbräuchen, ZIP 2011, S. 1040–1045.

Vallender, Heinz, Der gerichtlich bestellte Sachverständige im Insolvenzeröffnungsverfahren, ZInsO 2010, S. 1457–1468.

Vallender, Heinz, Die Eigenverwaltung in neuem Gewand nach dem ESUG, GmbHR 2012, S. 445–450.

Vallender, Heinz, Das neue Schutzschirmverfahren nach dem ESUG, GmbHR 2012, S. 450–455.

Vallender, Heinz; Zipperer, Helmut, Der vorbefasste Insolvenzverwalter - ein Zukunftsmodell?, Erwiderung auf Schmidt/Hölzle, Der Verzicht auf die Unabhängigkeit des Insolvenzverwalters, ZIP 2012, 2238, ZIP 2013, S. 149–153.

Vaske, Christoph, Die sofortige Beschwerde gegen die Bestätigung eines Insolvenzplans, Systematischer Beitrag und Bewertung der Reformmaßnahmen durch das Gesetz zur weiteren Erleichterung der Sanierung von Unternehmen (ESUG), Marburg 2015.

Veil, Rüdiger, Krisenbewältigung durch Gesellschaftsrecht, Verlust des halben Kapitals, Pflicht zu ordnungsgemäßer Liquidation und Unterkapitalisierung, ZGR 2006, S. 374–397.

Verse, Dirk, Treuepflicht und Gleichbehandlungsgrundsatz, in: *Bayer, Walter; Habersack, Mathias (Hrsg.)*: Aktienrecht im Wandel, Band II Grundsatzfragen des Aktienrechts, Tübingen 2007, S. 579–622.

Verse, Dirk, Anteilseigner im Insolvenzverfahren, Überlegungen zur Reform des Insolvenzplanverfahrens aus gesellschaftsrechtlicher Sicht, ZGR 2010, S. 299–324.

Vorwerk, Klaus; *Wimmers, Jörg*, Treubindung des Mehrheitsgesellschafters oder der Gesellschaftermehrheit bei Beschlußfassung in der GmbH-Gesellschafterversammlung, GmbHR 1998, S. 717–723.

Wachter, Thomas (Hrsg.), AktG, Kommentar zum Aktiengesetz, 2. Aufl., Köln 2014. [Zitiert als: Wachter AktG/*Bearbeiter*, § Rn.]

Wachter, Thomas, Umwandlung insolventer Gesellschaften, NZG 2015, S. 858–862.

Wansleben, Till, Werthaltigkeitsprüfung und Offenlegung beim Debt Equity Swap, WM 2012, S. 2083–2092.

Weber, Claus-Peter; *Küting, Peter*; *Eichenlaub, Raphael*, Zweifelsfragen im Rahmen der Beurteilung des Vorliegens von Insolvenzeröffnungsgründen – Zugleich eine Anmerkung zu IDW ES 11 –, GmbHR 2014, S. 1009–1018.

Weber, Friedrich, Die Funktionsteilung zwischen Konkursverwalter und Gesellschaftsorganen im Konkurs der Kapitalgesellschaft, KTS 1970, S. 73–89.

Weber, Jens; *Schneider, Petra*, Die nach dem Gesetz zur weiteren Erleichterung der Sanierung von Unternehmen (EUSG) vorgesehene Umwandlung von Forderungen in Anteils- bzw. Mitgliedschaftsrechte (Debt-Equity-Swap), ZInsO 2012, S. 374–384.

Werner, Rüdiger, Einstweiliger Rechtsschutz im Gesellschafterstreit in der GmbH, NZG 2006, S. 761–765.

Wertenbruch, Johannes, Die Personengesellschaft im Vergleich zur AG und GmbH im Insolvenzplanverfahren, ZIP 2013, S. 1693–1704.

Wertenbruch, Johannes,Gesellschafterbeschluss für Insolvenzantrag bei drohender Zahlungsunfähigkeit?, DB 2013, S. 1592–1596.

Westermann, Harm Peter, Der „Suhrkamp" Gesellschafter unter dem Schutzschirm der Gesellschaftsinsolvenz, NZG 2015, S. 134–144.

Westermann, Harm Peter; *Wertenbruch, Johannes (Hrsg.),* Handbuch Personengesellschaften, Gesellschaftsrecht, Steuerrecht, Sozialversicherungsrecht, Verträge und Formulare, 66. Lieferung (Stand Oktober 2016), Köln 2016. [Zitiert als: Handbuch Personengesellschaften/*Bearbeiter*, Rz. (EL)]

Wicke, Hartmut, Gesetz betreffend die Gesellschaften mit beschränkter Haftung (GmbHG), Kommentar, 3. Aufl., München 2016. [Zitiert als: *Wicke*, GmbHG, § Rn.]

Wiedemann, Herbert, Zu den Treuepflichten im Gesellschaftsrecht, in: *Kübler, Friedrich*; *Mertens, Hans-Joachim*; *Werner, Winfried (Hrsg.)*: Festschrift für Theodor Heinsius zum 65. Geburtstag am 25. September 1991, Berlin u.a. 1991, S. 949–966.

Wiedemann, Herbert, „Sanieren oder Ausscheiden", in: *Erle, Bernd; Goette, Wulf; Kleindiek, Detlef; Krieger, Gerd; Priester, Hans-Joachim; Schubel, Christian; Schwab, Martin; Teichmann, Christoph; Witt, Carl-Heinz (Hrsg.):* Festschrift für Peter Hommelhoff zum 70. Geburtstag, Köln 2012, S. 1349–1363.

Willemsen, Reinhard, Kommentar zum ESUG, Die Änderungen der InsO, Frankfurt am Main 2012. [Zitiert als: *Willemsen*, ESUG Kommentar, § Rn.]

Wimmer, Klaus, Das neue Insolvenzrecht nach der ESUG-Reform, Köln 2012.

Wimmer, Klaus (Hrsg.), Frankfurter Kommentar zur Insolvenzordnung mit EuInsVO, InsVV und weiteren Nebengesetzen, 8. Aufl., Köln 2015. [Zitiert als: FK-InsO/*Bearbeiter*, § Rn.]

Winter, Martin, Mitgliedschaftliche Treubindungen im GmbH-Recht, in: *Wiedemann, Herbert (Hrsg.):* Schriften des Instituts für Arbeits- und Wirtschaftsrecht der Universität zu Köln, Band 55, zugl. Diss. iur. (Univ. Heidelberg), München 1988.

Würdinger, Markus, Die Analogiefähigkeit von Normen, Eine methodologische Untersuchung über Ausnahmevorschriften und deklaratorische Normen, AcP 2006, S. 946–979.

Zabel, Karsten; Pütz, Torsten, Beurteilung der Insolvenzeröffnungsgründe nach IDW S 11, Erläuterungen und Zweifelsfragen aus Sicht der Beratungspraxis, ZIP 2015, S. 912–920.

Zarzitzky, Alexander, Die Reform des Insolvenzplanverfahrens, in: *Heinrich, Christian (Hrsg.)*: Schriftenreihe Insolvenzrecht in Forschung und Praxis, Band 80, zugl. Diss. iur. (Univ. Trier), Hamburg 2014.

Ziegenhagen, Andreas; Braegelmann, Tom, Umgang mit kritischen Gesellschaftern in der Unternehmenskrise, Zum erweiterten Blockadespielraum von GmbH-Gesellschaftern bei der Umsetzung von Sanierungsmaßnahmen, KSI 2013, S. 197–205.

Ziemons, Hildegard; Jaeger, Carsten (Hrsg.), Beck'scher Online-Kommentar GmbH, 29. Edition (Stand: 01.11.2016), München 2016. [Zitiert: BeckOK GmbHG/*Bearbeiter*, § Rn. (Stand)]

Zipperer, Helmut, Treuepflichten im Insolvenzeröffnungsverfahren, NZI 2010, S. 281–285.

Zipperer, Helmut, Die Einflussnahme der Aufsichtsorgane auf die Geschäftsleitung in der Eigenverwaltung – eine Chimäre des Gesetzgebers, Trugbild oder Mischwesen?, ZIP 2012, S. 1492–1496.

Zipperer, Helmut, Rechtsschutzmöglichkeiten des Gesellschafters im Insolvenzeröffnungsverfahren und eröffneten Verfahren, ZIP 2015, S. 2002–2010.

Zöllner, Wolfgang, Gerechtigkeit bei der Kapitalerhöhung, AG 2002, S. 585–592.

Osnabrücker Schriften zum Unternehmens- und Wirtschaftsrecht

Herausgegeben von Marcus Bieder, Andreas Fuchs,
Lars Leuschner, Markus Stoffels und Dirk A. Verse

Band 1 Malte Richter: Die Verwendung von Ratings zur Regulierung des Kapitalmarkts. Eine vergleichende Untersuchung nach US-amerikanischem und deutschem Recht. 2008.

Band 2 Dietmar Haffa: Lock-up Vereinbarungen – Veräußerungsbeschränkungen für Altaktionäre beim Börsengang. 2008.

Band 3 Martin Eimer: Zeichnungsverträge und Zeichnungsvorverträge. Zu den Rechten und Pflichten aus dem Vertrag über die Vorerhöhungsgesellschaft. 2009.

Band 4 Tobias Mischitz: Die Bedeutung von Nachfragemacht für die Beurteilung von Einkaufskooperationen im EG-Kartellrecht. 2008.

Band 5 Matthias Decker: Öffentlich-rechtlicher Rechtsschutz der Zielgesellschaft und ihrer Aktionäre in Übernahmesituationen. Eine materiell- und prozessrechtliche Analyse. 2009.

Band 6 Tim Gero Joppich: Die Kodifikation des Transparenzgebots in § 307 BGB. Die Prinzipien der Transparenzkontrolle unter besonderer Berücksichtigung der Arbeitsvertragskontrolle. 2009.

Band 7 Rachid René Wiersch: Der gutgläubige Erwerb von GmbH-Anteilen. 2009.

Band 8 Oliver Kirchwehm: Reformen der Corporate Governance in Japan und Deutschland. Eine gesellschaftsrechtliche Betrachtung. 2010.

Band 9 Christian Spruß: Die Einbeziehung Allgemeiner Geschäftsbedingungen im deutschen Recht unter besonderer Berücksichtigung des europäischen Rechts und des UN-Kaufrechts. 2010.

Band 10 Jost Onstein: Der Beirat einer mittelständischen GmbH als Instrument guter Unternehmensführung. Ein Beitrag zur Corporate Governance-Diskussion in kleinen und mittleren Familienunternehmen. 2010.

Band 11 Verena Förster: Die Vereinbarung variabler Zinssätze in AGB. 2010.

Band 12 Christian Karbaum: Kartellrechtliche Compliance - Rechtsgrundlagen und Umsetzung. 2010.

Band 13 Dirk Schnelle: Die Berufsbildung der Volontäre und Praktikanten. 2010.

Band 14 Hanno Teuber: Die Beeinflussung von Börsenkursen. Kurspflege und Marktmanipulation. 2011.

Band 15 Michael Berkemeyer: Die Leihgabe von Berufssportlern. 2011.

Band 16 Adrian Jaglarz: Die fusionskontrollrechtliche Behandlung von Immaterialgüterrechtsakquisitionen im US-amerikanischen, europäischen und deutschen Recht. 2012.

Band 17 Philipp Loosen: Reformbedarf im Spruchverfahren. Empirische Analyse, Rechtsvergleich mit US-amerikanischem Recht und Reformvorschläge. 2013.

Band 18 Zacharias-Alexis Schneider: Kapitalschutz nach dem Bilanzrechtsmodernisierungsgesetz. 2014.

Band 19 Miriam Sprink: Vertragliche Gestaltung von Urlaub. Möglichkeiten und Grenzen. 2015.

Ab Band 20 läuft die Reihe unter einem neuen Reihentitel

Schriften zum Unternehmens- und Wirtschaftsrecht

Herausgegeben von
Marcus Bieder, Andreas Fuchs, Lars Leuschner, Markus Stoffels und Dirk A. Verse

Band 20 Lars Jeschke: Der Rechtsrahmen für Vorstandsvergütungen in Deutschland und Australien. Ein Rechtsvergleich. 2015.

Band 21 Anne Praß: Die betriebsbedingte Kündigung von Leiharbeitnehmern. 2016.

Band 22 Larissa Pewny: Das Übergangsmandat des Betriebsrats. Gestaltungsmöglichkeiten unter besonderer Berücksichtigung gewillkürter Betriebsratsstrukturen gemäß § 3 BetrVG. 2017.

Band 23 Andreas G. Mahret: Pflichtenkollisionen von Geschäftsleitern. 2017.

Band 24 Jochen Seier: Das fingierte Arbeitsverhältnis nach § 10 Abs. 1 AÜG. 2017.

Band 25 Nora Brosent: Strategische Insolvenzen – Grenzen der Instrumentalisierung des Insolvenzplanverfahrens zur Lösung von Gesellschafterkonflikten. 2019.

www.peterlang.com

www.ingramcontent.com/pod-product-compliance
Ingram Content Group UK Ltd.
Pitfield, Milton Keynes, MK11 3LW, UK
UKHW022104051026
15623UKWH00003B/677

9 783631 777138